LYN ALDEN

GELDNOOD

Waarom ons financiële systeem ons in de steek laat en wat we eraan kunnen doen

Vertaling:
Gill Matheus
Vincent Hondius

Redactie:
Theo Hague

Broken Money: Why Our Financial System is Failing Us and How We Can Make it Better

Geldnood: Waarom ons financiële systeem ons in de steek laat en wat we eraan kunnen doen

Uitgegeven door: *konsensus.network*

Typografie: Theo Hague

Omslagontwerp: Imtechnicolor

Eerste editie: mei 2025

ISBN 978-9916-749-66-1 Hardcover
978-9916-749-67-8 Paperback
978-9916-749-68-5 E-book

KONSENSUS NETWORK

GELDNOOD

Erkenningen

Een boek van deze omvang schrijven, is een enorme onderneming en is alleen mogelijk met enorme steun. Allereerst wil ik iedereen bedanken die rechtstreeks bij het maken van dit boek betrokken was. Mijn echtgenoot, Mohamed Badran, leverde schitterende structurele redactie en vroege feedback om een duidelijke leeservaring te garanderen. Joakim Book voerde uitgebreide redactie en onderzoekshulp uit als professionele, monetaire historicus, wat de kwaliteit enorm heeft verhoogd.

Het boek bevat meer dan 400 citaten en talloze mensen uit het verleden en heden hebben invloed gehad op het maken ervan. Belangrijk is dat ik vanuit onderzoeksperspectief sommige van de geciteerde werken waarmee ik het *niet eens* ben even belangrijk beschouw als degenen waar ik het wel eens mee ben, omdat ze de ideeën helpen te testen en de conclusies verscherpen. Aangezien ik ze hier niet allemaal kan noemen, moedig ik de lezer aan om de voetnoten en bibliografie door te nemen. Ik ben dankbaar voor al het gepubliceerde materiaal dat ik hier heb kunnen citeren of waaruit ik inspiratie opgedaan heb.

Naast alle historisch bekende schrijvers die alles beïnvloeden, zijn er enkele hedendaagse schrijvers, beleggers, humanisten en/of ondernemers die een grote invloed hadden op dit boek en die vaak geciteerd worden. Deze lijst omvat Alex Gladstein, Ray Dalio, Stanley Druckenmiller, Barry Eichengreen, George Selgin, Luke Gromen, Saifedean Ammous, Nick Szabo, Adam Back, Elizabeth Stark, Michael Saylor, Jeff Booth, John Pfeffer, Caitlin Long, Gigi, Nic Carter, Obi Nwosu, Yan Pritzker, en Anita Posch.

De winst van de eerste duizend verkochte exemplaren zal gedoneerd worden aan de *Human Rights Foundation*. Deze organisatie helpt niet alleen mensen, maar is ook een nuttige bron voor mijn onderzoek geweest.

Inhoudsopgave

Voorwoord door Paul Buitink

'Geldnood', de Nederlandse vertaling van Lyn Aldens 'Broken Money', kon niet op een relevanter moment komen. Het internationale financiële systeem vertoont grote scheuren en zal moeten worden vervangen. De-dollarisatie wordt versneld door het beleid van Trump; interne strijd en hoge schulden zetten de EU en de euro onder druk; goud breekt recordhoogte na recordhoogte en digitale assets zoals bitcoin blijven in populariteit groeien. 'Geldnood' is een routekaart naar een nieuwe, monetaire toekomst. Het is mijn hoop dat het volgende systeem recht doet aan een multipolaire wereldorde en mensenrechten beter waarborgt dan het huidige.

Toen ik werd gevraagd om het voorwoord te schrijven voor 'Geldnood', voelde ik mij vereerd. Door de jaren heen heb ik Lyn Alden intensief gevolgd en heb ik haar ook een paar keer mogen interviewen voor mijn podcast *Reinvent Money*. Ik ben altijd onder de indruk van haar kennis, haar objectiviteit en haar vermogen om als ingenieur naar het financiële systeem te kijken. Lyn is een echte systeemdenker, geen mainstreameconoom met een vernauwde blik. Ze kijkt niet alleen naar wat er verkeerd gaat, maar zoekt ook naar mogelijke oplossingen, zonder duidelijke politieke kleur.

Toen 'Broken Money' uitkwam, heb ik het direct besteld en in één ruk uitgelezen. Een geweldig boek! Wat mij betreft het beste boek over dit thema dat de laatste jaren is geschreven. Met haar multidisciplinaire aanpak brengt zij kennis en vaardigheden uit diverse vakgebieden samen om complexe vraagstukken te onderzoeken en onderling te verbinden. Ondanks de complexiteit van het onderwerp is het op een toegankelijke manier geschreven, waardoor weinig voorkennis vereist is en het voor iedereen met een gezond verstand te begrijpen blijft. In het boek wordt overduidelijk dat geld méér is dan een ruilmiddel; het bepaalt hoe samenlevingen functioneren, hoe macht wordt verdeeld en hoe individuen vrijheid en welvaart ervaren. Lyns talent om deze verbanden te ontrafelen, terwijl ze een hoopvolle toekomst schetst, maakt dit boek uniek en krachtig.

Het boek geeft een goed overzicht van de monetaire geschiedenis. Nederland heeft daarin met de VOC, de eerste aandelenbeurs en de Amsterdamse Wisselbank een grote rol gespeeld. Er zijn al vele boeken over deze historie geschreven, maar de meeste focussen óf op de evolutie van goederengeld, óf op de evolutie van schuldgeld. Hierdoor schieten de meeste boeken tekort en blijft de lezer hangen in een eenzijdig narratief. Lyn weet echter beide theorieën, onderbouwd met empirisch, archeologisch en antropologisch bewijs, samen te smeden. Deze synthese is geweldig. Uiteindelijk is, stelt Lyn, in essentie al het geld een kasboek. Bij goud weet je impliciet dat het schaars is en dat je als gebruiker er een deel van bezit, hoewel niet alle transacties bekend zijn. Bij bitcoin daarentegen zijn de totale hoeveelheid en alle transacties wel bekend. Maar bij beide 'geldsoorten', en dat geldt voor alle valuta, gaat het om tokens waarin mensen vertrouwen hebben en waarde aan toekennen: een sociaal en mentaal construct.

Behalve een goed en compleet overzicht van de geschiedenis van geld, bevat het boek een hoopvolle boodschap. Lyn benoemt in haar boek fundamentele mensenrechten en legt uit waarom het huidige geldsysteem niet ten goede komt aan de meeste mensen. Hoge inflatie, het Cantillon-effect (mensen met toegang tot geld/kapitaal profiteren als eerste van de nieuwe uitgifte), censuur en slechte toegang tot banken zijn allemaal ontwerpkeuzes van het huidige bank- en fiatgeldsysteem, waar de gewone burger weinig over te zeggen heeft en nog minder van profiteert.

Bitcoin kan wat Lyn betreft een belangrijke rol spelen in de toekomst. En wat mij betreft ook. Nu, in april 2025, zien we diverse ontwikkelingen die de groei van Bitcoin als mondiaal geld steunen, waaronder de roep om een Amerikaanse strategische reserve, diverse ETF's en grote hedgefondsen die erop inzetten. Daarentegen heeft het nog niet de veilige havenfunctie die goud al 6000 jaar heeft. Een functie die juist wordt gezocht in deze woelige geopolitieke tijdsgeest. We leven aan het einde van het dollartijdperk; wat hierna komt is nog ongewis. Bitcoin heeft diverse eigenschappen die bijvoorbeeld goud niet heeft, zoals de draagbaarheid en het vermogen om het plaatsonafhankelijk te gebruiken. Goud daarentegen heeft de wereldwijde allure en het draagvlak bij de huidige bewaarders van het systeem, de centrale banken, die de afgelopen jaren voor recordbedragen goud kochten, en niet Bitcoin. Voor nu zou ik beleggers adviseren in te zetten op beide assets. Bitcoin en goud zijn vrienden, niet vijanden.

Is er in Nederland eigenlijk ook sprake van geldnood? Ik beargumenteer al jaren, ook in de *Holland Gold podcast*, samen met vele bekende nationale experts dat de euro voor Nederland niet ingevoerd had moeten worden. We hadden net als Zweden en Denemarken een opt-out moeten afspreken. We hebben de gulden voor een te lage prijs opgegeven. Dus niet alleen hebben we knollen voor citroenen verkocht, maar we hebben er ook nog eens te weinig knollen voor gekregen. Sindsdien hebben we relatief hoge inflatie, een te groot handelsoverschot en te weinig koopkracht voor de gewone burger en mkb'er. Doordat we in de euro zitten, hebben we geen eigen monetair beleid meer. De euro is voor ons te goedkoop en de door de ECB gestelde rente te laag. In landen als Frankrijk is dat weer andersom. Dit is de zogeheten 'one size fits none'-situatie waarin we zitten.

Dus is er geldnood in Nederland? Op het eerste gezicht en op korte termijn niet. Technisch lopen we voorop met iDEAL, Tikkie en banken als bunq. Om de euro echter in leven te houden, worden we sluipenderwijs een transferunie ingelokt en zullen we via hoge inflatie en belastingen armere landen in de EU in leven moeten houden. Zeker als straks landen als Oekraïne er ook nog bijkomen, nog even los van de onbestuurbaarheid van een dergelijk Europees Frankensteinmonster. Als de euro straks valt, blijven wij met de bonnetjes zitten. Hoe langer we in de euro zitten, hoe hoger de bonnetjes. Per Nederlands huishouden hebben wij al zo'n 80.000 te vorderen van andere eurolanden.

In Nederland zouden we er verstandig aan doen goed te kijken naar de monetaire behoeften en toekomst van de burgers. Ik zou pleiten voor het oprichten van een staatscommissie die een Nexit onderzoekt, met alle voor- en nadelen, en die de verschillende toekomstige samenwerkingen met Europese landen op een rij zet. Daarbij moeten ook de verschillende geldopties worden bekeken die er zijn, van terugkeer naar de gulden tot de neuro, tot het wegsturen van zwakke eurolanden en meer. Herintroductie van de goudstandaard moet ook worden overwogen. Ook de introductie van full-reserve banken – zoals de Depositobank die ik 10 jaar geleden al wilde oprichten, wat echter politiek onmogelijk werd gemaakt – is een optie. Het blijven in de euro moet eveneens worden onderzocht, maar dan wel goed onderbouwd. Het CPB kwam in 2014 tot de conclusie dat er weinig voordelen aan de introductie van de euro zaten. Onderzoek uit 2022 van Lex Hoogduin toont aan dat een transferunie daarentegen Nederland 50 miljard per jaar gaat kosten. Is dit het waard?

Ten slotte zal er wat mij betreft grote ruimte moeten zijn voor private (of eigenlijk publieke) initiatieven zoals Bitcoin en andere cryptoactiva. Ik ben overigens geen maximalist, noch van Bitcoin, noch van goud. Idealiter bepalen burgers in vrijheid welk geld ze willen gebruiken om zo maximaal handel te kunnen drijven én hun vermogen te beschermen. Het boek van Lyn is hiervoor een mooi handboek!

Paul Buitink
Directeur *Holland Gold*
Podcast *Reinvent.Money*

Inleiding

In september 2022 beroofde een massa doodgewone mensen de banken in Libanon. Wat deze gebeurtenissen nieuwswaardiger maakte dan de gebruikelijke bankovervallen, was dat de meeste van deze mensen de banken alleen beroofden om hun *eigen geld* terug te krijgen. Vanwege een financiële crisis in Libanon weigerden banken hun klanten toegang tot hun eigen rekening.

Een van de 'bankrovers' die de krantenkoppen haalde, was een jonge interieurontwerpster. Aangezien haar spaargeld door de bank bevroren was, hield ze een bank in Beiroet onder schot met wat later een realistisch uitziend nepwapen bleek te zijn, om het spaargeld van haar familie op te nemen voor de behandeling van haar haar zus met kanker. Dit was misschien wel het meest opvallende voorbeeld, maar in deze periode waren er vele bankovervallen door mensen die gewoon hun eigen geld terug wilden, en sommigen gebruikten echte wapens.

De gebeurtenissen in Libanon zijn specifiek voor een bepaald land en een bepaalde tijd, maar maken deel uit van een wereldwijde trend.

Nigeria, een land met meer dan 200 miljoen inwoners, heeft het afgelopen decennium een jaarlijkse inflatie van 13% ervaren.[1] In 2021 lanceerde de centrale bank haar eigen digitale valuta, de eNaira, die tot nu toe weinig adoptie heeft gekend, terwijl cryptomunten (vooral bitcoin en Amerikaanse dollar-*stablecoins*) een veel hogere acceptatiegraad hebben binnen het land, ondanks dat ze geen toegang hebben tot het banksysteem van het land. De Nigeriaanse regering implementeerde vervolgens een reeks beleidsmaatregelen bedoeld om de beschikbaarheid van fysiek geld te verminderen en mensen naar digitale betalingen te dwingen, wat heeft bijgedragen aan een periode van politieke onrust en rellen.

In de herfst van 2016 halveerde Egypte abrupt de waarde van zijn munteenheid ten opzichte van de Amerikaanse dollar, waardoor jaren aan spaargeld van een bevolking van ongeveer 100 miljoen mensen werden vernie-

1 IMF, *Consumer Prices, End of Period*, Datamapper.

tigd. In 2022 en 2023 voerde het land opnieuw meerdere scherpe devaluaties van zijn munteenheid ten opzichte van de dollar uit, wat wederom een halvering van de wisselkoers veroorzaakte. Ik ken mensen in Egypte die op de zwarte markt fysieke Amerikaanse dollars kopen en ze als bescherming tegen dit voortdurende probleem bewaren. Ze betalen hoge wisselkosten om dit te doen, terwijl ze geen rente verdienen op de papieren dollars die ze bezitten. Wanneer deze devaluaties plaatsvinden, zet dit alle werknemers in het land aan om te onderhandelen voor hogere salarissen om een deel van hun verloren koopkracht te herwinnen. Hun salarissen worden namelijk uitbetaald in de gedevalueerde lokale munteenheid.

Turkije en Argentinië, beide lid van de G20, hebben de afgelopen jaren met enorme inflatie te maken gehad. In Turkije steeg het inflatiecijfer naar 85% in 2022, en in Argentinië zelfs boven de 100% in 2023.[2]

In de jaren '90 maakte Brazilië een periode van extreme hyperinflatie door, terwijl het toen het vijfde meest bevolkte land ter wereld was. Bij hyperinflatie denken we vaak aan Duitsland in de jaren '20 of aan bepaalde bananenrepublieken van vandaag, maar verrassend veel landen hebben er in de tweede helft van de 20e eeuw mee te maken gehad. Sinds de jaren '80 hebben mensen in Brazilië, Argentinië, Joegoslavië, Zimbabwe, Venezuela, Polen, Kazachstan, Peru, Wit-Rusland, Bulgarije, Oekraïne, Libanon en verschillende andere landen hyperinflatie ervaren. Andere landen zoals Israël, Mexico, Vietnam, Ecuador, Costa Rica en Turkije hebben in die periode inflatie van boven de 100% meegemaakt — net geen hyperinflatie.

Van 2016 tot 2021 boden veel staatsobligatiemarkten in rijke landen van Europa en Japan bijna nul of zelfs negatieve nominale rendementen aan. Op het hoogtepunt was er meer dan $18 biljoen aan obligaties met een negatief rendement.[3] Mensen moesten betalen voor het privilege om aan overheden en grote bedrijven geld uit te lenen, in plaats van rente te ontvangen. De prikkels van het financiële systeem werden daardoor op hun kop gezet. In de jaren daarna vernietigde een wereldwijde inflatiegolf de koopkracht van de houders van die obligaties.

Gedurende de jaren 2010 hebben meerdere leden van de Amerikaanse *Federal Reserve* herhaaldelijk aangegeven dat de economie te lang onder hun gemiddeld inflatiedoel lag en dat zij hogere inflatie nastreefden. Tijdens een congreszitting in 2021, toen de Amerikaanse consumentenprijsindex 1,7% bedroeg, werd de voorzitter van de Federal Reserve door een congreslid gevraagd naar de jaar-op-jaar-stijging van 25% in de ruime geldhoeveelheid

2 Zeynep Dierks, *CPI Inflation Rate in Turkey*, Statista, 3 maart 2023; Patrick Gillespie, *Argentina Inflation Surpasses 100% as Economic Recession Looms*, Bloomberg, 14 maart 2023.

3 Cormac Mullen and John Ainger, *World's Negative-Yielding Debt Pile Hits $18 Trillion Record*, Bloomberg, 11 december 2020.

(de hoogste sinds de jaren '40) die was opgetreden als gevolg van recente fiscale stimuleringsmaatregelen, en de mogelijke gevolgen voor inflatie of de waarde van de dollar. De voorzitter wuifde deze zorgen weg, met het argument dat zo'n toename in de hoeveelheid ruim geld waarschijnlijk geen belangrijke economische gevolgen zou hebben en dat we misschien het idee moeten 'afleren' dat monetaire aggregaten een belangrijke impact op de economie hebben.[4]

Toen de prijsinflatie later in 2021 serieus begon te stijgen, beschreef de voorzitter het aanvankelijk als iets tijdelijks en de Federal Reserve bleef de basisgeldhoeveelheid uitbreiden door middel van kwantitatieve verruiming (*Quantitative Easing, QE*). Maar wanneer in 2022 de hoogste inflatiecijfers in vier decennia verschenen, raakten de voorzitter en andere leiders van de Federal Reserve in paniek en veranderden ze hun monetaire beleid volledig. Ze omschreven prijsinflatie als het grootste probleem waar ze nu mee te maken hadden. In hun poging om de inflatie te temmen, verhoogden ze het jaar daarna de rentes zo agressief en verminderden ze de basisgeldvoorraad in een recordtempo, waardoor ze uiteindelijk meer dan een biljoen dollars aan niet-gerealiseerde verliezen voor banken op hun schatkistpapieren en andere laagrisico-activa veroorzaakten. Door zo snel deposito's uit het banksysteem te zuigen, droegen ze bij aan enkele van de grootste bankfaillissementen in de Amerikaanse geschiedenis. Door de snel stijgende rentetarieven hadden banken in het hele land tegen 2023 ernstig verzwakte kapitaalratio's. Voor het eerst in de moderne geschiedenis leed zelfs de Federal Reserve een operationeel verlies doordat het zulke hoge rentes betaalde op zijn verplichtingen in verhouding tot wat het verdiende op zijn activa.[5] De maatregelen van de Federal Reserve beïnvloeden de monetaire omstandigheden van 330 miljoen Amerikanen en miljarden mensen in het buitenland, maar worden toch handmatig en subjectief beslist door een groep van slechts twaalf mensen.

Wereldwijd zijn er ongeveer 160 verschillende valuta, elk met een lokaal monopolie in hun eigen rechtsgebied, en de meeste worden daarbuiten weinig of niet geaccepteerd.[6] De wereldwijde financiële orde functioneert in dit opzicht praktisch als een ruilsysteem. Een handvol toonaangevende valuta worden door andere centrale banken aangehouden als reservevaluta en genieten enige buitenlandse acceptatie, maar ze verliezen langzaam hun waarde en hebben rentetarieven die al jaren de inflatie niet meer bijhouden. De meeste andere valuta zijn vaker blootgesteld aan scherpe devaluaties,

4 Howard Schneider, *Powell's Econ 101: Jobs Not inflation. And Forget About the Money Supply*, Reuters, 23 februari 2021.

5 Erica Jiang et al., *Monetary Tightening and U.S. Bank Fragility in 2023.*

6 XE.com. *ISO 4217 Currency Codes.*

aanhoudende periodes van dubbele inflatiecijfers en incidentele hyperinflatie, terwijl ze weinig of geen buitenlandse acceptatie genieten. In landen die tot deze tweede groep behoren, proberen mensen vaak buitenlandse valuta zoals dollars te bemachtigen om hun spaargeld te beschermen. Over het algemeen kunnen ze hun lokale banken niet vertrouwen om hun geld veilig te bewaren.

Zelfs in landen met een stabiele economie is het soms lastig om geld te sparen. Als iemand in het 'verkeerde' rechtsgebied geboren wordt, is het een ongelooflijk zware strijd. Hoe is het zover kunnen komen? Waarom is ons geld niet *beter* dan dit? Het globale financiële systeem is gedurende de moderne geschiedenis gebrekkig gebleken voor ontwikkelingslanden, en in de afgelopen decennia heeft het zelfs voor ontwikkelde landen ernstige instabiliteit veroorzaakt. De fundamenten zijn niet langer betrouwbaar, deels omdat de technologie erachter verouderd is.

Mijn stelling is dat de opkomst van populisme in Amerika, Europa en verschillende ontwikkelingslanden sinds de wereldwijde financiële crisis van 2008 grotendeels hieraan te wijten is. Zowel aan de linker- als de rechterkant van het politieke spectrum voelen mensen aan dat er iets niet klopt, dat zaken in hun nadeel worden gemanipuleerd, maar ze kunnen niet precies aanwijzen waarom. Een groot onderdeel van dit raadsel is dat het financiële systeem zoals we dat kennen niet meer werkt.

We hebben in voorgaande decennia gezien dat wereldwijde financiële ordes uiteenvallen door economische instabiliteit, geopolitieke heroriëntaties en de introductie van nieuwe technologieën. Wanneer dat gebeurt, wordt de oude orde gedeeltelijk of volledig gereconstrueerd en omgebouwd tot een nieuwe orde. Dit boek geeft voorbeelden van dergelijke gebeurtenissen. Veel indicatoren wijzen erop dat de financiële orde waarin we ons sinds de jaren '70 bevinden, op zijn einde loopt en dat het proces van heropbouw en heroriëntatie begonnen is.

Dit boek gaat over geld door de lens van technologische ontwikkelingen. Het behandelt de evolutie van geld in het verleden, waarom de huidige technologie en instellingen die we voor geld gebruiken ons nu in de steek laten, en enkele van de mogelijke oplossingen voor de monetaire problemen waarmee we nu worden geconfronteerd. Het is in eenvoudige taal geschreven en is modulair opgebouwd, zodat lezers zich kunnen concentreren op de delen die hen het meest interesseren.

Deel 1 van het boek leidt de lezer door oude kasboeken en goederengeld om te analyseren waarom geld spontaan is ontstaan en waarom bepaalde geldsoorten andere hebben overtroffen. Dit helpt ons om te begrijpen wat de ideale eigenschappen van geld zijn en waarom deze eigenschappen keer op keer, onafhankelijk van elkaar, door de geschiedenis heen opduiken. Dit deel onderzoekt ook de relatie tussen sociaal krediet en goederengeld in een poging twee economische denkscholen te verzoenen die het vaak met elkaar oneens zijn.

Deel 2 gaat over vroege proto-bankdiensten en de opkomst van volwaardige banken. We onderzoeken hoe diverse technologische ontwikkelingen monetaire transacties versnelden en deze loskoppelden van het tragere proces van fysieke monetaire verrekeningen. Dit bracht vele voordelen, maar ook enkele nadelen met zich mee. We eindigen met een uitleg over hoe de toenemende snelheidskloof tussen transacties en verrekeningen aan het begin van het telecommunicatietijdperk aan banken en centrale banken aanzienlijke macht gaf, aangezien zij de voornaamste entiteiten waren die in staat waren om geld overal ter wereld snel te versturen.

Deel 3 beschrijft het globale financiële systeem zoals dat sinds het begin van de 20e eeuw is opgebouwd, inclusief de geopolitiek achter de oprichting en de veranderingen in de loop van de tijd. Deze periode omvat de falende goudstandaarden rond de tijd van de Eerste Wereldoorlog, het Bretton Woods-systeem dat bestond tussen 1940 en 1970, en het eurodollar/petrodollar-systeem dat dit systeem vanaf 1970 tot op heden verving. Tenslotte leggen we uit hoe enkele problematische aspecten van het huidige systeem in de afgelopen decennia wereldwijd hebben geleid tot structurele instabiliteit.

Deel 4 analyseert in detail hoe geld binnen het moderne financiële systeem wordt gecreëerd en hoe schulden dit systeem na verloop van tijd onvermijdelijk destabiliseren. Vervolgens onderzoeken we enkele onevenwichten en problematische prikkels die worden veroorzaakt door het constant devalueren van monetaire eenheden, omdat spaarders hun koopkracht proberen te behouden door andere niet-monetaire activa te kopen. We laten zien hoe een flexibel openbaar kasboek wetgevers de macht gaf om oorlog te voeren zonder belastingen te heffen, selectieve reddingsoperaties uit te voeren door andermans spaargeld te devalueren, en hun uitgaven op slinkse manieren te financieren.

Deel 5 kijkt naar digitale monetaire innovaties in de 21e eeuw, waaronder bitcoin, *stablecoins*, *smart contracts* en digitale valuta van centrale banken. Dit is het speculatiefste deel van het boek, omdat het over het heden en de toekomst gaat, in plaats van over het verleden. We beschrijven enkele van de nieuwe technologieën waar we toegang toe hebben en kijken specifiek naar de verschillende afwegingen en risico's die deze technologieën met zich meebrengen, naast de kansen die ze bieden.

Deel 6 verkent de ethiek van geld en communicatie, de twee componenten van handel. We bespreken de rol van cryptografie in het algemeen (een cruciaal onderdeel van moderne bank- en internetinfrastructuur), open versus gesloten financiële netwerken, en het kruispunt van financiële technologie en mensenrechten.

In essentie is geld een kasboek. Goederengeld fungeert als een kasboek dat bestuurd wordt door de natuur. Bankgeld fungeert als een kasboek dat bestuurd wordt door regeringen. *Open-source* geld functioneert als een kasboek dat bestuurd wordt door gebruikers. Dit boek verkent hoe de evolutie van technologie de heersende machtsstructuren en prikkels rond geld van tijdperk tot tijdperk verandert.

Mijn achtergrond bestaat uit een combinatie van ingenieurswerk en financiën, en ik gebruik systeemanalyse om verschillende aspecten van het globale financiële systeem te onderzoeken. Systeemtechniek is een multidisciplinair veld dat zich richt op het ontwerp, de integratie, de werking en het onderhoud van complexe systemen gedurende hun levenscycli. Ik behandel het globale financiële systeem als het ontworpen systeem dat het in werkelijkheid is, en ik heb ontdekt dat deze analysemethode tot vernieuwende conclusies leidt die soms conventioneel economisch denken uitdagen.

Mijn doel bij het schrijven van dit boek is om mensen beter te laten begrijpen hoe geld werkt en waarom het globale financiële systeem niet meer zo goed functioneert als vroeger. Het boek gaat niet alleen over waarom ons financiële systeem dit jaar of dit decennium niet goed werkt, maar biedt een diepere analyse van wat geld is, hoe we zijn terechtgekomen waar we nu zijn, en wat de fundamentele problemen zijn.

Ik heb niet alle antwoorden en kan je niet vertellen hoe de financiële wereld er in de komende decennia uit zal zien, maar wat ik in dit boek probeer te doen, is delen wat ik heb onderzocht om lezers te inspireren zelf verder naar antwoorden te zoeken. Politiek kan zaken lokaal en tijdelijk beïnvloeden, maar technologie kan dingen globaal en permanent veranderen. Daarom analyseer ik geld voornamelijk door de lens van technologie.

Dit is geen boek over goud, geen boek over banken, geen boek over bitcoin en geen politiek boek. Het is een verkenning van monetaire technologieën in hun talloze vormen van het verleden, heden en de toekomst. Het raakt al deze onderwerpen en meer aan, zodat we beter kunnen begrijpen waar we vandaan komen en welke wegen we in de toekomst kunnen bewandelen.

DEEL I

WAT IS GELD?

De voorlopers van geld, in combinatie met taal, stelden de eerste moderne mensen in staat om samenwerkingsproblemen op te lossen waar andere dieren niet toe in staat waren. Hierbij ging het om complexe vraagstukken, waaronder uitdagingen op het gebied van wederzijds en familiaal altruïsme en het minimaliseren van agressie. Bovendien beschikten deze voorlopers over specifieke kenmerken die aansluiten bij non-fiat valuta, waardoor zij meer dan louter symbolische of decoratieve objecten waren.[7]

— Nick Szabo

7 Nick Szabo, *Shelling Out: The Origins of Money*.

HOOFDSTUK 1

KASBOEKEN ALS DE BASIS VAN GELD

Veel mensen denken dat het concept van geld begint met fysieke objecten zoals munten of schelpen, maar in werkelijkheid begint het al eerder: bij een kasboek. Een kasboek is een overzicht van transacties en wordt gebruikt om bij te houden wie wat bezit. De oudst bekende kasboeken zijn meer dan 5.000 jaar oud en komen uit het oude Mesopotamië, in de vorm van kleitabletten. Volgens *Encyclopedia Britannica* is het Soemerisch de oudste vorm van schrijven die er bestaat, en de vroegste voorbeelden hiervan waren kleitabletten die transacties van goederen registreerden.[8] Op die tabletten stonden afbeeldingen van diverse producten met puntjes ernaast, die de hoeveelheden aangaven. Met andere woorden, de eerste zaken die mensen met hun vroege proto-schriften optekenden, waren lijsten van eigendom, krediet en transacties.[9]

Toch is het idee van een kasboek eenvoudiger dan je misschien denkt. Voor de uitvinding van het schrift bestonden er namelijk al mondelinge kasboeken in het geheugen van mensen. Zodra iemand een ander iets verschuldigd was, formeel of informeel, hielden mensen een eenvoudig mondeling overzicht bij.

Neem een hedendaags voorbeeld: stel je een broer en zus voor, Alice en Bobby. Ze zijn oud genoeg om thuis taken te krijgen en naarmate hun leven complexer wordt, moeten ze soms hun planning aanpassen. Alice heeft bijvoorbeeld een avondje uit gepland met vrienden en stelt Bobby voor om haar taken van die dag over te nemen. In ruil neemt zij morgen die van hem over. Zodra hij hiermee instemt, maken ze meteen een eenvoudig mentaal kasboek aan, en dus een vorm van krediet. Alice is Bobby

8 Ignace Gelb, *Sumerian Language.*

9 William Goetzmann, *Money Changes Everything: How Finance Made Civilization Possible*, 15-25.

nu een specifiek takenpakket verschuldigd. Dit is alleen afdwingbaar via vertrouwen en reputatie: als Alice haar schuld niet nakomt, zal Bobby in het vervolg waarschijnlijk niet meer met haar willen ruilen. Blijft hun ruilhandel beperkt, dan volstaat een mondeling kasboek, maar als hun planning steeds ingewikkelder wordt en ze vaker taken ruilen, kunnen ze een kalender gebruiken als geschreven kasboek. Het kasboek bevat dan geen specifieke monetaire eenheid, maar blijft een eenvoudige ruilmethode. De 'eenheden' in dit geval zijn de taken zelf, en het kasboek houdt alleen bij welke taken in de loop van de tijd worden uitgewisseld, als een vorm van krediet.

Stel je een groep jagers voor, tienduizenden jaren geleden in een stam, die nauwgezet bijhielden hoeveel prooien ze hadden gedood en informeel registreerden wie welke gunst had verleend. Overal ter wereld ontwikkelden stammen – en doen dat soms nog steeds – uiteenlopende methoden om zowel formele als informele leiders te kiezen, waarbij vaak meritocratische principes de boventoon voerden. Of het nu bewust of onbewust gebeurt, mensen letten op elkaars handelen en reputatie om te bepalen wie als waardevolle aanwinst wordt gezien en wie mogelijk als last fungeert.

Vroege menselijke sociale groepen bestonden doorgaans uit slechts enkele tientallen individuen die samen een stam vormden. Dergelijke samenlevingen, vaak met een gemeenschappelijke cultuur, beschouwden zichzelf als onderdeel van een grotere, onderling verbonden tribale gemeenschap. In een hechte groep waarin iedereen elkaar kent, is geld overbodig – een mondeling, op het geheugen gebaseerd kasboek volstaat om gunsten bij te houden. Op deze informele wijze wordt meestal duidelijk wie zijn steentje bijdraagt en wie niet, waardoor een strikte boekhouding niet nodig is. Doorgaans bestaat zo'n groep uit familie en vrienden, waardoor het kasboek los, flexibel en onprecies is.[10]

Toen ik nog als ingenieur werkte, gingen enkele collega's en ik regelmatig samen lunchen. We hielden op informele wijze bij wie er telkens met de auto reed in onze kleine groep, zodat er een zekere balans bleef bestaan. Hoewel we dit niet opschreven, fungeerde het als een gezamenlijk mentaal kasboek. Vergelijkbare praktijken kwamen onder meer voor wanneer collega's elkaar naar de autogarage of het vliegveld brachten, of wanneer iemand tijdelijk krap bij kas zat en een kleine som contant leende – bijvoorbeeld bij het splitsen van een restaurantrekening, wat destijds vaker gebeurde. Deze gunsten werden niet verleend met de gedachte: 'Ik doe dit nu voor jou, maar jij moet later iets voor mij doen.' Men bood de hulp simpelweg met plezier aan, in de veronderstelling dat als er later een we-

10 Justin Pack, *Money and Thoughtlessness*, 51-70.

derzijdse gunst werd gevraagd, de ander graag tegemoet zou komen.

Uit uitgebreid antropologisch onderzoek onder jager-verzamelaarstammen blijkt dat cadeaugericht gedrag een terugkerend thema is. Hoewel culturen van elkaar verschillen, zijn mensen die elkaar kennen over het algemeen bereid cadeaus en gunsten te schenken, in de verwachting dat anderen op hun beurt ook hun deel zullen bijdragen.[11] Dit wederzijds geven vormt immers een fundamenteel aspect van vriendschap.[12]

De dynamiek verandert echter zodra we in aanraking komen met mensen die we niet goed kennen of vertrouwen, of met degenen die we wellicht nooit meer zullen ontmoeten. In een primitieve omgeving kan de ontmoeting tussen twee groepen niet alleen leiden tot conflicten of geweld, maar opent zij tegelijkertijd de deur naar handel. Directe ruilhandel vormt een logische eerste stap in transacties met mensen die we niet goed kennen. In plaats van hen een informeel giftkrediet te verlenen – zoals we dat bij familie en vrienden doen – streven we ernaar elke transactie *direct* af te ronden, omdat de kans groot is dat we hen nooit meer tegenkomen.

Twee groepen komen oog in oog te staan; beiden beschikken over middelen en bezitten mogelijk een zekere mate van geweldspotentieel. Door middel van eenvoudige communicatie – via gebaren of basale taal – ruilen zij goederen uit. Zo kan het voorkomen dat de ene groep een overschot aan speren heeft maar behoefte aan vachten, terwijl de andere groep juist extra vachten bezit én speren mist. Door ter plaatse vachten voor speren om te wisselen, profiteren beide partijen. Antropologen hebben diverse gevallen van geritualiseerde handel tussen jager-verzamelaarstammen waargenomen, waarbij handel soms tevens bedoeld was als een manier om huwelijks- of partnerschapsbanden te smeden.

Wanneer in een regio nog geen ritueel is gevormd tussen groepen van vergelijkbare omvang en ze elkaar willekeurig tegenkomen, is de kans groot dat een handelspoging faalt. Dit fenomeen – het ontbreken van een *samenvallen van behoeften* – houdt in dat voor succesvolle ruil beide partijen een overschot moeten hebben van hetgeen de ander verlangt. Hebben beide partijen bijvoorbeeld een tekort aan speren, of juist aan vachten, dan mislukken de transacties. Er zijn simpelweg meer combinaties die tot een mislukte handel leiden dan tot een geslaagde ruil.

Handelen met bekende personen uit onze naaste kring is veel eenvoudiger dan zaken doen met vreemden. Met familie en vrienden rust een diepgeworteld vertrouwen, wat fungeert als een vorm van flexibel sociaal krediet. Iemand kan mij om een gunst vragen en ik ben bereid die te verlenen, zelfs

11 Zie bijvoorbeeld Marcel Mauss, *The Gift*; Marshall Sahlins, *Stone Age Economics*; en Paul Einzig, *Primitive Money*.

12 Elise Berman, *Avoiding Sharing*.

als ik op dat moment zelf geen directe behoefte heb. Ik beschik mogelijk ruim over voedsel, vachten of gereedschap, maar als een dierbare in een penibele situatie verkeert, help ik hem of haar graag.[13]

Dit informele krediet geef ik aan degenen die ik ken, niet alleen vanwege het warme gevoel dat het oproept, maar ook omdat ik verwacht dat er ooit een moment komt waarop ik zelf ondersteuning nodig heb. Misschien word ik ziek, raak ik gewond of ervaar ik een andere tegenslag, en ben ik tijdelijk niet in staat voor mezelf te zorgen. Dan hoop ik op de hulp van diegene aan wie ik eerder een gunst heb verleend. Door herhaaldelijk gunsten te verlenen, vergroot ik zowel mijn sociale status als mijn zekerheid binnen de groep. Deze logica geldt ook in de moderne tijd wanneer wij vrienden, buren en familieleden ondersteunen.

Hoewel mijn motieven deels geworteld zijn in een onbewust biologisch mechanisme – gevormd door duizenden generaties waarin sociale verbondenheid overleven en gedijen mogelijk maakte – spelen er ook weloverwogen, mentale berekeningen mee. Door een gunst te verlenen, versterk ik de band binnen de hele gemeenschap en bouw ik een persoonlijke verzekering of sociaal krediet op voor mijzelf en mijn naaste familie. Op momenten van overvloed verleen ik diensten of middelen, waarmee ik krediet opbouw in het collectieve sociale kasboek. Dit informele systeem van sociaal krediet is dé oplossing voor het probleem dat binnen hechte kringen vaak het 'samenvallen van behoeften' ontbreekt. Met flexibel sociaal krediet kunnen we elkaar moeiteloos helpen, ook als de ander op dat moment zelf niets nodig heeft.

In een studie uit 2010, *Wealth Transmission and Inequality Among Hunter-Gatherers*, waarin een breed scala aan bestaande literatuur is onderzocht, stelden de onderzoekers dat sociale verzekering soms gebaseerd kan zijn op de reputatie van de persoon in nood en de kwaliteit van diens sociale netwerk:

> De meeste volwassenen in jager-verzamelaarsamenlevingen dragen actief bij aan voedselproductie en -verwerking, evenals aan de fabricage en het onderhoud van gereedschappen. Bovendien is de zorg en voorziening voor kinderen over het algemeen een ouderlijke plicht. De meeste van deze arbeidsvormen vereisen aanzienlijke kracht en uithoudingsvermogen, visuele scherpte en andere aspecten van een goede gezondheid. Als gevolg hiervan verwachten we dat lichamelijk welzijn van essentieel belang is voor succes en voorspoed. Anderzijds, degenen die periodiek lijden aan suboptimale lichamelijke eigenschappen kunnen meestal rekenen op hulp van anderen in de vorm van voedsel, kinderopvang en bescherming bij geschillen. Deze

13 Paul Seabright, *The Company of Strangers: A Natural History of Economic Life*, 2-5, 91-105.

sociale verzekering is normatief en alom beschikbaar, maar er zijn aanwijzingen dat de kwaliteit van dergelijke hulp zal variëren volgens de 'relationele rijkdom' (reputatie, omvang en kwaliteit van het sociale netwerk) van de behoeftige of het huishouden.[14]

Aan het begin van de beroemde film *The Godfather* vraagt een man een gunst aan Vito, de maffiabaas, en Vito stemt daarin toe. In plaats van geld vraagt Vito in ruil een ongespecificeerde wederdienst in de toekomst, oftewel flexibel sociaal krediet. Dat doet hij omdat de man nú iets van hem nodig heeft, terwijl Vito op dat moment niets van die man verlangt. Toch ziet Vito hem als iemand uit zijn bredere gemeenschap. Vito verzamelt gunsten en roept ze in wanneer dat hem uitkomt. Later in de film doet hij dat ook daadwerkelijk: hij heeft dan behoefte aan iets wat hij eerder niet nodig had, en deze man is precies de geschikte persoon om daarin te voorzien. Op die manier maximaliseert hij de relationele rijkdom van zijn familie met een uitgebreid kasboek aan gunsten, die fungeren als een kredietgebaseerde valuta in de schaduweconomie van de maffia.

Om terug te keren op ons handelsvoorbeeld tussen losstaande groepen: wat kunnen ze aanbieden, aangezien ze de optie van flexibel sociaal krediet of kasboeken missen (ze vertrouwen elkaar niet en zien elkaar na deze ontmoeting misschien nooit meer)? Als ik in hun situatie was, zou ik dan iets bij me kunnen hebben dat vrijwel iedereen altijd wil? Met andere woorden, wat is het meest verkoopbare goed? Voor veel stammen bleken schelpen het antwoord.

Schelpen, vooral exemplaren die waren gesneden en gepolijst tot sierkralen, ontwikkelden zich duizenden jaren geleden in diverse regio's tot een vorm van geld. Ze hadden een esthetische functie en lieten zich eenvoudig omzetten in armbanden, riemen of oorbellen, konden op kleding worden genaaid of in het haar worden gedragen. Het grote voordeel van schelpen als ruilmiddel is dat ze klein, schaars en duurzaam zijn. Ze aan een touw rijgen bood extra gemak: zo hoefde men ze niet constant in de hand te houden en waren ze makkelijker te vervoeren.

In zijn essay uit 2002, *Shelling Out: The Origins of Money*, gaat Nick Szabo uitgebreid in op de drijfveren achter het ontstaan van schelpen en ander verzamelbaar protogeld. Hij vatte het als volgt samen:

> De voorlopers van geld, naast taal, stelden vroege moderne mensen in staat om problemen van samenwerking op te lossen waar andere dieren niet toe in staat zijn, inclusief problemen van wederzijds altruïsme, familiaal altruïsme en het beteugelen van agressie. Deze voorlopers deelden zeer specifieke

14 Eric Smith et al., *Wealth Transmission and Inequality Among Hunter-Gatherers*, 21.

kenmerken met non-fiat valuta en waren niet alleen symbolische of decoratieve objecten.[15]

Langs de Pacifische kust van Noord-Amerika verzamelden stammen *dentalium*-schelpen die sterk op tanden lijken. Deze fungeerden als betaalmiddel tot in het verre North Dakota, diep landinwaarts. Dentalium, dat van nature open buisjes met twee openingen vormt, werd vaak tot lange strengen aaneengeregen. Sommige stamleden hadden tatoeages op hun armen die ze voor transacties als meetlat gebruikten. Andere stammen specialiseerden zich in het opduiken van deze schelpen uit diepe wateren.[16]

Aan de Atlantische kust gebruikte men een ander type schelp, *wampum* genaamd. Deze werd vervaardigd uit mosselschelpen en vereiste een flinke bewerking, waaronder polijsten en het boren van kleine gaatjes met een boogboor, zodat ze aan elkaar geregen konden worden. De makers van deze kralen zagen ze doorgaans niet primair als 'geld'; ze werden vereerd omdat ze ooit van levende wezens afkomstig waren en werden vaak voor ceremoniële doeleinden ingezet. Zo gebruikte men ze bijvoorbeeld om kostbare riemen te maken ter bezegeling van verdragen en andere belangrijke gebeurtenissen. Andere stammen, en later ook kolonisten, gingen de kralen echter wel als geld of als waardeopslag en statussymbool gebruiken. Lokale stammen legden er in de loop van de tijd flinke voorraden van aan.[17]

Ook in sommige streken van Afrika en Azië rond de Indische Oceaan waren *kaurischelpen* om soortgelijke redenen in gebruik als geld. Internationale handelaren brachten kaurischelpen mee voor de handel, en dit gebruik bleef nog eeuwenlang uitgebreid gedocumenteerd.[18]

Hoewel schelpen tot de meest gangbare vormen van protogeld behoorden, bestond er nog ander kralengeld. Zo gebruikte men sieraden van struisvogeleierschalen of snoeren met tanden van grote roofdieren, zoals leeuwen of wolven, die een vergelijkbare rol speelden. In *Shelling Out* geeft Szabo het voorbeeld van de !Kung:

> Net als de meeste jager-verzamelaars brengen de !Kung het grootste deel van het jaar door in kleine, verspreide groepen en enkele weken van het jaar in een samenkomst met meerdere andere groepen. Deze samenkomst is als een kermis met extra functies – handel wordt volbracht, allianties worden verstevigd, partnerschappen versterkt en huwelijken gesloten. De voorbereiding op deze samenkomst gebeurt door middel van de productie van verhandel-

15 Szabo, *Shelling Out.*
16 Dror Goldberg, *Famous Myths of 'Fiat Money'*, 962-963.
17 Marc Shell, *Wampum and the Origins of American Money*.
18 Bin Yang, *The Rise and Fall of the Cowrie Shell: The Asian Story*.

bare items, deels utilitair maar voornamelijk van een verzamelbare aard. Het ruilsysteem, *hxaro* genaamd door de !Kung, omvat een uitgebreide handel in kralensieraden, waaronder hangers gemaakt van struisvogeleierschalen die sterk lijken op degene die 40.000 jaar geleden in Afrika voorkwamen.

Zoals te verwachten is, vond men op het Afrikaanse continent de oudste kralen terug. Op de archeologische site van de Blombos-grot in Zuid-Afrika werden kleine slakkenhuizen met minuscule gaatjes erin gevonden, die naar schatting zo'n 75.000 jaar oud zijn. In 2004 meldde de Amerikaanse *National Science Foundation* over deze vondst:

> Geperforeerde schelpen die men vond in de Blombos-grot in Zuid-Afrika lijken ongeveer 75.000 jaar geleden als kralen geregen, waardoor ze 30.000 jaar ouder zijn dan alle eerder geïdentificeerde persoonlijke ornamenten. Archeologen die de site aan de kust van de Indische Oceaan opgraven, ontdekten 41 schelpen, allemaal met gaten en slijtplekken op gelijkaardige posities, in een laag van sediment achtergelaten tijdens het Midden-Stenen Tijdperk.
>
> 'De kralen van de Blombos-grot bieden absoluut bewijs voor misschien wel de vroegste opslag van informatie buiten het menselijk brein', zegt Christopher Henshilwood, programmadirecteur van het *Blombos Cave* Project en professor aan het Centrum voor Ontwikkelingsstudies van de Universiteit van Bergen in Noorwegen.
>
> De schelpen, gevonden in clusters van tot wel 17 kralen, zijn afkomstig van een klein schelpdiertje, de *Nassarius kraussianus*, dat in estuaria leeft. Ze moeten vanuit de dichtstbijzijnde rivieren naar de grotlocatie zijn gebracht, 20 kilometer ten oosten of westen langs de kust. De schelpen lijken te zijn geselecteerd op grootte en zijn bewust doorboord, wat suggereert dat ze ter plaatse of voor het transport naar de grot tot kralen zijn gemaakt. Sporen van rode oker duiden erop dat ofwel de schelpsieraden zelf, ofwel de oppervlakken waartegen ze werden gedragen, bedekt waren met dit veelgebruikte ijzeroxide pigment.[19]

Aangezien voedsel bederft, hebben mensen in een wereld zonder diepvriezers geen reden om meer voedsel te bewaren dan nodig is. Speren en vachten zijn ook moeilijk om mee te nemen. Vanaf een bepaalde hoeveelheid is een overschot aan speren en vachten dus beduidend minder waard. Deze voorwerpen met andere stamleden ruilen, is moeilijk omdat de ene kant precies moet hebben wat de andere kant wil. Maar het bezitten van gesneden en gepolijste schelpsieraden lost dit probleem op. Ze rotten niet

19 National Science Foundation, *Shell Beads from South African Cave Show Modern Human Behavior 75,000 Years Ago.*

en nemen niet veel plaats in, dus het is prima (en zelfs wenselijk) om er extra van te verzamelen wanneer de andere behoeften van mensen vervuld zijn. Ze zijn bijna universeel gewenst in een wereld met dat basisniveau van technologie. Zelfs als iemand ze niet graag draagt, zou hun partner, broer, zus of vriend ze misschien wel willen dragen. En ze weten dat leden van de meeste andere stammen ze appreciëren, wat toekomstige handelskansen mogelijk maakt.

Gesneden en gepolijste schelpsieraden maken was een zeer arbeidsintensief proces. De schelpen moesten eerst met de hand aan de kust worden verzameld. Daarna werden ze, afhankelijk van het type, versneden, gepolijst en doorboord met een boogboor, zodat er een draad doorheen kon worden gehaald en de kralen aan elkaar of aan een ander voorwerp bevestigd konden worden. Op die manier ontstond een nuttig en draagbaar ornament. Eenmaal vervaardigd gingen deze schelpsieraden lang mee en waren ze, in verhouding tot hun grootte en gewicht, bijzonder waardevol. Dat kwam door hun aantrekkelijke uiterlijk en de aanzienlijke hoeveelheid werk die in hun productie ging zitten. Wie overtollig voedsel inruilde voor schelpsieraden, of zijn vrije tijd besteedde aan het maken ervan, kon deze kralen vervolgens maanden- of jarenlang bewaren totdat er zich een gelegenheid voordeed om ze te ruilen voor iets wat hij of zij nodig had of graag wilde. Bovendien waren de kralen gemakkelijk mee te nemen en mooi om te dragen.

Met andere woorden, de schelpsieraden fungeerden als een verzamelbaar object dat de behoefte aan flexibel sociaal krediet kon vervangen. Ze namen de functie van een mondelinge administratie over, vooral in interacties met mensen die elkaar niet kenden of elkaar wellicht nooit meer zouden zien. Doordat schelpsieraden een universeel gewild en duurzaam goed vormden, kon iemand ermee handelen zelfs wanneer hij of zij niets concreets van de ander nodig had. Men vroeg simpelweg schelpen als ruilmiddel, om ze later te besteden aan iets wat men wel wilde hebben. Zo vertegenwoordigden deze kralen een draagbare, waardevaste 'buffer' voor de toekomst, in te wisselen tegen voedsel of andere hulpbronnen, zowel binnen de eigen gemeenschap als bij andere groepen. In tegenstelling tot bederfelijk voedsel, of tot omvangrijkere goederen als vachten en speren, boden deze kleine draagbare schelpen bovendien een efficiënte manier om tijd en middelen op te slaan voor later gebruik. Mensen droegen de kralen om hun polsen, hals, enkels of in hun haar, of gaven ze aan kinderen of partners. Zelfs een klein schelpensieraad was begeerlijk en vertegenwoordigde een grote hoeveelheid werk.

Omdat schelpsieraden een van de best verkoopbare goederen waren, kon elke streng schelpen fungeren als een ongespecificeerde toekomstige 'gunst'. Iemand die veel kralen bezat door een overschot aan tijd en middelen te investeren in de productie ervan, of die ze geërfd had van een vorige generatie, kon deze later inzetten om dringende behoeften te vervullen. Een streng schelpsieraden bood een definitieve afrekening: de waarde ervan hing niet af van het geheugen van degene die eerder een dienst had ontvangen.

Los van hun intrinsieke schoonheid functioneerden schelpsieraden ook als statussymbool. Wie veel kralen droeg, beschikte over aanzienlijke rijkdom, zowel in letterlijke als in sociale zin. In een tribale samenleving wees een overvloed aan schelpsieraden aan riemen, armbanden, kettingen of zelfs ingenaaid in kleding op een verleden waarin deze persoon, of zijn naasten, veel waardevolle diensten hadden verricht. Het dragen van zo'n verzameling kralen straalde de boodschap uit dat zij langere tijd in overvloed hadden geleefd en dus een goede partij konden zijn om te leren kennen, respecteren of mee te paren. Ze lieten zien dat ze in staat waren geweest om welvaart op te bouwen en te bewaren.

In de eerdergenoemde studie, *Wealth Transmission and Inequality Among Hunter-Gatherers*, merkten de onderzoekers op dat roerende goederen in jager-verzamelaarsamenlevingen meestal individueel eigendom vormden, terwijl land er meer als gemeenschappelijk bezit optrad:

> Roerende materiële eigendommen, zoals gereedschappen, kleding en waardevolle spullen, worden over het algemeen behandeld als individueel eigendom en worden vaak overgedragen aan nakomelingschap. In de meeste jager-verzamelaarsamenlevingen kunnen dergelijke bezittingen echter meestal worden gemaakt door elke volwassene van het juiste geslacht, of vrij gemakkelijk verkregen worden; uitzonderingen zijn dingen die een heel gespecialiseerde productie vereisen, of die verkregen zijn via beperkte handelscontacten, evenals rijkdom en prestige-artikelen in sommige sedentaire en minder egalitaire samenlevingen.[20]

Het is opmerkelijk dat 'voorwerpen die een zeer gespecialiseerde productie vereisen' en 'prestigieuze goederen' worden geïdentificeerd als typen eigendommen die niet gemakkelijk verkrijgbaar zijn. Met andere woorden, er is een daadwerkelijke schaarste aan deze objecten. De onderzoekers kwamen tot de conclusie dat hoewel jager-verzamelaarsgemeenschappen in veel opzichten in gemeenschap leefden, ze niet noodzakelijk zo egalitair zijn als we ons misschien voorstellen.

Inderdaad, zoals uitgebreid beschreven in het inleidende artikel in dit forum

20 Smith et al., *Wealth Transmission*, 21.

door Bowles et al., duidt een β=0,25 aan dat een kind dat geboren wordt in de top tien procent van rijkste mensen in de bevolking vijf keer meer kans heeft om in deze rijkste tien procent te blijven dan een kind wiens ouders in het laagste deciel waren. Zelfs een β van 0,1 betekent dat een kind geboren in de hoogste rijkdomsdeciel twee keer zo waarschijnlijk daar zal blijven dan iemand die in het laagste deciel is geboren. Deze resultaten suggereren dat in jager-verzamelaarspopulaties, zelfs die met uitgebreide voedseluitwisseling en andere egaliserende manieren (Cashdan 1982), de nakomelingen van degenen die beter af zijn, geneigd zullen zijn om dat ook te blijven, en omgekeerd telt hetzelfde principe.[21]

In tegenstelling tot wat bij een letterlijk kasboek het geval zou zijn, weet geen van de betrokken partijen precies hoe het volledige 'kasboek' van schelpsieraden eruitziet. Als jij en ik een transactie aangaan, kennen we geen van beiden het totale aantal schelpsieraden in ons gebied. Toch weten we welke eigenschappen ze hebben, hoe moeilijk ze te maken zijn en hoe vaak anderen ze dragen. Op basis daarvan schatten we hun zeldzaamheid in en bedenken we hoeveel we ervoor zouden willen ruilen.

Schelpkralen (of, in bredere zin, goederengeld) fungeren als een gedecentraliseerd, natuurlijk kasboek. Door schelpen in ruil voor iets waardevols aan iemand over te dragen, werken we de 'stand' in dit kasboek bij, en ons fysieke bezit van de kralen geeft de actuele status weer. Hoewel alle deelnemers ieder hun eigen stukje van dit kasboek beheren, is er niemand die de volledige status kent.

Wie beheert dit kasboek? Voor het grootste deel is het antwoord: 'de natuur'. In de praktijk betekent dit dat geen persoon of groep het systeem naar eigen inzicht bestuurt. Het maken van schelpsieraden vereist namelijk het gebruik van energie en tijd (met de juiste materialen en technieken), waardoor valsspelen niet zo eenvoudig is. Aangezien kustbewoners hun vrije tijd rechtstreeks kunnen besteden aan het maken van schelpsieraden, terwijl bewoners van het binnenland hun overtollige hulpbronnen eerst ruilen tegen veelzijdige schelpsieraden, wordt de waarde van schelpen als maatstaf voor overtollige tijd en hulpmiddelen bepaald. Zo fungeren ze als opslagmedium voor 'spaargeld' en 'waarde' — vaak met tal van ceremoniële tradities rond het productieproces.

In extreme gevallen, of waar de technologische kloof groot is, ligt het beheer van het kasboek echter bij degene met de meest geavanceerde technologie. Dit goederengeldsysteem blijft werken zolang alle deelnemers min of meer dezelfde productieve mogelijkheden hebben (wat in grote delen van de wereld eeuwenlang het geval is geweest). Maar wanneer een zeer ge-

21 Smith et al., *Wealth Transmission*, 31.

avanceerde samenleving de oceaan oversteekt en ontdekt hoe schelpengeld hier wordt ingezet, kan ze wellicht meer kralen produceren per arbeidseenheid dan wie dan ook. Daarmee kunnen ze de waarde van schelpsieraden doen dalen door de markt te overspoelen. Zo krijgen ze toegang tot talloze middelen, terwijl het voor de inheemse stammen tijd kost om te beseffen dat deze nieuwe groep de productie erg snel kan opvoeren. Gaandeweg vermindert de zeldzaamheid van schelpsieraden, en daarmee hun waarde.

Zoals we in het volgende hoofdstuk zullen zien, is de geschiedenis van goederengeld nauw verbonden met technologische ontwikkeling. Bepaalde typen goederengeld bieden eeuwenlang een eerlijk kasboeksysteem, totdat de technologie zo ver gevorderd is dat één groep plots een oneerlijk voordeel krijgt. Hierdoor wordt iedere deelnemer tot aanpassing gedwongen, op straffe van verlies.

HOOFDSTUK 2

DE EVOLUTIE VAN GOEDEREN ALS GELD

Zoals in het vorige hoofdstuk is aangetoond, hebben mensen in kleine familie- en vriendenkringen geen geld nodig. Ze regelen hun onderlinge zaken vaak via een informeel mondeling kasboekje, waarin wordt bijgehouden wie de groep meerwaarde biedt en wie niet. In zulke kleine groepen lossen mensen op natuurlijke wijze 'het probleem van ruilhandel' op, vaak door flexibele sociale kredieten nog voordat het probleem zich daadwerkelijk voordoet. Groepen die regelmatig handel drijven met andere, ongerelateerde groepen of die landbouw ontwikkelen en daardoor grotere, stabielere populaties vormen dan de typische stamgrootte, zullen onvermijdelijk een vorm van geld gaan gebruiken. Dit biedt hen een meer liquide, deelbare, draagbare en algemeen geaccepteerde rekeneenheid voor het opslaan en uitwisselen van waarde met mensen die ze niet persoonlijk kennen. Naast sociale kredietsystemen vertrouwen ze ook op de 'kasboeken van de natuur', zodat ze het 'samenvallen van behoeften' omzeilen en het succes van hun handel vergroten.

Voor buitenstaanders lijkt het gebruik van verzamelbaar protogeld soms vreemd, vooral omdat het maken ervan veel arbeid kost. Waarom zou iemand zoveel tijd besteden aan het vervaardigen van bijvoorbeeld schelpsieraden? Is dat geen verspilling van middelen in een survivalomgeving van jager-verzamelaars, waar elk hulpmiddel waardevol is en meer dan een derde van de kinderen niet eens de volwassenheid bereikt? Het antwoord is dat dit werk in tijden van overvloed een slimme investering kan zijn en zich ruimschoots terugverdient. Een standaard ruil- en waardeopslagmiddel maakt andere economische transacties immers veel efficiënter.

Naarmate een economie complexer wordt, stijgt het aantal mogelijke ruiltransacties voor verschillende goederen en diensten. Stel dat een samenleving vijf verschillende producten maakt; dan zijn er tien unieke handelsparen. Bij twintig producten zijn dat er 190, en bij honderd producten zelfs 4.950. Ruilhandel tussen willekeurige goederen wordt dan enorm inefficiënt, behalve voor de meest basale behoeften.

Wanneer het aantal complexe of vertrouwensarme interacties toeneemt en flexibel sociaal krediet niet langer voldoet, is het logisch dat een samenleving een standaardrekeneenheid of een vorm van geld ontwikkelt. Dit geld vervult in elke ruiltransactie de rol van tegenpartij.

Uit de beschikbare activa in een samenleving worden meestal een of twee goederen geselecteerd die het meest schaars, deelbaar, duurzaam, draagbaar en liquide zijn. Deze goederen komen bovendrijven als geld. Denk aan een appelboerin die hulp nodig heeft van een smid, een veeboer en een timmerman, en daarnaast medicijnen wil kopen voor haar kinderen bij een arts. Ze kan onmogelijk telkens mensen vinden die op dat moment precies haar appels willen ruilen tegen deze uiteenlopende diensten en producten. Een uitgebreid ruilhandelssysteem zoals bij buren is hier niet praktisch. Daarom verkoopt ze haar seizoensgebonden en bederfelijke appels voor een duurzame, algemeen geaccepteerde spaareenheid, waarmee ze die diensten en producten later kan aanschaffen.

In 1776 beschreef Adam Smith in *The Wealth of Nations* hoe geld ontstaat als oplossing voor de problemen van ruilhandel. Krediettheoretici plaatsen vraagtekens bij zijn voorbeeld en de volgorde van gebeurtenissen rond ruilhandel in het algemeen. Deze bezwaren, en het bredere debat daarover, worden uitgebreid behandeld in Hoofdstuk 4 van dit boek. De Oostenrijkse economische denkrichting, opgericht door Carl Menger in de late 19e eeuw en verder ontwikkeld door onder anderen Ludwig von Mises en Friedrich Hayek, heeft na Smith vooral de nadruk gelegd op goederengeld. Volgens deze benadering moet geld deelbaar, draagbaar, duurzaam, fungibel, verifieerbaar en schaars zijn, en het heeft vaak ook enige intrinsieke nuttigheid. Allerlei soorten geld kunnen aan deze kenmerken worden getoetst:

- **Deelbaar**: het moet in kleinere eenheden kunnen worden opgesplitst die geschikt zijn voor uiteenlopende aankopen.
- **Draagbaar**: het moet eenvoudig te verplaatsen zijn en veel waarde moeten bevatten in weinig gewicht.
- **Duurzaam**: het moet gemakkelijk gedurende lange tijd kunnen worden opgeslagen zonder kwaliteitsverlies.
- **Fungibel**: elke eenheid is inwisselbaar voor een andere eenheid van hetzelfde geld.
- **Verifieerbaar**: de verkoper van goederen of diensten moet snel kunnen controleren of het geld echt is en geen vervalsing.

- **Schaars**: de totale beschikbare hoeveelheid mag niet snel toenemen.
- **Nuttig**: het goed heeft in veel gevallen ook een andere, op zichzelf wenselijke toepassing, bijvoorbeeld een nuttige of esthetische.

Al deze eigenschappen samen maken geld het 'meest verhandelbare goed' in een samenleving. Het is universeel in de zin dat iedereen het wil hebben of inziet dat het eenvoudig ruilbaar is tegen iets wat hij of zij wél wil. Carl Menger betoogt in *On the Origin of Money* dat ideaal geld waarde over zowel ruimte als tijd kan transporteren. Dit houdt in dat het efficiënt over afstanden kan worden verplaatst en ook kan worden bewaard voor toekomstige aankopen.[22] Bovendien is liquiditeit een essentieel onderdeel van verhandelbaarheid: iemand moet relatief grote hoeveelheden van dit geld kunnen kopen of verkopen zonder al te veel waarde te verliezen door forse prijsverschillen of een gebrek aan handelsvolume. Liquiditeit is in zekere zin een graadmeter voor de mate van acceptatie: hoe breder iets wordt geaccepteerd, hoe groter de liquiditeit.

Schaarste speelt vaak de beslissende rol bij de keuze tussen twee concurrerende vormen van goederengeld. Maar het draait niet alleen om zeldzaamheid: als iets té zeldzaam is, verliest het juist liquiditeit, omdat bijna niemand ermee kan handelen. Een cruciaal begrip is de zogeheten stock-to-flow-ratio. Die ratio meet de hoeveelheden bestaande voorraad van een bepaald goed in een regio of wereldwijd (*stock*), gedeeld door de hoeveelheid nieuw aanbod die in een jaar kan worden geproduceerd (*flow*).

Goudontginners voegen elk jaar ongeveer 1,5% aan nieuwe goudvoorraad toe aan de geschatte bovengrondse wereldvoorraad van goud.[23] Een kenmerk van goud is bovendien dat het niet wordt verbruikt, in tegenstelling tot de meeste andere goederen: de voorraad wordt telkens opnieuw omgesmolten of in een andere vorm opgeslagen.

Goud vergaat of roest niet zoals de meeste materialen en is moeilijk af te breken. Chemisch gezien is het inert en vormt het nauwelijks verbindingen. Je kunt het eindeloos omsmelten, of oplossen in bepaalde zuren en daarna weer filteren. Het kan zich verspreiden, maar uiteindelijk niet vergaan zoals andere materialen. Daardoor kan het altijd weer worden teruggewonnen. Behalve kleine beetjes die in elektronische circuits verloren zijn gegaan of scheepswrakken op de zeebodem, is het meeste ooit gedolven goud nog altijd in menselijk bezit, en zelfs de verloren voorraden zouden kunnen

22 Carl Menger, *On the Origin of Money*.
23 Nuno Palma, *The Real Effects of Monetary Expansions: Evidence from a Large-Scale Historical Experiment*; Saifedean Ammous, *The Bitcoin Standard: The Decentralized Alternative to Central Banking*, 28-29.

worden geborgen als de prijs hoog genoeg is. Er wordt wel gezegd dat goud praktisch onverwoestbaar is.[24]

Doordat goud onafgebroken wordt gewonnen en er vrijwel geen verlies optreedt van reeds gedolven goud, ligt de stock-to-flow ratio rond 100/1,5, wat een gemiddelde van 67 oplevert. Dit is de hoogste stock-to-flow ratio van alle goederen. Volgens schattingen van de *World Gold Council* heeft de wereldvoorraad gezamenlijk 67 jaar aan gemiddelde jaarproductie in handen. De groeisnelheid van die voorraad varieerde de afgelopen eeuw tussen 1 en 2%. Dat is een opvallend kleine marge.[25] Zelfs in de jaren zeventig, toen de goudprijs sterk steeg ten opzichte van de dollar, beïnvloedde dit de jaarlijkse procentuele uitbreiding van de bestaande voorraden nauwelijks. Tot dat moment waren de enige perioden waarin de verfijnde goudvoorraad duidelijk sneller toenam, de tijden waarin industriële samenlevingen nieuwe, relatief gemakkelijk te winnen goudafzettingen ontdekten op andere continenten of nieuwe methoden ontwikkelden om eerder economisch onrendabele afzettingen alsnog winstgevend te maken.

Zodra een goed een monetaire premie bovenop de onderliggende gebruikswaarde krijgt, worden marktspelers sterk gestimuleerd om meer van dat goed te produceren. Alleen goederen die bestand zijn tegen een toename in aanbod, in verhouding tot de totale bestaande voorraad, kunnen deze druk weerstaan. Daarom worden ze in de hele wereld erkend en geaccepteerd als geld.

Tegelijkertijd is een middel dat zo zeldzaam is dat bijna niemand het bezit, mogelijk waardevol door zijn nuttige toepassingen, maar nauwelijks bruikbaar als geld. Het is niet voldoende liquide en wordt slechts door weinigen geaccepteerd, wat leidt tot hoge aan- en verkoopkosten. Sommige chemische elementen, zoals rhodium, zijn zeldzamer dan goud, maar hebben een lage stock-to-flow ratio omdat ze door de industrie even snel worden verbruikt als gedolven. Een rhodiumstaaf of munt kan als niche-object of waardeopslag dienstdoen, maar is niet geschikt als algemeen betaalmiddel. Hetzelfde geldt voor meteorieten of andere uiterst zeldzame voorwerpen. Vanaf 2022 zijn er in de Verenigde Staten in totaal 1.878 meteorieten gevonden, en elders in de wereld tienduizenden.[26] Dat maakt meteorieten weliswaar zeldzame en kostbare verzamelobjecten, maar geen goed geld. Rhodiumstaven of meteorieten bieden simpelweg te weinig liquiditeit en deelbaarheid om als geld te dienen.

Een blijvend hoge stock-to-flow ratio blijkt de meest geschikte manier

---

24 Ammous, *The Bitcoin Standard*, 27-28.

25 World Gold Council, *Above-Ground Stock*.

26 Randy Korotev, *Meteorite Numbers in the United States, Canada, and Mexico*, Washington University in St. Louis.

om de schaarste van iets dat als geld kan functioneren te meten. Deze ratio, in combinatie met andere eerdergenoemde kenmerken, is belangrijker dan alleen absolute zeldzaamheid. Een middel met een hoge stock-to-flow ratio is lastig te produceren, maar wordt toch in substantiële hoeveelheden vervaardigd, verspreid en bewaard, doordat het ofwel heel traag of helemaal niet wordt geconsumeerd. Deze zeldzame mix van eigenschappen stelt iets in staat om dienst te doen als geld, in plaats van alleen als verzamelobject.

Vroeger fungeerden diverse voorwerpen als geld, zoals stenen, kralen, veren, schelpen, zout, vachten, stoffen, suiker, kokosnoten, vee, koper, zilver en goud. Elk van deze mogelijkheden had andere scores voor de eerdergenoemde geldfuncties en kende sterke en zwakke kanten. Vaak werden er minstens twee soorten geld tegelijk gebruikt, omdat geen enkel afzonderlijk goed aan alle eisen voldeed.

Zout is deelbaar, duurzaam, verifieerbaar, fungibel en nuttig. Toch heeft het per volume- of gewichtseenheid niet zoveel waarde en is het ook niet erg schaars. Daarom scoort het laag op draagbaarheid en schaarste. De term 'salaris' is afgeleid van het Latijnse 'salarium', wat duidt op beloning in de vorm van zout.

Goud presteert op vrijwel alle kenmerken het sterkst en heeft veruit de hoogste stock-to-flow ratio. De enige zwakte ten opzichte van sommige andere goederen is dat goud minder goed deelbaar is. Zelfs een kleine gouden munt vertegenwoordigt al meer waarde dan veel alledaagse aankopen en omvat een grote hoeveelheid arbeid. Daarmee is goud de koning onder de goederen. Als sieraad is het feitelijk een technologische vervolgontwikkeling op schelpsieraden. De meest gangbare toepassing is het gebruiken van goud als zichtbaar en draagbaar symbool van welvaart, onafhankelijk van cultuur. Het is een goed dat je makkelijk kunt meenemen en inzetten om jouw sociale status te tonen.

Gedurende een groot deel van de menselijke geschiedenis was zilver het meest gebruikte geld. Voor bijna alle monetaire eigenschappen, na goud, scoorde zilver het beste. Het had ook de op één na hoogste stock-to-flow ratio. Op het gebied van deelbaarheid overtreft zilver goud omdat kleine zilveren munten bij uitstek geschikt zijn voor dagelijkse betalingen. Daardoor wordt zilver ook wel de koningin onder de goederen genoemd — net als bij schaken vormt de koning de kern, terwijl de koningin het meest wendbare stuk is.

Hierdoor gebruikten vermogende mensen goud doorgaans voor langetermijnopslag en als methode om rijkdom te tonen. Zij rekenden er ook grotere aankopen mee af. Zilver was juist een meer tactisch geld: het werd gebruikt als waardeopslag en algemeen betaalmiddel voor de meeste werkende mensen. Zo ontstonden in veel regio's systemen waarin twee metalen fungeerden als geld, ondanks de uitdagingen die meervoudig geldgebruik met zich meebrengt, vooral vanwege de beperkte deelbaarheid van goud.

Hoe komt het dat goud en zilver alle andere goederengeldvormen hebben overvleugeld en tot in onze tijd als bruikbaar geld aanwezig zijn? Dit heeft alles te maken met hun vermogen om hoge stock-to-flow ratio's te handhaven, zelfs in het licht van menselijke technologische vooruitgang en een aanzienlijke monetaire premie. Ze bleven op lange termijn schaars en waren naast duurzaam ook draagbaar, deelbaar, opnieuw te vormen én universeel aanvaard en aangehouden.

De koopkracht van een monetair goed bestaat uit twee componenten: de gebruikswaarde en de monetaire premie die bovenop die gebruikswaarde komt. De gebruikswaarde is de waarde die het goed ontleend aan het daadwerkelijke gebruik van het goed, bijvoorbeeld bij consumptie of productie. De monetaire premie is de extra waarde omdat talloze mensen het goed aanhouden als spaarmiddel, met name als er geen geschikt alternatief voorhanden is. Een monetair goed verschilt van een ander goed doordat men het niet uitsluitend voor het uiteindelijke doel gebruikt, maar ook bewaart in de wetenschap dat het op een later moment moeiteloos is te verkopen. De waarde van niet-monetaire goederen, zoals olie, wordt overwegend ontleend aan hun gebruikswaarde en productievoorraad, en slechts weinig mensen houden olie op grote schaal vast. De belangrijkste monetaire goederen, zoals goud, trekken echter brede vraag vanwege bezit door personen die het niet gebruiken in de traditionele zin, wat de algehele marktwaarde flink opdrijft. Mensen bewaren bijvoorbeeld een gouden munt niet vanwege een specifiek industrieel nut, maar omdat goud veelzijdig is, zijn waarde behoudt en over de hele wereld makkelijk te verhandelen is.

De monetaire premie – de extra waarde bovenop het praktische nut – is een sterke permanente prikkel voor mensen om steeds meer van zo'n product te vervaardigen. Alleen de goederen met de hoogste stock-to-flow ratio, dus de grootste schaarste, kunnen die prikkel op de lange termijn weerstaan. Andere activa, zoals woningen aan het water of kunstwerken, kunnen ook een monetaire premie hebben, omdat ze vaker als investering worden gehouden dan voor hun direct nut. Daar staat tegenover dat niet-monetaire activa niet dezelfde mate van draagbaarheid, liquiditeit, fungibiliteit en deelbaarheid bieden als goud of andere vormen van geld.

Sommige mensen zien geld als een gedeelde illusie: volgens hen kan elk object dienen als geld zolang iedereen er maar in gelooft. Paperclips zouden bijvoorbeeld kunnen fungeren als geld als we dat met z'n allen afspreken. Dat lijkt misschien logisch, maar heeft een zwakke basis. Kan de voorraad van dat 'geld' namelijk snel worden uitgebreid, dan kan ook ieders spaargeld in snel tempo minder waard worden. Bovendien stimuleert de monetaire premie mensen om snel extra productie te realiseren als dat mogelijk is. Als er niet goed wordt nagedacht over de keuze van het nationale geld, kan een individu die illusie doorprikken en zelf met een enorme hoeveelheid extra 'geld' komen. Buitenstaanders uit een andere economie zouden zich hierop kunnen storten, die 'collectieve illusie' benutten en in korte tijd veel waarde weghalen. Alleen de meest schaars te produceren geldvormen zijn bestand tegen dit probleem en blijven daarom duurzaam in gebruik. Schelpengeld is daarin een goed voorbeeld: het functioneerde in diverse regio's duizenden jaren, maar werd uiteindelijk onbruikbaar door de industrialisering. Ook pels, vee, zout, tabak en andere vormen van geld hebben historische waarde als betaalmiddel, maar raakten gaandeweg achterhaald. Ze vervulden hun rol totdat de technologische vooruitgang hen overbodig maakte. In de volgende paragrafen zien we hiervan verschillende voorbeelden.

SCHELPEN

Zoals eerder vermeld, werden schelpen in delen van Amerika, Afrika en Azië langdurig gebruikt. In sommige gebieden hadden ze vooral een ceremoniële betekenis, terwijl ze in andere regio's juist dienden om te betalen en te handelen. De wampum-variant, bekend aan de oostkust van Noord-Amerika, had onder de stammen die het gebruikten voornamelijk een ceremoniële waarde. Toch integreerden kolonisten uit New England wampum al in de vroege 17e eeuw in hun eigen geldsysteem. Soms gold er een vaste wisselkoers, waarbij een bepaald aantal schelpen gelijkstond aan de Europese munten.[27] Paarse wampum was schaarser en daardoor twee keer zo waardevol als witte wampum.

Op den duur verdwenen de wetten rond vaste wisselkoersen en kreeg wampum een marktwaarde. In 1812 richtte John Campbell in New Jersey de Campbell Wampum-molen op. Door moderne boortechnieken kon men nu sneller en op grotere schaal wampum-kralen produceren.[28] John Jacob Astor van de *American Fur Company* kocht deze industrieel vervaardigde wampum om vachten te ruilen bij inheemse volkeren in Canada. Op de langere termijn werd schelpengeld, in al zijn varianten, uiteindelijk ingehaald door de industriële productiecapaciteit. Metalen gereedschappen en andere vormen van technologie maakten dat schelpengeld minder ge-

---

27 Claire Priest, *Currency Policy and Legal Development in Colonial New England*, The Yale Law Journal, 1324-1326; Glyn Davies, *A History of Money: From Ancient Times to the Present Day*, 40-41.

28 Kristin Beuscher, *From Pasack to the Plains*, Northern Valley Press, 21 mei 2019.

schikt werd als waardeopslag. Toch blijven bepaalde vormen van wampum behouden voor plechtigheden en symbolische doeleinden, vooral om cultureel erfgoed levend te houden.

TABAK

Vanaf de vroege 17e eeuw gebruikten Virginia, Maryland en North Carolina tabak als betaalmiddel. Dit was zelfs officieel erkend. Al snel ontstonden er problemen, vergelijkbaar met de industrialisatie van wampumschelpen. Omdat tabak een monetaire premie kreeg bovenop zijn gebruikswaarde, was er een sterke prikkel om meer tabak te verbouwen en zo die extra waarde te bemachtigen. Tabak bleek echter niet schaars genoeg om die premie te behouden.[29] De enorme toename van het tabaksaanbod zorgde namelijk voor een flinke prijsinflatie van goederen en diensten in verhouding tot tabak. De koloniale regeringen probeerden dit overschot te reguleren door tabaksproductie te beperken tot bepaalde bevolkingsgroepen, waardoor kunstmatige schaarste ontstond.[30] Met andere woorden, alleen door de overheid aangewezen telers mochten nieuwe 'tabaksgeld'-eenheden maken. Deze strategie was allesbehalve perfect en bleek op de lange termijn niet vol te houden.

Een tweede probleem was dat tabak niet volledig fungibel is. Er bestaan immers verschillende kwaliteiten tabak, die niet allemaal dezelfde waarde vertegenwoordigen. Als een vaste wisselkoers werd aangehouden, loonde het om de beste tabak internationaal te verkopen en de mindere kwaliteit als betaalmiddel in te zetten. Daarom kwamen er magazijnen waarin de tabak werd beoordeeld en wettig opgeslagen, wat leidde tot gestandaardiseerde papieren vorderingen op tabak. Zo ontstond als het ware een 'tabaksstandaard', maar de houder van een ontvangstbewijs liep niet alleen het risico dat de tabakswaarde met de tijd daalde, maar ook dat de uitgever van die bewijsstukken niet kon leveren.[31]

Kortom, bij tabak bleef de verleiding groot om de productie op te schroeven. Goud heeft standgehouden tegen deze druk, maar tabak niet. In de begindagen van de zuidelijke koloniën kon tabak als geldsoort nog voor voldoende liquiditeit zorgen, maar naarmate de samenleving groeide en ontwikkelde, bleek deze vorm van geld steeds minder houdbaar. De overheid probeerde de levensduur van dit systeem nog te verlengen, maar uit-

29 Milton Friedman, *Understanding Inflation*, 3:01-5:28.
30 Ron Mitchener, *Money in the American Colonies*, EH.net.
31 Sharon Ann Murphy, *Other People's Money: How Banking Worked in the Early American Republic*.

eindelijk werd het volledig afgeschaft.[32]

CACAO

Cacaobonen dienden lang als betaalmiddel in delen van Meso-Amerika. De Azteken, Maya's en andere volkeren gebruikten cacaobonen zowel als betaalmiddel als voor cultusdoeleinden. Ze werden bijvoorbeeld gebruikt om er medicinale drank van te maken.[33] Deze cacaodrank werd steeds populairder bij Europese edellieden naarmate de 'Nieuwe Wereld' bekender werd. Maar in de loop van de tijd is cacao steeds breder beschikbaar geworden. De industriële verwerking van chocolade en de wereldwijde handel in cacao hebben de schaarste ondermijnd die het voorheen tot een bruikbaar betaalmiddel maakte.[34]

Net als veel pre-industriële samenlevingen maakten deze beschavingen gebruik van flexibele sociale krediet- en ruilsystemen. Ze gebruikten één of twee zeer verhandelbare goederen als middel om de handel te bevorderen. Schaarse en liquide goederen hebben de neiging om als geld te fungeren in situaties waar krediet niet voldoende is. De Azteken kenden ook koperen munten, die waren vormgegeven als decoratieve schoffels of stompe bijlen. Duizenden cacaobonen konden worden geruild voor zo'n koperen munt wanneer iemand grotere transacties wilde uitvoeren of liquide rijkdom voor een langere periode wilde opslaan in een compacte en draagbare vorm.[35]

Toen de Europeanen in Amerika arriveerden, gebruikten de lokale beschavingen cacao en koper als geld. Maar net als op andere plekken in de wereld werd dit gebruik uiteindelijk vervangen door schaarser geld.

RAI-STENEN

Op het eiland Yap, in de Zuidelijke Stille Oceaan, gebruikten de bewoners enorme stenen als geld. Deze rai-stenen, ook wel fei-stenen genoemd, zijn ronde schijven met een gat in het midden en zijn in verschillende maten verkrijgbaar. Ze variëren van een paar centimeter tot meer dan drie meter in diameter. Ook zijn er veel stenen van minstens een meter breed, die meer dan honderd kilo wegen. De grootste exemplaren zijn zelfs meer dan drie meter breed en wegen meer dan een ton.[36]

---

32 Farley Grubb, *Colonial Virginia's Paper Money, 1755–1774*; Barry Eichengreen, *Exorbitant Privilege: The Rise and Fall of the Dollar and the Future of the International Monetary System*, 9-11.

33 Stefania Moramarco en Loreto Nemi, *Nutritional and Health Effects of Chocolate*, 134-135.

34 Ingrid Fromm, *From Small Chocolatiers to Multinationals to Sustainable Sourcing: A Historic Review of the Swiss Chocolate Industry*, 73.

35 Dudley Easby, *Early Metallurgy in the New World*, 77.

36 Milton Friedman, *Monetary Mischief*, 3-7.

Het is opmerkelijk dat zowel Oostenrijkse economen als MMT-economen (Moderne Monetaire Theorie) dit voorbeeld aanhalen. Dit is interessant omdat deze twee stromingen heel verschillende opvattingen hebben over wat geld is. Oostenrijkse economen zien geld doorgaans als een handelswaar, terwijl chartalisten – en MMT-economen in hun huidige vorm – geld beschouwen als een openbaar kasboek.[37] Deze standpunten kunnen met elkaar in overeenstemming worden gebracht door te begrijpen dat goederengeld fungeert als een kasboek, waarbij de natuur optreedt als de beheerder van dat kasboek. Deze verzoening wordt verder besproken in Hoofdstuk 4.

Wat de rai-stenen uniek maakte, was dat ze vervaardigd waren uit een bijzonder soort kalksteen dat op het eiland zelf niet te vinden was. De inwoners van Yap reisden 400 kilometer naar het nabijgelegen eiland Palau om daar de kalksteen te winnen en deze vervolgens terug naar Yap te brengen.

Ze zonden een groot team naar dat verre eiland om de rotsen uit te hakken in gigantische platen en deze op houten boten terug te brengen. Stel je voor dat je een steen van enkele tonnen over 400 kilometer open oceaan vervoert op een houten boot. Gedurende de jaren stierven sommige mensen tijdens dit proces. Het vergde een enorme hoeveelheid tijd, inspanning en heeft ook veel gevaar met zich meegebracht.

Zodra de grote exemplaren waren omgevormd tot rai-stenen op Yap, werden ze niet meer verplaatst. Het eiland is klein en alle stenen werden gecatalogiseerd via mondelinge traditie. Een eigenaar kon zijn steen ruilen voor andere waardevolle goederen of diensten. In plaats van de steen fysiek te verplaatsen, kondigde de gemeenschap aan dat iemand anders voortaan de eigenaar was van de steen.[38] In die zin fungeerden de rai-stenen als een echt kasboek, en ze verschillen eigenlijk niet veel van ons huidige monetaire systeem. Het kasboek registreert wie wat bezit, en dit specifieke systeem werd mondeling bijgehouden. Dat kan natuurlijk alleen goed functioneren in een kleine gemeenschap.

Tegen de tijd dat Europeanen dit documenteerden, waren er duizenden rai-stenen op Yap. Deze stenen vertegenwoordigden generaties van delven, transport en bewerking. Rai-stenen hadden hierdoor een hoge stock-to-flow ratio, wat een van de belangrijkste redenen was dat ze als geld konden worden gebruikt.

In de late jaren 1800 kwam een Ier, David O'Keefe, toevallig op het eiland en begreep hij het concept van de rai-stenen. Met zijn geavanceerdere technologie kon hij eenvoudig steen uit Palau halen en deze naar Yap trans-

37 William Luther en Alexander Salter, *Synthesizing State and Spontaneous Order Theories of Money*.

38 Friedman, *Monetary Mischief*, 4.

porteren om rai-stenen te maken. Hierdoor werd hij de rijkste man van het eiland. Hij kon de lokale bevolking voor zich laten werken en ruilde met hen verschillende goederen. In een artikel voor *Smithsonian Magazine*, geschreven door Mike Dash, wordt dit als volgt samengevat:

> Toen de Ier Yap beter leerde kennen, ontdekte hij dat er slechts één soort handelswaar was die de lokale bevolking begeerde: het 'stenen geld' waar het eiland om bekendstond. Dit geld werd gebruikt bij bijna alle transacties van hoge waarde op Yap. De munten waren gedolven uit aragoniet, een speciaal soort kalksteen dat glinstert in het licht. Het was waardevol omdat het niet op het eiland te vinden was. O'Keefe's genialiteit lag in het besef dat hij, door de stenen voor zijn nieuwe vrienden te importeren, deze kon ruilen voor arbeid op de kokosplantages van Yap. De Yapezen hadden weinig interesse in hard werken voor de artikelen van de handelaar, die elders in de Stille Oceaan gangbare valuta waren. Zoals een bezoeker het verwoordde: 'Als al het voedsel, de drank en de kleding direct beschikbaar zijn, is er geen ruilhandel en geen schuld.' Maar voor stenen geld waren ze bereid om als bezetenen te werken.[39]

In wezen zorgde betere technologie ervoor dat de stabiliteit van de stock-to-flow ratio van de rai-stenen werd doorbroken, omdat deze het aanbod van stenen drastisch verhoogde. Buitenlanders zoals O'Keefe, die beschikten over geavanceerdere technologie, konden de stenen voortdurend naar het eiland brengen. Hierdoor werden ze de rijkste mensen op het eiland, verhoogden ze het aanbod en verminderde de economische waarde van de stenen in de loop der tijd.

De lokale bevolking was echter slim en vond uiteindelijk een manier om dit proces te beperken. Ze gingen oudere stenen meer waarderen, omdat deze bewijsbaar tientallen of zelfs honderden jaren geleden met de hand waren gedolven en daarmee zeldzaam bleven. Dit is vergelijkbaar met het feit dat nieuwe kunstwerken de waarde van Vincent van Gogh niet aantasten. Ondanks de voortdurende productie van nieuw werk, zal Van Gogh nooit meer nieuwe schilderijen maken. Hierdoor stijgt de prijs van zijn schilderijen eerder dan dat deze door de nieuwe aanvoer van andere kunstenaars afneemt. Desondanks was het duidelijk dat rai-stenen niet langer een goed monetair systeem vormden.

De situatie werd minder rooskleurig. Dit wordt verder toegelicht in het artikel van Dash voor het *Smithsonian* artikel:

> Na de dood van O'Keefe en met de Duitsers die zich op het eiland vestig-

39 Mike Dash, *David O'Keefe: The King of Hard Currency*, Smithsonian Magazine, 28 juli 2011.

den, begonnen de zaken voor de Yapezen na 1901 slecht te verlopen. De nieuwe heersers dwongen de eilandbewoners om een kanaal door de archipel te graven. Toen de Yapezen weigerden, namen de Duitsers hun stenen geld in beslag. Ze ontsierden de munten met zwart geverfde kruisen en vertelden hun onderdanen dat ze deze alleen konden terugkrijgen door hard te werken. Het ergste was dat de Duitsers een wet invoerden die de Yapezen verbood meer dan 400 kilometer van hun eiland te reizen. Dit maakte het onmogelijk om fei te halen, hoewel de munteenheid nog steeds in gebruik bleef, zelfs nadat de eilanden door de Japanners in beslag waren genomen en later door de Verenigde Staten in 1945 bezet werden.[40]

Veel stenen werden door de Japanse indringers tijdens de Tweede Wereldoorlog meegenomen en gebruikt als geïmproviseerde ankers of bouwmaterialen. Dit leidde tot een afname van het aantal stenen op het eiland.

Rai-stenen waren een opmerkelijke vorm van geld in hun tijd, hoewel ze behalve hun decoratieve waarde verder geen praktisch nut hadden. Ze fungeerden vooral als een middel om rijkdom te tonen en vast te leggen, en niet veel meer dan dat. In feite waren ze een van de vroegste voorbeelden van een formeel openbaar register, omdat veel van de stenen op hun plaats bleven en alleen mondelinge verslagen – of later, fysieke markeringen door de Duitsers – aangaven wiens eigendom ze waren.

VEREN

In allerlei culturen hebben mensen veren ingezet als geldachtige objecten. Vooral veren van majesteitelijke vogels, zoals adelaars en papegaaien, werden hooggewaardeerd vanwege hun felheid of grootte. Soms hadden deze veren een ceremoniële betekenis. Denk aan adelaarsveren in hoofdtooien van stamoudsten. In andere gevallen werden ze informeel verzameld en geruild als decoratieve curiositeit.[41] Een nadeel van veren is dat ze kwetsbaar zijn en na verloop van tijd gemakkelijk beschadigen.

Op de Salomonseilanden vervaardigden ambachtslui het zogeheten veergeld door rode veren van honderden kleine scharlaken dwerghoningeters te verwerken in riemen, samen met hars en andere materialen. Deze riemen waren relatief duurzaam en dienden als een unieke vorm van veergeld. Toch waren ze geografisch en cultureel zeer beperkt wat betreft bruikbaarheid en verhandelbaarheid.

40 Dash, *O'Keefe*.
41 David Jones, *Native North American Armor, Shields, and Fortification*, 41.

AFRIKAANSE KRALEN

Ruilkralen werden eeuwenlang toegepast als betaal- en ruilmiddel in delen van West-Afrika, minstens sinds de 14e eeuw. Diverse zeldzame materialen zoals koraal, barnsteen en glas dienden als grondstof voor deze kralen. Venetiaanse glazen kralen vonden geleidelijk aan hun weg naar West-Afrika via handelsroutes. De Marokkaanse ontdekkingsreiziger Ibn Battuta beschreef in de 14e eeuw hoe reizigers en handelaren de Sahara overstaken met kralen als betaalmiddel.[42] Emil Sandstedt verwijst in zijn boek *Money Dethroned: A Historical Journey* naar Ibn Battuta en diens observaties van geldpraktijken in West-Afrika:

> Een reiziger in dit land neemt geen proviand mee – simpel voedsel of kruiden – en ook geen goud of zilver. Hij neemt enkel stukjes zout en glazen sieraden mee, die de mensen kralen noemen, en enkele aromatische goederen.[43]

In deze pastorale samenlevingen, waarin mensen veel op reis waren, konden sierlijke kralen gemakkelijk worden meegevoerd. Hun stock-to-flow-ratio bleef hoog omdat ze weinig versleten en weinig bijgemaakt konden worden met de lokale technieken.

Met de komst van Europese zeevaarders veranderde dit plots. Europeanen hadden zelf glasblaastechnologie, waarmee ze in korte tijd grote hoeveelheden prachtige kralen konden produceren. Ze ruilden deze voor een scala aan goederen en zelfs mensen, in de vorm van slavenhandel.[44]

Zo werd de schijnbare schaarste van de kralen ondermijnd, en leden lokale samenlevingen grote verliezen. Zij bleven waardevolle bezittingen ruilen – variërend van landbouwproducten tot menselijke levens – voor kralen die in Europa in overvloed konden worden gemaakt.[45] Dit liet zien hoe catastrofaal het kan zijn om voor het 'verkeerde' geld te kiezen.

Voor de Europeanen was het niet zo eenvoudig om deze truc uit te voeren, omdat de voorkeuren van de Afrikanen voor bepaalde soorten kralen in de loop van de tijd veranderden. Verschillende stammen hebben namelijk verschillende voorkeuren. Dit doet denken aan de rai-stenen. Toen er door industriële technologie nieuwe rai-stenen sneller beschikbaar kwamen, begonnen de mensen op Yap de oude stenen meer te waarderen dan de nieuwe. In dit geval leken de smaken van de West-Afrikanen te variëren op basis van esthetiek en schaarste. Daarnaast wees deze praktijk erop dat deze vorm van geld een lagere fungibiliteit had. Dit maakte het min-

42 Emil Sandstedt, *Money Dethroned: A Historical Journey*, 43.
43 Emil Sandstedt, *Money Dethroned: A Historical Journey*, 43.
44 Emil Sandstedt, *Tales of Soft Money — The Trail of Beads*, Medium, 26 mei 2019.
45 Laure Dussubieux et al., *European Trade in Malawi: The Glass Bead Evidence*.

der betrouwbaar als ruilmiddel. Net als de rai-stenen konden de handelskralen hun hoge stock-to-flow ratio uiteindelijk niet behouden door technologische vooruitgang, waardoor ze uiteindelijk als betaalmiddel werden verdrongen.

JAPANS INVASIEGELD

Hoewel het niet per se als goederengeld werd beschouwd, gebruikte het keizerlijk Japan zwak geld om schaarse goederen en diensten te verkrijgen uit de regio's waar ze macht uitoefenden. Tijdens de Tweede Wereldoorlog, toen het keizerlijk Japan verschillende regio's in Azië binnenviel, veroverden ze de harde valuta van de lokale bevolking. In ruil daarvoor gaven ze een speciale papieren valuta uit, dat bekend stond als 'invasiegeld'.[46] De veroverde volkeren werden gedwongen om deze munteenheid te gebruiken en erin te sparen, terwijl die geen onderliggende waarde of schaarste had en uiteindelijk al zijn waarde verloor. Met deze aanpak confisqueerde Japan het spaargeld van haar onderdanen. Tegelijkertijd zorgde ze ervoor dat er een tijdelijke rekeneenheid beschikbaar bleef in die regio's, zodat economische transacties mogelijk bleven.

In mindere mate – zoals ik later in dit boek zal beschrijven – gebeurt dit helaas ook vandaag de dag in veel ontwikkelingslanden. Mensen sparen voortdurend in hun lokale fiatvaluta, waarvan de koopkracht ongeveer elke generatie dramatisch afneemt. Hierdoor verdwijnt hun spaargeld naar de machthebbers en de rijke klasse.

GRAAN

In het oude Babylon was de zilveren sjekel een belangrijke munteenheid, maar ook graan werd vaak als betaalmiddel gebruikt. Graan vormde de voedselbasis voor de regio, werd vaak gebruikt om daglonen te betalen en fungeerde vaak als rekeneenheid voor andere transacties.[47]

De Codex van Hammurabi, die bijna vierduizend jaar oud is, stelde graan vast als wettig betaalmiddel.

> 108. Als een herbergierster geen graan als betaling voor drank accepteert op basis van het bruto gewicht, maar geld aanneemt, en de prijs van de drank is lager dan die van het graan, dan zal zij schuldig worden bevonden en in het water worden geworpen.

46 Dazmin Daud, *A Study on Two Variaties of $100 Malaya Japanese Invasion Money (Pick #M8A)*, 43.

47 Goetzmann, *Money Changes Everything*, 59-69.

111. Als een herbergierster 60 ka bier op krediet verkoopt, ontvangt ze bij de oogst 50 ka graan als terugbetaling.

114. Als een man geen vordering in graan of geld heeft tegenover een andere man, maar toch betaling afdwingt, moet hij voor elke inbeslagname één derde mana zilver betalen.

115. Als een man een vordering in graan of geld op een ander heeft en hem in zijn huis gevangen zet; als de gevangene een natuurlijke dood sterft, betreft de schuldeiser geen schuld.[48]

Het is lastig om landbouwproducten als geld te gebruiken, omdat de geldvoorraad gedurende het jaar flink varieert. Tijdens het oogstseizoen komt er veel nieuw graangeld bij, maar naarmate het jaar vordert, neemt dit geld af omdat mensen het gebruiken voor de productie van brood en bier. Boeren vertrouwden vaak op schulden om hun betalingen te voldoen. Ze gebruikten hun oogst, mits deze succesvol was, om de schulden aan hun schuldeisers af te lossen die ze in de niet-oogstseizoenen hadden opgebouwd.

In veel samenlevingen, zoals deze, konden mislukte oogsten bijvoorbeeld financiële ondergang voor de boer betekenen. De boer en zijn gezinsleden konden dan schuldenaars of zelfs schuldslaven worden. Verschillende koningen vergeven periodiek schulden of legden beperkingen op aan schuldeisers. Dit gebeurde bijvoorbeeld door de schuldenaars te verontschuldigen voor bepaalde omstandigheden of door het aantal te verrichten diensten voor het aflossen van schulden te beperken.

48. Als een man een schuld heeft en een storm zijn veld overspoelt waardoor de oogst verloren gaat, of als er door een gebrek aan water geen graan is gegroeid, dan hoeft hij dat jaar geen graan aan de schuldeiser terug te geven. Hij moet zijn contract aanpassen en hoeft dat jaar geen rente te betalen.

117. Als een man in de schulden zit en hij zijn vrouw, zoon of dochter verkoopt of hen overdraagt voor een bepaalde dienstverlening, dan moeten ze drie jaar werken voor hun koper of meester. Vanaf het vierde jaar zijn zij weer vrij.[49]

Babylon biedt een van de vroegste voorbeelden van afgewogen maten, vaste valuta, geschreven kredietcontracten en formeel erkende betaalmiddelen. Koningen bepaalden de basisregels en grepen in wanneer het systeem structureel uit balans raakte. Tempels fungeerden als administratieve centra voor deze formele handel.

48 Hammurabi, *The Code of Hammurabi*, King of Babylon, 37-39.
49 Hammurabi, *Code of Hammurabi*, 27, 41.

VIDEOGAME-GELD

MMO-games (*massively multiplayer online*) vormen onbedoeld fascinerende economische experimenten. Ze scheppen eigen spelregels en infrastructuren, wat resulteert in unieke micro-economieën. Een bekend voorbeeld hiervan is de opkomst van een monetair goed in het online spel Diablo II. Dit populaire multiplayer-actiefantasiespel werd in 2000 uitgebracht en heeft miljoenen exemplaren verkocht (ook aan mij, als tiener). Verschillende mensen hebben door de jaren heen de speleconomie geanalyseerd, maar het was Gigi, de auteur van *21 Lessons,*[50] die het onderwerp in 2022 opnieuw onder mijn aandacht bracht.[51]

Diablo II had een in-game valuta die, zoals je in een fantasiewereld zou verwachten, *goud* werd genoemd. Toch was goud zo geprogrammeerd dat het niet de meest waardevolle vorm van geld in het spel bleek te zijn. Ten eerste was goud in de latere stadia van het spel in overvloed aanwezig, terwijl je personage een limiet had aan de hoeveelheid goud die het kon dragen. Ten tweede, wanneer je personage stierf, verloor je een deel van je goud, maar al je andere items kon je wel terugkrijgen. Door deze beperkingen kozen spelers er vaak voor om hun rijkdom in waardevolle items op te slaan.

Bovendien, omdat het een multiplayer spel was met veel zeldzame items en manieren om betere items te maken van minder waardevolle, wilden spelers natuurlijk met elkaar ruilen. In het spel waren er druïden, barbaren, paladijnen, tovenaressen en verschillende andere klassen. Binnen deze klassen konden spelers hun personages op diverse manieren aanpassen, met meerdere mogelijkheden voor vaardigheidsontwikkeling en uitrusting. Dit zorgde ervoor dat sommige zeldzame voorwerpen voor de ene speler waardevol waren, terwijl ze voor een andere speler minder nuttig waren. Hierdoor ontstond er een levendige handelseconomie.

Voor succesvolle ruilhandel moet er worden voldaan aan het concept van het dubbele samenvallen van behoeften. Wanneer een barbaar en een tovenares elkaar ontmoeten om items te ruilen, is de kans groot dat de handel niet slaagt. Misschien is de barbaar op zoek naar een krachtige bijl, terwijl de tovenares een magische staf wil. Van de honderden items in het spel, wat is de kans dat ze precies datgene hebben dat de ander nodig heeft?

Om aan deze behoefte te voldoen, ontstond er al snel een alternatieve vorm van valuta onder de spelers, naast het in-game goud. Sommige items waren van nature beter geschikt als geld vanwege hun eigenschappen. Spe-

50 Gigi, *21 Lessons: What I've Learned from Falling Down the Bitcoin Rabbit Hole.*
51 Gigi, *Bitcoin is Digital Scarcity*, DerGigi.com, 2 oktober 2022. Zie ook Solomon Stein, *The Origins of Money in Diablo II.*

lers hadden een limiet aan het aantal items dat ze konden dragen, en grotere items namen meer ruimte in beslag. Daarom moest een monetair item waardevol zijn in verhouding tot de plek die het innam. Daarnaast moest het item praktisch universeel aantrekkelijk zijn; het kon geen niche-item zijn dat alleen door barbaren kon worden gebruikt, maar het moest iets zijn dat door de meeste klassen gewaardeerd kon worden.

In de eerste jaren van het spel was er een zeldzame ring genaamd de *Stone of Jordan* (kortweg *SoJ*), die al snel de algemeen aanvaarde munteenheid van Diablo II werd. De SoJ verhoogde de mana en alle vaardigheden van de speler die de ring droeg. Dit maakte de ring waardevol voor iedereen, maar vooral voor de verschillende tovenaarsklassen, voor wie mana een bijzonder belangrijke hulpbron was. Of de SoJ nu de beste uitrusting voor een specifiek personage was of niet, vrijwel elk personage kon er wel iets mee. Voor sommige personages was het zelfs een must om de ring te dragen. Naast hun gebruik kreeg de SoJ echter ook een monetaire waarde. Veel spelers verzamelden ze als een soort van spaargeld en gebruikten ze als een zeer gewild ruilmiddel. De ring nam maar weinig ruimte in binnen het draagvermogen van een personage, wat zorgde voor een hoge waardedichtheid. Zeldzame wapens en uitrusting werden vaak uitgedrukt in SoJs. Zo kon een zeldzaam magisch zwaard bijvoorbeeld acht SoJs waard zijn, terwijl een zeldzame magische boog vijf SoJs zou kosten.

Daardoor kon een tovenares tijdens haar avonturen enkele zeldzame voorwerpen verzamelen en deze aan andere spelers verkopen voor SoJs, die ze vervolgens bewaarde. Als ze op een dag een barbaar tegen zou komen die toevallig de zeldzame magische staf had die ze zocht, kon ze haar SoJs inruilen voor die staf. De barbaar zou op zijn beurt iemand kunnen vinden die de krachtige bijl bezat die hij wilde, en zijn SoJs daarvoor ruilen. Dit is veel makkelijker dan hopen dat iemand precies die specifieke magische staf wil ruilen voor die specifieke krachtige bijl.

SoJs kwamen op natuurlijke wijze naar voren als geld omdat ze de beste kenmerken van valuta hadden in vergelijking met andere items in het spel. De ontwikkelaars hadden geen specifiek plan gemaakt om deze items als geld te laten fungeren, en het is niet zo dat spelers op een dag samenkwamen en het zomaar als munteenheid verklaarden. Toen ze eenmaal als geld werden gebruikt, hadden SoJs een mate van liquiditeit die andere items niet hadden. Veel spelers bewaarden ze als een soort spaargeld en ze werden veelvuldig geaccepteerd voor ruilhandel, wat hun verkoopbaarheid groter maakte dan die van andere items. De meeste spelers konden geen complexe economische theorieën zoals *The Wealth of Nations* aanhalen om hun redenering te onderbouwen. Ze begrepen eenvoudigweg intuïtief dat het hebben van in-game geld handig was om het probleem van ruilhandel in een wereld zonder krediet op te lossen. Zeldzame, kleine en veelzijdige items waren daar perfect voor.

Het enige nadeel van SoJs was dat ze zeer waardevol waren, maar moeilijk deelbaar. Daarom werden er ook *perfect skulls* gebruikt als minder waardevolle munteenheid. Deze skulls waren klein en veelzijdig, maar niet zo zeldzaam. Vijf *perfect skulls* konden geruild worden voor één SoJ, terwijl een wisselend aantal SoJs kon worden ingewisseld voor verschillende legendarische magische wapens en uitrustingen. Kortom: SoJs fungeerden als bankbiljetten voor grote aankopen, terwijl *perfect skulls* dienden als munten voor kleine aankopen of als wisselgeld.

Uiteindelijk ontdekten spelers bugs (onbedoelde fouten) in het spel die hen in staat stelden om SoJs te dupliceren. Hierdoor begonnen SoJs de markt te overspoelen, waardoor de waarde ervan daalde. De spelontwikkelaars probeerden de bugs te identificeren en gedupliceerde items te verwijderen. Toen spelers het spel opnieuw opstarten, ontdekten ze dat een deel van hun SoJs verdwenen waren. Na dit voorval waren SoJs geen betrouwbare valuta meer, net zoals dat veel andere goederen als geld overbodig werden door technologische vooruitgang. De 'technologie' van oneerlijke duplicatie maakte van SoJs dus slecht geld.

Toen de uitbreiding van Diablo II uitkwam, introduceerden de spelontwikkelaars extra items, waaronder *runes* of inscripties, die aan verschillende uitrustingen konden worden toegevoegd om ze krachtiger te maken. Ze konden ook op specifieke manieren worden gecombineerd om geheel nieuwe uitrustingen te creëren. Inscripties waren klein, waardevol en veelzijdig. Er waren verschillende soorten met uiteenlopende zeldzaamheden, waardoor ze in de praktijk konden fungeren als biljetten van verschillende waarden. Vanaf dat moment kwamen inscripties vanzelfsprekend naar voren als in-game geld, dankzij hun hoge verhandelbaarheid.

Deze casus (en andere vergelijkbare gevallen) is eigenlijk een versnelde illustratie van hoe geld in een samenleving kan ontstaan. Dit gebeurt puur op basis van de eigenschappen die een middel verhandelbaar maken. Uiteindelijk kan dat geld overbodig worden naarmate de omstandigheden veranderen.

HOOFDSTUK 3

HOE GOUD DE GRONDSTOFFENSTRIJD WON

In elke samenleving die goederengeld gebruikt, bepaalt de natuur in feite het kasboek. Dat hebben we in eerdere hoofdstukken gezien. De natuur regelt hoe moeilijk het is om dat geld te produceren en hoe goed het bestand is tegen waardevermindering. Wanneer alle deelnemers zich op hetzelfde technologische niveau bevinden, kan niemand het kasboek om de tuin leiden. Iedereen moet namelijk een vergelijkbare inspanning leveren om nieuwe eenheden van het geld te maken.

Wanneer een geïndustrialiseerde samenleving in aanraking komt met een pre-industriële samenleving, neemt de geïndustrialiseerde samenleving in feite het kasboek van die pre-industriële samenleving over. De technologische middelen van de geïndustrialiseerde samenleving maken het mogelijk om het goederengeld van de pre-industriële samenleving te devalueren, iets wat die laatste zelf niet kan. De pre-industriële samenleving heeft vaak tijd nodig om deze technologische mogelijkheden volledig te doorzien. Helaas geeft dit de geïndustrialiseerde samenleving ruimte om de pre-industriële samenleving uit te buiten voor hun waardevolle grondstoffen.

Het welslagen of falen van verschillende soorten goederengeld functioneert dus als een natuurlijke filter. Minder schaarse vormen van geld verdwijnen geleidelijk, terwijl de schaarse varianten blijven. Na verloop van tijd, en naarmate verschillende groepen mensen met elkaar in contact kwamen, nam het aantal gebruikte geldsoorten steeds verder af, totdat er maar een paar overbleven.

Rijkdom opslaan in een minder ideale vorm van geld, en de groei van de geldvoorraad niet kunnen meten of begrijpen, kan zowel voor het individu als de maatschappij ernstige gevolgen hebben. Dit probleem doet zich ook voor bij fysieke bankbiljetten en elektronische kasboeksystemen;

technologie versterkt dit effect zelfs. Later in het boek komen we hierop terug. Na duizenden jaren bleken twee goederen superieur te zijn in het behouden van hun monetaire eigenschappen in diverse regio's: goud en zilver. Alleen deze metalen wisten een voldoende hoge *stock-to-flow*-ratio te behouden om te dienen als geld en hun monetaire premie te bewaren, ondanks constante wereldwijde technologische vooruitgang.[52]

Dankzij betere gereedschappen konden mensen vrijwel alle kralen, schelpen, stenen, veren, zout, vachten, vee, graan en industriële metalen maken of bemachtigen die ze nodig hadden. Hierdoor daalde hun *stock-to-flow*-ratio en raakten ze allemaal in onbruik als geld. Maar ondanks alle technologische vooruitgang is het ons nauwelijks gelukt de *stock-to-flow*-ratio van goud en zilver drastisch te verlagen. Alleen in zeldzame gevallen, zoals bij het ontdekken van nieuwe onontgonnen continenten of door technieken als goudcyanide-extractie, lukte dat enigszins.[53] Goud heeft in de moderne geschiedenis een *stock-to-flow*-ratio tussen de 25x en 100x behouden, meestal rond de 50x of hoger. Alleen ten tijde van de *Gold Rush* in het midden van de 19e eeuw zakte de ratio kort naar 16x.[54] Met andere woorden, tenzij we nieuwe continenten ontdekken of andere uitzonderlijke gebeurtenissen meemaken, kan de goudvoorraad historisch gezien niet langdurig met meer dan ongeveer 2% per jaar groeien, zelfs niet wanneer de prijs in een decennium – zoals in de jaren 1970 – meer dan tien keer over de kop gaat.[55] Zilver heeft over het algemeen een *stock-to-flow*-ratio van 10x of hoger, wat nog steeds vrij hoog is.

De meeste andere goederen hebben een *stock-to-flow*-ratio van minder dan 1 of 2. Zelfs de zeldzaamste elementen, zoals platina en rhodium, hebben relatief lage *stock-to-flow*-ratio's, omdat ze snel door de industrie worden verbruikt.

We zijn dankzij nieuwe technologieën beter geworden in het delven van goud, maar goud is van nature schaars en de makkelijkst toegankelijke goudvoorraden aan het oppervlak zijn al uitgeput. Alleen de diepere en moeilijk te bereiken voorraden blijven over en vormen een blijvende hindernis voor onze technologische vooruitgang. Misschien kunnen we deze cyclus ooit doorbreken met geavanceerde technologieën, zoals het delven van asteroïden met drones of mijnbouw in de diepzee. Vooralsnog behoort dit echter tot het domein van sciencefiction. Tot die tijd behoudt goud een hoge *stock-to-flow*-ratio. De omstandigheden in zulke onherbergzame gebieden zijn namelijk zo extreem dat de kosten om er goud te winnen enorm

52 C.R. Fay, *Newton and the Gold Standard*, 117-118.
53 Alan Lougheed, *The Discovery, Development, and Diffusion of New Technology*.
54 Hugh Rockoff, *Some Evidence on the Real Price of Gold*, 621.
55 Greg Cipolaro en Ross Stevens, *The Power of Bitcoin's Network Effect*, 6.

hoog zullen zijn.

Wanneer goud en zilver het opnemen tegen andere vormen van goederengeld, komen ze er telkens als winnaar uit. In bepaalde periodes en gebieden hebben andere goederen namelijk wel tijdelijk als geld gefungeerd. Toch toonden goud en zilver keer op keer hun wereldwijde superioriteit. Zodra beschavingen en valuta met elkaar in contact kwamen, hadden houders van goud en zilver voldoende technologische mogelijkheden om andere vormen van geld in waarde te doen kelderen. De houders van schelpen, kralen, vee, zout, stoffen en mindere metalen hadden daarentegen geen manieren om goud en zilver te devalueren.

MUNTEN VAN EDELMETAAL

Autoriteiten stimuleerden het gebruik en de waarde van goud en zilver als geld door standaardeenheden te creëren, meestal in de vorm van munten. Al in de 6e eeuw voor Christus sloegen veel regio's edelmetalen munten, met Lydia (in het huidige Turkije) als een van de vroegst bekende beschavingen die dit deed.

Een groot voordeel van munten die door een algemeen erkende autoriteit, zoals een koninkrijk of rijk, werden uitgegeven, is dat ze eenheden kunnen standaardiseren in termen van grootte, gewicht en zuiverheid. Dit vergemakkelijkt de handel aanzienlijk. Zonder deze standaardisatie zouden mensen willekeurige hoeveelheden goud en zilver hebben moeten afwegen voor elke transactie. Gestandaardiseerde eenheden halen die extra stap uit het proces. Het beeld van een keizer op de munt, eventueel met gekartelde randen om het schrapen van metaal te voorkomen, biedt ook een extra controle van kwaliteit en inhoud. Zelfs vandaag de dag betaal je vaak een premie voor moderne soevereine gouden munten, zoals de *American Eagles*, ten opzichte van een grotere goudklomp. Mensen doen dat omdat ze zeker weten dat ze echt goud in handen hebben en omdat deze munten makkelijk door te verkopen zijn.

Bovendien kende een koninkrijk deze munten vaak de status van wettig betaalmiddel toe. Dankzij gegarandeerde acceptatie en hoge liquiditeit, waren ze meer waard dan hun pure metaalinhoud en vaak hoger geprijsd dan vergelijkbare buitenlandse munten binnen dezelfde jurisdictie. De waarde van een wettig betaalmiddel in de vorm van edelmetaalmunten heeft in wezen drie lagen. De eerste laag is de waarde van het edelmetaal zelf. De tweede laag is de verificatie- en gebruiksgemakpremie die muntslag biedt ten opzichte van onbewerkte stukken metaal. Deze premie geldt in verschillende mate zowel voor binnen- als buitenlandse munten. De derde laag is een liquiditeitspremie die alleen geldt voor binnenlandse munten, door hun brede (en meestal verplichte) acceptatie en herkenning als wettig betaalmiddel. Lonen en prijzen die in munten werden uitgedrukt, bleken bovendien behoorlijk 'plakkerig' te zijn. Het duurde namelijk vaak even voordat ze door de hele samenleving werden aangepast, ook als de hoeveelheid edelmetaal of de muntvoorraad in korte tijd schommelde.

Door de eeuwen heen zijn die waardelagen regelmatig misbruikt. Overheden die door oorlog, hebzucht of slecht financieel beheer niet uitkwamen met hun begroting, konden vaak niet weerstaan aan de verleiding om te devalueren. Stel dat een koning via belastingen 1000 zuivere gouden munten int. Hij kan deze laten omsmelten tot munten die elk nog maar 90% goud bevatten (aangevuld met 10% goedkoper vulmetaal), en er dan 1111 munten met dezelfde hoeveelheid goud van maken. Voor de meeste mensen zien die munten er vrijwel hetzelfde uit. Lonen en prijzen veranderen nauwelijks, en de koning kan hen zelfs dwingen de munten tegen de oorspronkelijke nominale waarde te accepteren, bijvoorbeeld via de soldij voor zijn leger. Als de koning een paar jaar later nog steeds tekortkomt, kan hij dezelfde truc opnieuw toepassen. Hij smelt de nieuw geïnde munten om en zet ze nu op 80% goud, zodat hij er 1250 kan slaan. Mocht dat nog niet genoeg zijn, dan kan hij (of zijn opvolger) doorgaan tot 70% goud, enzovoort.

In eerste instantie worden de verzwakte munten van 90% goud vaak nog als hun oorspronkelijke nominale waarde aangenomen, zeker als dit wettelijk is vastgelegd. De munteenheid staat immers deels los van het onderliggende metaal.[56] Maar naarmate er steeds meer van deze munten in omloop komen en langer circuleren, wordt duidelijk dat hun oude waarde niet goed is vol te houden. Prijzen gaan omhoog, en de lonen en spaargelden van mensen lopen achter omdat ze belasting betalen met hun oudere, zuiverdere munten, terwijl hun doorlopend inkomen uit het gedevalueerde geld bestaat. Na verloop van tijd stijgen de lonen omdat mensen meer munten nodig hebben voor hun aankopen. Kooplieden proberen ondertussen de zuiverste gouden munten achter te houden en juist de verdunde varianten uit te geven. Hierdoor verzwakt de fungibiliteit van de geldbasis, omdat de munten niet langer gestandaardiseerd zijn. Buitenlandse handelaren, die niet onder het gezag van de devaluerende overheid vallen, zullen voor hun goederen en diensten hogere prijzen in deze verdunde munten eisen en ze enkel nog waarderen op basis van hun metaalinhoud. Uiteindelijk verdwijnen de zuiverste munten uit circulatie – door inbeslagname via belastingen, doordat sommige mensen ze oppotten, of doordat buitenlandse handelaren ze meevoeren.

56 Thomas Marmefelt, *The History of Money and Monetary Arrangements*, x en hoofdstuk 3.

Zo'n devaluatie ging doorgaans over jaren of decennia. Zo werd de zilveren Romeinse denarius in 211 v.Chr. geïntroduceerd als een klein muntje van meer dan 95% puur zilver. Hoewel het formaat ook werd aangepast, bleef het zilvergehalte boven de 95%. Tijdens de regering van Tiberius werd de zuiverheid zelfs tijdelijk verhoogd, maar rond 64 na Christus was het zilvergehalte gezakt tot onder 94%. Eeuwenlang bleef de denarius qua formaat hetzelfde, terwijl de zuiverheid telkens met enkele procentpunten daalde. Tegen het einde daalde het zilvergehalte echter sterk, tot rond 5% in 274 na Christus. Lonen, ook bij de overheid, werden niet meteen verhoogd als reactie op deze geleidelijke devaluatie. De keizer kon daardoor bij elke start van zo'n devaluatie meer waarde uit zijn zilver halen.[57] Uiteindelijk stegen de prijzen naarmate er meer munten op de markt kwamen, en eisten soldaten hogere lonen om hun koopkracht te behouden.

Later leidden verbeteringen in het bankwezen, die in een later hoofdstuk aan bod komen, wereldwijd tot een vermindering van de vraag naar munten en verbeterden ze de beperkte deelbaarheid van goud. Mensen konden hun goud in bewaring geven bij banken en kregen in ruil daarvoor papieren tegoeden, die inwisselbare claims op dat goud vertegenwoordigden. Banken begonnen, in de wetenschap dat niet iedereen tegelijkertijd zijn goud zou opeisen, méér claims uit te geven dan ze daadwerkelijk in kluizen hadden. Daarmee was het fractioneel bankieren geboren.[58] Gaandeweg ontwikkelde in verschillende landen een systeem met centrale banken, die landelijke papieren claims op een bepaalde hoeveelheid goud uitgaven.[59]

In die periode, van de late 19e eeuw tot het begin van de 20e eeuw, bleek goud uiteindelijk superieur aan zilver als geld. Zilver verloor een deel van zijn monetaire premie en devalueerde daarmee ten opzichte van goud, in vergelijking met de duizenden jaren daarvoor.

In zijn boek *Globalizing Capital: A History of the International Monetary System* verklaart Barry Eichengreen waarom goud de voorkeur kreeg boven zilver: volgens hem was het grotendeels toeval. In 1717 stelde de toenmalige directeur van de Britse Munt, Sir Isaac Newton, de officiële goud-zilverveerhouding te laag in, zo betoogt Eichengreen.[60] Hierdoor verdwenen de meeste zilveren munten uit circulatie en werd goud de onbetwiste munt van het Britse Rijk.[61] Toen het Verenigd Koninkrijk in de 19e eeuw uitgroeide tot de sterkste wereldmacht, verspreidden de netwerkeffecten

57 Colin Elliott, *The Acceptance and Value of Roman Silver Coinage in the Second and Third Centuries AD*.
58 Stephen Quinn, *Goldsmith Banking: Mutual Acceptance and Interbank Clearing in Restoration London*, Explorations in Economic History 34: 411-414.
59 Charles Goodhart, *Evolution of Central Banks*.
60 Barry Eichengreen, *Globalizing Capital: A History of the International Monetary System*, 5-10.
61 Fay, *Newton*, 111.

van de goudstandaard zich wereldwijd in plaats van de zilverstandaard. De meeste landen pasten hun valuta aan op een goudstandaard. Landen die te lang bleven vasthouden aan de zilverstandaard, zoals India en China, zagen hun valuta verzwakken toen de vraag naar zilver in Noord-Amerika en Europa afnam.

Saifedean Ammous legt in *The Bitcoin Standard* daarentegen de nadruk op de verbeterde deelbaarheid van goud dankzij banktechnologie.[62] Zoals vermeld, scoort goud op de meeste monetaire eigenschappen gelijk of beter dan zilver, behalve op deelbaarheid. Zilver was duizenden jaren lang vooral handig voor dagelijkse transacties, terwijl goud vooral werd aangehouden door koningen, handelaren en religieuze ordes. De moderne banktechnieken en de invoering van papieren bankbiljetten in verschillende coupures, gedekt door goud, zorgden voor een veel betere deelbaarheid van goud. Mensen konden toen naast briefgeld ook geld overmaken via telefoon of telegraaf, en de banken hielden bij wie hoeveel geld had. Dat was de goudstandaard: papieren valuta en financiële communicatiesystemen gedekt door goud. Aangezien goud schaarser en duurzamer is met een hogere *stock-to-flow*, was er daarna minder reden om zilver als geld te gebruiken. Door deze tweede laag van abstractie, die de deelbaarheid van goud feitelijk op gelijke hoogte bracht met die van zilver, werd goud binnen het monetaire systeem even praktisch in het gebruik.

Ik denk dat beide verklaringen een kern van waarheid bevatten, al vind ik de uitleg van Ammous completer, omdat hij begint bij de diepere aard van geld. Bankbiljetten maakten goud beter deelbaar, waardoor het 'hardere' geld na verloop van tijd de overhand kreeg. Netwerkeffecten van politieke beslissingen kunnen echter bepalen hoe snel en waar deze veranderingen plaatsvinden.

Zelfs nadat goud en zilver in de tweede helft van de 20e eeuw door het mondiale bankwezen waren gedemonetiseerd, behield goud als ultieme spaaroptie zijn net verworven monetaire premie ten opzichte van zilver. Duizenden jaren lang handelde goud voor een veelvoud van ruwweg 10 tot 16 keer zilver, in diverse gebieden.[63] De afgelopen eeuw lag de goud-zilverprijsverhouding echter rond de 50. Zilver verloor kort nadat intercontinentale telecommunicatiesystemen in de jaren 1860 hun intrede deden in het bankwezen dus structureel een flink deel van zijn historische monetaire premie ten opzichte van goud. Ik denk niet dat dat toeval is.

Toen goud en zilver niet langer als ruilmiddel werden ingezet, werd de superieure deelbaarheid van zilver bijna onbelangrijk. De eigenschappen

62 Ammous, *The Bitcoin Standard*, 28-29.
63 J.B. Maverick, *A Historical Guide to the Gold-Silver Ratio*, Investopedia, 27 juli 2022.
64 Silvan Frank, *Gold to Silver Ratio*.

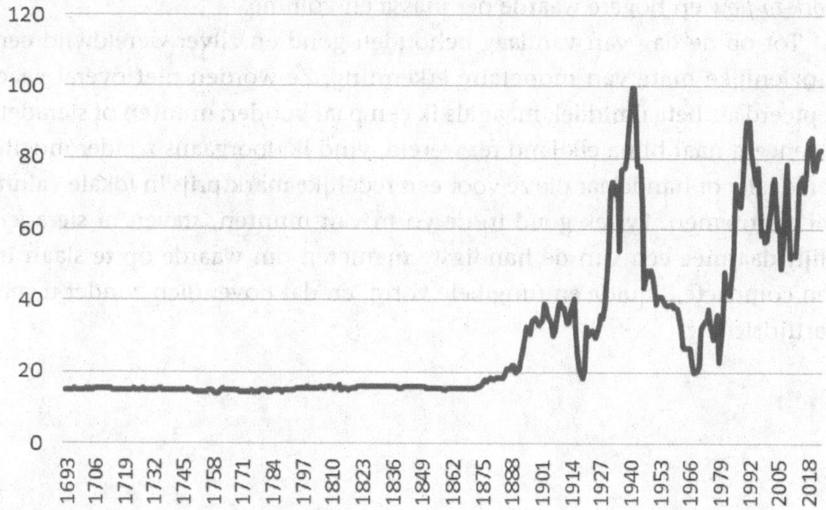

Figuur 3.1
Goud-zilververhouding (1963-2023).[64]

van goud als een schaarser en duurzamer metaal met een hogere *stock-to-flow*-ratio werden belangrijk voor sparen. Goud heeft dan ook vermoedelijk een deel van de monetaire premie van zilver overgenomen. Centrale banken over de hele wereld houden nog altijd goud in hun kluizen en kopen zelfs ieder jaar meer, als onderdeel van hun vreemde valutareserves. Het gaat om aankopen op grote schaal, die soms honderden of duizenden tonnen omvatten. Dan is de hogere waarde per massa en volume van goud, vergeleken met zilver, voor deze grote en langetermijnspaarders van doorslaggevend belang. Hoewel overheden hun valuta niet langer dekken met een vastgestelde hoeveelheid goud, blijft goud toch een indirect, maar belangrijk onderdeel van het wereldwijde monetaire systeem als reserve-activum bij centrale banken. Er bestaat geen betere natuurlijk voorkomende grondstof om het te vervangen.

Als de beste vorm van geld een beperking heeft, zoals de beperkte deelbaarheid van goud, kan dat ertoe leiden dat er meerdere vormen van geld naast elkaar bestaan. Bimetalen en soms zelfs trimetalen standaarden waren lange tijd noodzakelijk om de deelbaarheidsbeperkingen van goud te compenseren. Maar zodra de beste vorm van geld geen beperkingen meer heeft, zal deze uiteindelijk alle andere vormen verdringen. Hoewel goud en zilver niet langer gemeengoed zijn als ruilmiddel, blijven beide populair als opslagmiddel voor de lange termijn. Voor de meeste grotere spaarders is goud echter aantrekkelijker, vanwege de betere duurzaamheid, hogere *stock-to-flow* en hogere waarde per massa en volume.

Tot op de dag van vandaag behouden goud en zilver wereldwijd een aanzienlijke mate van monetaire erkenning. Ze worden niet overal geaccepteerd als betaalmiddel, maar als ik een paar gouden munten of sieraden meeneem naar bijna elk land ter wereld, vind ik doorgaans zonder moeite een dealer of handelaar die ze voor een redelijke marktprijs in lokale valuta wil overnemen. Fysiek goud in de vorm van munten, staven of sieraden blijft daarmee een van de handigste manieren om waarde op te slaan in een compacte, liquide en fungibele vorm, en dat bovendien zonder tegenpartijrisico.

HOOFDSTUK 4

EEN VERENIGDE GELDTHEORIE

De voorgestelde definities en verklaringen van de oorsprong van geld lijken zich te splitsen in twee primaire economische stromingen, met verschillende substromingen daaromheen.

Aan de ene kant staat de goederengeldtheorie; daartegenover bevindt zich de rivaliserende stroming van de kredietgeldtheorie. In het vorige hoofdstuk verwezen we kort naar beide, en in dit hoofdstuk bespreken we in meer detail hoe de twee theorieën met elkaar verzoend kunnen worden.

In de westerse economische literatuur gaat de goederengeldtheorie minstens terug tot Aristoteles' *Politika* in het oude Griekenland. De theorie werd in 1776 uitgebreid en toegankelijk gemaakt in Adam Smiths *The Wealth of Nations* en vervolgens nauwgezet uitgewerkt door Carl Menger, Ludwig von Mises en andere economen. Daarmee vormden ze in de 19e en 20e eeuw de basis van de Oostenrijkse economische school. De theorie stelt hoofdzakelijk dat ruilhandel inefficiënt is door het ontbreken van samenvallende behoeften, en dat er in een samenleving vanzelf een zeer verhandelbaar goed ontstaat als rekeneenheid, ruilmiddel en waardeopslag. Zo'n goed is bestand tegen ontwaarding (bijv. goud of zilver) en vergemakkelijkt de handel. In *Principles of Economics* schreef Carl Menger:

> Geld is geen uitvinding van de staat. Het is niet het product van wetgeving. Zelfs politiek gezag is voor het bestaan ervan niet noodzakelijk. Bepaalde goederen zijn van nature geld geworden als resultaat van economische relaties die onafhankelijk waren van de macht van de staat.[65]

De kredietgeldtheorie is van recentere datum en gaat terug tot Henry Dunning Macleod en Georg Friedrich Knapp in de tweede helft van de 19e

65 Carl Menger, *Principles of Economics*, 262.

eeuw. Deze theorie wordt vaak als tegenhanger van de goederengeldtheorie gezien. Alfred Mitchell-Innes werkte deze visie in het begin van de 20e eeuw helder uit, waarna John Maynard Keynes aanzienlijk werd beïnvloed door deze theorie en het in zijn economische aanbevelingen verwerkte.[66] De Moderne Monetaire Theorie, in de jaren 1940 geformuleerd door Abba Lerner[67] en in de jaren 1990 nieuw leven ingeblazen door economen als Warren Mosler, Bill Mitchell en Larry Randall Wray, bouwde verder op deze benadering.[68] Ook de populaire werken van antropoloog David Graeber over de geschiedenis van schulden sluiten aan op de kredietttheorie, en hij nam er over het algemeen een positieve houding tegenover in. Het sleutelelement van de kredietgeldtheorie is dat niet goederen, maar krediet de kern vormt van wat geld is. In *The Credit Theory of Money*, het tweede van zijn invloedrijke essays in de jaren 1910, vatte Alfred Mitchell-Innes het zo samen:

> In het kort gaat de krediettheorie als volgt: een verkoop en aankoop is de uitwisseling van een goed voor krediet. Uit deze hoofdtheorie vloeit de subtheorie voort dat de waarde van krediet of geld niet afhangt van de waarde van een metaal of metalen, maar van het recht dat de schuldeiser verwerft op 'betaling', met andere woorden, op de voldoening voor het krediet en van de verplichting van de schuldenaar om zijn schuld te 'betalen', en omgekeerd van het recht van de schuldenaar om zichzelf te bevrijden van zijn schuld door een gelijkwaardige schuld die de schuldeiser heeft aan te bieden, en de verplichting van de schuldeiser om deze aanbieding te aanvaarden als voldoening van zijn krediet.
>
> Dit is de fundamentele theorie, maar in de praktijk is het niet noodzakelijk voor een schuldenaar om kredieten te verwerven op dezelfde personen aan wie hij schuldenaar is. Wij zijn allemaal zowel kopers als verkopers, dus we zijn allemaal tegelijkertijd zowel schuldenaars als kredietverstrekkers van elkaar, en door de bijzonder efficiënte banken aan wie we onze kredieten verkopen, waardoor ze zich ontwikkelen als de vereffeningsinstellingen van de handel, worden de schulden en kredieten van de hele gemeenschap gecentraliseerd en tegen elkaar weggestreept. In de praktijk betaalt daardoor elk krediet elke schuld.[69]

Wat de rivaliteit tussen deze benaderingen en de huidige discussie eromheen ingewikkeld maakt, is dat ze van nature gevoelig zijn voor politisering. Economen die een kleine rol van de overheid voorstaan, hebben de neiging

---

66 John Maynard Keynes, *A. Mitchell-Innes. What Is Money?*
67 Abba Lerner, *Money as a Creature of the State.*
68 Dylan Matthews, *Modern Monetary Theory, explained*, Vox, 16 april 2019.
69 Alfred Mitchell-Innes, *The Credit Theory of Money*, 152.

om geld vooral als een *bottom-up* verschijnsel te zien. Zij vinden vaak dat de creatie van geld door de staat moet worden begrensd door een vorm van natuurlijke schaarste, bijvoorbeeld de dekking en inwisselbaarheid voor specifieke hoeveelheden goud, voor zover de staat zich er al mee zou moeten bemoeien. Aan de andere kant zien economen die een grotere rol van de overheid voorstaan, geld eerder als een *top-down* product van de staat, of op zijn minst als iets dat nauw samenhangt met sociopolitieke organisatie in al haar verschijningsvormen. Volgens degenen die deze visie aanhangen, zou de staat niet door natuurlijke schaarste moeten worden beperkt en zou het, om allerlei doelen te bereiken, juist veel flexibiliteit moeten hebben om de totale hoeveelheid uitgegeven munteenheden te bepalen.

Zoals in het eerste hoofdstuk over jager-verzamelaar samenlevingen werd besproken, reiken zowel het idee van goederen als protogeld, als het idee van krediet, terug tot de vroegste en meest eenvoudige menselijke interacties. Zowel de goederengeldtheorie als de kredietgeldtheorie leveren waardevolle inzichten voor een allesomvattende benadering van de definitie en oorsprong van geld op het meest fundamentele niveau. Door deze verschillende redeneringen naast elkaar te leggen, kunnen we geld zo breed én precies mogelijk definiëren.

HET VASTSTELLEN VAN DE TIJDSLIJNEN

Om deze twee contrasterende theorieën over geld te verzoenen en de achterliggende basis te achterhalen, moeten we eerst hun verschillen inventariseren en analyseren wat elke theorie mogelijk bij het rechte eind heeft of juist over het hoofd ziet.

Voor deze oefening kunnen we teruggrijpen op *The Wealth of Nations*. Adam Smith beschreef daarin waarom ruilhandel problematisch is, en waarom er van nature een zeer verhandelbaar goederengeld ontstaat om dat probleem te ondervangen:

> Toen arbeidsverdeling voor het eerst begon plaats te vinden, moest het vermogen om handel te drijven vaak zeer belemmerd en gehinderd zijn geweest. Laten we ons voorstellen dat een man meer van een bepaalde handelswaar heeft dan hij zelf nodig heeft, terwijl een ander minder heeft. De eerste zou daarom graag van een deel van die goederen af willen, en de laatste zou graag een deel van deze overvloed willen kopen. Maar als deze laatste toevallig niets heeft dat de eerste nodig heeft, kan er tussen hen geen ruil plaatsvinden. De slager heeft meer vlees in zijn winkel dan hij zelf kan eten, en de brouwer en de bakker willen dat vlees misschien wel kopen. Toch hebben ze die dag niets anders in de aanbieding dan hun respectievelijke produc-

> ten, en de slager beschikt ondertussen al over al het brood en bier dat hij op dat moment nodig heeft. In dat geval gaat de ruil niet door. De slager kan niets aan hen verkopen, en zij kunnen niets van de slager kopen. Dat is voor beiden niet erg nuttig. Om zulke vervelende situaties te vermijden, moeten slimme mensen in elk stadium van de samenleving, na de eerste invoering van arbeidsverdeling, op natuurlijke wijze geprobeerd hebben hun handel zo te organiseren dat ze altijd, naast de specifieke producten van hun eigen vak, een hoeveelheid van een bepaald ander goed bij zich hebben. Men vermoedde namelijk dat vrijwel niemand dat goed zou weigeren in ruil voor de producten van zijn eigen arbeid. Tal van verschillende goederen kwamen voor dit doel in aanmerking. Uit de vroege stadia van de menselijke samenleving wordt verhaald dat vee het meest gangbare ruilmiddel zou zijn geweest, hoewel dat een nogal onhandige ruilvorm is. Toch is het duidelijk dat voorwerpen in die tijd vaak tegen een vaste hoeveelheid vee werden verhandeld. Volgens Homerus kostte het harnas van Diomedes slechts negen ossen, terwijl dat van Glaucus er maar liefst honderd kostte. Zout zou in Abyssinië als gangbaar betaalmiddel hebben gefungeerd, een bijzonder soort schelpen in sommige delen van de Indiase kust, gedroogde kabeljauw in Newfoundland, tabak in Virginia, suiker in sommige van onze West-Indische kolonies, huiden of gelooid leer in andere landen; en ik hoor dat er tegenwoordig een dorp in Schotland is waar het niet ongebruikelijk is dat een arbeider spijkers in plaats van muntgeld gebruikt om brood bij de bakker of een drankje in het café te betalen.
>
> In alle landen lijken mensen voor dit doel uiteindelijk echter de voorkeur te geven aan metalen boven alle andere goederen. Metalen hebben simpelweg het voordeel dat ze, net als andere goederen, nauwelijks aan bederf onderhevig zijn en daardoor zonder al te veel waardeverlies kunnen worden bewaard. Daarnaast kunnen ze, wanneer ze in delen zijn opgesplitst, gemakkelijk door omsmelting weer worden samengevoegd, waardoor die delen zonder moeite opnieuw bruikbaar zijn. Dat maakt metalen uitzonderlijk geschikt als ruil- en circulatiemiddel.[70]

Kijken we hier eeuwen later op terug, dan blijkt dat Smiths algemene beschrijving grotendeels standhoudt. Hij zat met veel dingen goed. Allereerst geeft hij aan dat goederengeld natuurlijk opkomt om het probleem van samenvallende behoeften in een wereld van arbeidsdeling te verhelpen. Ten tweede legt hij uit waarom edelmetalen, dankzij hun unieke eigenschappen, in de praktijk de tand des tijds hebben doorstaan als universeel gewaardeerde ruilmiddelen. Met andere woorden was het niet verwonderlijk dat culturen wereldwijd vooral goud en zilver als ideale vormen van goederengeld zijn gaan gebruiken.

---

70 Adam Smith, *Wealth of Nations*, Boek I, Hoofdstuk IV, 37-39.

Grappig genoeg demonstreert de spontane opkomst van 'SoJ-ringen' als betaalmiddel in het computerspel *Diablo II* (zie Hoofdstuk 2) in feite precies wat Smith voorspelde over het ontstaan van geld. Deze en soortgelijke voorbeelden maakten het mogelijk om het proces in actie te zien, in plaats van er alleen in theorie over te speculeren. De ontwikkelaars van *Diablo II* hadden die rol voor de SoJ-ring niet gepland. Toch trokken miljoenen onbekende spelers, verspreid over de hele wereld, van nature naar die ring als belangrijkste spaar-, betaalmiddel en rekeneenheid. Zo kon het probleem van samenvallende behoeften (oftewel het ruilhandelprobleem) bij het uitwisselen van waardevolle voorwerpen worden vermeden. Een belangrijke beperking van deze spelomgeving was echter dat mensen elkaar meestal niet kenden, wat het gebruik van krediet onaantrekkelijk of ingewikkeld maakte. In een wereld met weinig tot geen onderling vertrouwen, die vooral bevolkt is door vreemden, ontstaat er inderdaad spontaan goederengeld. Het artikel dat zich als beste geld gedraagt, wint het meestal door zijn superieure eigenschappen.[71]

Maar antropologisch bewijsmateriaal dat na Smith is verzameld, wijst erop dat hij zich op een cruciaal detail heeft verkeken: ruilhandel tussen gespecialiseerde arbeiders is nooit dé directe drijfveer geweest voor de uitvinding van geld, zoals hij beschreef. Er was geen fase waarin de slager, de brouwer en de bakker wanhopig handel probeerden te drijven maar daarin belemmerd werden omdat 'geld' nog niet bestond. Tegen de tijd dat zulke gespecialiseerde beroepen ontstonden, bestond er namelijk al een vorm van geld. Flexibel sociaal krediet was al in een vroeg jager-verzamelaartijdperk gegroeid en functioneerde om fricties in de ruilhandel tussen bekenden deels weg te nemen. Dat concept van krediet is zelfs ouder dan munten en gaat minstens terug tot de primitieve protogeldvormen zoals schelpen.[72]

In de ruimst mogelijke zin kun je het idee van schuld en krediet zelfs nog verder laten teruggaan dan de menselijke soort. Wanneer een aap de parasieten op de rug van een roedelgenoot verwijdert en vervolgens zelf wordt geholpen, gebruiken deze twee primaten als het ware een heel basaal schuld-en-kredietsysteem op de korte termijn. Het kan gebeuren dat de eerste aap geen wederdienst levert, maar bij mensen is dit concept enorm uitgebreid met oog op complexiteit en de lange looptijd van allerlei schulden en vorderingen die binnen een sociale structuur geaccepteerd worden.

In zijn essay uit 1913, getiteld *What is Money?*, stelde Alfred Mitchell-Innes voor om Smiths chronologie om te draaien:

71 Zie bijvoorbeeld Narayana Kocherlakota, *Money is Memory*; Stefano Ugolini, *The Evolution of Central Banking: Theory and History*, 165-175.

72 David Graeber, *Debt: The First 5,000 Years*; George Selgin, *The Myth of the Myth of Barter*.

De geldigheid van Adam Smiths punt berust op de aanname dat, als de bakker of de brouwer vlees van de slager wil, maar niets heeft dat de slager op dat moment nodig heeft, er dan geen uitwisseling kan plaatsvinden. Als dat echt zo was, zou er misschien een reden zijn om te beargumenteren dat we een 'ruilmiddel' nodig hebben. Maar is dit wel waar?

Stel dat de bakker en de brouwer eerlijke mensen zijn, en eerlijkheid is geen moderne deugd, dan kan de slager een erkenning van hen krijgen dat ze een bepaalde hoeveelheid vlees bij hem hebben gekocht. Het enige dat we moeten aannemen, is dat de gemeenschap de verplichting van de bakker en de brouwer erkent, zodat deze erkenningen zijn te verzilveren voor brood en bier op de lokale marktwaarde, wanneer ze ook maar worden aangeboden. Daarmee hebben we al snel een geschikt en adequaat betaalmiddel. Volgens deze theorie is een verkoop niet de uitwisseling van een goed voor een tussenliggend goed genaamd 'ruilmiddel', maar voor krediet.

Er is absoluut geen reden voor het gebruik van zo'n onhandig hulpstuk als een ruilmiddel als dit eenvoudige systeem aan alle eisen voldoet. Wat we moeten aantonen is niet een wonderbaarlijke afspraak om goud en zilver te accepteren, maar een universeel geaccepteerd besef van de heiligheid van een verplichting. Met andere woorden: de gangbare theorie berust op de eeuwenoude basis van de wet op schulden.

Gelukkig bevinden we ons op stevig historisch terrein. Al sinds de vroegste geschiedschrijving bestond er een wettelijk kader voor schulden, en wanneer we verder teruggaan dan de tijd van de grote Koning Hamurabi (die zijn Babylonische wetboek omstreeks 2000 voor Christus samenstelde), zullen we ongetwijfeld opnieuw tekenen van diezelfde wet terugvinden. De heiligheid van een beloofd woord ligt ten grondslag aan alle samenlevingen, niet alleen in elke periode van de geschiedenis maar ook op alle niveaus van beschaving. De bewering dat 'wilden en barbaren' alleen ruilhandel gebruiken en geen krediet kennen, is niet gebaseerd op feiten. Of je nu kijkt naar een Chinese handelaar, een Amerikaanse Indiaan, een Arabier in de woestijn, een Hottentot in Zuid-Afrika, of een Maori in Nieuw-Zeeland: overal zijn schuld en krediet bekende fenomenen en wordt het verbreken van een belofte of het niet nakomen van een schuld als schandelijk ervaren.[73]

Met andere woorden: Mitchell-Innes betoogt in zijn essay aan de hand van antropologisch bewijs dat flexibel sociaal krediet het ruilprobleem al voor een deel had opgelost en de handelsfricties tussen buren had verminderd, nog ver voor de tijd dat gespecialiseerde ambachten op het niveau van Smiths bakker en slager bestonden.

De brouwer en de bakker kunnen vlees ontvangen door later te betalen, bijvoorbeeld in de vorm van producten die zij zelf vervaardigen ('Bedankt

73 Alfred Mitchell-Innes, *What is Money?* 391.

voor het vlees, hier is een kredietnota voor vijf broden. Je kunt deze aan iemand anders overdragen als je wilt, en wie die nota ook inlevert, ontvangt van mij de beloofde broden.'). Op dezelfde manier kan de slager brood en bier krijgen als hij belooft later te betalen, en veel van hun transacties kunnen onderling tegen elkaar worden weggestreept. Een slager die een vordering op brood heeft omdat hij vlees aan de bakker heeft verkocht, kan die vordering doorverkopen aan iemand anders. Dit kredietsysteem heft het ruilprobleem op, zolang er continuïteit en onderling vertrouwen bestaat, of zolang beide partijen zich beroepen op een plaatselijke autoriteit die eventuele contractbreuk kan sanctioneren.

Goederengeld duikt daarentegen telkens weer op om de fricties van handel tussen vreemden te verkleinen, of om systemen die op sociaal krediet steunen te versterken en te verbeteren door te fungeren als een vorm van definitieve afrekening en als opslagmiddel voor de lange termijn. Mensen binnen dezelfde sociale groep kunnen met enige moeite een informeel kasboek op basis van onderling vertrouwen hanteren, maar vreemden hebben baat bij de mogelijkheid om ter plekke af te rekenen. Op dat moment is goederengeld nodig om het flexibele sociale krediet te vervangen of aan te vullen.[74]

Als we naar het oude Babylon in de tijd van Hammurabi kijken als een van de vroegste voorbeelden, zien we dat graan en zilver werden gebruikt als goederengeld, maar men ook kleitabletten inzette om krediet te beheren. Graan is immers sterk seizoensgebonden: een boer kan tot de oogst op krediet dingen aanschaffen, en als hij zijn gewassen binnenhaalt, kan hij hopelijk zijn schulden inlossen. Verder toont het bestuderen van jagerverzamelaars en archeologische vondsten aan dat men destijds wijdverbreid informele kredietstelsels op basis van eer en familiebanden hanteerde, maar ook dat verzamelobjecten zoals parels als een vroege vorm van protogeld functioneerden. Met andere woorden: kredietgeld en goederengeld, in allerlei vormen, gingen allebei vooraf aan een verregaande arbeidsdeling.

WAAR DE KREDIETGELDTHEORIE DE MIST INGAAT

Voorstanders van de kredietgeldtheorie hebben terecht oog voor het antropologische bewijsmateriaal rond krediet en bekritiseren de vroege theoretici van de goederengeldtheorie vanwege hun verkeerde chronologie. Krediet is immers al vanaf het begin van handel en geld aanwezig geweest, en niet iets dat pas veel later ontstond. Dit is een waardevolle correctie op *The Wealth of Nations*. Menselijke interactie draait in hoge mate om formele of

74 Ugolini, *Central Banking*, 169-171.

informele schulden en vorderingen, ondersteund door rituelen en regels die stevig verankerd liggen in onze evolutionaire instincten, onze vroegste religies en onze eerste bestuursvormen.

Toch slaan voorstanders van de kredietgeldtheorie vaak door en bagatelliseren ze het belang van goederengeld. Ze overschatten doorgaans de mogelijkheid voor een maatschappij om op grote schaal én voor lange tijd een flexibel kredietgestuurd kasboek te handhaven.

Een eerste punt van kritiek betreft de positie van handelaren in heel specifieke niches binnen zo'n kredietsysteem. Voor de slager, de brouwer en de bakker is het misschien eenvoudig om een claim uit te wisselen, omdat ze alledaagse en redelijk ruilbare producten hebben (bijv. een pond vlees kan al snel staan voor drie pinten bier of vijf broden). Maar hoe zit het met een chirurg die operaties aanbiedt? Als een chirurg brood koopt, geeft hij dan een claim uit waarop iemand op elk moment recht heeft op een bepaalde operatie? Hoe bepaal je de wisselkoers tussen een operatie en vijf of tien broden? Chirurgische ingrepen zijn zeldzame en kostbare diensten die niet erg fungibel of vaak nodig zijn, wat het lastig maakt om er standaardclaims voor uit te geven. Het is dan ook duidelijk dat een eenduidige rekeneenheid nodig is om handel te vereenvoudigen, en historisch gezien werd die rekeneenheid vaak gebaseerd op een grondstof, zoals een bepaalde hoeveelheid zilver of graan. Zelfs als men in de praktijk hoofdzakelijk kredietinstrumenten gebruikte, werden die normaal gesproken uitgedrukt in diezelfde grondstof, die populair was vanwege de inherente eigenschappen.

Een tweede punt van kritiek is wat er gebeurt wanneer iemand de ene gemeenschap verlaat en zich bij een andere voegt. Er bestaan bijna geen volkomen gesloten gemeenschappen; sinds mensenheugenis vindt er contact en uitwisseling tussen groepen plaats. Om rijkdom overdraagbaar te maken naar een andere gemeenschap, moet die rijkdom aannemelijk in een meer fysieke of universeel erkende vorm bestaan. Krediet werkt vaak goed binnen een gemeenschap, maar voor verre reizen, nieuwe contacten of grensoverschrijdende handel is het nuttig om rijkdom te bezitten in een fundamentele vorm die ook door anderen wordt aanvaard.[75] Goederengeld is die verbinding tussen wat anders besloten, circulaire kredietsamenlevingen zouden zijn.

Een derde kritiekpunt is dat wat in kleine kring werkt, niet per se op grote schaal werkt. Kleine gemeenschappen kunnen een sociaal kredietsysteem optuigen dat gebaseerd is op reputatie en persoonlijke relaties, maar dat schaal je niet zomaar op naar een natiestaat met miljoenen inwoners

75 Brian Albrecht en Andrew Young, *Wampum: The Political Economy of an Institutional Tragedy*; Lawrence White, *Better Money: Gold, Fiat, or Bitcoin?*, 17.

die elkaar allemaal niet persoonlijk kennen. Het concept van wederzijds vertrouwen is moeilijk te handhaven als er geen direct contact bestaat en er talrijke mogelijkheden zijn voor misbruik binnen een onpersoonlijke, grootschalige bureaucratie.[76]

Mitchell-Innes betoogde in zijn essay *Credit Theory* uit 1914 dat het geld in waarde zou stijgen als we de goudkoppeling zouden loslaten:

> We menen dat we, door goud aan een vaste prijs te koppelen, de waarde van onze munteenheid hoog houden, terwijl we in werkelijkheid het tegenovergestelde doen. Hoe langer we goud aan de huidige prijs handhaven, terwijl het metaal zo overvloedig voorhanden is als nu, hoe meer we ons geld devalueren.[77]

In de praktijk gebeurde precies het omgekeerde. Vanaf het moment dat de Amerikaanse dollar en het Britse pond sterling (in de decennia na Mitchell-Innes' essay) losgekoppeld werden van goud, zijn ze met respectievelijk meer dan 98% en 99% gedevalueerd ten opzichte van goud. Voor de meeste andere landen was die devaluatie nog groter. In elk land dat ooit fiatgeld heeft ingevoerd, trad devaluatie – en steeds opnieuw ook een aanzienlijke – op.

Ondanks deze misvatting was de achterliggende redenering van Mitchell-Innes in 1914 op het eerste gezicht niet onlogisch. Hij beweerde dat niet de willekeur van heersers de oorzaak is van monetaire devaluaties, maar oorlogen, plagen en andere ontwrichtende gebeurtenissen die de productiviteit ondermijnen. Met andere woorden, stelde hij, als we keer op keer de nadruk zouden leggen op vrede en een goede organisatie, zou de door de staat uitgegeven munt niet gedevalueerd hoeven worden.

> Het waren niet Koning Jean, of Koning Philippe, of Edward, of Henry die het geld hebben gedevalueerd, maar Koning Oorlog, de grote schepper van schulden, geholpen door zijn luitenants – de pest, veeziekten en mislukte oogsten – alles wat er in feite voor zorgt dat schulden niet stipt kunnen worden afbetaald. Het waren niet de wetten voor de hermunting die de waarde van het geld hebben hersteld, maar Vrede, de grote schepper van kredieten. Deze onbetwistbare waarheid vormt grotendeels de basis van de kredietgeldtheorie.[78]

Daarmee had hij in de kern gelijk. Behalve in het geval van buitenge-

---

76 Seabright, *Company of Strangers*, 86; Avner Greif, *The Fundamental Problem of Exchange*, 261-262.

77 Mitchell-Innes, *Credit Theory*, 160.

78 Mitchell-Innes, *Credit Theory*, 157.

wone corrupte of ontoerekeningsvatbare machthebbers, wordt een koning niet zomaar op een willekeurige ochtend wakker om – puur uit plezier – zijn munt te devalueren. Oorlog, ziekte en andere rampen die de productiviteit aanvallen, liggen doorgaans ten grondslag aan de devaluatie van staatsvaluta. Om de macht te behouden, moet een vorst immers de bevolking tevredenstellen en heeft hij de neiging om in crisissituaties hun lasten te verlichten. Devaluatie biedt dan een schijnbaar handige oplossing om extra overheidsuitgaven te bekostigen zonder de belastingen rechtstreeks te hoeven verhogen. De kosten worden deels doorgeschoven naar degenen die de nieuwe, gedevalueerde munten blijven accepteren tegen de oude nominale waarde terwijl ze feitelijk niet dezelfde metaalinhoud of schaarste meer hebben.

Ik ben echter van mening dat Mitchell-Innes uit het oog verloor dat de mogelijkheid om geld te devalueren op zichzelf de kans vergroot dat er oorlogen of andere productiviteitsondermijnende gebeurtenissen plaatshebben. Het is voor een machthebber simpelweg te aantrekkelijk om deze optie te benutten, omdat het meestal de weg van de minste weerstand is om hoge kosten te financieren. Als die koning weet dat een rechtstreekse belastingverhoging tot revolutie kan leiden, maar het financieren van een oorlog via geleidelijke inflatie niet, dan voelt de tweede methode minder risicovol. Wanneer zowel hij als zijn potentiële vijand uitsluitend via het heffen van extra belastingen een oorlog konden betalen, zou geen van beiden daar wellicht aan beginnen vanwege het risico van een opstand door de onderdanen. De transparantie van de kosten zou te groot zijn. Doordat devaluatie echter een schijnbaar gemakkelijkere uitweg is, wordt de kans op oorlog groter en kan die oorlog ook langer duren of intensiever zijn. Met andere woorden: als devaluatie *kan* plaatsvinden, *zal* het vroeg of laat gebeuren. Overheden zullen ernaar grijpen zodra het besparingen oplevert of politieke problemen oplost.

Over een lange termijn bekeken is het voor een spaarder vrijwel altijd gunstiger een schaars goederengeld te bezitten dan te vertrouwen op de belofte van een koninkrijk, imperium of natie. Het eerste is gebonden aan de onveranderlijke wetten van de natuur, het tweede onderworpen aan grillige en feilbare menselijke beslissingen.

We kunnen de redeneerfout van Mitchell-Innes extra benadrukken als we kijken naar zijn bewering dat 'een eersteklas krediet' het meest waardevolle eigendom zou zijn:

> Een eersteklas krediet is de meest waardevolle vorm van eigendom. Het heeft geen fysieke vorm, geen gewicht en neemt geen ruimte in beslag. Het kan makkelijk worden overgedragen, vaak zonder enige formele procedure. Met

> slechts de kosten van een brief of telegram kan het naar een andere plaats worden verplaatst. Het kan direct worden ingezet om aan materiële behoeften te voldoen en kan goedkoop beschermd worden tegen verlies of diefstal. Het is de meest hanteerbare eigendomsvorm en behoort tot de meest duurzame. Het overleeft de schuldenaar zelf en gaat over op zijn erfgenamen; zolang de familie of nalatenschap voortbestaat, blijft de verplichting bestaan. In een gezonde economie en onder gunstige omstandigheden is er geen reden dat het krediet ooit in kwaliteit achteruit zou gaan.[79]

Het probleem is dat 'onder gunstige omstandigheden in een gezonde staat van handel' een behoorlijk grote aanname is over de loop van iemands leven — laat staan over meerdere generaties. Machthebbers en samenlevingen krijgen vroeg of laat te maken met crisis of conflict, en dan blijkt dat schulden soms veel minder waard blijken te zijn, niet worden nagekomen, of worden afgewaardeerd of herschikt. In de eeuw sinds de essays van Mitchell-Innes, en meestal in periodes waarin valuta niet of nauwelijks meer door een schaarse grondstof gedekt werden, zijn 'eersteklas kredieten' juist een van de minst gunstige activa gebleken. In tientallen landen kwamen schulden en valuta volledig ten val door hyperinflatie. Zelfs in de meest stabiele landen, die vrijwel alle grote oorlogen wonnen en uitstekende financiële instituties hebben, kun je stellen dat eersteklas kredieten minder renderen dan investeringen in bijvoorbeeld vastgoed, aandelen, edelmetalen, kunst of zelfs fijne wijn.[80]

Met andere woorden: voorstanders van de kredietgeldtheorie veronderstellen vaak voor een grote bestuursstructuur dat er een ononderbroken keten van bekwame en welwillende bestuurders van het openbare kasboek zal zijn. Door de eeuwen heen is die veronderstelling herhaaldelijk fout gebleken, telkens weer in verschillende maatschappijen. Door edelmetalen of andere vormen van natuurlijke schaarste af te doen als overbodige of onhandige discipline voor het beheer van het openbare kasboek, negeren ze bovendien een belangrijk aspect van de reden waarom goederengeld al duizenden jaren standhoudt: niemand kan het zomaar in grote hoeveelheden voortbrengen, zelfs niet als er een 'goede reden' voor lijkt te zijn. Daar komt nog bij dat schaars goederengeld een definitieve afrekening vertegenwoordigt in plaats van een permanente afhankelijkheid van gecentraliseerde beloftes.

Interessant genoeg wist Mitchell-Innes zelf ook maar al te goed dat door mensen gedefinieerde, gecentraliseerde monetaire eenheden door de geschiedenis heen vrijwel altijd *in waarde dalen* en nooit structureel *stijgen*.

---

79 Mitchell-Innes, *What is Money?*, 392.

80 Oscar Jorda et al., *The Rate of Return on Everything, 1780-2015.*

Zoals hij schreef in *The Credit Theory of Money*:

> Hoewel de munteenheid in waarde kan verminderen, lijkt deze nooit toe te nemen. Een algemene prijsstijging, soms snel en soms geleidelijk, is een kenmerk van de gehele financiële geschiedenis, en hoewel een snelle stijging best gevolgd kan worden door een daling, lijkt die daling niet meer te zijn dan een herstel tot evenwicht. Ik betwijfel of we sprekende voorbeelden hebben van prijzen die blijvend lager dauwden dan voor een eerdere stijging, wat zou neerkomen op een permanente waardestijging van geld. Zulke gevallen zijn voor zover ik weet onbekend.[81]

Zo kunnen we gecentraliseerde, door mensen beheerde kasboeken vergelijken met de Tweede Wet van de Thermodynamica. Die wet stelt dat de entropie – een maat voor wanorde – in een gesloten systeem in de loop van de tijd alleen maar toeneemt. Perfectie is hierin niet mogelijk. Net zo is alleen een oneindige reeks foutloze, transparante heersers in staat om een volledig flexibel monetair systeem te handhaven zonder devaluatie. Zo'n perfecte opvolging van bestuurders bestaat echter niet, en vroeg of laat nemen machthebbers hun toevlucht tot het creëren van meer geld om problemen op te lossen of schulden te verlichten, vaak op een ondoorzichtige manier.

David Graeber, die grotendeels in het kamp van de kredietheorie kan worden geplaatst, merkte in zijn boek *Debt: The First 5,000 Years* iets belangrijks op over de relatie tussen het niveau van onderling vertrouwen in een maatschappij en het type geld dat die maatschappij gebruikt:

> Het resultaat is dat kredietsystemen doorgaans de overhand hebben in periodes van relatieve sociale vrede of binnen vertrouwensnetwerken. Die netwerken kunnen door staten zijn gecreëerd of, in veel perioden, door transnationale instellingen zoals koopmansgilden of geloofsgemeenschappen. In periodes met wijdverspreide oorlog en plundering worden zulke kredietsystemen echter vaak vervangen door edelmetaal.[82]

In zijn boek beschreef Graeber edelmetalen meestal in negatieve zin. Zo stelde hij dat een van de redenen voor het gebruik van edelmetalen tijdens oorlogstijden was dat er veel van in omloop kwam door plunderingen. Soldaten van de winnende zijde roofden dan spaarmiddelen en ornamenten van edelmetaal uit de kluizen en tempels van de verliezende kant, waarna

81 Mitchell-Innes, *Credit Theory*, 159.
82 Graeber, *Debt*, 215.

ze die buit in brede omloop brachten, hetzij rechtstreeks of door de aanmaak van meer munten.

Maar een neutralere analyse kan de veranderende mate van vertrouwen in de samenleving benadrukken. In tijden met betrouwbare maatschappelijke kasboeken en een relatief stabiel aanbod van, en vraag naar, goederen en diensten kan de rol van krediet zich makkelijker uitbreiden omdat het praktisch is. Krediet is daarentegen risicovol en vatbaar voor wanbetaling of devaluatie in tijden met onbetrouwbare sociale kasboeken en een instabiele aanbod en vraag, terwijl edelmetalen hun schaarste en gewildheid behouden en daarom kunnen dienen als een geliefd ruilmiddel en waardeopslag.

EEN VERENIGDE GELDTHEORIE

In plaats van alleen vast te houden aan de goederengeldtheorie of de kredietgeldtheorie en de ander te verwerpen, zou een volledigere theorie de gemeenschappelijke onderliggende logica moeten vinden die beide theorieën delen. Wat ze gemeen hebben, is dat beiden manieren vertegenwoordigen om een kasboek bij te houden, maar met verschillende beheerders van dat kasboek.

In de kredietgeldtheorie worden kasboeken onderhouden met methoden die op vertrouwen berusten. In kleine groepen gebeurt dat informeel, op basis van familiebanden, vriendschappen en eerrelaties. In grote groepen vol onbekenden worden op krediet gebaseerde kasboeken bijgehouden door een gecentraliseerde administratieve staat en het rechtssysteem. Historisch gezien blijken zulke stelsels vatbaar voor diverse 'resets' en devaluaties zodra er onvermijdelijk problemen of onbalansen ontstaan.

In de goederengeldtheorie gebruiken mensen juist een methode die zo min mogelijk afhankelijk is van vertrouwen, door de natuurwetten het kasboek te laten bijhouden. Fysieke ruilhandel in zeer verhandelbare goederen tussen entiteiten die elkaar niet vertrouwen, zorgt ervoor dat het kasboek als het ware ter plekke wordt vereffend. De volledige stand van het kasboek op een gegeven moment wordt zo bepaald door fysiek bezit. Geen enkele menselijke autoriteit kan het geld met één pennenstreek devalueren. In plaats daarvan moet men dwang gebruiken om mensen te overtuigen het af te staan, of moeten er middelen worden geïnvesteerd om meer van het goed te vinden en te produceren via mijnbouw.

Zo kan de vereniging van beide theorieën worden beschreven als een 'kasboekgeldtheorie', omdat deze de diepere logica of basis uitlegt waarop beide theorieën steunen. Zowel flexibel sociaal krediet als verzamelbare protogeldvormen gaan terug tot het begin van de mensheid. Beide omvatten groepen van uiteenlopende groottes die samen een kasboek onderhouden om het probleem van samenvallende behoeften te vermijden, ruilhandel te vergemakkelijken en te dienen als liquide spaarmiddel. Het verschil zit in de vraag welke autoriteit men vertrouwt om het kasboek bij te houden.

In een context waarin vertrouwen hoog is, zoals binnen een kleine gemeenschap of een goed functionerende gecentraliseerde staat, voelen mensen zich voldoende op hun gemak om op eer gebaseerde of juridisch vastgelegde kasboeken te gebruiken voor betalingen en spaarmiddelen. Zulke kasboeksystemen zijn vaak heel handig en efficiënt, maar kunnen geleidelijk worden aangetast en kwetsbaar zijn voor grote wanbetalingen of herstructureringen. Waar het vertrouwen echter laag is – bijvoorbeeld tussen verschillende bevolkingsgroepen of wanneer eerder vertrouwde kasboeken recentelijk zijn bezweken – valt men voor betalingen en spaarmiddelen terug op kasboeken waarbij zo min mogelijk vertrouwen nodig is, zoals goederengeld, ook al is dat minder handig en efficiënt.

Een kasboekgeldtheorie stelt dat de meeste vormen van uitwisseling baat hebben bij een verhandelbare rekeneenheid die over zowel tijd als ruimte kan worden opgeslagen en overgedragen, en dat deze rekeneenheid het bestaan van een kasboek impliceert, letterlijk of in abstracte vorm. Deze monetaire eenheden, en het kasboek dat ze definiëren, steunen óf op menselijke beheerders óf op natuurlijke wetten om hun stabiliteit in de loop van de tijd en over verschillende locaties te behouden.

DEEL II

DE GEBOORTE VAN BANKEN

Het doel van de handel is het verwerven van tegoeden. Een bankier is iemand die de schulden van de mensheid centraliseert en ze tegen elkaar wegstreept. Banken fungeren als de vereffeningsinstellingen van de handel.[83]

— Alfred Mitchell-Innes

83 Mitchell-Innes, *Credit Theory*, 168.

HOOFDSTUK 5
PROTOBANKIEREN EN HET HAWALA-SYSTEEM

Banken zoals we ze tegenwoordig kennen, ontstonden in Italiaanse stadstaten aan het begin van de Renaissance, maar de geschiedenis van protobanken reikt al duizenden jaren terug en beslaat diverse regio's wereldwijd. Bankieren, in de meest brede zin, omvat een reeks juridische en technologische lagen die mensen bovenop goederengeld hebben ontwikkeld.

De Codex van Hammurabi, een Babylonische wettekst van bijna vierduizend jaar oud, bevat bijvoorbeeld secties met wetgeving over leningen en deposito's.[84] Het Bijbelboek Deuteronomium staat toe dat er rente wordt berekend aan buitenlanders, maar niet aan mede-Israëlieten.[85] Het oude Griekenland kende meer dan 2.500 jaar geleden een soort protobankiers, trapezieten genaamd, vernoemd naar de trapezetafels die zij gebruikten.[86]

Een opmerkelijke ontwikkeling in de geschiedenis van formeel krediet was de suftaja en zijn diverse voorlopers. De suftaja was een schuldbrief die, vanaf de achtste eeuw na Christus, door moslim- en joodse handelaren werd gebruikt in Noord-Afrika, het Midden-Oosten en langs de Zijderoute. Het bood een praktische oplossing omdat handelaren een manier nodig hadden om diefstal te voorkomen, de efficiëntie van geldtransport over lange afstanden te vergroten of om de overdracht van fondsen namens de handelaar aan een boodschapper te kunnen delegeren.[87]

Ghislaine Lydon, hoogleraar geschiedenis met specialisatie in Afrikaanse en Midden-Oosterse studies, heeft de geschiedenis van de suftaja

84 Goetzmann, *Money Changes Everything*, 46-48.
85 Edward Chancellor, *The Price of Time: The Real Story of Interest*, 5-6, 17-20.
86 Goetzmann, *Money Changes Everything*, 82-83.
87 Ghislaine Lydon, *Paper Instruments in Early African Economies and the Debated Role of the Suftaja*.

beschreven in haar onderzoekspaper uit 2019, getiteld *Paper Instruments in Early African Economies and the Debated Role of the Suftaja*. Ze omschreef de suftaja daarin als volgt:

> Als vorm van schuldcontract stelde de suftaja handelaren in ver van elkaar verwijderde markten in staat om geld over te maken binnen vastgestelde handelsnetwerken. De suftaja had in essentie twee doelen. Ten eerste was het een middel om betalingen te verzenden of schulden te vereffenen over lange afstanden, een functie vergelijkbaar met een bankoverschrijving. Ten tweede vergemakkelijkte het reizen, net als een reischeque, door de noodzaak weg te nemen om grote hoeveelheden contant geld mee te dragen.[88]

Ze gaf hiervan een voorbeeld:

> Een handelaar is met een karavaan op zakenreis tussen Awdaghust en Sijilmasa. Om zijn kapitaal te beschermen, koopt hij in Awdaghust van Handelaar A – die een familielid en/of zakenpartner Handelaar B heeft in Sijilmasa – een suftaja in ruil voor een vergoeding. Handelaren A en B hebben een hechte vertrouwensrelatie opgebouwd, waardoor ze financiële en commerciële diensten over grote afstanden kunnen uitwisselen. De reiziger stort zijn kapitaal bij Handelaar A in het bijzijn van getuigen, betaalt een vergoeding en ontvangt in ruil daarvoor een suftaja. Dit document, vaak in de vorm van een brief, instrueert Handelaar B om aan de reiziger exact het gestorte kapitaal uit te betalen. Bij aankomst op de bestemming wisselt de reiziger de cheque in. Betalingen over grote afstand verliepen op dezelfde manier, door een brief met betalingsinstructies via een boodschapper te versturen, waarna Handelaar B het bedrag aan een derde partij uitbetaalde. Een suftajabetaling door Handelaar B kon (een deel van) een bestaande schuld aan Handelaar A vereffenen. Vanuit eén ander oogpunt – zoals vaak genoemd door de juridische geleerden hieronder – verleent de reizende handelaar of degene die een internationale betaling wil doen, een 'lening' aan Handelaar A, die elders door diens handelspartner Handelaar B wordt terugbetaald of uitbetaald, hetzij aan een reiziger of aan een vierde partij. Omdat Handelaren A en B regelmatig met elkaar zaken doen en in contact staan, worden hun financiële saldi bij dergelijke bilaterale transacties continu verrekend.[89]

Op basis van de beschikbare literatuur dateert Lydon het woord suftaja terug tot de 8^{e} eeuw, toen het op deze manier werd gebruikt door islamitische en joodse handelaars in het Midden-Oosten en in delen van Afrika. Ze noemt ook talloze voorbeelden van schuldcontracten op papyrus uit het

88 Lydon, *Paper Instruments*, paragraaf 21.
89 Lydon, *Paper Instruments*, paragraaf 22.

oude Egypte, die minstens teruggaan tot de 3e eeuw voor Christus en waarschijnlijk de voorlopers waren van deze specifieke werkwijze. Daarnaast verwijst ze naar een document uit de 4e eeuw na Christus dat werd gebruikt als transferdocument langs de Zijderoute tussen Oezbekistan en China. Ook is er veel literatuur over de ontwikkeling van de *hundi* in middeleeuws India, de term die daar werd gebruikt voor een wisselbrief.

Wat betreft de gangbare geldwaarde in de suftaja, wijst Lydon op edelmetalen:

> De dinar was de meest gebruikte internationale rekeneenheid onder middeleeuwse moslims en speelde een prominente rol in suftajas. Dinars kenden specifieke productie- en handelsspecificaties, waaronder varianten uit de Maghreb en Bagdad, en waren gekoppeld aan de lokale goudprijzen.[90]

Wisselbrieven op papyrus (en later op papier) groeiden in de loop van de tijd uit tot een vorm van protobankieren, die bekendstaat als het Hawalasysteem. Dat systeem gaat meer dan 1.200 jaar terug, tot de vroege Indiase en Arabische handelaren. Hoewel het ongeveer dezelfde tijdsperioden en geografische route volgt als de islam – van Afrika aan de ene kant, via delen van Europa en het Midden-Oosten, tot aan India aan de andere kant – werd (en wordt) het systeem zowel door moslims als niet-moslims gebruikt.

Hawala is een gedecentraliseerd netwerk van gespecialiseerde geldhandelaars, hawaladars genoemd, dat draait op vertrouwen en reputatie. Het systeem bestaat nog steeds en maakt tegenwoordig gebruik van moderne technologie, zoals e-mails en telefoongesprekken. Per jaar verwerkt het systeem honderden miljarden dollars.

Het werkt vandaag de dag als volgt: Persoon A gaat naar een hawaladar (Hawaladar A), overhandigt hem geld en een wachtwoord, en geeft aan dat dit geld moet worden uitbetaald aan Persoon B. Vervolgens deelt Persoon A dat wachtwoord met Persoon B (via e-mail of een andere vorm van communicatie). Hawaladar A neemt contact op met een hawaladar in het land waar Persoon B woont (Hawaladar B) en geeft hem het wachtwoord (ook via e-mail of een ander communicatiemiddel). Uiteindelijk kan Persoon B naar Hawaladar B gaan, het wachtwoord geven en daar het geld ontvangen. De hawaladars rekenen een kleine vergoeding voor deze service. Persoon A heeft op deze manier internationaal geld overgemaakt naar Persoon B, zonder dat er feitelijk geld over de grens is gegaan en zonder een formele bank te gebruiken. De hawaladars hebben eenvoudigweg hun onderlinge kasboeken bijgewerkt. Hawaladar A staat nu in het krijt bij Hawaladar B, iets dat

90 Lydon, *Paper Instruments*, paragraaf 29.

later kan worden vereffend. Deze hawaladars kennen en vertrouwen elkaar goed, of ze gebruiken bekende tussenpersonen, waardoor ze op grote afstand krediet bij elkaar kunnen aanhouden — iets wat ondenkbaar is voor partijen die elkaar niet vertrouwen.

Vroeger verliep de communicatie fysiek. Een handelaar gaf een andere handelaar een wachtwoord of speciaal beschreven briefje als onderdeel van een ruil van fysieke goederen, om te voorkomen dat hij grote hoeveelheden munten hoefde mee te dragen. Hawaladars konden ook zelf meereizen of het wachtwoord via een netwerk van kortere reizen laten doorgeven naar de eindbestemming. Tegenwoordig gaat ditzelfde proces via internet.

Binnen dit systeem hoeven Persoon A en Persoon B elkaar niet te vertrouwen, alleen hun hawaladars. De hawaladars moeten elkaar óók vertrouwen. Specifiek moet Hawaladar B erop vertrouwen dat Hawaladar A zijn betalingsverplichtingen kan nakomen, omdat Hawaladar B geld heeft uitbetaald aan Persoon B en hiervoor later gecompenseerd moet worden door Hawaladar A. De reden dat dit op vertrouwen gebaseerde systeem standhoudt, is dat hawaladars beroepshandelaren zijn die overleven dankzij hun reputatie. Wie een geldige transactie niet correct afwikkelt, wordt niet langer door collega-hawaladars vertrouwd en verdwijnt uit het netwerk.

Hawaladars kunnen geld over grote afstanden veiliger en efficiënter met elkaar afhandelen dan gewone particulieren dat kunnen, mede dankzij het grote volume aan transacties dat ze onderling verrekenen. Stel dat Hawaladar A voor Persoon A een wisselbrief van tien goudstukken verstuurt en zo tien goudstukken verschuldigd raakt aan Hawaladar B, die dat bedrag heeft uitbetaald aan Persoon B. Als een week later Persoon C zes goudstukken wil sturen naar Persoon D via Hawaladar A, gaat deze transactie eerst naar Hawaladar B. In dat geval hoeft A nu nog maar vier goudstukken aan B te betalen (de tien min zes), omdat de bedragen tegen elkaar worden weggestreept. Ze kunnen op jaarbasis vele van zulke heen-en-weertransacties uitvoeren en die aan het eind van het jaar via een veilige, finaliserende afhandeling vereffenen. Ditzelfde principe kan uiteraard worden toegepast met dollars, roepies of andere munteenheden.

Dit systeem stelt gebruikers in staat om over grote afstanden betalingen te doen, zonder dat er voortdurend grote sommen geld hoeven te worden verplaatst. Samen vormen de hawaladars een gedecentraliseerd, op kanalen gebaseerd betalingssysteem, dat toegankelijk is voor alle gebruikers die bij hun lokale hawaladar aankloppen. Er is geen 'hoofdhawaladar' die het gehele netwerkkasboek bijhoudt. In plaats daarvan houdt iedere individuele hawaladar zorgvuldig de boeken van zijn eigen kanalen met andere hawaladars bij. Daarnaast beschermen zij hun reputatie in de regio, zodat elke hawaladar bij veel andere hawaladars bekendstaat als betrouwbaar.

In de 21e eeuw wordt het Hawala-systeem hoofdzakelijk gebruikt voor internationale transacties met fiatgeld. Het omzeilt het formele banksysteem – inclusief internationale grensrestricties – en voorziet mensen zonder bankrekening van diverse bankachtige diensten. Zo kan een Indiase arbeidsmigrant in de Verenigde Arabische Emiraten een deel van zijn salaris naar familie in India sturen via het Hawala-systeem.

In sommige landen wordt het Hawala-systeem vandaag de dag ontmoedigd of zelfs verboden, omdat het een manier biedt om anoniem en over grenzen heen geld te verplaatsen. Ook wordt het in bepaalde contexten gelinkt aan terrorisme – al bestaat het systeem zelf al sinds de middeleeuwen – omdat terroristen elk beschikbaar middel zullen aangrijpen. In andere landen, zoals de Verenigde Arabische Emiraten, is het systeem toegestaan en gereguleerd, waardoor het fungeert als een belangrijk knooppunt voor de moderne versie van dit netwerk.

Voor historici is het lastig de precieze etymologie en de exacte volgorde van gebeurtenissen rond specifieke woorden of technologieën te ontrafelen, vooral bij papieren vormen van ruilhandel. Een van de redenen voor dit gebrek aan duidelijkheid is dat middeleeuwse moslimgeleerden het gebruik van suftajas of het bredere Hawala-systeem vaak ontmoedigden – vanwege schuld en arbitrage – hoewel het vooral in hun regio's veel werd toegepast. Daardoor bleef het systeem vaak buiten de officiële documentatie. In een paper uit 2007 met een uitgebreide lijst citaties, getiteld *Misplaced Blame: Islam, Terrorism and the Origins of Hawala,*[91] citeert Edwina Thompson Richard Grasshoff met betrekking tot de relatie tussen hawala en suftaja:

> Grasshoff toont aan dat Hawala verwijst naar het wettelijke concept van schuldoverdracht en niet naar een concrete toepassing, terwijl de term suftaja juist verwijst naar een wisselbrief als een van de mogelijke commerciële instrumenten die gebaseerd zijn op Hawala. [...] Technisch gezien zou kunnen worden gesteld dat klanten opereren op het niveau van de suftaja, terwijl handelaren een op Hawala gebaseerd systeem hanteren.[92]

Uiteindelijk zorgden economische en militaire contacten tussen moslims en christenen voor de verspreiding van dit soort monetaire technologieën, en aanverwante vormen, naar Europa. In een rapport van de *Federal Reserve Bank of Atlanta*, getiteld *The Evolution of the Check as a Means of Payment: A Historical Survey*, beschrijven Stephen Quinn en William Roberds hoe deze betaaltechnologie zich verspreidde:

91 Edwina Thomson, *Misplaced Blame: Islam, Terrorism and the Origins of Hawala.*

92 Thomson, *Origins of Hawala*, 294.

Het lijkt erop dat cheques in het eerste millennium wijdverbreid waren in het oostelijke Middellandse Zeegebied en tegen de tiende eeuw ook in de islamitische wereld (Ashtor 1972). In Europa daarentegen waren de monetaire systemen destijds hoogst primitief. Betrouwbare munten waren schaars, er waren geen banken, laat staan cheques (Usher 1934; Spufford 1988).

Tijdens de kruistochten kwamen Europeanen steeds vaker in contact met de moslimwereld en begonnen ze – met de nodige aanpassingen – de bank- en geldsystemen over te nemen die ze ontmoetten in het oostelijke Middellandse Zeegebied. Rond de dertiende eeuw ontstonden er in handelssteden als Barcelona, Florence, Genua en Venetië rudimentaire banken. Die dienden hoofdzakelijk om betalingen tussen lokale handelaren te faciliteren, niet om krediet te verschaffen.[93]

In dit verband lijken de Tempeliers, een katholieke orde van krijgsmonniken uit de 12e eeuw, deze methoden te hebben overgenomen. De Tempeliers, gevestigd in Jeruzalem, runden een uitgebreid netwerk dat de kruistochten van christenen tegen moslims ondersteunde. Europese edelen die van plan waren op reis te gaan en te strijden in de kruistochten, konden hun waardevolle bezittingen bij de Tempeliers in Europa in bewaring geven. Zij kregen dan een gespecialiseerde nota, die ze vervolgens in Jeruzalem bij een andere groep Tempeliers konden inwisselen tegen een gelijkwaardig bedrag.[94]

Nu dit hoofdstuk ten einde loopt, rest de vraag: wie beheert het kasboek? Het antwoord, voor zover het op deze systemen slaat, is dat de hawaladars (en diverse handelaren, Tempeliers en andere op kanalen gebaseerde protobanken) het kasboek beheren. Gebruikers van het netwerk moeten erop vertrouwen dat hun individuele hawaladar correct handelt, en alle hawaladars moeten elkaar vertrouwen.

93 Stephen Quinn en William Roberds, *The Evolution of the Check as a Means of Payment: A Historical Survey*, 2.

94 History.com Editors, *Knights Templar*, History.com, 13 juli 2017.

HOOFDSTUK 6

DE INNOVATIE VAN DUBBEL BOEKHOUDEN

In 1494 schreef de Italiaanse Luca Pacioli de *Summa de arithmetica*. Dit werk bevatte onder andere een gedetailleerde beschrijving van dubbel boekhouden. Hierdoor kreeg hij de bijnaam 'vader van het boekhouden', omdat zijn bijdrage aan het boekhouden en bankieren in heel Europa revolutionair was.[95]

Dubbel boekhouden splitst een kasboek in twee delen die elkaar aanvullen. Als iemand bijvoorbeeld tien gouden munten van een bank leent, worden deze munten een verplichting voor de lener en een bezit voor de bank. Zowel de lener als de bank houden elk een overeenkomstige helft van het kasboek bij. De bezittingen van de ene partij stemmen overeen met de verplichtingen van de andere, wat het mogelijk maakt om complexere financiële systemen te ontwikkelen dan ooit tevoren. De bank kan een uitgebreid geheel van activa en passiva bijhouden en daardoor een brede waaier aan financiële diensten aanbieden.

Pacioli heeft de dubbele boekhouding echter niet uitgevonden. Deze techniek was al in een vroeg stadium aanwezig in delen van Italië voordat hij zijn werk publiceerde. Een deel van Pacioli's werk was overgenomen van zijn Italiaanse collega Piero della Francesca. Voor de introductie van dubbel boekhouden gebruikten islamitische handelaren al vergelijkbare technieken, zoals het Hawala-systeem. Deze methoden werden via de handel met hen naar Italië gebracht, zoals eerder in dit boek is beschreven. Als we verder teruggaan in de tijd, zien we dat de ontwikkeling van het Indische cijfersysteem een van de belangrijke innovaties was die uiteindelijk dubbel boekhouden mogelijk maakten. De vroegste vormen van boekhouding zijn te herleiden tot Mesopotamië, zoals vermeld in het eerste hoofdstuk

95 Alan Sangster et al., *The Market for Luca Pacioli's Summa Arithmetica*.

over kasboeken. Pacioli's organisatie en publicatie van deze technieken waren historisch belangrijk. Ze droegen ertoe bij dat de techniek vanaf dat moment werd verspreid en gestandaardiseerd.

Deze ontwikkelingen hebben een aanzienlijke bijdrage geleverd aan de verbetering van betalingssystemen in Venetië, Florence en andere delen van het huidige Italië. Geldschieters bestonden in verschillende vormen al duizenden jaren, maar de Italiaanse boekhouders tilden de accountancy naar een geheel nieuw niveau door het moderne bankwezen vorm te geven. Het woord 'bank' is afgeleid van het Italiaanse woord *banco*, dat 'bank' of 'bankje' betekent. In tegenstelling tot andere regio's in Europa hadden Venetië en Florence in die tijd een vrijere en toegankelijkere markt met veel handelsconnecties met Arabische handelaren. Accountants zaten op bankjes in de winkelstraten en deden dienst als bankiers voor de koopmansklasse.[96]

De ontwikkeling van het bankwezen zorgde ervoor dat handelaren niet langer grote hoeveelheden munten op zak hoefden te hebben, wat de wrijving en het risico bij de handel verminderde. Als twee handelaren bij dezelfde bank een rekening hadden, konden ze hun ruil eenvoudig uitvoeren door de bankier te vragen het kasboek aan te passen. De bankier paste dan de saldi aan die hij voor beide handelaren bijhield. Hij trok een bedrag af bij de koper en voegde hetzelfde bedrag toe aan de verkoper, minus een vergoeding voor zijn dienstverlening. Een handelaar kon bij de bankier afrekenen door fysiek goud op te nemen of te storten, maar dat gebeurde minder vaak en kon dus onder veiligere omstandigheden plaatsvinden. Hierop voortbouwend konden bankiers deze methode combineren met bankbiljetten en zo uitgroeien tot grote financiële instellingen.

Verschillende regio's hadden al financiële instrumenten op papier ontwikkeld. Zoals in het vorige hoofdstuk vermeld, werden papyrus en papieren wisselbrieven al in het oude Egypte, in China en langs de Zijderoute gebruikt. Deze vroege wisselbrieven waren meestal verbonden aan een specifieke persoon. Een eenvoudig voorbeeld: ik zou een papieren ontvangstbewijs hebben waarop staat: 'Lyn Alden heeft recht op de betaling van vijf goudstukken door persoon XYZ.' Alleen ik, of iemand die wettelijk namens mij kan handelen, mocht dat document gebruiken om bij die specifieke persoon het goud te ontvangen.

Uiteindelijk veranderden veel van deze papieren, handige en draagbare activa in gestandaardiseerde eenheden. Dat betekende dat degene die het papier in handen had, het goud kon opnemen.[97] Ter illustratie: zo'n papier

96 Ugolini, *Central Banking*, 11.
97 Markus Denzel, *The European Bill of Exchange*.

zou bijvoorbeeld kunnen luiden: 'De houder van dit bankbiljet heeft het recht om vijf goudstukken op te nemen van deposito-instelling XYZ.' Naast het bijhouden van hun rekeningen bij banken, konden handelaren deze papieren gebruiken in plaats van fysiek goud om hun transacties te doen. In tegenstelling tot het kanaalgebaseerde *suftaja/Hawala*-systeem werden deze overdraagbare bankbiljetten breed geaccepteerd als algemeen ruilmiddel. Ze waren bovendien gekoppeld aan de reputatie van een vooraanstaande financiële instelling.[98]

Wat betalingstechnologieën betreft, kunnen we de overgang van protobankieren naar *full-service*bankieren samenvatten in drie belangrijke stappen, gebaseerd op toenemende niveaus van 'onderhandelbaarheid'. In financieel jargon betekent onderhandelbaar dat een papieren instrument overdraagbaar is aan een andere partij. De eerste stap omvat een eenvoudig, niet-onderhandelbaar papieren instrument dat alleen door een specifieke partij – zoals vermeld bij de oorspronkelijke creatie van het document – kan worden ingewisseld voor geld. In de tweede stap wordt een papieren instrument uitgegeven aan een specifieke partij, maar is het onderhandelbaar en kan het dus fysiek aan een andere partij worden overgedragen, die het vervolgens kan inwisselen. Dit vereist een complexer en betrouwbaarder financieel netwerk tussen meerdere tegenpartijen. Bij de derde stap is een papieren instrument, zoals een bankbiljet, getransformeerd tot een naamloos waardebewijs dat vrijelijk kan worden doorgegeven, zonder handtekening of formele eigendomsoverdracht. Fysiek bezit is voldoende. Deze derde vorm vereist en steunt op grote, algemeen erkende instellingen.[99]

De combinatie van bankrekeningen en bankbiljetten, samen met de overgang van niet-onderhandelbare, kanaalgebaseerde papiersystemen naar breed ondersteunde, onderhandelbare, bezitgebaseerde papiersystemen, verbetert de verhandelbaarheid, liquiditeit en deelbaarheid van goud aanzienlijk. Dankzij deze abstractie kon het juridische eigendom van goud nu veel vaker van eigenaar wisselen dan het fysieke goud zelf.[100] Dit maakte het gebruik van grote geldbedragen gemakkelijker en veiliger, al bracht het ook tegenpartijrisico en mogelijkheden tot arbitrage met zich mee. We kunnen deze netwerken bijna zien als een papieren versie van het internet: vroege kanaalgebaseerde verbindingen groeiden uit tot een complex en onderling verbonden netwerk van entiteiten die elkaar erkenden en samenwerkten. Al deze papieren activa vertegenwoordigden

98 Jim Bolton en Francesco Guidi-Bruscoli, *'Your Flexible Friend': The Bill of Exchange in Theory and Practice in the Fifteenth Century*.

99 Larry Neal, *The Rise of Financial Capitalism*, 7-16; John Munro, *Interest Rates and the European 'Financial Revolution'*, 236.

100 Donald McCloskey en Richard Zacher, *How the Gold Standard Worked*.

aanspraken op goud, maar vergden vertrouwen in de hoeder van dat goud, in de hoop dat deze het op een verantwoorde wijze zou beheren.[101] Naast dit banksysteem bleven in deze periode zilveren munten nuttig, omdat bankdiensten hoge overheadkosten met zich meebrachten en niet voor iedereen bereikbaar waren, met name niet voor mensen in de onderste helft van het welvaartsspectrum.

In een groot deel van middeleeuws Europa kon de dubbele boekhouding worden bijgehouden met behulp van kerfstokken. Wanneer een kredietverstrekker geld uitleende aan een lener, werden de details van de lening op een speciale houten stok gekerfd. Deze stok werd daarna in de lengte doormidden gebroken. De kredietverstrekker en de lener bewaarden ieder hun helft, die weer samengevoegd moest worden om aan te tonen dat er niet met het bewijs was geknoeid. Op die manier boden kerfstokken een andere methode van boekhouding die lastig te manipuleren was. Vanuit het oogpunt van de kredietverstrekker waren ze echter fysiek onhandig, omdat er een groot aantal kerfstokken moest worden opgeslagen.[102]

HET GEBRUIK VAN FRACTIONELE RESERVES

Het meest basale type bank is een bewaarinstelling die voor de volle honderd procent door activa wordt gedekt. Mensen storten goud of een ander monetair actief en de bank van bewaring geeft papieren claims uit op deze inleg. De bank doet niet méér met deze activa dan ze veilig bewaren, en rekent doorgaans vergoedingen aan voor haar dienstverlening.

Een hedendaags voorbeeld hiervan is het bewaren van fysiek goud in een kluis. Voor het beheer van zo'n kluis betaal je meestal een doorlopende vergoeding. Hetzelfde geldt voor een beveiligde opslagrekening. Als je aandelen in een beursgenoteerd fonds hebt, rekent dat fonds ook beheerskosten. Dit zijn verschillende soorten bewaar- en administratiediensten waarbij een volledige reserve wordt aangehouden. In plaats van geld te verdienen door je activa uit te lenen – met het risico dat ze niet worden terugbetaald – worden ze in de regel veilig bewaard, terwijl je een vergoeding voor die diensten in rekening krijgt, zodat de aanbieder zijn kosten kan dekken en winst kan maken.

In een vrije markt zullen bankiers van nature met elkaar concurreren om marktaandeel door de hoogte van die vergoedingen. Op een bepaald moment zullen ze beseffen dat het merendeel van het goud niet in één keer wordt opgenomen, maar meestal in de kluis blijft liggen. Stel dat een bankier na tien jaar een volreservebank te hebben gerund, heeft gemerkt

101 Eichengreen, *Exorbitant Privilege*, 15-16.
102 Martin Slater, *The National Debt: A Short History*, 15-44.

dat de grootste gezamenlijke opname ooit 40% van het goud was.[103] Hij besluit dan dat hij, zolang hij minstens 80% van de deposito's aanhoudt, geen problemen hoeft te verwachten. De resterende 20% van het goud kan hij zorgvuldig uitlenen tegen rente. Op die manier maakt hij winst en kan hij zijn bewaarservice gratis aanbieden, waardoor hij meer deposito's aantrekt. Zo ontstaat fractioneel bankieren.

Als de bankier zijn klanten hiervan niet op de hoogte stelt, is dat fraude, omdat de klanten er niet van uitgaan dat 20% van hun goud wordt uitgeleend en dus blootstaat aan risico. Als hij zijn klanten wél informeert en zij akkoord gaan, is het een bewuste keuze. Voor potentiële spaarders lijkt het misschien acceptabel dat de bankier 80% van het goud als reserve houdt en de overige 20% aanwendt voor illiquide leningen om extra inkomsten te genereren. Zo kunnen de bankkosten voor spaarders worden geëlimineerd. Als consumenten deze keuze werkelijk accepteren, worden andere banken ertoe gedwongen hun vergoedingen eveneens te verlagen of op te heffen door fractioneel te bankieren. Sommige banken zullen echter 100% reserves aanhouden voor de meest risico-averse klanten, die de problemen begrijpen die dit systeem kan veroorzaken.

Als de meeste banken deze methode toepassen, zullen er meer aanspraken op goud in omloop zijn dan er feitelijk goud aanwezig is. Aanvankelijk leidt deze groei van de kredietverlening waarschijnlijk tot sterke economische groei. Machthebbers in de regio zullen dit dan waarschijnlijk goedkeuren en mogelijk zelfs aanmoedigen.

Maar banken kunnen soms te ver gaan. Als 80% reserves en gratis bankieren al een goed aanbod vormen, waarom niet 60% reserves? In plaats van alleen de kosten te schrappen, zou de bank depositohouders nu ook een deel van de leningopbrengsten kunnen uitkeren in de vorm van rente op hun stortingen. Dit zou nog meer deposito's aantrekken. Wat is immers de kans dat depositohouders tegelijk meer dan 60% van hun goud proberen op te nemen? Bankiers blijven de limieten oprekken, wat leidt tot een lager percentage reserves ten opzichte van de deposito's. Zo worden depositohouders (bewust of onbewust) beloond voor het nemen van steeds meer bewaringsrisico. Deze vorm van bankieren is inherent instabiel. Hij rust op de onjuiste aanname dat depositohouders hun geld op elk moment kunnen opnemen. Als de meesten dat tegelijk proberen, is dat echter onmogelijk.

Het is belangrijk om in te zien dat een fractionele reservebank, zolang ze geen grote verliezen lijdt op haar leningen, in totaal evenveel activa als passiva heeft. Het probleem is dat niet al die activa direct liquide zijn,

103 Een volreservebank is een bank die alle tegoeden van klanten volledig aanhoudt in contanten of direct opvraagbare reserves, zonder deze uit te lenen.

terwijl depositohouders wel denken dat ze hun geld onmiddellijk kunnen opnemen. In een systeem met meerdere fractionele reservebanken ontstaat zo een veelvoud aan deposito's ten opzichte van de daadwerkelijke goudvoorraad. Geld dat bij de ene bank wordt geleend, kan immers direct bij een andere bank worden gestort en wederom fractioneel worden uitgeleend. Zo ontstaat er een verdubbeling, verdriedubbeling, viervoudiging, enzovoort, van de deposito's in vergelijking met de hoeveelheid goud. Mensen hebben dan gezamenlijk veel meer aanspraken op goud dan er beschikbaar is, wat hun rijkdom in zekere zin illusoir maakt. Het systeem is daardoor inherent instabiel en vatbaar voor kettingreacties van *bankruns*. Eén bankrun kan makkelijk andere uitlokken. Je kunt dit vergelijken met een stoelendans die soepel verloopt totdat de muziek plots stopt en alles in elkaar klapt.

Sterker nog, het probleem van bankruns in een fractioneel reservebankstelsel is nog groter dan je op het eerste gezicht zou denken. Stel: een bank heeft leningen als een deel van haar activa en een deel van die leningen wordt niet terugbetaald. Daardoor heeft de bank nog slechts 90% van de deposito's gedekt met goud of andere activa, en 10% is voorgoed verdwenen door wanbetalingen. Op het eerste gezicht lijkt dit misschien niet onoverkomelijk, omdat de depositohouders jarenlang hebben geprofiteerd van lage kosten of zelfs wat rente. Nu lijden ze echter een verlies van 10% door gebrekkig risicobeheer van de bank. Jammer genoeg is de situatie, als die niet direct wordt opgelost, veel erger. Zodra enkele goed geïnformeerde spaarders vermoeden dat de bank niet meer solide is, zullen zij onmiddellijk hun geld opnemen. Andere spaarders voeren dat voorbeeld na. Als dit niet wordt gestopt, zal uiteindelijk iedereen proberen zijn geld op te nemen. De mensen die als laatste komen, krijgen helemaal niets meer omdat de resterende reserves al zijn uitgeput. Het is dan niet zo dat iedereen 'slechts' 10% tekortkomt, maar dat sommige depositohouders alles terugkrijgen en anderen niets. Dit mechanisme moedigt een depositopaniek aan zodra de kleinste twijfel ontstaat over de solvabiliteit van een bank, want wie eerst komt, maalt eerst. Door herhaaldelijke crises hebben overheden vervolgens reguleringen en verzekeringsmaatregelen ingevoerd om het risico te spreiden en dergelijk gedrag van depositohouders te ontmoedigen.

Deze stabiliteitsproblemen kunnen op een fundamentelere manier worden vermeden door de looptijd van deposito's en leningen strikt op elkaar af te stemmen. In zo'n systeem kunnen giraal geld en bankbiljetten op elk moment worden ingewisseld — en moeten daarom volledig door goud gedekt zijn — terwijl depositocertificaten concrete beleggingscontracten vormen met een langere looptijd of spaarrekeningen die voor de bank ingezet kunnen worden als leningen die niet langer lopen dan de termijn waarvoor de deposito's zijn vastgelegd. Zo voorkom je de belofte van algemene liquiditeit aan houders van giraal geld, die in werkelijkheid niet altijd kan worden waargemaakt. Tegelijk vermijd je de overmatige herverpanding en het *mismatch*-probleem tussen looptijden, waarop fractioneel reservebankieren berust. De samenleving heeft deze weg in de praktijk echter meestal niet gekozen. Historisch hebben bankiers (met instemming van toezichthouders en klanten) doorgaans de voorkeur gegeven aan fractioneel reservebankieren, waarbij ze de *mismatch* tussen looptijden op de koop toenemen en erop hopen dat niet te veel depositohouders tegelijk hun geld komen halen. Fractioneel reservebankieren is op grote schaal ingevoerd en heeft bijgedragen aan herhaaldelijke financiële crises wereldwijd.

Moderne banken hebben doorgaans vijf tot tien keer zoveel deposito's als liquide reserves — een hefboom van 500% tot 1.000%. De overige activa zijn voornamelijk leningen en verschillende effecten. Het grootste deel van hun liquide reserves bestaat niet eens uit fysiek geld, maar uit abstracte centrale bankreserves.[104] Wanneer een klein percentage van de rekeninghouders besluit hun geld op te nemen, kan dit al voldoende zijn om een liquiditeitsprobleem te veroorzaken. Anders dan bij een door goud gedekt systeem kan de centrale bank in het moderne reservesysteem altijd meer basisgeld creëren om een toeloop op de bank te stuiten, in ruil voor een devaluatie van het geld van iedereen.[105]

Figuur 6.1 hieronder laat de historische verhouding tussen de deposito's en de kasreserves van Amerikaanse commerciële banken zien. Van de jaren tachtig tot 2008 steeg die verhouding van ongeveer 6 naar 23. Dit betekende dat er op het hoogtepunt maar 1 dollar aan bankgeld beschikbaar was voor iedere 23 dollars aan deposito's, een hefboom van 2.300%. Tijdens de wereldwijde financiële crisis greep de *Federal Reserve* in door veel nieuw bankgeld te scheppen en daarmee activa van banken op te kopen. Daardoor is de verhouding tussen deposito's en reserves flink gezakt en sindsdien lager gebleven, ongeveer tussen de 5 en 6. Dat betekent dat de hefboom in het systeem nu 'slechts' 500% tot 600% bedraagt.

Tegen het einde van 2022 hadden Amerikaanse banken in totaal circa 18 biljoen dollar aan deposito's uitstaan, die ze verschuldigd waren aan hun klanten. Ze beschikten echter slechts over iets meer dan 3 biljoen dollar aan liquide bankgeld.

Dat klinkt iets minder beangstigend als je bedenkt dat banken eind 2022 ongeveer 22,6 biljoen dollar aan totale activa hadden, waarvan 3 biljoen

104 Federal Reserve Economic Data, *Deposits, All Commercial Banks*; *Cash Assets, All Commercial Banks*.

105 Michael McLeay et al., *Money Creation in the Modern Economy*, 21-25.

106 Federal Reserve Economic Data, *Deposits, All Commercial Banks*; *Cash Assets, All Commercial Banks*.

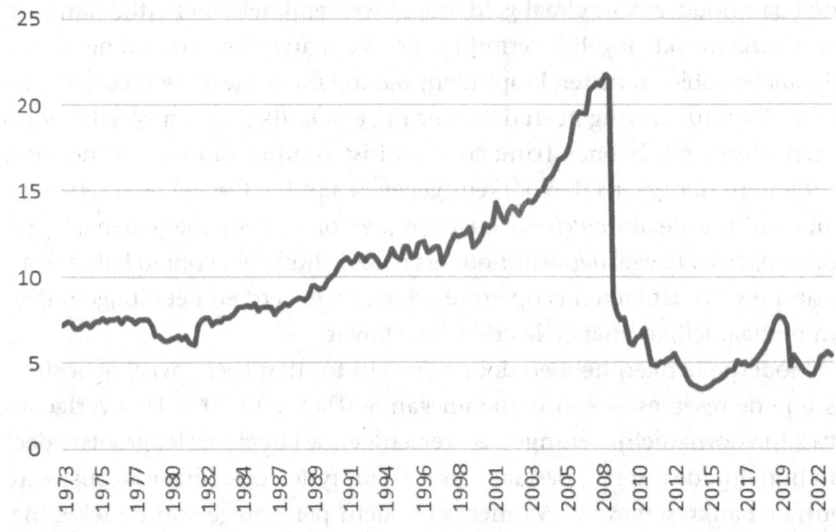

Figuur 6.1
Verhouding tussen bankdeposito's en kasreserves van Amerikaanse commerciële banken (1973-2023).[106]

dollar in de vorm van liquide bankgeld. De rest van hun activa bestaat onder meer uit hypotheken, staatsobligaties en bedrijfsleningen. Over het geheel genomen hebben banken dus meer activa dan verplichtingen. Ze kunnen echter niet voldoen aan het verzoek van een groot percentage spaarders die ineens allemaal hun geld opnemen, omdat de meeste activa niet direct liquide zijn.[107] Eind 2022 beschikten Amerikaanse banken over ongeveer 100 miljard dollar aan daadwerkelijk fysiek contant geld. De rest van hun geldreserves betrof abstracte bankreserves, die als activa op de kasboeken van de centrale bank stonden. In 2023 vonden dan ook meerdere bankruns plaats bij banken die hun activa slecht hadden gemanaged toen de Federal Reserve de rente snel verhoogde. Dat leidde tot enkele van de grootste bankfaillissementen in de geschiedenis van de Verenigde Staten.

Deel 4 van dit boek zal aanvullende voorbeelden geven van fractioneel reservebankieren en depositoschepping in de context van een fiatgeldsysteem, in tegenstelling tot door goud gedekte bankstelsels. Zolang we hier echter bij de oudere, goudgedekte banken blijven, is de vraag: 'Wie beheert het kasboek?'

Het antwoord is dat elke bank haar eigen *sub*kasboek beheert.[108] Wanneer mensen geld storten bij een bank, vertrouwen ze erop dat deze zowel

107 Jiang et al., *U.S. Bank Fragility*.
108 Michael McLeay et al., *Money Creation in the Modern Economy*, 18-20.

moreel als technisch bekwaam is, en dat ze de financiën correct beheert. Ze gaan ervan uit dat de bank hun geld in de kluis houdt bij een volreserveservice of dat ze, als er risico's worden genomen, die risico's op een verantwoorde manier beheert bij fractioneel reservebankieren.

We kunnen ook stellen dat de overheid deels het kasboek beheert, omdat er in een land niet zo veel verschillende banken bestaan. Overheidsambtenaren kunnen elk van die banken simpelweg benaderen en bijvoorbeeld iemands deposito bevriezen of in beslag nemen. De bank moet meewerken, ongeacht de (goede of minder goede) motieven van de overheid. Het zou verschrikkelijk zijn als de overheid dit doet vanwege iemands religie, politieke overtuiging of seksuele geaardheid, of wegens het aan het licht brengen van ongemakkelijke waarheden. Aan de andere kant kan de overheid ook redelijke juridische stappen ondernemen tegen criminelen en daarbij rekeningen bevriezen. Bovendien kan de overheid alle banken in haar rechtsgebied dwingen hun goud aan een centrale autoriteit over te dragen. In ruil krijgen ze hier papieren schuldbekentenissen voor terug, wat in meerdere landen inderdaad is gebeurd. Voor een overheid is het logistiek gezien veel gemakkelijker om de goudvoorraad van een handjevol banken over te nemen dan dit van elk huishouden te moeten vorderen.

Samengevat houden banken en de overheid samen controle over het kasboek dat de meeste mensen als geld gebruiken, ongeacht de opzet van het banksysteem. In een door goud gedekt banksysteem is het enige deel van het kasboek dat individuele gebruikers volledig onder eigen beheer hebben, het goud dat ze zelf bezitten in de vorm van munten. De rest – waarbij het goud wordt toevertrouwd aan de bank – is afhankelijk van een hiërarchie van anderen die geacht worden dit eigendom correct te beheren.

HOOFDSTUK 7

VRIJ BANKIEREN VS. CENTRAAL BANKIEREN

Door de eeuwen heen zijn er verschillende bankmodellen gebruikt. Voor de doeleinden van dit hoofdstuk kunnen we nationale banksystemen in twee categorieën indelen: vrij bankieren en centraal bankieren.

De banken die in het vorige hoofdstuk werden besproken, zijn voorbeelden van vrije banken. Vrije banken houden basisgeld aan, zoals goud, en hebben verplichtingen tegenover spaarders die aanspraak kunnen maken op dat geld. Ze kunnen ook bankbiljetten uitgeven die claims op dat geld vertegenwoordigen. Deze bankbiljetten fungeren als bezitsactiva die niet aan een specifieke persoon zijn toegewezen, maar de houder toegang bieden tot het basisgeld. Individuele bankbiljetten worden vaak als valuta gebruikt en slechts af en toe ingezet om het basisgeld bij de bank op te nemen.[109] Figuur 7.1 laat dit schematisch zien.

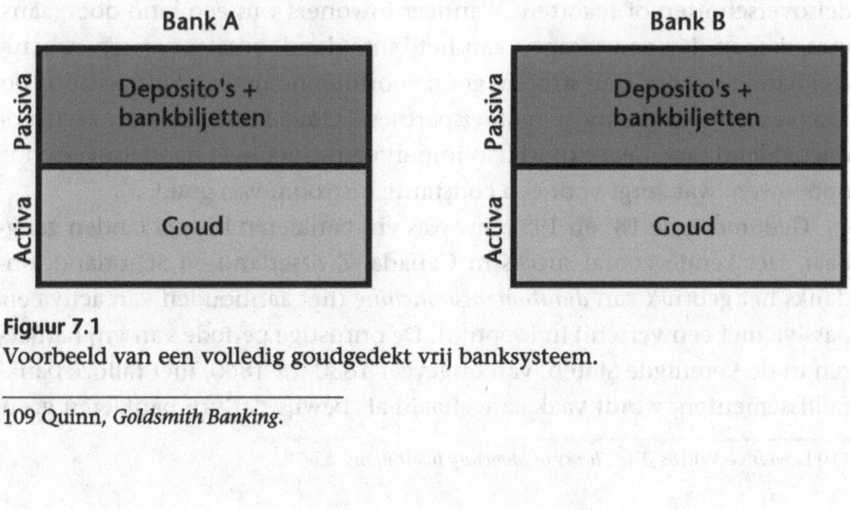

Figuur 7.1
Voorbeeld van een volledig goudgedekt vrij banksysteem.

109 Quinn, *Goldsmith Banking.*

In de meeste gevallen gebruikten vrije banken echter een fractioneel reservemodel, zoals in Figuur 7.2. Ze verzamelden gouddeposito's, hielden een deel daarvan in hun kluis en leenden het overige deel uit tegen rente. Door winst te maken op deze leningen, kunnen banken hun rekeningen gratis aanbieden aan klanten of rente uitkeren aan depositohouders. Dit vergroot wel de risico's voor zowel de bank als de depositohouders, omdat de bank in de problemen komt als te veel mensen tegelijkertijd hun goud willen terughalen, en zij dan de opnames zal moeten beperken.[110]

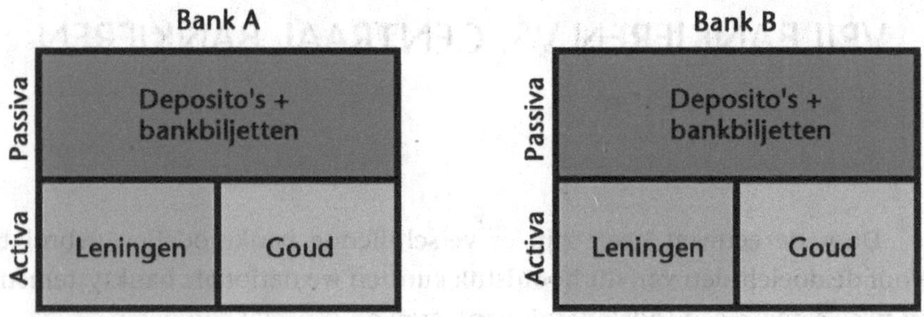

Figuur 7.2
Voorbeeld van vrije banken met 50% fractionele reserves, gedekt door goud.

In dit scenario is het antwoord op de vraag 'wie beheert het kasboek?' een combinatie van de natuur en individuele banken. In een vrij banksysteem dat gedekt wordt door goud of een andere vorm van natuurlijk basisgeld, wordt de hoeveelheid basisgeld in het land bepaald door geologische factoren en internationale handel. De goudvoorraad kan toenemen door de ontdekking van nieuwe goudafzettingen, zoals tijdens de Californische goudkoorts. De goudvoorraad kan bovendien groeien of krimpen door handelsoverschotten of tekorten. Wanneer inwoners van een land doorgaans meer kopen dan ze verkopen aan het buitenland, ontstaat er een structureel handelstekort. Dan stroomt goud voortdurend het land uit, richting de reserves van buitenlandse handelspartners. Omgekeerd kan een zeer productief land met meer export dan import een structureel handelsoverschot opbouwen, wat zorgt voor een constante instroom van goud.

Gedurende de 18^{e} en 19^{e} eeuw was vrij bankieren in veel landen gangbaar. Het kende vooral succes in Canada, Zwitserland en Schotland, ondanks het gebruik van *duration mismatching* (het aanhouden van activa en passiva met een verschil in looptijd). De onrustige periode van vrij bankieren in de Verenigde Staten, van ongeveer 1830 tot 1860, met talloze bankfaillissementen, wordt vaak aangehaald als bewijs dat vrij bankieren geen

110 Lawrence White, *The Theory of Monetary Institutions*, 57-73.

goed systeem zou zijn. Het betrof echter een korte en turbulente episode in de ruimere, wereldwijde geschiedenis van vrij bankieren, die over het algemeen als een gemengd succes kan worden gezien. George Selgins boek uit 1988, over de theorie van vrij bankieren, leverde waardevol onderzoek naar het 19e-eeuwse vrije bankieren.[111] Selgin heeft daarna nog tientallen jaren extra onderzoek gedaan in de vorm van boeken en wetenschappelijke artikelen.

In zijn werk over de geschiedenis van geld geeft Glyn Davies voorbeelden van vrije bankwetgeving in verschillende Amerikaanse staten. Massachusetts stond bijna iedereen toe een bank te starten, met slechts minimale vereisten. New York hanteerde strengere regels, zoals diverse kapitaaleisen en de verplichting een reserve aan edelmetaalmunten aan te houden van minstens 12,5% van de in omloop zijnde bankbiljetten. Louisiana stelde nog strengere eisen; daar moest minstens een derde van de uitstaande bankbiljetten gedekt zijn door edelmetaalmunten, naast andere kapitaal- en liquiditeitsvoorschriften.[112]

In tegenstelling tot vrij bankieren standaardiseert en centraliseert centraal bankieren het nationale kasboek en de uitgegeven bankbiljetten. In zo'n systeem erkent of richt de overheid een centrale bank op. Elke bank gebruikt het kasboek van de centrale bank als basisgeld. In plaats van goud in de eigen kluizen aan te houden, boekt men reserves op het kasboek van de centrale bank. De centrale bank (of de overheid) bewaart het goud, ervan uitgaande dat het systeem nog op goud gebaseerd is, zoals voorheen gebruikelijk was. De centrale bank neemt de rol van uitgever van bankbiljetten over van de individuele banken.[113]

De centrale bank heeft zowel activa als passiva. De passiva bestaan voornamelijk uit de reserves die individuele banken bij de centrale bank stallen en de bankbiljetten die de centrale bank in circulatie brengt. De activa kunnen variëren, afhankelijk van de historische periode. Zo hadden centrale banken vroeger vooral goud als activa, terwijl ze in het moderne fiat-tijdperk vooral overheidsobligaties aanhouden. Figuur 7.3 toon schematisch hoe zo'n systeem werkt.

Binnen dit kader bepaalt de centrale bank de hoeveelheid basisgeld – fysiek geld en bankreserves – in het systeem. In een crisissituatie kan de centrale bank extra basisgeld bijdrukken en dankzij die flexibiliteit optreden als 'kredietverstrekker in uiterste nood'. Ze heeft ook enige speelruimte bij de bepaling van de hoeveelheid gouddekking van het basisgeld, in ieder

111 George Selgin, *The Theory of Free Banking: Money Supply Under Competitive Note Issue.*
112 Davies, *A History of Money*, 461-468, 482.
113 Goodhart, *Evolution*, 85-99; Lawrence White, *Free Banking in Britain: Theory, Experience, and Debate, 1800–1845*, 21-63.

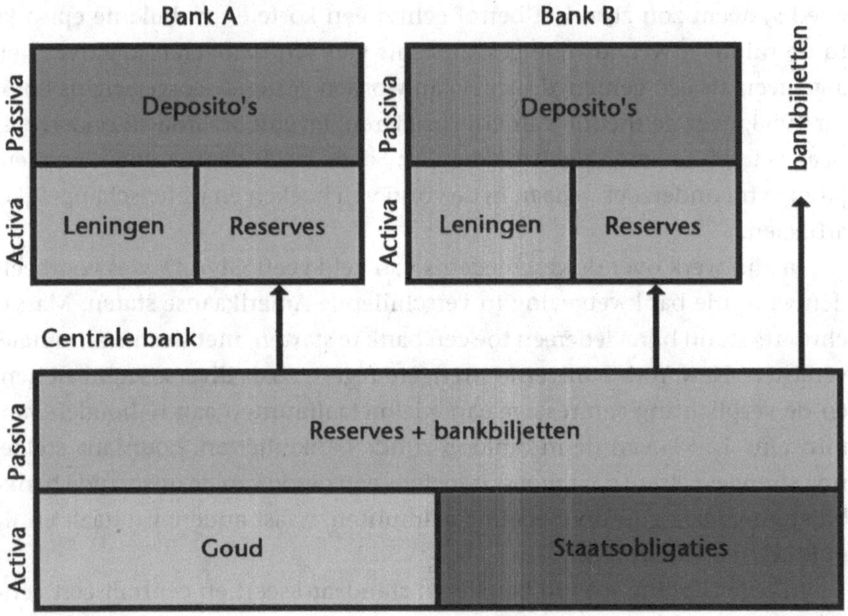

Figuur 7.3
Voorbeeld van een door goud gedekt centrale banksysteem met fractionele reserve.

geval wanneer het systeem nog op goud is gebaseerd en goed functioneert. In de late 19^{e} en vroege 20^{e} eeuw moest een centrale bank vaak minstens 35% of 40% gouddekking aanhouden. Daarom probeerde men de dekkingsgraad boven deze wettelijke ondergrens te houden.[114] Als te veel mensen goud uit het systeem willen halen, kan de centrale bank de rentetarieven verhogen, in het bijzonder de discontovoet, om een deel van dat goud terug te trekken (uit eigen land of uit het buitenland). Als de centrale bank over voldoende goud beschikt, kan ze de rente verlagen om krediet- en economische groei te stimuleren.

Door deze gelaagde structuur van abstractie en centralisatie is het voor individuele spaarders in een centraal banksysteem vaak lastiger om het te doorgronden. Elke commerciële bank is ook beperkt, omdat al haar activa bestaan uit schuldbewijzen. De centrale bank heeft echter de meeste macht en staat onder invloed van de overheid. Keren we terug naar onze terugkerende vraag: 'Wie beheert het kasboek?' Dan zien we dat het antwoord daarop verschilt tussen vrij bankieren en centraal bankieren.

In een vrij banksysteem dat op goud is gebaseerd, wordt het kasboek beheerd door de natuur en de individuele banken. De overheid kan eventueel

114 David Wheelock, *Monetary Policy in the Great Depression*, 14-19.

invloed uitoefenen op die banken of ze verdergaand overnemen. De natuur waarborgt de schaarste van het onderliggende edelmetaal, omdat mensen nog steeds direct edelmetaal kunnen bezitten in de vorm van munten, staven of sieraden. Zodra mensen hun goud op een bank storten, heeft de bank controle over dat deel van het kasboek.

In een centraal banksysteem op goudbasis zorgt de natuur nog altijd voor schaarste van het metaal, maar dat staat steeds verder af van de dagelijkse praktijk. Individuele banken hebben nauwelijks nog controle, omdat ze in plaats van goud vooral reserves als boeking op het kasboek van de centrale bank aanhouden. Ze kunnen geld verliezen, inclusief deposito's van klanten, door slechte kredieten te verstrekken, maar hebben door de extra laag tussen hen en het goud geen invloed op de waarde van hun eigen reserves. De centrale bank beheert nu het kasboek voor deposito's en reserves in het hele land. De enige controle die individuen nog hebben, is het goud dat ze zelf in munten bezitten.

EEN KORTE VLUCHT DOOR DE AMERIKAANSE MONETAIRE GESCHIEDENIS

Banksystemen hebben de neiging na verloop van tijd te centraliseren. Dat gebeurde al in verschillende Europese landen, waarna de Verenigde Staten en andere landen volgden. De recente en voortgaande Amerikaanse geschiedenis is illustratief voor de manier waarop deze centralisatie verloopt.

De oprichting van de Verenigde Staten en haar monetaire systeem verliep in verschillende etappes. In 1775 brak de Revolutionaire Oorlog uit, en in 1776 werd de Onafhankelijkheidsverklaring opgesteld. Tijdens deze oorlog gaf het Continentale Congres bankbiljetten uit, de zogenoemde *Continentals*. Deze biljetten leidden uiteindelijk tot hyperinflatie.[115] In 1789 trad de grondwet in werking. De *Coinage Act* van 1792 stelde de zilveren dollar in als standaardrekeneenheid in de Verenigde Staten en richtte het *U.S. Mint* op om wettige betaalmiddelen te slaan. In deze wet werd vastgelegd dat één zilveren dollar stond voor 371,25 *grain* (24,1 gram) zilver. Op basis hiervan ontstond een drie-metalen decimaalsysteem:

- Eagles: 247,5 *grain* goud, uitgedrukt als $10,00.
- Half Eagles: 123,75 *grain* goud, uitgedrukt als $5,00.
- Quarter Eagles: 61,875 *grain* goud, uitgedrukt als $2,50.

115 Farley Grubb, *The Continental Dollar: What Happened to It after 1779?*

- Dollars: 371,25 *grain* zilver, uitgedrukt als $1,00.
- Half dollars: 185,625 *grain* zilver, uitgedrukt als $0,50.
- Kwart dollars: 92,8125 *grain* zilver, uitgedrukt als $0,25.
- Dimes: 37,125 *grain* zilver, uitgedrukt als $0,10.
- Halve dimes: 18,5625 *grain* zilver, uitgedrukt als $0,05.
- Cents: 264 *grain* koper, uitgedrukt als $0,01.
- Halve centen: 132 *grain* koper, uitgedrukt als $0,005.[116]

The First Bank of the United States werd opgericht in 1791, maar was geen volwaardige centrale bank en kende beperkte activiteiten, mede door de controverse over het bestaansrecht van zo'n bank. Haar vergunning liep twintig jaar, tot 1811. In 1816 werd *The Second Bank of the United States* opgericht, die eveneens beperkte bevoegdheden had en waarvan de vergunning tot 1836 duurde.[117]

In die periode bestonden er verschillende commerciële banken die hun eigen bankbiljetten mochten uitgeven. Ze gebruikten edelmetalen en andere activa als reserve voor die biljetten. De overheid stond in voor de standaardisatie van munten als nationale rekeneenheid, maar het uitgeven van papieren bankbiljetten gebeurde bij individuele banken. De overheid kon niet zomaar geld uit het niets scheppen; ze werd beperkt door de hoeveelheid edelmetaal die ze bezat. Banken mochten verschillende soorten onderpand gebruiken voor hun bankbiljetten, maar moesten genoeg geloofwaardigheid hebben om die in te wisselen voor goud of zilver als de houder erom vroeg.

De staten stelden regels op voor de binnen hun grondgebied opererende banken. Dit leidde vaak tot corruptie bij toekenning van vergunningen, want het was zeer winstgevend om één van de beperkte banken te zijn die fractioneel-gereserveerde bankbiljetten mocht uitgeven. Vaak werd het openen van filialen in meerdere staten verboden, waardoor banken hun deposito's of leningen niet geografisch konden spreiden. Ze waren dus kwetsbaar voor bankruns en diverse liquiditeits- en solvabiliteitsproblemen. Vergeleken met landen als Canada, Zweden en Schotland was het in de VS minder een vorm van volledig vrij bankieren. Hoewel er uitzonderingen op staten-

116 U.S. Mint, *Coinage Act of April 2, 1792.*

117 Andrew Hill, *The Second Bank of the United States*, 2-5.

niveau waren waar het systeem iets veiliger bleef, gold voor veel banken dat ze niet voldoende stabiliteit boden.[118]

Tijdens de Amerikaanse Burgeroorlog in de jaren 1860, onder president Abraham Lincoln, begon de centralisatie van het Amerikaanse banksysteem. De *National Banking Acts* van 1863 en 1864 richtten verschillende nationale banken op en verbonden daaraan strengere regels. Ze introduceerden ook een nationale papieren valuta, uitgegeven door deze nationale banken en deels gedekt door overheidsobligaties. Tevens bood de wetgeving de federale overheid rijkere mogelijkheden om oorlogsobligaties uit te geven, aangezien elke nationale bank verplicht was die obligaties aan te schaffen en in onderpand te geven bij de *Comptroller of the Currency*. Een aanvullende wet uit 1865 zorgde ervoor dat bankbiljetten van individuele staten grotendeels verdwenen, waardoor biljetten van nationale banken bijna een monopolie op uitgifte kregen.[119]

Ter financiering van de Amerikaanse Burgeroorlog in de jaren 1860 begon de federale overheid fiatgeld uit te geven, de zogeheten *greenbacks*. Eerst in de vorm van treasury notes (verzoekbriefjes), later als *United States Notes*. Zo kon de federale overheid vrijwel zonder kosten geld drukken en schulden uitgeven (seignorage) en spaargeld van de bevolking naar de oorlogvoering sturen, zolang er maar voldoende vertrouwen in de overheid bleef bestaan. Hoewel de waarde van de greenbacks ten opzichte van goud schommelde, bleek het beheer degelijker dan eerder bij de Continentals, waardoor hyperinflatie uitbleef. De Geconfedereerde Staten gaven eveneens fiatvaluta uit om de oorlogsinspanningen te bekostigen, maar daar raakte de munt in hyperinflatie doordat ze de oorlog verloren.[120]

Na de oorlog volgde een langdurig meningsverschil tussen schuldeisers en schuldenaren. De schuldeisers, veelal de noordelijke financiële elite, wilden de geldhoeveelheid zo veel mogelijk beperken. Concreet betekende dit het uit omloop halen van de fiat greenbacks en het demonetariseren van zilver, zodat alleen een goudstandaard overbleef. De schuldenaren – boeren en bepaalde arbeidsgroepen, georganiseerd in de *Free Silver*-beweging – wilden juist dat de greenbacks in omloop bleven, naast zowel goud als zilver, zodat de totale geldhoeveelheid toenam.[121] Het onderliggende probleem hierbij was dat de dollar slechts een abstractie van waarde was, die inwisselbaar bleef voor een waardevol goed. Het was dus mogelijk om de definitie

118 Kurt Schuler, *The World History of Free Banking*, 14-37.

119 George Selgin en Lawrence White, *Monetary Reform and the Redemption of National Bank Notes, 1863-1913*.

120 Ben Baack, *America's First Monetary Policy: Inflation and Seigniorage During the Revolutionary War*.

121 Gretchen Ritter, *Goldbugs and Greenbacks: The Antimonopoly Tradition and the Politics of Finance in America, 1865-1896*.

van wat een dollar was politiek te manipuleren: door het aanbod te vergroten of te verkleinen konden bepaalde groepen voordeel behalen. Spaarders en schuldeisers willen in de regel een sterkere munt, terwijl schuldenaren juist een zwakkere munt willen. In dit geval won de 'hard geld'-fractie: de *Coinage Act* van 1873 en de *Gold Standard Act* van 1900 verwijderden zilver uit het systeem, waardoor goud de basis bleef tot 1933.

We lezen vaak kritische analyses over het bijdrukken van geld door overheden en centrale banken. Dergelijk bijdrukken komt de laatste eeuw regelmatig voor. Minder aandacht is er echter voor het vanuit één punt laten inkrimpen of herdefiniëren van geld. Als spaarders hun vermogen in een munt aanhouden die stabiel lijkt en een centrale autoriteit vervolgens besluit deze munt snel bij te drukken of te herdefiniëren zodat de koopkracht afneemt, is dat een schending van hun afspraken. Omgekeerd is het voor schuldenaren even nadelig als zij geld lenen in een valuta die stabiel lijkt, maar die op bevel van een centrale autoriteit sterker wordt gemaakt (waardoor de koopkracht toeneemt), omdat ze dan meer waarde moeten terugbetalen dan ze oorspronkelijk ontvingen.

Met de *Federal Reserve Act* van 1913 richtten de VS hun derde nationale bank op, het *Federal Reserve System*. Dit systeem was de eerste echte centrale bank van het land, bestaande uit twaalf *Federal Reserve*-banken in eigendom van commerciële banken maar onder toezicht van een door de federale overheid benoemde raad. De wet gaf de Federal Reserve de bevoegdheid om toezicht te houden op het banksysteem, als kredietverstrekker in uiterste nood op te treden en *Federal Reserve Notes* uit te geven. De Federal Reserve bezat goud als activa en beheerde het kasboek als monetaire basis voor het land.[122] Commerciële banken hielden hun reserves als posten op dat kasboek.[123]

Tijdens de Grote Depressie tekende president Roosevelt in 1933 *Executive Order 6102*. Deze maatregel maakte het voor Amerikanen strafbaar om goud in bezit te hebben, behalve een minimale hoeveelheid, bijvoorbeeld in de vorm van trouwringen. Men moest zijn goud inleveren en kreeg daar de officiële wisselkoers van $20,67 per *ounce* voor. Een jaar later zorgde de *Gold Reserve Act* van 1934 ervoor dat banken niet langer dollars konden inwisselen voor goud, en verplichtte men de Federal Reserve al haar goud aan het federale ministerie van Financiën over te dragen. Hierdoor droeg het publiek een grote hoeveelheid goud over aan de federale overheid, in ruil voor papieren dollars en banktegoeden.

Na de *Gold Reserve Act* van 1934 devalueerde de overheid de dollar dras-

122 De monetaire basis omvat het contant geld dat in omloop is plus de reserves die banken bij de centrale bank aanhouden. Zie hoofdstuk 15 voor een volledigere uiteenzetting.

123 Allen Meltzer, *A History of the Federal Reserve, Volume 1: 1913-1951*, 65-68.

tisch tegenover goud, van $20,67 per *ounce* goud naar $35 per *ounce*. Zo kon de overheid de monetaire basis vergroten in dollartermen, terwijl de goudreserves ongewijzigd bleven. Dit verlaagde de reële waarde van uitstaande dollars en staatsschulden, inclusief die van de federale overheid. Vervolgens bouwde de overheid de *United States Bullion Depository* bij Fort Knox om daar het goud op te slaan.[124]

Het was voor Amerikanen bijna veertig jaar lang illegaal om goud te bezitten. Velen deden het stiekem toch. In de praktijk was deze wet lastig te handhaven. De regering kon met één pennenstreek al het goud in banken opeisen, maar het opsporen van kleinere goudhoeveelheden bij particulieren zou een grootschalige en intensieve operatie vergen. Daarom nam de overheid genoegen met het innemen van een aanzienlijk percentage, voornamelijk afkomstig van banken en van burgers die hun goud vrijwillig inleverden om geen juridisch risico te lopen.

Van 1933 tot 1971 mochten buitenlandse centrale banken hun dollars nog inwisselen tegen goud aan de nieuwe, gedevalueerde koers. Maar Amerikaanse burgers en buitenlandse privé-instellingen mochten dat niet meer. In 1971 staakten de VS ook de buitenlandse inwisseling. Vanaf dat moment werd de dollar niet langer ergens voor ingewisseld. Hierna versnelde de waardevermindering van de dollar. In de jaren 80 en 90 was een ounce goud ongeveer tien keer zo duur in dollars – grofweg 300 tot 400 dollar per ounce, afhankelijk van het jaar – doordat de dollar verzwakte. In de jaren 2010 en 2020 overschreed de goudprijs regelmatig de 1.000 dollar per ounce en bereikte soms zelfs meer dan 2.000 dollar.

Zoals Figuur 7.4 illustreert, zorgden de Oorlog van 1812 en de Amerikaanse Burgeroorlog in de jaren 1860 voor een tijdelijke devaluatie. Dankzij de overwinning in die oorlogen, de productiviteit en de onderliggende koppeling van de dollar aan goud werd die waardedaling echter teruggedraaid naar het oude niveau.[125] Vanaf 1913, met de oprichting van de Federal Reserve, volgden de wereldoorlogen, het einde van binnenlandse goudinwisselbaarheid in 1933 en de stopzetting van internationale goudinwisselbaarheid in 1971. Hierdoor verloor de dollar flink aan waarde, al deed hij het internationaal gezien beter dan de meeste andere valuta.

Toen de dollar zijn waarde nog redelijk stabiel hield, konden mensen zonder veel zorgen lange tijd fysieke bankbiljetten van betrouwbare banken bewaren. Ze hoefden niet bang te zijn voor gestage devaluatie. Het plaatsen van spaargeld bij een bank om rente te ontvangen was een keuze, geen vereiste. Na 1913 en vooral na 1971, toen de dollar sneller in waarde daalde,

---

124 Henry Mark Holzer, *How Americans Lost Their Right To Own Gold And Became Criminals in the Process*.

125 Alioth Finance, *Inflation Calculator*, U.S. Official Inflation Data.

Figuur 7.4
Bovenaan: $100 in 1792 gecorrigeerd voor inflatie (1792-2023). Onderaan: Koopkracht van $100 door de jaren heen, met geannoteerde sleutelmomenten (1792-2023).

werd het echter steeds riskanter om grote hoeveelheden fysieke bankbiljetten aan te houden. Wie inflatie enigszins wilde bijhouden, moest zijn geld bij een bank stallen om rente te ontvangen. Hoewel bankdeposito's van 1913 tot nu per saldo niet beter presteerden dan de inflatie, deden ze het in elk geval beter dan contant geld in een kluis, dat geen rente opleverde. Dit persistent inflatoire systeem gaf banken een sterkere positie, omdat mensen min of meer gedwongen werden hun spaargeld bij hen te stallen. Het vergrootte ook de macht van de overheid, die het banksysteem kon controleren, belastingen kon innen en deposito's kon bevriezen. Het meeste geld bevond zich immers digitaal op banken in plaats van fysiek en privé. Met andere woorden, een inflatoir geldstelsel maakt het voor mensen noodzakelijk om in ruil voor rente op de bank te vertrouwen, terwijl dat bij 'hard geld' niet nodig zou zijn.

In 1970 nam het Congres de *Bank Secrecy Act* aan, die banken verplichtte om bij de overheid melding te maken als een klant meer dan $10.000 aan transacties binnen één dag uitvoerde. Destijds lag dit bedrag boven het mediane jaarinkomen, zodat er relatief weinig meldingen werden gedaan. Omdat dit bedrag niet werd aangepast aan de inflatie, werd de drempel door de jaren heen automatisch verlaagd ten opzichte van het reële inkomen, waardoor de overheid haar toezicht kon uitbreiden zonder aanvullende wetgeving. Gecombineerd met het ontmoedigen van langdurig contant aanhouden van biljetten wegens inflatie en het vrijwel volledig in kaart kunnen brengen van banktransacties, vormt dit een effectieve strategie voor controle en toezicht.

Deze reeks maatregelen laat zien waarom de vraag 'wie beheert het kasboek?' zo belangrijk is, en hoe snel het antwoord kan veranderen. Als mensen edelmetalen rechtstreeks bezitten, zijn ze afhankelijk van de natuur voor hun financiën, omdat de schaarste van het economisch winbare metaal bepaalt in hoeverre hun vermogen zijn koopkracht behoudt. Ze kunnen hun edelmetalen overdragen aan anderen zonder tussenkomst van derde partijen, wat private, censuurbestendige transacties mogelijk maakt. Anderzijds lopen ze risico op fysieke diefstal als ze hun munten thuis bewaren. Wanneer mensen hun goud of zilver (gedeeltelijk) bij een bewaarder of vrije bank stallen, vertrouwen ze op de natuur én op dat bedrijf om hun financiën te beheren. De gebruiker aanvaardt de schaarste van goud en vertrouwt op de bank om geen misbruik te maken van hun rekening en geen fraude te plegen. Ook leveren ze een deel van hun privacy in; de bank (en de overheid) weet immers hoeveel vermogen ze hebben en met wie ze handel drijven. In ruil daarvoor krijgen ze meer gemak, bijvoorbeeld door eenvoudig overboekingen over lange afstand te kunnen doen. Ze kunnen er ook voor kiezen om een deel van hun edelmetaal zelf te bewaren, en zo zelf te

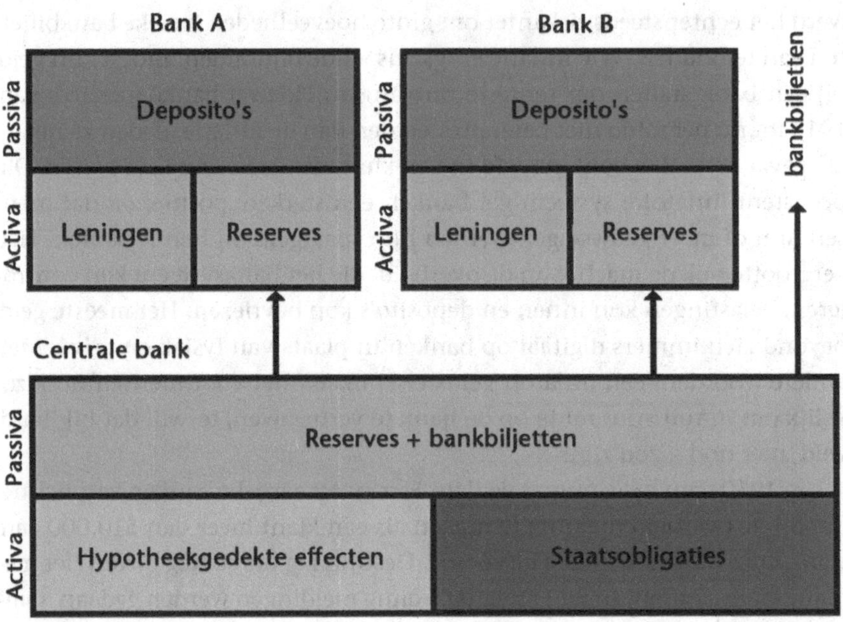

Figuur 7.5
Vereenvoudigde versie van hoe het systeem er nu uitziet, waarbij goud als belangrijkste activa van de Federal Reserve is vervangen door staatsobligaties en door hypotheken gedekte effecten.

bepalen hoe ze risico's en privacy afwegen.

Zodra saldi in een andere rekeneenheid worden uitgedrukt dan het eigen metaal, hebben de autoriteiten die deze koppeling beheren de controle over de belangen van spaarders en schuldenaren. Als de wetgevers ervoor kiezen de rekeneenheid te koppelen aan een schaarser goed, kunnen schuldenaren worden benadeeld. Als ze de rekeneenheid juist verbinden met een overvloediger alternatief, kunnen spaarders lijden.

Wanneer de overheid een centrale bank opricht, en zeker wanneer goudbezit wordt verboden, wordt de monetaire macht van de bevolking vrijwel volledig overgedragen aan banken en overheidsinstellingen. Mensen hebben nog maar weinig opties om zelf schaarse, liquide bezittingen aan te houden. Ze worden gedwongen te vertrouwen op het kasboek van de centrale bank, moeten genoegen nemen met mogelijke valuta-ontwaarding en geven een aanzienlijk deel van hun privacy op. Overheden kunnen dan namelijk ongezien koopkracht van spaarders afromen, niet alleen via belastingen, maar ook via inflatie, en het zo richting hun eigen doelen leiden. Daarnaast krijgen ze veel eenvoudiger inzicht in ieders financiële transacties en kunnen deze, indien gewenst, eenvoudig beperken of stopzetten.

HOOFDSTUK 8

DE SNELHEID VAN TRANSACTIES EN AFWIKKELINGEN

Van papyruswisselbrieven tot het dubbel boekhoudsysteem en papieren bankbiljetten: het voornaamste doel van bankieren was altijd om transacties sneller en efficiënter te laten verlopen dan ooit mogelijk zou zijn met het fysieke transport en de verificatie van goud. Bovendien maakte bankieren uitgebreidere kredietsystemen mogelijk door een derde partij – zoals een geldwisselaar of bank – als vertrouwde tussenpersoon te laten optreden tussen twee partijen die elkaar niet vertrouwden, bijvoorbeeld kopers en verkopers of schuldeisers en schuldenaren.

Met andere woorden, bankieren maakte het mogelijk om transacties (handel) en afwikkelingen (geld) te scheiden. Zo konden transacties voor individuele goederen en diensten vaker plaatsvinden, vaak tijdelijk in de vorm van krediet, totdat ze minder frequent en voor grotere bedragen werden afgewikkeld in edelmetaal. Hoewel het bundelen van meerdere transacties in minder en grotere afwikkelingen de efficiëntie verhoogde en het risico op diefstal verminderde, bleef er een fundamentele beperking bestaan: de snelheid van informatie.

Duizenden jaren lang werden de snelheid van transacties en de snelheid van afwikkelingen beperkt door de snelheid van lopen, paard en schip. De mogelijkheid voor mensen om transacties af te sluiten en de activa die ze verhandelden (voornamelijk goud en zilver in ontwikkelde regio's) kenden geen verschil in tempo, al waren de transacties praktisch gezien efficiënter geworden. Alles werd echter begrensd door de snelheid van fysiek vervoer. Zelfs de uitvinding van het bankwezen kon deze basisbeperking niet omzeilen. Wisselbrieven en bankbiljetten waren weliswaar lichter en veiliger om mee te nemen dan goud, maar konden niet sneller vervoerd worden dan te voet, te paard of per schip. Kasboekgebaseerde rekeningsystemen brachten gemak, maar ze waren nog steeds gebonden aan dezelfde, trage vormen van transport om informatie over lange afstanden te verzenden.

Met de uitvinding van de telegraaf, en later de telefoon, steeg de transactiesnelheid echter tot bijna de snelheid van het licht. In de jaren dertig van de negentiende eeuw werd de eerste werkende telegraaf ontwikkeld. Gedurende de jaren veertig en vijftig legden ingenieurs het merendeel van hun tijd kabels over lange afstanden, ook onder uitgestrekte wateroppervlakken, om zo de financiële centra van Europa – waaronder Londen en Parijs – met elkaar te verbinden. Na een aantal mislukte pogingen in de jaren zestig werden uiteindelijk duurzame trans-Atlantische telegraafkabels aangelegd. Zo werd het wereldwijde banksysteem in de daaropvolgende decennia snel beter onderling verbonden.[126] Vanaf dat moment konden mensen overal ter wereld transacties uitvoeren door met telecommunicatiesystemen elkaars bankboekingen bij te werken, vrijwel met de snelheid van het licht.[127] Banken en centrale banken behielden volledige controle over dit proces. Ondertussen bleven goud en zilver als tastbare activa traag bewegen, wat steeds verdere abstractie van deze edelmetalen vereist maakte om gelijk te blijven lopen met het snelle bankverkeer.

Vóór de ontwikkeling van telecommunicatiesystemen werden goud en zilver vaak al geabstraheerd met papieren claims. Dat gebeurde vanwege de beperkte deelbaarheid, om veiligheidsredenen, vanwege het gemak en vanwege de wens om rente te kunnen verdienen, zoals eerder besproken. Toen de telecommunicatietechnologie eenmaal opkwam, zorgde de traagheid van goud en zilver ervoor dat mensen deze nog meer gingen abstraheren om het tempo bij te houden. Over de hele wereld begonnen individuen en instellingen steeds meer te vertrouwen op onderling verbonden bankrekeningen in plaats van op munten.[128] Zodra munteenheden los van het onderliggende metaal kwamen, werd geld inherent politiek. Zo ontstond een strijd tussen schuldeisers en schuldenaren.

In zijn boek *Money and the Mechanism of Exchange* uit 1875 – gepubliceerd nog geen vijfentwintig jaar nadat een directe telegrafieverbinding tussen het Verenigd Koninkrijk en Frankrijk tot stand was gekomen en nog geen tien jaar na de afronding van de trans-Atlantische telegraafkabel – beschrijft de Engelse econoom en logicus William Stanley Jevons uitgebreid de toenemende centralisatie van het wereldwijde financiële systeem. Hij bespreekt de inherente uitdagingen bij de productie van fysieke munten en edelmetalen, zoals allerlei imperfecties, inefficiënties en de complexi-

126 William Phalen, *How the Telegraph Changed the World*, 94-99, 120-121.
127 Catherine Schenk, *Designing Global Payments, Telegraph to Tether.*
128 Meir Kohn, *Money, Trade, and Payments in Preindustrial Europe*, 9-12, 14-17.

teit van authenticatie. Daarnaast laat hij zien hoe centrale financiële centra gaandeweg steeds efficiënter werden in het verwerken van abstracte transacties, waardoor goud en zilver nog zeldzamer in dagelijks gebruik werden.

In dit boek presenteerde Jevons vier aparte diagrammen, die in Figuur 8.1 zijn samengevoegd (en nu in het publieke domein vallen). Deze schema's leiden de lezer stapsgewijs door een steeds verder verbonden netwerk van hypothetische banken en laten zien hoe deze centralisatie zich kon voltrekken. In het eerste diagram illustreert hij hoe rekeninghouders van één bank elkaar geld kunnen sturen via die ene bank als afwikkelingslaag. Het tweede diagram toont hoe twee van zulke banken een verbinding kunnen aangaan door elkaars papieren betaalinstrumenten te accepteren, zodat hun rekeninghouders eenvoudig geld kunnen overmaken tussen beide banken. Het derde diagram introduceert een centrale bank, die zorgt voor efficiëntere afwikkelingen tussen meerdere banken. Het vierde diagram laat een centrale laag als 'vereffeningsinstellingen' zien, op nationaal of zelfs mondiaal niveau, gecentreerd in een groot financieel centrum als Londen, om alle banken met elkaar te verbinden.

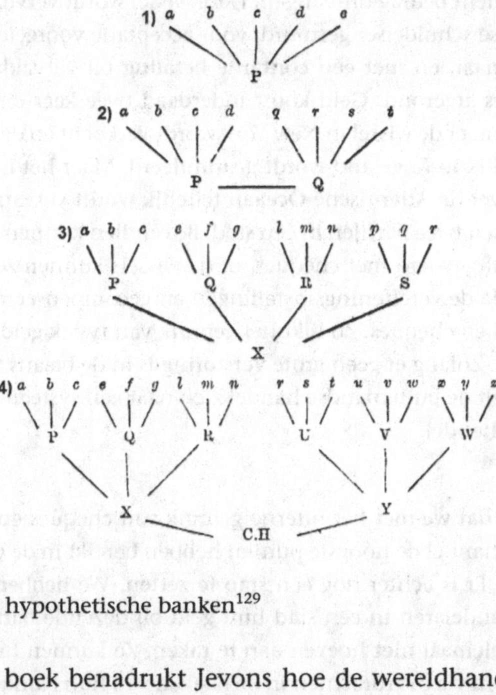

Figuur 8.1
Centralisatie van hypothetische banken[129]

In het hele boek benadrukt Jevons hoe de wereldhandel steeds meer abstract en efficiënt werd. Betalingsclaims konden worden ingelost tegen andere claims tussen banken, zodat afrekeningen in goud zeldzaam en zelfs

129 W. Stanley Jevons, *Money and the Mechanism of Exchange*, 251-262.

bijna irrelevant werden. Aan het slot, in de sectie *The World's Clearing House*, beschrijft hij de groeiende rol van Londen als gecentraliseerde kasboekbeheerder voor de wereld. Banken over de hele wereld openden kantoren in Londen, omdat ze zo konden profiteren van de financiële netwerkeffecten op die locatie.

> Engeland koopt elk jaar een aanzienlijke hoeveelheid katoen, graan, varkensvlees en andere producten uit Amerika. Tegelijkertijd importeert Amerika uit Engeland ijzer, linnen, zijde en andere gefabriceerde goederen. Het zou absurd zijn als er een dubbele stroom van munten over de Atlantische Oceaan zou gaan voor de betaling van deze goederen. De boekingen van enkele papieren schuldbekentenissen maken het namelijk mogelijk om de goederen die in de ene richting worden verzonden, te betalen voor die in de tegenovergestelde richting. De Amerikaanse handelaar die katoen naar Engeland heeft verscheept, kan een wissel trekken op de geadresseerde, tot een bedrag dat niet hoger is dan de waarde van het katoen. Door deze wissel in New York te verkopen aan iemand die ijzer uit Engeland heeft geïmporteerd, kan hij een equivalent bedrag ontvangen. Deze wissel wordt vervolgens per post naar de Engelse schuldeiser gestuurd, voor acceptatie voorgelegd aan de Engelse schuldenaar, en met één contante betaling bij vervaldatum worden alle transacties afgerond. Geld komt inderdaad twee keer om de hoek kijken: eerst wanneer de wissel in New York wordt verkocht en daarna wanneer deze uiteindelijk in Engeland wordt geannuleerd. Maar het is duidelijk dat de betaling over de Atlantische Oceaan feitelijk wordt vervangen door een transactie tussen twee partijen in één stad. Bovendien kunnen de betalingen ook worden uitgevoerd met cheques, of de wissels kunnen zelf worden gepresenteerd via de vereffeningsinstellingen en gecompenseerd worden met andere wissels en cheques. Zo lijkt het gebruik van fysiek geld bijna overbodig te worden. Zolang er geen grote verstoring is in de balans van export en import, herstelt de buitenlandse handel zich naar een systeem van geperfectioneerde ruilhandel.
>
> [...]
>
> Het lijkt erop dat we met het interne gebruik van cheques en wissels in de buitenlandse handel de hoogste punten hebben bereikt in de economie van metalen geld. Er is echter nog één stap te zetten. We hebben ontdekt dat, zolang alle handelaren in een stad hun geld bij dezelfde bankier bewaren, ze het geld helemaal niet hoeven aan te raken. Ze kunnen hun betalingen eenvoudig doen via overdrachten in de boeken van hun bankier. Stel je voor dat handelaren over de hele wereld akkoord gaan om hun belangrijkste rekeningen bij de bankiers van een grote handelsstad onder te brengen. Alle onderlinge transacties kunnen dan worden geregeld tussen die bankiers. Een dergelijk scenario lijkt al realiteit te worden, met de opkomst van Londen als

het monetaire hoofdkwartier van de commerciële wereld en als de algemene vereffeningsinstelling voor internationale transacties. Het enige wat nodig is om geld te besparen, is centralisatie van de transacties. Hierdoor kan er beter worden ingespeeld op het in balans brengen van claims. [130]

Het boek van Jevons is op twee manieren opvallend. Ten eerste biedt het een uitstekende beschrijving van de toenemende rol van technologie ten opzichte van geld, vanaf de oudheid tot aan de publicatie in 1875. Daarnaast laat het zien hoe verdere centralisatie in de daaropvolgende decennia waarschijnlijk zou doorgaan. Ten tweede is het opmerkelijk hoe hij de potentieel desastreuze problemen wist te benoemen die zich kunnen voordoen binnen zo'n gecentraliseerd systeem, ook al beschouwde hij die centralisatie als een groot voordeel voor efficiëntie. In zijn visie konden eventuele negatieve bijwerkingen via gepaste maatregelen worden beheerst.

Jevons toonde in meerdere voorbeelden in zijn boek hoe de hoeveelheid claims op goud groter kon worden dan de daadwerkelijke goudvoorraad, puur omdat het makkelijker was om met claims te handelen dan met het metaal zelf. Hij verwees naar data uit zijn eigen tijd: in het Verenigd Koninkrijk werden slechts vier tot zeven procent van de claims als reserves aangehouden door het banksysteem, en zelfs dat deel was fractioneel gedekt door goud.

> Het is noodzakelijk dat onze bankiers, financiers en handelaren hun activiteiten begrijpen in het licht van het enorme systeem waar zij deel van uitmaken, en de risico's die ontstaan wanneer er verstoringen of falen optreden door overmatige concurrentie. Niemand twijfelt eraan dat er in de afgelopen jaren zorgwekkende signalen zijn opgetreden op de Londense geldmarkt. Er zijn vaak ernstige tekorten aan leenbaar kapitaal, waardoor de rentetarieven plotseling sterk kunnen schommelen — iets wat dertig jaar geleden zelden gebeurde. In het volgende hoofdstuk zal ik daarom een aantal voorbeelden geven die laten zien dat dit probleem voortkomt uit de overmatige efficiëntie van de edele metalen. Het verbeterde banksysteem maakt dit mogelijk, maar als we te ver doorschieten, kan er een grote ramp ontstaan.
>
> [...]
>
> De metalen boden, samen met andere goederen, een alternatief als valuta, maar dat bracht delicate kwesties met zich mee rondom de inzet van munten. We maakten de overgang van metallisch vertegenwoordigd geld naar papieren (vertegenwoordigd) geld. Uiteindelijk ontdekten we dat door ons bank- en vereffenings-systeem munten van metaal in ons binnenlandse handelsverkeer bijna overbodig waren. Tegenwoordig betekent een monetaire

130 W. Stanley Jevons, *Money and the Mechanism of Exchange*, 300-301, 304-305.

transactie niet veel meer dan een kamer vol boekhouders die koortsachtig cijferwerk doen. We moeten echter niet vergeten dat alle cijfers in de boeken van een bank uiteindelijk betrekking hebben op goud. Elke schuldeiser heeft in beginsel het recht om de uitbetaling in metaal te eisen. In gebruikelijke handelspraktijken is er weinig animo om kilo's edelmetaal in eigen beheer te nemen, want het is veiliger en handiger in de kluizen van de bank. Tegelijkertijd is goud of zilver nog steeds nodig in de internationale handel om resterende schulden te vereffenen. Als de hoeveelheid transacties groot is en niet in verhouding staat tot de goudvoorraad die hieraan ten grondslag ligt, kan dit tot ernstige gevolgen leiden.

[...]

Het is duidelijk dat de handel steeds meer wordt gebaseerd op een hoeveelheid metallische valuta die niet in dezelfde mate groeit. Het banksysteem is steeds slimmer geworden, wat de geldverbruikende economie efficiënter maakt, maar er is ook een concurrentie onder banken die de neiging hebben om met zo klein mogelijke reserves te werken. Sommigen keerden dividenduitkeringen van 20 tot 25 procent uit, iets wat alleen kan lukken door grote deposito's bijzonder riskant in te zetten. Bovendien bestaan de reserves zelf vaak niet uit munten of bankbiljetten in de kluizen, maar uit fondsen die onmiddellijk beschikbaar zijn op de effectenbeurs of zijn ondergebracht bij de *Bank of England*, die op haar beurt een deel daarvan in omloop kan brengen.

Wanneer de totale handel groeit, neemt ook de incidentele vraag naar goud voor internationale betalingen toe. Omdat de goudvoorraad in Londen relatief kleiner wordt, wordt het moeilijker om aan deze vraag te voldoen. Ik beschouw dit als de voornaamste oorzaak van de toenemende instabiliteit en kwetsbaarheid van onze binnenlandse geldmarkt. Het aantal claims op goud stijgt, terwijl de hoeveelheid goud om deze claims te dekken relatief afneemt. Dit maakt het regelmatig nodig om de rente abrupt te verhogen, om zo goudbezitters te stimuleren hun goud uit te lenen of om de vraag naar goud uit te stellen.[131]

[...]

De heer R. H. Inglis Palgrave presenteert in zijn belangrijke werk *Notes on Banking*, zowel in het *Statistical Journal* van maart 1873 (Vol. xxxvi. p. 106) als in een aparte publicatie, de resultaten van een onderzoek naar dit thema. Hij geeft aan dat het bedrag aan muntgeld en *Bank of England*-biljetten dat de banken in het Verenigd Koninkrijk bezitten, slechts vier of vijf procent bedraagt van al hun verplichtingen, oftewel maar een twintigste tot een vijfentwintigste deel daarvan. De heer T. B. Moxon uit Stockport en Manchester heeft de zaak vervolgens verder onderzocht: hij constateerde dat de kasreserve van de banken naar schatting zeven procent is van de deposito's en betaalbare biljetten. Moxon merkt op dat een groot deel van die reserve strikt

131 W. Stanley Jevons, *Money and the Mechanism of Exchange*, 308-312, 321.

> noodzakelijk is voor de dagelijkse bankverrichtingen en dus niet kan worden afgestaan. Hiermee wordt duidelijk hoe onze omvangrijke handel rust op de kleine kans dat handelaren en andere bankklanten ooit op hetzelfde moment meer dan een twintigste deel (of zelfs een vijfentwintigste) aan goud willen opnemen uit wat tijdens de openingstijden beschikbaar is.[132]

Naarmate het wereldwijde banksysteem beter werd in het opvangen van dergelijke onevenwichten, had het steeds minder metaal nodig, gemeten ten opzichte van de dagelijkse transacties en spaarvolumes. Consumenten accepteerden dit, aangezien het hen gemak opleverde. Tegelijkertijd was het juist deze toegenomen efficiëntie die leidde tot een steeds fragielere basis voor het systeem. Omdat de meeste mensen niet vaak goud opvroegen en het te omslachtig vonden om fysiek te beveiligen, groeide het aantal claims op goud vele malen sneller dan de goudvoorraad.

Aan het begin van de twintigste eeuw leidde de verregaande monetaire abstractie, samen met de bereidheid om eenvoudig geld te creëren voor de Eerste Wereldoorlog, tot het instorten van de wereldwijde goudstandaard. Deze werd nooit meer volledig hersteld, en dat gebeurde ongeveer vier decennia na het verschijnen van Jevons' boek. In de jaren erna lieten overheden de koppeling tussen goud en zilver en hun financiële systemen in grote lijnen varen. Zo ontstond een wereld van 160 verschillende inflatoire fiatvaluta, elk met een lokaal monopolie in het eigen rechtsgebied. Het verschil in snelheid tussen transacties en fysiek goederengeld gaf overheden en banken enorme mogelijkheden voor arbitrage. Een gecentraliseerd, wereldwijd verbonden banksysteem, met een monopolie op snelle waardetransfers over lange afstanden, versloeg uiteindelijk goud, zelfs als dat metaal nog altijd beter was voor particuliere spaarvorming. De komst van creditcards vanaf de jaren vijftig, de opkomst van e-commerce in de jaren negentig en smartphonebetalingen vanaf 2010 maakten snelle betalingen via telecommunicatie belangrijker dan ooit.

Het is de enige keer in de geschiedenis dat op mondiale schaal een zwakkere munteenheid die minder schaars is, sterker is gebleken in adoptie dan een schaarsere.[133] Dit gebeurde doordat telecommunicatiesystemen *snelheid* introduceerden als nieuwe factor in de concurrentie. Goud, met zijn trage transport en tijdrovende verificatie, kon niet concurreren met populaire fiatvaluta zoals de dollar of het pond. Ondanks hun lagere schaarste waren die nu eenmaal wél snel en comfortabel. De combinatie van wetgeving over wettige betaalmiddelen, belastingheffing en hogere snelheid heeft ervoor gezorgd dat fiatvaluta wereldwijd de trage maar schaarsere

132 W. Stanley Jevons, *Money and the Mechanism of Exchange*, 308-312, 321.
133 Saifedean Ammous, *The Fiat Standard: The Debt Slavery Alternative to Human Civilization*, 48.

edelmetalen naar de achtergrond hebben gedrukt. Deze ongelijke snelheid is een van de voornaamste redenen voor de stijgende mate van financialisering van de wereld in de afgelopen anderhalve eeuw. Bovendien raakten monetaire kasboeken steeds verder verwijderd van schaarse en fysiek aanwezige afrekeneenheden, omdat de beschikbare alternatieven, zoals goud, geen volwaardig alternatief konden zijn in deze snelle wereld.

In *Globalizing Capital* merkt Barry Eichengreen op dat de internationale goudstandaard van centrale banken, zoals we die vandaag de dag kennen, begon in de jaren 1870.[134] Dat is rond dezelfde periode als Jevons' eerdergenoemde boek. Daarvóór was het vaak een bimetallisch systeem en hadden we een relatief vrije bankwereld. Tijdens de goudstandaard hielden de Europese centrale banken goud aan, gaven ze fractioneel gedekte valuta uit en gebruikten ze telecommunicatie, in combinatie met de deelbaarheid van bankadministratie, om een snel en handig wereldwijd netwerk van kasboeken te onderhouden. De Verenigde Staten sloten zich bij dit systeem aan, eerst formeel met de Coinage Act in 1873 en later via de Gold Standard Act in 1900.

De opkomst van de krediettheorie van geld in zijn verscheidene vormen, zoals beschreven in hoofdstuk 4, viel samen met technologische ontwikkelingen in de tweede helft van de negentiende eeuw. Terwijl valutaclaims of schuldbekentenissen zich met de snelheid van telecommunicatie over de hele wereld verspreidden binnen een zeer efficiënt, verbonden banksysteem, begonnen veel monetaire theoretici te vragen: 'Waarom hebben we deze metalen eigenlijk nog nodig?'

In 1905 publiceerde Georg Friedrich Knapp *The State Theory of Money*, waarin hij uiteenzette wat inmiddels bekendstaat als chartalisme. Deze stroming wordt gezien als een vroege voorloper van de Moderne Monetaire Theorie. Knapp stelde dat geld voortkwam uit pogingen van overheden om de economie te sturen. In zijn visie krijgt geld waarde doordat de staat belastingen oplegt aan de bevolking, die alleen met staatsgeld kunnen worden afgelost.

In zijn essay *Credit Theory of Money* uit 1914 benadrukte Alfred Mitchell-Innes op zijn beurt het werk van Henry Dunning Macleod, die tussen de late jaren 1850 en 1890 de grondlegger was van de krediettheorie. Macleod zette uiteen dat geld wezenlijk niets met metaal van doen had. Het is geen munt van metaal, aldus zijn theorie. Het is geen toeval dat de ideeën van Macleod, Knapp, Mitchell-Innes en anderen terrein wonnen in een tijd waarin kasboeken op basis van telecommunicatie steeds gangbaarder werden. Mitchell-Innes schreef:

134 Eichengreen, *Globalizing Capital*, 38.

> De auteur van dit artikel is niet de eerste die de krediettheorie van geld naar voren brengt. Die eer komt toe aan de bijzondere econoom H. D. Macleod. Talrijke auteurs hebben beargumenteerd dat bepaalde kredietinstrumenten als 'geld' moeten worden beschouwd, maar Macleod was bijna de enige econoom die een grondige en wetenschappelijke analyse van bankieren en krediet maakte. Hij was de enige die ten diepste begreep dat geld gelijkstaat aan krediet. De artikelen die hierop volgen, vormen een logischere en verdergaande uitwerking van zijn ideeën. Macleod leefde in een tijd dat serieuze historische kennis ontbrak, waardoor hij niet inzag dat krediet ouder is dan het eerste gebruik van metalen munten. Dit belette hem om zijn theorie tot in de kern te ontwikkelen en zo te verwoorden dat de uitwisseling bij verkoop en aankoop neerkomt op goederen ruilen tegen krediet, niet tegen een fysiek metaal of ander bezit. Daarin ligt de essentie van de hele monetaire wetenschap.
>
> Zelfs wíe dit inziet, kan nog steeds niet alle vragen beantwoorden.
>
> Wat is bijvoorbeeld een monetaire eenheid? Wat is een dollar?
> We weten het niet exact. Het enige dat we wel zeker weten–en dat ik wil onderstrepen–is dat het bewijs dat ik in deze artikelen slechts kort kon aanstippen duidelijk en afdoende is. De dollar is een maatstaf voor de waarde van goederen, maar géén handelswaar op zich, noch kan hij belichaamd worden in een fysiek goed. Hij is ongrijpbaar, immaterieel en abstract. Hij dient als maatstaf binnen de wereld van krediet en schuld.[135]

Sommige economen, zoals Saifedean Ammous, hebben aangevoerd dat de Eerste Wereldoorlog vanuit monetair perspectief misschien wel nooit is geëindigd sinds het begin in 1914. Eerdere oorlogen in de geschiedenis moesten immers hoofdzakelijk gefinancierd worden met spaargeld, belastingen of een geleidelijke devaluatie van munten. Fysieke munten die burgers in bezit hadden, konden niet van de ene op de andere dag in waarde worden verlaagd; de overheid kon alleen via belastingen en decreten langzaam munten intrekken en minderwaardige munten ervoor in de plaats uitgeven, in de hoop dat mensen die klakkeloos zouden accepteren. Dit was traag, en men zag het in eerste instantie vaak niet als een devaluatie. Met de brede invoering van door de centrale bank uitgegeven bankbiljetten en bankdeposito's die inwisselbaar waren in een specifieke hoeveelheid goud, kreeg de overheid in één klap de macht om de inwisselwaarde te veranderen of zelfs volledig te stoppen. Daarmee werd van de ene op de andere dag een flink deel van het spaargeld gedevalueerd en die koopkracht naar staatsdoeleinden verplaatst, bijvoorbeeld voor oorlogsvoering.[136]

135 Mitchell-Innes, *Credit Theory*, 159.
136 Ammous, *The Bitcoin Standard*, 44-46.

Het Britse pond sterling is de oudste nog in gebruik zijnde munteenheid. In het Angelsaksische Engeland van de achtste eeuw werd het pond sterling gedefinieerd als een pond zilver. Destijds verschilde de definitie van een pond ietwat van de huidige waarde, wat ruwweg op ongeveer drie kwart van het moderne pond neerkwam.[137] In de daaropvolgende negen eeuwen is de sterling geleidelijk in waarde afgenomen, tot ruim tweederde rond het begin van de achttiende eeuw. Dat is, over zo'n lange periode, een zeer geleidelijke devaluatie van gemiddeld minder dan 0,15% per jaar, al waren er tussentijdse fluctuaties.[138] Vanaf de jaren 1800 ging Groot-Brittannië over op de goudstandaard, die het tot in de vroege twintigste eeuw handhaafde. Pas met de Eerste Wereldoorlog werd het pond sterling volledig losgekoppeld van edelmetaal en verloor het in de loop van één tot twee generaties bijna zijn gehele waarde. Tegenwoordig is een pond sterling minder dan twee gram zilver waard.

De twintigste eeuw en de beginjaren van de eenentwintigste eeuw kenmerken zich door een grotere rol voor de natiestaat, die met flexibele kasboeksystemen werd gefinancierd. Aan de ene kant betekende dit gecentraliseerde en wijdverspreide sociale voorzieningen, die over het algemeen via belastingen gefinancierd werden. Tegelijk hebben de voortdurende oorlogsinspanningen en selectieve *bail-outs* in allerlei landen herhaaldelijk het spaargeld van de bevolking aangetast via regelmatige devaluaties, een proces dat vaak niet transparant wordt gecommuniceerd.[139]

Hoewel de bovengrondse wereldvoorraad goud gemiddeld ongeveer 1,5% per jaar toeneemt,[140] groeien de totale geldvoorraden van de meeste grote landen sinds 1960 met 6% tot 12% per jaar. Voor veel ontwikkelingslanden ligt dat percentage geregeld nog hoger, en sommige daarvan hebben in die periode hyperinflatie gekend.[141] Steeds weer verliezen mensen in diverse landen daardoor hun spaargeld aan inflatie, zonder dat ze daar lang een alternatief voor hadden. Goud blijft wel beschikbaar voor de lange termijn en als sieraad, maar door zijn trage tempo en het gebrek aan brede acceptatie in de moderne context – naast wetgeving over wettige betaalmiddelen – is goud geen volwaardig alternatief voor het huidige wereldwijde fiatvalutasysteem, dat vooral stoelt op snel bankverkeer. Dat

137 Albert Edgar Feavearyear, *The Pound Sterling: A History of English Money*, 2-5; Will Kenton, 'What is a Quid? With History of the British Pound Sterling', Investopedia.

138 Carmen Reinhart en Kenneth Rogoff, *This Time Is Different: Eight Centuries of Financial Folly*, 176-178.

139 Zie bijvoorbeeld: George Selgin, *The Menace of Fiscal QE*; Mohamed El-Erian, *The Only Game in Town: Central Banks, Instability, and Recovering from Another Collapse*; en Sarah Binder en Mark Spindel, *The Myth of Fed Independence: How Congress Governs the Federal Reserve*, hoofdstukken 1, 2, 7, 8.

140 Cipolaro en Stevens, *Bitcoin's Network Effect*, 6.

141 Ammous, *Bitcoin Standard*, 63-66.

geldt nog sterker als goud niet onder beheer is van een vertrouwde tegenpartij. In onze mondiale, digitale wereld komen mensen voor betalingen immers meestal in aanraking met bankbiljetten of bankdeposito's van centrale banken.

Critici van centrale banken en monetair overheidsbeleid zien het einde van de goudstandaard vaak als een moreel debacle: 'Had de overheid de goudstandaard maar behouden, dan was alles beter geweest', is dan de strekking. Achteraf wordt er ook vaak gezegd: 'Als fractioneel bankieren nooit was toegepast, zouden we nu een stabieler en rechtvaardiger financieel systeem hebben.' Hoewel ik begrip heb voor deze zienswijzen en persoonlijk zou willen dat geld zijn waarde grotendeels behoudt, zie ik de situatie anders. Dat komt door de technologische onvermijdelijkheid rond het snelheidsverschil tussen transacties en afwikkelingen. Mensen schakelden over op snelle goudclaims en vroegen te weinig goud op om het aantal claims 'eerlijk' te houden. Daarom groeiden die claims aanzienlijk sneller dan de daadwerkelijke goudvoorraad. Uiteindelijk kozen overheden ervoor om de goudstandaard geheel los te laten, en dat gebeurde wereldwijd.

In bijna tweehonderd landen ter wereld is er momenteel geen enkel land dat de goudstandaard hanteert. Zwitserland deed het nog het langst, maar liet hem in 1999 eveneens los.[142] In het grootste deel van de wereld vond dat al veel eerder in de twintigste eeuw plaats. Iets wat ooit bestond maar vandaag de dag niet meer, is waarschijnlijk niet bestand gebleken tegen de tand des tijds. De beperkte prikkelstructuur van de goudstandaard, in combinatie met de traagheid van goud, heeft ertoe geleid dat die vorm van geld in het moderne tijdperk nergens meer standhoudt. Voor wie op zoek is naar alternatieven voor zeldzamer maar minder liquide vormen van spaargeld, is vastgoed of een aandelenportefeuille vaak een meer voor de hand liggende keuze dan goud. De voornaamste rol van goud is daardoor teruggebracht tot die van een ongerelateerde activa binnen een beleggingsportefeuille — een soort verzekering tegen macro-economische rampscenario's, omdat het een hoge waarde kan vertegenwoordigen in een relatief kleine hoeveelheid fysiek bezit.

Als we deze fase van de menselijke ontwikkeling honderd keer opnieuw zouden doorlopen, vermoed ik dat we in elke herhaling op een vergelijkbare plek terecht zouden komen wat betreft de dominante vorm van geld, vanwege de *path dependency* van technologische vooruitgang. Zodra telecommunicatiesystemen hun intrede deden, kregen banken en centrale bankiers die de kasboeken beheerden een haast onaantastbare monetaire

142 Jean-Pierre Roth, *Mr Roth Discusses Demonitisation of Gold in Switzerland*, Toespraak op het 22e Annual FT World Gold Conference, 14 juni 1999.

macht. Wie geld snel wilde verplaatsen, moest in feite vertrouwen op de centrale bank als onderliggende kasboeklaag. In internationaal verband was dat het kasboek van de uitgever van de wereldreservevaluta. Aanvankelijk waren dat de Britten, later de Verenigde Staten. Politieke besluiten kunnen de situatie plaatselijk en tijdelijk beïnvloeden, maar technologische veranderingen hebben wereldwijde en permanente gevolgen. Iedere overheid – autoritaire of democratische – liet uiteindelijk de goudstandaard los en versnelde de devaluatie van de nationale rekeneenheid. Door de traagheid van goud vervingen volreservebanken zichzelf als het ware door fractionele reservebanken, die hun kans grepen met de arbitragemogelijkheid tussen goud en banktegoeden. Mensen haalden maar zelden hun goud fysiek op, en zo ontstonden systemen die zelden faalden, maar bij uitzonderingen samengingen met overheidsingrepen of reddingsoperaties. Uiteindelijk centraliseerden overheden het fractionele bankstelsel en sloten ze deze wereldwijd aan via telecommunicatiesystemen. Daarna lieten ze de dekking door edelmetalen varen, omdat ze zich niet langer ingeperkt wilden voelen, en de bevolking volgde die transitie stap voor stap in de loop van decennia. Zelfs waar een fiatvaluta faalde, stapten mensen meestal over op een andere fiatmunteenheid, zoals de dollar, in plaats van terug te keren naar goud in handelsverkeer.

Het kasboek van de natuur (goud) heeft weliswaar robuuste logica rond aanbod en ontwaarding, maar kan zich nauwelijks verplaatsen, laat staan met lichtsnelheid in een tijdperk van telecommunicatie. Het menselijk kasboek (de dollar) beweegt dan weer razendsnel en kan vlug worden geverifieerd, maar heeft geen robuuste voorwaarden voor zijn aanbod en ontwaarding. De enige manier om dit snelheidsverschil op lange termijn te overbruggen, is door een algemeen aanvaard, schaars monetair bezit te creëren dat zichzelf ook met de snelheid van het licht kan verplaatsen over lange afstanden.

DEEL III

OPKOMST EN ONDERGANG VAN MONETAIRE SYSTEMEN

Dankzij een aanhoudend inflatieproces kunnen overheden op heimelijke en onopgemerkte wijze een aanzienlijk deel van de rijkdom van hun burgers in beslag nemen. Daarbij wordt deze inbeslagname niet alleen systematisch uitgevoerd, maar gebeurt dit ook op een willekeurige manier: terwijl dit proces velen verarmt, verrijkt het tegelijkertijd anderen.[143]

—John Maynard Keynes

143 John Maynard Keynes, Essays in Persuasion, 77.

HOOFDSTUK 9
GELD DRUKKEN VOOR OORLOG

De Eerste Wereldoorlog begon als een regionaal conflict, net als andere oorlogen. Maar al snel escaleerde het tot een wereldconflict van ongekende omvang, met tientallen miljoenen doden en onvoorstelbaar leed tot gevolg. In 1914 werd de aartshertog van Oostenrijk, Franz Ferdinand, vermoord door de Bosnische Serviër Gavrilo Princip. Princip maakte deel uit van een groep die Bosnië wilde bevrijden van de Oostenrijks-Hongaarse heerschappij. Als reactie daarop verklaarde Oostenrijk-Hongarije de oorlog aan Servië. Rusland besloot dat het in haar belang was om Servië te verdedigen, voornamelijk omdat het haar invloed in de regio wilde vergroten. Terwijl deze gebeurtenissen zich ontsponnen, had Duitsland al een militair bondgenootschap met Oostenrijk-Hongarije. Frankrijk had op haar beurt een bestaand bondgenootschap met Rusland, waardoor ook Duitsland en Frankrijk snel betrokken raakten bij het conflict. Het Verenigd Koninkrijk wilde niet dat Duitsland Frankrijk zou verslaan en zo te veel macht zou vergaren in continentaal Europa. Onder grote politieke druk besloot het Verenigd Koninkrijk om aan de zijde van Frankrijk en Rusland deel te nemen aan de oorlog, ondanks het feit dat het conflict in Oost-Europa op het eerste gezicht niets te maken had met hun eigen burgers of eilandnatie.

In de jaren voorafgaand aan de oorlog was het Verenigd Koninkrijk de dominante wereldmacht en de uitgever van de wereldreservevaluta. De Verenigde Staten, destijds de grootste economie, bevonden zich aan de andere kant van de oceaan en voerden een eerder geïsoleerd beleid ten opzichte van de rest van de wereld. Duitsland vormde een directere, opkomende concurrent. Met een snel groeiende industrialisatie op hetzelfde continent als het Verenigd Koninkrijk begon het in een periode waarin de wereldwijde dominantie van het Verenigd Koninkrijk afnam. De handel tussen het Verenigd Koninkrijk en Duitsland was aanzienlijk. Velen achtten een oorlog tussen de twee dan ook ondenkbaar. In de voorbije decennia had Europa een periode van aanhoudende vrede gekend, waarin talloze handelsverbindingen en zakelijke relaties tot stand kwamen.[144]

Het probleem voor elk land is dat oorlog duur is, tenzij een hebzuchtig land het geluk heeft om succesvol een imperium te vormen, vijandelijke gebieden te veroveren, hun goud te roven en hen tot vazalstaten te maken die terugkerende tributen betalen. Het is bijzonder moeilijk om het publiek ervan te overtuigen dat de overheid de binnenlandse belastingen moet verhogen om een oorlog te voeren tegen andere landen op buitenlands grondgebied voor een vaag nationaal strategisch voordeel.

In 1914 gaf het Verenigd Koninkrijk oorlogsobligaties uit om geld van het publiek te vergaren voor de oorlog. Deze obligaties boden hogere rentetarieven dan de gangbare overheidsobligaties van die tijd. Er werd breeduit gerapporteerd dat de vraag naar deze oorlogsobligaties enorm was. Kranten meldden dat het patriottische publiek massaal geld investeerde om de overheid te steunen in haar oorlogsinspanningen, terwijl ze tegelijkertijd een aantrekkelijk rendement hoopten te behalen.

Het probleem was echter dat het verhaal niet waar was. In 2017, meer dan een eeuw later, ontdekten onderzoekers van de *Bank of England* in hun archieven dat het allemaal schijn was. *Bank Underground*, een blog geschreven door medewerkers van de *Bank of England*, publiceerde in 2017 een artikel met de titel *Your Country Needs Funds* waarin de waarheid werd onthuld. Het stuk begon met een samenvatting:

> Om de Eerste Wereldoorlog te financieren had de Britse regering een bedrag nodig dat gelijk was aan een heel jaar bbp. Hun eerste poging om geld op te halen op de obligatiemarkt was echter een grote mislukking. De *1914 War Loan* bracht slechts een derde op van het gewenste bedrag van £350 miljoen en wist maar een zeer beperkte groep investeerders aan te trekken. Deze mislukking en de daaropvolgende pogingen om het te verbergen, zijn pas recentelijk aan het licht gekomen, na een analyse van de kasboeken van de *Bank of England*. Uit het onderzoek bleek dat de tekorten stiekem door de Bank waren aangevuld. De fondsen werden individueel geregistreerd onder de namen van de Hoofdkassier en zijn assistent om de ware oorsprong te verhullen. Keynes, een van de weinigen die destijds op de hoogte was van de situatie, beschreef de verhulling als een 'meesterlijke manipulatie'.[145]

Met andere woorden, toen de overheid het publiek benaderde om kapitaal te verwerven, sijpelde het geld slechts binnen in plaats van dat het in

144 Niall Ferguson, *The Pity of War*, hoofdstuk 2.
145 Michael Anson et al., *Your Country Needs Funds*.

grote hoeveelheden stroomde, ondanks de hogere rentetarieven die werden aangeboden. Een kleine groep rijke investeerders, voornamelijk uit Londen, stelde enige middelen beschikbaar, maar dat was lang niet genoeg. De regering bevond zich dan ook in de moeilijke situatie dat ze het benodigde kapitaal voor de oorlog niet had. Zoals het artikel aangeeft, kon de overheid de waarheid nooit aan het publiek vertellen, want dat zou desastreuze gevolgen hebben gehad voor de overheidsfinanciën en de publieke opinie over de oorlog.

> John Osborne, een parttime secretaris van gouverneur Montagu Norman, beschreef in 1926 dat de openbaarmaking van de mislukte financiering 'rampzalig' zou zijn geweest. Kopieën van dit verslag werden alleen aan de drie hoogste functionarissen van de Bank verstrekt, en het duurde tientallen jaren voordat de volledige versie naar buiten kwam. Het onthullen van de waarheid zou ongetwijfeld geleid hebben tot een ineenstorting van de prijzen van alle uitstaande oorlogsleningen, wat de toekomstige kapitaalverwerving in gevaar zou hebben gebracht. Naast de noodzaak om het financieringstekort op te vangen, zou elke mislukking een propagandistische overwinning voor Duitsland zijn geweest.

De *Bank of England* betaalde stiekem de resterende oorlogsobligaties en deed het voorkomen dat de uitgifte van deze obligaties door de regering een groot succes was. Concreet leende de Bank valutadeposito's (die uit het niets waren gecreëerd) aan twee van haar topfunctionarissen. Zij kochten vervolgens grote hoeveelheden obligaties. Op deze manier kon de regering aanzienlijke bedragen de economie in pompen, terwijl ze dit eigenlijk niet uit de economie had gehaald, noch via belastingen, noch via oorlogsobligaties. Dit leidde tot een sterke vergroting van de geldvoorraad door manipulatie van het openbare kasboek. Barry Eichengreen beschreef het in zijn boek *Globalizing Capital* als volgt:

> Om middelen te mobiliseren voor de oorlog voerden de autoriteiten nieuwe belastingen in en gaven ze nieuwe overheidsobligaties uit. Toen bleek dat de gemobiliseerde middelen niet voldoende waren, schortten ze de wetten op die hen verplichtten de valuta te dekken met goud of buitenlandse valuta. Ze gaven fiatgeld (ongedekt papiergeld) uit om soldaten te betalen en om in eigen land oorlogsmateriaal aan te schaffen.[146]

In de jaren die volgden, verwoestte inflatie het land en verlaagde ze de koopkracht van de overheidsschuld, inclusief de oorlogsobligaties, aan-

146 Eichengreen, *Globalizing Capital*, 43.

zienlijk. Zowel de totale geldhoeveelheid als de consumentenprijsindex verdubbelden in meer dan vijf jaar tijd. Hierdoor werd een groot deel van de schuld (die in eerste instantie was aangewend om nieuw geld te creëren) geïnflateerd. De echte publieke kopers van de oorlogsobligaties, evenals iedereen die Britse valuta of obligaties bezat, waren uiteindelijk degenen die veel koopkracht verloren.

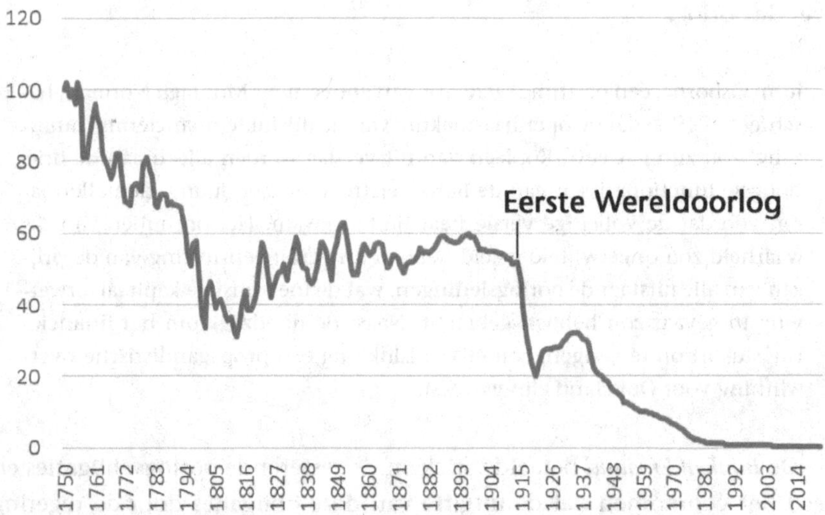

Figuur 9.1
Koopkracht van 100 pond sterling door de jaren heen (1750-2023).[147]

De tekorten en schulden werden in de jaren 1910 gemonetariseerd. In plaats van op een transparante manier geld bij de bevolking te verkrijgen door middel van belastingen en leningen om de oorlog te financieren, werkten de overheid en de centrale bank samen om stiekem grote hoeveelheden nieuwe valuta te drukken. Dit nieuwe geld werd gebruikt om goederen en diensten voor de oorlog aan te schaffen. De enorme kloof tussen het aantal claims op goud en de hoeveelheid daadwerkelijk goud in het financiële systeem, zoals Jevons beschreef in zijn boek *Money and the Mechanism of Exchange* uit 1875, werd maximaal geëxploiteerd door de gecentraliseerde autoriteiten. Dit was de eerste echte test voor een dergelijk gecentraliseerd systeem, en het faalde onmiddellijk. Hierdoor werd het spaargeld van het gemiddelde Britse huishouden binnen enkele jaren met meer dan de helft gedevalueerd, en het inwisselen van de valuta voor goud werd stopgezet. De overheid en de centrale bank manipuleerden hun gecentraliseerde nationale monetaire kasboek zodanig dat het publiek de oorlog uiteindelijk

147 Alioth Finance, *Inflation Calculator*.

betaalde met hun spaargeld. Dit gebeurde zelfs als zij niet vrijwillig oorlogsobligaties hadden aangeschaft, en ook als ze geen duidelijke oorlogsbelasting hadden gekregen. De resulterende devaluatie van het spaargeld was daardoor zowel onvrijwillig als ondoorzichtig.

Vanaf dat moment begon de overheid vrijwel elk aspect van het leven te beheersen. Ze verplichtten bedrijven om te stoppen met het produceren voor de binnenlandse economie en in plaats daarvan voor de oorlog te produceren. Daarnaast bevroren ze de huurprijzen om de prijsinflatie te beteugelen, die ze zelf hadden veroorzaakt door de uitbreiding van het geldaanbod. Zoals datzelfde artikel van *Bank Underground* uit 2017 verder beschrijft:

> Door de dreiging van een catastrofale nederlaag liet Groot-Brittannië zijn lang gekoesterde steun voor vrije marktprincipes in verschillende gebieden los. Het land toonde een ongekende bereidheid om in te grijpen in privaat bezit van industrie en eigendom. De overheid eiste dat industrieën noodzakelijke goederen gingen produceren, legde vaste huurprijzen op aan particuliere eigendommen, en beperkte de import. Uiteindelijk nam ze zelfs buitenlandse effecten in beslag van haar eigen burgers (Archief: 8A240/1). Maar zelfs deze maatregelen waren niet voldoende. In januari 1915 verbood het ministerie van Financiën de uitgifte van nieuwe privé-effecten zonder voorafgaande goedkeuring. Britse beleggers werden verboden om de nieuwste effecten aan te schaffen (Morgan (1952)).

De *Financial Times*, die in 1914 had bijgedragen aan het verspreiden van het valse nieuws dat de oorlogsobligaties overtekend waren, publiceerde in 2017 een correctie naar aanleiding van recent ontdekte archieven over wat er echt gebeurd was. Hun correctie had de titel *A Correction 103 Years Late: How the BoE Covered Up Failed War Bond Sale* en begon met een samenvatting die meteen ter zake kwam:

> Verheldering: Op 23 november 1914 meldde de Financial Times dat de oorlogslening van de Britse regering erg populair was, met aanvragen die 'binnenstromen'. Het bericht sprak van een 'verbazingwekkend resultaat' dat 'bewijst hoe sterk de financiële positie van de Britse natie is'. We kunnen echter nu met zekerheid zeggen dat niets van het bovenstaande waar was.[148]

Natuurlijk was het Verenigd Koninkrijk niet het enige land dat geld drukte voor de oorlog. Elk land dat betrokken was bij de gevechten deed

148 Patrick McClean, *A Correction 103 Years Late: How the BoE Covered Up Failed War Bond Sale*, Financial Times, 8 augustus 2017.

dit, aan beide zijden. Toen de Verenigde Staten later in 1917 zich in de oorlog mengden, lieten zij ook gedrukt geld circuleren. De verliezende landen zagen vooral hun valuta hyperinflateren, terwijl de winnende landen alleen te maken kregen met 'zeer hoge' inflatie, in plaats van regelrechte hyperinflatie.

Het was bijzonder opmerkelijk dat het Verenigd Koninkrijk op dat moment deze monetaire uitbreiding doorvoerde, aangezien zij de uitgever van de wereldreservevaluta waren. Wereldwijd hielden veel landen een deel van hun soevereine reserves aan in Britse overheidsobligaties. Dit gebeurde deels vrijwillig vanuit efficiëntieoverwegingen, maar ook deels gedwongen onder een koloniaal systeem. Het Verenigd Koninkrijk devalueerde niet alleen het spaargeld van zijn eigen burgers voor de oorlogsinspanningen, maar verlaagde ook de koopkracht van veel ontwikkelingslanden die verder niet bij de oorlog betrokken waren. Waarde, afkomstig uit alle hoeken van de wereld, werd door deze centrale maatregel weggetrokken van spaarders en afgevoerd naar de oorlogsvoering in continentaal Europa.

De snelheid en het gemak waarmee dit gebeurde, waren alleen mogelijk door de abstractie van goud als geld. Als mensen en landen voornamelijk fysiek goud of zilver als geld zouden hebben, zou het veel moeilijker zijn om dat geld van hen af te nemen en naar de oorlog te voeren. De ontmanteling van fysieke munten is historisch gezien altijd een thema geweest, maar het fysieke karakter ervan biedt een inherente beperking aan de snelheid waarmee deze ontmanteling kan plaatsvinden. Aangezien mensen en landen vooral papieren claims en bankdeposito-claims voor goud bezaten, konden beloftes stilletjes worden geschonden met een handtekening, terwijl de gevolgen later konden worden aangepakt en over de tijd verspreid.

Het vermogen en de bereidheid van overheden om geld te drukken voor oorlogen of andere crises verspreidden zich als een virus. Dankzij de centralisatie en abstractie van geld waren regeringen niet langer afhankelijk van de hoeveelheid goud die ze in voorraad hadden. Ze konden gebruikmaken van het spaargeld van hun hele bevolking. Wanneer een regering snel en ondoorzichtig het vermogen van haar burgers voor oorlog kon leegzuigen, vergrootte dat de kans op winst, tenzij vijandige landen hetzelfde deden. De mogelijkheid van de uitgever van de wereldreservevaluta om waarde te onttrekken uit landen over de hele wereld was zelfs nog krachtiger. Landen die bereid waren om op de lange termijn offers te brengen om op de korte termijn te winnen, hadden een duidelijk voordeel.

Daarom stel ik dat het wereldwijde falen van de goudstandaard onvermijdelijk was als gevolg van een technologische disbalans. Dit verklaart ook waarom het systeem uiteindelijk overal tegelijk instortte, in plaats van slechts op sommige plekken. Hoe eenvoudiger het is om een kasboek te manipuleren, des te waarschijnlijker is het dat dit gebeurt. Een gecentraliseerde papieren valuta die door goud wordt gedekt, samen met een gecentraliseerd banksysteem, is gemakkelijk te manipuleren. Geld kan eerst worden gedrukt, terwijl de gevolgen, zoals de onvermijdelijke inflatie en het verbreken van de goudkoppeling, later kunnen worden aangepakt.

John Maynard Keynes, die de geheime financiering van de oorlogsobligaties door de *Bank of England* in 1914 omschreef als een 'meesterlijke manipulatie', waarschuwde kort na de oorlog voor de gevaren van valutadevaluatie:

> Er wordt vaak gezegd dat Lenin heeft verklaard dat de beste manier om het kapitalistische systeem te vernietigen, het ontkrachten van de valuta was. Door middel van een voortdurend proces van inflatie kunnen regeringen heimelijk en onopgemerkt een groot deel van de rijkdom van hun burgers in beslag nemen. Met deze methode ontnemen ze niet alleen bezit, maar doen ze dit ook willekeurig. Terwijl veel mensen hierdoor verarmd raken, verrijkt deze methode in feite anderen. Deze willekeurige herverdeling van rijkdom ondermijnt niet alleen de zekerheid, maar tast ook het vertrouwen aan in de eerlijkheid van de bestaande welvaartsverdeling.
>
> Degenen die door het systeem onterecht bevoordeeld worden, zonder dat ze daarvoor extra verdiensten, verwachtingen of verlangens hebben, worden 'profiteurs'. Ze belichamen de haat van de rijke middenklasse, die door inflatie zijn verarmd, net als de gewone arbeiders. Terwijl de inflatie aanhoudt en de werkelijke waarde van de valuta van maand tot maand flink schommelt, raken de blijvende relaties tussen schuldenaren en schuldeisers, de ultieme basis van het kapitalisme, zo verstoord dat ze bijna betekenisloos worden. Het proces van rijkdom vergaren verandert zo in een gok of een loterij.
>
> Lenin had absoluut gelijk. Er is geen subtielere en betrouwbaardere manier om de fundamenten van de samenleving te ondermijnen dan door de valuta te verzwakken. Dit proces activeert alle verborgen krachten van de economische wetten die leiden tot vernietiging. En het gebeurt op een manier die minder dan één op de miljoen mensen in staat is om te doorzien.[149]

Gedurende de oorlog toonden landen wereldwijd aan dat hun regeringen en centrale banken vrijwel volledige controle hadden over de kasboeken waarin mensen hun spaargeld en betalingen bijhielden. Spaargeld kon in alle ondoorzichtigheid snel worden gedevalueerd en worden herbestemd naar de zaken die de overheid belangrijk achtte. Een aantal landen, waaronder het Verenigd Koninkrijk, herstelden enkele jaren na de oorlog de koppeling aan goud, maar verbraken deze opnieuw in de jaren dertig. Daarna

149 Keynes, *Essays in Persuasion*, 77-78.

stapten ze definitief af van de mogelijkheid om hun valuta in goud om te wisselen, ten gunste van een beleid van voortdurende monetaire verruiming. Het directe gebruik van goud door het volk om deze praktijken te omzeilen, was te traag en onhandig. In sommige landen werd dit zelfs als crimineel beschouwd.

Keynes schreef in zijn essay, dat hier gedeeltelijk wordt geciteerd, met bijzondere helderheid over de risico's van het gebruik van een kasboek dat door anderen wordt beheerd. Onvrijwillige belastingen zijn op zich al problematisch; mensen kunnen tenminste zien wat ze zijn en hierop reageren indien nodig. Maar de onvrijwillige devaluatie van spaargeld op een willekeurige en ondoorzichtige manier is een heel ander verhaal. Deze nieuwe mogelijkheid hield een enorme machtsverschuiving in van degenen die het kasboek gebruiken naar degenen die het kasboek beheren.

HOOFDSTUK 10

HET BRETTON WOODS-SYSTEEM

Na de Eerste Wereldoorlog ervoeren verschillende landen, waaronder Duitsland en Rusland, hyperinflatie. Andere landen, zoals het Verenigd Koninkrijk – dat de oorlog beter had doorstaan – kregen te maken met hoge inflatie en probeerden hun valuta opnieuw aan goud te koppelen.

De Britse leiding, destijds de uitgever van de wereldreservevaluta, was zeer trots op de historische stabiliteit van hun munt. Toch hadden zij die onlangs behoorlijk gedevalueerd. In 1925 probeerden ze hun valuta opnieuw aan goud te koppelen, en wel tegen het vooroorlogse tarief. Op dat moment was er echter veel meer geld in omloop dan voor de oorlog, gezien de verhouding tot de hoeveelheid goud. Zelfs voorstanders van een stabiele valuta, zoals Ludwig von Mises, bekritiseerden deze poging als onzinnig. De inflatoire schade was al aangericht; de valuta moest opnieuw worden gekoppeld aan een realistisch lagere koers.[150]

Het decennium na de Eerste Wereldoorlog – de jaren '20 – werd in het Verenigd Koninkrijk gekenmerkt door een werkloosheid die voortdurend hoger lag dan in de jaren en decennia voor de oorlog. Dit had verschillende oorzaken. Ten eerste kende het land een korte periode van depressie na de oorlog. Daarnaast was er ook sprake van een kunstmatig sterke valuta, doordat het pond werd gekoppeld aan goud tegen een onrealistisch hoge koers. Doordat de geldhoeveelheid en de prijzen sterk waren gestegen, namen de lonen in het Verenigd Koninkrijk, uitgedrukt in pond sterling, fors toe ten opzichte van het decennium daarvoor. Toch probeerde men nog steeds het pond te koppelen aan goud tegen de vooroorlogse wisselkoers. In theorie zou de gemiddelde arbeider per gewerkt uur veel meer goud verdienen dan voor de oorlog. Dit leidde tot een kunstmatige verhoging van

150 Ludwig von Mises, *Human Action: A Treatise on Economics, Scholar's Edition*, 565 en 778.

de lonen, waardoor het Verenigd Koninkrijk op economisch gebied geen concurrentie meer kon bieden op de wereldmarkt. Het probleem lag echter niet bij een sterke valuta, maar bij een *kunstmatig* sterke valuta. Bovendien zou het voor de *Bank of England* lastig zijn om voldoende goudreserves aan te houden om het inwisselen te kunnen honoreren tegen de vooroorlogse koers, aangezien de goudreserves niet in dezelfde mate waren gegroeid als de geldvoorraad.[151]

De kunstmatige handhaving van de monetaire waarde door het Verenigd Koninkrijk en andere landen leidde in dat decennium tot een overmatige stroom van kapitaal en wereldwijde zeepbellen. Dit droeg uiteindelijk bij aan de krediet- en speculatiezeepbel in de Verenigde Staten van 1929. Na deze zeepbel volgden de crash en de Grote Depressie in de jaren '30. Veel regeringen gaven in die periode de goudstandaard op. Ze schrapten de mogelijkheid om hun valuta voor goud in te wisselen of herprijsten de koppeling aan goud tegen aanzienlijk zwakkere wisselkoersen.

Tijdens de jaren '20 steeg de schuld in de Verenigde Staten sterk ten opzichte van de geldvoorraad. In 1929 bedroeg de totale schuld in het systeem $173 miljard, terwijl de monetaire basis iets meer dan $6 miljard was. Ook was de monetaire basis slechts gedeeltelijk gedekt door goud.[152] Dit leidde tot een verhouding van ongeveer 28 op 1 tussen het aantal beloofde dollars dat in de toekomst aan mensen zou worden betaald en het aantal bestaande dollars. De verhouding was zelfs nog hoger als men rekening hield met de goudreserves, waarvoor de dollars inwisselbaar waren. Deze situatie was onhoudbaar. Toen de economie uiteindelijk bezweek onder zo'n sterk hefboomeffect, was een catastrofe onvermijdelijk.

In het begin van de jaren '30 gingen in de Verenigde Staten veel banken met fractionele reserves failliet, wat leidde tot een drastische krimp van de ruime geldvoorraad. Veel depositohouders verloren hun spaargeld, talloze schuldeisers gingen failliet en mensen raakten hun banen kwijt. De *Dust Bowl* – een probleem dat voortkwam uit een combinatie van natuurlijke droogte en gebrekkige landbouwtechnieken – verergerde de armoede die mensen in de jaren '30 ervaarden. Terwijl banken failliet gingen en steeds meer deposito's verloren raakten, stonden steeds meer mensen in de rij bij de banken om hun contante geld op te nemen. Ze gaven er de voorkeur aan hun geld onder hun matras te bewaren in plaats van het in de bank achter te laten.[153] Dit verergerde de insolventie en de al beperkte liquiditeit in het

151 Barry Eichengreen, *The British Economy Between the Wars*, 328-339.

152 Robert Bangs, *Public and Private Debt in the United States, 1929–40*, 21; Federal Reserve Economic Data, *St. Louis Adjusted Monetary Base*.

153 James Boughton en Elmus Wicker, *The Behavior of the Currency-Deposit Ratio During the Great Depression*.

bankwezen, dat van nature instabiel was door het grote aantal claims op basisdollars in vergelijking met de werkelijk aanwezige basisdollars. Het gecentraliseerde kasboek van de Verenigde Staten en haar financiële systeem belandden in een neerwaartse spiraal richting totale ineenstorting.[154]

In 1933 kondigde de federale overheid van de Verenigde Staten een 'bankvakantie' aan. Banken werden enkele dagen gesloten en openden daarna stapsgewijs hun deuren met een verbeterde kapitaalstructuur. Dit was bedoeld om mensen te stimuleren hun deposito's terug te storten. In een artikel dat in 2009 werd gepubliceerd voor de *Federal Reserve Bank of New York*, getiteld *Why did FDR's Bank Holiday Succeed?*, beschreef William Silber: 'De president gebruikte de noodvalutavoorzieningen van de verordening om de *Federal Reserve* te motiveren de heropende banken feitelijk een volledige depositoverzekering te geven.'[155]

Deze feitelijke depositoverzekering kon alleen bestaan dankzij de mogelijkheid van de overheid en de centrale bank om meer basisdollars uit het niets te creëren. Hun vermogen om basisdollars te creëren beperkte zich echter niet tot het verkrijgen van meer goud, waarvoor die basisdollars inwisselbaar waren. Daarom, naarmate er meer dollars werden gedrukt en banken weer werden geherkapitaliseerd, zou de dekking van dollars door daadwerkelijk goud steeds verder afnemen. De goudkluizen van de centrale bank zouden uitgeput raken als deze situatie aanhield.

Dit was grotendeels te wijten aan het inherente snelheidsverschil tussen bankkasboeken en goud. Op de lange termijn werd dit snelheidsverschil uitgebuit, waardoor er *veel* meer vorderingen voor goudgedekte dollars in omloop waren dan er daadwerkelijk goud beschikbaar was. Dit bleef zo totdat een crisis deze kwetsbare zeepbel doorprikte. Als goud van nature sneller had kunnen worden verplaatst en geverifieerd, zou er minder behoefte zijn geweest aan schuldbekentenissen. De bestaande vorderingen zouden vaker zijn ingewisseld, wat een grote onevenwichtigheid in het aanbod in de loop der tijd had voorkomen. Helaas beweegt goud echter niet zo snel als boekhoudsystemen die door telecommunicatie worden ondersteund, waardoor de wanverhouding lange tijd onaangetast bleef totdat deze extreem scheef groeide.

Kort na de bankvakantie in 1933 vaardigde de federale overheid van de Verenigde Staten een uitvoeringsbevel uit. Hierin werd bevolen dat alle burgers hun goud moesten inleveren en in ruil daarvoor dollars zouden ontvangen tegen de geldende inwisselkoers. Het werd illegaal om aanzienlijke

154 Milton Friedman en Anna Schwartz, *A Monetary History of the United States, 1867–1960*. Zie ook Scott Sumner, *The Money Illusion: Market Monetarism, the Great Recession, and the Future of Monetary Policy*, hoofdstuk 7.

155 William Silber, *Why did FDR's Bank Holiday Succeed?*, 19.

hoeveelheden goud te bezitten, met als mogelijke straf een gevangenisstraf van maximaal tien jaar. Zelfs het bezit van goud in het buitenland was voor Amerikanen verboden. Met andere woorden, de centraal beheerde, met schulden beladen boekhouding van de Amerikaanse federale overheid verkeerde in zulke erbarmelijke omstandigheden dat men het bezit van dit onschadelijke gele metaal moest verbieden, onder dreiging van gevangenisstraf en geweld. Daarnaast verplaatsten zij het eigendom van de goudreserves van de Federal Reserve naar het Amerikaanse ministerie van Financiën.

Toen de Amerikaanse federale regering een grote hoeveelheid goud had ingezameld, keurde zij de *Gold Reserve Act* van 1934 goed. Deze wet herdefinieerde de dollar, waardoor het equivalent in goud daalde van ongeveer 1,4 gram naar ongeveer 0,8 gram. Met andere woorden, de dollar werd gedevalueerd ten opzichte van goud, net nadat de overheid veel goud in bezit had genomen. Dit resulteerde in een wanbetaling jegens het volk; de dollars die het publiek in bezit had, zouden oorspronkelijk inwisselbaar zijn voor goud tegen een koers van $20,67 per 28,35 gram (1 *ounce*) goud. Die waarde werd nu officieel vastgesteld op $35 per *ounce*, en de dollars waren niet langer inwisselbaar voor goud, zelfs niet tegen dit nieuwe tarief.[156] Het devalueren van een valuta komt vooral de schuldenaren ten goede, en er was geen grotere schuldenaar dan de Amerikaanse federale overheid.

Door de enorme goudinzameling door de overheid en de devaluatie van de dollar ten opzichte van goud vergrootte de overheid in feite de hoeveelheid goud die zij als onderpand voor haar valuta aanhield. Hoewel de goudinwisselbaarheid voor de bevolking was opgeheven, behield de Amerikaanse overheid nog steeds de mogelijkheid voor buitenlandse schuldeisers om dollars in te wisselen voor goud. Dit deed zij om de internationale geloofwaardigheid van het opnieuw geïntroduceerde gecentraliseerde systeem te waarborgen. Van 1933 tot 1971 volgden de Verenigde Staten een marginale goudstandaard. Hierbij was de valuta technisch gezien nog steeds aan goud gekoppeld (zij het tegen een lagere koers), maar konden Amerikaanse burgers deze koppeling niet meer afdwingen.

Gedurende de jaren '30, een periode van wereldwijde economische stagnatie, nam het politieke populisme wereldwijd toe. De vele onopgeloste vraagstukken uit de Eerste Wereldoorlog kwamen weer naar voren. Valuta waren in waarde gedaald, spaargeld was verloren gegaan en de arbeidersklasse kwam in verschillende gradaties in opstand tegen de welvarende klasse. In de landen die eerder waren verslagen, groeide de steun voor extreme politieke bewegingen. Grote groepen binnen de bevolking verlangden naar 'sterke leiders' die hen konden vertellen wie verantwoordelijk was

156 George Selgin, *The Rise and Fall of the Gold Standard in the United States*, 24-30.

voor hun problemen, zelfs als dat hun individuele vrijheid zou beperken, terwijl de schuld vaak onterecht bij minderheidsgroepen werd gelegd. Deze problemen, samen met een lange lijst andere factoren die te uitgebreid is om hier op te sommen, vormden uiteindelijk de aanleiding voor de Tweede Wereldoorlog.

Tijdens de Tweede Wereldoorlog begonnen regeringen over de hele wereld opnieuw grote hoeveelheden nieuw geld te drukken. Dit was bedoeld om het spaargeld van hun burgers aan te spreken en de oorlogvoering te financieren, wat leidde tot een aanzienlijke devaluatie van valuta en constante prijsinflatie. Om de inflatie, die zij zelf hadden veroorzaakt door geld bij te drukken, te beperken, stelden regeringen opnieuw prijs- en loonmaatregelen vast. Zij voerden diverse beleidsregels in om de productie in de particuliere sector op de oorlogsbehoeften af te stemmen.[157] Veel valuta belandden in algehele hyperinflatie, terwijl de valuta van de zegevierende landen 'slechts' met de helft of meer in waarde daalden.

Toen het einde van de oorlog in 1944 in zicht was en de geallieerde troepen steeds dichter bij de overwinning kwamen, verzamelden vertegenwoordigers van 44 landen zich in Bretton Woods, New Hampshire. Zij bespraken hoe het monetaire systeem na de oorlog ingericht moest worden.

TWEE CONCURRERENDE VISIES

Een wereldwijde monetaire orde beschrijft immers hoe de handel tussen landen zal plaatsvinden, terwijl landen elkaars publieke kasboek niet altijd vertrouwen. Regeringen kunnen, voor zover de technologie dit toestaat, afdwingen dat hun eigen gecentraliseerde kasboeksystemen door de bevolking worden gebruikt. Echter, zij kunnen andere landen niet verplichten de geldigheid van deze systemen te erkennen.

Historisch gezien werden edelmetalen algemeen aanvaard als geld. Zij fungeerden als een soort natuurlijk kasboek dat door geen enkel land drastisch kon worden gemanipuleerd. Maar in een tijdperk van wereldwijd verbonden bankkasboeken kan een machtig rijk, zoals het Verenigd Koninkrijk in de 19e eeuw of de Verenigde Staten in de 20e eeuw, tijdelijk de wereldwijde monetaire orde bepalen en zijn kasboeksysteem centraal stellen.

Tijdens de Conferentie van Bretton Woods in 1944 waren er twee belangrijke visies op de opbouw van het wereldwijde monetaire systeem. De eerste visie kwam van John Maynard Keynes uit het Verenigd Koninkrijk, terwijl de tweede werd voorgesteld door Harry Dexter White uit de Verenigde Staten.

157 Robert Higgs, *Wartime Prosperity? A Reassessment of the U.S. Economy in the 1940s*, 44-53.

John Maynard Keynes stelde een neutraal afwikkelingssysteem voor, dat draaide om een supranationale rekeneenheid genaamd de 'bancor'. In essentie vertegenwoordigde een bancor een proportionele mand van de belangrijkste wereldvaluta. Hoewel goud kon worden ingewisseld voor bancors, was het niet mogelijk om bancors voor goud in te wisselen. In zijn boek *The Battle of Bretton Woods* beschrijft Benn Steil de bancor als volgt:

> Elk product dat een lidstaat exporteerde, zou bancors toevoegen aan zijn ICB-rekening, terwijl geïmporteerde producten bancors van deze rekening zouden aftrekken. Er werden beperkingen gesteld aan de hoeveelheid bancors die een land kon vergaren door meer te verkopen dan het kocht en aan de hoeveelheid bancor-schuld die het kon opbouwen door meer te kopen dan het verkocht. Deze regels waren bedoeld om te voorkomen dat landen grote overschotten of tekorten opbouwden. De limieten voor elk land zouden evenredig zijn aan hun aandeel in de wereldhandel. Deze manier van het vaststellen van bancor-quota was, niet toevallig, gunstig voor Britse belangen, aangezien Groot-Brittannië weinig goud bezat maar veel handel moest drijven.
>
> Zodra de initiële limieten werden overschreden, mochten landen met een tekort hun valuta devalueren, terwijl landen met een overschot hun valuta konden opwaarderen. Dit maakte de producten van tekortlanden betaalbaarder en die van overschotlanden duurder, met als doel de handelsbalans weer in evenwicht te brengen. Bij verdere overschrijdingen van de debet- of kredietpositie in bancor was een verplichte actie noodzakelijk. Voor landen met chronische schulden zou dit betekenen dat zij hun valuta moesten devalueren, hogere rente moesten betalen aan het ICB Reserve Fund, gedwongen goud moesten verkopen en beperkingen kregen op de export van kapitaal. Chronische crediteuren daarentegen zagen de waarde van hun valuta stijgen en moesten een minimale rente van 5 procent betalen op overtollige kredieten, oplopend tot 10 procent op grotere overtollige kredieten aan het ICB Reserve Fund.[158]

Het voordeel van Keynes' voorstel was dat het, vanuit een wereldwijd afwikkelingsperspectief, op verschillende manieren de goudstandaard nabootste. Net als goud fungeerde de bancor als een neutraal afwikkelingsmiddel, maar hij werkte sneller en bood meer flexibiliteit in het aanbod. Wanverhoudingen in de handel tussen landen zouden uiteindelijk vanzelf worden gecorrigeerd. Het nadeel van Keynes' voorstel was echter dat het een gecentraliseerd en strikt beheerd systeem betrof. Dit systeem was gebaseerd op een in waarde afnemend activum dat naadloze coördinatie tussen

158 Benn Steil, *The Battle for Bretton Woods: John Maynard Keynes, Harry Dexter White, and the Making of a New World Order*, 143-144.

vele landen vereiste om goed te functioneren, wat het geopolitiek kwetsbaar maakte.

Anderzijds stelde Harry Dexter White voor dat alle deelnemende overheden hun valuta aan de Amerikaanse dollar zouden koppelen. De dollar zou namelijk tegen een vaste wisselkoers aan goud gekoppeld blijven en inwisselbaar zijn voor goud door buitenlandse centrale banken. Het was daardoor in het belang van deze banken om dollars (voornamelijk in de vorm van Amerikaanse staatsobligaties) aan te houden. Deze dollars werden namelijk gezien als even waardevol als goud en leverden bovendien rente op. Naast dit voorstel hielp White bij de oprichting van het Internationaal Monetair Fonds en de Wereldbank. Deze instellingen dienden als lokmiddel, bescherming en handhavers van dit systeem.

Ten tijde van dit voorstel beschikte de Verenigde Staten over een aanzienlijk geopolitiek voordeel, waardoor zij konden verkrijgen wat zij wensten. In tegenstelling tot de rest van de wereld was het land nauwelijks aangetast door de verwoestingen van de oorlog. Veel andere landen worstelden met zware verliezen in hun industriële productiecapaciteit, zelfs de winnende landen die slechts een Pyrrusoverwinning behaalden. Bovendien beschikte de Verenigde Staten over de grootste economie ter wereld, goed voor meer dan 40% van het wereldwijde bbp. Het land profiteerde van een uitstekende geografie, met twee enorme oceanen, twee bevriende buren, een uitgebreid netwerk van binnenrivieren en talrijke olievelden. Daarnaast bezat de VS enorme hoeveelheden goud. Veel geallieerde landen stuurden hun goud naar de Verenigde Staten voor een veilige bewaring, voor het geval zij tijdens de oorlog door hun vijanden overrompeld zouden worden. Het aanvaarden van het Bretton Woods-systeem maakte bovendien deel uit van het *Marshallplan*. Dit hield in dat landen die door de oorlog verwoest waren, financiële steun van de Verenigde Staten moesten accepteren om na de oorlog te herstellen. In ruil daarvoor moesten zij de visie van de Verenigde Staten op de wereldordening op het gebied van geld en handel omarmen.[159]

Het voorstel van White kreeg uiteindelijk de overhand. Toen het na de oorlog in 1946 werd gefinaliseerd, markeerde dit een belangrijke verschuiving: de rol van uitgever van de wereldreservevaluta ging van het Verenigd Koninkrijk naar de Verenigde Staten.[160] Helaas vertoonde het ontwerp van het systeem vanaf het begin al tekortkomingen. Deze problemen kwamen snel aan het licht toen het systeem in 1958 volledig operationeel werd,

159 Perry Mehrling, *Money and Empire*, 154-170; Michael Bordo, *The Bretton Woods International Monetary System: A Historical Overview*, 28-38.

160 Barry Eichengreen en Marc Flandreau, *The Rise and Fall of the Dollar*, European Review of Economic History 13.

nadat de wisselkoerscontroles op lopende rekeningtransacties waren afgeschaft.[161]

EURODOLLARS EN HET FAILLIET VAN BRETTON WOODS

In een vrij banksysteem, waarin individuele banken in plaats van de overheid goudgedekte valuta uitgeven, wordt de hoeveelheid valuta in het systeem in zekere mate beperkt door de beschikbare hoeveelheid goud. Dit komt doordat individuele banken slechts over een bepaalde hoeveelheid goudreserves beschikken en voldoende dekking moeten aanhouden om hun klanten uit te kunnen betalen. Banken die hierin falen, worden uiteindelijk geconfronteerd met een bankrun en kunnen failliet gaan. Hoewel de verhouding tussen de hoeveelheid valuta en goud kan fluctueren, kunnen er snel problemen ontstaan als de kloof te groot wordt. Dit gebeurt omdat er geen centrale instantie is die onmiddellijk meer goud kan produceren om het systeem te redden. Individuele vrije banken kunnen, mits toegestaan door toezichthouders, hun risico's beheersen door te diversifiëren en door zorgvuldige kredietverlening toe te passen. Toch blijven zij altijd onderhevig aan een toetsing van hun liquiditeit en kredietwaardigheid vanwege de dreiging van bankruns.[162]

Echter, als het merendeel van het goud in handen is van de centrale bank of een soevereine regering en niet langer inwisselbaar is voor de meeste partijen, heeft de hoeveelheid goud in het systeem geen invloed meer op de hoeveelheid geld. Hoe kleiner de mogelijkheid om valuta in te wisselen voor goud, des te minder zal de goudvoorraad het drukken van geld beperken. Zoals in deel 4 van dit boek zal worden besproken, is nieuw gedrukt geld meestal het gevolg van 1) het monetiseren van het begrotingstekort van de overheid of 2) een toename van fractioneel bankieren. Wanneer commerciële banken met een fractioneel reservesysteem contante reserves aanhouden bij hun centrale bank en op basis van die geldbasis leningen verstrekken, vormt het goud dat een centrale bank of de overheid bezit geen echte beperking op de hoeveelheid geld die in de loop der tijd wordt gecreëerd. Bovendien kan de centrale bank, indien banken af en toe liquiditeitsproblemen ondervinden, meer basisgeld creëren, bankactiva aankopen en daarmee het systeem laten groeien.

Van 1920 tot 1950 groeiden de officiële goudreserves van de Verenigde Staten van minder dan 4.000 ton naar meer dan 20.000 ton. Van 1950 tot 1970, tijdens het Bretton Woods-systeem, daalden de goudreserves echter snel van meer dan 20.000 ton naar ruim 9.000 ton, als gevolg van inwis-

161 Robert Hetzel, *Launch of the Bretton Woods System*.
162 Selgin, *Theory of Free Banking*, 23-41; White, *Monetary Institutions*, hoofdstuk 2.

selingen door buitenlandse centrale banken.[163] Ondanks deze afname verdubbelde tussen 1950 en 1970 de hoeveelheid basisdollars in de Verenigde Staten, terwijl de hoeveelheid ruime dollars zelfs minstens verdrievoudigde. Dit betekende dat de dollars in die periode exponentieel minder door een solide hoeveelheid goud 'gedekt' werden.[164]

Dit probleem deed zich voor omdat zowel het binnenlandse als het buitenlandse banksysteem van de VS, dat in dollars was uitgedrukt (vaak het 'eurodollar'-systeem genoemd), bleef groeien. Dit kwam doordat de praktijk van fractioneel reservebankieren volledig losgekoppeld was van de hoeveelheid goud in het systeem. Ondanks het feit dat de schatkist niet over voldoende goud beschikte om de dollar te ondersteunen, bleef de Federal Reserve de monetaire basis verhogen. Bovendien vermenigvuldigden commerciële banken deze reserves met steeds grotere hoeveelheden dollardeposito's. Hierdoor verzamelden buitenlandse centrale banken steeds meer dollars, waarvan sommigen de toegenomen hoeveelheid vervolgens inwisselden voor schaars goud. Naarmate de Amerikaanse goudreserves snel afnamen, beseften sommige buitenlandse schuldeisers dat de dollar niet veel langer aan goud gekoppeld kon worden. Daarom begonnen zij nog meer van hun dollars om te wisselen voor goud, wat de ondergang van het systeem verder versnelde.

Het eurodollarsysteem verwijst naar Amerikaanse dollardeposito's die zich buiten de Verenigde Staten bevinden. Deze deposito's vallen daarmee buiten de directe controle van de Amerikaanse centrale bank. Ondanks de naam omvatten eurodollars elke niet-Amerikaanse jurisdictie, niet uitsluitend Europa, al was Europa wel het startpunt van het systeem. Met de start van het *Marshallplan* aan het einde van de jaren 40 stroomden er grote hoeveelheden dollars naar Europa. Ook de Sovjets hadden dollars verdiend met de handel. Door de rivaliteit met de VS hielden zij hun dollars vaak in Europese banken in plaats van in Amerikaanse banken, om zo het risico van inbeslagname te vermijden.[165]

Gedurende de jaren vijftig en zestig van de twintigste eeuw bleef het eurodollarsysteem zich uitbreiden. Je kunt het zien als een fractioneel reservesysteem opgebouwd uit een ander fractioneel reservesysteem. De Federal Reserve, als centrale bank van de Verenigde Staten, fungeert als de 'bank van banken'. Amerikaanse commerciële banken bewaren hun contante reserves als invoer in de kasboeken van de Federal Reserve. Tegelijkertijd hou-

163 Timothy Green, *Central Bank Gold Reserves*, 17-18.

164 Meltzer, *A History of the Federal Reserve, Volume 2, Book 2: 1970–1986*, 686-688; Michael Bordo en Robert McCauley, *Triffin: Dilemma or Myth?* 5.

165 Paul Einzig, *The Euro-dollar System: Practice and Theory of International Interest Rates*; Robert Aliber, *Eurodollars: An Economic Analysis*, 77-85.

den particulieren en bedrijven hun contante stortingen als een fractioneel gereserveerde kasboekinvoer bij een commerciële bank. Er zijn dus twee niveaus van geld: basisgeld en ruim geld. Een buitenlandse bank kan dollardeposito's verzamelen en deze onderbrengen bij een Amerikaanse bank. Vervolgens kan die bank fractioneel gereserveerde bankdeposito's aanbieden aan diverse buitenlandse entiteiten. Dit creëert een derde laag van fractioneel gereserveerde schuldbekentenissen in dollars.

Vanuit het oogpunt van een buitenlandse spaarder is er een keten van deels gedekte schulden die uiteindelijk terugvoert naar de Federal Reserve. De dollaractiva van de buitenlandse deposant zijn passiva van de buitenlandse commerciële bank waar zij hun geld storten. Deze bank houdt haar contante activa, die slechts een fractie van de klantendeposito's vormen, bij een commerciële bank in de VS. Die dollaractiva zijn op hun beurt passiva voor die Amerikaanse bank. De Amerikaanse commerciële bank bewaart haar contante activa, die wederom slechts een fractie van de klantendeposito's vormen, bij de Federal Reserve. Deze dollaractiva zijn vervolgens passiva voor de Federal Reserve. Terwijl de Federal Reserve het totaal aantal deposito's bij alle binnenlandse Amerikaanse banken kan inzien, heeft zij slechts beperkt zicht op wat er met de derde laag – alle buitenlandse dollarclaims – gebeurt.[166]

De 'fractie van een fractie'-deposito's vertegenwoordigen goudclaims die buitenlandse centrale banken kunnen inwisselen. Dit proces van geldcreatie werd echter niet beperkt door de hoeveelheid Amerikaanse goudreserves die in Fort Knox werd bewaard. Zelfs wanneer een klein percentage van de talloze dollars in goud werd omgezet, leidde dit al snel tot een uitputting van de goudreserves.

Naarmate het aantal binnenlandse en buitenlandse dollars toenam en de Amerikaanse goudreserves afnamen, wist de Amerikaanse federale regering tijd te winnen door haar militaire en geopolitieke macht in te zetten. Als sommige landen te veel goud wilden inwisselen, kon de regering hen onder druk zetten en afraden dit te doen. 'Wil je dat we onze militaire bases uit jouw land weghalen en je leger blootstellen aan de Sovjets? Nee? Dan moet je misschien stoppen met zoveel goud in te wisselen en ons monetaire systeem uitdagen...'

Maar wiskunde blijft wiskunde. Sommige vastberaden leiders van landen zagen de onvermijdelijke ondergang van dit systeem in en bleven dollars inruilen voor goud. Tegen het einde van de jaren zestig was het systeem al defect. In 1971 beëindigde president Nixon officieel de mogelijk-

166 Nik Bhatia, *Layered Money: From Gold and Dollars to Bitcoin and Central Bank Digital Currency*, 60-79.

heid voor buitenlandse centrale banken om dollars om te ruilen voor goud. Dit deed hij om de afnemende Amerikaanse goudreserves te beschermen. Nixon gaf speculanten de schuld en stelde dat het een tijdelijke maatregel was, maar zoals de lezer ongetwijfeld weet, was het permanent.[167] Het Bretton Woods-systeem was vanaf het begin slecht ontworpen en gedoemd te falen. Het duurde slechts ongeveer 25 jaar na de oprichting in 1944 en nauwelijks meer dan een decennium na de volledige werking in 1958-1959.[168]

In 1971 begon de wereld aan het moderne fiatgeldsysteem. Sindsdien zijn wereldreservevaluta en andere valuta niet langer voor iets inwisselbaar.

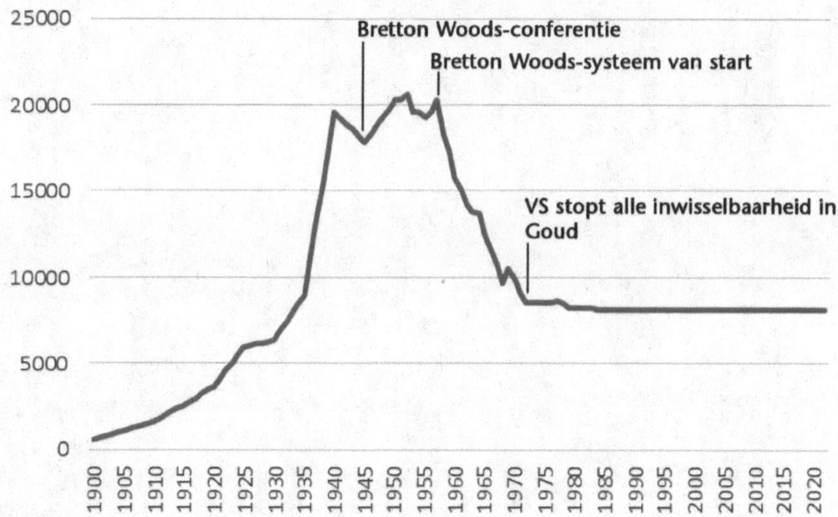

Figuur 10.1
Goudsreserves van de Verenigde Staten (1900-2022, in tonnen).[169]

167 Jeffrey Garten, *Three Days at Camp David: How a Secret Meeting in 1971 Transformed the Global Economy*, 19-45.
168 Robert Hetzel, *The Federal Reserve: A New History*, 355-356.
169 Green, *Central Bank Gold Reserve*, 17-19; World Gold Council, *Central Bank Holdings*.

HOOFDSTUK 11

DE OPKOMST VAN DE PETRODOLLAR

Na het falen van het Bretton Woods-systeem in 1971 bevond de wereld zich in een onbekende situatie: het geld dat vrijwel iedereen wereldwijd gebruikte, was niet langer door iets schaars gedekt. In het verleden probeerden verschillende partijen fiatvaluta in te voeren, maar dat leidde vaak tot hyperinflatie en vond uitsluitend op nationale of regionale schaal plaats. Dit was echter de eerste keer dat men wereldwijd een pure fiatstandaard trachtte in te voeren.

Een soevereine regering kan op binnenlands niveau vrij effectief het gebruik van haar valuta afdwingen. Ze kan belastingbetalingen uitsluitend in fiatvaluta eisen, vermogenswinstbelasting koppelen aan goederen en handelaren via betaalmiddelwetten verplichten om deze valuta als betaling te accepteren. Daarnaast kan ze via verschillende bankreguleringen proberen de groei van de geldvoorraad te beperken. Op deze manier behoudt ze vaak voldoende vraag naar haar valuta in verhouding tot het beschikbare aanbod. Een regering heeft echter weinig tot geen mogelijkheden om andere landen te overtuigen diezelfde valuta te accepteren. Deze munt bestaat immers slechts uit stukjes papier of een kasboek, zonder enige dekking. De regels rondom fiatgeld kunnen bovendien eenzijdig worden veranderd. Voor eindgebruikers heeft fiatgeld geen intrinsieke waarde en kan het niet worden ingewisseld voor iets bruikbaars.

De Verenigde Staten en andere landen kenden in de jaren '70 grote inflatie. De hoeveelheid dollars, ponden, franken en andere valuta bleef toenemen, terwijl deze niet door iets werd gedekt of voor iets anders kon worden ingewisseld. Tegelijkertijd bereikte de conventionele olieproductie in de VS in 1970, na bijna een eeuw van constante groei, haar hoogste punt. Daarna begon de binnenlandse productie aan een jarenlange daling, waardoor het land steeds afhankelijker werd van olie-import. In 1973 legden

Saoedi-Arabië en andere olieproducerende landen in het Midden-Oosten een olie-embargo op voor landen die Israël steunden in de Jom Kippoer-oorlog, waaronder de Verenigde Staten. Dit leidde tot een aanbodschok en een bijbehorende stijging van de olieprijs in een periode van sterk toenemende vraag.

De Verenigde Staten waren uniek in hun omvang en invloed, zowel militair als economisch. Als er één land was dat andere landen kon dwingen of overtuigen om hun niet-gedekte valuta als echte betaling te accepteren, dan waren dat de VS. Andrea Wong beschreef in 2016 in haar uitgebreide artikel voor *Bloomberg*, getiteld 'The Untold Story Behind Saudi Arabia's 41-Year U.S. Debt Secret', hoe de Verenigde Staten Saoedi-Arabië en andere landen in de regio overtuigden om dollars als betaling te aanvaarden en deze in de vorm van Amerikaanse staatsobligaties als langetermijnopslag aan te houden.

In 1974 vloog William Simon, de nieuwe minister van Financiën onder president Nixon, naar Europa en het Midden-Oosten voor een diplomatieke reis. Waarom zouden de Verenigde Staten, van alle mensen, juist hun minister van Financiën voor zo'n missie sturen? Het antwoord is dat het voornamelijk een reis in het teken van financiële diplomatie was, gericht op de Amerikaanse staatsobligaties. Uit het artikel van Wong:

> Officieel werd de twee weken durende reis van Simon voorgesteld als een tour door Europa en het Midden-Oosten, met economische diplomatie als doel. Dit omvatte de gebruikelijke ontmoetingen en avondbanketten. De werkelijke missie, die strikt geheim bleef binnen de entourage van president Richard Nixon, zou echter plaatsvinden tijdens een vierdaagse tussenstop in de kuststad Jeddah, Saoedi-Arabië.
>
> Het doel was om ruwe olie te neutraliseren als economisch wapen en een manier te vinden om een vijandig koninkrijk te overtuigen zijn nieuwe olierijkdom te gebruiken voor het financieren van het groeiende begrotingstekort van Amerika. Volgens Parsky maakte Nixon duidelijk dat er geen ruimte was voor falen. Een mislukking zou niet alleen de financiële gezondheid van Amerika in gevaar brengen, maar ook de Sovjet-Unie de kans geven verder door te dringen in de Arabische wereld.[170]

De overeenkomst die Simon namens de regering-Nixon met de Saoedische leiders bereikte, was als volgt. De Verenigde Staten zouden grote hoeveelheden olie kopen van Saoedi-Arabië. In ruil daarvoor zouden ze veel militaire apparatuur en hulp bieden. Daarnaast zouden de VS hun ongeë-

170 Andrea Wong, *The Untold Story Behind Saudi Arabia's 41-Year U.S. Debt Secret*, Bloomberg, 30 mei 2016.

venaarde maritieme macht inzetten om ervoor te zorgen dat de Straat van Hormuz, een smalle doorgang in de Perzische Golf tussen Saoedi-Arabië en Iran, openblijft voor de wereldwijde oliehandel. Dit was cruciaal, omdat de VS op deze manier ook aan hun olie kon komen. Saoedi-Arabië zou zijn handelssurplussen in dollars, die bekendstaan als 'petrodollars', voornamelijk investeren in Amerikaanse staatsobligaties om de federale begrotingstekorten van de VS te financieren. Bovendien zou Saoedi-Arabië zijn olie alleen in dollars aan andere landen verkopen. Dit zou de wereldwijde vraag naar dollars versterken en de status van de dollar als het belangrijkste internationale ruil- en waardeopslagmiddel bevestigen.

Een laatste voorwaarde van de deal was dat Saoedi-Arabië deze geheim wilde houden. Staatsobligaties zouden voornamelijk buiten de officiële administratie aan Saoedi-Arabië worden verkocht, dus buiten het gebruikelijke veilingproces om. Wong vervolgde:

> Het kostte meerdere discrete vervolggesprekken om alle details uit te werken, zei Parsky. Maar na maanden van onderhandelen bleef er toch één klein, maar cruciaal struikelblok over: koning Faisal bin Abdulaziz Al Saud eiste dat de aankopen van staatsobligaties 'strikt geheim' zouden blijven. Dit blijkt uit een diplomatiek bericht dat *Bloomberg* heeft verkregen uit de database van het Nationaal Archief.

Voor haar artikel maakte Wong gebruik van de Wet openbaarheid van bestuur om eerder niet-gepubliceerde informatie over de overeenkomst te verkrijgen. Voor de publicatie van dit artikel was de financiële relatie tussen Saoedi-Arabië en de Verenigde Staten een 'open geheim'. De berichtgeving in de mainstream media gaf deze relatie echter meer zichtbaarheid en betekenis. Door de steun van de Verenigde Staten aan Israël kreeg het land in de jaren '70 een zeer negatieve uitstraling bij veel landen met een moslimmeerderheid. Dit was voor Saoedi-Arabië een reden om de relatie met de VS geheim te houden. De Saoedische leiders maakten zich zorgen over de negatieve beeldvorming die zou voortkomen uit een nauwe band met de Verenigde Staten. Tegelijkertijd wilden ze hun economische en militaire veiligheid versterken tegen hun nabije rivaal Iran. Daarom was de petrodollardeal ook voor hen aantrekkelijk.

Gedurende deze periode hadden de Verenigde Staten voldoende militaire en economische macht om Saoedi-Arabië en andere landen ervan te overtuigen hun gecentraliseerde en ongedekte fiatgeld te blijven gebruiken. De wereldwijde oliemarkt is enorm. Door veel producenten te overtuigen hun olie in dollars te waarderen en te verkopen, en hun petrodollarwinsten in Amerikaanse staatsobligaties aan te houden, dekten de VS de dollar in wezen met olie. Hoewel de dollar niet inwisselbaar of gekoppeld was aan een specifieke hoeveelheid olie, zorgde dit nieuwe systeem ervoor dat elk olie-importerend land dollars wilde aanhouden als reserves, vaak in de vorm van Amerikaanse staatsobligaties. Dit stelde hen in staat om olie aan te kopen wanneer dat nodig was. Hierdoor bleef de wereldwijde vraag naar dollars sterk, en daarmee ook het totale dollarnetwerkeffect.

Sinds 1974 draait de wereld grotendeels op deze petrodollarstandaard.[171] Ik noem dit systeem het eurodollar/petrodollarsysteem, omdat het bestaat uit natuurlijke netwerkeffecten van 's werelds grootste economie in een tijd waarin transacties veel sneller plaatsvinden dan afrekeningen. Daarnaast komt het voort uit bewuste ontwerpbeslissingen van dat dominante land om producenten van schaarse middelen aan te moedigen gebruik te maken van dit geldsysteem en die netwerkeffecten te versterken.

Wat de rol van de Verenigde Staten betreft, moesten zij zorgen voor geloofwaardige instellingen en een duidelijke machtsverdeling tussen de centrale bank en de regering. Dit was nodig om de dollar wereldwijd als een betrouwbare munteenheid te vestigen. In 1978 en 1979, na een decennium van ongekende inflatie, raakte de financiële reputatie van de Verenigde Staten zo beschadigd dat ze een deel van hun staatsobligaties in Zwitserse franken en West-Duitse marken uitgaven, om zo buitenlandse valutareserves op te bouwen. Dit deed denken aan de gang van zaken in een ontwikkelingsland.[172] Vanaf 1979, en in de jaren '80, verhoogde de nieuwe voorzitter van de *Federal Reserve*, Paul Volcker, de rente tot bijna 20%. Hij bracht de Verenigde Staten in een recessie om de dollar te stabiliseren. Zowel Jimmy Carter als zijn opvolger Ronald Reagan steunden hem in deze ingrijpende maatregelen.

Op dat moment hadden de Latijns-Amerikaanse landen gezamenlijk een aanzienlijke schuld in dollars. De voorzitter van de Amerikaanse Federal Reserve, Paul Volcker, versterkte de dollar door zeer hoge inflatiegecorrigeerde rentetarieven in te voeren. Dit leidde tot grote moeilijkheden voor veel Latijns-Amerikaanse bedrijven en overheidsfinanciën, waardoor hun koopkracht voor olieconsumptie verminderde. De Verenigde Staten konden olie tegen lage prijzen blijven ontvangen van Saoedi-Arabië, terwijl de olieconsumptie in Latijns-Amerika stagneerde door de waardevermindering van hun valuta. Gedurende de jaren '80, zoals weergegeven in Figuur 11.1, stopte de wereld tijdelijk met het verhogen van de olieconsumptie. Dit kwam vooral doordat ontwikkelde landen hun olieconsump-

171 Alex Gladstein, *Check Your Financial Privilege*, 38-42.
172 Paul Lewis, *U.S. Reported Set To Borrow Marks Worth $1.25 Billion*, The New York Times, 28 november 1978.

tie bleven verhogen, terwijl veel ontwikkelingslanden, met name in Latijns-Amerika, deze drastisch moesten verminderen.[173]

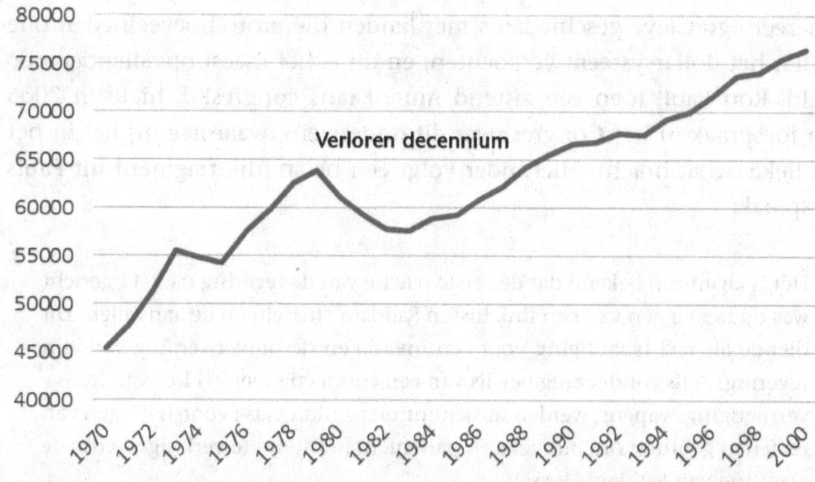

Figuur 11.1
Wereldwijde olieconsumptie (1970-2000, in duizenden vaten per dag).[174]

In 1999 begon Saddam Hussein van Irak, dat toen de op één na grootste oliereserve ter wereld had, olie te verkopen in de pas geïntroduceerde euro. Rond die tijd onderzochten ook Rusland, Venezuela en Iran de mogelijkheden om olie te verkopen zonder gebruik te maken van de dollar. Na de multilaterale invasie van Afghanistan in 2001, als reactie op de terroristische aanslagen van 11 september, vielen de Verenigde Staten in 2003 op eigen houtje Irak binnen, met weinig steun van de internationale gemeenschap, behalve van het Verenigd Koninkrijk.

Tot op de dag van vandaag is er nooit een overtuigende verklaring gekomen voor de inval van de Verenigde Staten in Irak. De officiële reden was de aanwezigheid van massavernietigingswapens in Irak, die echter nooit zijn gevonden en waar ook geen bewijs voor was. Er zijn genoeg dictators op de wereld, waaronder sommigen die wel over massavernietigingswapens beschikken, zoals in Noord-Korea. Waarom viel de Verenigde Staten dan specifiek Irak binnen? Van de negentien terroristen die direct betrokken waren bij de aanslagen van 9/11, waren er vijftien van Saudische afkomst

173 David Spiro, *The Hidden Hand of American Hegemony Petrodollar Recycling and International Markets*.

174 YCharts, *World Oil Consumption (I:WOCNY)*.

en geen van hen was Irakees. De bedenkers van de aanval bevonden zich intussen in Afghanistan, vlakbij de grens met Pakistan.

Niet lang na de invasie van Irak door de Verenigde Staten begon Irak weer olie te verkopen in dollars. Het idee dat de VS hen binnenvielen vanwege de verkoop van olie in euro's wordt vaak afgedaan als een complottheorie. Hoewel dit waarschijnlijk niet de enige reden was, heeft de VS wel een zeer agressieve geschiedenis met landen die grote hoeveelheden olie buiten het dollarsysteem verkochten, en dit is het meest opvallende voorbeeld. Ron Paul, toen een zittend Amerikaans congreslid, hield in 2006 een toespraak in het Congres over dit onderwerp, waarmee hij het in het publieke debat bracht. Hieronder volgt een belangrijk fragment uit Pauls toespraak:

> Het is algemeen bekend dat de eerste reactie van de regering na 9/11 gericht was op het leggen van een link tussen Saddam Hussein en de aanvallen. Dit diende als rechtvaardiging voor een invasie en de omverwerping van zijn regering. Zelfs zonder enig bewijs van een connectie met 9/11 of van massavernietigingswapens, werden misleiding en ronduit valse voorstellingen van de feiten gebruikt om publieke en parlementaire steun te verkrijgen voor de afzetting van Saddam Hussein.
>
> Er was geen open discussie over het verwijderen van Saddam Hussein vanwege zijn aanval op de rol van de dollar als reservevaluta door zijn olie in euro's te verkopen. Toch geloven velen dat dit de reden was voor onze obsessie met Irak. Ik twijfel of dit de enige reden was, maar het heeft mogelijk een belangrijke rol gespeeld in onze motivatie om oorlog te voeren. Slechts kort na de militaire overwinning in Irak begonnen alle Iraakse olieverkopen weer in dollars te verlopen. De euro werd meteen in de steek gelaten.
>
> In 2001 sprak de Venezolaanse ambassadeur in Rusland over de mogelijkheid om alle olieverkopen van Venezuela om te zetten naar euro's. Binnen een jaar vond er een poging tot staatsgreep tegen Chavez plaats, naar verluidt met hulp van onze CIA. Toen er weerstand kwam tegen de pogingen om de dollar als wereldreservemunt te vervangen door de euro, werd de sterke daling van de dollar ten opzichte van de euro omgedraaid. Het is goed mogelijk dat deze gebeurtenissen een belangrijke rol hebben gespeeld bij het behouden van de dominantie van de dollar.
>
> Het is duidelijk dat de Amerikaanse regering sympathieën had voor degenen die Chavez wilden omverwerpen en zich schaamde over hun mislukking. Het feit dat Chavez democratisch gekozen was, beïnvloedde nauwelijks welke kant we steunden. Nu wordt er opnieuw geprobeerd het petrodollarsysteem uit te dagen. Iran, een ander lid van de 'as van het kwaad', heeft aangekondigd deze maart te beginnen met een oliebeurs. Raad eens? De olieverkopen worden in euro's geprijsd, en niet in dollars.

De meeste Amerikanen zijn vergeten hoe onze beleidslijnen de Iraniërs door de jaren heen systematisch en onnodig hebben uitgedaagd. In 1953 hielp de CIA bij de omverwerping van de democratisch gekozen Mohammed Mossadegh en plaatste de autoritaire Shah, een bondgenoot van de VS, aan de macht. De gijzeling in 1979 was in grote mate een gevolg van deze nog altijd aanwezige woede onder de Iraniërs. Onze alliantie met Saddam Hussein tijdens zijn invasie van Iran begin jaren tachtig verbeterde de situatie zeker niet en had duidelijk geen positieve invloed op onze relatie met Saddam Hussein. Toen de regering in 2001 aankondigde dat Iran deel uitmaakte van de 'as van het kwaad', veranderden de diplomatieke betrekkingen tussen onze landen niet. Recente nucleaire dreigingen lijken de provocateurs in Iran niet af te schrikken, terwijl men vergeet dat zij omringd zijn door landen met nucleaire wapens. Gezien de recente geschiedenis, en wat de meeste moslims beschouwen als onze oorlog tegen de islam, is het niet verwonderlijk dat Iran ervoor kiest om Amerika te schaden door de dollar te ondermijnen. Iran, net als Irak, heeft absoluut geen vermogen om ons direct aan te vallen, maar dat weerhield de Verenigde Staten er niet van om Saddam Hussein te portretteren als een moderne Hitler die klaar was om de wereld te veroveren. Nu, vooral sinds Iran plannen heeft aangekondigd om olie in euro's te prijzen, bevindt het zich aan de ontvangende kant van een propagandaoorlog die doet denken aan de campagne tegen Irak voorafgaand aan onze invasie. Het is onwaarschijnlijk dat het behouden van de dollarhegemonie de enige reden was voor de oorlog tegen Irak en de toenemende spanningen met Iran. Hoewel de werkelijke oorzaken van de oorlog complex zijn, weten we nu dat de argumenten die vóór de oorlog werden aangevoerd, zoals de aanwezigheid van massavernietigingswapens en de vermeende betrokkenheid van Saddam bij 9/11, onjuist waren.[175]

In een wereld van concurrerende soevereine kasboeken, die ongedekt en gecentraliseerd zijn, komen we weer terug op de thematische vraag van dit boek: 'Wie beheert het wereldkasboek?' Geopolitiek gezien heeft het land met de grootste economische en militaire macht waarschijnlijk de meeste controle over het wereldkasboek. Dit is echter alleen het geval totdat er een betere oplossing komt of totdat er geen enkel land groot genoeg is om zijn wil op te leggen aan de rest van de wereld. Het kasboek van het machtigste land fungeert als een onafhankelijke derde partij die de standaard biedt voor internationale transacties. Zuid-Korea en Saudi-Arabië hoeven bijvoorbeeld elkaars kasboeken niet te vertrouwen om met elkaar te handelen, maar ze moeten wel beiden de Verenigde Staten vertrouwen. Van alle fiatvaluta is de wereldreservemunt in de internationale handel veruit het

175 Ron Paul, *The End of Dollar Hegemony*. Toespraak voor het Huis van Afgevaardigden, 15 februari 2006.

meest gebruikt.

Op het moment van schrijven zijn er wereldwijd ongeveer 160 fiatvaluta, maar de meeste daarvan zijn buiten hun eigen monopolieterritoria niet erg verhandelbaar of gewild. Geld zou in principe de noodzaak van ruilhandel moeten ondervangen, maar met 160 verschillende soorten overheidsgeld eindigen we, ironisch genoeg, met een soort ruilsysteem – althans als het om wereldhandel gaat. Daarom is het belangrijk om te beschikken over een primaire vereffenings- en rekeneenheid, zodat landen die elkaars willekeurige fiatvaluta niet vertrouwen, toch met elkaar kunnen handelen. Voor 1944 was deze vereffenings- en rekeneenheid goud. In het Bretton Woods-tijdperk, van 1944 tot 1971, werd nog steeds goud gebruikt, naast de Amerikaanse dollar, die kon worden omgewisseld voor goud en waarvan de kredietwaardigheid werd vertrouwd omdat het beheerd werd door de grootste economische en militaire macht ter wereld. Sinds het midden van de jaren '70 is de Amerikaanse dollar de belangrijkste rekeneenheid en het betaalsysteem voor internationale handel geweest. Amerikaanse dollartegoeden en staatsobligaties fungeren bovendien als het voornaamste spaarmiddel voor buitenlandse reserves.

De Verenigde Staten beheersen het fiatkasboek, waaraan andere soevereine landen zich verbinden door een grote hoeveelheid dollars aan te houden. Dit gebeurt vaak in de vorm van Amerikaanse bankdeposito's of staatsobligaties. Wanneer hun eigen munt te veel in waarde daalt, kunnen de centrale banken van deze landen een deel van hun dollars verkopen om hun eigen munt terug te kopen, waardoor deze in waarde toeneemt. Aan de andere kant, als een land handelsoverschotten genereert en de eigen valuta sterker wordt, kunnen ze besluiten om meer van hun munt bij te drukken. Dit stelt hen in staat om hun kasboek uit te breiden en meer dollaractiva te kopen, wat helpt om de waarde van hun munteenheid te verzwakken en hun dollarreserves te verhogen. In mindere mate houden landen ook geld van andere belangrijke valuta aan voor diversificatie. Daarnaast hebben veel landen nog steeds grote hoeveelheden goud in voorraad.

Als je alles op een rijtje zet, zie je dat de wereld in feite een financieel systeem hanteert met twee lagen. De meeste mensen op het onderste niveau zijn vastgebonden aan het betalen en sparen in hun lokale valuta. Van de ongeveer 160 valuta zijn er veel die niet zo sterk zijn. Vooral in ontwikkelingslanden hebben individuen vaak moeite om te sparen, omdat hun valuta voortdurend worden gedevalueerd en soms zelfs te maken krijgen met hyperinflatie. Op het tweede niveau gebruiken export- en importbedrijven, de rijken en de centrale banken van deze landen dollars en andere grote valuta om te communiceren met de wereldmarkten. De leiders van deze landen, die vaak de spaargelden van hun bevolking devalueren, houden voor zichzelf rekeningen aan in dollars, franken of euro's bij *offshore* banken en in belastingparadijzen. Zo beschermen ze zichzelf tegen de voortdurende valutazwakte die hun eigen volk regelmatig ervaart.

EEN GESCHIEDENIS VAN MONETAIRE OVERGANGEN

Dit hoofdstuk sluit af met enkele vereenvoudigde diagrammen die de monetaire overgangen samenvatten die sinds de opkomst van het telecommunicatietijdperk hebben plaatsgevonden, zoals beschreven in de voorgaande drie hoofdstukken.

Van de jaren 1870 tot aan de Eerste Wereldoorlog functioneerde de internationale goudstandaard als volgt (zie Figuur 11.2). Elk groot land dat aan het systeem deelnam, verbond zijn eigen munteenheid aan een vastgestelde hoeveelheid goud. Daarnaast hield het een wisselende hoeveelheid goud in reserve, die zowel de eigen burgers als buitenlandse schuldeisers konden verkrijgen in ruil voor de nationale valuta.

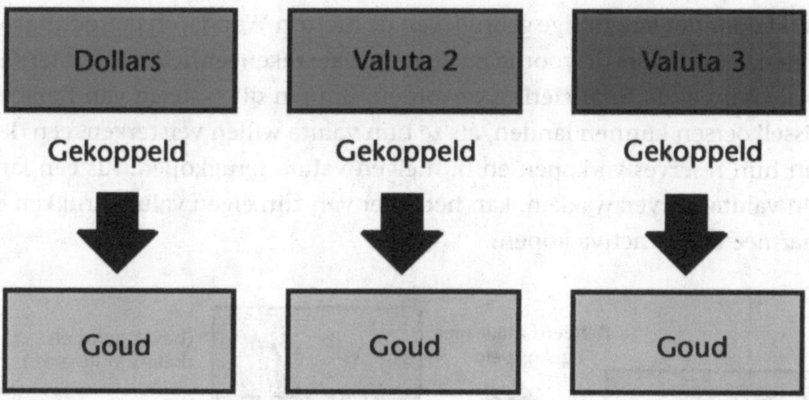

Figuur 11.2
Voorstelling van de internationale goudstandaard

Het Bretton Woods-systeem, dat van de jaren 1940 tot 1971 in werking was (zie Figuur 11.3), hield in dat goud de dollar dekte, maar dat buitenlandse schuldeisers de dollar slechts in beperkte hoeveelheden konden inwisselen. Buitenlandse valuta waren aan de dollar gekoppeld, terwijl ze zowel dollars/staatsobligaties als goud in reserve hielden.

Het petrodollarsysteem, dat sinds de jaren 70 wereldwijd geldt (zie Figuur 11.4), houdt in dat landen in principe alleen met dollars olie kunnen kopen. Hierdoor houden landen overal ter wereld een combinatie van dollars, goud en andere belangrijke valuta als reserves aan, met een sterke

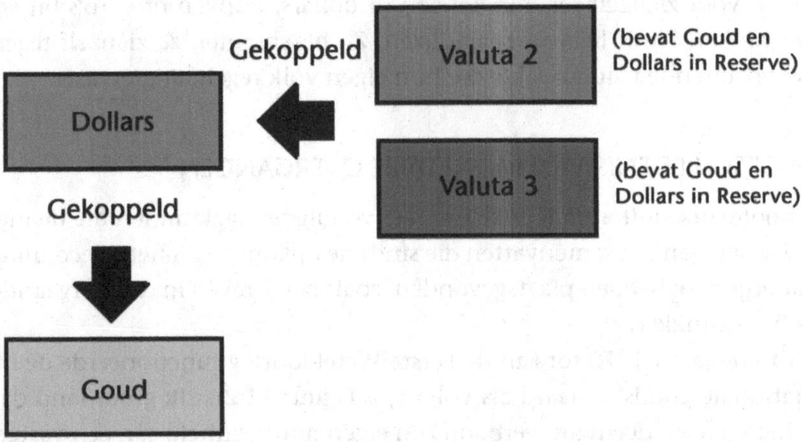

Figuur 11.3
Voorstelling van het Bretton Woods-systeem

nadruk op dollars. Naarmate het netwerkeffect in de loop der tijd werd versterkt door het langdurige gebruik van de Bretton Woods- en petrodollarsystemen, zijn dollars de voornaamste mondiale rekeneenheid voor internationale handel en financiering geworden. Binnen dit systeem van flexibele wisselkoersen kunnen landen, als ze hun valuta willen versterken, een deel van hun reserves verkopen en hun eigen valuta terugkopen. Als een land zijn valuta wil verzwakken, kan het meer van zijn eigen valuta drukken en daarmee reserveactiva kopen.

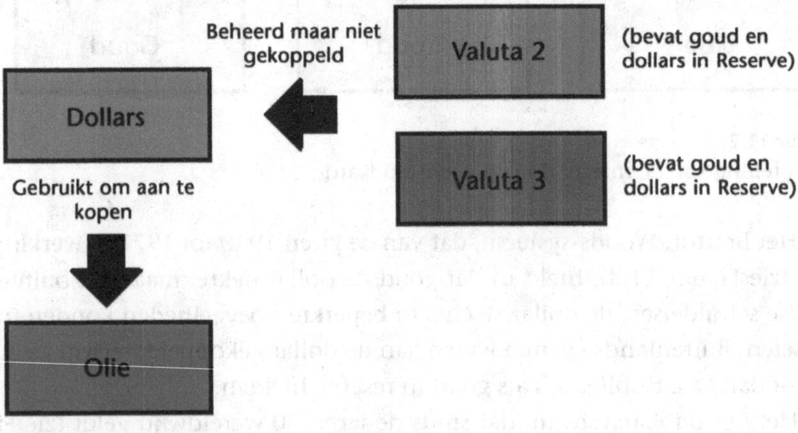

Figuur 11.4
Voorstelling van het petrodollar-systeem

HOOFDSTUK 12

CHAOS NAAR DE PERIFERIE DUWEN

Gedurende enkele eeuwen, tot de eerste helft van de 20e eeuw, leefde een groot deel van de wereld onder Europees kolonialisme. Spanje, Frankrijk, het Verenigd Koninkrijk en andere Europese grootmachten maakten aanspraak op enorme stukken land op vreemde continenten. In de tweede helft van de 20e eeuw wisten veel van deze gebieden echter hun onafhankelijkheid van deze Europese machten te herwinnen. Toch zijn er nog steeds resten van dit kolonialisme aanwezig in de moderne wereld.

Het Bretton Woods-systeem en het *eurodollar/petrodollar*-systeem zijn op verschillende manieren vormen van monetair neokolonialisme, waarbij de Verenigde Staten aan het roer staan. Rijke landen, die zich dicht bij het centrum van dit systeem bevinden, richten het in volgens hun eigen behoeften, vooral om inflatie en volatiliteit tegen te gaan. Het verminderen van volatiliteit is echter vaak niet zonder kosten. Vaak wordt deze volatiliteit doorgeschoven naar andere gebieden of wordt ze tijdelijk onderdrukt, totdat ze plotseling weer oncontroleerbaar naar boven komt. In dit proces neigen rijke landen ernaar hun inflatie en volatiliteit te verplaatsen naar ontwikkelingslanden aan de rand van het systeem. Deze ontwikkelingslanden hebben weinig keus en moeten dit accepteren. Men verwacht van hen dat ze zich vasthouden aan de boekhoudsystemen van de geavanceerde landen, zonder enige uitweg wanneer deze systemen fluctueren op manieren die schadelijk voor hen zijn.

De Amerikaanse *Federal Reserve* heeft drie officiële mandaten, hoewel dit vaak het 'dubbele mandaat' wordt genoemd.[176] Het eerste mandaat is het maximaliseren van de langetermijnwerkgelegenheid in de VS. Het tweede

176 Board of Governors of the Federal Reserve System, *Monetary Policy: What Are Its Goals? How Does It Work?*

mandaat richt zich op het handhaven van stabiele prijzen, wat momenteel wordt gedefinieerd als een gemiddelde prijsstijging van 2% per jaar. Het derde mandaat betreft het handhaven van een gematigde langetermijnrente. Daarnaast is er een vierde, onofficieel mandaat: het waarborgen van financiële stabiliteit in de VS. Dit is namelijk een belangrijke voorwaarde om de eerste drie officiële mandaten effectief te kunnen uitvoeren.

De lezer moet opmerken dat, hoewel de Federal Reserve de uitgever is van de wereldreservemunt, geen van haar mandaten iets vermeldt over buitenlandse landen. Als uitgever van de wereldreservemunt beïnvloeden de monetaire beleidsbeslissingen van de VS bijna iedereen ter wereld. Toch houdt de Federal Reserve zich officieel alleen bezig met buitenlandse gevolgen als deze van invloed kunnen zijn op de economie van de Verenigde Staten.

Een van de belangrijkste verschillen tussen ontwikkelde landen, waarvan de bevolking wereldwijd in de minderheid is, en ontwikkelingslanden, die de meerderheid vormen, is dat ontwikkelde landen hun schulden vooral in hun eigen valuta aangaan. In tegenstelling tot hen hebben ontwikkelingslanden een groot deel van hun schulden, zowel op overheidsniveau als bij bedrijven, in belangrijke buitenlandse valuta zoals de dollar en de euro. Neem Japan als voorbeeld van een ontwikkeld land. Het merendeel van haar overheids- en bedrijfsverplichtingen is uitgedrukt in Japanse yen, waarvan ze er indien nodig meer kan drukken. Ter vergelijking: als ontwikkelingsland heeft Brazilië een groot deel van haar overheids- en bedrijfsschulden in Amerikaanse dollars aangegaan. Deze kan Brazilië niet bijdrukken en de waarde van de dollar fluctueert sterk ten opzichte van haar eigen valuta en kasstromen.

Dit komt doordat bedrijven en overheden in ontwikkelingslanden veel behoefte hebben aan schuldfinanciering. Buitenlandse investeerders hebben echter vaak weinig vertrouwen in de binnenlandse boekhouding van deze landen. Een Franse geldschieter zal bijvoorbeeld doorgaans geen geld lenen aan een Braziliaans bedrijf in Braziliaanse valuta. Dit komt omdat de Braziliaanse centrale bank meer van die valuta kan drukken. In plaats daarvan geeft een Franse geldschieter de voorkeur aan het verstrekken van leningen in Amerikaanse dollars of euro's, omdat deze een betere reputatie hebben. Als er wel leningen in Braziliaanse valuta worden verstrekt, gebeurt dit meestal tegen een veel hogere rente. Dit is om het valutarisico te compenseren. Alleen geavanceerde economieën, met gevestigde netwerkeffecten en een lange geschiedenis van redelijk monetair beleid, zijn erin geslaagd het merendeel van hun schulden in eigen valuta uit te geven en buitenlandse tegenpartijen te laten vertrouwen op die valuta.

Het probleem is dat veel regeringen en bedrijven in ontwikkelingslanden hun bezittingen en inkomsten voornamelijk in de lokale munteenheid hebben, terwijl een groot deel van hun verplichtingen in Amerikaanse dollars is uitgedrukt. Wanneer de waarde van de Amerikaanse dollar stijgt ten opzichte van de lokale munteenheid, neemt de koopkracht van hun verplichtingen toe in verhouding tot hun bezittingen en inkomsten. Dit leidt tot economische problemen, hoge volatiliteit en in sommige gevallen zelfs tot wanbetaling van overheidsschulden. Bovendien draagt dit bij aan een vicieuze cirkel. Het hebben van schulden in buitenlandse valuta verhoogt het risico en de volatiliteit van de valuta van ontwikkelingslanden. Deze risico's en volatiliteit zijn precies de redenen waarom zij vaak genoodzaakt zijn om schulden in buitenlandse munteenheden aan te gaan. Slechts zeer weinig landen zijn erin geslaagd om in het tijdperk van de *petrodollar* de overstap te maken van een ontwikkelingsland dat afhankelijk is van buitenlandse schulden naar een ontwikkeld land dat uitsluitend schulden in de eigen valuta aangaat.

Figuur 12.1 toont de koopkracht van de Amerikaanse dollar in vergelijking met een mandje van belangrijke buitenlandse valuta. Zoals de lezer kan zien, kan de waarde soms binnen korte tijd met 50 tot 100% stijgen. De schommelingen ten opzichte van valuta van opkomende markten zijn zelfs nog extremer. Deze 'verharding' van de dollar zet ontwikkelingslanden onder grote druk in deze omstandigheden.

De eerste grote stijging van de dollar in de jaren tachtig droeg in belangrijke mate bij aan de schuldencrisis in Latijns-Amerika. Deze crisis leidde tot wanbetalingen, valutacrisis en economische depressies die sommige landen in de regio zelfs tot tien jaar lang in hun greep hielden. De tweede grote waardestijging van de dollar aan het einde van de jaren negentig en het begin van de jaren 2000 droeg eveneens bij aan de Aziatische financiële crisis en de wanbetaling door Rusland, wat grote economische problemen in veel delen van Azië veroorzaakte. De derde grote waardestijging van de dollar aan het eind van de jaren 2010 en het begin van de jaren 2020 zette veel landen wereldwijd onder druk, met name Turkije, Argentinië, Libanon en verschillende Afrikaanse landen. Terwijl Amerikaanse beleidsmakers proberen het monetaire beleid strakker of juist soepeler te maken om de Amerikaanse economie te stabiliseren, duwen zij de volatiliteit en economische moeilijkheden richting de ontwikkelingslanden.

Als de dollar daarentegen substantieel in waarde daalt, heeft dit gevolgen voor schuldeisende landen die beschikken over grote dollaroverschotten en weinig dollarschulden, zoals Saoedi-Arabië en China. Wanneer landen hun nationale reserves voornamelijk in Amerikaanse staatsobligaties

177 YCharts, *ICE US Dollar Index*.

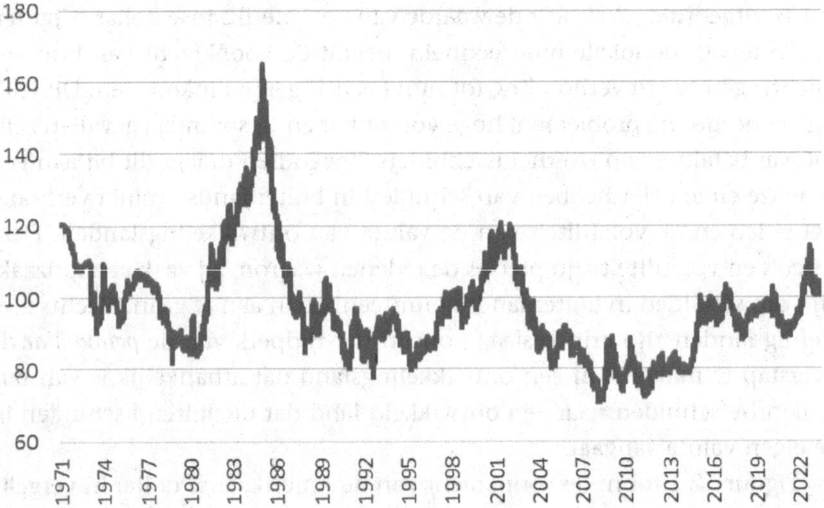

Figuur 12.1
Dollarindex (waarde van de dollar tegenover een mandje van andere belangrijke munten) van 1971-2023.[177]

aanhouden en deze obligaties minder opleveren dan de inflatie, financieren zij in feite het begrotingstekort van de VS. Dit gebeurt doordat zij negatieve inflatie-gecorrigeerde rentetarieven hanteren. Op deze manier betalen zij als het ware een afdracht aan de VS.

Uiteindelijk geldt dat een stijging van de dollar ten opzichte van andere valuta nadelig is voor schuldenaars, terwijl een daling van de dollar – ten opzichte van andere valuta of van echte goederen en diensten – juist ongunstig is voor schuldeisers. De Amerikaanse Federal Reserve en het ministerie van Financiën kunnen de dollar bewust versterken of verzwakken wanneer ze dat nodig achten. Bij prijsinflatie kunnen ze de rente verhogen en de hoeveelheid basisgeld in het systeem verminderen. Dit leidt tot een strakkere financiële situatie en een versterking van de dollar. Bij disinflatie en economische stagnatie kunnen ze de rente verlagen, de hoeveelheid basisgeld uitbreiden en fiscale stimulansen invoeren. Dit zorgt voor een versoepeling van de financiële omstandigheden en een verzwakking van de dollar. Wanneer ze zien dat veel landen een grote hoeveelheid dollar-gedekte schulden hebben, kunnen ze de financiële situatie verkrappen en de dollar versterken. Dit kan leiden tot veel economische ellende. Een ontwikkelingsland met te veel dollar-gedekte schulden zal doorgaans te maken krijgen met economische krimp, een verminderd gebruik van grondstoffen en zelfs mogelijk faillissement. Dit kan de inflatie van grondstoffen in de Verenigde Staten verlagen. De VS kunnen dan hulp bieden met dollarleningen, maar deze zijn onderworpen aan hun voorwaarden en invloed. Dit kan zelfs betekenen dat ze deals sluiten over het vestigen van Amerikaanse militaire bases in dat land voor geopolitieke doeleinden.

In veel gevallen veroorzaken de regeringen van ontwikkelingslanden leed bij hun eigen bevolking. Ze beheren hun economieën niet goed, beperken sociale en economische vrijheden, en falen in het opbouwen van sterke instellingen die de macht decentraliseren. Dit alles draagt bij aan sociale en economische stagnatie. Daarnaast wordt het voor hen nog lastiger om hun financiële systemen te beheren, omdat een aanzienlijk deel van hun schulden is aangegaan in een munteenheid die door een vreemde mogendheid, namelijk de Verenigde Staten, versterkt of verzwakt kan worden wanneer dat in hun voordeel is. Het beheren van een tweemuntenstelsel, zoals de leiders van ontwikkelingslanden moeten doen, is daardoor van nature moeilijker dan het beheren van een eenmuntstelsel, wat de verantwoordelijkheid is van de leiders van welvarende landen.

HET IMF EN DE WERELDBANK

Wanneer ontwikkelingslanden te maken krijgen met valutacrises en wanbetalingen, komt het Internationale Monetaire Fonds (IMF) op de proppen met aanbiedingen voor dollarfinanciering. In 1944 richtte men het IMF en de Wereldbank op als onderdeel van het Bretton Woods-systeem, dat de Amerikaanse monetaire dominantie bevorderde. Hoewel het IMF op het eerste gezicht een supranationale entiteit lijkt, staat het sterk onder invloed van de Verenigde Staten. Zowel het IMF als de Wereldbank hebben hun hoofdkantoor in Washington D.C. In veel opzichten fungeren zij als veiligheidsmaatregelen voor het Bretton Woods-systeem en het eurodollar/petrodollar-systeem sinds hun oprichting. De Verenigde Staten bezitten unilateraal vetorecht over belangrijke besluiten van beide instellingen. Traditiegetrouw leidt een Amerikaan de Wereldbank, en een Europeaan het IMF. Beiden staan echter onder strikte controle van de Verenigde Staten en hun nauwe bondgenoten.[178] Het IMF helpt landen om betalingsbalansproblemen op te lossen, terwijl de Wereldbank financiering biedt voor infrastructuurontwikkeling. Om lid te worden van de Wereldbank, moet een land ook lid zijn van het IMF. Lidmaatschap van het IMF vereist dat een land contributie betaalt.

Om leningen van het IMF te ontvangen, moet een ontwikkelingsland instemmen met verschillende voorwaarden. Vaak houdt dit een opzette-

178 Jakob Vestergaard and Robert Wade, *Trapped in History*, 2.

lijke devaluatie van de lokale valuta in, bedoeld om binnenlandse lonen te onderdrukken en de export concurrerender te maken. Rijke, geavanceerde landen die controle hebben over het IMF bepalen de voorwaarden voor de leningen die ze aan andere landen verstrekken. Alex Gladstein, Chief Strategy Officer van de *Human Rights Foundation*, schreef in 2023 een kritisch boek over het IMF en de Wereldbank, getiteld *Hidden Repression: How the IMF and World Bank Sell Exploitation as Development*.[179] In dit grondig onderzochte boek vat hij een deel van het werk van Cheryl Payer samen, dat de belangrijkste hervormingen beschrijft die het IMF vereist bij het verstrekken van leningen.

1. Devaluatie van de valuta.
2. Afschaffing of vermindering van beperkingen op import en in de handel in buitenlandse valuta.
3. Inkrimping van binnenlands bankkrediet.
4. Hogere rentetarieven.
5. Verhoogde belastingen.
6. Het stopzetten van consumentensubsidies op voedsel en energie.
7. Loonplafonds.
8. Beperkingen op overheidsuitgaven, met name in de gezondheidszorg en het onderwijs.
9. Gunstige juridische voorwaarden en stimulansen voor multinationale ondernemingen.
10. Het tegen dumpprijzen verkopen van staatsbedrijven en rechten op natuurlijke bronnen.

De lezer zou moeten opmerken dat de Verenigde Staten en andere welvarende landen vaak de regels niet volgen wanneer zij met hun eigen crises te maken hebben. In plaats van te snijden in uitgaven voor gezondheidszorg en onderwijs tijdens een economische neergang, kiezen zij ervoor om deze juist te verhogen. Ook vermijden ze belastingverhogingen in moeilijke tijden en verlagen ze de belastingen vaak als een vorm van stimulans. Welvarende landen handhaven vaak protectionistische beleidsmaatregelen voor zichzelf, terwijl ze ontwikkelingslanden aanspreken op de noodzaak om hun markten te openen voor buitenlandse handel. Hoewel rijke landen zelden financiële bezuinigingen toepassen, verwachten ze wel dat ontwikkelingslanden dat doen wanneer ze geconfronteerd worden met economische krimp om te voldoen aan de eisen van het mondiale financiële systeem.

179 Alex Gladstein, *Hidden Repression*, 25–26.

Het verminderen van de toegang tot binnenlands bankkrediet voor ontwikkelingslanden is zeer schadelijk, vooral omdat men multinationals met aantrekkelijke belastingvoordelen aantrekt. Door het krimpen van binnenlands bankkrediet hebben kleinere, lokale bedrijven steeds meer moeite om te overleven en te groeien. Tegelijkertijd bieden belastingprikkels en partnerschappen grote kansen voor multinationals om in een kwetsbare periode marktaandeel te veroveren van deze lokale bedrijven. Dit patroon herhaalt zich voortdurend.

Veel ontwikkelingslanden hebben sinds de oprichting van het IMF tientallen leningen van de instelling ontvangen. Het IMF herstructureert oude schulden en herfinanciert ze, waardoor ze zich transformeren in nieuwe, steeds groeiende schulden. Vaak hebben landen hun leningen al meermaals terugbetaald vanwege de hoge rentetarieven, maar zijn ze nog steeds meer geld verschuldigd dan ze oorspronkelijk hebben geleend.

Daarnaast vloeit een groot deel van de oorspronkelijke leningen snel door naar Amerikaanse en Europese bedrijven, terwijl het ontwikkelingsland met de rekening achterblijft. Zo kan het gebeuren dat de Wereldbank geld leent aan ontwikkelingslanden om een spoorlijn en een haven te bouwen. Vervolgens huren ze Amerikaanse, Europese en Japanse bouwbedrijven in en betalen ze hen met het geleende geld voor een groot deel van het werk. Het geld stroomt als een lening van de ontwikkelde landen naar de ontwikkelingslanden, om vervolgens weer terug te vloeien naar de bedrijven in de ontwikkelde landen. Ondertussen blijven de ontwikkelingslanden achter met de schuld aan deze landen. De spoorlijn en de haven dienen vooral om natuurlijke grondstoffen te transporteren en te exporteren vanuit het ontwikkelingsland naar de ontwikkelde landen die de financiering hebben verstrekt. De lokale bevolking profiteert nauwelijks van deze infrastructuur, terwijl ze wel opdraaien voor de schuld van het project. Wanneer het land de schuld nauwelijks kan afbetalen, herstructureert men de lening vaak en devalueert men de lokale valuta – en dus de spaargelden en lonen van de bevolking – sterk.

Wat deze situatie nog verergert, is dat veel ontwikkelingslanden corrupte en autoritaire leiders hebben. Het IMF en de Wereldbank sluiten vaak overeenkomsten met deze autoriteiten, die het lokale budget beheren. Deze autoriteiten sluizen doorgaans een aanzienlijk deel van het geld naar zichzelf en hun handlangers. Ze leiden luxe levens en parkeren hun rijkdom op buitenlandse bankrekeningen en in vastgoed. De meeste mensen in deze landen hebben geen stem in het proces en zien nauwelijks voordelen van de deals. Ondertussen worden ze wel geconfronteerd met schulden, bezuinigingen en valutadevaluaties waarvoor ze nooit hun toestemming hebben gegeven. Zelfs als men de autoritaire leider uit zijn macht zet, verwacht het

IMF doorgaans nog steeds dat het land de leningen terugbetaalt, ondanks dat de bevolking bij het aangaan van die leningen geen inspraak had.

In zijn boek *Debt: The First 5000 Years* uit 2011 beschrijft David Graeber wat er gebeurde toen Frankrijk van 1895 tot 1958 Madagaskar omvormde tot een echte kolonie. Dit is slechts één van de vele voorbeelden die hij aanhaalt:

> In 1895 viel Frankrijk Madagaskar binnen en ontbond de regering van koningin Ranavalona III. Madagascar werd uitgeroepen tot een Franse kolonie. Een van de eerste acties van generaal Gallieni, na de 'pacificatie' zoals ze dat toen noemden, was het opleggen van hoge belastingen aan de Malagassische bevolking. Dit was deels om de kosten van de invasie te compenseren, maar ook omdat men vond dat Franse kolonies financieel zelfvoorzienend moesten zijn. Zo konden ze de kosten dekken voor de bouw van spoorwegen, snelwegen, bruggen, plantages en andere infrastructuur die het Franse regime wilde realiseren. De Malagassische belastingbetalers werden echter nooit gevraagd of zij deze spoorwegen, snelwegen, bruggen en plantages wilden. Bovendien kregen ze nauwelijks inspraak in waar en hoe deze gebouwd werden. Integendeel, in de daaropvolgende vijftig jaar vermoordde het Franse leger, samen met de politie, vele Malagassiërs die te fel protesteerden tegen deze regeling – sommige verslagen spreken zelfs van honderdduizend doden tijdens een opstand in 1947. Madagascar heeft nooit vergelijkbare schade aan Frankrijk toegebracht. Toch werd de bevolking vanaf het begin verteld dat ze Frankrijk geld verschuldigd waren. Tot op de dag van vandaag wordt er nog steeds van de Malagassische bevolking verwacht dat ze deze schuld aan Frankrijk betalen, en de rest van de wereld accepteert de rechtvaardigheid van deze regeling.[180]

Buiten Madagaskar heeft Frankrijk tot op de dag van vandaag gedeeltelijke controle over de valuta van verschillende landen in Centraal- en West-Afrika, die ook voormalige Franse koloniën zijn. In plaats van hun eigen valuta te beheren, gebruiken deze landen de CFA-frank, die vroeger aan de Franse franc was gekoppeld en nu aan de euro. Als onderdeel van deze regeling moeten deze landen minstens de helft van hun buitenlandse valutareserves onder Frans beheer houden. Frankrijk heeft ook een belangrijke invloed op hun monetaire beleid, inclusief het verlagen van de valutakoppeling op bepaalde momenten. Voor deze dienst rekent Frankrijk kosten, bijvoorbeeld voor het drukken van bankbiljetten en voor het omwisselen van de CFA-frank naar euro en vice versa. Ondanks de koppeling aan de euro accepteert men de CFA-frank namelijk niet buiten deze Afrikaanse landen, en ook niet in Europa. Het is nog schrijnender als je weet dat de

180 Graeber, *Debt*, 5–6.

meeste van deze landen diep verarmd zijn en autoritaire leiders hebben die impliciet worden gesteund door Frankrijk. Politieke tegenstanders die zich verzetten tegen het systeem van de CFA-frank, hebben vaak een kort leven geleid; ontvoeringen en staatsgrepen zijn de gevolgen, waarbij Frankrijk vervolgens de gewelddadig aan de macht gekomen leiders steunt.[181]

In zijn eerder genoemde boek over dit onderwerp beschrijft Gladstein gedetailleerd, met talrijke verwijzingen, hoe het IMF en de Wereldbank de economieën van de landen die zij financieren vaak omvormen naar een exportgericht model. In plaats van zich te ontwikkelen tot natuurlijke, gediversifieerde economieën, richt men deze landen van bovenaf in om rijke landen te voorzien van specifieke exportgoederen, zoals garnalen uit Bangladesh, koper uit Zambia en katoen uit Togo. Zoals Gladstein schrijft:

> Leningen van de Wereldbank zijn traditioneel project- of sectorspecifiek. Ze richten zich op het faciliteren van de ruwe export van grondstoffen. Dit omvat bijvoorbeeld de financiering van wegen, tunnels, dammen en havens, die nodig zijn om mineralen uit de grond te halen en naar de internationale markten te brengen. Daarnaast streven ze ernaar om traditionele consumptielandbouw te transformeren naar industriële landbouw of aquacultuur, zodat landen meer voedsel en goederen naar het Westen kunnen exporteren.[182]

Een subtiele uitkomst hiervan is dat deze organisaties veel ontwikkelingslanden inrichten om waardevolle gewassen te produceren en te exporteren naar welvarende landen. Deze gewassen bieden vaak weinig of geen voedingswaarde, zoals thee, koffie, katoen en vergelijkbare producten, of ze zijn luxe voedingsmiddelen, zoals garnalen en cacao, die te duur zijn voor de meerderheid van de lokale bevolking om als basis van hun dieet te dienen. Ondertussen importeren deze verarmde landen basale granen, bonen, oliën en andere voedingsmiddelen uit de Verenigde Staten en andere landen. Hierdoor verbouwen ze zelf niet genoeg van deze essentiële producten. De ontwikkelende markteconomieën zijn derhalve geoptimaliseerd om de export te maximaliseren, zodat ze buitenlandse valuta kunnen verkrijgen, in plaats van gericht te zijn op zelfvoorzienendheid en een evenwichtige productiestructuur. Dit betekent dat wanneer een van deze landen in een betalingsbalanscrisis terechtkomt, het vermogen om de eigen bevolking te voeden ernstig in gevaar komt. Ze zijn immers afhankelijk van de in dollar geprijsde invoer van basisproducten, ook al hebben ze genoeg landbouwcapaciteit om deze zelf te produceren. Wanneer de Amerikaanse dollar sterk

---

181 Fanny Pigeaud and Ndongo Samba Sylla, *Africa's Last Colonial Currency: The CFA Franc Story*.
182 Gladstein, *Hidden Repression*, 18.

stijgt, kan dit leiden tot betalingsbalanscrisissen in meerdere ontwikkelingslanden tegelijk. Vaak wenden ze zich voor de tiende keer tot het IMF voor hulp.[183]

Met andere woorden, de moderne financiële structuur leidt tot neokoloniale waardeonttrekking, vergelijkbaar met de manier waarop traditioneel kolonialisme dat deed, zij het op een minder directe wijze. Deze methode omvat financiële dwang in plaats van gewelddadige oorlogsvoering. In 2021 verscheen een onderzoekspaper met de titel *Plunder in the Post-Colonial Era: Quantifying Drain from the Global South Through Unequal Exchange, 1960–2018*. Hieruit blijkt dat in plaats van dat het welvarende globale Noorden het verarmde globale Zuiden helpt bij de ontwikkeling, er sprake is van een massale voortzetting van waardeonttrekking van het globale Zuiden naar het globale Noorden. Het abstract van de studie luidde als volgt:

> Dit onderzoek kwantificeert de uitstroom van waarde uit het globale Zuiden door onevenwichtige handel sinds 1960. Volgens onze belangrijkste methode, die gebaseerd is op wisselkoersverschillen, concluderen we dat in het meest recente jaar van de data het globale Noorden ('geavanceerde economieën') goederen ter waarde van $2,2 biljoen van het Zuiden heeft overgenomen tegen Noordelijke prijzen. Dit bedrag is genoeg om extreme armoede vijftien keer te beëindigen. Over de gehele periode bedroeg de uitstroom uit het Zuiden in totaal $62 biljoen (constante dollars van 2011). Dit loopt op tot $152 biljoen wanneer we rekening houden met de verloren groei. Deze toe-eigening door onevenwichtige handel vertegenwoordigt tot wel 7% van het Noordelijke bbp en 9% van het Zuidelijke bbp. We hebben ook verschillende alternatieve methoden getest ter vergelijking. Zo hebben we de onevenwichtige handel gekwantificeerd aan de hand van loonverschillen in plaats van wisselkoersverschillen, en we rapporteren de uitstroom in mondiale gemiddelde prijzen evenals in Noordelijke prijzen. Ongeacht de methode concluderen we dat de intensiteit van de uitbuiting en de schaal van de onevenwichtige handel aanzienlijk zijn toegenomen tijdens de structurele aanpassingsperiode in de jaren 80 en 90. Deze studie bevestigt dat de uitstroom uit het Zuiden een significant kenmerk blijft van de wereldeconomie in het postkoloniale tijdperk. Rijke landen blijven zich beroepen op imperiale vormen van toe-eigening om hun hoge niveaus van inkomen en consumptie te kunnen handhaven.[184]

Alle twaalf directeuren van het IMF sinds de oprichting van de instel-

---

183 Daron Acemoglu and James Robinson, *Why Nations Fail: The Origins of Power, Prosperity, and Poverty*, hfdst. 9 en hfdst. 13.

184 Jason Hickel et al., *Plunder in the Post-Colonial Era.*

ling zijn Europeanen geweest, met vijf van hen die specifiek uit Frankrijk komen, terwijl Frankrijk slechts ongeveer 3% van het wereldwijde bbp vertegenwoordigt. Toch bepaalt het IMF op onevenredige wijze welke landen wereldwijd noodfinanciering ontvangen en onder welke voorwaarden.

Het huidige mondiale financiële systeem, met 160 verschillende fiatvaluta, geeft elke valuta een lokaal monopolie binnen zijn eigen jurisdictie. Men koppelt al deze valuta aan de sterk verhandelbare Amerikaanse fiatvaluta, via schulden en reservebezittingen in dollars. Dit systeem bevoordeelt vooral de mensen aan de top van de socio-economische ladder, ten koste van degenen aan de onderkant. Het draagt bij aan een constante staat van onderontwikkeling en afhankelijkheid, terwijl de schuldenlast van mensen in ontwikkelingslanden toeneemt. Hun economieën zijn gericht op het dienen van de rijke ontwikkelde landen, in plaats van te optimaliseren voor zelfvoorzienendheid en diversificatie. Overheden devalueren deze valuta regelmatig, vaak door wanbeheer van leiders of op verzoek van het IMF. Dit leidt ertoe dat de lonen en spaargelden van werknemers in ontwikkelingslanden laag blijven in verhouding tot de wereldwijde koopkracht. Dit proces verrijkt corrupte leiders in deze landen, die de controle over hun nationale financiën hebben. Zij trekken waarde naar zich toe door het spaargeld van de bevolking te devalueren. Tegelijkertijd profiteren bedrijven in ontwikkelde markten die men betaalt om bepaalde taken uit te voeren; de kosten komen terecht bij de verarmde bevolking van de ontwikkelingslanden, die nauwelijks iets te zeggen heeft in dit proces. Daarnaast helpt het systeem om corrupte leiders aan de macht te houden, door hen financiële steun en herstructureringen te bieden—tot wel tien keer of meer—om problemen telkens verder de toekomst in te schuiven. Vaak ontstaan deze crises juist doordat er te veel dollar-schulden zijn. De gebruikelijke uitweg is dan om nog meer schulden in dollars aan te gaan en zo op die eindeloze tredmolen te blijven draaien.

HOOFDSTUK 13

ZWAAR IS HET HOOFD DAT DE KROON DRAAGT

De parabel van het zwaard van Damocles gaat terug tot de 4^{e} eeuw v.Chr. en werd bekend gemaakt door Cicero. Het verhaal vertelt over de hofnar Damocles en zijn vorst Dionysius II van Syracuse. Damocles zei dat hij zich als heerser gelukkig moest voelen, omringd door macht en rijkdom. Maar Dionysius, die genoeg had van dit vleierijspel, bood Damocles de kans om voor één dag op de troon te zitten en zo zelf de sensatie van macht en weelde te ervaren. Damocles nam het aanbod met genoegen aan en genoot van een dag vol luxe, terwijl alle bedienden al zijn wensen vervulden.

De adder onder het gras was echter dat, terwijl Damocles op de symbolische troon zat, een zwaard aan een enkele draad boven zijn hoofd hing met de punt naar beneden. Dit zwaard symboliseerde dat Dionysius, die met harde hand regeert om zijn macht en rijkdom te vergaren en te behouden, daardoor veel vijanden had en voortdurend alert moest zijn op moordaanslagen of andere bedreigingen. Zoals Shakespeare zou parafraseren: 'Zwaar is het hoofd dat de kroon draagt'. Hiermee wilde Dionysius Damocles duidelijk maken dat regeren voordelen kent, maar ook grote offers vraagt vergeleken met een eenvoudiger leven. Zodra Damocles het zwaard boven zich zag hangen, voelde hij zich constant in gevaar en kon hij niet langer van de luxe genieten; hij smeekte om een einde te maken aan deze beproeving.[185]

Zoals in het vorige hoofdstuk werd besproken, zorgt het hedendaagse mondiale financiële systeem voor volatiliteit in ontwikkelingslanden. De Verenigde Staten, als uitgever van de wereldreservemunt waaraan de meeste andere valuta op de een of andere manier zijn gekoppeld, vormen de basis

185 Kris Hirst, *What Did Cicero Mean by the Sword of Damocles?*

van dit systeem. Hoewel de VS hier enorm van hebben geprofiteerd, gaat dat gepaard met een hoge prijs.

De kosten van het Bretton Woods-systeem (1944–1971) waren dat het de VS geleidelijk van hun goudreserves beroofde, waardoor de belofte van goudinwisselbaarheid uiteindelijk niet kon worden nagekomen. Het systeem bleek vanaf het begin slecht te zijn ontworpen: er was een beperkte hoeveelheid goud, terwijl er een onbeperkt aantal dollars kon worden ingewisseld voor goud door buitenlandse schuldeisers. Deze discrepantie leidde uiteindelijk onvermijdelijk tot het instorten van het systeem.

De kosten van het *eurodollar/petrodollar*-systeem, dat we sinds 1974 hanteren, liggen in het feit dat het heeft gezorgd voor een situatie waarin veel wereldwijde entiteiten dollargenomineerde activa aanhouden omdat er geen beter alternatief bestaat. Dit zorgt voor een kunstmatige verhoging van de koopkracht van de Amerikaanse dollar. Deze extra monetaire premie verzwakt de exportconcurrentiekracht van de Verenigde Staten en ondermijnt stelselmatig de industriële basis van het land. Om de wereld van de broodnodige dollars te voorzien, draaien de Verenigde Staten een aanhoudend handelstekort. De macht van de uitgever van de reservemunt raakt na verloop van tijd vergiftigd, waardoor hij zijn status niet langer kan handhaven.

Om te begrijpen hoe het huidige eurodollar/petrodollar-systeem de exportconcurrentiekracht van de Verenigde Staten schaadt, is het nuttig vier macro-economische begrippen te definiëren: handelsbalans, lopende rekening, kapitaalrekening en netto internationale investeringspositie.

Handelsbalans: De handelsbalans geeft de waarde weer van de goederen en diensten die een land exporteert, minus de waarde van de geïmporteerde goederen en diensten. Wanneer een land meer exporteert dan importeert – oftewel, wanneer het meer produceert dan consumeert – spreken we van een handelsoverschot. Importeert het land meer dan het exporteert – oftewel, consumeert het meer dan het produceert – dan heeft het een handelstekort.

Lopende rekening: De lopende rekening is een uitgebreidere maatstaf die naast de handelsbalans ook de inkomsten uit investeringen tussen landen en geldtransfers omvat. Een overschot op de lopende rekening betekent dat een land meer waarde binnenkrijgt dan dat het uitgeeft. Heeft een land een tekort, dan geeft het meer waarde uit dan het ontvangt.

Kapitaalrekening: De kapitaalrekening vormt, naast de lopende rekening, de andere grote component van de betalingsbalans en houdt veranderingen in het eigendom van activa bij. Komt een land met een tekort op de betalingsbalans te zitten, dan compenseert een overschot op de kapitaalrekening dat tekort; dit betekent dat buitenlanders steeds meer kapitaalgoederen van dat land in bezit krijgen. Omgekeerd leidt een overschot op de betalingsbalans tot een tekort op de kapitaalrekening, waardoor het land steeds meer buitenlandse activa verwerft.

Netto internationale investeringspositie (NIIP): In elk land kunnen zowel particuliere burgers als overheidsinstellingen buitenlandse kapitaalgoederen bezitten, zoals vastgoed, aandelen, obligaties en meer. De netto internationale investeringspositie geeft de verschillen weer tussen de lopende rekening en de kapitaalbalans. Het toont het totale bedrag aan buitenlandse bezittingen dat door de burgers en overheden van een land wordt gehouden, minus het totale bedrag aan binnenlandse bezittingen in handen van buitenlandse burgers en overheden.

Landen die op de lange termijn meer produceren dan ze consumeren, realiseren handelsoverschotten en overschotten op de lopende rekening. Dit resulteert in een positieve netto internationale investeringspositie. Met andere woorden, na verloop van tijd bezitten ze tal van buitenlandse activa, zoals goud, vastgoed, obligaties en zakelijke eigendommen, en ontvangen ze inkomsten uit deze bezittingen.

Landen die minder produceren dan ze consumeren, ondervinden op de lange termijn handelstekorten en tekorten op de lopende rekening. Hierdoor ontstaat een negatieve netto internationale positie. Uiteindelijk bezitten mensen en instellingen in het buitenland meer goud, onroerend goed, obligaties en aandelen van deze landen, waardoor de inwoners de potentiële inkomsten uit deze activa mislopen.

HET OPLOSSEN VAN EEN BETALINGSBALANSPROBLEEM

Wanneer een land langdurig te maken heeft met een groot handelstekort door een scheve verhouding tussen consumptie en productie, verlaat er waarde het land. Het land leeft als het ware boven zijn stand. Tegelijkertijd doen verschillende binnenlandse actoren, zoals individuen, bedrijven en de overheid, concessies door waardevolle kapitaalgoederen in te leveren om deze onbalans in consumptie tegen te gaan. Hierdoor raken zij in de schuld bij buitenlandse partijen – waaronder individuen, bedrijven en overheden – aan wie zij de goederen overdragen.

Een eenvoudige manier om dit te illustreren is door een basisvoorbeeld te geven van een door goud gedekt monetair systeem zonder krediet. Neem bijvoorbeeld twee landen: Japan en Brazilië, ongeveer een eeuw geleden. Brazilië exporteerde volop grondstoffen, terwijl Japan, dat zelf nauwelijks natuurlijke hulpbronnen bezat, juist hoogwaardige industriële producten verkocht. Ze gingen met een schone lei van start: geen enkele Japanse investeerder bezat Braziliaanse eigendommen en omgekeerd. In dit hypothetische scenario ontwikkelde zich een handelsrelatie waarin Japan consequent meer goederen en diensten naar Brazilië stuurde dan omgekeerd. Alle transacties vonden plaats met gouden munten of staafjes, waardoor Japan een handelsoverschot behaalde. Betaalde Brazilië met goud voor geïmporteerde goederen en diensten, dan stroomde het goud naar Japan in ruil voor extra leveringen. Terwijl Brazilië goederen verzamelde waarvan de waarde na verloop van tijd afnam, spaarde Japan het goud als een vorm van reserves. Er komt echter een moment waarop Japan meer gaat importeren dan exporteren, bijvoorbeeld wanneer grondstoffen wereldwijd schaars en dus duur worden. In zo'n situatie kan Japan, ondanks zijn beperkte natuurlijke hulpbronnen, aanzienlijk meer betalen voor grondstoffenimporten. Hierdoor plukt het land de vruchten van de grote goudvoorraad die het in eerdere periodes van handelsoverschotten had opgebouwd. Ondertussen kan Brazilië, als exporteur van grondstoffen, in tijden van hoge prijzen een deel van dat goud terug ontvangen.

We breiden dit voorbeeld uit naar een realistischer en moderner scenario waarin krediet en kapitaalbezit centraal staan. Als Japan en Brazilië intensief handel drijven, vinden de transacties plaats in verschillende valuta, zoals hun eigen fiatgeld, dollars of via constructies op basis van schulden en aandelen. Zo kan Brazilië de Japanse import betalen met Braziliaanse fiatvaluta, waarmee het zijn verplichtingen tegenover de Braziliaanse centrale bank nakomt. De Japanse producenten gebruiken deze valuta vervolgens om Braziliaanse activa aan te schaffen, zoals aandelen, vastgoed of overheidsobligaties. In dit geval verliest Brazilië niet zijn goud, maar geeft het een deel van de eigendomsrechten op binnenlandse ondernemingen en vastgoed uit handen. Hierdoor vergroot Japan zijn invloed in Braziliaanse bedrijven, zowel als aandeelhouder als kredietverstrekker. Brazilië consumeert als geheel te veel en financiert de huidige consumptie met verwachte toekomstige inkomsten, terwijl de Japanse partijen hierop inspelen en zo een groter aandeel in die toekomstige opbrengsten veroveren. Bovendien kunnen Japanse producenten de verdiende Braziliaanse valuta omzetten in goud of dollars – vaak vastgelegd in contracten in dollars – en deze vervolgens opslaan. Dit verzwakt de Braziliaanse valuta en beperkt de mogelijkheden voor Brazilië om import aan te schaffen.

Tijdelijke handelstekorten komen vaak voor en zijn onvermijdelijk. Laten we het voorbeeld verder uitdiepen. In de beginjaren importeerde Brazilië waarschijnlijk veel technische apparatuur uit Japan om spoorwegen en havens te bouwen en om geavanceerde mijn- en landbouwapparatuur aan te schaffen. Hierdoor ontstond tijdelijk een handelstekort, waarbij Brazilië een deel van zijn goud en kapitaal inleverde aan Japan. Toch benutte Brazilië deze import productief; met de nieuwe infrastructuur en apparatuur kon het de jaarlijkse grondstoffenexport naar de rest van de wereld verdubbelen en een handelsoverschot genereren. Gaandeweg bouwde Brazilië vermogen op door het verwerven van buitenlandse activa, zoals goud of aandelen in buitenlandse kapitaalgoederen, en de daarmee samenhangende inkomsten. Dit is een voorbeeld van productieve specialisatie en handel: terwijl Japanse bedrijven uitblinken in industriële productie en infrastructuur, kampt Japan met een tekort aan grondstoffen. Daarentegen beschikt Brazilië over omvangrijke grondstofreserves en productiecapaciteit. Door Japanse goederen en diensten optimaal te benutten, weet Brazilië een deel van die waarde vrij te maken voor eigen gebruik. Het Braziliaanse leiderschap kan deze kans grijpen om te investeren in onderwijs, zodat burgers vaardigheden ontwikkelen om naast grondstoffen ook complexere producten en diensten te produceren.

Langdurige handelstekorten brengen vaak problemen met zich mee. Als Braziliaanse bedrijven in de beginfase van de handelsrelatie met Japan uitsluitend schulden opbouwen, hun eigen aandelen verkopen, huurders worden in plaats van eigenaren, goud weggeven en de ingevoerde goederen niet gebruiken om hun productiecapaciteit te vergroten, verarmen ze door overconsumptie en onderproductie. Bovendien kan een gedeelte van de waarde in handen komen van corrupte machthebbers of het resultaat zijn van ongunstige afspraken met multinationals – een vorm van neokoloniale handelsrelaties. Hierdoor genereren goed verbonden *insiders* aan de top waarschijnlijk veel inkomsten, die zij vervolgens op *offshore* bankrekeningen en in andere buitenlandse activa parkeren, terwijl de bevolking lijdt.

Op den duur corrigeert onevenwichtig handelsverkeer zichzelf vaak. Het land met een structureel tekort – zoals Brazilië in dit voorbeeld – kan zich hiervan bewust worden en corrigerende maatregelen treffen, bijvoorbeeld door beleidsvernieuwingen die de productiviteit verhogen. Er is echter ook een minder rooskleurige afloop mogelijk. Het aanhoudende tekort zorgt ervoor dat het land verarmt en niet langer in staat is om dezelfde hoeveelheid buitenlandse goederen en diensten te consumeren. Dit resulteert in verlies van goud, een afname van binnenlands vermogen, een verzwakte valuta en/of een sterke toename van de schulden. Als gevolg hiervan kopen ze door een gebrek aan spaargeld minder import en worden ze door kredietbeoordelaars als onbetrouwbaar bestempeld. Zodra het land aanzienlijk verarmt, accepteren de inwoners lagere lonen, waardoor de productie wereldwijd competitiever wordt. Hoewel dit een pijnlijke cyclus is, biedt de afname van de importcapaciteit en de toegenomen exportconcurrentie – mits het land niet in complete socio-politieke chaos vervalt – een nieuwe kans. Dit kan leiden tot een periode van overproductie en onderconsumptie, die uiteindelijk de rijkdom in het land weer kan herstellen.

In veel gevallen wordt de lopende rekening van een land in de eigen valuta weergegeven. De fiatvaluta maakt het namelijk mogelijk om goederen, diensten en activa uit dat land te kopen. Daardoor zal de waarde van de fiatvaluta van een productief land na verloop van tijd meestal toenemen ten opzichte van die van minder productieve landen. Dat komt doordat de waarde voortdurend in de economie en het boekhoudsysteem van dat land wordt geïnvesteerd. Hierdoor stijgen doorgaans de lonen en verbetert vaak de kwaliteit van leven. Bovendien groeit de mogelijkheid om buitenlandse goederen te importeren.

Er kan een ernstig handelsonevenwicht ontstaan als een land zijn fiatvaluta kunstmatig opwaardeert of juist devalueert. *Mercantilisme* is economisch beleid dat zich richt op het vergroten van de export en het beperken van de import. Politieke leiders van exportgerichte landen kiezen er soms bewust voor om de munteenheid te verzwakken en zo de reële lonen laag te houden, in plaats van de natuurlijke waardestijging toe te laten. Hierdoor hebben mensen weinig te besteden, blijven de loonkosten concurrentieel (oftewel, uiterst laag) en genereert het land meer waarde dan anders mogelijk zou zijn. Deze extra waarde concentreert zich vaak aan de top van de sociaaleconomische ladder en komt in handen van de overheid. Mercantilistische landen investeren doorgaans in grote industriële centra en hamsteren veel buitenlandse reserves, terwijl arbeiders keer op keer merken dat hun spaargeld en koopkracht krimpen.

De keerzijde van mercantilisme doet zich voor bij een land dat fiatgeld als wereldreservemunt gebruikt. De Verenigde Staten hebben het wereldwijde monetaire systeem zo ingericht dat er wereldwijd een enorme vraag naar dollars bestaat. Dollars maken het mogelijk om niet alleen Amerikaanse goederen, diensten en activa te kopen, maar ook vrijwel overal andere goederen, waaronder grondstoffen, aan te schaffen. In de late 20e en vroege 21e eeuw was de dollar de fiatvaluta van het machtigste land ter wereld, zowel economisch als militair. Japanse entiteiten schuwen het aanhouden van grote hoeveelheden Braziliaanse valuta, en hetzelfde geldt voor Braziliaanse entiteiten ten opzichte van Japanse valuta. Desondanks tonen beide veel interesse in dollars. Een deel van die vraag is organisch, maar een ander deel vloeit voort uit het verlangen om een goede relatie met de Verenigde Staten te behouden. Het aanhouden van een grote hoeveelheid *U.S. Treasuries* wordt daarom als positief beschouwd. Bovendien prijzen veel landen – zoals Saoedi-Arabië – hun olie exclusief in dollars, ongeacht de afnemers. Dit komt door historische afspraken met de Verenigde Staten en de bijbehorende militaire bescherming. Veel landen willen dollarbezittingen aanhouden om er zeker van te zijn dat ze deze kunnen inzetten voor de aanschaf van olie en andere internationale goederen wanneer dat nodig is.

Op het eerste gezicht lijkt dit voordelig voor Amerikanen. De Amerikaanse dollar is nu uitzonderlijk sterk, omdat er wereldwijd meer dollars worden aangehouden dan andere fiatvaluta, wat resulteert in een extra monetaire premie. Instellingen in diverse landen bezitten dollars en activa die in dollars zijn genoteerd, zoals staatsobligaties en aandelen. Deze extra monetaire kracht vergroot echter de importkracht van de VS en ondermijnt de concurrentiekracht van hun export. Vergeleken met werknemers in andere, zowel ontwikkelde als opkomende landen, zijn Amerikaanse arbeidskrachten duur. Daardoor ontstaat een structureel handelstekort dat schijnbaar nooit wordt opgelost en tientallen jaren voortduurt. Na verloop van tijd verhuizen steeds meer productiebedrijven zich uit de Verenigde Staten naar landen als Duitsland, Japan, Taiwan, China en Mexico. Hierdoor lopen Amerikaanse werknemers de productie-expertise ten opzichte van hun collega's in landen met een sterkere industriële concurrentie mis.

Aan het einde van de 19e eeuw en in het latere deel van de 20e eeuw waren de Verenigde Staten de opkomende industriemacht met een structureel handelsoverschot. Daarentegen fungeerde het Verenigd Koninkrijk als uitgever van de wereldreservemunt, wat een structureel handelstekort tot gevolg had. In de tweede helft van de 20e eeuw namen de Verenigde Staten de rol van uitgever van de wereldreservemunt over en kampten zij met een structureel handelstekort. Tegelijkertijd groeiden landen als Saoedi-Arabië, Duitsland, Japan, Taiwan, Singapore, Zwitserland en China uit tot landen met significante handelsoverschotten.[186]

Het eurodollar/petrodollar-systeem versterkt op diverse wijzen de invloed van de Verenigde Staten, bijvoorbeeld doordat het onderhouden van honderden buitenlandse militaire basissen mogelijk wordt gemaakt. Aan de andere kant verzwakt het de binnenlandse industriële basis. Bij de meeste landen weerspiegelt de waarde van de valuta op de lange termijn de balans van de lopende rekening. De Verenigde Staten kan echter decennialang een tekort op de lopende rekening handhaven dankzij de wereldwijde vraag naar haar valuta.

Op die manier reageren de Verenigde Staten minder vanzelfsprekend dan andere landen wanneer handelstekorten langdurig aanhouden. Integendeel: het probleem verergert en houdt veel langer aan dan normaal. Ze zijn als een bokser die de pijn niet voelt: hij lijdt weliswaar schade, maar merkt het niet. Wanneer hij er uiteindelijk wél last van krijgt, is de opgelopen schade veel groter dan hij zich ooit had gerealiseerd. 'Schade' verwijst in deze context naar een sterk negatieve netto internationale investerings-

186 Brian Reinbold en Yi Wen, *Understanding the Roots of the U.S. Trade Deficit.*

positie, een verzwakte binnenlandse industrie en een zeer ontevreden arbeidersklasse.[187] Jarenlang buitensporige handelstekorten vormden precies het probleem dat Keynes wilde voorkomen met het door hem voorgestelde *bancor-systeem*. Omdat dit complexe systeem, in tegenstelling tot het Bretton Woods-systeem en later het eurodollar/petrodollar-systeem, nooit werd ingevoerd, kampen we met enorme handelsonevenwichten.

Zoals te zien is in Figuur 13.1, begon de Verenigde Staten in de jaren '70 en '80 een structureel handelstekort op te bouwen.

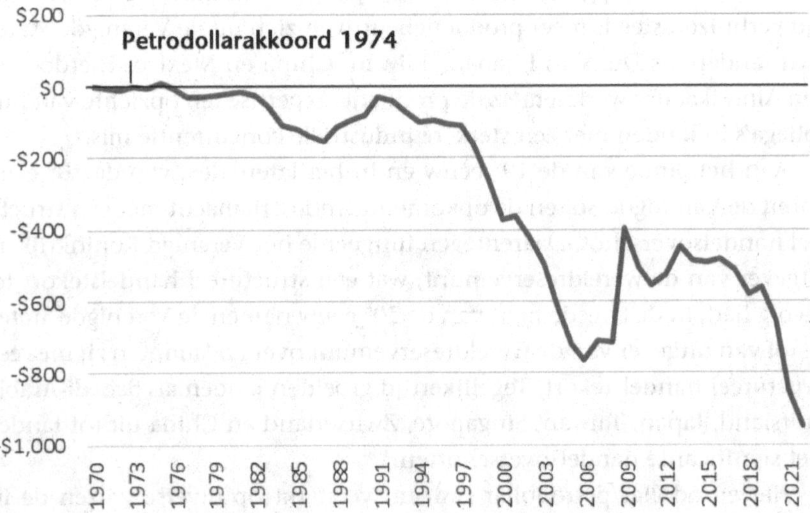

Figuur 13.1
Handelsbalans van de VS sinds 1970.[188]

Zoals in Figuur 13.2 te zien is, raakten de Verenigde Staten vanaf het midden van de jaren '80 in een negatieve netto internationale investeringspositie. Dit hield in dat buitenlanders meer Amerikaanse activa, zoals aandelen, obligaties en onroerend goed, bezaten dan Amerikanen aan buitenlandse activa. Zo'n situatie deed zich voor het eerst voor. In de jaren 2010 was de Amerikaanse positie op het gebied van internationale investeringen sterk negatief.

Begin jaren 2000 bereikte de industriële productie in de VS vrijwel haar hoogtepunt en bleef sindsdien grotendeels stabiel. Zoals in Figuur 13.3 te

187 Yakov Feygin en Dominik Leusder, *The Class Politics of the Dollar System*.
188 World Bank, *Net Trade in Goods and Services (BoP, current US$) – United States*.
189 Federal Reserve Economic Data, *U.S. Net International Investment Position*.

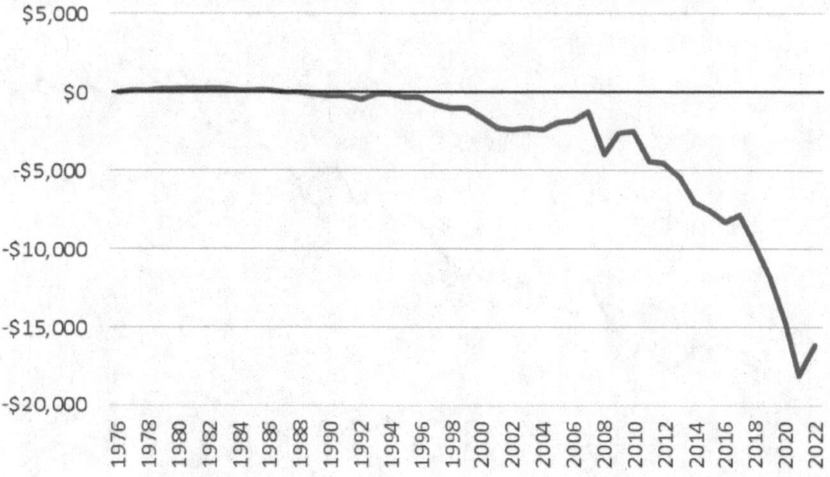

Figuur 13.2
Netto internationale investeringspositie van de VS sinds 1976.[189]

zien is, daalde de industriële productie per inwoner in de VS tijdens deze periode van stagnatie, na acht decennia van gestage groei.

Macro-economisch analist Luke Gromen voerde aan dat het eurodollar/petrodollar-systeem waarschijnlijk een belangrijke rol speelde in de overwinning van de Verenigde Staten in de Koude Oorlog. In de jaren '80 werd de Sovjet-Unie economisch én geografisch omsingeld doordat de VS verschillende olie-exporterende landen liet toezeggen om uitsluitend dollars te gebruiken voor hun olie-export. Hierdoor moesten de Sovjets waarde inruilen voor hun olieproductie en andere grondstoffen importeren, terwijl de VS juist geld kon bijdrukken en kosten kon uitstellen. Gromen meent dat de Verenigde Staten na de val van de Sovjet-Unie in de jaren '90 hadden moeten proberen het systeem te herzien en zo periodiek de handelsonevenwichtigheden te corrigeren. In plaats daarvan probeerden ze het systeem in stand te houden.[191] Sinds de jaren '90 blijkt het eurodollar/petrodollar-systeem vaker meer kwaad dan goed te doen. Het stelt mercantilistische landen in staat om steeds grotere handelsoverschotten met de VS op te bouwen, wat leidt tot een verzwakking van de industriële concurrentiekracht en uiteindelijk tot een

190 Federal Reserve Economic Data, *Industrial Production: Total Index*.
191 Nathaniel Whittemore, *ENCORE: Luke Gromen*.

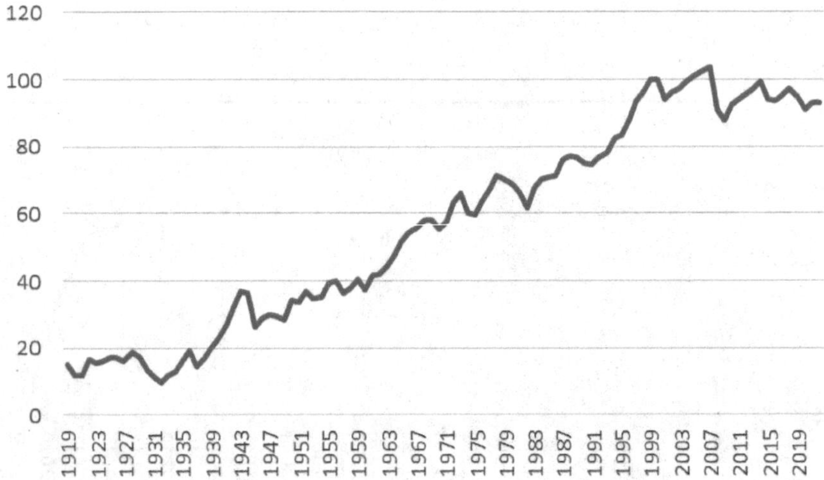

Figuur 13.3
Jaarlijkse industriële productie per inwonder in de VS sinds 1920 (genormaliseerd tot 100 in het jaar 2000).[190]

afname van de militaire slagkracht.

De mensen die van dit systeem profiteren, kunnen in twee groepen worden ingedeeld. De eerste omvat Amerikaanse financiers en het bredere establishment. Dit zijn Amerikanen die actief zijn in de financiële sector, overheid, defensie, technologie, gezondheidszorg en andere monopolistische, niet-industriële sectoren met hoge marges. Zij genieten van hogere consumptie en een dominante positie op wereldschaal, terwijl ze de nadelen van verminderde exportconcurrentie ontlopen. De tweede groep bestaat uit buitenlandse exporteurs, industrialisten en hun leidinggevenden. Zo hebben Chinese fabrikanten enorme welvaart vergaard dankzij deze scheefgroei.

Tegelijkertijd worden twee groepen mensen door dit systeem benadeeld. De eerste groep vormt de Amerikaanse arbeiders die fysieke producten vervaardigen. De relatieve hoge loonkosten in de VS zorgen ervoor dat hun exportproducten internationaal duur zijn, zelfs vergeleken met die van andere ontwikkelde landen. Hierdoor werd een groot deel van deze productiecapaciteit eerst naar Duitsland en Japan verplaatst en later naar China en andere ontwikkelingslanden.[192] De tweede groep bestaat uit consumenten

192 Feygin en Leusder, *Class Politics*.

in ontwikkelingslanden met een mercantilistische economie of uit landen die om andere redenen niet in staat zijn waarde in hun eigen munteenheid op te bouwen. Wereldwijd sparen mensen, vooral in ontwikkelingslanden, vaak in hun lokale valuta, die na verloop van tijd in waarde vermindert. Dit gebeurt óf omdat overschotten op de lopende rekening worden omgezet in staatsreserves die door centrale planners worden beheerd, óf omdat het land geen overschot op de lopende rekening kan opbouwen en voortdurend geconfronteerd wordt met geldcreatie.

Het draait niet om een sterke of zwakke munteenheid op zich, maar om de schadelijke effecten van een kunstmatig sterke of zwakke munt ten opzichte van het handelsoverschot of -tekort van een land. Als een land herhaaldelijk een handelsoverschot heeft, maar zijn munteenheid, die normaal gezien sterker zou worden, kunstmatig verzwakt door reserves op te bouwen bij de centrale bank (mercantilisme), verliest de arbeidersgroep aan waarde, die vervolgens naar de leidinggevenden stroomt. Op gelijke wijze, wanneer een land structureel een handelstekort boekt maar door zijn imperialistische macht extra monetaire waarde vergaart op een verder verzwakkende munt, raken de loonkosten van de arbeiders internationaal niet concurrerend en zullen ze waarschijnlijk stagneren. Tegelijkertijd neemt de welvaart van politieke leiders, multinationals en de welgestelde elite toe.

De afgelopen vijftig jaar zien we als een periode waarin de elites in de Verenigde Staten het stuur volledig in handen hadden, ten koste van de vrijheid en welvaart van de meerderheid. 'De Verenigde Staten, het rijk' groeide gestaag, terwijl 'de Verenigde Staten, het land' stagneerde; dit fenomeen kent twee kanten. Zo hebben ze honderden militaire bases in het buitenland, terwijl de binnenlandse infrastructuur achterop raakt. Ze winnen bijna elke zeeslag, maar op onderwijsgebied blijven ze achter bij de rest van de geïndustrialiseerde landen. Ondertussen gaan ze de confrontatie met China aan in de strijd om wereldmacht, terwijl ze sterk afhankelijk blijven van de import van goederen die in China worden geproduceerd voor eigen consumptie.

Net zoals het Romeinse Rijk uiteindelijk worstelde met grenzen die te omvangrijk bleken om te beschermen, strekken de Verenigde Staten zich nu té ver uit. Ze proberen een financieel systeem en geopolitieke structuur in stand te houden waarvan ze niet langer daadwerkelijk profiteren. De bokser voelt al geruime tijd geen pijn meer; hij heeft flink wat klappen gekregen en begint pas nu de schade te beseffen die hij in die tijd heeft opgelopen. Degenen die dicht bij de top stonden, profiteerden decennialang, terwijl degenen aan de onderkant buiten spel bleven. Hierdoor zijn zowel de industriële basis als de netto internationale investeringspositie van het land uitgehold.

Het politieke establishment van de VS kan de trend keren en dit probleem actief aanpakken. We kunnen ons respectvol terugtrekken uit de rest van de wereld, militaire uitgaven verlagen, ons monetair systeem verbeteren, investeren in binnenlandse projecten en meer de focus leggen op 'de Verenigde Staten, het land' in plaats van op 'de Verenigde Staten, het rijk'. Andere landen zullen dan zelf hun defensie-uitgaven moeten verhogen, waardoor de wereld meer multipolair wordt met diverse invloedssferen. Antropoloog en zakenvrouw Natalie Smolenski benadrukte het belang van een positief politiek project om ons op te richten. Met andere woorden: het draait niet om stagneren en ons terugtrekken (wat voor veel burgers moeilijk te verenigen is en geen prettig gevoel geeft), maar om onze inspanningen naar binnen te herprioriteren en hier iets nieuws en verfrissends op te bouwen.[193]

Helaas treden de meeste rijken, wanneer ze hun hoogtepunt bereiken, zelden op een gracieuze en positieve manier terug. In plaats daarvan zetten ze al hun middelen in om elke druppel macht vast te houden, terwijl interne facties tegen elkaar strijden en externe krachten hun grenzen bedreigen.[194] Grote organisaties, waaronder overheden en bedrijven, veranderen zelden van koers. Er heerst institutionele inertie: eenmaal een bepaald pad ingeslagen, blijven ze dat volgen, zelfs als dat niet langer klopt, totdat er ingrijpende verstoringen plaatsvinden. Rijken kiezen meestal pas laat voor een koerswijziging, vanuit een positie van zwakte in plaats van vroeg vanuit kracht.

Veel Amerikanen zijn ervan overtuigd dat het handhaven van de levensstandaard betekent dat alles in het werk moet worden gesteld om de status van de dollar als wereldreservemunt te behouden. Ik ben het daar echter niet mee eens. De dominantie van de dollar heeft namelijk bijgedragen aan het uithollen van de binnenlandse economie, een proces dat al decennia loopt, vooral sinds het einde van de Koude Oorlog. Het systeem, dat decennialang sinds de jaren '70 in werking is, is verouderd en veroorzaakt onevenwichtigheden die op de lange termijn onhoudbaar zijn. Het verlies van de dollar-dominantie zal nu nadelige gevolgen hebben voor specifieke belangen in de Verenigde Staten. Het zal het wereldwijde bereik van het land beperken en ons dwingen om onze prioriteiten te herzien. Uiteindelijk kan dit echter leiden tot een natuurlijkere en meer gebalanceerde wereldeconomie, en mogelijkheden bieden voor een heropleving van de VS op binnenlands vlak. Het gevaar bestaat dat we deze situatie niet onder-

193 Natalie Smolenski, *It is Time to Re-Found the American Republic*, Bitcoin Magazine: The Orange Party issue, november 2022.

194 Zie bijvoorbeeld Paul Kennedy's klassieke analyse *The Rise and Fall of the Great Powers 1500–2000: Economic Change and Military Control from 1500–2000.*

kennen en daardoor geen proactieve veranderingen realiseren vanuit een sterke positie. Tot nu toe lijkt dit de koers te zijn die we volgen.

DE MISLUKTE OORLOG TEGEN TERRORISME

Na de terroristische aanslagen van 9/11 reageerden de Verenigde Staten met een militaire actie. Eerst richtten ze zich op Afghanistan, waar Osama Bin Laden en zijn bondgenoten zich verscholen, waarna ze later ook naar Irak gingen, ondanks dat Irak geen rol speelde in de aanslagen en er zelfs geografisch ver vandaan lag. Veel Amerikanen konden de twee landen nauwelijks op een kaart aanwijzen en haalden ze vaak door elkaar. Ze lieten zich meeslepen door de boodschap van de regering en de gevestigde media over de *war on terror*. Op het hoogtepunt in 2003 toonden Gallup-peilingen aan dat 76% van de Amerikanen de oorlog tegen Irak steunde.[195] Velen vonden het destijds hoogst onpatriottisch om kritiek te uiten op de oorlog tegen Irak.

Oorlogen die gefinancierd worden met schuld in de vorm van fiatgeld – dat de centrale bank naar wens kan drukken – zijn qua prijsstelling verre van transparant. Had de oorlog tegen Irak samengehangen met een speciale oorlogsbelasting van 10% voor alle Amerikanen, dan zou de publieke steun ongetwijfeld lager zijn geweest. Als we de werkelijke kosten in real-time hadden moeten betalen, hadden we misschien twee keer nagedacht en de kwestie grondiger onderzocht voordat we er blindelings in meegingen. En als de kosten van de oorlog onbeduidend of onduidelijk lijken – als we nauwelijks het verschil tussen Afghanistan en Irak kunnen duiden – en als onze politieke leiders en de media ons vertellen dat het een patriottische, noodzakelijke zaak is voor de nationale veiligheid, waarom zouden we dan niet voor oorlog kiezen?

Het *Watson Institute for International & Public Affairs* aan de Brown University startte in 2010 het *Cost of War*-project. Dit project, waaraan tientallen wetenschappers hebben bijgedragen, brengt de totale kosten van de *war on terror* in kaart – inclusief de conflicten in Afghanistan en Irak en aanverwante acties. Destijds was de oorlog nog in volle gang, en het project wordt tot op de dag van vandaag geüpdatet, omdat de kosten blijven stijgen, zelfs nu het conflict officieel voorbij is. Voor het fiscale jaar 2022 schatten zij de totale kosten op ongeveer \$5,8 biljoen. Dit bedrag omvat meer dan \$2,1 biljoen aan directe oorlogsfinanciering en nog eens \$2,1 biljoen voor de verhoogde basisuitgaven van het leger, zoals de oprichting van het *Department of Homeland Security*. Daarnaast is er bijna een half biljoen voorzien voor cumulatieve veteranenvoorzieningen, en wordt er \$1,1

195 Frank Newport, *Seventy-Two Percent of Americans Support War Against Iraq*, Gallup News Service.

biljoen gereserveerd voor de rente op de schuld die nodig was om dit alles te financieren. Voor de toekomst verwachten zij dat de zorgkosten voor veteranen in de komende drie decennia nog eens $2,2 biljoen zullen bedragen, waarvoor al toezeggingen zijn gedaan. Zij berekenen dat de cumulatieve schuldrente over deze periode waarschijnlijk meer dan $5 biljoen zal bedragen.[196] Tevens schatten zij dat honderdduizenden buitenlandse burgers zijn omgekomen in de gevechtszones en dat miljoenen mensen ontheemd zijn geraakt.

Toen 76% van de Amerikanen de oorlog in Irak steunde, beseften zij niet dat dit tegen 2022 zou leiden tot een cumulatief prijskaartje van $5,8 biljoen – en mogelijk meer dan $13 biljoen tegen 2050. Het antwoord is dan ook simpelweg nee: door het aanmaken van fiatgeldschuld en de daarbij behorende devaluatie worden de echte kosten bijna onzichtbaar. Uiteindelijk betalen mensen voor de oorlog op manieren die ze nauwelijks merken. We kunnen het zien als een kwestie van 'opportuniteitskosten': wat als de overheid dat enorme bedrag had gebruikt voor binnenlandse infrastructuur, verbetering van het wiskunde- en wetenschappelijk onderwijs, versterking van wereldwijde allianties via buitenlandse hulp, of voor een forse belastingverlaging zodat elke Amerikaan meer van zijn eigen geld kon behouden?

Decennia later, terwijl ik dit schrijf, worstelen de Verenigde Staten met enorme fiscale tekorten. Die ontstaan deels door de rente die we over onze schuld betalen, grotendeels als gevolg van een mislukte oorlog. Sommige politici eisen belastingverhogingen. Samen met de inflatie zorgt dat ervoor dat de volgende generatie, die de oorlog nooit begon, uiteindelijk opdraait voor de kosten.

In een getuigenis voor het *Senate Armed Services Committee* in 2017 beschreef Linda J. Bilmes van *Harvard University* de ondoorzichtige oorlogsfinanciering als volgt:

> Het begrotingsproces voor de oorlogen tussen 9/11 en 2017 is de grootste afwijking van de gebruikelijke begrotingspraktijken in de geschiedenis van de Verenigde Staten.
>
> Bij elk langdurig conflict van de VS – zoals de Oorlog van 1812, de Spaans-Amerikaanse Oorlog, de Burgeroorlog, de Eerste Wereldoorlog, de Tweede Wereldoorlog, Korea en Vietnam – hebben we de belastingen verhoogd en andere uitgaven teruggeschroefd. Ook hebben we de rijken zwaarder belast.
>
> Tijdens de Koreaanse Oorlog verhoogde president Truman het hoogste marginale belastingtarief tot 92%. Hij vond het moreel juist om de uitgaven met

196 Neta Crawford, *The U.S. Budgetary Costs of the Post-9/11 Wars.*

de inkomsten te dekken, introduceerde de term 'pay-as-you-go' en herhaalde deze in meer dan 200 toespraken. President Johnson was voorzichtiger, maar voerde in 1967 toch een extra belastingheffing in voor de Vietnamoorlog, waardoor het hoogste tarief steeg naar 77%.

In tegenstelling tot eerdere conflicten verlaagde het Congres in 2001 en 2003 de belastingen – de 'Bush tax cuts' – terwijl we betrokken raakten bij de oorlogen in Afghanistan en Irak. Sindsdien betalen we deze oorlogen met schulden op de nationale creditcard. Geen enkele eerdere Amerikaanse oorlog is volledig met schulden gefinancierd. Daarom noem ik deze conflicten de 'Credit Card Wars'.

Bovendien volgden we een andere aanpak voor de oorlogsbudgetten. Bij eerdere grote conflicten werd het budget na de eerste fase geïntegreerd in de reguliere defensiebegroting, waardoor Congres en Pentagon keuzes moesten maken binnen dat budget.

De oorlogen na 9/11 daarentegen worden voornamelijk betaald met aanvullende toewijzingen. Deze kosten worden gedekt via noodwetten en *Overseas Contingency Operations* (OCO)-resoluties, die niet aan uitgavenlimieten zijn gebonden en geen bezuinigingen op andere posten vereisen. Maar liefst 90% van de directe oorlogskosten voor de huidige conflicten wordt met aanvullend geld vergoed, vergeleken met 35% voor Korea en 32% voor Vietnam. Dit proces is ondoorzichtiger, moeilijker te controleren en verbergt de echte kosten van de oorlogen.[197]

Meer dan twintig jaar na het begin van de *war on terror* wijzen vrijwel alle objectieve analyses op een mislukte oorlog. Degenen die verantwoordelijk waren voor de terroristische aanslagen moesten verantwoording afleggen en maatregelen treffen om toekomstige aanslagen te voorkomen, maar het uitbreiden van de oorlog naar Irak bleek een kostbare afleiding. De Verenigde Staten hebben geen biljoenen dollars aan waarde gecreëerd door hun betrokkenheid.

Net als tijdens de Eerste Wereldoorlog had dit militaire engagement grotendeels voorkomen kunnen worden. Maar door de beschikbaarheid van 'geldpersen' en de ondoorzichtige financiering door een kleine groep mensen in imperialistische machtsposities zette het zich verder. Zo werden de kosten voor het grote publiek verborgen gehouden. Uiteindelijk betaalt de samenleving de prijs – hetzij via monetaire depreciatie, hetzij door verhoogde belastingen die tientallen jaren later worden ingevoerd om de inflatie tegen te gaan die door eerdere beslissingen is ontstaan. Deze keuzes leidden tot enorme schulden en snel oplopende rentekosten. De grootste

197 Linda Bilmes, *The Credit Card Wars: Post-9/11 War Funding Policy in Historical Perspective*.

begunstigden waren de Amerikaanse bedrijven die producten voor het leger vervaardigden.

HOE CHINA HET HUIDIGE SYSTEEM ONDERMIJNDE

In de jaren '70, '80, '90 en 2000 investeerden handelspartners met grote overschotten die zij in de VS behaalden, vaak hun dollars in Amerikaanse activa, met name staatsobligaties. Dit zorgde ervoor dat de Amerikaanse federale overheid steeds meer geld verschuldigd raakte aan buitenlandse landen, terwijl de dollar sterk bleef ondanks enorme begrotingstekorten.

Saoedi-Arabië en andere *OPEC*-landen verkochten enorme hoeveelheden olie aan de VS en staken de opbrengsten uit deze dollarhandel in Amerikaanse staatsobligaties. Duitsland en Japan verkochten flink wat auto's aan de VS; ook de hieruit voortvloeiende overschotten investeerden zij in staatsobligaties. China, Taiwan en Singapore verkochten veel elektronica aan de VS en hanteerden een vergelijkbare strategie. Na verloop van tijd diversifieerden veel van deze buitenlandse schuldeisers hun vermogen door te investeren in Amerikaanse aandelen, vastgoed en privévermogen, waardoor hun aandeel in het Amerikaanse kapitaal groeide. Bovendien verkochten Amerikanen grotere delen van hun toekomstige inkomstenstromen – zowel via schulden als eigen vermogen – om hun consumptie van in China vervaardigde, afwaarderende activa te financieren.

Na de wereldwijde financiële crisis van 2008 bleven de rentetarieven op Amerikaanse staatsobligaties tien jaar lang extreem laag, vaak zelfs onder de inflatie. Hierdoor raakten deze obligaties minder aantrekkelijk. Ieder land dat dollars of Amerikaanse staatsobligaties als reserve aanhoudt in een periode waarin de rentetarieven onder de inflatie liggen, betaalt in feite een fooi aan de Verenigde Staten en verliest rendement op eigen spaargeld. In 2013 deed China iets wat andere handelspartners nog niet eerder hadden ondernomen binnen het eurodollar/petrodollarsysteem: het land verklaarde dat het niet langer in hun belang was om Amerikaanse staatsobligaties op te kopen. In plaats daarvan lanceerden zij het *Belt and Road Initiative*. Hierbij investeerden ze hun dollaroverschotten in zo'n 150 landen wereldwijd, met een nadruk op infrastructuur en grondstofproductie. Ze boden, uitgedrukt in dollars, leningen aan landen voor de bouw van infrastructuur om handelsmogelijkheden te verbeteren, zoals wegen, spoorlijnen, havens, raffinaderijen en het veiligstellen van grondstofreserves. China verwacht hiermee financiële rendementen te behalen of rechten te verwerven op het gebruik en de productie ervan. Met andere woorden, in de 21e eeuw maakte China dezelfde soort neokoloniale financiële afspraken als Amerikaanse en

Europese landen in de 20e eeuw deden.[198]

Hoewel ik geen voorstander ben van de mensenrechtensituatie of de autoritaire regeringsvorm in China, begrijp ik wel waarom zij voor deze strategie kozen. In de 19e eeuw hebben Groot-Brittannië en Frankrijk China vreselijk behandeld tijdens de opiumoorlogen. Zij voerden letterlijk oorlog om opium onder dwang in het land te krijgen en dwongen China tot het tekenen van ongelijke handelsverdragen, wat leidde tot de 'eeuw van vernedering', een periode waarin het land door Europese mogendheden sterk verzwakt werd. Later viel Japan China binnen en werden talloze oorlogsmisdaden gepleegd. In de tweede helft van de 20e eeuw begonnen de VS en Europese landen met monetair neokolonialisme in de ontwikkelingswereld. Behalve in een paar opvallende gevallen, met name in Azië, slagen opkomende markten er zelden in echt te bloeien binnen dit systeem. Vaak raken zij verstrikt in buitenlandse valutaschuld en moeten zij op een eindeloze export naar de VS en Europa leunen, zonder duurzaam eigen kapitaal op te bouwen. De Chinese leiders beschouwen hun beleid als een poging zich te ontdoen van dit systeem en het land opnieuw op te bouwen als een volledig soevereine wereldmacht, onafhankelijk van de Amerikaanse dollar. Dit geldt in grote lijnen ook voor India, Brazilië en andere grote opkomende economieën.

Ondertussen kampen de Verenigde Staten met een uitgeholde industriële basis. Het land zet zijn ongeëvenaarde marine in om wereldwijde scheepvaartroutes te beschermen, routes die steeds vaker in handen vallen van China. China produceert nu meer elektriciteit dan de Verenigde Staten, heeft meer wolkenkrabbers, een sterker industrieel fundament, een hogere consumptie van grondstoffen en produceert meer goederen. Daarnaast is China inmiddels de grootste handelspartner van de meeste landen, wat ten koste gaat van de Verenigde Staten. Ondertussen bouwen de Verenigde Staten grote handelstekorten op en verdiepen ze hun negatieve internationale investeringspositie, wat leidt tot groeiende spanningen tussen beide landen. Ze profiteren niet meer zoals voorheen van hun rol als uitgever van de wereldreservemunt en zijn nog altijd niet bereid de nodige maatregelen te treffen. Bovendien moeten zij steeds vaker hun eigen begrotingstekorten financieren, terwijl een groot deel van de wereld de groei van de voorraad Amerikaanse staatsobligaties afremt of zelfs volledig stopt.

---

198 John Joshua, *The Belt and Road Initiative and the Global Economy: Volume II – The Changing International Financial System and Implications*, hoofdstuk 2.

BEWEGEN NAAR EEN MULTIPOLAIRE WERELD

Net zoals het Bretton Woods-systeem onhoudbaar werd door de uitputting van de Amerikaanse goudreserves, staat het eurodollar/petrodollar-systeem onder druk door het verzwakken van de Amerikaanse industriële basis en de negatieve internationale investeringspositie. Zwaar is het hoofd dat de kroon draagt.

Bij de oprichting van het Bretton Woods-systeem beschikte de Verenigde Staten over meer dan 40% van het wereldwijde bbp. Daarmee was het veruit de grootste industriële macht, met de beste geografische en agrarische omstandigheden, een dominante marine, de grootste goudreserves en een positieve netto internationale investeringspositie. Inmiddels is het aandeel van het Amerikaanse bbp gedaald naar 20–25% van het wereldwijde bbp en soms, op basis van koopkrachtpariteit, zelfs tot 15%. Dit ging gepaard met een aanzienlijke negatieve netto internationale investeringspositie door jarenlange handelstekorten. Ondertussen hebben we onze status als 's werelds grootste handelspartner verloren. Wat we nog wel bezitten, is een uitstekende geografische ligging, sterke landbouwcapaciteiten, een bloeiend ecosysteem van startups en een dominante marine – maar dat is niet per se voldoende om onze leidende positie op het wereldtoneel te bewaren.

Het betekent echter niet dat de Eurozone of China de Verenigde Staten als uitgever van een dominante wereldreservemunt kunnen vervangen. Geen van beide munteenheden beschikt over 40% van het wereldwijde bbp, zoals de Verenigde Staten ooit deden. De Eurozone vormt een monetaire unie zonder fiscale samenhang, kampt met een gebrek aan energiezekerheid en heeft te maken met demografische uitdagingen doordat de bevolking sterk veroudert. Ook China kampt met een vergrijzende bevolking, een minder gunstige geografie met zwakkere kustlijnen, rivieren en minder veilige grenzen, een zwakkere rechtsstaat en minder diep ontwikkelde kapitaalmarkten. Dit maakt het van nature moeilijk om de rol te vervullen die de Verenigde Staten midden vorige eeuw nog konden bekleden. Het gevolg is dat de wereldeconomie nu veel meer is gepolariseerd, in plaats van sterk gecentreerd in één land. De Verenigde Staten, China, India, Japan, Brazilië, Rusland en diverse Europese landen beschikken elk over significante economische macht op regionaal niveau, met hun eigen sterke en zwakke punten.

Veel mensen pleiten voor een wereldreservemunt. Zij vinden dat, net zoals we vanaf het Britse pond naar de Amerikaanse dollar overschakelden, de volgende stap de Chinese yuan zal zijn. Andere experts menen dat de Chinese yuan nog niet volwassen genoeg is en dat we voorlopig geen alternatief hebben voor de Amerikaanse dollar.[199] Ik zie beide scenario's echter als een onjuiste interpretatie van de geschiedenis. De 19e en 20e eeuw waren immers uitzonderingen. De wereld beweegt zich in plaats daarvan naar een multipolair, neutraal reservemuntsysteem. We keren niet terug naar een situatie waarin één land de dominante wereldreservemunt uitgeeft. Geen enkel land – of het nu de Verenigde Staten, China of een ander land is – is groot genoeg om een fiatvaluta te verstrekken die wereldwijd in gebruik kan en wil worden genomen. Het enige wat groot genoeg is, is een soort supranationaal geld; geld dat van nature schaars is en niet door een overheid wordt verstrekt.

Vanaf het midden van de 19e eeuw tot de jaren '60 stegen de wereldwijde goudvoorraden van de centrale banken, de zogeheten soevereine goudreserves, gestaag van bijna niets naar ongeveer 38.000 ton. Daarna daalden deze voorraden wereldwijd langzaam tot onder de 30.000 ton, terwijl de reserves in Amerikaanse dollars gestaag toenamen. Sinds de wereldwijde financiële crisis van 2008 zijn buitenlandse centrale banken echter weer begonnen met het verzamelen van goud, en inmiddels beschikken ze weer over meer dan 35.000 ton. Halverwege de jaren 2010 stopten zij met het verhogen van hun dollarreserves. Aan de randen bouwen landen hun yuan-bezit op, zij het in kleine hoeveelheden. In plaats van zich vooral op dollars te richten, diversifiëren centrale banken in ontwikkelingslanden hun portefeuilles door verschillende valuta aan te houden en goud te verzamelen.

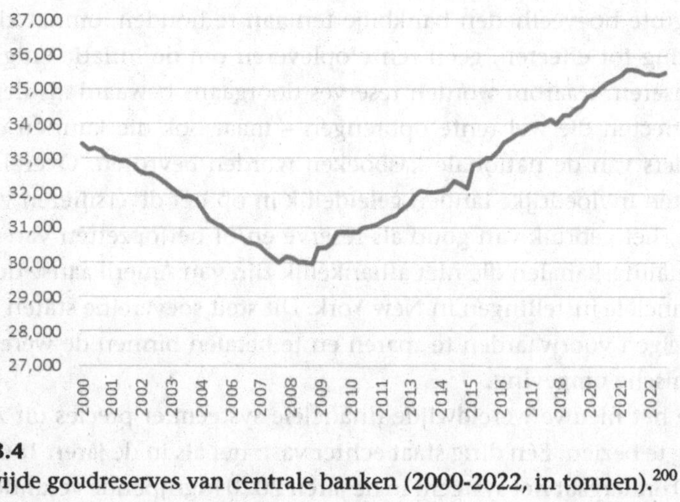

Figuur 13.4
Wereldwijde goudreserves van centrale banken (2000-2022, in tonnen).[200]

199 Sandy Ward, *'Be Careful' in Stock Markets, Ex-Treasury Sec Summers Warns*, Morningstar, 27 april 2023.

Deze diversificatie krijgt steeds meer betekenis in een wereld vol conflicten en oorlogen. Zolang een land voornamelijk betalingen in dollars verricht of zijn reserves opbouwt in dollar-genoteerde activa, lopen ze risico op het opleggen van sancties door de Verenigde Staten. Rusland, dat deze situatie deels had voorzien, richtte zich het afgelopen decennium op het opbouwen van goudreserves en het verkleinen van zijn dollarreserves. Toen Rusland in 2022 Oekraïne binnenviel, werden de Russische reserves – die toen voornamelijk in euro's werden aangehouden – door Amerikaanse en Europese autoriteiten bevroren. Rusland had niet verwacht dat zelfs haar euro-activa vergrendeld zouden worden. Vervolgens versnelde het land haar plannen om olie, gas en andere grondstoffen in Chinese yuan aan China te verkopen. Ook andere landen spreiden op vergelijkbare wijze hun betalings- en spaarmethoden.

Waarom blijft Saoedi-Arabië haar olie uitsluitend prijzen in Amerikaanse dollars en bouwt het actief Amerikaanse staatsobligaties op, terwijl China inmiddels al de grootste handelspartner is? En wat als de Verenigde Staten besluiten de reserves van Saoedi-Arabië te bevriezen? Waarom houdt China, 's werelds grootste exporteur van gefabriceerde goederen, haar reserves vooral in Amerikaanse dollars aan? En waarom zou India hetzelfde doen?

Als een land het merendeel van haar reserves in de fiatvaluta van een ander land aanhoudt, verliest zij een deel van haar soevereiniteit. Die andere natie kan immers de spaartegoeden bevriezen. Fysieke bankbiljetten kunnen weliswaar niet bevroren worden, maar het is meestal onpraktisch om in grote hoeveelheden bankbiljetten aan te houden, omdat zij, in tegenstelling tot effecten, geen rente opleveren om de inflatie enigszins te compenseren. Daarom worden reserves doorgaans bewaard als deposito's of als effecten die wel rente opbrengen – maar ook die kunnen door de beheerders van de nationale kasboeken worden bevroren. Overal ter wereld zetten invloedrijke landen geleidelijk in op het diversifiëren van hun reserves, het gebruik van goud als reserve en/of het opzetten van alternatieve betalingskanalen die niet afhankelijk zijn van Amerikaanse dollars of van financiële instellingen in New York. Dit stelt soevereine staten in staat om op eigen voorwaarden te sparen en te betalen binnen de wereldwijde economische omgeving.

Hoe het nieuwe wereldwijde financiële systeem er precies uit zal zien, valt nog te bezien. Eén ding staat echter vast: net als in de jaren 1860, 1940 en 1970 ondergaat het systeem in de jaren 2020 ingrijpende veranderingen. De afgelopen jaren hebben enkele grote valuta, zoals de Chinese yuan, de

200 World Gold Council, *Central Bank Holdings*.

mogelijkheid gekregen om olie, gas en andere grondstoffen te kopen. De dollar blijft echter de meest gebruikte handelsmunt, al neemt zijn aandeel licht af. Landen diversifiëren geleidelijk hun reserves en betalingssystemen. Figuur 13.5 toont een vereenvoudigd voorbeeld van een multipolair reservemuntsysteem, vergelijkbaar met de diagrammen uit Hoofdstuk 11.

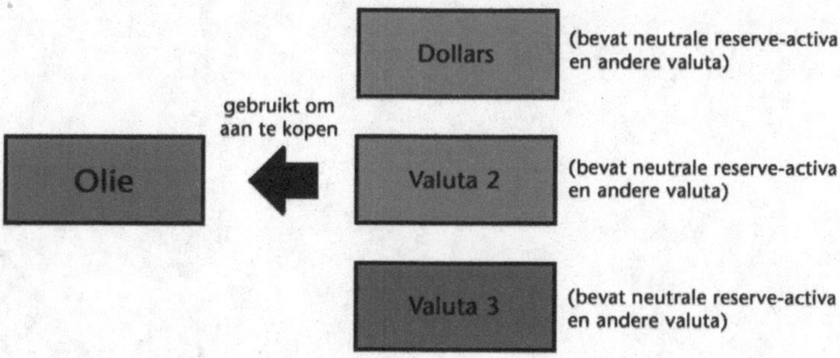

Figuur 13.5
Vereenvoudigd voorbeeld van een multipolair reservemuntsysteem.

Als internationale overeenkomsten resulteren in supranationale valuta die door de deelnemers als reserves worden aangehouden – vergelijkbaar met het *bancor*-concept tot op zekere hoogte – of als activa zoals goud of bitcoin zowel als reserve als voor de eindafrekening in de internationale handel worden ingezet, dan zou het systeem op Figuur 13.6 lijken.

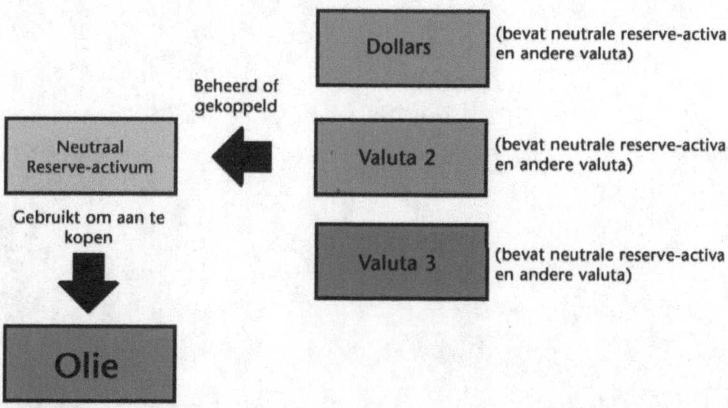

Figuur 13.6
Conceptueel diagram van een neutraal reserve-actief in een multipolair mondiaal financieel systeem.

THIS NOTE IS LEGAL TEND
FOR ALL DEBTS, PUBLIC AND
KB57
B2
THIS NOTE IS LEGAL
FOR ALL DEBTS, PUBLIC A
ML
L12
JE23
E5
SERIES 2009

DEEL IV

DE ENTROPIE VAN FIATGELDSYSTEMEN

Geen enkele structuur – zelfs niet de kunstmatige – ontsnapt aan het proces van entropie. Het vormt het onvermijdelijke lot van alle dingen, en alles verzet zich ertegen.[201]

— Philip K. Dick

201 Philip K. Dick, Galactic Pot-Healer, 101.

HOOFDSTUK 14

HET MODERNE FINANCIËLE SYSTEEM

Dit deel van het boek duikt dieper in de technische aspecten van het hedendaags financiële systeem. Het licht toe hoe het systeem werkt, legt uit hoe geld ontstaat en weer verdwijnt, en laat zien hoe het ontwerp ervoor zorgt dat sommige gebruikers winst behalen terwijl anderen benadeeld worden. De volgende hoofdstukken maken duidelijk dat het systeem in zijn huidige vorm zo in elkaar zit, dat:

1. **de geldhoeveelheid voortdurend toeneemt,**
2. **de koopkracht langzaam wordt weggetapt bij spaarders en terechtkomt bij arbitrageurs die nauw betrokken zijn bij de geldcreatie,**
3. **grote, goed verbonden entiteiten worden beloond ten koste van kleinere en minder bereikbare spelers,**
4. **de lasten verschuiven van de private naar de publieke sector om te voorkomen dat schulden ooit worden afgelost, en**
5. **de volatiliteit tijdelijk wordt onderdrukt, totdat plotseling een groot deel ervan de kop opsteken.**

Voordat we op deze punten ingaan, starten we bij de basis en bouwen we daarop verder.

HET FEDERAL RESERVE SYSTEEM: DE BASIS

Het financiële systeem is opgebouwd uit een reeks opeenvolgende kasboeken, waarbij de kleinere kasboeken hun basis vinden in grotere exemplaren.

Aan de basis van het systeem in de Verenigde Staten – en in zekere zin wereldwijd, gezien de status van de Amerikaanse dollar als wereldreservemunt – staat het *Federal Reserve System.* Dit instituut fungeert als de centrale bank van de Verenigde Staten. Het betreft een hybride organisatie, vaak eenvoudigweg de *Federal Reserve* of de *Fed* genoemd, waarin zowel de overheid als de private sector hun invloed uitoefenen. Het Amerikaanse Congres richtte het instituut op via de *Federal Reserve Act* van 1913, waarna het meerdere malen door latere wetgeving is bijgesteld. De Fed beheert de fundamentele administratie van het moderne financiële systeem.

De centrale bank van de Verenigde Staten, de Fed, bestaat uit twaalf regionale banken. Deze banken werken als 'bankiers van de banken' in hun regio en zorgen tevens voor de circulatie van papiergeld. De belangrijkste is de *Federal Reserve Bank of New York*. Zij heeft een omvang die gelijk is aan die van de andere elf banken tezamen en voert de openmarkttransacties uit. Commerciële banken uit de private sector bezitten aandelen in deze regionale banken. Zij kiezen het merendeel van de raden van bestuur en ontvangen dividend over het ingelegde kapitaal.[202]

Aan de publieke zijde van de *Federal Reserve* staat een zevenkoppige raad van bestuur. De president benoemt deze gouverneurs, waarna de Senaat hun aanstelling keurt. Zij bekleden een ambtstermijn van 14 jaar. Samen met hun ondersteunend team vormen zij een overheidsinstantie in de hoofdstad, verantwoordelijk voor het beheer van het *Federal Reserve System*. De voornaamste figuur in dit systeem is de voorzitter van de raad van bestuur, die de hoogste functie binnen de *Federal Reserve* vervult. Nadat operationele kosten zijn gedekt en dividend aan de aangesloten banken is uitgekeerd, gaat de overige winst naar het *U.S. Treasury Department*, het Amerikaanse ministerie van Financiën.

Het *Federal Open Market Committee* (FOMC) telt twaalf leden en komt acht keer per jaar bijeen om het monetaire beleid vast te stellen, dat vervolgens een grote invloed uitoefent op het wereldwijde financiële systeem. Het comité bestaat uit de zeven leden van de raad van bestuur en het hoofd van de *Federal Reserve Bank of New York*. De vier resterende zetels worden door een roulerende groep van leidinggevenden van de andere elf regionale banken vervuld. Zo behoudt de publieke sector met zeven stemmen altijd de meerderheid, terwijl de vertegenwoordigers uit de private sector, met vijf stemmen, in de minderheid zijn.[203]

EEN PIRAMIDE VAN SCHULDEN

Aan de activazijde van een particuliere commerciële bank vind je vooral leningen, effecten en contanten. Denk bijvoorbeeld aan een hypotheek: voor de consument betekent dat een schuld, voor de bank een bezit. De bank re-

202 Board of Governors of the Federal Reserve System, *Who Owns the Federal Reserve?*
203 Board of Governors of the Federal Reserve System, *Federal Market Open Committee*.

kent op toekomstige betalingen van de consument, die verplicht is deze te doen. Ook biedt de bank diverse leningen aan, zoals zakelijke leningen, persoonlijke leningen, creditcard-leningen, studieleningen, autoleningen en effectenkredieten. Wat effecten betreft, houdt de bank vaak veel Amerikaanse staatsobligaties en andere obligaties aan. Het merendeel van het contante geld – buiten een klein bedrag in de kluis – wordt digitaal bij de *Federal Reserve* als bankreserves aangehouden.

Aan de passivazijde staan vooral deposito's van consumenten en bedrijven. Individuen en ondernemingen beschikken over lopende rekeningen, spaarrekeningen en termijndeposito's. Wat voor hen activa zijn, vormen voor de bank passiva. Door geld op een bankrekening te bewaren, verleent de deposant in feite een lening aan de bank tegen een lage rente.

Een bank draait goed als ze meer activa dan passiva heeft en haar activiteiten uitvoert volgens de strenge voorschriften van de Amerikaanse federale overheid en de *Federal Reserve*. Daarbij is het belangrijk dat de opbrengsten op de activa hoger liggen dan de kosten van de passiva. De winst van de bank komt vooral uit dit renteverschil, aangevuld met vergoedingen voor geleverde diensten.

De gecombineerde balans van de *Federal Reserve* toont, net als die van een gewone bank, zowel activa als passiva. Aan de activazijde vind je Amerikaanse staatsobligaties, door hypotheken gedekte effecten (sinds de 'subprime'-rommelhypotheekcrisis van 2008) en een klein percentage andere activa. Alle fysieke bankbiljetten vormen aan de passivazijde directe verplichtingen van de *Federal Reserve*. Bovendien zijn de contante reserves die commerciële banken op hun rekeningen bij de *Federal Reserve* aanhouden, eveneens directe verplichtingen van de *Federal Reserve*.

Figuur 14.1 toont een vereenvoudigde weergave van het Amerikaanse financiële systeem. Hierin staat een keten van activa en passiva afgebeeld. We ontdekken hier een mogelijk probleem: het hele systeem werkt circulair. De financiële activa, die de kern vormen, doen zich namelijk ook als passiva voor. Kortom, het systeem bestaat in zijn geheel uit schulden.

Een oud verhaal gaat over een vrouw die beweert dat de wereld op een enorme schildpad rust. Wanneer iemand vraagt waarop die enorme schildpad staat, antwoordt ze dat hij op een andere enorme schildpad rust. Als men vervolgens doorvraagt waarop die tweede schildpad staat, reageert ze geïrriteerd: 'Het zijn maar schildpadden, van boven tot beneden!' Variaties op dit verhaal bestaan al sinds minstens 1838, al ging het toen om rotsen in plaats van schildpadden.[204]

Als je een bankrekening hebt, beschouw je dat als bezit, terwijl het voor

204 Garson O'Toole, *Tortoises All the Way Down*, Quote Investigator, 22 augustus 2021.

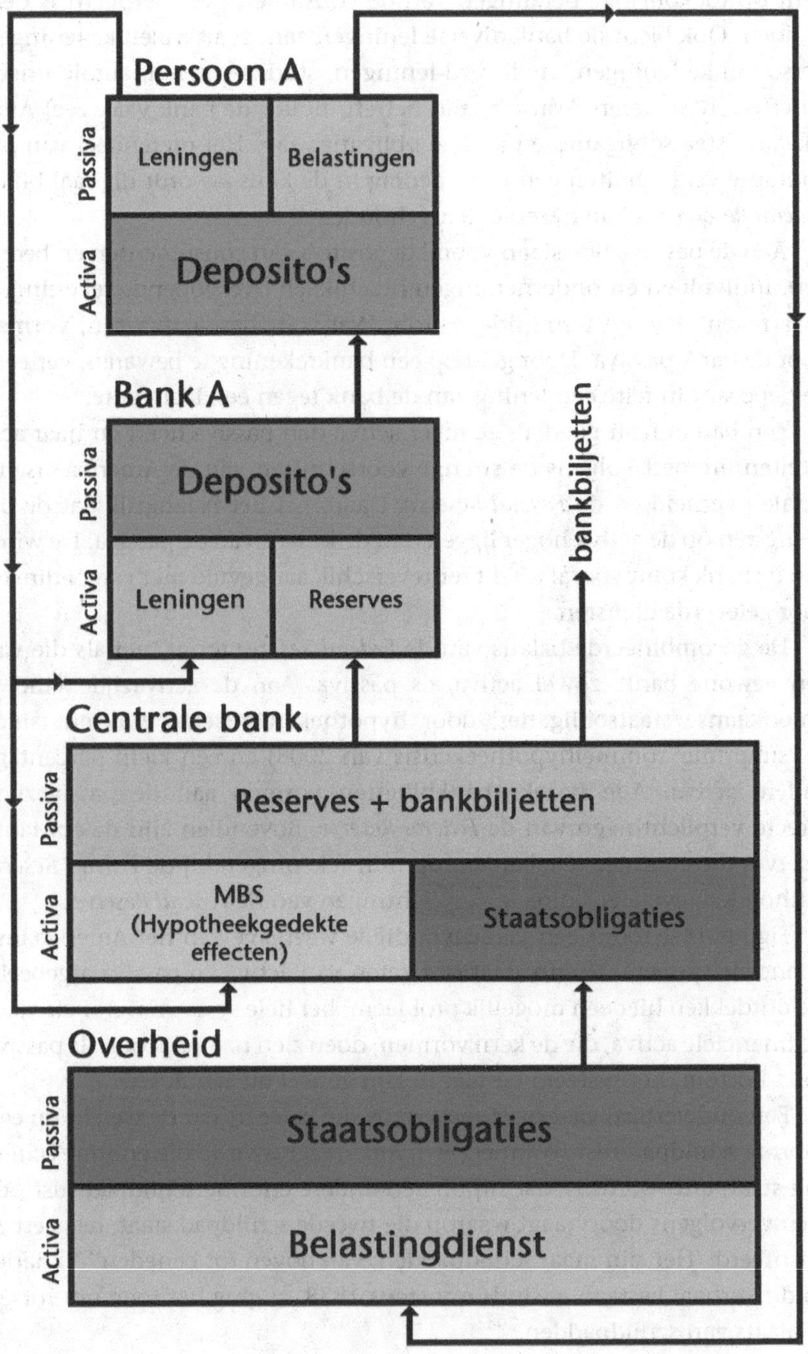

Figuur 14.1
Vereenvoudigd schema van het Amerikaanse financiële systeem.

de bank een schuld betekent. Het betreft simpelweg een notitie in het kasboek van de bank. Deze rekening wordt gedekt door de activa van de bank, die op hun beurt voortkomen uit de verplichtingen van diverse kredietnemers. De bank zet haar overtollige kasreserves in als activum bij de centrale bank, wat eveneens slechts een notitie in het kasboek is. Deze kasreserves, die een schuld voor de centrale bank vormen, worden gedekt door haar eigen activa, die voornamelijk bestaan uit Amerikaanse staatsobligaties. Deze staatsobligaties zijn schulden van de Amerikaanse federale overheid en worden vooral gegarandeerd door haar bevoegdheid tot het heffen van belastingen bij burgers en bedrijven binnen haar jurisdictie.

Op een bepaalde manier heeft de cirkelvormigheid van het financiële systeem bijna een poëtisch karakter; het laat zien hoe afhankelijk we van elkaar zijn. Toch is het systeem ook zeer kwetsbaar. Alles is een vordering op een vordering op een vordering. Om een instorting te voorkomen, is het systeem afhankelijk van voortdurende beweging en gestage groei. Voor velen in de Verenigde Staten lijkt zo'n instorting bijna ondenkbaar, maar in kleinere landen gebeurt dit regelmatig en ook grote landen hebben hier in het verleden mee te maken gehad.

Eerder functioneerde het systeem niet op de manier die we nu kennen. Tot 1913 – en tot op zekere hoogte tot 1971 – was het financiële systeem gedekt door goud. Het bestond uit een reeks claims die uiteindelijk het recht boden om een bepaalde hoeveelheid goud op te eisen. Goud is een bezit dat niet tegelijkertijd voor een ander een schuld vormt. Het vertegenwoordigt de energie die nodig is om het uit de aarde te halen en te verwerken tot een bruikbare vorm met diverse toepassingen. In een goudgedekt systeem berust alles uiteindelijk op een onbelast bezit. In het huidige systeem wordt daarentegen alles gedekt door staatsobligaties, die op zichzelf schulden vormen.

FEDWIRE

Wanneer mensen en bedrijven geld van hun bankrekeningen overmaken, moeten de banken achter de schermen met elkaar communiceren om deze overboekingen af te ronden. Met andere woorden: ook al lijkt jouw betaling voltooid, de banken moeten nog enkele zaken regelen.

Een taak die banken door de geschiedenis heen uitvoerden, is het bundelen van veel kleine transacties tot enkele grotere. Als ik bijvoorbeeld een handelaar 45 dollar betaal met mijn creditcard en die handelaar vervolgens voor 27 dollar aan benodigdheden bij een andere handelaar inkoopt, worden deze kleine transacties als kortlopende schulden op de boeken van onze financiële instellingen geregistreerd. Ze blijven staan totdat ze in grotere afwikkelingstransacties worden vereffend.

In plaats van eromheen te werken of op een andere wijze te concurreren, benutten ook fintechbedrijven die betalingen in fiatvaluta en andere diensten leveren de bancaire netwerken. Banken hebben rekeningen bij de *Federal Reserve.* Sommige fintechbedrijven openen een rekening bij deze banken of treden op als banken. Daardoor maken klanten, vaak zonder het door te hebben, gebruik van banken en hun afwikkelingssystemen.

Tot begin 20e eeuw regelden banken grote verrekeningen door bankbiljetten en goud fysiek over te dragen, meestal met gewapend transport. In de jaren 1910 introduceerde de *Federal Reserve* een morsesysteem om de noodzaak van dergelijk fysiek transport te verkleinen. Banken bewaarden hun reserves als notering in het kasboek van de *Federal Reserve* en rekenden via een beveiligd telecommunicatiesysteem met elkaar af. De *Federal Reserve* hoefde enkel het reservekasboek bij te werken om aan te tonen dat een aangesloten bank geld had overgemaakt naar een andere.[205]

Het door de *Federal Reserve* beheerde verrekensysteem is in de loop der jaren geëvolueerd en staat nu bekend als Fedwire. In 2022 verwerkte Fedwire bruto afwikkelingsvolumes ter waarde van meer dan 1,06 biljoen dollar (1.060 miljard dollar) voor duizenden Amerikaanse commerciële banken. Dit betrof meer dan 196 miljoen afwikkelingen, met een gemiddelde waarde van 5,41 miljoen dollar.[206] Als mensen en bedrijven kleinere bedragen overmaken, bundelen ze vaak transacties die vervolgens via deze grote bankafwikkelingen verrekend worden.

In 2023 lanceerde de *Federal Reserve* het systeem *FedNow,* waarmee bankdepositohouders in realtime geld naar elkaar kunnen overmaken. Banken treden als tussenpersonen op tijdens deze transacties, terwijl de *Federal Reserve* op de achtergrond bankreserves verschuift. Dit nieuwe systeem omzeilt echter enkele van de traditionele batchverwerkingsdiensten waarvoor banken normaal gesproken worden ingezet. Zoals gebruikelijk bij updates van banksystemen, biedt *FedNow* de *Federal Reserve* meer mogelijkheden voor gedetailleerd toezicht vergeleken met het Fedwire-systeem. Dit komt doordat *FedNow* meer gegevens verstrekt over individuele betalingen tussen entiteiten, in plaats van uitsluitend gebundelde afwikkelingen op institutioneel niveau.

In de Verenigde Staten bestaat een belangrijk secundair afwikkelingssysteem, het *Clearing House Interbank Payment System,* oftewel *CHIPS.* Dit particuliere systeem is in handen van meerdere banken. Hoewel het minder dan 50 grote financiële instellingen bedient van de duizenden die er

205 Frederick Schroeder, *Developments in Consumer Electronic Fund Transfers,* Federal Reserve Bulletin 69, 6 (juni 1983).

206 The Federal Reserve, *Fedwire Funds Service: Annual Statistics.*

zijn, verwerkt het jaarlijks transacties ter waarde van honderden biljoenen dollars. Die geselecteerde instellingen nemen namelijk een aanzienlijk deel van de betalingen voor hun rekening. Samen met Fedwire zorgt CHIPS voor het merendeel van het afwikkelingsvolume in de Verenigde Staten. Vrijwel alle transacties die individuen en bedrijven op de hoogste niveaus van het systeem uitvoeren, worden via deze systemen afgehandeld, dichtbij of op het basisniveau van het systeem.[207]

DE INTERNATIONALE VERBINDINGEN

Andere landen hebben hun financiële systeem op een vergelijkbare manier ingericht. Wat zij gemeen hebben, is dat er een centrale bank bestaat die bankreserves en geld in omloop (de monetaire basis) als passiva aanhoudt, gedekt door staatsschuld en andere activa. Daarnaast beheren of faciliteren zij een afwikkelingssysteem tussen banken. De oudste nog werkende centrale bank is de *Riksbank* van Zweden, gevolgd door de *Bank of England* als tweede oudste.

Wat deze landen van de Verenigde Staten onderscheidt, is dat hun centrale banken vaak verbonden zijn met het Amerikaanse *Federal Reserve System*, zoals besproken in Deel 3 van dit boek. Dit komt doordat de Amerikaanse dollar de huidige wereldreservemunt is geworden. Naast het aanhouden van eigen staatsobligaties, beschikken centrale banken buiten de Verenigde Staten doorgaans ook over Amerikaanse *Treasuries*. Bovendien hebben ze vaak enkele staatsobligaties van andere grote landen in bezit.

Wereldwijd hebben tal van organisaties – banken, bedrijven en overheden – schulden die in dollars worden uitgedrukt. Volgens de *Bank for International Settlements* (BIS) bedraagt het totaal aan dollar-genoteerde schulden bij niet-Amerikaanse entiteiten momenteel zo'n 13 biljoen dollar. Het is daarbij belangrijk te benadrukken dat het merendeel van deze schulden niet aan Amerikaanse partijen verschuldigd is. Europese, Japanse, Chinese en andere internationale organisaties lenen vaak in dollars aan andere partijen, ook als geen van beide in de Verenigde Staten is gevestigd. Dit gebeurt vooral wanneer kredietverstrekkers uit ontwikkelde landen geld lenen aan entiteiten in ontwikkelingslanden.[208]

De Amerikaanse *Federal Reserve* fungeert in feite als de centrale boekhouding van de Verenigde Staten en regelt daarmee indirect het kasboek van de hele wereld. Bijna 90 procent van de wereldwijde valutahandel verloopt namelijk in dollars. Bovendien is de dollar goed voor bijna 60 procent van

207 The Clearing House, *About CHIPS*.

208 Bank for International Settlements, *BIS International Banking Statistics and Global Liquidity Indicators*.

de internationale valutareserves en bijna 50 procent van de wereldwijde handelsfacturen en grensoverschrijdende leningen.[209] Alle dollars zijn immers vorderingen op banken, die uiteindelijk terug te voeren zijn op de Amerikaanse monetaire basis, oftewel een vordering op de *Federal Reserve*.

Veel centrale banken hebben nog steeds goud in hun bezit, maar de rol ervan in hun portefeuilles is tegenwoordig minder prominent dan tijdens de tijd van de goudstandaard. Het wereldwijde financiële systeem functioneert nu in een sterk circulaire structuur. Centrale banken houden buitenlandse valutareserves en staatsobligaties aan als onderdeel van hun activa, maar deze gelden tegelijk als verplichtingen van andere centrale banken en overheden. Daardoor zijn de financiële systemen van landen wereldwijd nauw met elkaar verweven in een gezamenlijke, mondiale structuur, die grotendeels wordt gedomineerd door het *Federal Reserve System*.

Hoewel internationale geldovermakingen tegenwoordig sneller verlopen dan in het tijdperk vóór de telecommunicatie, blijft het vaak een traag, duur en ondoorzichtig proces. Overschrijvingen worden regelmatig vertraagd of zelfs geannuleerd, en het is lastig om te achterhalen waar het precies misgaat. Dit komt doordat zulke overboekingen vaak langs meerdere correspondentbanken moeten gaan, er diverse valutaomrekeningen plaatsvinden en er op verschillende niveaus vertrouwd wordt op de onderlinge bankrelaties. Het *SWIFT-systeem*, opgericht in 1973, is het meest gebruikte betalingssysteem tussen banken en functioneert nog steeds op dezelfde wijze als tientallen jaren geleden. Diverse fintech- en geldtransferbedrijven, die gebruikmaken van bestaande bancaire infrastructuren, kunnen betalingen voor kleinere klanten versnellen. Toch liggen de gemiddelde internationale kosten voor geldovermakingen boven de 6%.[210]

---

209 Bafundi Maronoti, *Revisiting the International Role of the Dollar*, BIS Quarterly Review, december 2022.

210 World Bank, *Remittance Prices Worldwide Quarterly*, 7.

HOOFDSTUK 15

HOE FIATGELD WORDT GECREËERD EN VERNIETIGD

Het creëren van fiatgeld brengt doorgaans weinig productiekosten met zich mee. Toch gelden er specifieke regels en mechanismen die bepalen hoe fiatgeld ontstaat en weer verdwijnt. Meestal komt dit doordat nieuwe schulden worden aangegaan en verdwijnt het wanneer schulden worden afgelost of niet worden nagekomen. Daarbij gebruikt het moderne financiële systeem meerdere definities van geld. De twee belangrijkste zijn 'basisgeld' en 'ruim geld'. Deze begrippen zijn essentieel om het systeem goed te doorgronden.

Door de jaren heen is de hoeveelheid van beide geldsoorten enorm toegenomen. Toen de *Federal Reserve* in 1913 werd opgericht, bedroeg het basisgeld \$2,79 miljard en het ruime geld \$19,31 miljard.[211] Eind 2022 stegen deze bedragen naar \$5,4 biljoen (\$5.400 miljard) aan basisgeld en \$21,4 biljoen (\$21.400 miljard) aan ruim geld.[212] In dit hoofdstuk worden beide geldsoorten besproken en wordt uitgelegd hoe iedere soort specifiek tot stand komt of weer verdwijnt. Hoewel de nadruk op de Verenigde Staten ligt, gelden deze principes eigenlijk wereldwijd.

BASISGELD

De monetaire basis, oftewel het basisgeld, vormt de kern van het fiatgeldsysteem. Dit bestaat uit contant geld in omloop en de kasreserves die commerciële banken bij de centrale bank aanhouden.

Deze monetaire basis is een directe claim op de *Federal Reserve*. Aanvankelijk kon men deze basis inwisselen voor goud, mede dankzij een grote

211 Óscar Jordà et al., *Macrofinancial History*.
212 Federal Reserve Economic Data, *Monetary Base, Total; M3 for the United States*.

goudvoorraad. Sinds 1971 is dat echter niet meer zo. Toch blijft de vraag naar Amerikaanse dollars in het financiële systeem hoog. Dit komt omdat de dollar de enige valuta is waarmee in de VS belasting betaald kan worden, de standaard rekeneenheid vormt voor het Amerikaanse banksysteem en al lange tijd verankerd is in de internationale handel. Dankzij dat netwerkeffect en het ontbreken van betere alternatieven beheert de *Federal Reserve* al meer dan een eeuw 's werelds grootste en meest gebruikte boekhoudsysteem.

Figuur 15.1 toont de hoeveelheid geld in omloop naast de reserves in het systeem. Sinds 1960 vormen beide samen de totale monetaire basis.

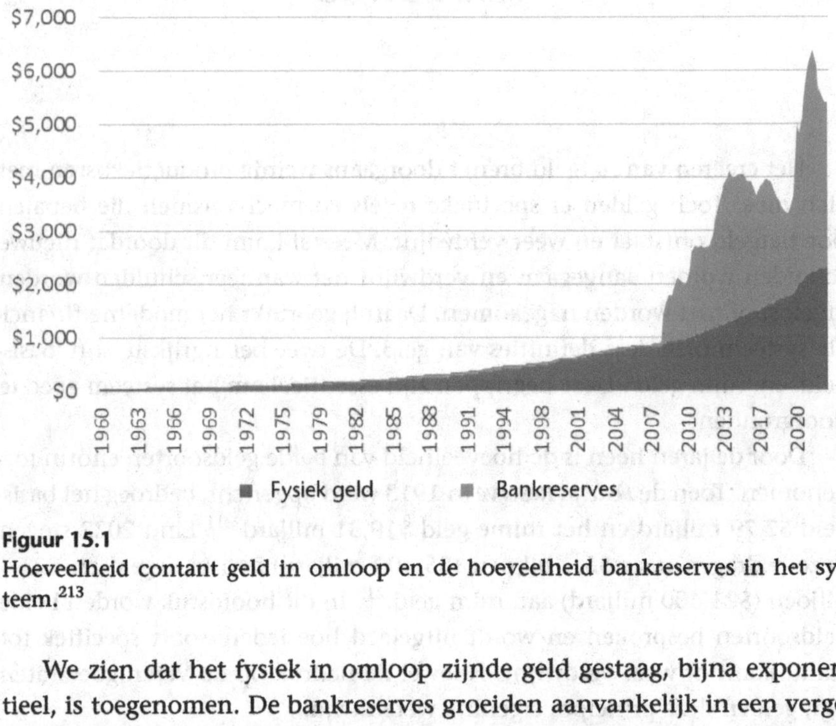

Figuur 15.1
Hoeveelheid contant geld in omloop en de hoeveelheid bankreserves in het systeem.[213]

We zien dat het fysiek in omloop zijnde geld gestaag, bijna exponentieel, is toegenomen. De bankreserves groeiden aanvankelijk in een vergelijkbaar tempo, maar sinds 2008 stegen ze sterker vanwege de noodzaak banken te herkapitaliseren. Ook in de jaren dertig vond een soortgelijke versnelling plaats. Later in dit hoofdstuk lichten we deze details verder toe.

Binnen de *Federal Reserve* zijn bankreserves onderling inwisselbaar. Wij doen onze transacties via diverse betaalmethoden, maar onze banken rekeningen achter de schermen af met hun reserves, bijvoorbeeld via *Fedwire*. Op die manier kunnen banken de *Federal Reserve* vragen om de reserves opnieuw te verdelen.

213 Federal Reserve Economic Data, *Reserves of Depository Institutions; Currency in Circulation.*

In principe zijn fysiek geld en bankreserves onderling inwisselbaar en geven ze dezelfde rechten op de monetaire basis, al gelden er enkele praktische beperkingen. In theorie halen banken het contante geld, dat we massaal tegelijkertijd van onze rekeningen willen opnemen, uit hun reserves. In de praktijk is er echter een beperkte hoeveelheid fysieke valuta beschikbaar, doordat banken doorgaans slechts een kleine voorraad aanhouden. Bij een toeloop op de bank valt al snel op hoeveel fysiek geld je werkelijk kunt (of mag) opnemen.

Het Amerikaanse ministerie van Financiën produceert munten en biljetten. De *Mint* verzorgt de productie van munten, terwijl het *Bureau of Engraving and Printing* verantwoordelijk is voor de bankbiljetten. De *Federal Reserve* brengt vervolgens de valuta in omloop. Ieder jaar plaatst de *Federal Reserve* een bestelling bij het ministerie van Financiën op basis van de verwachte vraag naar contant geld. Dit doet men zowel ter vervanging van beschadigde biljetten als om te voldoen aan de behoefte van mensen die contant geld wensen op te nemen.

Zo bepaalt de *Federal Reserve* de omvang van de monetaire basis en het deel daarvan dat in contanten beschikbaar is voor consumenten.[214] Zoals later in dit hoofdstuk wordt uitgelegd, kan de *Federal Reserve* door middel van diverse methoden nieuwe bankreserves creëren of bestaande reserves vernietigen, waarmee de omvang van de monetaire basis wordt vergroot of verkleind.

RUIME GELDHOEVEELHEID

De ruime geldhoeveelheid is aanzienlijk groter dan het basisgeld en omvat al het geld dat mensen daadwerkelijk in omloop hebben. Dit betreft zowel het contante geld (dat tevens deel uitmaakt van de monetaire basis) als de uitgebreide betaal- en spaarrekeningen en depositobewijzen bij commerciële banken die particulieren en bedrijven aanhouden, gezamenlijk aangeduid als 'bankdeposito's'.

Figuur 15.2 laat zien dat bankdeposito's een ander karakter hebben dan contant geld en bankreserves. In plaats van een directe vordering op de *Federal Reserve* vormen bankstortingen de verplichting van een specifieke commerciële bank.

Figuur 15.3 illustreert de groei van de ruime geldhoeveelheid in het Amerikaanse financiële systeem sinds 1990:

De ruime geldhoeveelheid omvat zowel het geld dat mensen en bedrijven voor transacties gebruiken als onze spaargelden. Dit vormt in ons da-

214 Sumner, *Money Illusion*, 48–49.
215 Federal Reserve Economic Data, *M2*.

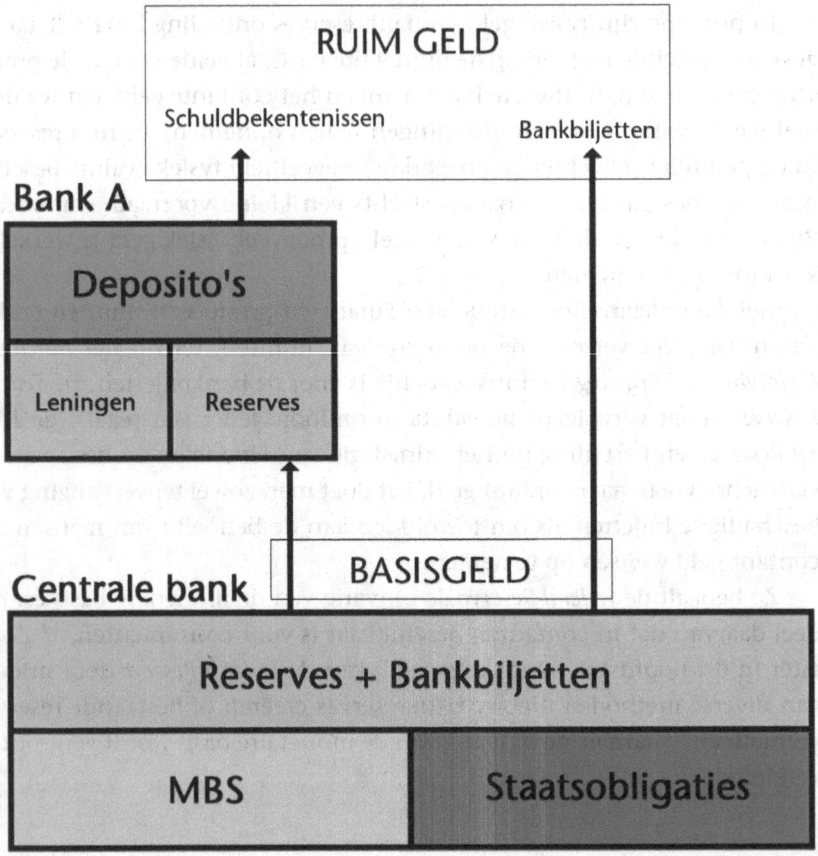

Figuur 15.2
Basisgeld en ruim geld.

gelijks leven wat we ervaren als 'ons geld'. We gaan er vaak vanuit dat iedere euro zonder problemen kan worden ingeruild voor een andere euro. In werkelijkheid ruilen we, zodra we contante euro's bij de bank storten, een directe vordering op de centrale bank in voor een fractionele aanspraak op diezelfde basiswaarde.[216]

Wanneer een commerciële bank failliet gaat, kunnen zowel consumenten als bedrijven hun spaargeld kwijtraken. Dit kan ervoor zorgen dat de totale geldhoeveelheid afneemt. Zo'n situatie deed zich op grote schaal voor in de jaren dertig, tijdens de Grote Depressie. Om dit in de toekomst te beperken, werd in 1933 de *Federal Deposit Insurance Corporation* (*FDIC*) opgericht. Deze overheidsinstantie, die haar financiering haalt uit bijdragen van banken, garandeert spaartegoeden tot $250.000 per rekening bij een

216 Bhatia, *Layered Money*, 92–94, 137–139.

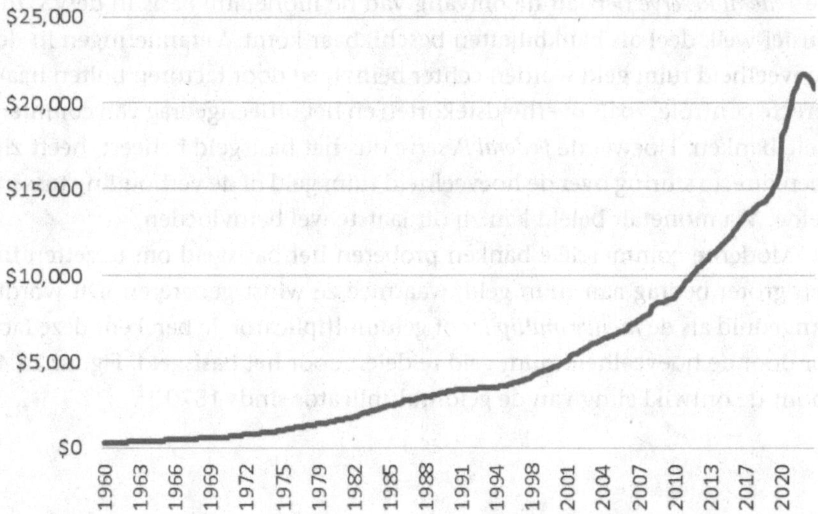

Figuur 15.3
Hoeveelheid ruim geld in de VS (1960–2023, in miljard $).[215]

faillissement.

Het voornaamste doel van de *FDIC* is het vertrouwen van consumenten behouden bij individuele bankfaillissementen. Ze wil bankruns voorkomen in plaats van een keten van faillissementen bij meerdere banken tegelijkertijd. In de praktijk heeft de *FDIC* slechts de middelen om een klein deel van de bankfaillissementen op te vangen wanneer een grote financiële crisis uitbreekt. Een dergelijke crisis leidt meestal tot ingrijpende fiscale en monetaire maatregelen door het ministerie van Financiën en de *Federal Reserve*, die extra geld bijdrukken om een deflatoire ineenstorting van het systeem en maatschappelijke onrust te voorkomen — de reddingsoperaties van 2008 en 2023 zijn hier recente voorbeelden van. Deze maatregelen vallen echter buiten het bevoegdheidsgebied van de *FDIC*. Zonder instemming van het Congres blijft een groot deel van de banktegoeden kwetsbaar wanneer het banksysteem, dat sterk leunt op vreemd vermogen, op grote schaal faalt.

De meeste landen hanteren, net als de VS, een soortgelijke structuur voor zowel basisgeld als ruim geld. De centrale bank beheert het basisgeld, terwijl het commerciële banksysteem zorgt voor de circulatie van het uitgebreide ruime geld. Dit ruime geld vormt een indirecte en fractionele aanspraak op het onderliggende basisgeld.

DE RELATIE TUSSEN RUIM GELD EN BASISGELD

De *Federal Reserve* bepaalt de omvang van de monetaire basis in de VS, inclusief welk deel als bankbiljetten beschikbaar komt. Veranderingen in de hoeveelheid ruim geld worden echter beïnvloed door factoren buiten haar directe controle, zoals overheidstekorten en het uitleengedrag van commerciële banken. Hoewel de *Federal Reserve* dus het basisgeld beheert, heeft zij geen directe sturing over de hoeveelheid ruim geld of de verhouding tussen beide. Via monetair beleid kan zij dit laatste wel beïnvloeden.

Moderne commerciële banken proberen het basisgeld om te zetten in een groter bedrag aan ruim geld, waarmee ze winst genereren. Dit wordt aangeduid als de *money multiplier* of geldmultiplicator. Je berekent deze factor door de hoeveelheid ruim geld te delen door het basisgeld. Figuur 15.4 toont de ontwikkeling van de geldmultiplicator sinds 1870.

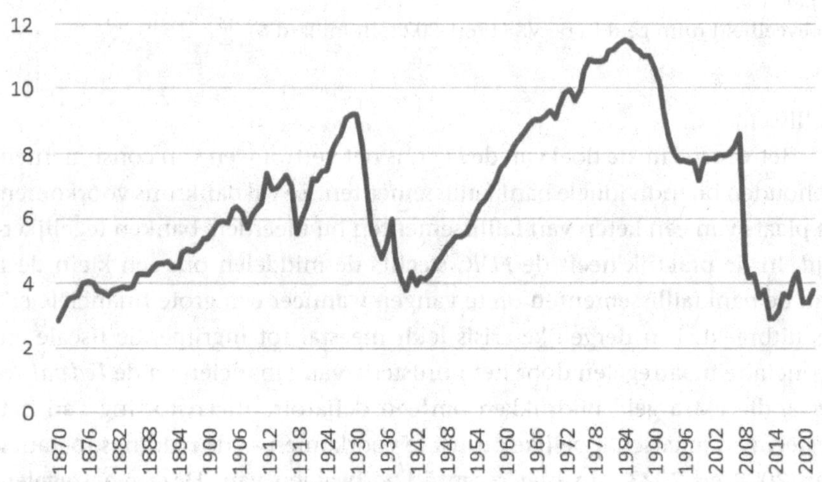

Figuur 15.4
Verhouding ruim geld versus basisgeld, ofwel de geldmultiplicator in de VS (1870-2023).[217]

Wanneer een bank een lening verstrekt, bijvoorbeeld voor de aankoop van een huis, krijgt de koper een nieuw bankdeposito, terwijl de bank een reserve aan de bank van de verkoper moet overmaken. Hierdoor neemt zowel het aantal commerciële bankdeposito's als het ruime geld in het systeem toe. Bij het 'uitlenen' van reserves verandert de totale hoeveelheid

217 Jordà et al., *Macrofinancial History*.

bankreserves niet; alleen de locatie en het eigendom van die reserves verschuiven binnen het systeem. Eenvoudiger gezegd: leningen zorgen voor de creatie van deposito's.[218]

Een afzonderlijke bank kan *leverage* (hefboomfinanciering) toepassen door geld te lenen of effecten aan te kopen. Hierdoor dalen haar kasreserves bij de centrale bank. Zodra de bank leent of effecten koopt, ontstaan er elders in het financiële systeem nieuwe deposito's, waardoor reserves van de geldgevende bank naar de ontvangende bank verschuiven. Omgekeerd kan een bank ook activa verkopen, wat leidt tot een toename van haar kasreserves. De koper van deze activa betaalt met bankdeposito's, waardoor op een andere plek in het systeem reserves verplaatst worden.

Het banksysteem kan niet gezamenlijk bepalen hoeveel bankreserves er in totaal zijn; elke bank beslist zelfstandig hoe zij haar reserves inzet. Banken kunnen de geldmultiplicator verhogen door meer leningen te verstrekken, maar ze kunnen de totale hoeveelheid bankreserves niet wijzigen. Wat zij wel kunnen, is hun reserves verplaatsen en hun hefboom aanpassen, afhankelijk van hoeveel deposito's ze creëren.

Ook kan het Amerikaanse ministerie van Financiën de omvang van haar kasrekening bij de *Federal Reserve* beïnvloeden Deze kasrekening vormt een specifieke hoeveelheid bankreserves. Zo kan de schatkist haar rekening aanvullen door staatsobligaties uit te geven, wat resulteert in een flinke instroom van contant geld dat tijdelijk wordt aangehouden op haar kasrekening bij de *Federal Reserve*. Hierdoor krimpen andere bankreserves evenredig. Als de schatkist meer uitgeeft dan zij ontvangt, daalt de kasrekening. Het geld vindt zijn weg via de bankrekeningen van mensen en bedrijven en keert via het verrekenproces weer terug naar de bankreserves elders in het systeem.

In theorie kan het publiek overtollige bankreserves omzetten in contant geld of contant storten bij een bank, zodat deze het vervolgens omzet in reserves. In de praktijk blijft het aanbod van contant geld echter bewust beperkt. Als mensen gezamenlijk proberen hun bankreserves in contanten op te nemen, kan de bank dit weigeren vanwege onvoldoende fysiek geld of lagere opnamelimieten. Immers, elk jaar bepaalt de *Federal Reserve* hoeveel extra contant geld in omloop komt. Zo oefent zij veel invloed uit op de verhouding tussen circulerend geld en bankreserves, die samen de monetaire basis vormen.

Wanneer banken soepel werken, geld snel circuleert en er wederzijds vertrouwen heerst, functioneert het banksysteem vrijwel vlekkeloos. Banken opereren dan effectief met een hoge geldmultiplicator en minimale

218 Michael McLeay et al., *Money Creation in the Modern Economy*, 14–15.

reserves. Hoewel dit systeem inherent instabiel is, blijven de risicofactoren vaak verborgen. Heeft een bank extra liquiditeit nodig doordat klanten geld opnemen, dan verkoopt zij een deel van haar activa of leent zij geld van andere banken. Dit doet denken aan een stoelendans waarbij de muziek hard speelt en iedereen blijft doorgaan. Maar zodra de hefboomwerking te ver doorschiet of het vertrouwen tussen banken afneemt door dreigende faillissementen, worden zij terughoudend in het uitlenen van geld. Dan vertraagt de muziek, of stopt zij zelfs volledig. Op dat moment wordt het probleem van een hoge verhouding tussen ruim geld en basisgeld duidelijk. Deposito's lopen het risico niet volledig te worden uitbetaald, tenzij de centrale bank extra basisgeld in het systeem pompt.

Met behulp van 'kwantiatieve verruiming' of *quantitative easing* (*QE*) kan de *Federal Reserve* nieuw basisgeld creëren. Zij schept vervolgens bankreserves uit het niets en koopt daarmee activa, zoals staatsobligaties of hypothecaire waardepapieren. Feitelijk betreft het een ruiltransactie: de *Federal Reserve* creëert reserves en de verkopers leveren hun obligaties in. De nieuwe reserves worden eigendom van een commerciële bank (en vormen een verplichting voor de *Federal Reserve*), terwijl de *Federal Reserve* de bijbehorende effecten als activa boekt. Haar totale activa en passiva groeien evenredig, waardoor de monetaire basis toeneemt.

Ook kan de *Federal Reserve* de hoeveelheid basisgeld verminderen via 'kwantitatieve verstrakking' *quantitative tightening* (*QT*). Zij verkoopt dan obligaties of laat deze aflopen zonder nieuwe aanschaf, waarbij de terugbetaalde hoofdsom uit de reserves wordt verwijderd. Hierdoor nemen zowel haar activa als passiva evenredig af.

Op zichzelf hebben *QE* en *QT* geen direct groot effect op de ruime geldhoeveelheid, zeker op korte termijn. Ze beïnvloeden vooral de monetaire basis. Maar als de Amerikaanse federale overheid een fors fiscaal tekort heeft en de *Federal Reserve* dat (indirect) financiert door nieuwe bankreserves te creëren voor de aankoop van staatsobligaties op de secundaire markt, resulteert dat wel direct in extra ruim geld. Daarmee wordt het traditionele pad via bankkrediet overgeslagen.

Als de Amerikaanse federale overheid daarentegen langere tijd grote begrotingsoverschotten zou behalen (meer belastinginkomsten dan uitgaven) en de commerciële banken weinig uitlenen, kan de ruime geldhoeveelheid juist afnemen. In de praktijk gebeurt dit echter zelden en vaak slechts tijdelijk. Evenzo kan een grootschalig faillissement van banken zonder reddingsplan of *FDIC*-dekking leiden tot een krimp van het ruime geld; dat zagen we begin jaren dertig, maar daarna werd dit voorkomen.

BOEKHOUDING VAN BANKRESERVES: VOORBEELDEN

De rest van dit hoofdstuk laat in zes voorbeelden zien hoe de creatie van basis- en ruim geld in zijn werk gaat. Daarbij komen bankleningen, QE en fiscale tekorten aan bod. Zo wordt duidelijk hoe de acties van banken, de *Federal Reserve* en de overheid het niveau en de locatie van bankreserves en de ruime geldhoeveelheid beïnvloeden. Vind je deze details minder relevant, dan kun je direct naar de samenvatting aan het einde van het hoofdstuk gaan. Voor de rest van het boek is diepgaande kennis hierover niet per se nodig.

In november 2020, tijdens de *COVID-19*-pandemie, schreef ik deze voorbeelden voor een artikel met de titel *Banks, QE, and Money-Printing.*[219] Ik wilde aantonen waarom de fiscale en monetaire stimulans van die tijd waarschijnlijk zou leiden tot inflatie in consumentenprijzen, in tegenstelling tot de QE-periode na 2008. Veel analisten onderschatten de kans op aanzienlijke prijsinflatie in 2021 en 2022, doordat zij de rol van overheidsbestedingen als transmissiemechanisme niet zagen en het verschil tussen ruim geld en basisgeld onderschatten.[220] Uiteindelijk zagen we in de tweede helft van 2021 een duidelijk stijgende inflatie, die in 2022 piekte op het hoogste niveau in decennia.[221]

Elk voorbeeld draait om Marie, Sara en hun respectievelijke banken: de *Federal Reserve* en het Amerikaanse ministerie van Financiën (*U.S. Treasury*). In alle zes voorbeelden heeft elke entiteit een kolom met **A | P**, voor activa en passiva. Elk blok **A** of **P** staat voor $1.000.

- **D** duidt een klantendeposito van $1.000 bij de bank aan.
- **R** geeft de kasreserve van $1.000 weer die een bank aanhoudt bij de *Federal Reserve.*
- **T** vertegenwoordigt een staatsobligatie (*Treasury bond*) van $1.000.
- Andere bezittingen, zoals een tweedehandsauto van $1.000, worden aangeduid met **A**, terwijl een autolening van $1.000 met **L** wordt gesymboliseerd.

Voor een consument of bedrijf betekent een deposito (**D**) een actief, maar voor de commerciële bank is het een verplichting. Een reserve (**R**)

---

219 Lyn Alden, *Banks, QE, and Money-Printing*; voorbeelden gebaseerd op het *Bank of England*-artikel van Michael McLeay et al., *Money Creation in the Modern Economy*.

220 Zie bijvoorbeeld Elizabeth Schulze, *Here's Why Economists Don't Expect Trillions of Dollars in Economic Stimulus to Create Inflation*, CNBC; Lizzie O'Leary, *Financial Panic: Inflation Isn't a Risk*, Washington Post; Paul Krugman, *Covid's Economic Mutations*, New York Review of Books; Ben Bernanke, *21st Century Monetary Policy*, hfst. 10; Richard Clarida et al., *The COVID-19 Crisis and the Federal Reserve's Policy Response*, 7–8.

221 Zelfs critici als George Selgin merkten kort voor de uitbraak van inflatie op dat het 'verre van acuut' leek; zie George Selgin, *The Fiscal and Monetary Response to COVID-19*, 13.

vormt voor de commerciële bank een actief, maar geldt voor de centrale bank als passief. Een staatsobligatie (T) is een actief voor de eigenaar (bank, *Fed* of particulier) en vertegenwoordigt tegelijkertijd een passief voor de overheid. Een lening (L) of hypotheek (H) betekent voor de kredietverstrekker een actief, maar voor degene die de lening óntvangt, een schuld.

VOORBEELD 1: EEN BANK VERSTREKT EEN LENING

Dit eenvoudige voorbeeld laat zien hoe een bank nieuwe deposito's en geld kan creëren zonder het aantal reserves binnen het systeem te verlagen. Marie koopt van Sara een tweedehandsauto met een lening van haar bank.

Figuur 15.5 toont de begin-, tussen- en eindtoestand in een grafische weergave. Hieronder volgt een toelichting. Wijzigingen zijn in de figuur onderstreept.

Begintoestand

Marie begint met een blok **D** van $1.000 aan activa, wat neerkomt op een deposito bij haar bank. Ze heeft verder geen schulden. Voor haar bank, die zelf nauwelijks schulden heeft, vormt haar storting een passivum van $1.000. Daarnaast beschikt de bank over twee reserveblokken **R** ter waarde van samen $2.000, die bij de *Fed* worden bewaard.

Sara start met de activa **DDDA**, bestaande uit deposito's ter waarde van $3.000 en een auto van $1.000. Ze heeft geen schulden. De deposito's **DDD** worden door de bank als schuld beschouwd. De bank belegt haar bezittingen hoofdzakelijk in staatsobligaties **TTT**. Tevens bezit de bank een reserveblok **R** bij de *Federal Reserve*.

De *Federal Reserve* ziet de drie reserveblokken van beide banken als passiva en bezit drie blokken staatsobligaties als activa. De banken maken net zo gebruik van de *Federal Reserve* als Marie en Sara van hun eigen bank. Dat betekent dat zij hun kasreserves op hun rekeningen bij de *Federal Reserve* stallen. Deze reserves vormen de passiva van de *Federal Reserve*.

Het Amerikaanse ministerie van Financiën, ook wel *U.S. Treasury Department* genoemd, heeft zes blokken staatsobligaties uitgegeven als passiva. Voor de eenvoud worden de activa niet vermeld, maar in werkelijkheid bestaan deze uit werkkapitaal, diverse federale gebouwen en stukken grond, militaire activa en vooral de bevoegdheid om belastingen te innen. In dit voorbeeld behoren de zes staatsobligaties toe aan de *Federal Reserve* en de bank van Sara.

In totaal circuleren er vier depositoblokken (**D**): voor Marie en Sara vormen hun tegoeden een activum, terwijl ze voor hun banken als passiva gel-

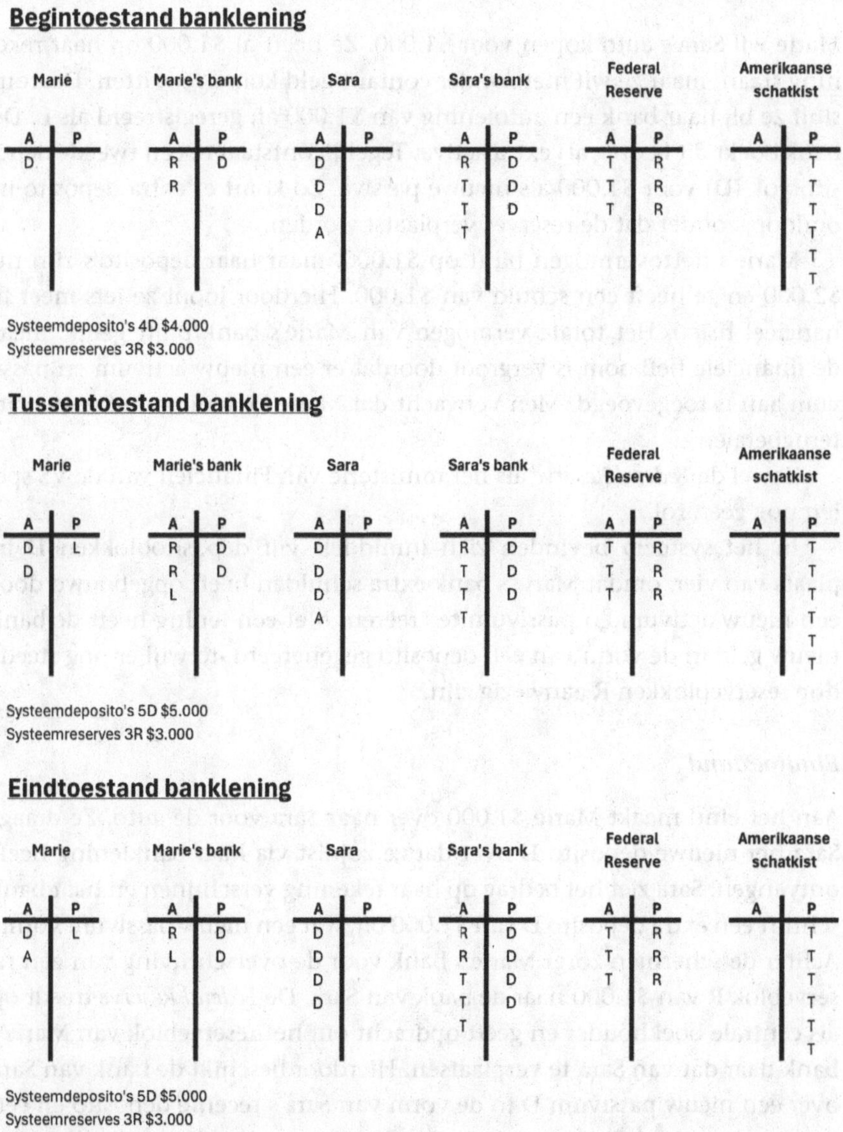

Figuur 15.5
Schematische voorstelling van voorbeeld 1

den. Bovendien kent het systeem drie reserveblokken (**R**): voor de banken vertegenwoordigen deze activa; voor de centrale bank vormen ze passiva.

Tussentoestand

Marie wil Sara's auto kopen voor $1.000. Ze heeft al $1.000 op haar rekening staan, maar ze wil niet zonder contant geld komen te zitten. Daarom sluit ze bij haar bank een autolening van $1.000 af, geregistreerd als **L**. De bank boekt dit bedrag als extra activa. Tegelijk ontstaat er een tweede depositoblok (**D**) voor $1.000 als nieuwe passiva. Zo komt er extra deposito in omloop, zonder dat de reserves verplaatst worden.

Marie's nettovermogen blijft op $1.000, maar haar deposito's zijn nu $2.000 en ze heeft een schuld van $1.000. Hierdoor loopt ze iets meer financieel risico. Het totale vermogen van Marie's bank blijft gelijk, maar de financiële hefboom is vergroot doordat er een nieuw activum en passivum aan is toegevoegd. Men verwacht dat Marie de lening met rente kan terugbetalen.

Zowel de *Federal Reserve* als het ministerie van Financiën van de VS spelen nog geen rol.

In het systeem bevinden zich inmiddels vijf depositoblokken **D** in plaats van vier, omdat Marie's bank extra schulden heeft opgebouwd door een nieuw activum en passivum te creëren. Met een lening heeft de bank nieuw geld in de vorm van een deposito gegenereerd, terwijl er nog steeds drie reserveblokken **R** aanwezig zijn.

Eindtoestand

Aan het eind maakt Marie $1.000 over naar Sara voor de auto. Ze draagt Sara het nieuwe deposito **D** over dat ze zojuist via haar banklening heeft ontvangen. Sara ziet het bedrag op haar rekening verschijnen en haar bank schrijft een extra deposito **D** van $1.000 bij, wat een nieuw passivum vormt. Achter de schermen zorgt Marie's bank voor de overschrijving van een reserveblok **R** van $1.000 naar de bank van Sara. De *Federal Reserve* treedt op als centrale boekhouder en geeft opdracht om het reserveblok van Marie's bank naar dat van Sara te verplaatsen. Hierdoor beschikt de bank van Sara over een nieuw passivum **D** in de vorm van Sara's recente deposito en een nieuw reserveblok **R** als activum. Omdat er momenteel geen kredietwaardige klanten voor leningen zijn, besluit de bank het nieuwe reserveblok voorlopig op haar *Federal Reserve*-rekening te laten staan.

De eindtoestand van de *Federal Reserve* blijft per saldo onveranderd. Dit komt doordat de boekhouding voor de twee commerciële banken is aangepast. Marie's bank stuurde immers een reserveblok **R** van $1.000 naar Sara's bank. Eerder boekte de *Federal Reserve* **RR** voor Marie's bank en **R** voor Sara's bank in het kasboek. Inmiddels wijst zij **R** toe aan Marie's bank en **RR** aan Sara's bank. Voor de *Federal Reserve* gelden deze reserveblokken als passiva, terwijl ze bij de klantbanken als activa op de balans staan.

De situatie bij het Amerikaanse ministerie van Financiën blijft ook ongewijzigd. In tegenstelling tot de *Federal Reserve* was het ministerie zich niet bewust van deze transactie.

Net als in de tussentoestand heeft het systeem nog steeds drie reserveblokken **R**. Er staan vijf depositoblokken **D** op, wat betekent dat er één extra depositoblok is ten opzichte van de beginsituatie. Dit extra blok ontstond door de banklening van Marie.

Dit voorbeeld illustreert dat wanneer een bank haar reserves inzet voor het verstrekken van leningen, deze reserves niet verdwijnen. Het geld belandt bij een andere bank en het overeenkomstige reservebedrag wordt daar overgeboekt. Het totale aantal reserves of basisgeld in het systeem blijft gelijk, maar de hefboomwerking neemt toe. Hierdoor ontstaan meer consumentendeposito's en neemt het aanbod van 'ruim geld' toe. Met andere woorden, de geldmultiplicator (D/R, 'ruim geld' ten opzichte van basisgeld) stijgt van 4-op-3 naar 5-op-3.

Elke bank kan haar eigen reserves verhogen of verlagen door activa te kopen of te verkopen, of door leningen te verstrekken. Deze reserves verplaatst de bank van of naar andere banken. Ze worden hierdoor immers niet gecreëerd of vernietigd. Wat wel verandert, is het aantal deposito's dat op deze reserves is gebaseerd, afhankelijk van het genomen risico en de kredietwaardige mogelijkheden die de bank ziet voor het uitlenen van geld.

VOORBEELD 2: DE *FEDERAL RESERVE* VOERT *QE* UIT VIA BANKEN

Dit voorbeeld is realistischer omdat het banksysteem een hoger schuldniveau heeft. In dit geval past de *Federal Reserve* kwantitatieve verruiming toe. Ze creëert nieuwe reserves om bestaande activa van de banken op te kopen, omdat de claims op basisgeld groter zijn dan de beschikbare hoeveelheid. Banken bezitten doorgaans veel niet-liquide activa, zoals hypothecaire leningen. Daarom besluit de *Federal Reserve* een deel van deze activa over te nemen en op haar balans op te nemen. Zo genereert zij extra liquide middelen (extra reserves) voor het banksysteem.

Figuur 15.6 toont de begin- en eindtoestand, terwijl de tussentoestand niet wordt meegenomen.

QE - Begintoestand

Marie		Marie's bank		Sara		Sara's bank		Federal Reserve		Amerikaanse schatkist	
A	P	A	P	A	P	A	P	A	P	A	P
W	H	R	D	W	H	R	D	T	R		T
A	L	T	D	C	L	T	D	T	R		T
D		T	D	D		T	D				T
D		H	D	D		H	D				T
D		L		D		L					T
D				D							T

Systeemdeposito's 8D $8.000
Systeemreserves 2R $2.000

QE - Eindtoestand

Marie		Marie's bank		Sara		Sara's bank		Federal Reserve		Amerikaanse schatkist	
A	P	A	P	A	P	A	P	A	P	A	P
W	H	R	D	W	H	R	D	T	R		T
A	L	R	D	C	L	R	D	T	R		T
D		R	D	D		R	D	T	R		T
D		T	D	D		T	D	T	R		T
D		L		D		L		H	R		T
D				D				H	R		T

Systeemdeposito's 8D $8.000
Systeemreserves 6R $6.000

Figuur 15.6
Schematische voorstelling van voorbeeld 2

Begintoestand

In dit voorbeeld zijn Sara en Marie identiek. Beide bezitten een woning **W**, een auto **A** en $4.000 aan deposito's **DDDD** bij hun banken. Ook hebben zij dezelfde schulden: een autolening **L** en een hypotheek **H**.

De banken zijn eveneens identiek. Zij hebben elk $4.000 aan klantendeposito's (**DDDD**) als passiva, die zij aan respectievelijk Marie en Sara verschuldigd zijn. Aan de activakant beschikken ze over **RTTHL**, wat staat voor één reserveblok, twee treasury-blokken, één hypotheek en één autolening. De banken maken gebruik van een hoge hefboom, met relatief veel activa en verplichtingen tegenover hun enige reserveblok.

De *Federal Reserve* is in dit voorbeeld klein, met slechts **RR** aan verplichtingen voor de reserveringen van haar lidbanken – namelijk één per bank – en **TT** aan activa.

De *U.S. Treasury* vermeldt **TTTTTT** aan passiva, die toebehoren aan de banken en de *Federal Reserve*.

Het systeem kent acht depositoblokken (D) en twee reserveblokken (R), waardoor de geldmultiplicator oploopt tot een verhouding van 8 tegenover 2.

Eindtoestand

In dit geval signaleert de *Federal Reserve* dat zowel Marie's als Sara's bank slechts één reserveblok heeft. Volgens de regelgeving moeten banken minimaal één reserveblok aanhouden. Dit houdt in dat ze niet meer kunnen uitlenen of extra geld in omloop brengen. Zelfs zonder specifieke liquiditeitseisen vrezen banken dat ze niet in staat zijn om opnameverzoeken af te handelen als de verhouding tussen reserves en deposito's ongunstig is. De *Federal Reserve* wil immers dat banken soepel kredieten kunnen verstrekken. Daarom besluiten ze om de banken te versterken door extra reserveblokken toe te kennen. In tegenstelling tot de fiscale autoriteiten, zoals het Congres en de President, kan de *Federal Reserve* echter niet zomaar gratis geld weggeven; er dient altijd een tegenprestatie te zijn.

De *Federal Reserve* creëert uit het niets vier nieuwe reserveblokken: twee voor Marie's bank en twee voor Sara's bank. Deze nieuwe blokken vormen passiva voor de *Federal Reserve* en activa voor de betrokken banken. In ruil hiervoor neemt de *Federal Reserve* van elke bank één hypotheekblok en één *Treasury*-blok over. Daardoor vult zij haar activa aan met **TTHH** en haar passiva met **RRRR**.

De banken voelen zich nu aanzienlijk zekerder. Ze beschikken over voldoende overtollige reserves als activa en hebben minder staatsobligaties en hypotheken in bezit. Hun balans is liquider, omdat reserves sneller inzetbaar zijn dan staatsobligaties en hypotheken. Als zij besluiten geld uit te lenen of extra effecten aan te schaffen, kunnen zij dat doen dankzij hun grote voorraad reserves, zonder zich zorgen te maken over liquiditeitsproblemen. Tot dusver hebben zij echter nog geen extra geld uitgeleend, waardoor zowel het aantal deposito's als de geldhoeveelheid in het systeem onveranderd blijft. Onder de motorkap zien we dat de banken nu minder vreemd vermogen en meer liquide middelen hebben. Ze beschikken over voldoende reserves in verhouding tot hun depositoschulden en bezittingen in het algemeen.

Marie en Sara merken hier niets van. Ze bezitten nog steeds hetzelfde als waarmee ze begonnen, en waren zich niet bewust van deze veranderingen.

De *Federal Reserve* beschikt nu over meer activa en passiva, maar het eigen vermogen blijft ongewijzigd.

Het *U.S. Treasury Department* is netto onveranderd. Het enige verschil is dat het nu twee staatsobligaties op naam van de *Federal Reserve* heeft in plaats van bij particuliere banken, omdat de *Federal Reserve* de staatsobligaties van beide banken heeft overgekocht.

Er blijven acht depositoblokken **D** in het systeem, maar het aantal reserveblokken **R** is gestegen van twee naar zes. Hierdoor is de geldmultiplicator nu 8 op 6. De hoeveelheid ruim geld is hetzelfde gebleven, maar de hoeveelheid basisgeld is toegenomen. Dit volgt uit de beslissing van de *Federal Reserve* om bankactiva op te kopen met nieuwe reserves. Het banksysteem is geherkapitaliseerd en beschikt nu over veel meer uitleenvermogen.

Kwantitatieve verruiming is op zich doorgaans niet inflatoir voor de consumentenprijzen, al denken veel mensen van wel. Het geld bereikt consumenten zoals Marie en Sara nog niet; het blijft binnen het bancaire systeem. Dit proces vormt echter een vroege basis voor toekomstige inflatie, doordat de monetaire basis en de algemene liquiditeit van banken toenemen. Het werkt daardoor eerder 'anti-deflatoir', omdat men daarmee een bankencrisis probeert te voorkomen door te zorgen voor voldoende liquiditeit en uitleenvermogen. Op dit moment veroorzaakt het echter nog geen inflatie.

Prijsinflatie zal waarschijnlijk pas optreden wanneer Marie en Sara plotseling veel meer spaargeld hebben en met dat geld dezelfde hoeveelheid goederen en diensten willen aanschaffen. Aangezien geen van beiden momenteel meer spaargeld bezit dan waarmee ze begonnen, is er geen reden om inflatie te verwachten. Het totale bedrag aan consumentendeposito's in het systeem blijft gelijk.

VOORBEELD 3: DE *FEDERAL RESERVE* VOERT QE UIT VIA NIET-BANKEN

In dit derde voorbeeld stappen we opnieuw in een eenvoudig systeem dat sterk lijkt op dat uit voorbeeld 1. Waar Sara eerder een auto als extra bezit had, beschikt ze nu over een staatsobligatie.

Sara besluit haar staatsobligatie te verkopen, maar op dat moment is er weinig belangstelling. Daarom grijpt de *Federal Reserve* in en past ze kwantitatieve verruiming (QE) toe door haar obligatie op te kopen. Het effect hiervan wijkt af van de aanpak waarbij de centrale bank staatsobligaties uit het banksysteem overneemt. Dit proces wordt getoond in Figuur 15.7.

Begintoestand

Het begin lijkt op voorbeeld 1, maar nu bezit Sara een staatsobligatie in plaats van een auto. We starten met vier deposito's **D** in het systeem en drie reserves **R**.

Sara besluit haar staatsobligatie daadwerkelijk te verkopen, wat zou kunnen leiden tot een liquiditeitscrisis. Dit is al eerder voorgekomen, maar

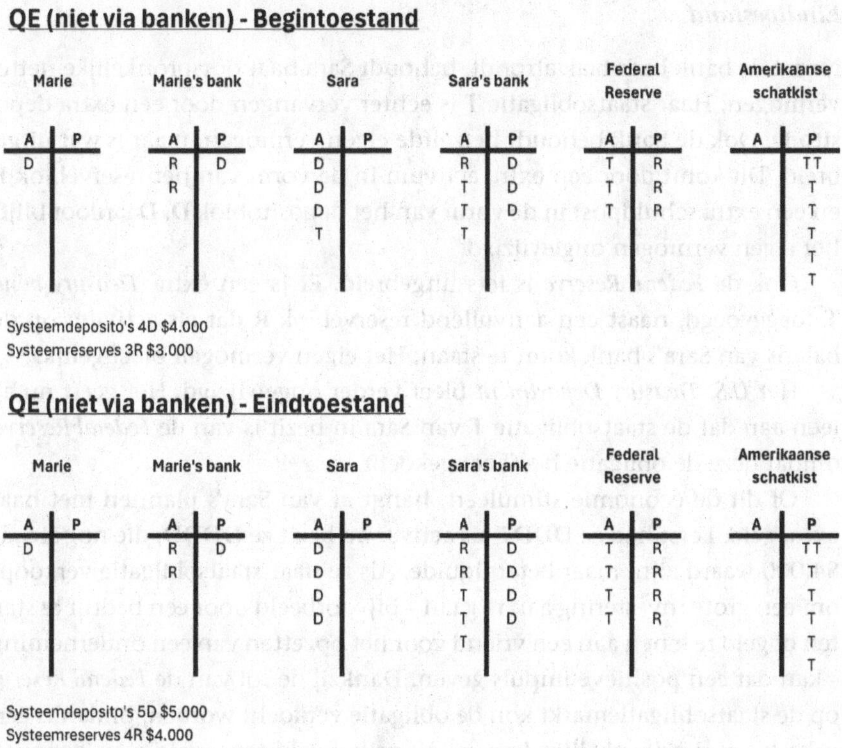

Figuur 15.7
Schematische voorstelling van voorbeeld 3

noch Marie noch de banken hebben echt interesse in de aankoop ervan, zoals in maart 2020 in de Verenigde Staten en in september 2022 in het Verenigd Koninkrijk.

Daarom kiest de *Federal Reserve* ervoor de Treasury bond te kopen om een liquiditeitscrisis te voorkomen. Zij creëert een nieuwe bankreserve **R** vanuit het niets. De commerciële bank krijgt de opdracht om Sara's staatsobligatie **T** aan te schaffen met een nieuw deposito **D**. Vervolgens levert de bank de staatsobligatie aan de *Federal Reserve,* waarna zij in ruil de nieuwe bankreserve **R** ontvangt.

Kortom, de *Federal Reserve* kocht Sara's Treasury bond met een gloednieuwe reserve, waarbij de bank als tussenpersoon optrad. Sara en de *Federal Reserve* hadden nooit direct contact. Sara verkocht de staatsobligatie aan haar bank voor een deposito **D**. Daarna verkocht de bank de staatsobligatie aan de *Federal Reserve,* die deze aanschafte met een nieuwe reserve **R**.

Eindtoestand

Nadat de bank haar taak afrondt, behoudt Sara haar oorspronkelijke nettovermogen. Haar staatsobligatie **T** is echter vervangen door een extra deposito **D**. Ook de bank behoudt hetzelfde eigen vermogen, maar is wat uitgebreid. Dit komt door een extra activum in de vorm van het reserveblok **R** en een extra schuldpost in de vorm van het depositoblok **D**. Daardoor blijft het eigen vermogen ongewijzigd.

Ook de *Federal Reserve* is iets uitgebreid. Er is een extra *Treasury bond* **T** toegevoegd, naast een aanvullend reserveblok **R** dat als activum op de balans van Sara's bank komt te staan. Het eigen vermogen bleef gelijk.

Het *U.S. Treasury Department* bleef verder ongewijzigd. Het geeft nu alleen aan dat de staatsobligatie **T** van Sara in bezit is van de *Federal Reserve*, omdat deze de obligatie heeft aangekocht.

Of dit de economie stimuleert, hangt af van Sara's plannen met haar extra geld. Eerst had ze **DDDT** als activa; nu bezit ze **DDDD**, die nog steeds $4.000 waard zijn, maar beter liquide. Als ze haar staatsobligatie verkoopt om een grote investering aan te gaan – bijvoorbeeld door een bedrijf te starten of geld te lenen aan een vriend voor het opzetten van een onderneming – kan dat een positieve impuls geven. Dankzij de rol van de *Federal Reserve* op de staatsobligatiemarkt kon de obligatie verkocht worden, ondanks een gebrek aan daadwerkelijke kopers. Als ze het geld echter als extra deposito **D** behoudt in plaats van de staatsobligatie **T**, verandert er niets. Het blijft dan aan haar bank om te bepalen wat ermee gebeurt.

Op de passivazijde van Sara's bank staan, vergeleken met de oorspronkelijke balans, nu extra reserve- en depositoblokken. Dit wijst erop dat de bank is gegroeid en over een grotere leencapaciteit beschikt, wat haar liquiditeit ten goede komt. Zo kan ze bijvoorbeeld een bedrijfslening of consumentenlening verstrekken, wat de economie stimuleert. Schat de bank daarentegen het risico in de economie te hoog in of ontbreken kredietwaardige klanten, dan behoudt ze haar veilige **RRTTT**-activa en blijft zij inactief. In dat geval heeft de situatie weinig effect op de economie.

Momenteel zitten er vijf deposito's **D** in het systeem, terwijl dit in de beginfase nog vier waren. Ook telt het systeem vier reserveblokken **R**, vergeleken met drie in de beginfase.

Er is meer liquiditeit in het systeem door een toename van zowel het basisgeld als het ruime geld. Het ruime geld blijft echter bij Sara en haar bank liggen, waardoor de omloopsnelheid laag blijft. Door de toegenomen hoeveelheid ruim geld en reserves is de inflatoire potentie gestegen, maar de consumentenprijsinflatie blijft uit. Sara heeft niet echt meer vermogen; ze beschikt enkel over iets extra liquiditeit.

In dit voorbeeld heeft de *Federal Reserve* het ruime geld direct vergroot, zonder dat banken particuliere leningen verstrekten of dat de federale overheid uitgaven deed. Of dit effect daadwerkelijk in werking treedt, hangt af van wat Sara en haar bank met hun extra liquiditeit doen. Zelfs als het effect optreedt, kan de *Federal Reserve* dit niet herhalen, aangezien noch Marie noch Sara (de twee particuliere, niet-bankentiteiten) staatsobligaties bezitten die zij aan de *Federal Reserve* kunnen verkopen.

Waarschijnlijk oefent dit een lichte inflatoire druk uit op de prijzen van beleggingen. Sara beschikt over veel geld en zou daardoor eerder geneigd kunnen zijn om aandelen of staatsobligaties te kopen. Alhoewel ze een spaarder is en wellicht niet meer zal uitgeven, kan die extra liquiditeit haar investeringsgedrag veranderen.

VOORBEELD 4: DOOR NIET-BANCAIRE ENTITEITEN GEFINANCIERD HELIKOPTERGELD

De eerste drie voorbeelden waren afzonderlijke scenario's, elk bedoeld om een ander geval te illustreren. De laatste drie voorbeelden (Voorbeelden 4, 5 en 6) bouwen op elkaar voort en tonen wat er gebeurt wanneer het Amerikaanse ministerie van Financiën een begrotingstekort creëert. De uitkomsten hangen ervan af wie de uitgaven financiert door de staatsschuld over te nemen.

Het systeem in voorbeeld 4 start met een relatief lage schuldenlast, maar de economie verkeert in een recessie. Marie is net haar baan kwijtgeraakt en heeft slechts een bescheiden bedrag op haar bankrekening staan. Gefrustreerd richt ze zich tot haar gekozen vertegenwoordigers. Het Congres machtigt daarop het *U.S. Treasury Department* om iedereen $1.000 aan 'stimulus cheques' rechtstreeks naar hun bankrekening te sturen. Dit kenmerkt men als 'helikoptergeld', een oorspronkelijk gedachte-experiment waarbij nieuw geld uit helikopters op consumenten zou worden gedropt.[222] Het *Treasury Department* financiert dit door staatsobligaties uit te geven, die Sara (die wel wat geld heeft en haar baan nog niet kwijtgeraakt is) afneemt. Dit is weergegeven in Figuur 15.8.

Begintoestand

Marie heeft een auto **A** en een tegoed **D** aan de activakant. Aan de passivakant heeft ze een autolening **L**. De bank van Marie toont een reserveblok **R** en Marie's autolening **L** aan de activakant. Haar deposito **D** verschijnt aan de passivakant van de bank.

222 Milton Friedman, *Optimum Quantity of Money*, 4–7.

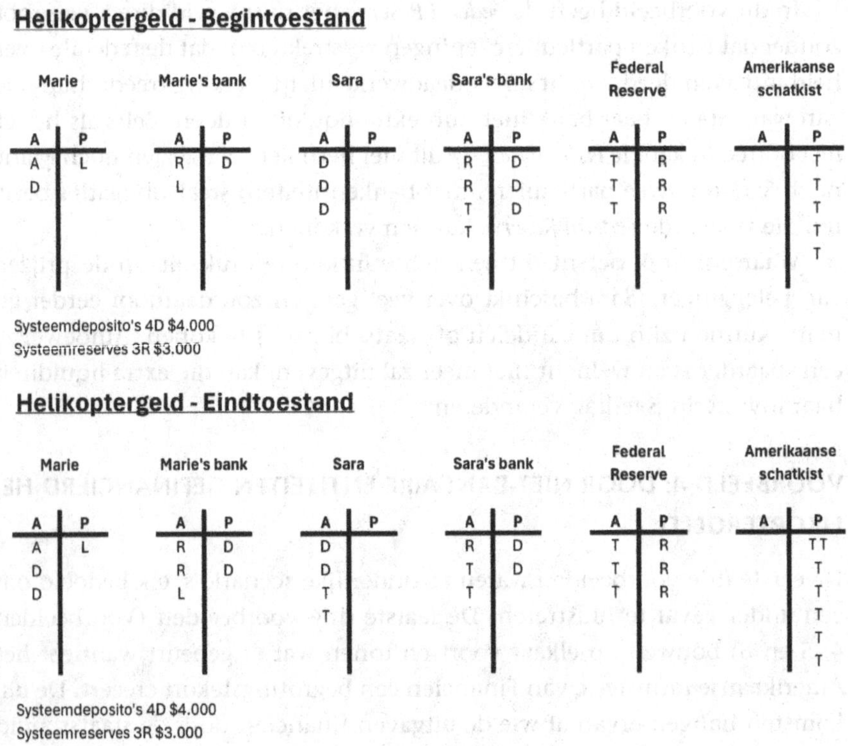

Figuur 15.8
Schematische voorstelling van voorbeeld 4

Sara bezit drie depositoblokken DDD als activa en heeft geen schulden. De bank van Sara beschikt over een combinatie van overtollige reserves en enkele staatsobligaties als activa RRTT terwijl Sara's drie depositoblokken DDD aan de passivakant staan.

De *Federal Reserve* heeft de drie systeemreserves van de banken als passiva en houdt drie *Treasury bonds* aan de activazijde. Het *U.S. Treasury Department* heeft vijf uitstaande staatsobligaties als passiva, die eigendom zijn van zowel de *Federal Reserve* als de bank van Sara.

Het totale bedrag aan deposito's in het systeem bedraagt 4D, oftewel $4.000. Het totaal aan reserves komt op 3R, oftewel $3.000.

Tussentoestand (niet getoond)

Hoewel de federale regering van de *VS* de valuta oorspronkelijk uitgeeft, moet zij in de meeste gevallen haar uitgaven wettelijk bekostigen door belastingen te innen of staatsobligaties uit te geven om haar rekeningen te betalen.[223]

Het *Treasury Department* stort $1.000 op de bankrekening van zowel Marie als Sara. Beiden zijn blij, omdat hun vermogen met $1.000 toeneemt. Hun banken ontvangen het bedrag en hebben nog niets uitgeleend, waardoor dit nieuwe geld simpelweg als extra reserves op de rekening bij de *Federal Reserve* bewaard blijft.

Dit is slechts een tijdelijke fase. Het *Treasury Department* geeft nieuwe staatsobligaties **TT** uit om de eerdere uitgaven te dekken. Sara besluit vervolgens twee van haar deposito's **DD** te benutten om deze staatsobligaties **TT** te kopen, omdat ze een iets hoger rendement bieden dan haar bankrekening.

Stel je voor dat dit alles gelijktijdig gebeurt. Het *U.S. Treasury* nam twee depositoblokken van Sara weg, waardoor ook twee reserveblokken bij haar bank verdwenen. Haar bank regelde namelijk de overschrijving met het *U.S. Treasury Department*. Als gevolg daarvan ontving Sara twee staatsobligatieblokken als activa. Tegelijkertijd kregen zowel Marie als Sara elk een depositoblok van het *U.S. Treasury Department*, wat betekende dat er één reserveblok naar Marie's bank en één naar Sara's bank ging om de overschrijvingen af te handelen.

Eindtoestand

Na alle overboekingen hebben Marie en Sara elk $1.000 meer dan bij aanvang. Marie's vermogen veranderde van **CD** naar **CDD** omdat ze een extra depositoblok ontving. Sara's vermogen ging van **DDD** naar **DDTT**. Zij ontving ook een depositoblok, maar gebruikte daarnaast twee depositoblokken voor de aanschaf van twee staatsobligaties.

Marie's bank groeide iets ten opzichte van het begin. Marie kreeg immers een depositoblok **D**, terwijl haar bank een reserveblok **R** ontving tijdens de verwerking. Daarbij noteerde de bank nog een extra verplichting **D** aan Marie. Marie heeft het geld nog niet besteed, waardoor het eigen vermogen van haar bank gelijk bleef; zowel activa als passiva namen met hetzelfde bedrag toe. Daardoor kan de bank nu meer geld uitlenen.

Sara's bank werd iets kleiner. Zowel Sara als haar bank ontvingen een deposito- en een reserveblok, maar Sara stuurde twee depositoblokken naar het *Treasury Department* om staatsobligaties te verkrijgen. Zo stuurde Sara's bank twee reserveblokken naar het *Treasury*: één naar Marie's bank en één terug naar Sara's bank. Hoewel het eigen vermogen van Sara's bank gelijk bleef, namen zowel activa als passiva af, waardoor ook het uitleenvermogen verminderde.

223 George Selgin, *On Empty Purses and MMT Rhetoric*, Alt-M, 5 mei 2019.

De *Federal Reserve* bleef onveranderd; in hun boekhouding noteerden zij enkel dat een reserveblok R, oorspronkelijk toegewezen aan Sara's bank, nu aan Marie's bank toebehoort. Het totaal aantal staatsobligaties en reserveverplichtingen bleef gelijk.

Het *U.S. Treasury Department* kampt met een hogere schuldenlast door de extra TT aan passiva die het aan Sara moet betalen.

De totale systeemdeposito's bedragen 4D = \$4.000, terwijl de totale systeemreserves 3R = \$3.000 bedragen. Dat betekent dat het totaal aan deposito's en reserves van de begintoestand naar de eindtoestand onveranderd is gebleven. Deposito's en reserves verplaatsen zich uitsluitend binnen het systeem.

VOORBEELD 5: DOOR DE *FED* GEFINANCIERD HELIKOPTERGELD

Voorbeeld 5 bouwt voort op het voorgaande voorbeeld.

Zowel Marie als Sara zijn blij omdat ze extra geld kregen in het vorige voorbeeld. Sara is echter voorzichtig en spaart haar geld vanwege de onzekere economie. Marie spaart ook, omdat ze nog steeds zonder baan zit. Bovendien zijn hun favoriete restaurants en vakantiebestemmingen gesloten door de pandemie.

Enkele politici willen de komende maanden iedereen \$1.000 geven, omdat veel werklozen, zoals Marie, nauwelijks geld hebben. Andere politici reageren: 'Nee, dat leidt tot te veel staatsschuld. Laat de economie zichzelf herstellen.' Na maandenlang discussiëren bereiken ze uiteindelijk een compromis. Ze besluiten om iedereen nog één keer \$1.000 te geven om te kijken of dat helpt. Daarom geeft het Congres toestemming aan het *U.S. Treasury Department* om opnieuw \$1.000 aan iedereen uit te keren.

Deze keer koopt de *Federal Reserve* de nieuwe staatsleningen met nieuw aangemaakte reserves, in plaats van dat Sara ze met haar bestaande deposito's financiert. Dit blijkt uit Figuur 15.9.

Begintoestand

Sara bezit al veel staatsobligaties en merkt dat het *Treasury* nog verder in de schulden raakt door al dat geld uit te geven zonder de belastingen te verhogen. Daarom wil ze geen extra staatsobligaties aanschaffen. Hoe financiert het *Treasury Department* deze tweede ronde 'helikoptergeld'?

Omdat er veel nieuwe *Treasury bonds* op de markt komen en niemand ze tegen de huidige prijzen wil kopen, raakt de markt voor staatsobligaties plotseling illiquide. De prijzen dalen, waardoor de rentes stijgen. Zowel

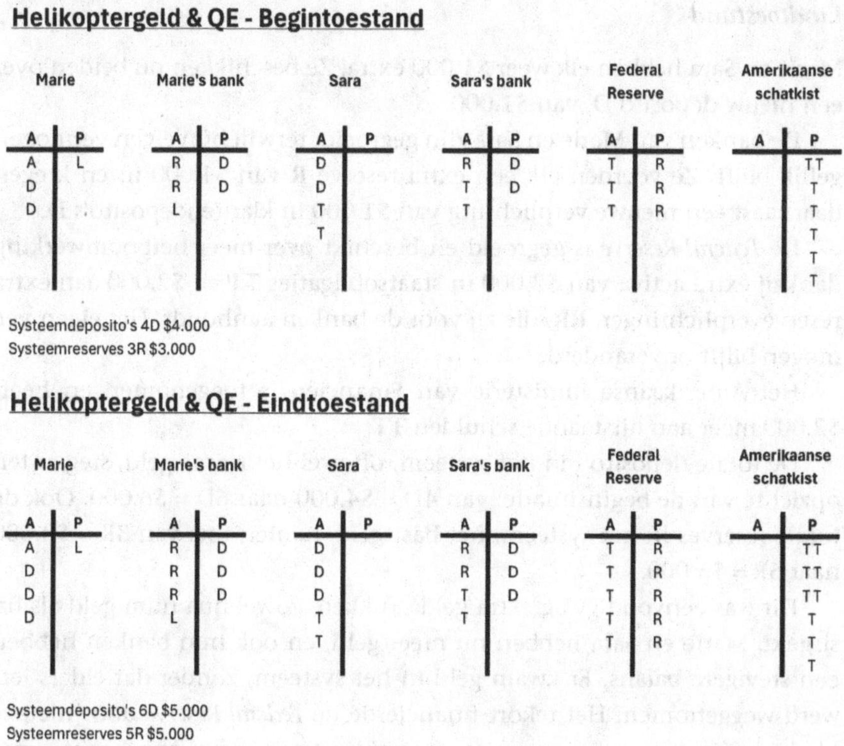

Figuur 15.9
Voorbeeld helikoptergeld gefinancierd door de Fed

Sara als haar bank raken nerveus, omdat zij over veel staatsobligaties beschikken.

De staatsobligatiemarkt lijkt momenteel even op die van maart 2020: volledig illiquide en met sterk schommelende rendementen.

Dit probleem duurt echter niet lang, want de *Federal Reserve* roept: 'Geen zorgen, iedereen! Wij kopen de extra uitgifte van staatsobligaties op door nieuwe bankreserves te creëren. Geen paniek.'

De *Federal Reserve* creëert dus twee extra bankreserves **RR**, die ze inwisselt bij het *Treasury* voor de nieuwe staatsobligaties **TT**. Deze obligaties maken daarna deel uit van de activa van de *Federal Reserve*. Technisch gezien mag de *Federal Reserve* niet rechtstreeks van het *Treasury Department* kopen. Daarom wordt de transactie via een van de banken als tussenstation uitgevoerd.

Het *U.S. Treasury Department* stort vervolgens $1.000 als deposito **D** op de rekeningen van Marie en Sara. Dit bedrag wordt verrekend door een reserveblok **R** aan beide banken van Marie en Sara toe te wijzen.

Eindtoestand

Marie en Sara hebben elk weer $1.000 extra. Ze beschikken nu beiden over een nieuw deposito **D**, van $1.000.

De banken van Marie en Sara zijn gegroeid, terwijl hun eigen vermogen gelijk blijft. Ze voerden elk een extra reserve **R** van $1.000 in en kregen daarnaast een nieuwe verplichting van $1.000 in klantendeposito's **D**.

De *Federal Reserve* is gegroeid en beschikt over meer hefboomwerking dankzij extra activa van $2.000 in staatsobligaties **TT** en $2.000 aan extra reserveverplichtingen **RR**, die zij voor de banken aanhoudt. Het eigen vermogen blijft onveranderd.

Het Amerikaanse ministerie van Financiën is toegenomen en heeft $2.000 meer aan uitstaande schulden **TT**.

De totale deposito's in het systeem, oftewel het ruime geld, stegen ten opzichte van de beginsituatie: van 4D = $4.000 naar 6D = $6.000. Ook de totale reserves in het systeem, het basisgeld, namen toe: van 3R = $3.000 naar 5R = $5.000.

Dit was eenvoudigweg extra geld drukken, zowel qua ruim geld als basisgeld. Marie en Sara hebben nu meer geld, en ook hun banken hebben een stevigere balans. Er kwam geld in het systeem, zonder dat elders iets werd weggenomen. Het tekort financierde de *Federal Reserve* door nieuwe bankreserves te creëren waarmee staatsobligaties werden opgekocht – met andere woorden, het tekort werd 'gemonetariseerd'.

Het Amerikaanse ministerie van Financiën en de *Federal Reserve* kunnen dit zo vaak herhalen als ze willen. Ze snappen echter dat als ze het te vaak doen, de consumentenprijzen flink kunnen stijgen.

Of dit inflatoire druk op de consumentenprijzen veroorzaakt, hangt af van het vertrouwen dat Marie en Sara hebben in de waarde van hun deposito's en of ze het geld willen uitgeven. Ook kan het invloed hebben op de prijzen van effecten. Sara bezit namelijk veel activa en gebruikt daarom een deel van haar deposito's om meer aandelen, vastgoed, goud, bitcoin of verzamelobjecten te kopen, wat de prijzen verder kan opdrijven.

VOORBEELD 6: DOOR BANKEN GEFINANCIERD HELIKOPTERGELD

Voorbeeld 6 begint precies waar Voorbeeld 5 eindigde.

De pandemie komt langzaam ten einde en Marie heeft een nieuwe baan gevonden. Ze beseft echter dat ze meer geld opzij moet zetten voor het geval ze in de toekomst weer zonder werk komt te zitten. Hiermee heeft ze een waardevolle les over sparen geleerd.

Sara is altijd al een spaarder geweest en heeft nog geen extra geld uitgegeven. Nu ze zich echter extra zelfverzekerd voelt met al dat geld, overweegt ze om op vakantie te gaan of een auto aan te schaffen. Ze vraagt zich af of haar geld nog evenveel waard blijft, omdat ze ziet hoe snel de totale geldhoeveelheid toeneemt door het helikoptergeld dat iedereen ontvangt. Ook de prijzen van auto's beginnen te stijgen, mogelijk omdat veel mensen geld van de overheid krijgen. Daarom lijkt er weinig reden om te wachten.

Nu de economie nog steeds stagneert en mensen meer sparen dan voorheen, besluit het Congres om opnieuw $1.000 helikoptergeld uit te keren aan iedereen. Om dit te financieren, komen ze ook met $2.000 aan nieuwe staatsobligaties TT. Dit is het dan: de allerlaatste stimuleringsronde!

Gelukkig beschikt de Amerikaanse schatkist over flinke overtollige reserves, dankzij het eerdere helikoptergeldprogramma van de *Federal Reserve*. Daardoor kunnen de banken elk een staatsobligatie T aanschaffen met een deel van hun overtollige reserves. Dit is te zien in Figuur 15.10.

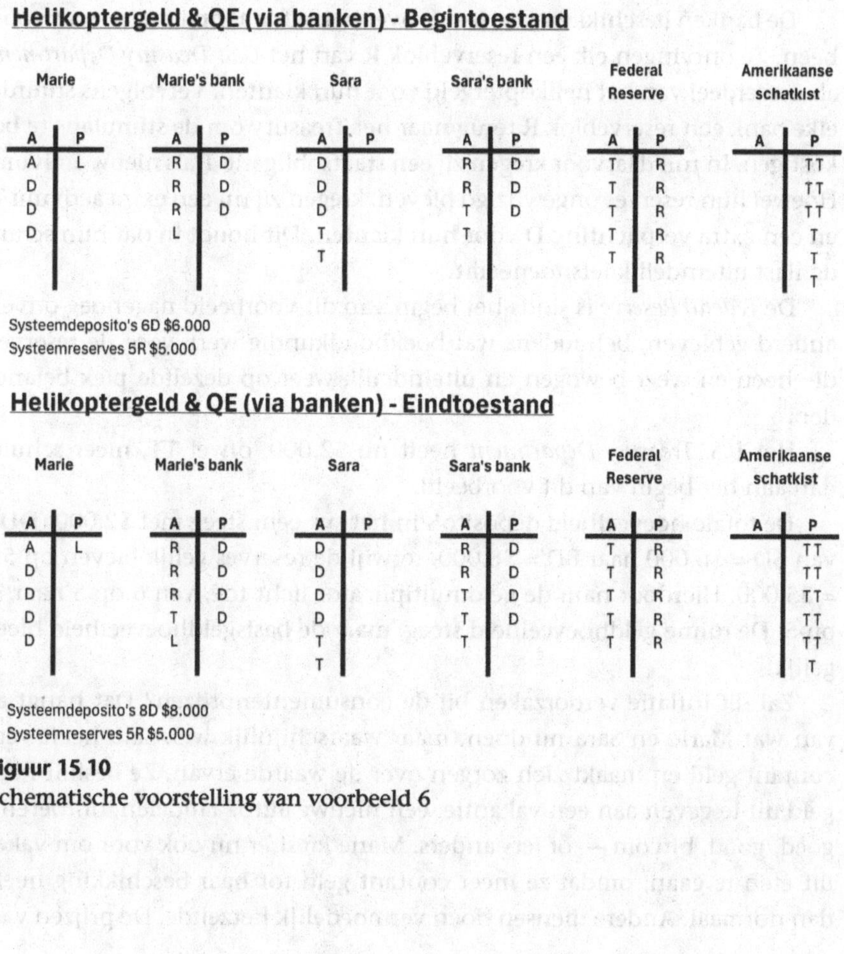

Figuur 15.10
Schematische voorstelling van voorbeeld 6

Begintoestand

Alle deposito's binnen het systeem bedragen gezamenlijk $6.000 (6D). De totale reserves bedragen $5.000 (5R).

Stel je voor dat dit proces gelijktijdig verloopt. Het Amerikaanse ministerie van Financiën stuurt Marie en Sara ieder een deposito **D** van $1.000 en stelt hun banken elk een reserve van $1.000 ter beschikking om dit te vereffenen. Vervolgens geeft het ministerie twee nieuwe staatsobligaties **TT** uit om deze uitgaven te compenseren. In ruil daarvoor levert elke bank een reserveblok **R** in bij het ministerie van Financiën voor een van de staatsobligaties T.

Eindtoestand

Marie en Sara hebben nu $1.000 extra ter beschikking. Hun bezittingen zijn uitgebreid met een nieuw depositoblok **D**.

De banken beschikken nog steeds over hetzelfde aantal reserves als voorheen. Ze ontvingen elk een reserveblok **R** van het *U.S. Treasury Department* als onderdeel van het helikoptergeld voor hun klanten. Vervolgens stuurde elke bank een reserveblok **R** terug naar het Treasury om de stimulans te bekostigen. In ruil daarvoor kregen zij een staatsobligatie **T** als nieuw activum. Hoewel hun reserves ongewijzigd bleven, kregen zij nu een extra activum **T** en een extra verplichting **D** voor hun klanten. Dit houdt in dat hun schuldenlast uiteindelijk iets toeneemt.

De *Federal Reserve* is sinds het begin van dit voorbeeld nagenoeg onveranderd gebleven, behoudens wat boekhoudkundig werk voor de reserves die heen en weer bewogen en uiteindelijk weer op dezelfde plek belandden.

Het *U.S. Treasury Department* heeft nu $2.000, ofwel **TT**, meer schuld dan aan het begin van dit voorbeeld.

De totale hoeveelheid deposito's in het systeem steeg met $2.000 (**DD**), van 6D = $6.000 naar 8D = $8.000, terwijl de reserves gelijk bleven op 5R = $5.000. Hierdoor nam de geldmultiplicator licht toe, van 6-op-5 naar 8-op-5. De ruime geldhoeveelheid steeg, maar de basisgeldhoeveelheid bleef gelijk.

Zal dit inflatie veroorzaken bij de consumentenprijzen? Dat hangt af van wat Marie en Sara nu doen, maar waarschijnlijk wel. Sara heeft veel contant geld en maakt zich zorgen over de waarde ervan. Ze besluit haar geld uit te geven aan een vakantie, een nieuwe auto, aandelen, onroerend goed, goud, bitcoin — of iets anders. Marie kiest er nu ook voor om vaker uit eten te gaan, omdat ze meer contant geld tot haar beschikking heeft dan normaal. Andere mensen doen vermoedelijk hetzelfde. De prijzen van goederen en diensten stijgen maandelijks beetje bij beetje, omdat iedereen extra geld te besteden heeft.

Er staat nu $8.000 aan deposito's (ruime geldhoeveelheid) in het systeem, vergeleken met slechts $4.000 aan het begin van Voorbeeld 4. De hoeveelheid goederen en diensten in de economie is echter niet verdubbeld. Als Marie, Sara en anderen besluiten hun geld te besteden, kan dit leiden tot een overschot aan geld dat achter een beperkte voorraad goederen en diensten aanzit. Dit kan de prijzen opdrijven en inflatie veroorzaken.

SAMENVATTENDE CONCLUSIES UIT DEZE VOORBEELDEN

Als we deze zes voorbeelden doornemen om te begrijpen hoe er in een fiatmonetair systeem eigenlijk 'geld wordt gedrukt', komen een aantal observaties naar voren:

- Banken kunnen de hoeveelheid deposito's in het systeem vergroten door leningen te verstrekken, omdat elke lening resulteert in nieuwe deposito's. Dit verandert echter niets aan de hoeveelheid basisgeld (zoals bankreserves en bankbiljetten) die al in omloop is, want dat wordt simpelweg verplaatst tussen banken, terwijl de achterliggende reserves als hefboom dienen. Hierdoor ontstaat een hoge verhouding tussen de claims op basisgeld (bankdeposito's) en het beschikbare basisgeld. Dit fenomeen staat bekend als de geldmultiplicator, oftewel de verhouding tussen ruim geld en basisgeld. Hoewel banken zo het aantal deposito's kunnen verhogen – wat inflatie kan veroorzaken door het toenemende ruime geld – is dit niet te vergelijken met letterlijk 'geld drukken'. Banken bepalen zelf in hoeverre ze hun schulden willen verhogen ten opzichte van hun kasreserves, maar worden daarbij beperkt door de risico's op wanbetalingen, liquiditeitsvereisten en diverse regels over hun hefboomwerking. Het grootste risico is dat banken impliciet garanderen dat spaarders hun geld op elk moment kunnen opnemen, ook als er onvoldoende middelen beschikbaar zijn. Zo wekken ze de illusie van liquiditeit in een in wezen illiquide systeem. Om de paar decennia wordt deze illusie doorbroken, wat leidt tot de creatie van extra basisgeld om de deposito's te dekken.
- De *Federal Reserve*, de Amerikaanse centrale bank, kan nieuwe bankreserves creëren en daarmee de totale hoeveelheid reserves in het systeem vergroten. Wanneer ze deze reserves gebruikt om activa van banken op te kopen, resulteert dit niet direct in meer deposito's (ruim geld). Integendeel, dit verlaagt de hefboomwerking van de banken, waardoor ze meer ruimte krijgen om aanvullend te lenen en nieuwe

deposito's aan te maken. Of ze dat daadwerkelijk ook doen, is aan hen zelf om te bepalen. Als de *Federal Reserve* daarentegen activa aankoopt van niet-bancaire entiteiten zoals Sara, met het banksysteem als tussenpersoon, kan dit de hoeveelheid deposito's (ruim geld) in het systeem enigszins verhogen. Dit effect is echter beperkt en hangt af van de hoeveelheid *Treasuries* die niet-bancaire entiteiten kunnen verkopen. Wanneer de *Federal Reserve* de monetaire basis vergroot, spreken we vaak van 'geld drukken'. Toch betekent dit niet automatisch dat mensen meer goederen en diensten kunnen consumeren, omdat het niet de ruime geldvoorraad per se verhoogt.

- Wanneer het Congres het toestaat, kan het *U.S. Treasury Department* deposito's verstrekken aan bepaalde entiteiten in het systeem via fiscale begrotingstekorten. De deposito's verdwijnen weer zodra niet-bancaire entiteiten, zoals Sara, de nieuwe staatsobligaties aanschaffen die bedoeld zijn om deze uitgaven te dekken. Zo ontstaan er niet per se nieuwe deposito's of reserves. Dit fenomeen wordt vaak *crowding-out effect* genoemd. Hiermee kan de *Treasury* kapitaal uit één hoek van de economie onttrekken en elders inzetten. Op grote schaal verdringt dit niet-bancair kapitaal dat anders productiever zou worden benut. Het betreft geen kwestie van 'geld bijdrukken', aangezien er louter middelen worden verplaatst en de schuldpositie van het *U.S. Treasury Department* toeneemt.
- Wanneer het *U.S. Treasury Department* en de *Federal Reserve* samenwerken, kunnen zij in een mum van tijd zowel de deposito's als de bankreserves vergroten zonder elders in het systeem deposito's weg te halen. Het *U.S. Treasury Department* injecteert geld in de economie via een begrotingstekort, wat resulteert in nieuwe deposito's. Tegelijkertijd koopt de *Federal Reserve* de benodigde nieuwe staatsobligaties met vers gecreëerde bankreserves, zodat zowel haar activa als passiva toenemen. Of banken leningen verstrekken, maakt in dit geval geen verschil. Samen omzeilen de twee het traditionele bankbeleid voor geldcreatie door rechtstreeks extra geld aan mensen en bedrijven te geven. In ons voorbeeld stijgt zo het vermogen van Marie en Sara, en verliezen hun banken niet aan omvang (ze krijgen immers een toename van zowel de ruime geldhoeveelheid als de bankreserves, terwijl het eigen vermogen gelijk blijft). Tegelijkertijd neemt de schuldenlast van zowel de *Federal Reserve* als het *U.S. Treasury Department* toe. Ze kunnen dit proces onbeperkt herhalen, behalve wanneer een te snelle en overmatige uitvoering leidt tot een onevenwichtigheid met de hoeveelheid goederen en diensten, waardoor het infla-

tierisico toeneemt. Deze manier van 'geld drukken' kan immers de meeste inflatie in de hand werken. Toch is zo'n koers niet zomaar uitvoerbaar, omdat fiscale wijzigingen eerst door het Congres moeten worden goedgekeurd en daarna door de president geratificeerd.

- Wanneer het *U.S. Treasury Department* geld in de economie injecteert via begrotingstekorten en commerciële banken staatsobligaties aanschaffen, neemt het aantal deposito's – oftewel de ruime geldhoeveelheid – toe, net als de geldmultiplicator. Dit effect kan fors zijn wanneer banken al over overtollige reserves beschikken. Elke keer dat de federale overheid extra geld toevoegt aan het systeem, ontstaan er extra bankdeposito's. Deze nieuwe deposito's vullen de reserves aan die banken voor de aankoop van staatsobligaties gebruikten, waardoor er ruimte ontstaat om nog meer obligaties aan te schaffen. Dit proces werkt behoorlijk inflatoir. Banken moeten echter wel starten met een substantieel overschot aan reserves om hun hefboomwerking en voldoende liquiditeit te waarborgen. Die overtollige reserves ontvingen zij hoogstwaarschijnlijk via eerdere kwantitatieve verruimingsprogramma's van de *Federal Reserve*.

- Kwantitatieve verruiming (QE) is een antideflatoire vorm van geldcreatie waarbij de *Federal Reserve* bestaande activa – vooral die van banken – opkoopt. Deze aanpak brengt liquiditeit terug in het banksysteem en levert overtollige reserves op. Daardoor kunnen banken hun deposito's, oftewel de ruime geldhoeveelheid, aanhouden, wat voorkomt dat zij tijdens liquiditeitscrisissen omvallen en deflatie in de hand werken. Doorgaans leidt QE niet direct tot hogere consumentenprijzen, omdat het de ruime geldhoeveelheid niet fors vergroot.

- Grote fiscale tekorten, gefinancierd via kwantitatieve verruiming waarbij centrale banken overtollige staatsobligaties opkopen vanwege een gebrek aan publieke vraag, zorgen doorgaans voor hogere consumentenprijzen. Dit komt doordat het geld rechtstreeks in de economie terechtkomt als onderdeel van de ruime geldhoeveelheid. De enige beperking van deze methode vormt de inflatoire druk die er waarschijnlijk mee gepaard gaat.

HOOFDSTUK 16

PRIJZEN ALS ORGANISATIEMECHANISME

Wanneer we een monetair systeem bestuderen, moeten we rekening houden met zowel het standpunt van de uitgevers als dat van de gebruikers van geld. Deze twee groepen hebben immers uiteenlopende belangen en doelen.[224] Een groot deel van dit boek is geschreven vanuit het perspectief van de gebruiker, vandaar dat we fiatgeld nu ook via de bril van de uitgever belichten.

Gebruikers verlangen doorgaans naar geld dat in waarde toeneemt, makkelijk op te slaan is, praktisch als betaalmiddel, anoniem gebruikt kan worden én nauwelijks kan worden bevroren of in beslag genomen. Moderne gelduitgevers daarentegen geven er de voorkeur aan geld uit te geven dat een beperkte kortetermijnvolatiliteit kent, de toekomstige vraag naar geld naar het heden toetrekt, waarvan de geldstromen eenvoudig controleerbaar zijn, dat gemakkelijk door de autoriteiten bevroren of in beslag genomen kan worden en dat hen veel speelruimte biedt om nieuwe uitgaven te doen – zelfs in tijden waarin niemand hen wil financieren.

Sterke economische groeiperioden gaan vaak gepaard met een stijging in de productie van goederen en diensten, maar gaan ook gepaard met toegenomen speculatie en hefboomwerking, wat de positieve effecten van deze groei verder versterkt. Met andere woorden, mensen bieden vaak te veel krediet aan, raken te veel in de schulden en investeren in projecten die – nuchter beoordeeld – weinig kans van slagen hebben. Dit noemen we gezamenlijk 'kapitaalmisallocatie'. Uiteindelijk loopt de groeiperiode vast, omdat speculatie, hefboomwerking en het aantal mislukte investeringen een onhoudbaar niveau bereiken. De situatie keert dan om, zowel economisch als financieel: de hefboomwerking die de opwaartse trend versterkte,

224 Stephanie Kelton, *The Deficit Myth: Modern Monetary Theory and the Birth of the People's Economy*.

fungeert nu als versnellende factor voor de neerwaartse trend wanneer de economische krimp inzet. Externe schokken, zoals natuurrampen of oorlogen, kunnen eveneens onverwacht de economie negatief beïnvloeden en dwingen om een deel van die hefboomwerking abrupt af te bouwen. Een vaak gestelde vraag onder economen is of conjunctuurgolven 'van nature' voorkomen of vooral het gevolg zijn van interventies van centrale banken. Naar mijn mening spelen beide factoren een rol in de geschiedenis. Laten we deze twee invalshoeken nader onder de loep nemen.

Stel je voor dat je een overheidsanalist of beleidsmaker bent. Je bestudeert de geschiedenis en ziet dat de economische cyclus een hoge en een lage conjunctuur doorloopt, met daarbij ook diverse externe schokken. Met andere woorden: het leven is onvoorspelbaar en groepsdenken kent verschillende fasen. Wat het nog ingewikkelder maakt, is dat recessies zichzelf vaak verergeren en zo een vicieuze cirkel in gang zetten. Daalt de bedrijfsomzet, dan snijden werkgevers banen weg. Werklozen gaan minder uitgeven, waardoor de omzet nog verder daalt en er nog meer banen verdwijnen. Vanuit dit perspectief lijkt het logisch te concluderen dat de overheid, dankzij haar afdwingbare monopolie op belastingheffing en geldcreatie buiten de private sector, deze schommelingen kan opvangen. Wanneer de private sector achterblijft of geen kapitaal inzet, kan de overheid als vangnet optreden en in cruciale sectoren investeren. En als de private sector groeit en mogelijk te veel en onbezonnen investeert, kan de overheid het krediet minder toegankelijk maken en daarmee de euforische, gebrekkige investeringen temperen, terwijl zij tegelijkertijd de belastingen verhoogt en de overheidsuitgaven beperkt om zo een financiële buffer op te bouwen voor de volgende neergang. Volgens dit op Keynes geïnspireerde standpunt fungeert de overheid (en haar centrale bank) als een contracyclische kracht tegenover de private sector: meer investeren als de private sector stilstaat en een reserve opbouwen wanneer de private sector overmatig en willekeurig investeert.

Concreet betekent dit dat wanneer de geldhoeveelheid toeneemt door kredietgroei, overheid en centrale bank proberen deze groei te temperen door middel van begrotingsoverschotten (van de overheid) en renteverhogingen (van de centrale bank) om commerciële banken af te schrikken van het verstrekken van leningen. Als de geldhoeveelheid juist dreigt te krimpen, keren zij het beleid om: lagere rentes en begrotingstekorten stimuleren de banken juist om meer geld uit te lenen, waardoor er weer meer geld de economie instroomt. Op deze wijze proberen zij de geldhoeveelheid geleidelijk te laten toenemen, zonder schommelingen die zichzelf destructief versterken. Ze willen dus de pieken en dalen in de particuliere sector afvlakken en externe schokken opvangen – althans, dat is de theorie.

Op papier werkt deze theorie prima, mits we aannemen dat ambtenaren van overheid en centrale bank verstandiger zijn en meer op de lange termijn kijken dan de private sector. Hun belangen zouden immers op de lange termijn gericht moeten zijn. De praktijk wijst echter iets anders uit: in autoritaire systemen lopen de belangen van de overheid vaak duidelijk niet parallel met die van het volk, en in democratieën concentreren politici zich doorgaans op het winnen van de volgende verkiezingen. Geen van deze machthebbers heeft er baat bij om een begrotingsoverschot te creëren en 'de economie af te remmen' om later een reserve te kunnen aanwenden. En als een politicus toch zo'n koers vaart, wordt hij vaak weggestemd – want kiezers verlangen meestal lagere belastingen en meer overheidsvoorzieningen, liefst meteen. In de praktijk hebben overheden vaak gematigde tekorten in goede tijden en grotere tekorten in slechte tijden. In plaats van afwisselend overschotten en tekorten zien we dus vooral een mix van tekorten, waarbij de tekorten in slechte tijden nog groter zijn.

Een tweede uitdaging betreft het ontbreken van overschotten. Tijdens een laagconjunctuur heeft de private sector vaak een krappe kaspositie. Als de overheid geen spaargeld bezit, hoe haalt zij dan voldoende kapitaal op om in essentiële onderdelen van de economie te investeren? We zagen eerder in dit boek hoe de Britse regering tijdens de Eerste Wereldoorlog moeite had met het ophalen van geld, ondanks haar status als uitgever van de wereldreservemunt. Bijna alle regeringen kampen tijdens een recessie of oorlog met een kapitaaltekort, zeker wanneer bedrijven en burgers al moeite hebben met het verkrijgen van financiering. In een fiatgeldsysteem kan de overheid dit probleem verhelpen door samen met de centrale bank nieuw geld uit het niets te creëren wanneer dat nodig is. De overheid kan immers meer staatsobligaties uitgeven; als er onvoldoende kopers zijn, koopt de centrale bank de obligaties op met vers gedrukt geld om zo de markt liquide te houden. Op die manier pompen zij nieuw geld in de economie. Doen zij dit te roekeloos, dan kan dat leiden tot ongecontroleerde inflatie.

In een goudgedekt monetair systeem, waar geld van nature een kostprijs heeft en niemand zomaar nieuw basisgeld kan creëren, is de overheid slechts een speler tussen vele actoren. Ze is weliswaar de grootste speler, maar opereert met een eigen mandaat. In een fiatsysteem daarentegen, waarin overheid en centrale bank vrijwel kosteloos de monetaire basis kunnen verruimen, kunnen zij tijdens recessies of oorlogstijd de geldhoeveelheid aanzienlijk uitbreiden. Zo injecteren zij nieuw geld door spaargeld in contanten en obligaties van anderen te verwateren. In theorie kunnen zij daarmee als een contracyclische kracht optreden ter ondersteuning van de private sector, zelfs zonder dat er veel vraag is naar staatsobligaties.

Tijdens economische bloei is vrijwel iedereen werkzaam, is er een tekort aan arbeidskrachten en stijgen de lonen. Tijdens krimp dalen de lonen of blijven ze stilstaan en groeit het aantal werklozen. Als de overheid dan geld zou bijdrukken, waardoor ieders spaargelden in waarde dalen en dat geld ingezet wordt om werklozen in dienst te nemen, zou dat de conjunctuurgolven niet kunnen afvlakken? Waarom een bank laten omvallen ten koste van de spaargelden van enkelen, als we de recessie kunnen verzachten door het spaargeld van iedereen iets minder waardevol te maken? Veel economen die voor overheidstussenkomst pleiten, wegen zo de risico's en voordelen zorgvuldig af.

Soms overdrijven beleidsmakers met stimuleringsmaatregelen, wat leidt tot een overmatige vraag of tot aanbodschokken die zo groot zijn dat bijsturing onmogelijk wordt. Uiteindelijk botst het plan van overheidsfunctionarissen en centrale bankiers – hoe ambitieus ook – met de werkelijkheid. Te veel geld achtervolgt een te klein aanbod aan goederen, waardoor de prijzen stijgen. Beleidsmakers wijzen dan soms naar de 'hebzucht van bedrijven' in plaats van naar hun eigen beleid en kiezen voor prijscontroles. Als de prijzen stijgen na monetaire stimulans, waarom zou je dan niet simpelweg een maximale prijs vaststellen? Volgens hen komen zo de kosten van de stimulans bij de bedrijven te liggen in plaats van bij de bevolking. Dit leidt echter tot allerlei problemen: bedrijven maken immers ook kosten en hebben winst en middelen nodig om uitbreiding te financieren. Wanneer die middelen ontbreken, stagneert het aanbod aan goederen en diensten en verliest men uiteindelijk juist de gewenste controle.

Andere economen beargumenteren dat de conjunctuurcyclus juist ontstaat door het optreden van de centrale bank. Zij vinden dat centrale banken de cyclus vaak verergeren in plaats van afvlakken. Hun pogingen om een recessie te dempen dragen bij aan de volgende periode van oververhitting, terwijl de maatregelen om die oververhitting te beteugelen de daaropvolgende recessie juist verergeren. Zo raken centrale banken verstrikt in een eindeloze cyclus van brandjes blussen die zij zelf in gang hebben gezet. Een economie die zwaar leunt op schulden is bijzonder kwetsbaar, en centrale banken dragen doorgaans het grootste deel bij aan de oplopende schuldenberg. Deze uitleg komt vooral vanuit de Oostenrijkse school van economie, maar ook steeds meer economen met uiteenlopende achtergronden bekritiseren het beleid van de *Federal Reserve*. Begin 2023 bekritiseerde de Democratische senator Elizabeth Warren bijvoorbeeld *Fed*-voorzitter Jerome Powell vanwege zijn plannen om de inflatie te beteugelen met een krapper monetair beleid, dat gericht is op een hogere werkloosheid.

Na het barsten van de internetzeepbel in 2000 verlaagde de *Federal Reserve* de rente tot 1% – een uitzonderlijk laag niveau voor die tijd – ondanks dat de recessie toen relatief mild was. Deze extreem lage rente zorgde voor goedkoop lenen voor onroerend goed, vaak via hypotheken met variabele rente. Tussen 2004 en 2006, nadat veel mensen dergelijke schulden waren aangegaan, verhoogde de *Federal Reserve* de rente in snel tempo. Daardoor konden velen hun hypotheek niet meer betalen. In plaats van als contracyclische kracht op te treden, veroorzaakte de grote rentevolatiliteit – samen met andere factoren – een significante bijdrage aan de rampzalige 'subprime'-crisis van 2008.

Tijdens de COVID-19-crisis in 2020 verlaagde de *Fed* de rente naar nul en pompte zij een enorme hoeveelheid liquiditeit in het financiële systeem. Toen een congreslid zich afvroeg waarom deze massale kredietverlening niet tot flinke inflatie zou leiden, antwoordde *Fed*-voorzitter Jerome Powell dat hij dat zeer onwaarschijnlijk achtte en dat we moesten afleren om waarde te hechten aan geldaggregaten.[225] De officiële verwachting van de *Fed* was immers dat de rente de komende jaren laag bleef. Powell verklaarde zelfs beroemd: 'We denken er niet eens over na, om erover na te denken, om de rente te verhogen.'[226] Eind 2021, toen de inflatie boven de 6% uitkwam, hield de *Fed* de rente nog steeds op nul en kocht zij staatsobligaties op. Begin 2022 gaf de *Fed* vervolgens toe dat de inflatie uit de hand liep en wijzigde zij haar beleid plotseling: de monetaire basis werd razendsnel afgebouwd door de aangeschafte obligaties te verkopen (of te laten aflopen) en de rente steeg in het snelste tempo in decennia – in tegenspraak met eerdere verklaringen. Deze abrupte aanpassingen in de geldhoeveelheid en rentestanden onttrokken liquiditeit aan kleinere banken, die aanzienlijke niet-gerealiseerde verliezen leden op de in 2020 en 2021 aangeschafte langlopende staatsobligaties met lage rente. Kortom, de snelle liquiditeitskrimp en renteverhogingen leidden begin 2023 tot het op één na grootste bankfaillissement in de Amerikaanse geschiedenis, vergezeld van een reeks andere bankfaillissementen. De *Fed* moest een noodliquiditeitsfaciliteit opzetten en nam verdere maatregelen om een domino-effect in de financiële sector te voorkomen. Bovendien zorgden de hogere rentetarieven voor meer rentekosten voor de overheid, die daarmee de grote begrotingstekorten – en de daarmee samenhangende inflatie – in stand hield.

Al met al bekijk ik dit onderwerp vooral vanuit een technologisch perspectief, zeker als je kijkt naar de grote snelheidsverschillen tussen transacties en afwikkelingen die al sinds de late negentiende eeuw bestaan. Centrale banken beheren immers de voornaamste kasboekssystemen die wereldwijd worden gebruikt voor binnenlandse en internationale handel. Het is daarom logisch dat zij deze systemen actief reguleren – en daarbij ook fou-

225 Schneider, *Powell's Econ 101*.

226 Jerome Powell, *We're Not Even Thinking About Thinking About Raising Rates*, persconferentie 10 juni 2020.

ten maken. De prikkels werken in die richting, waardoor zulke praktijken over de hele wereld voorkomen, of we het nu mooi vinden of niet. Dit blijft onvermijdelijk, tenzij (of totdat) we een beter kasboekssysteem ontwikkelen en implementeren.

PRIJSSTABILITEIT VS. GECOÖRDINEERDE SIGNALEN

De meeste centrale bankiers stellen prijsstabiliteit voorop: ze schalen de geldhoeveelheid snel op en af om schommelingen in het prijsniveau te temperen. Volgens deze gangbare redenering betekent 'prijsstabiliteit' dat de koopkracht geleidelijk afneemt. De neoklassieke economie, waarop velen hun beleid baseren, veronderstelt dat prijsstabiliteit per definitie een goede zaak is – maar is dat echt zo? De wereld is van nature grillig en prijsveranderingen geven voortdurend signalen af over de schaarste of overvloed van goederen en diensten. Zo passen consumenten en producenten hun gedrag aan op veranderende omstandigheden. Friedrich Hayek en andere economen benadrukken dit keer op keer.[227]

Consumenten gebruiken doorgaans minder van wat schaars en daardoor duur is, en juist meer van wat overvloedig en goedkoop is. Producenten zetten daarentegen in op wat schaars en dus kostbaar is, en beperken de productie van overvloedige en goedkope producten. Dit aanpassingsproces kost tijd, omdat men eerst wil vaststellen of een prijsverandering tijdelijk of structureel is. Door de volatiliteit in de economie te beperken via maatregelen richting de geldhoeveelheid of rentetarieven, of door directe prijscontroles, verzwak je juist het coördinerende signaal dat prijzen afgeven.

In zekere zin noem je dit 'informatiebandbreedte'. Tien miljoen mensen beschikken ieder over eigen expertise, afgestemd op hun beroep en regio. Samen verwerken en delen zij enorme hoeveelheden *realtime*-informatie, wat leidt tot talloze gecoördineerde activiteiten. Zou een klein comité in een hoofdstad beter in staat zijn de toewijzing van arbeid en kapitaal te bepalen dan al die miljoenen individuen samen? Dat lijkt onwaarschijnlijk. Tien miljoen mensen kunnen immers *realtime*-informatie verwerken en zo prijzen efficiënter vormen dan een beperkt centraal orgaan. Politbureaus slagen nu eenmaal nooit in de verwerking van de enorme hoeveelheid informatie die in de samenleving aanwezig is.[228]

Stel je een belangrijke benzinepijpleiding voor die verscheidene Amerikaanse staten bedient. Door een mechanische storing raakt de levering in één van die staten plotseling geheel verstoord. Doordat de vraag gelijk blijft

227 Zie bijvoorbeeld Friedrich Hayek, *The Use of Knowledge in Society*.
228 Don Lavoie, *Rivalry and Central Planning*.

en het aanbod ineens schaars is, stijgt de benzineprijs fors.

Geconfronteerd met de onvrede van de bevolking willen veel beleidsmakers 'ongerechtvaardigde' prijsstijgingen voorkomen en grijpen ze naar prijsplafonds. Waarom zouden mensen die benzine hamsteren of buitengewoon rijk zijn, extra voordeel krijgen door onbeperkte toegang, terwijl de minderbedeelde arbeider het zich niet kan veroorloven? Vanuit een moreel of intuïtief perspectief klinkt een prijsplafond logisch, omdat men streeft naar 'eerlijkheid'. Toch kan zo'n maatregel onbedoeld de oplossing van de schaarste vertragen en zelfs degenen benadelen die men juist wil helpen.

Wanneer de benzineprijs stijgt, stoppen consumenten die het niet echt nodig hebben of het niet kunnen betalen met kopen. Dat creëert ruimte voor sectoren waar benzine essentieel is, zoals de zorg of het vervoer van noodzakelijke goederen. Rijkere mensen blijven benzine aanschaffen, maar moeten er wel flink voor betalen. Hoe hoger de prijs wordt en hoe langer deze hoog blijft, des te groter de prikkel voor leveranciers in andere regio's om benzine naar dat gebied te brengen en met winst te verkopen. Bij een lichte stijging verschijnt misschien een enkele naburige leverancier, maar bij extreme en langdurige prijsstijgingen komt benzine zelfs van ver, totdat het tekort is opgelost en de prijzen normaliseren. Die hoge prijs fungeert dan als een signaal dat aanvullend aanbod vanuit elders nodig is en dat lokale consumenten hun verbruik moeten beperken.[229]

Met andere woorden, de wens van centrale planners om kortlopende prijsstijgingen te onderdrukken, kan er ironisch genoeg voor zorgen dat het oplossen van de onevenwichtigheden tussen vraag en aanbod via natuurlijke marktmechanismen vertraagd wordt. Het kunstmatig beperken van de benzineprijs veroorzaakt tekorten omdat het de aantrekkelijkheid voor leveranciers uit naburige regio's om overtollige benzine aan te voeren verlaagt, en de urgentie om dat te doen voor hen afneemt. Stel dat de vrije markt de mismatch tussen vraag en aanbod haar gang laat gaan, dan zullen verkopers uit verder gelegen gebieden gestimuleerd worden om snel extra voorraad te leveren, waardoor de kloof wordt gedicht.

Dit scenario deed zich in feite voor in Europa in 2022, al ging het toen om aardgas in plaats van benzine. Rusland viel Oekraïne binnen en om geopolitieke redenen verloor Europa het grootste deel van zijn lopende aardgasimport via Russische pijpleidingen. De prijs van aardgas schoot omhoog naar ongekende niveaus, net als die van elektriciteit, wat deels met aardgas wordt opgewekt. Als reactie daarop veranderde vloeibaar aardgas wereldwijd van koers en koos Europa als prioritaire bestemming, omdat daar de

229 Donald Boudreaux, *'Price Gouging' After a Disaster Is Good for the Public*, Wall Street Journal, 3 oktober 2017.

hoogste verkoopprijzen te vinden waren. Europa werd daarop overspoeld tot aan zijn maximale importcapaciteit voor LNG, wat tevens de bouw van nieuwe gasexport- en -importterminals versnelde om de capaciteit voor toekomstige jaren uit te breiden. Hadden Europese autoriteiten prijsplafonds ingevoerd, dan zouden wereldwijde LNG-leveranciers waarschijnlijk geen stimulans hebben gehad om hun aanbod naar Europa te leiden en zou de mismatch tussen vraag en aanbod ernstiger zijn geworden, met acute tekorten tot gevolg. Hoewel de hoge prijzen pijnlijk waren, vormden ze tegelijkertijd een signaal voor de hele wereld om zowel op korte als op lange termijn gezamenlijk het probleem aan te pakken.

Veronderstel dat tien miljoen mensen in een land dagelijks economische keuzes maken en ieder vijf items aanschaffen. Dat resulteert in 50 miljoen transacties per dag, oftewel 18,25 miljard transacties per jaar in het hele land. Kan een centraal comité van wijzen de prijzen beter bepalen dan die tien miljoen gedecentraliseerde burgers? Het overgrote deel van het bewijsmateriaal zegt van niet. Tien miljoen mensen verwerken in *realtime* informatie en stellen prijzen efficiënter vast dan een geïsoleerd centraal comité van enkele personen. Daarom vormen politbureaus niet de meest effectieve manier van economische planning. Hoe wijs en intelligent die individuen ook mogen zijn, zij kunnen niet de enorme hoeveelheid informatie beheren die tien miljoen gewone mensen – elk met hun eigen specifieke expertise – wel in staat zijn te verwerken.[230]

In hun boek *Bitcoin is Venice* bespreken Allen Farrington en Sacha Meyers op elegante wijze prijsvorming als een mechanisme voor informatiecompressie:

> Met informatie kunnen individuen een prijs vaststellen. Maar zodra er een prijs ontstaat, kan niemand – zelfs niet een externe waarnemer of de hele markt – de informatie reproduceren die tot die prijs heeft geleid. En dat is precies de bedoeling. De functie die informatie omzet in een prijs is niet willekeurig, noch ongedefinieerd, en zeker geen aggregatie. Het betreft juist een zeer specifieke functie die één enkel doel dient: de perfecte compressie van economisch relevante informatie. Deze functie filtert de ruis van subjectieve waarden, voorkeuren en interpretaties van de werkelijkheid weg, zodat alleen het pure, objectieve signaal overblijft. Omdat dat signaal voor iedereen hetzelfde is, kan het marktalgoritme de informatie toepassen, ongeacht de bron of samenstelling ervan.[231]

230 Don Lavoie, *Rivalry and Central Planning.*

231 Allen Farrington en Sasha Meyers, *Bitcoin is Venice: Essays on the Past and Future of Capitalism*, 63.

Prijzen geven je niet precies prijs waarom ze zo zijn als ze zijn. Ze zetten je er daarentegen toe aan om snel en rationeel te handelen, zonder dat je de details van vraag en aanbod volledig doorgrondt. De prijs is het mechanisme waardoor miljoenen, honderden miljoenen en zelfs miljarden mensen onbewust samenwerken om een vraag- en aanbodprobleem op te lossen, ook al begrijpen de meesten de nuances ervan niet. Men handelt snel en eensgezind op basis van bondige, efficiënte signalen, ontdaan van overtollige details. Ondertussen kan een kleinere groep vakexperts dieper in het probleem duiken om te ontdekken welke elementen de prijs beïnvloeden. Zij gebruiken hun kennis om het probleem verder aan te pakken – al dan niet met het oog op winst – of ze delen hun inzichten met anderen die daar baten bij hebben.

Hoewel centrale planners er misschien slim uitzien door in te grijpen in het natuurlijke coördinatiesysteem van prijzen, leidt dat vaak alleen tot beperkte kortetermijnwinst en ernstige langetermijnverliezen. Door het proces van gedecentraliseerde organisatie via prijsinformatie te vertragen, kunnen centrale planners op korte termijn de prijzen beïnvloeden. Maar die vertraging bemoeilijkt waarschijnlijk de noodzakelijke aanpassingen aan zowel de aanbod- als de vraagzijde om een evenwicht te bereiken.

Dit betekent overigens niet dat de overheid bij een crisis niets hoeft te doen. Ze kan middelen inzetten om het aanbodprobleem direct aan te pakken, bijvoorbeeld door extra brandstof te leveren of hulpdiensten te ondersteunen, in plaats van uitsluitend prijzen te bevriezen. Zulke oplossingen werken vaak effectiever dan kunstmatige prijsmanipulaties, maar vereisen wel reserves en een planning die in betere tijden is opgesteld.

DE PRIJS VAN GELD EN EEN BETROUWBARE MAATSTAF

We kunnen het concept van prijsvorming als coördinatiemechanisme uitbreiden tot de 'prijs van geld' zelf, die centraal door banken wordt beïnvloed. Zij passen de geldhoeveelheid en/of de geldprijs snel aan om prijssignalen te verzachten, maar vaak blijkt dit meer kwaad dan goed te doen.

In een gedecentraliseerd systeem hangt de rente – de prijs van geld – volledig af van vraag en aanbod en van de kredietwaardigheid van de lener. Als weinig mensen willen lenen en er veel kredietaanbieders actief zijn, dalen de rentevoeten en worden de leenvoorwaarden versoepeld. Is daarentegen de vraag naar krediet groot terwijl het aanbod schaars blijft, dan stijgt de rente en stellen kredietverstrekkers strengere voorwaarden.

In een gecentraliseerd systeem kunnen centrale banken het basisgeld creëren of vernietigen en bepalen zij (grotendeels) de institutionele prijs voor het lenen van geld. In de Verenigde Staten stellen bijvoorbeeld twaalf leden van het *FOMC* het rentepeil vast, met gevolgen voor 330 miljoen Amerikanen en indirect voor miljarden mensen wereldwijd die ook de dollar gebruiken. Als dit renteniveau te hoog of te laag wordt vastgesteld, leidt dat tot ongezonde groei of krimp in de kredietverlening, waarbij sommige regio's onevenredig benadeeld of bevoordeeld worden.

Tot 2008 was het aanpassen van rentetarieven het voornaamste beleidsinstrument van de Amerikaanse Federal Reserve. Na 2008 koos de Fed er daarnaast vaak voor om de totale monetaire basis te wijzigen, waardoor het beleid ingrijpender werd en vaak leidde tot meer schommelingen. In 2019 en 2023 verlaagde de Federal Reserve fors de kasreserves van banken, wat respectievelijk resulteerde in de 'repo-piek' van 2019 en in liquiditeitsproblemen die in 2023 tot meerdere bankfaillissementen leidden.

Het snel creëren van nieuw geld ondermijnt het vertrouwen van spaarders, die erop rekenen dat hun geld en koopkracht stabiel blijven. Aan de andere kant zorgt een snelle 'vernietiging' van geld voor nadelen bij schuldenaren, die hun leningen baseren op een stabiel nominaal bedrag. Uiteindelijk draait het om de vraag wie de kasadministratie beheert en daarmee de macht heeft om zowel spaarders als schuldenaren te benadelen wanneer dat in het korte-termijnbelang van de centrale macht is.

Doorgaans groeit de hoeveelheid fiatgeld in de loop van de tijd. Wanneer de geldhoeveelheid snel toeneemt, vervormt dit de prijsinformatie en verliezen prijzen een deel van hun betrouwbaarheid als coördinatiemechanisme. Centrale banken – de Fed bijvoorbeeld – mikken constant op een inflatieniveau van 2% per jaar, terwijl inflatie in feite een kleine, voortdurende 'fout' is in onze economische berekeningen. Veel mensen menen dat hun koopkracht toeneemt bij 2% rente op hun spaarrekening, ook al stijgt de inflatie jaarlijks met 2% of meer.

Stel je voor dat je timmerman bent. Je zaagt hout op maat – elk stuk nauwkeurig en volgens de juiste verhoudingen – om de meubelontwerpen die je hebt bedacht in elkaar te zetten. Stel je nu voor dat al je meetinstrumenten, die je ook gewoon kunt aanschaffen, elke maand een beetje krimpen. Voorheen paste een stuk van 30 centimeter precies bij een stuk van 10 centimeter. Maar door de krimp blijkt dat de nieuwe 10-centimeterstukken eigenlijk 11 centimeter meten, doordat je meetlat niet meer nauwkeurig is. Hierdoor moet je de 30-centimeterstukken aanpassen naar 33 centimeter om de juiste verhouding te behouden, en ben je genoodzaakt je apparatuur te vervangen. Als je al een voorraad van 30-centimeterstukken had gezaagd, heb je waarschijnlijk pech: de nieuwe 11-centimeterstukken sluiten niet meer bij de oude, waardoor je voorraad onbruikbaar wordt.

Dit illustreert waarom prijsinflatie, vooral wanneer deze snel verloopt, zo'n grote impact heeft op een economie en de productiviteit van haar burgers. Bedrijven maken waar mogelijk vaste prijsafspraken voor periodes van meerdere maanden of jaren – zowel voor de producten die zij verkopen als voor de goederen die zij inkopen. Ze moeten inflatie verwerken in hun langetermijncontracten en bedrijfsplannen, rekening houdend met de inflatiedoelstelling en eventuele misstappen van de centrale bank. Stijgen de inkoopprijzen plotseling terwijl ze hun eigen producten tegen vaste prijzen verkopen, dan krijgen ze ernstige problemen en kunnen ze verlies lijden. Als ze daarentegen hun verkoopprijzen kunnen verhogen terwijl ze aan hun leveranciers vaste inkoopprijzen hebben vastgelegd, dan kunnen ze de consument meer laten betalen. Op die manier duwen zij hun leveranciers in het nadeel en behalen zij zelf een aanzienlijke winst.

Werknemers met een vast salaris onderhandelen vaak maar één keer per jaar over hun loon, waarbij zij rekening moeten houden met inflatie. Aanhoudende inflatie benadeelt hen automatisch ten opzichte van de werkgever, omdat lonen doorgaans traag stijgen door het 'referentie-effect'.[232] Om zelfs maar de inflatie van half-schaarse goederen en diensten te compenseren, heeft een werknemer jaarlijks enkele procentpunten loonsverhoging nodig. Naarmate zij meer ervaring opdoen en een hoger, inflatiegecorrigeerd loon ontvangen, moeten zij opnieuw over hun salaris onderhandelen. Stijgen de huisvestingskosten bijvoorbeeld met 5% per jaar, kan een werknemer redelijkerwijs pleiten voor een loonsverhoging van 6% op jaarbasis – wat voor de werkgever in de meeste gevallen onredelijk klinkt. In werkelijkheid vragen zij slechts om een 'reële' loonsverhoging van 1% als compensatie voor hun toenemende ervaring, terwijl de overige 5% enkel bedoeld is om de stijgende huisvestingskosten te dekken – iets wat de werkgever doorgaans niet erkent. Daardoor zien werknemers zich vaak genoodzaakt van baan te wisselen, enkel om het referentie-effect van eerdere loonafspraken te resetten, wat contraproductief werkt.

Een extreem voorbeeld uit het afgelopen decennium doet zich voor in Egypte. In de herfst van 2016 verlaagden de Egyptische autoriteiten vrijwel van de ene op de andere dag de waarde van de nationale valuta met de helft ten opzichte van de Amerikaanse dollar, om te voldoen aan de voorwaarden voor een IMF-lening.[233] In 2022 en 2023 devalueerden zij hun valuta opnieuw met de helft, in drie grote stappen, om aan de voorwaarden voor

232 Sumner, *Money Illusion*, 147, 156–158, 341. Het 'referentie-effect' beschrijft de neiging van mensen om te sterk te vertrouwen op het eerste stukje informatie dat ze over een bepaald onderwerp ontvangen. Ongeacht de juistheid van die informatie, gebruiken mensen het als referentiepunt – of anker – om daaropvolgende oordelen te vormen.

233 Associated Press in Cairo, *Egypt Devalues Currency by 48% to Meet IMF Demands for $12bn Loan*, Guardian, 3 november 2016.

een vervolglening van het IMF te voldoen.[234] Telkens nam de druk op werknemers toe om te proberen hun salaris in Egyptische pond te verdubbelen, anders ondervonden zij een loonsverlaging in termen van internationale koopkracht. Bijna niemand kon zo'n salarisverhoging vragen, laat staan verkrijgen. Daardoor ondergingen de meeste arbeiders in het land in feite een salarisverlaging, terwijl zij gelijktijdig de devaluatie van hun liquide spaargeld meemaakten.

Als zowel het aanbod als de waarde van monetaire eenheden relatief stabiel blijven, kan de economie eenvoudiger langetermijnplannen en contracten opstellen. Werknemers ondervinden dan ook minder moeite om hun loon op peil te houden ten opzichte van hun koopkracht, omdat het referentie-effect geen negatieve invloed meer heeft. Wanneer het aanbod en de waarde van monetaire eenheden echter sterk schommelen, wordt het opstellen van dergelijke langetermijnplannen een pak lastiger. Als de wijzigingen minimaal zijn, betreft het slechts een geringe afwijking. Net zoals een timmerman zich nauwelijks druk maakt over het verschil tussen houtstukken van 30,0 en 30,1 centimeter, zal een bedrijf wellicht geen bezwaar maken tegen een kleine afwijking tussen $5,00 en $5,10 voor ingekochte producten. Het betreft dan slechts een kleine foutenmarge binnen de acceptabele grenzen. Maar stijgen de prijzen van de ingekochte producten naar $6,00 of $7,00 doordat de geldhoeveelheid sneller toeneemt dan normaal, verstoort dat daadwerkelijk de winstmarges en de planning – zowel van het bedrijf als van de leveranciers en werknemers.

Bedrijven sluiten bovendien voor verkoop-, aankoop- en arbeidscontracten omwille van de efficiëntie vaak overeenkomsten af voor periodes van 12 maanden of langer. Iedere maand opnieuw de contractdetails vaststellen kost immers onnodig veel tijd; dit probleem wordt alleen maar relevanter bij snellere prijsfluctuaties. Stabiliteit van de onderliggende valuta vormt de basis voor betrouwbare langetermijncontracten, die op hun beurt de administratieve lasten en dubbele werkzaamheden aanzienlijk verminderen. Het is gemakkelijk voor te stellen hoeveel tijd en middelen verloren zouden gaan als bijvoorbeeld een restaurant zijn menuprijzen dagelijks, wekelijks of maandelijks – in plaats van jaarlijks of minder frequent – zou moeten aanpassen.[235] Op die manier ontstaan talloze andere kleine verhogingen in de administratieve kosten.

Wereldwijd zie je dat regio's met aanhoudende dubbel-cijferige prijsinflatie zelden economisch productief zijn; meestal heerst er wanorde. In zo'n inflatoire omgeving lukt het bedrijven nauwelijks langetermijnplannen te

---

234 Al Jazeera, *Egyptian Pound Has Lost Half of its Value Since March*, Al Jazeera News, 11 januari 2023.

235 Gregory Mankiw, *Small Menu Costs and Large Business Cycles*.

maken en tegelijkertijd winstgevend te blijven, en vinden werknemers het lastig hun loon te handhaven tegenover de stijgende kosten van levensonderhoud. Onderhandelingen worden complexer en vinden vaker plaats, vooral bij grote groepen, zoals in vakbondsovereenkomsten en omvangrijke contracten. Investeerders verplaatsen hun kapitaal naar regio's die toegankelijker zijn, wat leidt tot hogere kapitaalkosten voor lokale bedrijven en resulteert in minder georganiseerde, minder winstgevende en minder concurrerende ondernemingen. Ook de openbare administratie kampt met problemen, waardoor alles ontregeld raakt. Zo ontstaat een vicieuze cirkel: desorganisatie leidt tot inflatie en inflatie vergroot de desorganisatie.

Betrouwbaar geld lijkt op een meetlat die nooit verschuift of slechts zeer langzaam en voorspelbaar verandert. Zulke stabiele situaties ontstaan doorgaans wanneer niemand de maatstaf kan wijzigen. Als kopers en verkopers goud als geld accepteren, wordt het voor gecentraliseerde instanties bijna onmogelijk om die standaard aan te passen en prijzen te wijzigen. Bij gecentraliseerde fiatvaluta kan de centrale uitgever daarentegen eenvoudig de hoeveelheid en waarde van de eenheden in de kasboeken aanpassen, wat prijssignalen en bedrijfsactiviteiten verstoort.

DE 'NOODZAAK' VAN CONSTANTE PRIJSINFLATIE

In 2013 uitte James Bullard, president van de *Federal Reserve Bank of St. Louis* (een van de twaalf regionale banken van het *Federal Reserve*-systeem), zijn zorgen over een te lage inflatie. De Fed streeft naar een jaarlijkse prijsstijging van 2%, maar in 2013 lag de inflatie rond de 1,5%. Bullard ondersteunde de voortdurende uitbreiding van de monetaire basis (het drukken van nieuwe bankreserves om Amerikaanse staatsobligaties te kopen). Hij vond de inflatie te laag en benadrukte het belang van het behouden van de geloofwaardigheid van de Fed bij het halen van het inflatiedoel van 2%, in plaats van het accepteren van een tragere prijsstijging. Deze uitspraak maakte *CNBC* bekend:

> 'Als de inflatie blijft dalen, ben ik bereid het tempo van aankopen op te voeren', zei Bullard tegen verslaggevers na een toespraak op de jaarlijkse Hyman P. Minsky Conferentie in New York.[236]

En deze zin komt van *Bloomberg*:

> James Bullard, president van de *Federal Reserve Bank of St. Louis* en voorstan-

236 Reuters, *Fed's Bullard Favors Bond Buys If Inflation Continues Decline*, CNBC, 17 april 2013.

der van de voortdurende obligatieaankopen door de Fed, benadrukte dat het essentieel is voor de centrale bank om het inflatiedoel van 2 procent te handhaven, zodat haar geloofwaardigheid gewaarborgd blijft, nu de prijsstijgingen afnemen.

'Ik ben bezorgd over de lage inflatie', verklaarde Bullard, die dit jaar stemt over het monetaire beleid, tijdens een toespraak in Paducah, Kentucky. 'Tot nu toe zijn er weinig signalen dat de inflatie weer richting het streefcijfer beweegt.'[237]

Toen Janet Yellen, voorzitter van de raad van bestuur van het Federal Reserve System van 2014 tot 2018, zich eind 2017 op haar vertrek voorbereidde, blikte zij terug op haar ambtstermijn en betreurde ze dat de prijsinflatie te laag bleef.

Janet Yellen blikte terug op haar periode bij de Federal Reserve en kwam tot de conclusie dat de meeste doelen waren behaald: een versnelde economische groei, een robuuste werkgelegenheidssituatie en een stabiel financieel systeem.

Het enige probleem dat nog niet is opgelost? Inflatie.

Tijdens haar laatste persconferentie als voorzitter van de Fed verklaarde Yellen dat haar grootste teleurstelling was dat de Fed er niet in geslaagd was de inflatie op te voeren tot het door de centrale bank gestelde streefcijfer van 2 procent.

'Ons streefdoel bedraagt 2 procent symmetrische inflatie. Al geruime tijd blijft de inflatie onder de 2 procent, en ik beschouw het als een cruciale prioriteit om te voorkomen dat deze chronisch onder ons doel blijft', verklaarde zij.[238]

In het decennium 2010 stelde Christine Lagarde, destijds hoofd van het Internationaal Monetair Fonds, jarenlang dat Europa kampt met te lage inflatie en dat er ruimhartigere en onconventionele monetaire beleidsmaatregelen nodig zijn om de inflatie op te voeren. Dit waren haar woorden in 2014:

De directeur van het *Internationaal Monetair Fonds* deed woensdag een oproep aan de Europese Centrale Bank om het monetaire beleid te versoepelen, zodat de prijzen zouden stijgen. Zij verklaarde dat 'lage inflatie' in gea-

237 Steve Matthews, *Bullard Says Important for Fed to Defend 2% Inflation Target*, Bloomberg, 14 augustus 2013.

238 Jeff Cox, *Yellen's Only Regret as Fed Chair: Low Inflation*, CNBC, 13 december 2017.

vanceerde economieën het risico met zich meebrengt het toch al moeizame wereldwijde economisch herstel te ondermijnen.[239]

Toen Lagarde in 2019 in aanmerking kwam voor de functie van voorzitter van de Europese Centrale Bank (tegen het einde van dat jaar zou ze die functie ook daadwerkelijk bekleden), benadrukte zij tijdens een toespraak voor het Europees Parlement dat te lage inflatie een probleem vormt.

> De uitdagingen die het huidige beleid van de ECB met zich meebrengt, zijn nog niet opgelost. De economie van het eurogebied kampt met enkele kortetermijnrisico's, voornamelijk als gevolg van externe factoren, en de inflatie blijft hardnekkig onder het doel van de ECB. Ik sluit me daarom aan bij de visie van de Raad van Bestuur: een langdurig zeer soepel beleid is gerechtvaardigd om de inflatie te laten stijgen naar 'onder, maar dichtbij 2%.'[240]

Gedurende de jaren 2010 hield Haruhiko Kuroda, tijdens zijn lange ambtstermijn als voorzitter van de *Bank of Japan*, de rentetarieven op negatieve niveaus in een poging de inflatie op 2% te brengen. Dit meldde Reuters in 2018:

> De voorzitter van de *Bank of Japan*, Haruhiko Kuroda, verklaarde dinsdag dat de negatieve rentetarieven op korte termijn zouden worden afgeschaft. Hij benadrukte echter dat zij noodzakelijk blijven om de inflatie richting het doel van 2 procent te versnellen.[241]

Als we de term 'inflatiedoelstelling' vervangen door 'geldontwaardingsdoelstelling' – wat het uiteindelijk is – wordt duidelijk hoe dwaas sommige opmerkingen zijn. Met die formulering zouden centrale bankiers klagen dat de valuta waarin mensen hun salaris ontvangen en spaargeld aanhouden, niet zo snel in waarde daalt als hun gewenste devaluatietempo voorschrijft.

Veel centrale banken in ontwikkelde landen streven tegenwoordig naar een jaarlijkse inflatie van 2% en raken ongerust wanneer de inflatie sterk afwijkt van dit streefcijfer. Bij een inflatie van 2% verdubbelen de prijzen gemiddeld elke 35 jaar, wat op het eerste gezicht opmerkelijk lijkt, aangezien een stijgende productiviteit normaal gesproken tot prijsdalingen leidt. Toch zorgen centrale bankiers er actief voor dat de prijzen blijven stijgen.

---

239 Anna Yukhananov, *IMF Warns on Low Inflation, Calls on ECB to Act*, Reuters, 2 april 2014.

240 Christine Lagarde, *Opening Statement by Christine Lagarde to the Economic and Monetary Affairs Committee of the European Parliament*.

241 Leika Kihara, *BOJ's Kuroda Rules Out Early End of Negative Rate Policy*, Reuters, 20 november 2018.

Met andere woorden, verijdelen zij de prijsdalende werking van productiviteitswinsten door geldontwaarding in te zetten, zodat de nominale prijzen van goederen en diensten langzaam maar gestaag omhooggaan, ondanks een efficiëntere productie.[242]

Prijsdeflatie levert op zichzelf voordelen op. In de 19e eeuw, in de beginjaren van olie, elektrificatie en langeafstandsspoorwegen, daalden de prijzen structureel. Dankzij de extra beschikbare energie werd het produceren van goederen een stuk eenvoudiger, wat leidde tot een explosie in technologische vooruitgang, een hogere productiviteit, bevolkingsgroei en een langere levensverwachting. De afgelopen tientallen jaren zagen we drastische prijsdalingen in de elektronica. Televisies, computers en telefoons worden voortdurend goedkoper en verbeteren tegelijkertijd in kwaliteit. De kosten per gigabyte computergeheugen zijn over decennia exponentieel gezakt, wat wereldwijd talloze mensen heeft geholpen. Tegenwoordig is een 80-inch televisie niet alleen scherper, maar ook goedkoper dan een 40-inch model twintig jaar geleden.

Toch beschouwen centrale bankiers en mainstream-economen deflatie vaak als negatief. Volgens hun wereldbeeld moeten prijzen voortdurend stijgen in plaats van dalen. Velen beweren zelfs dat als prijzen dalen, consumenten hun aankopen eindeloos zullen uitstellen in de hoop op nog lagere prijzen (hoewel dat duidelijk niet geldt voor elektronica). In hun beleidskader moeten prijzen steeds stijgen, wordt overmatig sparen ontmoedigd en worden mensen aangemoedigd tot een continue stroom van consumptie en leningen om zo voor een stabiele economische groei te zorgen.[243]

Beleidsmakers en economen vrezen dat deflatie schade richt aan financiële systemen die op hoge schuldenlasten steunen. Toch moedigen zij met hun beleid juist die hefboomwerking aan. Wanneer alles op enorme schulden steunt en beleidsmakers voortdurend ingrijpen en de schuldenniveaus verder laten stijgen, kan deflatie het systeem doen instorten zodra het optreedt. Aanhoudende deflatie past simpelweg niet in een systeem met hoge schulden en daarmee ook niet in het moderne financiële systeem. In een systeem dat meer op eigen vermogen leunt en minder op schulden, is een daling van de prijzen juist wenselijk. Dat is logisch: technologiebedrijven dragen doorgaans weinig schulden. Als zij hun producten aanzienlijk verbeteren – bijvoorbeeld door meer capaciteit voor een lagere prijs te bieden – profiteren zij van een enorme vraag, zelfs als de kosten per eenheid dalen. Door de kosten van een gigabyte opslag duizendmaal te verlagen, kunnen zij duizendmaal zoveel opslag verkopen (zoals volledige terabyte-schijven).

---

242 Jeff Booth, *The Price of Tomorrow*, 7–20.
243 Zie de literatuuroverzichten in Mark Thornton, *Apoplithorismosphobia*, 9–12; en Philipp Bagus, *In Defense of Deflation*, 18–34.

Kopers plukken natuurlijk eveneens de vruchten van deze technologische doorbraken en de daarbij behorende prijsdalingen.

In een financieel systeem dat tot zijn nek in de schulden zit, waar de geldhoeveelheid doorgaans fors toeneemt, ontstaat deflatie meestal door liquiditeitscrises en recessies – waardoor deflatie een negatieve reputatie krijgt.[244] Naarmate bedrijven volwassen worden en langzamer groeien, moedigt een omgeving van voortdurende geldontwaarding en herhaalde liquiditeitssteun van centrale banken hen aan om structureel bedrijfsleningen in hun kapitaalstructuur op te nemen. Zulke praktijken vereisen echter een voortdurende geldontwaarding om effectief te blijven.

Net zoals aderlaten ooit een gangbare medische behandeling waren, maar tegenwoordig slechts in specifieke gevallen van nut blijken, denk ik niet dat toekomstige historici positief zullen oordelen over de huidige visie van de meeste economen, namelijk dat een permanente prijsinflatie en geldontwaarding onmisbaar zijn voor een goed functionerende economie.

Een beleid dat constant inflatie nastreeft, heeft in de eerste plaats tot doel: 1) het kredietsysteem blijvend boven sparen te verkiezen, 2) schulden geleidelijk maar onophoudelijk te devalueren, 3) de prijssignalen in onze veranderlijke wereld structureel te verzwakken en 4) overheden in staat te stellen om structurele begrotingstekorten te realiseren als een vorm van ondoorzichtige belasting. Deze maatregelen komen vooral ten goede aan degenen die nauw betrokken zijn bij de kern van het systeem, zoals overheden, bedrijven en financiers.

Omdat inflatie niet nauwkeurig vast te stellen is, wordt het probleem nog ingewikkelder. De overheid meet de inflatie op basis van een mandje goederen en diensten, samengesteld om het jaarlijkse aankoopgedrag van de gemiddelde burger te weerspiegelen. Daarbij houdt men ook rekening met de vervanging van duurdere producten door goedkopere alternatieven. Als bijvoorbeeld een rib-eye steak in prijs stijgt, haalt men deze uit het mandje en vervangt men die door goedkoper rundergehakt, omdat dit beter overeenkomt met het consumptiepatroon van iemand die nu met hogere rib-eye prijzen te maken heeft. Deze werkwijze leidt ertoe dat duurdere items consequent worden achterwege gelaten, wat resulteert in een structurele onderschatting van de werkelijke inflatie.[245]

In 1913, bij de oprichting van de Federal Reserve, bedroeg het bedrag aan 'ruim geld' $19,31 miljard. Tegen het einde van 2022 was dit gestegen tot $21,4 biljoen ($21.400 miljard), oftewel een toename met een factor 1.118, wat neerkomt op een gemiddelde jaarlijkse groei van 6,6% over 109

244 Andrew Atkeson en Patrick Kehoe, *Deflation and Depression: Is There an Empirical Link?*
245 Stephen Reed en Darren Rippy, *Consumer Price Index Data Quality: How Accurate is the U.S. CPI?*; Martin Hochstein, *The Fairy Tale of Low Inflation in the Euro Area*, 2.

jaar.

In 1913 telden de Verenigde Staten ongeveer 97 miljoen inwoners, terwijl dat in 2022 circa 333 miljoen waren. Dit betekent dat er in 1913 ongeveer $199 per persoon in circulatie was, tegenover meer dan $64.800 per persoon in 2022. Met andere woorden: de geldhoeveelheid per hoofd is met een factor 325 toegenomen, wat een samengestelde jaarlijkse groei van 5,5% weerspiegelt.

Schaarse producten, zoals luxe vastgoed aan het water en kunstwerken van beroemde overleden kunstenaars, stijgen vaak in prijs in hetzelfde tempo als de geldhoeveelheid. Dit komt doordat deze objecten werkelijk eindig zijn en weinig mogelijkheden bieden voor efficiëntieverbetering in hun productie. Hierdoor duwt de creatie van extra geld bijna proportioneel de prijzen van deze goederen op. Een goed gedocumenteerd voorbeeld is een woning aan het water in Miami Beach, die in 1930 voor $100.000 werd verkocht en in 2022 ongeveer $30 miljoen waard bleek te zijn. Dit staat gelijk aan een samengestelde jaarlijkse groei van 6,4%, wat vrijwel in lijn ligt met de groei van de geldhoeveelheid over diezelfde periode.[246]

Semi-schaarse goederen, zoals goud, olie, rundvlees en een gemiddeld huis, worden doorgaans jaarlijks 4 à 5 procent duurder als de geldhoeveelheid met 6 à 7 procent groeit. Dit komt doordat technologische verbeteringen ons in staat stellen deze producten steeds efficiënter te produceren. Zo steeg de gemiddelde prijs van een vat olie van $0,95 in 1913 naar $94 in 2022, wat neerkomt op een honderdvoudige stijging ofwel 4,3 procent per jaar.[247] Ook de prijs van rundvlees kende van de jaren '30 tot 2022 een vergelijkbare jaarlijkse stijging van 4,1 procent.[248]

Goederen die niet als schaars worden beschouwd – denk aan bepaalde graansoorten, plantaardige oliën, elektronica, software, kleding, plastic speelgoed en soortgelijke artikelen – kennen vaak een zeer lage of zelfs negatieve inflatie. Tegenwoordig produceren we elektronica, software, jeans en speelgoed met veel meer efficiëntie. Daarbij blijven de prijzen van granen en plantaardige oliën laag, mede dankzij onze gemechaniseerde landbouw en moderne raffinagetechnieken.

Van 1913 tot 2022 steeg de consumentenprijsindex gemiddeld met 3,2 procent. Deze index weerspiegelt voornamelijk een mix van semi-schaarse en niet-schaarse goederen.[249] De rente op spaarrekeningen en staatsobligaties hield in die periode geen gelijke tred met de consumentenprijsin-

246 Michael Saylor, *Bitcoin, Inflation, and the Future of Money*, Lex Fridman Podcast, 14 april 2022.

247 U.S. Energy Information Administration, *U.S. Crude Oil First Purchase Price*.

248 BLS, *CPI for all Urban Consumers: Beef and Veal*.

249 Samuel H. Williamson, *The Annual Consumer Price Index for the United States, 1774-Present*, MeasuringWorth; Federal Reserve Bank of Minneapolis, *Consumer Price Index, 1913-*.

dex, laat staan met de kosten van een mandje semi-schaarse goederen zoals rundvlees, olie of huizen, en zeker niet met werkelijk schaarse producten zoals schone kunst of onroerend goed aan het water.

Van begin 2000 tot eind 2022 ontstond een duidelijke divergentie. De geldhoeveelheid per hoofd groeide in die periode gemiddeld jaarlijks met 6,8 procent, terwijl de officiële consumentenprijsindex met slechts 2,6 procent per jaar toenam.[250] Ook steeg de goudprijs met 8,3 procent per jaar.[251] Daarnaast groeiden de kosten van ziekenhuisdiensten jaarlijks met 5,3 procent,[252] nam de olieprijs met 4,7 procent toe, steeg de mediane huizenprijs ook met 4,7 procent en gingen de prijzen voor kinderopvang met 4,2 procent per jaar omhoog.[253] Het gemiddelde uurloon voor niet-leidinggevende werknemers steeg met 3,2 procent per jaar,[254] terwijl spaarrekeningen gemiddeld minder dan 2 procent rente opleverden.[255] De prijzen van kleding bleven stabiel, en elektronica, plastic speelgoed en allerlei soorten software werden juist goedkoper.[256]

Goedkopere, niet-schaarse goederen – die profiteren van technologische ontwikkelingen of het verplaatsen van productie naar landen met goedkopere arbeid – drukken het officiële inflatiecijfer naar beneden ten opzichte van de groei van de geldhoeveelheid en de prijsstijging van schaarse en semi-schaarse producten en diensten. In werkelijkheid compenseren de sterke prijsdalingen van bepaalde discretionaire goederen echter niet de stijgende kosten van essentiële, schaarse goederen waar grote vraag naar is, die door de voortdurende uitbreiding van de geldhoeveelheid steeds duurder worden.

Er woedde een felle discussie over dit onderwerp in 2011, toen William Dudley, destijds president van de *Federal Reserve Bank of New York*, sprak tot een arbeiderspubliek in Queens. Toen hij vragen kreeg over de recente stijging van de voedselprijzen – grondstoffen hadden de afgelopen jaren flink in waarde gewonnen – merkte Dudley op dat, hoewel de energie- en voedselprijzen inderdaad hoger konden zijn, andere prijzen dit compenseerden. Zo wees hij er bijvoorbeeld op dat de prijs van de iPad 2 het gemiddelde verlaagde, wat niet in goede aarde viel. Zoals Kristina Cooke voor *Reuters* rapporteerde:

250 Federal Reserve Economic Data, *Consumer Price Index for All Urban Consumers; M3 for the United States*.

251 World Gold Council, *Gold Spot Prices*.

252 BLS, *CPI for all Urban Consumers: Hospital and Related Services*.

253 BLS, *CPI for all Urban Consumers: Tuition, Other School Fees, and Childcare*.

254 BLS, *Average Hourly Earnings of Production and Nonsupervisory Employees*.

255 Jenn Underwood en Elizabeth Aldrich, *History of Savings Account Interest Rates*, Forbes, 1 januari 2023.

256 Mark Perry, *Chart of the Day... or Century?*

Dudley legde uit hoe de Fed ernaar keek. 'Ja, de prijzen van voedsel en energie kunnen stijgen, maar tegelijkertijd dalen andere prijzen.'

Vervolgens gaf hij een voorbeeld uit de praktijk. Het enige probleem was dat hij had gekozen voor de allernieuwste Apple-tablet, die afgelopen vrijdag op de markt kwam. Deze bleek mogelijk populairder op het hoofdkantoor van de New York Fed in de buurt van Wall Street dan op de ruwe straten van Queens.

'Hij zei: 'Vandaag kun je een iPad 2 aanschaffen die net zoveel kost als een iPad 1, maar hij is twee keer zo krachtig. Kijk naar de prijzen van alle producten.''

Dit leidde tot schaterlachen en opschudding in het publiek, waarbij een toeschouwer de opmerking 'ongevoelig' noemde.

'Ik kan geen iPad opeten', zei een ander.[257]

Samengevat streven centrale banken doorgaans naar een lichte inflatie – wat op zich niet noodzakelijk is én moeilijk te definiëren valt. In een goed functionerende maatschappij daalt de inflatie doorgaans, omdat technologische vooruitgang ons steeds efficiënter laat produceren. Wanneer beleidsmakers een jaarlijkse inflatie van 2% realiseren, betekent dit waarschijnlijk dat de geldhoeveelheid en echt schaarse goederen met 5–7% per jaar zijn toegenomen, semi-schaarse goederen met 3–5% per jaar, en dat dit deels wordt gecompenseerd door productiviteitsstijgingen en een grotere internationale arbeidsverdeling. Het is belangrijk om de totale geldhoeveelheid nauwlettend in de gaten te houden, omdat deze vaak een beter beeld geeft van de prijsstijgingen van goederen die veel middelen vereisen en gewild zijn.

Als de waarde van je spaargeld niet stijgt in hetzelfde tempo als de groei van de ruime geldhoeveelheid per hoofd van de bevolking over een lange periode, raakt je koopkracht verwaterd. Dit is lastig bij te houden, zelfs als je de cijfers actief analyseert – laat staan voor iemand die gewoon probeert rond te komen en wat te sparen. Omdat de groei van de geldhoeveelheid meestal veel hoger ligt dan de rentetarieven, is het voor spaarders eenvoudig om in te leveren op hun koopkracht. Aanhoudende inflatie in de geldhoeveelheid stelt beleidsmakers en diverse tussenpersonen in staat om de koopkracht van spaargelden af te romen, zonder dat consumenten dit altijd goed bijhouden. En terwijl dit al nadelig is voor spaarders in ontwikkelde landen, is het des te erger voor spaarders in ontwikkelingslanden.

257 Kristina Cooke, *iPad Price Remark Gets Fed's Dudley an Earful*, Reuters, 11 maart 2011.

HOOFDSTUK 17

DE FINANCIALISERING VAN ALLES

Als geld in een samenleving over de tijd zijn waarde goed behoudt, ontstaat er een prikkel om het als spaarmiddel te gebruiken. Spaarders bepalen dan zorgvuldig hoeveel zij in beleggingen steken, omdat die doorgaans een hoger rendement bieden, maar ook gepaard gaan met meer risico dan traditioneel sparen met stabiel geld.

Aan de andere kant, wanneer het geld geleidelijk in waarde daalt, krijgt men een sterke prikkel om te investeren in andere, schaarsere bezittingen. Daardoor krijgt dat bezit een extra monetaire premie bovenop de gebruikswaarde.

Wanneer goud als geld wordt gebruikt, is de gangbare vorm van geld redelijk betrouwbaar, waardoor investeerders minder geneigd zijn extra woningen te kopen, grote aandelenportefeuilles samen te stellen of een uitgebreide collectie verzamelobjecten op te bouwen. Hoewel sommige mensen alsnog dergelijke bezittingen vergaren, gebeurt dat doorgaans doordachter en de betreffende verzameling maakt meestal een kleiner deel van het totale vermogen uit. Bij zwak geld – wanneer de geldhoeveelheid continu toeneemt en de rentetarieven lager liggen dan de inflatie – ontstaat echter een sterke prikkel om contant geld te mijden. In plaats daarvan kiezen mensen ervoor extra woningen te betrekken, beleggen ze in aandelen en verzamelen ze diverse objecten tegen opgeblazen waarderingen. Als er geen goed geld is, krijgt elk ander schaars goed een monetaire premie.[258] Dit stimuleert bovendien het aangaan van leningen (oftewel 'short' gaan) om deze schaarse goederen aan te schaffen, wat de hefboomwerking in het systeem versterkt.

258 Jeff Booth, *The Distortion of Money*, What Bitcoin Did, 15 april 2022.

Dit kan problematisch worden wanneer nuttige goederen te sterk gemonetariseerd worden. Het is over het algemeen geen probleem als bijvoorbeeld goud een hoge monetaire premie heeft bovenop zijn gebruikswaarde, want de meeste vraag naar goud komt immers voort uit de behoefte aan sieraden, spaargeld en, in mindere mate, uit industriële toepassingen die vaak ook met andere metalen mogelijk zijn. Als de goudprijs bijvoorbeeld volgend jaar zou verdubbelen, heeft dat doorgaans weinig merkbare negatieve gevolgen voor het dagelijks leven. Maar als woningen gemonetariseerd raken en gedurende een groot deel van het jaar leegstaan omdat welgestelde investeerders en de hogere middenklasse extra huizen kopen met goedkope kredieten, kan dit ertoe leiden dat midden- en arbeidersklassen moeite hebben betaalbare huisvesting te vinden. Dit valt duidelijk te zien in de verhouding tussen huizenprijzen en inkomens en vormt vooral in populaire steden en toeristische gebieden een groot probleem. Zulke hoge prijzen maken het vrijwel onmogelijk om zonder aanzienlijke schuldfinanciering een woning te bekostigen.

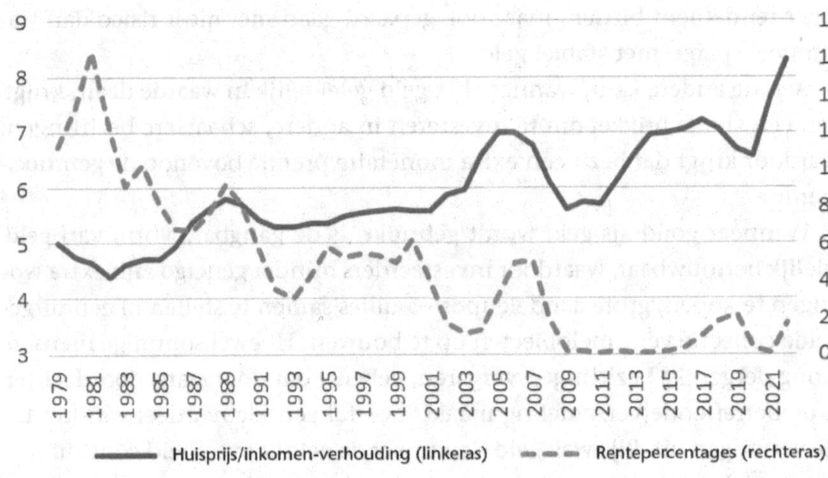

Figuur 17.1
De verhouding tussen huizenprijzen en inkomens in de Verenigde Staten (1979-2022), wat laat zien hoe de betaalbaarheid van woningen is afgenomen.[259]

Dit probleem wordt versterkt door wereldwijde kapitaalvlucht. Veel welgestelde Chinese burgers houden hun geld liever niet in China, omdat de overheid daar relatief gemakkelijk kapitaal in beslag kan nemen of controle kan uitoefenen. In de afgelopen decennia hebben deze Chinezen massaal

259 Federal Reserve Economic Data, *Median Sales Price of Houses Sold for the United States; Employed Full Time.*

onroerend goed gekocht in landen als Australië, Canada en Zuidoost-Azië, waardoor de woningprijzen in deze regio's enorm zijn gestegen. Niet alleen binnenlandse kopers, die profiteerden van lage rentetarieven en een groeiende schuldenlast, bliezen de vastgoedprijzen op, maar de extra vraag van het buitenland verergerde het probleem nog verder.

Ook bij de waardering van aandelen en het totale vermogen van huishoudens in relatie tot de rentetarieven zie je de effecten van de monetarisering van gebruiksgoederen. Onder normale omstandigheden bepaalt men de marktwaarde van bedrijfsactiva aan de hand van de te verwachten toekomstige kasstromen. Als de rentetarieven hoog liggen – ver boven het inflatiepercentage – dalen de aandelenkoersen vaak, zodat ze beter aansluiten bij de verwachte kasstromen; een aanzienlijk deel van de monetaire premie verdwijnt dan. Wanneer de rentetarieven daarentegen lager zijn dan de inflatie, of in absolute zin laag, kiezen mensen vrijwel altijd voor activa als aandelen, onroerend goed of verzamelobjecten in plaats van contant geld, zelfs als de waarderingen al hoog liggen. Deze activa krijgen dan met andere woorden een extra monetaire premie.

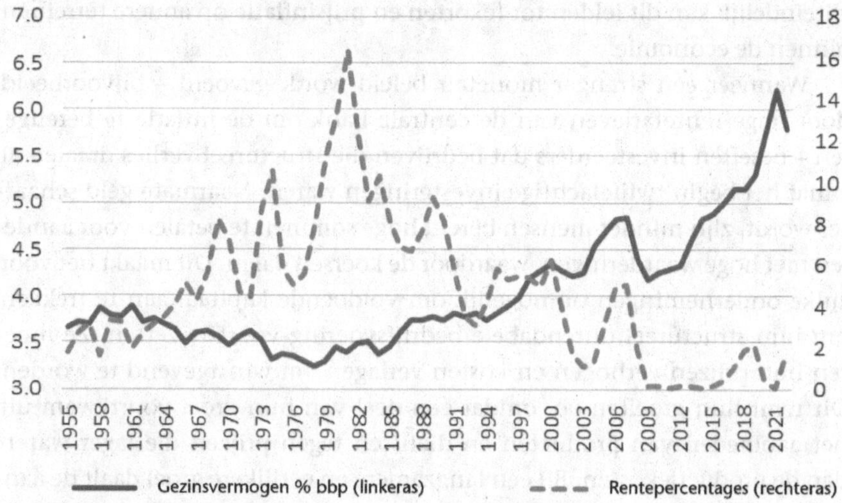

Figuur 17.2
De waardering van aandelen in vergelijking met rentetarieven (1955-2022), wat illustreert hoe lage rentes leiden tot hogere aandelenwaarderingen.[260]

Pensioenfondsen bestaan over het algemeen uit aandelen en niet uit contant geld. Daarmee genieten aandelen van grote, beursgenoteerde on-

260 Federal Reserve Economic Data, *Gross Domestic Product; Households and Nonprofit Organizations; Net Worth.*

dernemingen een monetaire premie in vergelijking met de aandelen van de meeste private bedrijven. Dit leidt tot lagere kapitaalkosten voor eigen vermogen bij grote ondernemingen en bezorgt hen – naast tal van andere voordelen – structureel voordeel ten opzichte van kleinere bedrijven.

Ongebruikelijk hoge aandelenwaarderingen verstoren de kapitaalvorming en het gebruik van hulpbronnen. Ondernemingen die voortdurend verlies draaien en sterk op groei inzetten, blijven langer verlieslatend, omdat investeerders hun aandelen liever aanhouden dan contant geld met dalende koopkracht. Zulke bedrijven verkopen hun producten en diensten vaak te goedkoop, blijven verlieslatend en financieren zich door voortdurend nieuwe aandelen uit te geven, bijvoorbeeld als beloning voor werknemers of voor verkoop aan investeerders. Hierdoor groeit hun onderneming sneller dan de markt normaal toestaat – versterkt door hoge aandelenwaarderingen en verlieslatende prijszetting. Na vele jaren of zelfs decennia wordt het echter lastig de werkelijke marktwaarde vast te stellen, omdat de prijzen onder de productiekosten blijven. Dergelijke ondernemingen trekken in een periode van 'makkelijk geld' gemakkelijk kapitaal aan van investeerders, kapitaal dat anders naar beter geprijsde bedrijven zou vloeien. Uiteindelijk kan dit leiden tot tekorten en prijsinflatie op andere terreinen binnen de economie.

Wanneer een strenger monetair beleid wordt gevoerd – bijvoorbeeld door hoge rentetarieven van de centrale bank om de inflatie te beteugelen – beseffen investeerders dat bedrijven die structureel verlies draaien al vanaf het begin twijfelachtige investeringen waren. Naarmate geld schaarser wordt, zijn minder mensen bereid hoge sommen te betalen voor aandelen met hoge waarderingen, waardoor de koersen dalen. Dit maakt het voor zulke ondernemingen onmogelijk om voldoende kapitaal aan te trekken om hun structureel onrendabele bedrijfsvoering voort te zetten. Ze moeten hun prijzen verhogen en kosten verlagen om winstgevend te worden. Dit remt hun groeitempo, omdat een deel van hun groei voortkwam uit het aanbieden van producten en diensten tegen prijzen die lager waren dan de productiekosten. Bij een langzamere en eerlijkere groei daalt de aandelenwaardering verder, en ontstaat er een vicieuze cirkel die uiteindelijk de slechte investeringen wegvaagt. Het probleem schuilt niet per se in het bestaan van het product of de dienst, maar in het feit dat het gedurende lange tijd door gebruikers en investeerders verkeerd is geprijsd. Het daadwerkelijke evenwicht tussen vraag en aanbod op duurzame niveaus blijkt vaak slechts voor een kleinere markt van toepassing te zijn dan aanvankelijk werd gedacht. Hoewel het normaal is dat startende ondernemingen in de opstartfase verlies draaien, is het ongebruikelijk dat een bedrijf dat al langer dan tien jaar bestaat structureel verlieslatend blijft. Toch komen dergelijke ondernemingen frequenter voor in een samenleving met zwak geld.[261]

Een zwak geldsysteem zet mensen juist aan om voortdurend te lenen en te investeren in plaats van te sparen, ongeacht of dat rationeel is. Daarentegen prikkelt hard geld om te sparen en leningen of investeringen alleen aan te gaan wanneer dat daadwerkelijk logisch is. Het monetariseren van nuttige goederen – zoals bedrijfsvermogen en onroerend goed – doordat er geen goede monetaire alternatieven zijn, heeft merkbare nadelige gevolgen en leidt tot onnodige bubbels. Dit kan resulteren in hogere kosten voor goederen die primair een gebruiksfunctie moeten vervullen (zoals eengezinswoningen), geeft grote en liquide ondernemingen een extra voorsprong op kleinere bedrijven en vertraagt het prijsvormingsmechanisme dat consumenten en investeerders informeert over wat werkelijk schaars is. Op de lange termijn kan dit leiden tot een verkeerde allocatie van middelen.

ONZICHTBARE AANBODVERWATERING

Iedereen die eenheden van een goed bezit dat een variabele voorraad kent, moet altijd alert zijn op mogelijke verwatering.

Volgens de *World Gold Council* is er wereldwijd meer dan 200.000 ton geraffineerd goud bovengronds aanwezig, wat neerkomt op zo'n 7 miljard *ounce*.[262] Jaarlijks komt er iets meer dan 3.000 ton extra goud bij, terwijl er nauwelijks goud verloren gaat of wordt weggegooid. Dit houdt in dat de totale goudvoorraad elk jaar met ongeveer 1,5% stijgt. Bezit iemand bijvoorbeeld 10 gouden munten van een *ounce*, dan vertegenwoordigt dat jaar na jaar een kleiner aandeel van de wereldwijde voorraad geraffineerd goud. Historisch gezien vormde deze verwatering geen probleem, omdat de groei van de bevolking en de productiviteit doorgaans minstens even snel verliep, waardoor de koopkracht van elke gouden munt door de eeuwen heen gelijk bleef of zelfs licht toenam.

Elke vastgoedbelegger weet dat grootschalige nieuwbouwwerken – zoals appartementencomplexen of huizen – een negatieve invloed kunnen hebben op de prijzen van bestaande woningen in een bepaald gebied. Na een periode van snelle nieuwbouw neemt het aandeel van elke bestaande woning in het totaal af, waardoor bij een overvloed aan nieuw aanbod de prijzen kunnen stagneren of dalen. Dit komt nieuwe kopers ten goede, maar is nadelig voor de huidige eigenaren. Vastgoedbeleggers kunnen zich hiertegen indekken door te investeren in schaars onroerend goed, bijvoorbeeld

261 Chancellor, *Price of Time*, 246-247, 277-278; Andreas Steno Larsen, *Steno Signals #21: 3 Reasons Why Everyone, Zuckerberg, Me, and Their Dogs Turn Into Idiots When Rates are 0%.*
262 World Gold Council, *Above-Ground Stock.*

objecten aan het water. In zulke gebieden mag groei plaatsvinden, maar er is nauwelijks ruimte om extra kavels aan het water te creëren – tenzij men bereid is fors te investeren, bijvoorbeeld in de aanleg van geheel nieuwe eilanden.

Fiatgeld ondergaat doorgaans een veel snellere verwatering dan goud of onroerend goed. In 2010 bedroeg de geldhoeveelheid in de Verenigde Staten minder dan 8,5 biljoen dollar, terwijl deze eind 2022 was gegroeid tot ongeveer 21,4 biljoen dollar.[263] Dat komt neer op een jaarlijkse toename van 7,3%. Gedurende bijna de gehele periode boden de meeste banken nauwelijks rente op spaarrekeningen en deposito's. Zelfs als we de gemiddelde spaarrente afronden op 1% en belasting op rente buiten beschouwing laten, betekent dit dat een gemiddeld spaardeposito jaarlijks met 6,3% in koopkracht daalt. Elke dollar vertegenwoordigt dan een kleiner aandeel van de totale geldhoeveelheid, en die koopkrachtafname verloopt veel sneller dan bij goud of onroerend goed. Natuurlijk kunnen mensen door hard te werken meer dollars verdienen, maar een aanzienlijk deel van die extra dollars is er slechts om het koopkrachtverlies van bestaande dollars te compenseren. Het is alsof je een zak met smeltende ijsblokjes vasthoudt en vervolgens moeite doet om evenveel smeltende ijsblokjes erbij te krijgen.

Wanneer grondstoffen en/of buitenlandse arbeidskrachten overvloedig en goedkoop beschikbaar zijn en de productiviteit blijft stijgen, hoeft een snelle groei van de geldhoeveelheid niet per se te resulteren in hoge consumentenprijsinflatie. De inflatie treedt dan eerder sector-specifiek op; zo stijgen de prijzen van gezondheidszorg, kinderopvang en gewild vastgoed vaak sneller dan die van bijvoorbeeld schoenen, graan of geïmporteerde elektronica. Tegelijkertijd leidt een dergelijke geldgroei wel tot hogere prijzen van activa waarvan het aanbod trager toeneemt dan dat van geld. Is het dan vreemd dat in de jaren 2010 de waarden van aandelen, vastgoed, kunst en andere verzamelobjecten vrijwel uitsluitend zijn gestegen? Het bezit van schaarse of semi-schaarse activa blijkt zeer logisch wanneer de geldhoeveelheid sneller groeit dan de rente die spaarders ontvangen op contant geld en verwante middelen.[264]

Het probleem wordt nog nijpender voor spaarders wanneer men rekening houdt met belasting op rente en vermogenswinstbelasting. Contant geld en obligaties werken al nadelig als de rente gelijk is aan of lager ligt dan de consumentenprijsinflatie en het groeipercentage van de geldhoeveelheid. Bovendien betaalt men belasting over de ontvangen rente, waardoor de reële rentetarieven op contant geld en obligaties verder dalen. Ver-

263 Federal Reserve Economic Data, *M3 for the United States*.

264 Dylan LeClair en Sam Rule, *Just How Big Is the Everything Bubble?* Bitcoin Magazine PRO, 11 augustus 2022.

mogenswinstbelasting – die niet wordt gecorrigeerd voor inflatie of de groei van de geldhoeveelheid – fungeert als een vermogensbelasting bij de verkoop van activa, zelfs als de daadwerkelijke koopkracht niet is toegenomen.

Koop je bijvoorbeeld een huis van $300.000 als belegging en groeit de geldhoeveelheid in het daaropvolgende decennium jaarlijks met 2% terwijl de gemiddelde huizenprijs in dat gebied eveneens met 2% stijgt, dan is je huis aan het einde van dat decennium ongeveer $365.000 waard. Verkoop je het huis, dan betaal je vermoedelijk 20% vermogenswinstbelasting over een winst van $65.000 – dat betekent ongeveer $13.000 belasting, oftewel 4,3% van de oorspronkelijke prijs of circa 3,6% van de huidige waarde. In wezen stijgt de koopkracht van het huis niet; het houdt slechts gelijke tred met de monetaire verwatering, terwijl je toch belasting betaalt over deze stijging.

Stel je nu voor dat je hetzelfde huis van $300.000 aanschaft, maar dat de geldhoeveelheid de komende tien jaar jaarlijks met 10% groeit en de gemiddelde huizenprijs in de buurt eveneens met 10% per jaar toeneemt. Aan het einde van deze periode is je huis $778.000 waard. Verkoop je het dan, dan betaal je 20% vermogenswinstbelasting over een winst van $478.000, wat neerkomt op ongeveer $96.000 aan belasting. Dat is 32% van de oorspronkelijke prijs en 12,3% van de huidige waarde, ondanks dat de koopkracht ten opzichte van andere activa in feite onveranderd blijft. Dit voorbeeld illustreert dat overheden een prikkel hebben om inflatie hoog te houden: door vermogenswinstbelasting, die niet wordt aangepast voor inflatie of de groei van de geldhoeveelheid, bemachtigen zij een groter deel van de verhandelde rijkdom naarmate de nominale geldbedragen stijgen.[265]

Dit voorbeeld laat zien dat met een toename van de geldhoeveelheid niet alleen houders van contant geld en obligaties hun koopkracht zien dalen, maar dat zelfs eigenaren van tastbare activa koopkracht verliezen door de winstbelasting, als hun bezit slechts gelijke tred houdt met de geldontwaarding. Hetzelfde geldt voor iedereen die aandelen, goud of vergelijkbare activa bezit, mits die in grote mate in lijn blijven met de geldontwaarding.

Om het probleem van monetaire verwatering te vermijden, zou je kunnen proberen om een uitzonderlijk succesvolle belegger te worden. Als je investeert in activa die bovengemiddelde rendementen opleveren, kun je de nadelige effecten van deze verwatering compenseren.

Een eenvoudiger alternatief voor een investeerder om koopkrachtverlies door monetaire verwatering te beperken, is het benutten van kunstmatig lage rentetarieven via langlopende leningen. Had je bijvoorbeeld aan het begin van het decennium dat eerder genoemde huis met een hypo-

265 Alex Muresianu, *Personal Income Tax Adjusts for Inflation, But It Could Do Better.*

theek tegen een vaste lage rente gekocht, dan zou de meerwaarde bij een jaarlijkse monetaire verwatering van 10% veel sneller zijn gestegen dan de woningprijs zelf. Dit komt doordat de hypotheekschuld vaststaat, terwijl de waarde van het huis snel toeneemt, met als gevolg een significante vermogensgroei. Zo neem je als lener in feite een 'short'-positie in ten opzichte van spaarders die contant geld aanhouden, en profiteer je van hun koopkrachtverlies.

In het hedendaagse, inflatoire financiële systeem worden degenen beloond die leningen met lage rentetarieven bemachtigen en deze verstandig inzetten. Als ze groot genoeg blijken te zijn en in de problemen geraken, kunnen hun fouten zelfs leiden tot een reddingsoperatie — een zogenaamde *bail-out.* Met andere woorden: de sleutel tot succes ligt in het aangaan van schulden, maar op zo'n manier dat je niet als een van de eersten tenonder gaat tijdens een recessie. Spaargeld wordt immers regelmatig verwaterd en overgefinancierde entiteiten stortten vaak in, dus de uitdaging is om structureel schulden aan te houden zonder als een van de eersten te falen.

Opvallend is dat wanneer je naar de huidige wereld kijkt en ook historisch terugblikt, er een duidelijke normale of gaussische verdeling te onderscheiden valt in de relatie tussen schuldenniveaus en monetaire hardheid.

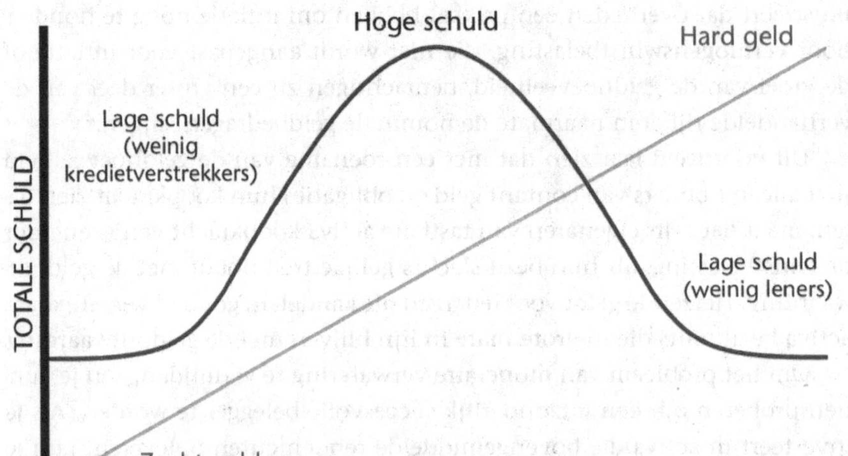

Figuur 17.3
De relatie tussen schuldenniveaus en monetaire hardheid, wat een duidelijke normale curve laat zien in de schuldenopbouw

Wanneer er sprake is van een zwakke valuta – zoals in veel ontwikkelingslanden waar regelmatig inflatie in de dubbele cijfers en/of snelle valutadevaluaties heersen – zul je zelden langlopende schulden aantreffen. Geldschieters zijn in zulke omstandigheden zelden bereid een 30-jarige hypotheek met vaste rente of een 30-jarige bedrijfsobligatie aan te gaan, omdat het vertrouwen in de stabiliteit van de rekeneenheid over zo'n lange periode ontbreekt.

Aan de andere kant komt er in situaties met hard geld doorgaans ook weinig schuld voor, omdat geldschieters minder snel geneigd zijn geld uit te lenen, waarvan zij verwachten dat het in waarde zal stijgen, tenzij ze ervan overtuigd zijn dat het voor zeer productieve doeleinden wordt ingezet (zoals de aanleg van spoorwegen in de 19^e^ eeuw).[266] In dit geval blijft krediet waardevol voor activiteiten met hoge verwachte opbrengsten, maar gaan kredietverstrekkers voorzichtiger om met het aangaan van schulden.

Tussen deze uitersten ontstaat het ideale scenario voor zowel kredietverstrekkers als -nemers wanneer fiatgeld gestaag in waarde daalt. Kredietnemers gaan met plezier middel- en langlopende schulden aan, waarvan de reële waarde geleidelijk afneemt, om zo te kunnen investeren in schaars wordende activa. Kredietverstrekkers lenen graag uit tegen lage tarieven, mits deze net iets hoger liggen dan de kosten van kortlopende financiering, die zij benutten om hun diensten op te schalen en winst te maken op het renteverschil. Consumenten, bedrijven en overheden beschouwen dergelijke 30-jarige schulden vrijwel als de standaard financieringsmethode. In dit scenario groeit de totale schuld in de economie tot een maximum, wat op zich gunstig lijkt zolang alle activa in waarde toenemen, maar dat een groot probleem oplevert wanneer valutavolatiliteit terugkeert in een omgeving waar de lasten zwaar drukken. Kortom, de enorme schuldopbouw die typerend is voor een geldsysteem dat geleidelijk devalueert, blijft door zorgvuldig beheer stabiel totdat het uiteindelijk overgaat in dramatische instabiliteit en een onvermogen om deflatoire perioden te doorstaan.

---

266 White, *Theory of Monetary Institutions*, 39-40.

HOOFDSTUK 18

BEGUNSTIGDEN VAN HET CANTILLON-EFFECT

Ongeacht of men voor of tegen economische herverdeling is, richt de discussie zich doorgaans op de 'top-down'-benadering (zoals progressieve inkomstenbelastingen), omdat die voor velen het meest inzichtelijk blijkt. Daarentegen leveren geldontwaarding en ongelijke toegang tot verschillende rentetarieven een minder transparant 'bottom-up'-herverdelingsmechanisme op, dat naar mijn mening te weinig erkenning krijgt. Iemand met financiële problemen krijgt vaak nauwelijks krediet. Hierdoor is het lastig een hypotheek met lage rente, zakelijke lening of persoonlijke lening te verkrijgen. Men wendt zich dan vaak tot creditcards of flitskredieten met torenhoge rentetarieven, terwijl een vermogende investeerder doorgaans profiteert van gunstigere kredietvormen, mede doordat hij over aanzienlijke activa beschikt die als onderpand dienen. Ook op zakelijk vlak valt dit verschil op: een kleine, familiegerunde ijzerwinkel kampt doorgaans met veel hogere kredietkosten dan een landelijke ijzerhandelketen, die systematisch groeit en de familiegerunde winkels verdringt. Bovendien kan een organisatie met veel activa vaak de openbare kapitaalmarkten aanboren, door bijvoorbeeld obligaties uit te geven aan een breed scala investeerders in plaats van uitsluitend op lokale banken te rekenen.

Tot op zekere hoogte is deze differentiatie te voorspellen; verschillende rentetarieven compenseren immers het risico van kredietverlening aan uiteenlopende partijen. In een financieel systeem dat volledig draait op grote hoeveelheden krediet en waarin de rekeneenheid voortdurend in waarde daalt, wordt het verschil tussen toegang tot goedkoop krediet en het ontbreken daarvan echter van veel groter belang. Historisch gezien vormde het aangaan van langlopende leningen tegen lage rentetarieven – in wezen speculeren met fiatgeld – een *sleutelmechanisme* voor vermogensopbouw in een inflatoir systeem. Het niet kunnen profiteren van dit mechanisme betekent uitgesloten worden van een cruciale weg naar vermogensgroei.

In een systeem dat meer op eigen vermogen berust en waar hard geld centraal staat, plukken grote entiteiten met uitgebreide netwerken en toegang tot goedkoop krediet minder voordeel. Krediet blijft in bepaalde situaties van nut, maar speelt een minder prominente rol in de gebruikelijke kapitaalstructuur. Het systematisch aangaan van leningen om gedurende decennia te profiteren van een waardedaling van fiatgeld is in zo'n context ondenkbaar, waardoor de prestatiekloof tussen grote, goed verbonden organisaties en kleinere ondernemingen aanzienlijk kleiner wordt. Het interessante dilemma rondom de betekenis van kredietoegang en de daarmee samenhangende groeiende prestatiekloof tussen grote en kleine entiteiten in een schuldengedreven, zwak geldsysteem is complex. Het wordt pas echt problematisch wanneer overheden in crisistijd selectief bedrijven redden met nieuw gedrukt geld. Daarbij speelt mee dat diezelfde overheden vaak zwaar afhangen van de grootste bedrijfssponsors.

Tijdens de hypotheekcrisis van 2008 keurde de Amerikaanse federale overheid leningen ter waarde van honderden miljarden dollars met lage rentetarieven goed, zodat grote banken liquide en solvabel bleven. Terwijl de activaprijzen instortten en vrijwel niemand toegang had tot goedkoop krediet, kregen deze banken kunstmatig voordelige kredieten, waardoor ze activa opkochten en noodlijdende concurrenten – die dit krediet niet kregen – tegen spotprijzen konden overnemen. In totaal kregen banken en hun topfunctionarissen flinke steun, terwijl huiseigenaren uit de middenklasse nauwelijks geholpen werden. Die banken, midden in een periode van ingestorte activaprijzen en strubbelende concurrentie, kregen enorme kredieten ver onder de marktwaarde aangeboden door de Amerikaanse overheid – gefinancierd met nieuw gedrukt geld – wat voor hen een ware goudmijn bleek. De toenmalige Amerikaanse minister van Financiën, zelf voormalig CEO van Goldman Sachs (een van de ontvangers van dit selectieve krediet), illustreert dit treffend. Werknemers van de geredde Wall Streetbedrijven kregen vervolgens enorme bonussen, en leidinggevenden van banken die anders failliet zouden zijn gegaan, werden voorzien van royale pensioenpakketten in de acht cijfers.[267] Ondertussen raakten veel huiseigenaren hun woningen kwijt, omdat zij nauwelijks fiscale ondersteuning of toegang tot krediet kregen. Hoewel velen fouten maakten, werden de rijken

267 Louise Story en Eric Dash, *Bankers Reaped Lavish Bonuses During Bailouts*, New York Times, 30 juli 2009.

en goed verbonden personen veel vaker gered dan de gemiddelde burger.

Tijdens de COVID-19-lockdown in maart 2020 kwamen de financiële markten tot stilstand; zelfs de markt voor Amerikaanse staatsobligaties raakte vrijwel volledig illiquide. Om dit te verhelpen drukte de *Federal Reserve* binnen drie weken meer dan $1 biljoen aan nieuwe bankreserves, waarmee zij staatsobligaties opkocht en de markt weer liquide maakte – en daarna bleef zij onvermoeibaar aankopen.[268] Hierdoor kon de federale overheid zichzelf blijven financieren, ondanks de vastgelopen Treasury-markt. Wereldwijd zagen bedrijven plotseling dat consumenten, uit voorzorg voor hun veiligheid, de komende maanden zoveel mogelijk thuis zouden blijven en daardoor tijdelijk minder uitgaven. Bovendien werden in bepaalde gebieden lockdowns verplicht ingevoerd. Normaal mag de Fed geen geld drukken voor de aanschaf van bedrijfsobligaties, maar tijdens deze crisis kreeg zij hiervoor toestemming via een speciaal opgerichte doelvennootschap en de bijbehorende financiering. Toen de markt voor bedrijfsobligaties bevroren raakte, kocht ze deze obligaties op met nieuw gedrukt geld, waardoor de markt weer liquide werd. Zo konden grote beursgenoteerde bedrijven zonder problemen nieuwe schulden aangaan en bestaande schulden herfinancieren tegen lage rentetarieven.[269] De *Federal Reserve* betaalde er slechts een bescheiden bedrag voor om de markt het signaal te geven dat de markten voor bedrijfsobligaties koste wat het kost beschermd zouden worden, waarna de liquiditeitsverschaffers in de private sector opnieuw instapten.

Daarentegen ondernamen overheden geen directe actie om kleine, lokale bedrijven te ondersteunen; noch waren de financiële en logistieke middelen beschikbaar om dit voor elkaar te krijgen. Terwijl de *Federal Reserve* via ETF's grote pakketten bedrijfsobligaties opkocht om de markten snel van liquiditeit te voorzien, bleek het verstrekken van krediethulp aan miljoenen kleine, door families gerunde ondernemingen – zoals restaurants – veel complexer en tijdrovender te verlopen. Hierdoor gingen veel van deze bedrijven al vroeg in de pandemie failliet, terwijl hun grote, beursgenoteerde tegenhangers dankzij gecentraliseerde liquiditeitsprogramma's eenvoudiger overeind bleven.

Om dit onevenwicht te herstellen introduceerde het Congres het *Paycheck Protection Program* (PPP) als onderdeel van de *CARES Act*. Dit programma verstrekte honderden miljarden dollars aan leningen aan kleine bedrijven (tot 500 werknemers). Deze leningen werden later kwijtgescholden en veranderden feitelijk in subsidies, gefinancierd met nieuw gedrukt

268 Federal Reserve Economic Data, *Reserves of Depository Institutions: Total*.
269 Eric Milstein en David Wessel, *What Did the Fed Do in Response to the COVID-19 Crisis?* Brookings Institution, 17 december 2021.

geld. In eerste instantie leek dit logisch: kleine restaurants en vergelijkbare ondernemingen konden gedurende een tijdelijke pandemiecrisis enkele maanden steun ontvangen, en in veel gevallen redde het programma hen. Het toewijzen van middelen aan zwaar getroffen regio's tijdens een crisis is immers logisch. Echter, het duurde langer voordat dit geld de kleine bedrijven bereikte dan het organiseren van financiering voor grote ondernemingen, en bovendien werden bedrijven die de hulp eigenlijk niet nodig hadden, onvoldoende uitgesloten. Zo kon een winstgevend advocatenkantoor of investeringsonderzoeksbureau subsidies van $500.000 tot $1.000.000 ontvangen, ook als hun bedrijf geen financiële problemen had en zij hun werknemers normaal konden betalen. In dat geval kwam dit geld rechtstreeks ten goede aan reeds vermogende eigenaren.[270]

Uit een onderzoek van de *American Economic Association* uit 2022, getiteld *The $800 Billion Paycheck Protection Program: Where Did the Money Go and Why Did It Go There?*, bleek dat driekwart van de hulpfondsen naar de 20 procent rijkste huishoudens ging, terwijl slechts een klein deel daadwerkelijk werd ingezet om banen te behouden.

> Het *Paycheck Protection Program* (PPP) verstrekte tijdens de pandemie ongeveer 800 miljard dollar aan ongedekte leningen met lage rente aan kleine bedrijven, waarvan bijna alle leningen later werden kwijtgescholden. Bijna alle kleine ondernemingen (94 procent) ontvingen uiteindelijk één of meerdere leningen, waardoor het PPP de markt binnen slechts twee maanden vrijwel volledig verzadigde. Wij schatten dat het programma over een periode van 14 maanden gezamenlijk tussen de 2 en 3 miljoen werkjaren heeft behouden, tegen een kostprijs van 169.000 tot 258.000 dollar per geredde werkjaar. Deze cijfers wijzen erop dat slechts 23 tot 34 procent van de PPP-dollars direct naar werknemers ging die anders hun baan zouden hebben verloren, terwijl de overige gelden naar ondernemers en aandeelhouders stroomden – waaronder schuldeisers en leveranciers van de via het PPP gefinancierde bedrijven. De uiteindelijke verdeling van het programma bleek sterk regressief: ongeveer driekwart van de PPP-middelen werd uitgekeerd aan de bovenste 20 procent van de huishoudens. De snelle opschaling van het PPP, de hoge kosten per geredde baan en de regressieve toewijzing wijzen allen op hetzelfde probleem: het programma had geen duidelijke doelgerichte aanpak, omdat de Verenigde Staten ontbraken aan de benodigde administratieve infrastructuur om anders te werk te gaan. Door moderne administratieve systemen te benutten, konden andere hooginkomenslanden hun pandemische bedrijfssteun gerichter aanwijzen aan bedrijven in financiële nood. Het opbouwen van een vergelijkbare capaciteit in de VS zou in toekomstige pan-

270 Ken Dilanian en Laura Strickler, *'Biggest Fraud in a Generation': The Looting of the Covid Relief Plan Known as PPP*, NBC News, 28 maart 2022.

demieën of andere grootschalige economische crises een gerichtere aanpak mogelijk maken.[271]

In de crises van 2020 en 2021 ontvingen de meeste mensen duizenden dollar aan stimuluscheques en extra belastingkredieten voor kinderopvang. Daarentegen kregen rijke advocaten, investeringsmanagers en ondernemers per persoon honderdduizenden dollar aan overbodige fiscale steun, en sommige bedrijven ontvingen miljarden dollars, terwijl ze tegelijkertijd werknemers ontsloegen. Dit alles werd gefinancierd met nieuw gedrukt geld, wat leidde tot de waardevermindering van spaargeld in contanten of obligaties. Nu de stofwolken in de daaropvolgende jaren wat opklaren, blijkt dat de combinatie van fiscale stimulansen en het herstel van activaprijzen heeft geleid tot aanzienlijke ongelijkheid. Zo steeg het gezamenlijke vermogen van de onderste 50 procent van de bevolking met 1,5 biljoen dollar van begin 2020 tot begin 2022, terwijl de top 1 procent in dezelfde periode een toename van 11,8 biljoen dollar noteerde.[272] Er circuleerden biljoenen nieuw gedrukte dollars, waardoor de prijzen omhoog schoten. Sommige mensen uit de hogere middenklasse, zoals werkende artsen, ontvingen nauwelijks hulp en moesten de gevolgen van prijsstijgingen door monetaire verwatering ondervinden, terwijl rijke ondernemers en mensen met een lager inkomen wel steun kregen. Bovendien dienden sommige bedrijven geen aanvraag in voor het PPP, wat hen een concurrentienadeel opleverde ten opzichte van ondernemingen die wél financiering ontvingen – ook al hadden zij de steun eigenlijk niet hard nodig.

Gedurende de jaren 2010, in een periode van economische groei, kozen veel luchtvaartmaatschappijen ervoor geen grote kasreserves aan te leggen. In plaats daarvan keerden zij hun winsten uit in de vorm van dividenden en kochten hun eigen aandelen terug. Toen de COVID-19-crisis in 2020 toesloeg en het passagiersaantal fors daalde, dreigden veel luchtvaartmaatschappijen failliet te gaan. Grootschalige faillissementen betekenden echter niet automatisch dat deze maatschappijen voorgoed verdwenen; schuldeisers verloren dan wel een deel van hun investering en werden via faillissementsprocedures de nieuwe aandeelhouders, terwijl bestaande aandeelhouders hun volledige kapitaal kwijtraakten. In zo'n geval hebben luchtvaartmaatschappijen die een voorzichtiger financieel beleid voeren – met een langzamere groei, minder schuld, lagere dividenduitkeringen, minder aandeleninkoop en grotere kasreserves – een betere kans om de crisis te

271 David Autor et al., *The $800 Billion Paycheck Protection Program.*

272 Federal Reserve Economic Data, *Total Net Worth Held by the Bottom 50%; Total Net Worth Held by the Top 1%.*

doorstaan dan hun risicovollere concurrenten.[273] Voorzichtigheid wordt dus beloond.

In plaats daarvan investeerde de federale regering van de VS tientallen miljarden dollars in het redden van de luchtvaartsector. Ook werden gesubsidieerde leningen verstrekt, waardoor men tegen tarieven onder de marktwaarde toegang kreeg tot krediet. Dit kwam vooral luchtvaartmaatschappijen ten goede die in de jaren 2010 agressief groeiden door goedkope schulden aan te gaan, winsten niet opzij te zetten, veel te lenen, een zwakke balans aan te houden en zoveel mogelijk contant geld aan aandeelhouders uit te keren wanneer het goed ging. Degene die verstandig genoeg was om een luchtvaartmaatschappij op een conservatievere manier te runnen – met een langzamere groei en lagere dividenduitkeringen om zich beter tegen economische tegenspoed te wapenen – werd achteraf gezien gestraft voor zijn voorzichtigheid.

De ongelijke en versnipperde fiscale steun aan burgers en bedrijven kwam niet uit een vooraf opgebouwde reserve. Tijdens de economische hoogtijdagen had de Amerikaanse federale overheid namelijk geen geld opzijgezet om failliete bedrijven in mindere tijden te ondersteunen. In plaats daarvan liet de overheid biljoenen dollars circuleren door nieuwe obligaties uit te geven, die direct door de *Federal Reserve* werden opgekocht met volledig nieuw geschapen bankreserves. Hierdoor groeiden zowel het basisgeld als het totale geld in 2020 en 2021 in snel tempo. In de periode van begin 2020 tot begin 2022 steeg de omvang van het ruime geld met zo'n 40%.[274] Deze manier van geld bijdrukken verzwakte de koopkracht van spaarders en obligatiehouders – kortom, van degenen die nauwelijks of geen steun ontvingen – terwijl schuldenaars en degenen die veel steun kregen er juist mee profiteerden. Grote instellingen met lage vaste schulden of andere gunstige kredietbronnen konden daardoor effectief speculeren met fiatgeld, door schulden aan te gaan tegen rentetarieven die lager waren dan de inflatie en het tempo van geldcreatie, waarna de overheid en de centrale bank direct ingrepen met liquiditeitsinjecties in de markt voor bedrijfsobligaties.

Had de monetaire omgeving sparen en voorzichtiger kredietgebruik gestimuleerd, dan was de economie beter voorbereid geweest op externe schokken zoals een pandemie. Maar omdat dergelijk gedrag wordt ontmoedigd en grootschalig kredietgebruik juist wordt beloond, raakt het systeem zwaar beladen met schulden en is het buitengewoon kwetsbaar voor elke externe verstoring van de kasstromen. Daarbij bevoordelen de

---

273 Veronique de Rugy en Gary Leff, *Bailouts Left Airlines, the Economy, and the Federal Budget in Worse Shape Than Before.*

274 Federal Reserve Economic Data, *M3 for the United States.*

selectieve hulpverlening en de logistieke beperkingen bij het verlenen van noodhulp tijdens een crisis vanzelfsprekend de grotere partijen die dichter bij de bron van geldcreatie staan.

Het Cantillon-effect, in de achttiende eeuw ontdekt door Richard Cantillon, beschrijft de ongelijke impact van geldcreatie op de prijsinflatie. Stel je voor dat iemand een enorme nieuwe goudmijn ontdekt in een economie waar goud de voornaamste vorm van geld is. Zodra dit nieuwe goud de markt opgaat, geniet de oorspronkelijke verkoper van een gunstige wisselkoers en kan hij tegen de geldende prijzen diverse goederen en diensten aanschaffen. Ook de handelaren die direct van deze eerste ontvanger het goud kopen, plukken de voordelen van gunstige inkoopvoorwaarden. Naarmate de totale goudvoorraad in de loop der jaren echter merkbaar toeneemt en mensen meer goud bezitten, leidt dit vrijwel altijd tot prijsstijgingen, omdat er meer geld in omloop is bij een ongeveer constant aanbod aan goederen en diensten. Hoe dichter en eerder iemand bij de initiële injectie van nieuw goud zit, hoe groter het voordeel. Degene die het goud als eerste ontvangt, loopt het sterkst voor, gevolgd door de eerste handelaren die het nieuwe goud bemachtigen. De slechtste positie bekleedt de gewone werknemer, die moeite heeft om zijn werkgever tot een loonsverhoging te bewegen nadat de prijzen al fors zijn gestegen.[275]

In een systeem met fiatgeld wordt het Cantillon-effect nog versterkt. Selectieve bail-outs en door de overheid gesubsidieerde kredieten tijdens acute liquiditeitscrisissen – gefinancierd met nieuw vervaardigd geld – bevoordelen grote entiteiten met sterke netwerken. Over het algemeen profiteren vooral grote banken en bedrijven meer van dit systeem dan kleinere organisaties, omdat zij vrijwel gegarandeerd toegang hebben tot gunstig krediet. Deze schulden fungeren als het ware als een 'short'-positie op het verwaterende geld en bieden een mogelijkheid om schaarser wordende activa aan te schaffen. Dicht bij de bron van geldcreatie genieten deze entiteiten bovendien van gemakkelijke toegang tot de kapitaalmarkten en goedkope leningen in tijden van economische voorspoed, naast bail-outs in moeilijke periodes. Het systeem kent inherente centraliserende eigenschappen die de bestaande winnaars in staat stellen hun positie verder uit te bouwen. En wanneer dat nodig is, kunnen zij uitgroeien tot de grootste politieke donateurs, zodat zij hun cruciale toegang tot de 'geldprinter' behouden.

Vanuit het perspectief van grote financiële instellingen is het, naast het direct overtreffen van kleinere concurrenten, tevens logisch om deze kleinere spelers over te nemen, te herfinancieren en/of vol te pompen met

275 Richard Cantillon, *Essay on the Nature of Trade in General*, 74-75.

goedkoop krediet. Grote bedrijven en *private-equity*-ondernemingen hebben dit jarenlang in de praktijk gebracht, omdat zij dankzij hun toegang tot voordeliger financiering een duidelijk competitief voordeel hadden. Zij namen kleinere bedrijven over en consolideerden hen tot grotere eenheden, wat buitengewoon winstgevend bleek te zijn. Wanneer geld duurzaam goedkoop is, is snel groeien de beste strategie, waardoor voordelige financiering steeds toegankelijker wordt.

In de afgelopen decennia hebben grote nationale ketens kleine winkels in de Verenigde Staten geleidelijk vervangen, en zijn kleine banken stapsgewijs overgenomen door grotere instellingen. Volgens de FDIC telde men in 1972 nog 13.733 banken met 24.829 filialen; vijftig jaar later, in 2022, verbleef dit aantal op slechts 4.135 banken, terwijl het aantal filialen steeg tot 71.190.[276] Ondanks bevolkingsgroei en een verder toenemend aantal filialen (en dan hebben we de opkomst van online bankieren nog niet eens meegerekend) is het aantal afzonderlijke banken drastisch gedaald, wat wijst op een consolidatie naar minder, maar grotere instellingen. Deze cijfers onderschatten zelfs het concentratieniveau: in 2022 beheerden de tien grootste banken 55% van alle bankactiva, terwijl de overige meer dan 4.000 banken samen slechts 45% in handen hadden.[277] Door de snelle verstrakking van het monetaire beleid in 2022 trokken mensen sneller contant geld uit gemeenschaps- en regionale banken dan uit grote landelijke instellingen, wat in 2023 leidde tot een reeks bankruns. Naar verwachting blijft het aantal banken verder dalen door voortdurende consolidatie.[278]

Voortdurende geldontwaarding en selectieve toegang tot goedkoop krediet bevoordelen doorgaans grotere entiteiten boven kleinere spelers, waardoor rijkdom en invloed zich na verloop van tijd concentreren bij degenen die de controle bezitten over deze grote instellingen. In zo'n systeem is de Amerikaanse federale overheid, die altijd toegang heeft tot aantrekkelijk krediet en liquiditeit, de grootste schuldenaar. De *Federal Reserve* kan tevens overheidschulden opkopen met nieuw gedrukt basisgeld. Bovendien hebben grote Amerikaanse banken en bedrijven dankzij de interventies van de *Fed* en de stimuleringsmaatregelen van het Congres ook tijdens crisissen, wanneer de liquiditeit opdroogt voor entiteiten met minder sterke netwerken, steeds toegang tot goedkope, liquide schuldmarkten. Kleine ondernemingen en huiseigenaren vormen qua kredietttoegang een middenmoot en genieten in gunstige tijden van een meer selectieve toegang tot goedkoop krediet, terwijl arbeiders en mensen in armoede, die zelden aan voordelig krediet raken, aan de onderkant van deze hiërarchie staan.

---

276 FDIC, *BankFind Suite*.
277 Federal Reserve Statistical Release, *Large Commercial Banks*.
278 Lyn Alden, *March 2023 Newsletter: A Look at Bank Solvency*.

HOOFDSTUK 19

DE LANGETERMIJNSCHULDCYCLUS

Er bestaat een eeuwenoude cyclus in zowel de politiek als de economie. Deze cyclus draait om de voortdurende ophoping van schulden en de onvermijdelijke financiële herstructureringen die plaatsvinden zodra de grens wordt bereikt van wat de maatschappij kan dragen. Dat de cyclus telkens weer terugkeert, komt deels doordat de exponentiële groei van financiële schulden botst met de menselijke natuur en bovendien de fundamentele vraag oproept: wat zijn we elkaar uiteindelijk verschuldigd?

Binnen een samenleving concentreren zowel rijkdom als schulden zich na verloop van tijd. Iemand met een laag inkomen besteedt vrijwel al zijn geld aan onderdak en levensonderhoud. Wanneer iemand om wat voor reden dan ook extra inkomen weet te vergaren – door bijvoorbeeld een aangeboren talent of gunstige omstandigheden – en tevens de vaardigheid en kennis bezit om dit inkomen verder te vermeerderen, kan dit proces exponentieel verlopen. Rijkdom genereert immers meer rijkdom en op een hoog genoeg niveau kan het ook leiden tot meer politieke invloed. Zo verschuiven de publieke financiën in het voordeel van de rijken, wat weer leidt tot nog meer rijkdom. Daarbij kunnen zij hun kinderen voorzien van betere voeding, een eersteklas opleiding, eventueel startkapitaal en belangrijke connecties. Zo krijgen zij een vliegende start en bouwen zij een dynastieke structuur op die zichzelf verder versterkt.

Vroeger, toen de meeste mensen in de landbouw werkten, zorgden mislukte oogsten en andere natuurrampen er geregeld voor dat gezinnen in schuldslavernij belandden. Degenen die al gevangen zaten in deze vicieuze spiraal hadden vaak weinig kans om hun situatie te verbeteren. Na meerdere teleurstellende oogsten of andere problemen raakte een steeds groter deel van de bevolking verstrikt in schuldslavernij, terwijl een klein groepje aan de top bijna alle activa en beschikbare krediet achterhield. Op een gegeven moment bereikt deze situatie een kritiek punt: als een groot aantal mensen met schulden inziet met hoeveel ze werkelijk zijn, kan dat leiden tot een opstand tegen de kredietbezitters. Krediet is immers een menselijk verzonnen concept, dat vaak gebaseerd is op omstandigheden uit het verleden en de erfenis van de schuldenaars.[279] Dus, als voldoende mensen boos worden en voelen dat de zaken oneerlijk zijn, kunnen zij het handjevol kredietbezitters confronteren met de fragiliteit van hun aanspraken.

Tegenwoordig, nu de meeste mensen niet langer in de landbouw werken, raken mensen op allerlei manieren verstrikt in schulden. Dit kan bijvoorbeeld gebeuren wanneer medische kosten in de loop der tijd oplopen. Ook kan het voorkomen dat iemand als tiener te veel studieleningen afsluit, zonder later een hoog genoeg inkomen te genereren om de schulden af te lossen. Daardoor blijft men jarenlang met deze last rondlopen – en in sommige rechtsgebieden kan een studielening, in tegenstelling tot de meeste andere schulden, niet worden kwijtgescholden, zelfs niet bij persoonlijk faillissement.[280]

Opvallend genoeg komt bankieren voor mensen met een laag inkomen duurder uit de bus. Zij krijgen boetes als ze in het rood staan en betalen extra kosten bij een te laag saldo, terwijl de rijken juist worden beloond met royale vergoedingen en kostenvrijstellingen.[281] Leningen die de armen afsluiten om te kunnen voorzien in hun dagelijks levensonderhoud – denk aan flitskredieten of creditcardleningen – dragen vaak ongelooflijk hoge rentepercentages, terwijl de rijken tegen lagere tarieven kunnen lenen.

Verder hebben mensen met een beperkt inkomen vaak minder tijd, omdat zij voor dezelfde taken vaak met meer obstakels en vertragingen te maken krijgen (bijvoorbeeld door het ontbreken van een auto, kinderopvang, wasmachine of vaatwasser). Zelfs voor alledaagse overtredingen, waarvan de boete in de meeste rechtsgebieden vastligt, vormt deze last voor de armen een aanzienlijke financiële druk, terwijl de rijken hier nauwelijks door worden geraakt. Mensen die de boetes niet kunnen betalen, belanden in sommige rechtsgebieden in de gevangenis — waar ze vervolgens extra kosten voor hun verblijf moeten betalen. Dit verergert hun financiële situatie, zowel qua tijd als geld, en belemmert hun vermogen om een inkomen te genereren.

In ontwikkelingslanden heeft een groot deel van de bevolking zelfs geen toegang tot een bankrekening, omdat de hoge *overhead*kosten het bijhou-

---

279 Gregory Chirichigno, *Debt-slavery in Israel and the Ancient Near East*, hoofdstukken 2-3.
280 Lyn Alden, *How Debt Jubilees Work*.
281 Aaron Klein, *How Credit Card Companies Reward the Rich and Punish the Rest of Us*, Los Angeles Times, 20 december 2019.

den van kleine saldo's onrendabel maken. Daardoor bewaren velen van hen het weinige spaargeld dat ze hebben, contant onder hun matras, terwijl dat geld voortdurend in waarde daalt zonder dat er rentebetalingen plaatsvinden zoals bij bankrekeninghouders.

Schulden en armoede werken exponentieel en cumulatief, waardoor mensen steeds dieper wegzakken, terwijl toegang tot krediet en rijkdom juist het omgekeerde effect heeft en de situatie verbetert. We denken vaak lineair, terwijl de werkelijkheid exponentieel groeit. Deze discrepantie zorgt er vaak voor dat onze maatschappelijke modellen na verloop van tijd niet meer toereikend blijken te zijn. Tijdens een gewelddadige revolutie vindt de herverdeling vaak plaats ten gunste van het verminderen van armoede, in plaats van dat rijkdom naar beneden wordt gedistribueerd. In plaats van dat de armen aanzienlijk rijker worden, raken ook de rijken in financiële problemen, naast de minderbedeelden. Hoewel de rijken van hun troon worden gestoten, resulteert dit in een chaotische situatie waarin de fragiele economische prikkels volledig verdwijnen. Meestal profiteren in dit proces slechts enkele leiders binnen het nieuwe regime. Om die reden pasten vorstendommen al sinds de tijd van Hammurabi van Babylon – en zelfs daarvoor – in diverse periodes en op verschillende plaatsen gedeeltelijke schuldsaneringen toe. Daarmee resetten zij het speelveld periodiek voordat een volledige instorting optrad.[282]

Ter illustratie: wanneer je een computer lange tijd blijft gebruiken, ontstaan er beetje bij beetje 'geheugenlekken'. De vrije geheugenruimte raakt dan uitgeput en de computer crasht. Door hem opnieuw op te starten komt het geheugen weer vrij en start het systeem opnieuw. Blijft de computer te lang aanstaan zonder dat de gebruiker ingrijpt – en ervaart hij eerst trage prestaties en bugs – dan kan hij op een cruciaal moment crashen, wat kan leiden tot het verlies van niet-opgeslagen data en alle nadelige gevolgen daarvan. Een proactieve herstart op regelmatige tijdstippen of zodra de eerste tekenen van problemen zichtbaar worden, kan de schade door een crash aanzienlijk beperken. In hun boek *Lessons of History* sluiten Will en Ariel Durant hun hoofdstuk over economie en geschiedenis als volgt af:

> We concluderen dat de concentratie van rijkdom onvermijdelijk is en periodiek wordt verlicht door gewelddadige of vreedzame gedeeltelijke herverdeling. Volgens deze opvatting vormt de gehele economische geschiedenis de trage hartslag van het sociale organisme, een enorme systole en diastole van geconcentreerde rijkdom en gedwongen herverdeling.[283]

282 Merryn Somerset Webb, *Sound the Trumpet! Debt Jubilees Have Arrived*, Financial Times, 29 mei 2020.

283 Will Durant en Ariel Durant, *The Lessons of History*, 57.

Om een vreedzame, gedeeltelijke herverdeling te verkiezen boven het risico op gewelddadige revoluties, hebben sommige beschavingen dit historisch gezien geregeld in hun wetten of tradities. De Code van *Hammurabi* stelde bijvoorbeeld grenzen aan de duur van schuldenslavernij:

> Wanneer iemand zijn schuld niet kan betalen en zichzelf, zijn vrouw, zijn zoon en dochter verkoopt of hen voor dwangarbeid afstaat, moeten zij drie jaar in het huis van de koper of eigenaar werken; in het vierde jaar mogen zij vrijgelaten worden.[284]

Bovendien scholden de Babylonische koningen vaak alle consumentenschulden kwijt bij hun aantreden, nadat een voorganger was overleden of afgezet. Hoewel bepaalde zakelijke schulden gehandhaafd bleven, werden de kredieten voor gewone mensen volledig kwijtgescholden, zodat schuldslaven vrijuit gingen – vaak gepaard met feesten en het letterlijk breken van kleitabletten. Periodieke kwijtschelding van schulden komt ook voor in Deuteronomium 15.

> Aan het eind van elke zeven jaar moet je schulden kwijtschelden. Zo voer je dat uit: elke schuldeiser schiet iedere lening die hij aan een mede-Israëli heeft verstrekt, kwijt. Hij mag geen betaling eisen van iemand uit zijn eigen volk, want de tijd van de Heer voor kwijtschelding van schulden is aangebroken. Betaling mag je wel eisen van een buitenlander, maar elke schuld die een mede-Israëli jou verschuldigd is, moet je laten vervallen. [...] Als één van je landgenoten – Hebreeuwse mannen of vrouwen – zich aan jou verkoopt en je zes jaar van dienst is, laat je hem in het zevende jaar vrij. En stuur hem, zodra hij vrijgelaten wordt, niet met lege handen weg. Voorzie hem dan royaal van wat uit je kudde, je dorsvloer en je wijnpers komt. Geef hem wat de Heer, je God, je gezegend heeft.[285]

In hun boek *Lessons of History* noemen Will en Ariel Durant een voorbeeld van een gedeeltelijke reset uit het oude Griekenland:

> In Athene, in 594 v.Chr., had volgens Plutarchus de kloof tussen rijk en arm haar hoogtepunt bereikt. De stad verkeerde in een gevaarlijke staat, en alleen despotische macht leek in staat om de onrust te bedwingen. De armen, die zagen dat hun omstandigheden jaar na jaar verslechterden – met een regering in handen van hun meesters en corrupte rechtbanken die elke zaak tegen hen beslisten – begonnen te spreken over gewelddadige opstanden. Ondertussen waren de rijken, verontwaardigd omdat hun eigendom

284 Hammurabi, *The Code of Hammurabi, King of Babylon*, 41.
285 Bible Gateway, *The Year for Canceling Debt*, 1-3, 12-14.

> werd bedreigd, zich aan het voorbereiden op gewelddadig verzet. Gelukkig zorgde gezond verstand ervoor dat gematigde krachten ervoor wisten te zorgen dat Solon, een zakenman met aristocratische roots, tot opperste archont werd verkozen. Hij devalueerde de munt, waardoor hij de lasten van alle schuldenaars verlichtte (hoewel hij zelf schuldeiser was); hij verminderde alle privé-schulden en schafte gevangenisstraffen wegens schulden af; hij schrapte achterstallige belastingen en hypotheekrentes; hij voerde een progressieve inkomstenbelasting in waarbij de rijken twaalf keer zoveel betaalden als de armen; hij herstructureerde de rechtbanken op een manier die het volk beter beviel; en hij zorgde ervoor dat de zonen van zij die in de oorlog voor Athene waren gevallen, op kosten van de overheid werden grootgebracht en opgeleid. De rijken protesteerden omdat zij vonden dat zijn maatregelen neerkwamen op regelrechte onteigening; de radicalen beklaagden dat hij het land niet eerlijk had herverdeeld. Toch waren binnen één generatie bijna allen het erover eens dat zijn hervormingen Athene voor een revolutie hadden behoed.[286]

Ik heb de Griekse beschrijving altijd boeiend gevonden, want als je de namen vervangt, zie je hedendaagse politici aan beide zijden van dat debat op de proppen komen. Degenen die over het krediet beschikken (of hen vertegenwoordigen) willen meestal de heiligheid van krediet behouden en benadrukken dat schulden afbetalen neerkomt op persoonlijke verantwoordelijkheid, sterke eigendomsrechten en een strak monetair beleid. Aan de andere kant wijzen degenen die schulden dragen (of hun vertegenwoordigers) op de structurele onrechtvaardigheden in het systeem en de zichzelf versterkende corruptie van de machthebbers, die hun positie veiligstellen door een mix van zakelijke en politieke invloed. Beide partijen brengen valide argumenten naar voren, maar vaak praten ze langs elkaar heen. Zij bekijken de wereld namelijk vanuit een lineair perspectief, terwijl de realiteit exponentieel groeit. En als zij door hun onoverbrugbare verschillen geen oplossing vinden, dreigt een gewelddadige revolutie waarbij nauwelijks iemand wint. De rijken komen er dan achter dat hun fragiele aanspraken op een sterk verbonden samenleving weinig betekenen zonder brede maatschappelijke consensus, terwijl de armen inzien dat door rijken hun rijkdom te ontnemen, er voor hen niet automatisch welvaart is gegarandeerd.

De meest vruchtbare discussies ontstaan wanneer partijen inspelen op het rationele eigenbelang van de ander. Iemand die de schuldenaars vertegenwoordigt, kan aanvoeren dat brede toegang tot onderwijs en gezondheidszorg, in combinatie met enige financiële ruimte, leidt tot een algehele

286 Durant en Durant, *Lessons of History*, 55-56.

toename van productiviteit en economische groei. Een kleine investering of tijdelijke verlichting voor de schuldenaars kan zich dan vele malen terugbetalen in termen van economische groei, minder criminaliteit en meer maatschappelijke harmonie – wat uiteindelijk ook de schuldeisers op de lange termijn ten goede komt. Daartegenover kan iemand die de schuldeisers vertegenwoordigt stellen dat, ondanks dat verlichting wenselijk is, de fundamentele prikkels voor ondernemerschap, winst en eigendomsrechten gehandhaafd moeten blijven. Naïeve ideeën over volledige vermogensgelijkheid of totale herverdeling kan men immers beter afwijzen, omdat ze juist kunnen leiden tot meer armoede en ellende voor de schuldenaars, doordat alle noodzakelijke economische stimulansen voor een efficiënte productie van goederen en diensten verdwijnen.

Naast het feit dat krediet exponentieel groeit, geldt hetzelfde voor de wetgeving. Politici bedenken voortdurend nieuwe wetten en regels, vaak met het doel de mensen die hen aan de macht houden en financieren te bevoordelen. Zelfs als politici goede bedoelingen hebben en problemen proberen op te lossen via nieuwe wetten, bouwen oude regels zich zelden af. Hierdoor wordt het voor bedrijven steeds lastiger aan de regels te voldoen, wat leidt tot meer administratieve lasten, een omvangrijkere belastingdienst en een daling van de productiviteit. Dit betekent niet dat regelgeving per se nadelig is, maar juist dat de opeenstapeling van steeds complexere regels onhoudbaar wordt. Grote perioden van kredietzuivering gaan historisch vaak gepaard met fases van juridische zuivering, en zulke momenten kunnen bijzonder gevaarlijk zijn, omdat vrijwel alles herzien kan worden.

Sommige samenlevingen – of het nu gaat om Babylonië vierduizend jaar geleden, om Athene in de zesde eeuw v.Chr. of om de Verenigde Staten in de jaren '30 en '40 – slagen er in deze cruciale momenten zó te doorstaan dat zij gewelddadige revoluties vermijden, de spelregels deels opnieuw schudden en de bestaande prikkels intact én efficiënt houden. Andere samenlevingen bereiken zo'n compromis niet, wat vaak leidt tot ingrijpende, grimmigere uitkomsten, zoals de Russische Revolutie van 1917.

KORTETERMIJNCONJUNCTUURBEWEGINGEN VAN FIATGELD

Waarschijnlijk kennen de meeste lezers de cyclische op- en neergaande bewegingen van de moderne economie, zoals eerder besproken in dit boek. Of deze schommelingen nu door natuurlijke processen worden veroorzaakt of door beleidsfouten van centrale banken, één ding staat vast: deze bewegingen bestaan en hebben we talloze keren meegemaakt.

Aan het begin van een economische expansie herstellen bedrijven en consumenten zich van de voorafgaande krimp. Ze gaan vervolgens meer schulden aan en nemen meer risico's. Vaak stimuleren centrale banken het lenen door de rentetarieven te verlagen en extra garanties en liquiditeit aan instellingen te bieden. Naarmate de expansie voortduurt, zorgen de toenemende schulden en overinvesteringen door bedrijven, samen met overconsumptie door huishoudens, dat zij steeds kwetsbaarder worden. Tijdens dat proces stijgen doorgaans ook de activa-prijzen. Tegen het einde van de cyclus blijken veel investeringen niet goed doordacht, vaak gebaseerd op onrealistische groeiverwachtingen en euforie, waardoor middelen minder productief worden ingezet. Tegelijkertijd draait de economie vaak op volle toeren en verhoogt de centrale bank waarschijnlijk de rentetarieven, waardoor de kredietzeepbel – die zij aan het begin van de cyclus mede hielp opblazen – kan barsten.

Uiteindelijk leiden een negatieve katalysator (zoals een externe schok of een fout van de centrale bank) in combinatie met hoge schulden en slechte investeringen tot economische krimp en een periode van schuldafbouw. Bedrijven die met dalende inkomsten worden geconfronteerd, snijden in hun personeelsbestand, waardoor minder mensen over geld beschikken om aan andere ondernemingen uit te geven. Dit zorgt ervoor dat bedrijven hun personeelsbestand nog verder verkleinen. Beleidsmakers reageren doorgaans door de rentetarieven te verlagen en extra liquiditeit te bieden aan kredietnemers met solide netwerkrelaties. Tevens worden er fiscale stimuleringsmaatregelen ingezet om de deflatoire fase te compenseren. Hierdoor gaat een deel van de bedrijven failliet, waardoor het systeem een gedeelte van de slechte investeringen en onproductieve hefboomfinanciering uitfiltert en de cyclus opnieuw begint.

In een gecentraliseerd systeem met fiatgeld, waarin beleidsmakers ruime flexibiliteit hebben over de basislaag van het systeem, brengt schuldafbouw zelden de niveaus volledig terug naar die van het begin van de cyclus. Zodra de schuldafbouw begint, grijpen de fiscale en monetaire beleidsmakers in met stimuleringsmaatregelen om de volgende economische expansie zo snel mogelijk op gang te brengen. Tegen de tijd dat de snelle kredietafbouw stopt, hebben bedrijven weliswaar gezamenlijk een deel van hun schulden verminderd, maar dragen zij nog steeds een hogere schuld dan aan het begin van de vorige kortetermijncyclus. Op dat moment verlagen de monetaire beleidsmakers de rentetarieven en zorgen ze voor extra liquiditeit om verdere kredietgroei te stimuleren.[287]

In 1987 stortten de aandelen plotseling in. De leiders van de *Federal Reserve* reageerden door liquiditeitsmaatregelen te treffen en in gesprek te gaan met commerciële banken om hen gerust te stellen, zodat een bre-

287 Ray Dalio, *Principles for Dealing with the Changing World Order*, 50-56, hoofdstuk 3 en 4.

dere kredietcrisis werd voorkomen. In 1998 ging het extreem grote hedgefonds met hefboomwerking *Long-Term Capital Management* ten onder door riskante speculaties; opnieuw verleende de *Federal Reserve* liquiditeitsmaatregelen, verlaagde ze de rentetarieven en werkte ze samen met veertien banken om het hedgefonds te redden, waardoor een bredere kredietcrisis werd vermeden. Die liquiditeitsinterventies droegen bij aan de daarna twee jaar durende parabolische stijging van de aandelenkoersen tijdens de internetzeepbel van 2000. In de recessie die volgde op het uiteenspatten van die zeepbel verlaagde de *Federal Reserve* de rentetarieven tot 1%, wat in de daaropvolgende jaren leidde tot enorme leningen en speculatie in de huizenmarkt, en uiteindelijk in 2008 na jaren van excessen weer tot een crisis leidde. Gedurende deze meerdere decennia werd de overmatige kredietverlening nooit op natuurlijke wijze opgeschoond; keer op keer greep men in en werden de schuldniveaus steeds verder opgedreven.

Figuur 19.1 toont de economische conjunctuurgolven in de VS over meer dan vijftig jaar, tot vlak voor de COVID-19-crisis. Hoewel de bedrijfsschuld als percentage van het bbp tijdens recessies daalde, werden de dalingen minder scherp en de pieken hoger. Een belangrijke verklaring hiervoor is dat in elke cyclus de rentetarieven verder dalen, waardoor een langdurige toename van schulden mogelijk wordt. Dit proces wordt deels aangestuurd door de monetaire beleidsmakers.

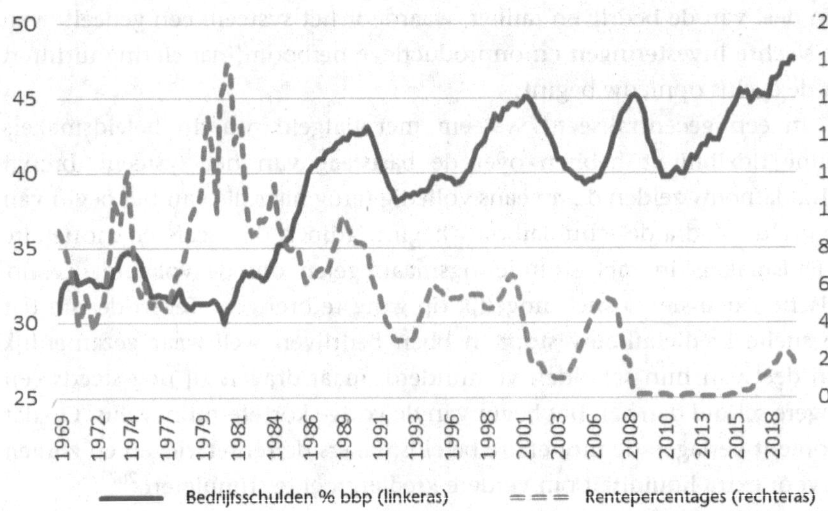

Figuur 19.1
Cycli van bedrijfsschulden als percentage van het bbp in de VS (1970-2020).[288]

De opbouw van de federale schuld volgt doorgaans een contracyclisch patroon. Tijdens recessies stijgt de schuld snel; de belastinginkomsten dalen door de lagere economische activiteit en de federale uitgaven nemen toe om extra werkloosheidsuitkeringen en andere fiscale prikkels te financieren. Ondertussen voerden de Verenigde Staten de *war on terror*, die in hogere mate met schuld werd bekostigd dan eerdere oorlogen.

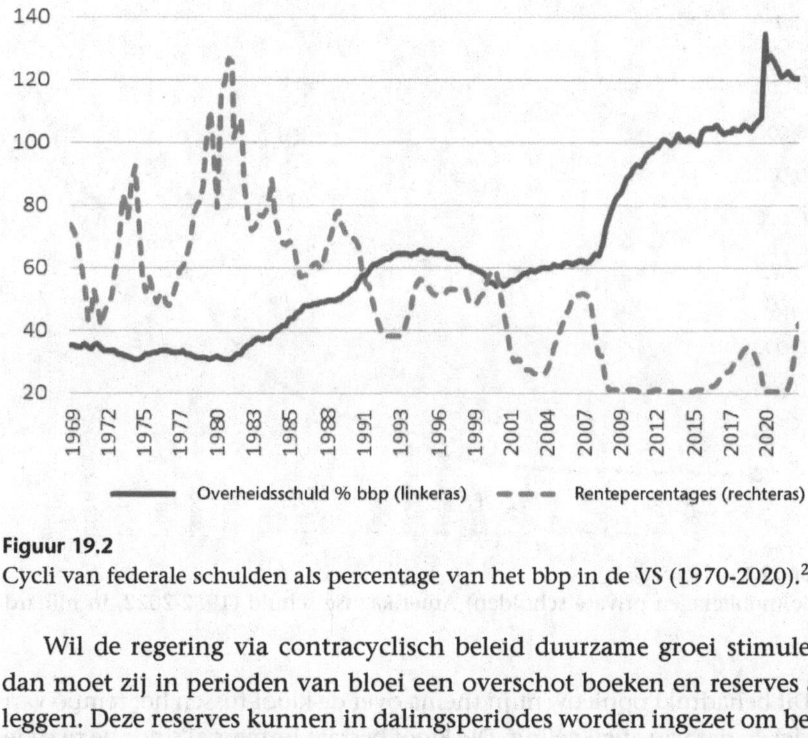

Figuur 19.2
Cycli van federale schulden als percentage van het bbp in de VS (1970-2020).[289]

Wil de regering via contracyclisch beleid duurzame groei stimuleren, dan moet zij in perioden van bloei een overschot boeken en reserves aanleggen. Deze reserves kunnen in dalingsperiodes worden ingezet om begrotingstekorten te compenseren, zodat de begroting over een volledige cyclus gebalanceerd en flexibel blijft. In de praktijk zorgen de politieke prikkels er bijna altijd voor dat er fiscale tekorten ontstaan. Op korte termijn bestaan nauwelijks stimulansen om een overschot te realiseren, wat zelden gebeurt. Hierdoor groeit de publieke schuld doorgaans licht in verhouding tot de economie, zelfs tijdens sterke groei, en loopt deze tijdens recessies verder op. Monetaire beleidsmakers grijpen in zodra de private schuld zelfs maar iets daalt, om te voorkomen dat dit te grootschalig wordt.

288 Federal Reserve Economic Data, *Federal Funds Effective Rate; Nonfinancial Corporate Business; Debt Securities and Loans*.
289 Federal Reserve Economic Data, *Federal Funds Effective Rate; Federal Debt: Total Public Debt*.

Figuur 19.3 toont de totale Amerikaanse schuld (publiek en privaat gecombineerd) vanaf het begin van 1952 ($461 miljard) tot het einde van 2022 ($93,5 biljoen). Uit de grafiek valt een geleidelijke, zorgvuldig opgebouwde stijgende trend op. In deze zeventigjarige periode nam het totale schuldbedrag nooit af, met uitzondering van een korte periode tijdens de zware financiële crisis van 2008, waarin het slechts met 1,3% daalde, alvorens de onafgebroken gestage stijgende lijn te hervatten.

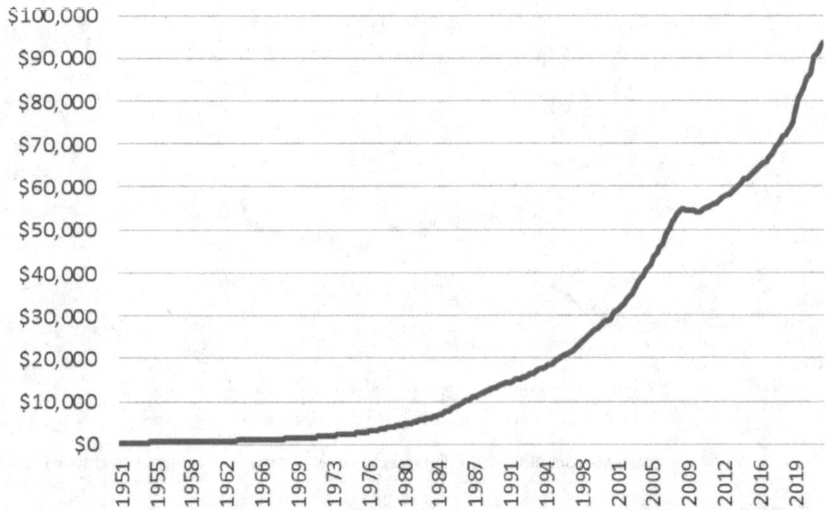

Figuur 19.3
Totale (publieke en private schulden) Amerikaanse schuld (1952-2022, in miljard $).[290]

Dit benadrukt opnieuw mijn thema over de kloof tussen het tempo van handel en dat van afwikkeling. Die kloof bestaat immers al sinds de tweede helft van de negentiende eeuw – vanaf de uitvinding van intercontinentale telecommunicatiesystemen tot nu. In plaats van individuele politici de schuld te geven voor slecht beheerde overheidsbegrotingen of centrale bankiers voor een laks kredietbeheer in de private sector, wijs ik vooral op het feit dat het met de monetaire technologie die we de afgelopen anderhalve eeuw hebben ontwikkeld bijna onmogelijk is gezonde geldprincipes toe te passen. De mogelijkheid voor centrale banken om fiatgeld bij te drukken wanneer zij dat noodzakelijk achten en de traagheid waarmee harde fysieke munten (zoals goud) transacties afwikkelen, zorgen ervoor dat de politieke prikkels onvermijdelijk leiden tot beleid dat constante fiscale tekor-

290 Federal Reserve Economic Data, *All Sectors; Debt Securities and Loans*.

ten, voortdurende kredietgroei en blijvende geldontwaarding veroorzaakt – zonder veel inspraak voor degenen die dat liever niet zien.

Als ik inschat hoe waarschijnlijk het is dat een regering blijft streven naar groeiende staatsschulden, concludeer ik dat het nauwelijks uitmaakt wie er aan het roer staat.[291] Zelfs als een politicus zich daadwerkelijk zorgen zou maken over de staatsschuld en begrotingstekorten en hier campagne voor zou voeren, komt hij in de politiek niet ver. Waarschijnlijk krijgt hij dan ook niet genoeg steun van collega-politici of het brede publiek om de nodige maatregelen door te voeren. Hetzelfde geldt voor centrale bankiers. Alan Greenspan, voorzitter van de *Federal Reserve* van 1987 tot 2006, was vóór zijn lange ambtstermijn een fervent voorstander van goud, maar promootte tijdens zijn ambtstermijn juist een patroon van soepel beleid en steeds toenemende schuldengroei, zelfs meer dan andere leidinggevenden van de *Federal Reserve*. Natuurlijk kunnen we individuele politici deels de schuld geven – denk aan vriendjeskapitalisme en selectieve reddingsacties van goed verbonden entiteiten, gefinancierd door geldcreatie – maar het onderliggende probleem is dat de prikkels in het huidige systeem dit gedrag consequent naar de top van het systeem duwen.

Alles bij elkaar stimuleert de moderne economie opeenvolgende kortetermijnconjunctuurcycli over meerdere decennia, waardoor de overheid, bedrijven en huishoudens voortdurend meer schulden aangaan in verhouding tot de omvang van de economie. Dit kan doorgaan totdat de rentetarieven nul – of zelfs licht negatief – worden en beleidsmakers geen middelen meer hebben om verdere kredietgroei te stimuleren. Op dat moment zal er iets heel anders en veel groters gebeuren.

LANGETERMIJNSCHULDENCYCLI VAN FIATGELD

In 2008 gingen banken in de Verenigde Staten failliet en schokte het gehele financiële systeem. De *Federal Reserve* verlaagde voor het eerst in generaties de rente tot nul, maar dat bleek niet voldoende. Vervolgens grepen zij in met een ongekend aantal noodmaatregelen, waardoor de totale monetaire basis binnen één jaar verdubbelde.[292] Ondertussen voorzag het Congres in noodleningen en voerde het financiële reddingsoperaties uit om grote delen van het financiële systeem tegen gelijktijdige faillissementen te beschermen.[293]

Op het eerste gezicht gebeurde dit doordat veel banken risicovolle

291 Katarina Buchholz, *U.S. Debt Rises Irrespective of Who Is in the White House*, Statista, 8 mei 2023.

292 Federal Reserve Economic Data, *Monetary Base, Total*.

293 Marc Davis, *U.S. Government Financial Bailouts*, Investopedia, 31 oktober 2022.

leningen verstrekten, die ze vervolgens bundelden in ondoorzichtige effecten. Verkeerd gemotiveerde kredietbeoordelaars schonken deze effecten schijnbaar perfecte kredietwaardigheden, waardoor deze effecten – boordevol slechte leningen – nog verder konden worden opgeblazen. Maar hoe konden een paar jaar met een opgeblazen huizenmarkt en onverstandige leen- en securitisatieprocessen leiden tot een financiële ramp van deze omvang? Het antwoord luidt dat er veel meer aan de hand was, opgebouwd door tientallen jaren van kortetermijnconjunctuurcycli. Pas in 2008 kwamen die buitensporige gedragingen volledig aan het licht.

Eind 2007 bedroeg de totale schuld in de Verenigde Staten $52,7 biljoen, verspreid over de federale schuld, staatsschuld, bedrijfsleningen, huishoudschulden en andere schulden. Dit vergeleek men met een monetaire basis van slechts $837 miljard. Elke dollar aan schuld vertegenwoordigt een vordering op toekomstige dollarbetalingen, en in 2007 was er in het systeem 63 keer zoveel schuld als er basisgeld aanwezig was.

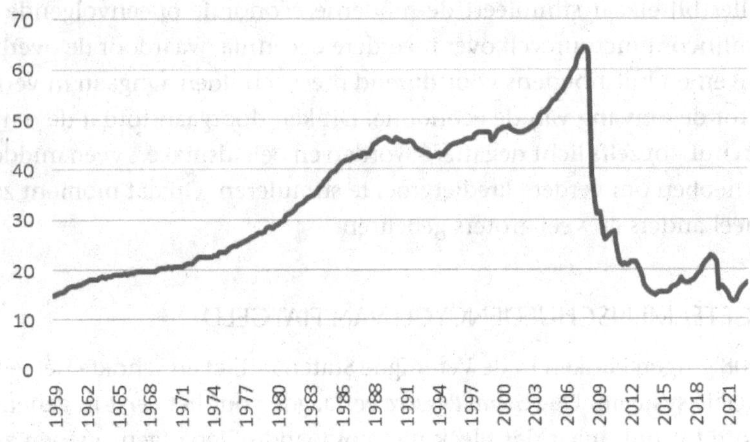

Figuur 19.4
Verhouding totale schuld en monetaire basis in de VS (1959-2022).[294]

Wanneer het schuldenniveau ten opzichte van de monetaire basis zo hoog is, lijkt het hele financiële systeem op een stoelendans die maar niet mag stoppen. Mensen hebben enkel schuldbekentenissen, en dat nog wel met een enorme hefboomwerking. Stel je een stoelendans voor met 63 kinderen per stoel en bedenk dan eens de chaos als, zodra de muziek stopt, 62 kinderen geen stoel weten te bemachtigen.

294 Federal Reserve Economic Data, *Monetary Base, Total; All Sectors; Debt Securities and Loans.*

Wanneer je het van dichterbij bekijkt, had het banksysteem slechts $23 aan bankdeposito-verplichtingen voor elke dollar in kas. Elk van die deposito's vertegenwoordigde een schuldbekentenis van één dollar, terwijl de banken in werkelijkheid nauwelijks over eigen dollars beschikten. In plaats daarvan hadden ze voor het grootste deel risicovollere en minder liquide leningen als primaire activa om die schuldbekentenissen te dekken. Ze waren afhankelijk van de voortdurende mogelijkheid om geld van andere banken te lenen om, indien nodig, aan hun liquiditeitsvereisten te voldoen. Dit systeem werkt alleen als banken elkaar vertrouwen en alles vlekkeloos verloopt. Zodra de muziek stopt, komt de inherente kwetsbaarheid pijnlijk duidelijk naar voren.

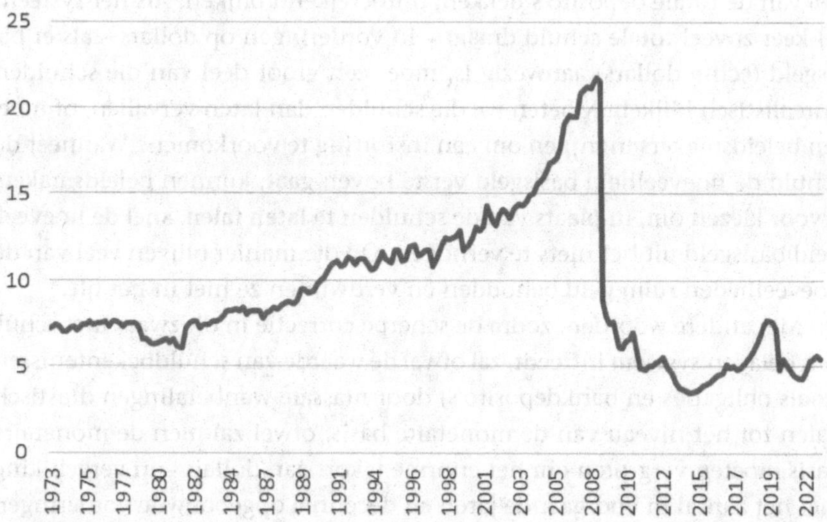

Figuur 19.5
Verhouding bankdeposito's en kasreserves in het Amerikaanse banksysteem (1973-2023).[295]

Uit de cijfers en grafieken blijkt dat het probleem niet louter voortkwam uit een reeks mislukte bankbeslissingen tussen 2004 en 2007 – al speelde dat wel een rol. Het bouwde al tientallen jaren structureel op, gedurende een lange periode met meerdere kortetermijnconjunctuurcycli. Het financiële systeem is immers zo ingericht dat het constant groeide, anders stortte het in. Telkens als het kredietsysteem zich zelfs maar even terugplooide in

295 Federal Reserve Economic Data, *Cash Assets, All Commercial Banks; Deposits, All Commercial Banks*.

de decennia vóór de crisis, dwongen beleidsmakers de rente omlaag, voorzagen zij in liquiditeit en stimuleerden zij nog meer kredietverlening. De verhouding tussen vorderingen op dollars en het werkelijke aantal dollars normaliseerde nooit tot redelijke niveaus. En in 2008 stortte alles in. Banken draaiden met te veel deposito's per werkelijke dollar aan bankreserves, terwijl alle vormen van schuld te hoog opliepen ten opzichte van het aantal basisdollars in het systeem. Zelfs wanneer de rentetarieven tot nul werden verlaagd en er liquiditeitsgaranties kwamen, was dat niet genoeg om het enorme onderliggende hefboomeffect te compenseren.

Beleidsmakers kregen toen een cruciale keuze: moesten zij het systeem laten instorten, met faillissementen die elkaar in hun kielzog opvolgden? In dat geval zouden veel depositohouders alles verliezen – vergelijkbaar met de jaren dertig – en zouden zelfs de depositoverzekeringen, die minder dan 1% van de totale deposito's dekken, ontoereikend blijken. Als het systeem 63 keer zoveel totale schuld draagt – in vorderingen op dollars – als er basisgeld (echte dollars) aanwezig is, moet een groot deel van die schulden onrealistisch blijken. Moeten we die schulden dan laten vervallen, of moeten beleidsmakers ingrijpen om een instorting te voorkomen? Wanneer de schuld de hoeveelheid basisgeld ver te boven gaat, kunnen beleidsmakers ervoor kiezen om, in plaats van de schulden te laten falen, snel de hoeveelheid basisgeld uit het niets te verhogen. Op die manier blijven veel van de hoeveelheden ruim geld behouden en verdwijnen ze niet in het ijle.

Met andere woorden, zodra de scherpe correctie in dit zwaar met schulden beladen systeem intreedt, zal ofwel de waarde van schuldbekentenissen (zoals obligaties en bankdeposito's) door massale wanbetalingen drastisch dalen tot het niveau van de monetaire basis, ofwel zal men de monetaire basis moeten vergroten om het enorme tekort aan dollars – in vergelijking met het aantal in voorgaande jaren en decennia opgebouwde vorderingen – 'in te halen'.

Beleidsmakers kozen uiteraard voor de tweede optie. Figuur 19.6 toont apart de totale schuld in het land (alle vorderingen op dollars) en de monetaire basis (het aantal werkelijke basisdollars in het systeem). In 2008, op het moment dat de correctie intreedde en de totale schuld begon te dalen door een toename van wanbetalingen, breidde de *Federal Reserve* de monetaire basis snel uit om te voorkomen dat het systeem implodeerde.

Na 2008 nam de schuldenberg in absolute zin niet af, maar daalden de private schulden weliswaar licht ten opzichte van de ruime geldhoeveelheid, iets minder ten opzichte van het bbp en aanzienlijk ten opzichte van de basisgeldhoeveelheid. De groei van private schulden vertraagde, terwijl

296 Federal Reserve Economic Data, *Monetary Base, Total; All Sectors; Debt Securities and Loans.*

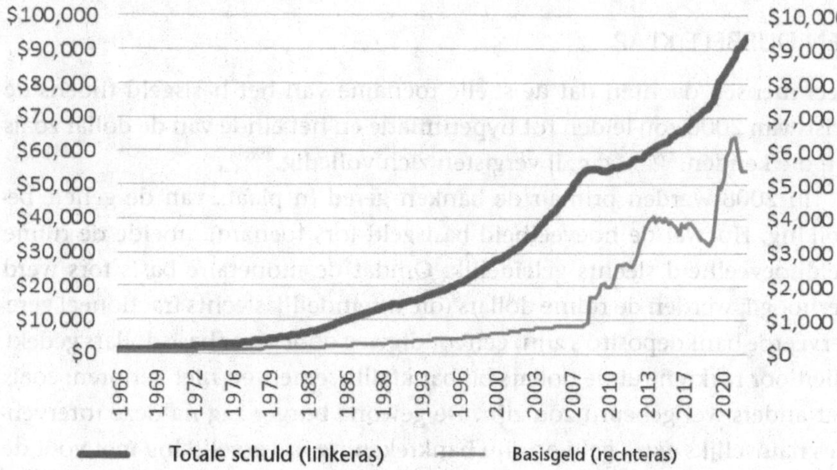

Figuur 19.6
Totale schuld en monetaire basis in de VS (1966-2022, in miljard $).[296]

de basisgeldhoeveelheid sterk groeide. Normaal gezien zou de ruime geldhoeveelheid in zo'n ingrijpende financiële crisis *afnemen* door meerdere bankfaillissementen en depositoverliezen die buiten de FDIC-verzekering vallen, maar dankzij ingrijpende beleidsinterventies groeide deze toch met mate. Wanbetalingen en failliete bankdeposito's zouden immers de ruime geldhoeveelheid verpulveren, maar zulke situaties bleven grotendeels uit. Banken kregen extra liquiditeit (nieuw uitgegeven kasreserves) in ruil voor enkele minder liquide activa, waardoor ze minder afhankelijk raakten van andere banken voor hun liquiditeitsbehoefte.

Dit kenmerkt het verschil tussen een langetermijnschuldencyclus en een reguliere conjunctuurcyclus. Dankzij jarenlange beleidsmaatregelen ter voorkoming van kredietdeflatie stapelt de schuld zich op tot enorme hoogtes. Als de rente niet verder daalt en de schuldenlast buiten proporties groeit, dreigt alles te ontsporen. Beleidsmakers grijpen dan snel in door de monetaire basis uit te breiden en kiezen voor geldontwaarding om de voortdurende groei van de ruime geldhoeveelheid te waarborgen, ook al vertraagt de groei van private schulden. Doordat de schuld te hoog is ten opzichte van het basisgeld, verhogen ze de basisgeldhoeveelheid in plaats van een grootschalige nominale wanbetaling te riskeren. Zo verschilt de aanpak bij een langetermijnschuldencrisis van die bij een kortetermijnschuldencrisis. De gebeurtenissen in een langetermijnschuldencyclus doen denken aan de ontlading in een climax van een televisieserie, terwijl een normale conjunctuurcyclus eerder weg heeft van losse afleveringen binnen één seizoen.

EEN DUBBELE KLAP

Veel mensen dachten dat de snelle toename van het basisgeld tijdens de crisis van 2008 zou leiden tot hyperinflatie en het einde van de dollar zoals wij die kenden.[297] Maar zij vergisten zich volledig.[298]

In 2008 werden primair de banken gered in plaats van de gehele bevolking. Hoewel de hoeveelheid basisgeld fors toenam, groeide de ruime geldhoeveelheid slechts geleidelijk. Omdat de monetaire basis fors werd verhoogd, werden de ruime dollars (die uiteindelijk slechts fractioneel gereserveerde bankdeposito's zijn) eenvoudigweg door meer basisdollars gedekt. Hierdoor raakten ruime dollars bij bankfaillissementen niet verloren, zoals dat anders wel gebeurd zou zijn. De gewone burger zag na deze interventies nauwelijks extra geld op zijn bankrekening in vergelijking met vóór de ingreep. Als mensen geen extra geld ontvingen, waar zou de hyperinflatie dan vandaan komen? Hyperinflatie trad dus op korte termijn niet op. In Figuur 19.7 worden zowel de ruime geldhoeveelheid als het basisgeld van 1995 tot 2022 weergegeven.

Wanneer de ruime geldhoeveelheid sterk toeneemt (zoals in 2020–2021, maar niet in 2008–2009) beïnvloedt dat doorgaans de consumentenprijzen inflatoir. In zo'n scenario hebben mensen veel meer geld om uit te geven, terwijl er ongeveer evenveel goederen en diensten beschikbaar blijven, wat leidt tot prijsstijgingen doordat de waarde van de munt in reële termen daalt. Als daarentegen alleen het basisgeld snel toeneemt en de geldhoeveelheid relatief gelijk blijft (zoals na 2008 het geval was), heeft die verandering andere effecten. De gemiddelde persoon beschikt immers niet over meer geld om aan goederen en diensten te besteden. Om die reden omschrijf ik de gebeurtenissen van 2008 liever als 'anti deflatoir' dan als ronduit inflatoir; de snelle uitbreiding van de monetaire basis, het *Troubled Asset Relief Program* (*TARP*) en andere maatregelen voorkwamen dat mensen hun vorderingen op ruime dollars *verloren* door te voorkomen dat onverzekerde banken failliet gingen, maar zorgden er niet voor dat mensen *meer* ruime dollars kregen om uit te geven.

Langetermijnschuldencycli veroorzaken tegenwoordig meestal twee tegenvallers. Om dit te begrijpen, moeten we de overheidsschuld onderscheiden van de schulden buiten de overheid. De eerste tegenvaller is

297 Bijv. WSJ Staff, *Open Letter to Ben Bernanke*, Wall Street Journal, 15 november 2010.
298 Brian Doherty et al., *Whatever Happened to Inflation?* Reason, december 2014.
299 Federal Reserve Economic Data, *Monetary Base, Total; M3 for the United States.*

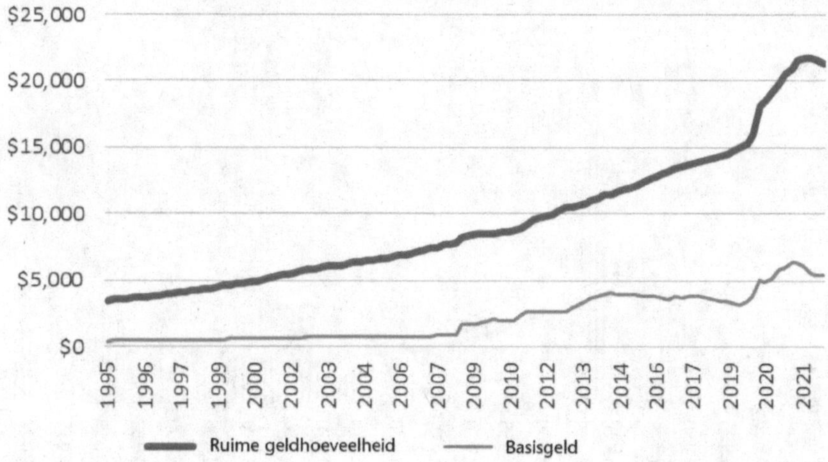

Figuur 19.7
Ruime geldhoeveelheid (M3) en monetaire basis in de VS (1995-2022, in miljard $).[299]

een enorme bubbel aan private schulden die barst en deflatoire effecten teweegbrengt – een fenomeen dat we zagen in de jaren '30 en in de eerste tien jaar van de 21e eeuw. De tweede treft de publieke schuld, die juist blijft groeien, inflatoire effecten veroorzaakt en wordt ingezet om de schade van het barsten van de private schuldenbubbel te compenseren. Dit speelde zich af in de jaren '40 en in de jaren '20 van de 21e eeuw. Met andere woorden, naarmate de langetermijnschuldencyclus vordert, verschuift de overmatige schuld van de private sector naar de overheid. De echte piek van dit proces ontstaat wanneer de overheid zelf in een acute, inflatoire schuldencrisis terechtkomt.

Figuur 19.8 toont het Amerikaanse fiscale en monetaire beleid van 1920 tot 2022 en geeft inzicht in de verwachting van toekomstige inflatie – of juist het gebrek daaraan.

Als we Figuur 19.8 in ogenschouw nemen en onze overige historische kennis erbij betrekken, lijken de jaren 2000, 2010 en 2020 tot nu toe een weerspiegeling te zijn van wat er in de jaren 1920, 1930 en 1940 gebeurde.

- De jaren 1920 en de jaren 2000: een snelle groei van particuliere kre-

300 Federal Reserve Economic Data, *Monetary Base, Total, All Sectors; Debt Securities and Loans, Gross Domestic Product*, en *St. Louis Adjusted Monetary Base*; U.S. Treasury, *Historical Debt Outstanding*; en Bangs, *Public and Private Debt*, 21.

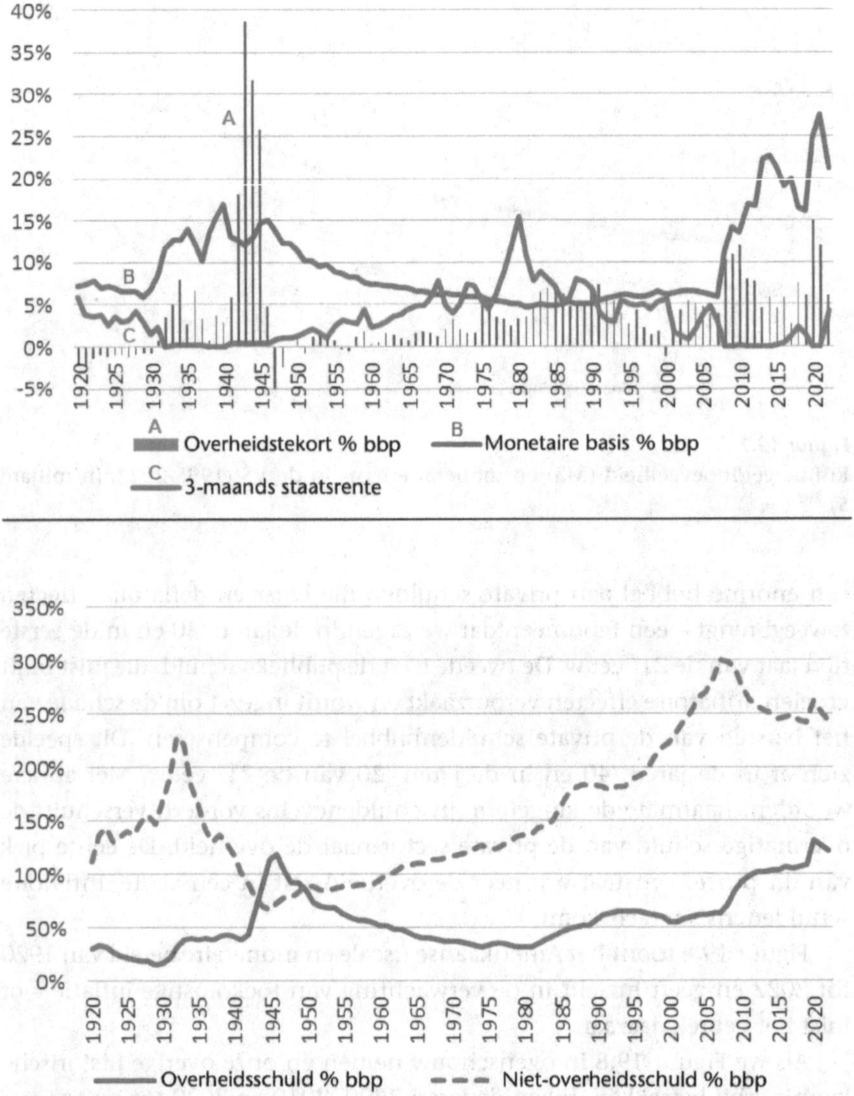

Figuur 19.8
Bovenaan: Amerikaans fiscaal en monetair beleid, 1920-2022. Onderaan: schuld in de VS als percentage van het bbp (1920-2022).[300]

dieten.

- De financiële crises van 1929 en 2008 bepaalden hele generaties.
- De jaren 1930 en 2010: economische stagnatie en een groeiend populisme.
- De jaren 1940 en 2020: gekenmerkt door geopolitieke conflicten en een door tekorten gedreven, populistische inflatie.

Dit ontstaat niet omdat cycli op magische wijze opduiken, maar doordat elk onderdeel van het proces rechtstreeks bijdraagt aan het volgende. Het hele mechanisme blijft in stand door de prikkels die deelnemers en beleidsmakers in het systeem ontvangen.

In de jaren 1920 en 2000 steeg de particuliere kredietverlening enorm, waarbij een aanzienlijk deel van het krediet aan speculatie werd besteed. In de jaren 1920 gokten mensen massaal op aandelen, mede door de overvloed aan geld ten opzichte van de hoeveelheid goud tijdens de Eerste Wereldoorlog. In de jaren 2000 speelde zich iets vergelijkbaars af op het gebied van vastgoed, vooral omdat de rente na het instorten van de internetzeepbel tot 1% werd verlaagd. Deze speculatieve kredietzeepbellen barstten in respectievelijk 1929 en 2008, wat leidde tot financiële crises die de stabiliteit van het hele banksysteem ondermijnden.

Na de financiële crises van 1929 en 2008 werd de monetaire basis flink uitgebreid om het banksysteem nieuw kapitaal en liquiditeit te verschaffen, zodat verdere systemische bankfaillissementen en het verlies van klanttegoeden konden worden voorkomen. Het verschil was dat dit na 2008 veel sneller gebeurde – vóórdat mensen hun tegoeden verloren – terwijl in 1929 al een derde van de banktegoeden verloren ging door faillissementen.

In de jaren 1930 wist men de monetaire basis te vergroten door een scherpe devaluatie van de dollar ten opzichte van goud, waardoor de in dollars gemeten basis groeide, ook al bleef de hoeveelheid goud in het systeem min of meer constant. In 2008 en gedurende de jaren 2010 vergrootte de Federal Reserve de monetaire basis door in grote mate nieuwe bankreserves uit het niets te creëren en deze in te zetten voor de opkoop van staatsobligaties en door hypotheken gedekte effecten van banken. Dit verschaftte de banken meer contante liquiditeit en verminderde hun onderlinge afhankelijkheid om aan hun liquiditeitsbehoeften te voldoen. In Figuur 19.8 wordt de monetaire basis als percentage van het bbp weergegeven, waardoor beide periodes in dit opzicht vergelijkbaar zijn.

Zowel de jaren 1930 als de jaren 2010 werden gekenmerkt door zwakke economische groei. De situatie in de jaren 1930 was echter veel nijpender, mede door de gevolgen van de *Dust Bowl* en andere factoren, terwijl de jaren 2010 voor velen ook bijzonder zwaar waren. Zo nam het aantal overlijdens door alcoholmisbruik en overdoses in die periode dramatisch toe, vooral onder mannen.[301]

In beide periodes groeide het politieke populisme, omdat steeds meer mensen het gevoel kregen dat het systeem tegen hen werkte. In de jaren 1930 groeide de sympathie voor het communisme en de organisatie van vakbonden, en dook er een sterke verschuiving op richting het *New Deal*-beleid van president Roosevelt. In de jaren 2010 keerden de Tea Party-beweging – aan de rechterzijde – zich tegen de voortdurend stijgende overheidsschuld en bankreddingen, terwijl Occupy Wall Street, aan de linkerzijde, zich verzette tegen corporatisme en eveneens bankreddingen. Ik betoog dat deze twee bewegingen eigenlijk twee kanten van dezelfde medaille vormden: een reactie op een flexibel systeem waarin publieke schulden en geldcreatie werden ingezet om grote, goed verbonden instellingen te redden, maar dan ten koste van de gewone man.

De wereldwijde opkomst van populisme en economische stagnatie in de jaren 1930 droeg uiteindelijk bij aan de Tweede Wereldoorlog in de jaren 1940. Wanneer de economie stagneert en mensen gefrustreerd raken, wenden zij zich vaak tot sterke leiders die op zoek gaan naar schuldigen – vaak onterecht. Dit toenemende extremisme leidde tot enorme militaire uitgaven, omdat steeds meer landen betrokken raakten bij conflicten op wereldschaal. In de Verenigde Staten werden begrotingstekorten opgevuld met nieuw gedrukt geld, dat werd ingezet voor productieapparatuur, grondstoffen, arbeidskrachten en soldaten – een bedrag dat een zeer groot percentage van de wereldwijde economische output vertegenwoordigde. Soldaten die na de oorlog terugkeerden, kregen financiële ondersteuning voor studies en gesubsidieerde hypotheken.[302] Dit zorgde voor een enorme fiscale stimulans door het gebruik van gedrukt geld en betekende een financiële herverdeling van kredietverleners naar schuldenaars.

In de jaren 1940 bereikte de jaarlijkse prijsinflatie een piek van 19% en lag deze, gemiddeld, rond de 6% van het begin van die periode tot het begin van de jaren 1950. Desondanks hield de Federal Reserve de rentetarieven laag en vergrootte zij de monetaire basis fors, zodat federale schulden tegen lage rentes konden worden opgekocht om de oorlog te bekostigen.[303] Iedereen die contant geld of obligaties aanhield, zag in dit decennium zijn vermogen flink in waarde dalen.

Van 1930 tot 1935 steeg de Amerikaanse federale schuld van $16,2 miljard naar $28,7 miljard – een toename van 77% in vijf jaar – doordat de regering probeerde de Grote Depressie het hoofd te bieden. Tussen 1935 en 1940

301 Angus Deaton en Anne Case, *Deaths of Despair and the Future of Capitalism*.
302 Hugh Rockoff, *America's Economic Way of War*, 239-258.
303 Carmen Reinhart en Belen Sbrancia, *The Liquidation of Government Debt*, 297-299.

groeide de schuld vervolgens van $28,7 miljard naar $43,0 miljard, een stijging van 50% in vijf jaar. Men beschouwde deze eerdere schuldstijgingen als fors, maar tussen 1940 en 1945 schoot de federale schuld omhoog van $43,0 miljard naar $259 miljard – een stijging van maar liefst 500% in vijf jaar.[304] Die periode in de jaren 1940 verliep totaal anders: door de enorme schuldgroei ontstond inflatie en werden bestaande schulden snel gedevalueerd door de hoge inflatieniveaus, die door begrotingstekorten werden aangedreven.

In de jaren 2010 waren wereldwijd tekenen van opkomend populisme en economische stagnatie zichtbaar – op alle continenten, behalve in Azië – terwijl Noord-Amerika, Latijns-Amerika, Afrika en Europa allemaal een zwakke of zelfs negatieve economische groei doormaakten. Steeds meer landen kozen er geleidelijk voor om minder Amerikaanse staatsobligaties met hun buitenlandse valutareserves aan te schaffen en in plaats daarvan meer goud te kopen. Daarbij sloten ze uiteenlopende allianties en zochten ze naar alternatieve betalingssystemen buiten de dollar-gebaseerde financiële orde. In 2020 werd ons wereldwijd goed gefinancierde financiële systeem door de COVID-19-pandemie op de proef gesteld, waarbij de hoge hefboomwerking de kwetsbaarheid blootlegde. Huishoudens en bedrijven met hoge schulden konden inkomensschokken over meerdere maanden niet opvangen. Ook de staatsobligatiemarkten, zwaar gefinancierd, konden een plotselinge daling van belastinginkomsten niet verdragen, terwijl in de meeste ontwikkelde landen het draagvlak voor steunpakketten – die uitsluitend ondernemingen ondersteunden en burgers buiten beschouwing lieten – minimaal was. In de Verenigde Staten reageerden ze op COVID-19 met begrotingstekorten, die relatief gezien sinds de jaren 1940 niet meer waren gezien. Biljoenen dollars werden uitgegeven aan 'stimulus checks' voor huishoudens, belastingverlagingen voor kinderopvang, leningen voor kleine bedrijven die later in subsidies werden omgezet en steunpakketten voor ondernemingen. De Federal Reserve vergrootte de monetaire basis fors en kocht grote delen van de uitgifte van Amerikaanse staatsobligaties om deze uitgaven te financieren – een manier om schulden te monetariseren, oftewel geld te creëren. Binnen slechts twee jaar groeide de geldhoeveelheid met 40%, wat een scherp contrast vormde met de situatie na de crisis van 2008. Vervolgens viel Rusland in 2022 Oekraïne binnen, wat leidde tot een proxy-oorlog tussen de NAVO-landen en Rusland, extra verstoringen in toeleveringsketens, gedeeltelijke deglobalisering en een stijging van militaire uitgaven.

---

304 U.S. Treasury, *Historical Debt Outstanding*.

EEN FISCALE SPIRAAL

Wanneer de ruime geldvoorraad en de consumentenprijsinflatie snel stijgen door een ongewoon snelle kredietverlening door banken – zoals in de jaren '70 tijdens een demografische piek – verhoogt een centrale bank vaak agressief de rente. Hiermee willen ze de kredietverlening temperen en zo de groei van de geldvoorraad inperken.

Wanneer die groei van de geldvoorraad en de inflatie daarentegen het gevolg is van uitzonderlijk grote begrotingstekorten die door de centrale bank of het commerciële banksysteem worden gemonetariseerd – zoals in de jaren '40 en opnieuw in de vroege jaren 2020 het geval was – blijkt het agressief verhogen van de rente minder effectief en zelfs contraproductief. Hogere rentetarieven op een al hoge staatsschuld zorgen voor nog grotere tekorten door de stijgende rentelasten, wat kan leiden tot extra geldcreatie en inflatie. Het lijkt erop dat er geen einde komt aan de uitdaging om hoge staatsschulden op te lossen zolang de rente op die schuld hoog blijft.[305]

Hoe worden grote staatsschulden dan aan het einde van een langetermijnschuldencyclus afgehandeld? Ze worden deels afgeschreven – ofwel nominaal, ofwel informeel via inflatie. In de 20e eeuw leidde dit tot financiële repressie: schulden vloeiden deels weg door inflatie en kapitaalcontroles werden ingezet om bepaalde uitwegen te blokkeren.

In de jaren '40 had het *U.S. Treasury Department* feitelijk de Federal Reserve onder controle, en ondanks de hoge inflatie hield deze de rente laag. Figuur 19.9 toont de jaarlijkse inflatie in die periode in vergelijking met de rente op een *Treasury bill* met een looptijd van drie maanden.[306]

Een belangrijk gevolg van de grote kloof tussen de rente en de inflatie was dat de koopkracht van obligatiehouders en contant spaarders fors daalde. Deze kredietverstrekkers rekenden op een sociaal contract dat een redelijk stabiele rekeneenheid garandeerde, maar dat contract veranderde snel. Schuldeisers kregen weliswaar de dollars die hen toekonden, maar tegen die tijd had elke dollar door de enorme expansie van het aanbod aanzienlijk aan koopkracht verloren sinds de lening werd aangegaan. Het betrof in feite een wanbetaling en herstructurering van schulden, omdat de dollar zelf opnieuw werd gedefinieerd in plaats van dat de schuldcontracten nominaal niet werden nagekomen.

Wanneer de rente ver onder het heersende inflatiepercentage ligt en de begrotingstekorten enorm zijn, stimuleert dat het afsluiten van speculatieve leningen. Als je tegen 5 % per jaar kunt lenen – mede dankzij de kunst-

305 John Cochrane, *Fiscal Inflation*, 125-126.

306 Binder en Spindel, *Myth of Fed Independence*, 125-166.

307 Federal Reserve Economic Data, *Consumer Price Index for All Urban Consumers; 3-Month Treasury Bill Secondary Market Rate.*

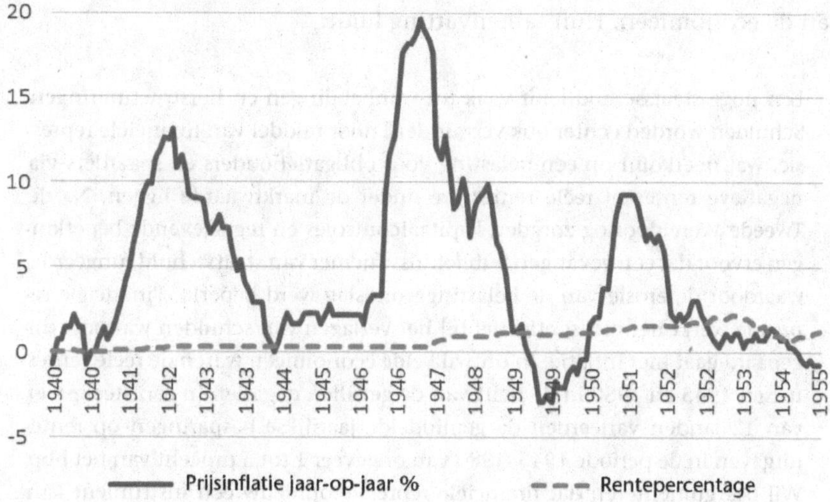

Figuur 19.9
Jaarlijkse inflatie versus rente op 3-maands Treasury bills in de VS (1940-1955).[307]

matige onderdrukking van de rente – terwijl de inflatie 10 % per jaar bedraagt, en je kunt dat geld gebruiken om schaarse activa te kopen, waarom zou je dat dan niet doen? Zo'n situatie maakt het aantrekkelijk om de munt te 'shorten' door een lening af te sluiten of een obligatie met een lage rente en lange looptijd uit te geven, zodat je met dat geld iets schaars kunt verwerven. Wanneer de overheid kampt met hoge schulden en tekorten, dan komen centrale bankiers voor een dilemma te staan: hoge rentevoeten veroorzaken een onhoudbare fiscale spiraal door de stijgende rentelasten, terwijl lage rentevoeten juist leiden tot buitensporige leningen en geldcreatie via de private sector, waarbij er geld wordt geleend om schaarse activa aan te schaffen.

Daarom worden in periodes met hoge publieke schulden en negatieve, voor inflatie gecorrigeerde, rentetarieven dergelijke leningverstrekking door de private sector ontmoedigd. In tijden van financiële repressie voerden overheden historisch gezien kapitaalcontroles en leenrestricties in, zodat mensen hun geld en obligaties vasthielden, ook al daalden deze in waarde. De overheid profiteert van lage rentes, terwijl de private sector de lage rente niet op manieren mag benutten die de overheid niet goedkeurt.

Een artikel in het tijdschrift *Economic Policy* uit 2015, geschreven door Carmen Reinhart en Belen Sbrancia, getiteld *The Liquidation of Government*

Debt, onderzoekt uitvoerig de periode van 1945 tot 1980 in diverse landen waar de staatsschulden werden verminderd ten opzichte van de omvang van de economieën. Hun samenvatting luidt:

> Een hoge staatsschuld leidt vaak tot wanbetalingen en herstructureringen. Schulden worden echter ook verminderd door middel van financiële repressie, wat neerkomt op een belasting voor obligatiehouders en spaarders via negatieve rentes of reële rentes die onder de marktwaarde liggen. Na de Tweede Wereldoorlog zorgden kapitaalcontroles en regelgevende beperkingen ervoor dat een gevangen publiek als afnemer van staatsschuld fungeerde, waardoor de erosie van de belastinggrondslag werd beperkt. Financiële repressie werkt het meest effectief bij het verlagen van schulden wanneer dit gepaard gaat met inflatie. In ontwikkelde economieën waren de reële rentes tussen 1945 en 1980 in de helft van de gevallen negatief. In een steekproef van 12 landen varieerden de gemiddelde jaarlijkse besparingen op rente-uitgaven in de periode 1945–1980 van ongeveer 1 tot 5 procent van het bbp. Wij beargumenteren dat financiële repressie opnieuw een instrument kan zijn om de recente stijging van de staatsschuld in ontwikkelde economieën het hoofd te bieden.[308]

In de Verenigde Staten was het tussen de jaren '30 en '70 verboden om goud te bezitten; overtreding hiervan kon bestraft worden met een gevangenisstraf van maximaal 10 jaar. Dit illustreert wat men bedoelt met een 'gevangen publiek'. Terwijl de overheidskas razendsnel opzwol, werden vrijwel alle pogingen om over te stappen op een andere vorm van financiële administratie – zelfs het natuurlijke kasboek van een onschadelijk geel metaal – op verschillende directe of indirecte wijzen tegengegaan en onderdrukt.

De jaren '40 markeerden het hoogtepunt van decennialange geopolitieke conflicten en een langetermijnschuldencyclus. In de jaren '30 en '40 werd schuld in feite overgedragen van de private naar de publieke sector en vervolgens weggeïnflateerd. Dit kwam neer op een gedeeltelijke schuldsanering, vergelijkbaar met die in de oudheid. De gecentraliseerde monetaire eenheid werd in snel tempo gedevalueerd en pogingen om aan het bezit ervan te ontkomen, werden krachtig tegengegaan.

In de afgelopen decennia hebben de Verenigde Staten en vele andere ontwikkelde landen een vergelijkbaar probleem gecreëerd. Beleidsmakers stimuleerden de kredietgroei in de private sector voortdurend en wanneer dit tot problemen leidde, werd een deel van die schuld via financiële reddingsacties verlegd naar de overheid. Bovendien werden meerdere oorlogen geheel met staatsschuld gefinancierd. Nu de staatsschuld zodanig is

308 Reinhart en Sbrancia, *Liquidation of Government Debt*, 291.

gestegen, zal deze waarschijnlijk geleidelijk door inflatie worden gedevalueerd. Wetgevers en beleidsmakers lijken weinig andere opties te hebben. Figuur 19.10, afkomstig van het *Congressional Budget Office*, toont hun prognose van de toekomstige Amerikaanse federale staatsschuld als percentage van het bbp.

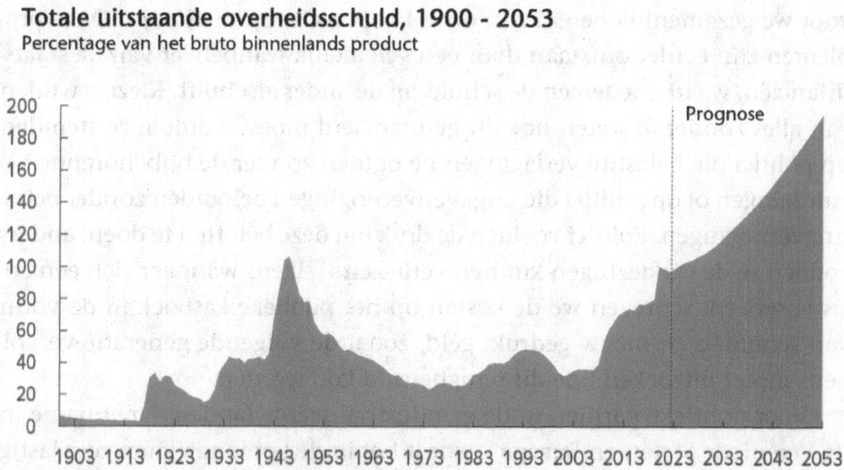

Figuur 19.10
Prognose van de Amerikaanse federale staatsschuld als percentage van het bbp, 1900-2053.[309]

In de jaren 2020 heeft de staatsschuld in de geïndustrialiseerde landen een niveau bereikt dat vergelijkbaar is met dat van de jaren '40. Het wordt voor de overheid steeds lastiger om hetzelfde proces van financiële repressie te herhalen. In de jaren '40 veroorzaakten oorlogen fiscale tekorten en inflatie – die de schulden devalueerden – en zodra de oorlog voorbij was, konden die tekorten weer verdwijnen. Toen beschikten ontwikkelde landen over jonge bevolkingen en een relatief gunstige verhouding tussen ouderen en werkenden. In 1950 waren er in de Verenigde Staten bijvoorbeeld zestien werkenden voor elke gepensioneerde die een uitkering van de overheid kreeg, terwijl dat aantal in de jaren 2020 is gedaald tot minder dan drie werkenden per gepensioneerde.[310] Ook het Amerikaanse zorgprogramma *Medicare* kampt met een vergelijkbaar scheve verhouding.

Als land hebben we beloften gedaan die via ons centrale, flexibele kasboek gefinancierd moeten worden, maar die met reële middelen nauwelijks dekkend blijken – en hetzelfde geldt voor de meeste andere ontwik-

309 Congressional Budget Office, *The Budget and Economic Outlook: 2023 to 2033*.
310 Social Security Administration, *2022 OASDI Trustees Report: Covered Workers and Beneficiaries*.

kelde landen. In tegenstelling tot de jaren '40 zien we nu geen einde in zicht voor de fiscale tekorten, die we blijven aangaan en financieren tegen negatieve, inflatiegecorrigeerde rentetarieven. Bovendien leven we in een wereld waarin sociale media de snelle verspreiding van informatie mogelijk maken.

In tegenstelling tot toen is er nu geen gemeenschappelijke zaak waarvoor we gezamenlijk bereid zijn onze koopkracht op te offeren. Onze problemen zijn eerder ontstaan door een geleidelijk wanbeheer van de staatsfinanciën, waarbij iedereen de schuld op de ander afschuift. Kiezers wilden van alles zonder te weten hoe dit gefinancierd moest worden: ze stemden op politici die belastingverlagingen beloofden zonder de bijbehorende bezuinigingen of op politici die uitgavenverhogingen beloofden zonder belastingverhogingen. Politici voelden de druk om deze beloften te doen, anders zouden ze de verkiezingen kunnen verliezen. Telkens wanneer zich een crisis voordeed, schreven we de kosten op het publieke kasboek in de vorm van schulden en nieuw gedrukt geld, zodat de volgende generatie vervolgens moest uitzoeken hoe dit terugbetaald kon worden.

Voor politieke partijen in de geïndustrialiseerde landen – met name in de Verenigde Staten en Europa – wordt het in de komende jaren zeer lastig om overeenstemming te bereiken over de aanpak van de publieke schuld in de jaren 2020 en 2030. Jarenlange flexibele boekhouding, gecombineerd met kortetermijnprikkels om deze te benutten, heeft geleid tot een uiterst instabiele situatie die naar verwachting op diverse niveaus sterk inflatoir zal inwerken op de omvangrijke geldhoeveelheid in de nabije toekomst. De schuld moet worden geherstructureerd of weggewerkt door middel van inflatie, maar wie zal uiteindelijk de kosten van die devaluatie dragen?

Had dit anders kunnen aflopen? Misschien in enkele marginale aspecten, maar wat het eindpunt betreft, vermoed ik van niet. Naast de eeuwenoude menselijke neiging om lineair te denken terwijl schulden exponentieel blijven groeien, zorgde de opkomst van telecommunicatiesystemen ervoor dat schulden zich over meerdere generaties konden opstapelen. Handel kon op lichtsnelheid plaatsvinden, terwijl transacties met fysiek geld nog werden afgewikkeld op de snelheid van materie.

Goud – hoewel het een stabielere waarde vertegenwoordigt dan de fiatdollar – kost veel tijd en geld om te transporteren en om op echtheid te controleren. Het kan daarom in het digitale tijdperk nooit écht als alternatief dienen. Toen de fiat-dollar werd ingevoerd, konden degenen die het beheer ervan voerden zonder veel tegenstand goud opzij schuiven als een beperking van de geldhoeveelheid. Zo benutten zij de flexibiliteit van hun nieuwe kasboek om op een ondoorzichtige wijze oorlogen, voorzieningen en allerlei andere zaken te financieren, waarvan later bleek dat ze op de lange termijn incoherent waren. Het was de eerste keer dat zwakker geld wereldwijd won van sterker geld – en dat gebeurde doordat een nieuwe factor aan de monetaire competitie werd toegevoegd: *snelheid*. Dit snelheidsverschil tussen handel en afrekeningen gaf banken en centrale banken meer macht en creëerde een onweerstaanbare arbitragemogelijkheid waarop de hele wereld inspeelde. Het leidde tot een grotere centralisatie van het publieke kasboek dan ooit tevoren.

Entropie verklaart hoe fysieke systemen na verloop van tijd onvermijdelijk chaotischer worden, doordat wanorde door wrijving en warmteverlies slechts in één richting toeneemt. Op vergelijkbare wijze heeft een financiële entropie zich in ons systeem opgehoopt, omdat fiatkrediet alleen in één richting kan groeien (namelijk omhoog); anders stort het hele schuldoverladen systeem in. Ondertussen stimuleert dit systeem – dankzij de ingebouwde flexibiliteit op de monetaire basis – zowel politici als kiezers om telkens weer beloften te doen die, zodra de cijfers daadwerkelijk doorsijpelen, niet meer waargemaakt kunnen worden zoals oorspronkelijk bedoeld; het verschil wordt simpelweg bijgeschreven. Het heden wordt voortdurend verbeterd ten koste van de toekomst. Het omgaan met de publieke schuld is altijd overgelaten geweest aan de volgende politicus, maar nu we richting de latere stadia van een langetermijnschuldencyclus gaan, beginnen de problemen steeds meer het heden te beïnvloeden.

DEEL V

INTERNETGELD

Een zuivere vorm van elektronisch geld, waarbij transacties direct tussen personen plaatsvinden, zou het mogelijk maken online betalingen rechtstreeks van de ene partij naar de andere over te dragen, zonder dat een financiële instelling als tussenpersoon optreedt. Hoewel digitale handtekeningen een deel van de oplossing bieden, vervagen hun voornaamste voordelen wanneer toch een vertrouwde derde partij nodig blijft om dubbele uitgaven te voorkomen. Wij stellen daarom een oplossing voor het probleem van dubbele uitgaven voor door gebruik te maken van een 'peer-to-peer netwerk'.[311]

— Satoshi Nakamoto

311 Satoshi Nakamoto, 'Bitcoin: A Peer-to-Peer Electronic Cash System', 1.

HOOFDSTUK 20

GELD LOSMAKEN VAN DE STAAT

In 1984 verklaarde de Nobelprijswinnaar in economie Friedrich Hayek tijdens een interview:

> Ik geloof niet dat we ooit weer goed geld zullen hebben, voordat we het uit de handen van de overheid nemen. Aangezien we het niet met geweld van de overheid kunnen afpakken, moeten we op een slinkse manier iets introduceren dat ze niet kunnen tegenhouden.[312]

Hoewel zo'n uitspraak in eerste instantie radicaal klinkt, lijkt deze minder extreem wanneer je bedenkt dat er wereldwijd zo'n 160 valuta bestaan – waarvan de meeste snel in waarde dalen en nauwelijks buiten hun eigen domein worden geaccepteerd.

In de moderne geschiedenis worden overheid en geld vaak met elkaar in verband gebracht, maar net zoals overheid en religie niet per se nauw met elkaar verweven hoeven te zijn, sluit dat de privémogelijkheden niet uit. In veel ontwikkelingslanden kiezen mensen keer op keer voor dollars of goud, omdat deze enige stabiliteit bieden in plaats van te vertrouwen op onstabiele lokale valuta.

Decennialang – van de jaren '80 tot en met de jaren 2000 – zochten programmeurs naar manieren om digitaal geld te creëren zonder tussenkomst van de staat, met behulp van cryptografie via het internet. Hun pogingen wisselden van tijdelijke successen tot mislukkingen, maar legden uiteindelijk de basis voor latere innovaties.[313]

In 1982 publiceerde de computerwetenschapper en cryptograaf David Chaum zijn proefschrift aan Berkeley, getiteld *Computer Systems Established,*

312 James Blanchard, *An Interview with F.A. Hayek*, 1 mei 1984.
313 Aaron van Wirdum, *The Genesis Book*, hoofdstukken 6-13.

Maintained, and Trusted by Mutually Suspicious Groups.[314] Hij onderzocht hoe organisaties die elkaar niet per se vertrouwen samen een gedeelde database konden bijhouden met behulp van cryptografische technieken. Een jaar later, in 1983, introduceerde hij e-cash, dat met 'blinde handtekeningen' (*blind signatures*) elektronische transacties privé maakte. Op die manier kon zelfs de verwerkingspartij de details niet inzien, maar wel de transactie verwerken d.m.v. wiskundige bewijzen.[315] In 1989 richtte hij *DigiCash* op om het concept commercieel toe te passen, maar dit leverde weinig succes op; te weinig handelaren en particulieren wilden het nieuwe betaalmiddel overnemen, waardoor er geen zelfversterkend netwerkeffect ontstond. In 1998 ging *DigiCash* failliet en in 1999 citeerde een *Forbes*-artikel Chaum: 'Het was moeilijk om voldoende handelaren te vinden die het wilden accepteren, zodat je genoeg consumenten kon bereiken, of andersom.'[316] Hij merkte daarbij ook op dat privacy bij transacties minder belangrijk werd naarmate meer mensen internet gingen gebruiken en de gemiddelde technische vaardigheid afnam.

In 1989 werd het *Hypertext Transfer Protocol* (HTTP) ontwikkeld. De meesten kennen wel foutcodes als de bekende *HTTP 404 Not Found*, die verschijnt wanneer een pagina niet gevonden wordt – vaak door een typefout of omdat de pagina is verwijderd. Een veel minder bekende oorspronkelijke foutcode is *HTTP 402 Payment Required* (betaling vereist), bedoeld voor toekomstig gebruik in verband met digitale betalingen. Decennialang werd deze code echter niet ingezet, zelfs niet in het tijdperk van e-commerce, omdat online betalingen toen doorgaans via banken werden afgehandeld met een extra internetlaag in plaats van met een eigen inheems digitaal betaalsysteem.

In 1996 lanceerde *Gold and Silver Reserve Inc.* (*G&SR*) e-gold, waarmee gebruikers via de bedrijfswebsite een online rekening in grammen goud konden openen. Zo konden ze direct, zelfs in fracties van een gram, waarde overdragen naar andere rekeningen. Op zijn hoogtepunt telde e-gold meer dan 5 miljoen rekeningen met een jaarlijkse overdrachtswaarde van 2 miljard dollar. In de jaren 2000 kreeg het bedrijf echter te maken met juridische problemen: na de aanslagen van 11 september verscherpte de Amerikaanse federale overheid onder de *Patriot Act* de regelgeving voor geldtransmissiebedrijven. Uiteindelijk klaagde de overheid het bedrijf aan en tegen 2009 werd e-gold stilgelegd.[317] Deze episode benadrukt het eerder

---

314 David Chaum, *Computer Systems Established, Maintained and Trusted by Mutually Suspicious Groups*.
315 Chaum, *Blind Signatures for Untraceable Payments*.
316 Julie Pitta, *Requiem for a Bright Idea*, Forbes, 1 november 1999.
317 Kim Zetter, *Bullion and Bandits*, Wired, 9 juni 2009.

aangestipte probleem rondom goud: om snel te kunnen verplaatsen, moet goud worden geabstraheerd via een gecentraliseerde bewaarinrichting, die vervolgens kwetsbaar wordt voor corruptie of overheidsingrijpen.

Aan het einde van de jaren '90 en het begin van de jaren 2000 werden enkele belangrijke stappen gezet op het gebied van digitale schaarste. In 1997 ontwikkelde Adam Back het proof-of-work-systeem *Hashcash*, dat bedoeld was om spam en *denial-of-service*-aanvallen te beperken. Bij proof-of-work gaat het erom met aanzienlijke rekenkracht een digitaal token of certificaat te genereren, dat vervolgens door iedereen gemakkelijk als authentiek kan worden geverifieerd. Daarna stelde Nick Szabo het concept *Bit Gold* voor, waarbij deze onvervalsbare kosten werden ingezet om een schaars digitaal bezit te creëren. In 2004 combineerde Hal Finney zowel *Hashcash* als het idee achter *Bit Gold* in een innovatie genaamd *reusable proof-of-work* (*RPOW*). Via een gecentraliseerde server transformeerde Finney *Hashcash* in een herbruikbaar token – een soort verifieerbaar schaars digitaal object – dat hij RPOW-tokens noemde.[318] Hoewel er in die tijd ook andere voorstellen voor digitale valuta waren, bleek dit traject van Back, Szabo en Finney bijzonder invloedrijk.

Een belangrijke beperking van de meeste monetaire initiatieven lag in hun gecentraliseerde karakter. *DigiCash* slaagde er niet in om als gecentraliseerd bedrijf een netwerkeffect te genereren. Hoewel e-gold aanvankelijk succes boekte, legde de overheid het bedrijf aan banden. Ook draaiden de RPOW-tokens op een centrale server.

In 2008 voerde een onbekende ontwikkelaar, of misschien een groep, die opereerde onder het pseudoniem Satoshi Nakamoto, enkele van deze technieken op een gedecentraliseerde wijze door. Op 31 oktober 2008 deelde Satoshi een ontwerptekst getiteld *Bitcoin: A Peer-to-Peer Electronic Cash System* via een cryptografische mailinglijst, waar ook enkele van de eerdergenoemde experts tussen de vele andere ontvangers aanwezig waren. Het abstract luidde als volgt:

> Een zuivere vorm van elektronisch geld, rechtstreeks van persoon tot persoon, maakt het mogelijk om online betalingen direct tussen partijen te verrichten zonder tussenkomst van een financiële instelling. Digitale handtekeningen bieden een deel van de oplossing, maar als er nog een vertrouwde derde partij nodig is om dubbele uitgaven te voorkomen, verliest het systeem zijn voordeel. Wij presenteren een oplossing voor het probleem van dubbele uitgaven via een peer-to-peer netwerk. Het netwerk voorziet iedere transactie van een tijdstempel door deze te verwerken in een doorlopende keten van hash-gebaseerd proof-of-work, waardoor een verslag ontstaat dat niet

318 van Wirdum, *The Genesis Book*, hoofdstukken 10-11 en hoofdstuk 13.

> gewijzigd kan worden, tenzij het proof-of-work opnieuw wordt uitgevoerd. De langste keten bewijst zowel de volgorde van de waargenomen gebeurtenissen als dat deze keten voortkomt uit de grootste hoeveelheid rekenkracht. Zolang de meerderheid van de rekenkracht berust bij nodes die niet samenwerken om het netwerk aan te vallen, genereren zij de langste keten en zetten ze aanvallers buiten spel. Het netwerk vraagt minimale structurering: berichten worden via een 'best effort'-methode verzonden en nodes kunnen het netwerk naar eigen inzicht verlaten en opnieuw toetreden, waarbij zij de langste proof-of-work keten als bewijs van de gebeurtenissen accepteren.[319]

De negen pagina's tellende ontwerptekst werd in een academische stijl geschreven en bevatte acht verwijzingen naar diverse cryptografische- en tijdstempeltechnieken, waaronder *Hashcash* van Adam Back. In de weken die volgden, onderzochten verschillende cryptografen het artikel op de mailinglijst en stelden – vaak kritisch en sceptisch – vragen, waarop Satoshi beleefd reageerde.[320] De inmiddels geopenbaarde e-mails wekken de indruk dat men een proefschriftverdediging bijwoonde, met weldoordachte vragen en gedegen antwoorden van professionals.

Satoshi beloofde nooit rijkdom en trad niet op als verkoper. Hij schreef als een academicus en maakte duidelijk dat hij zich inzette voor het bevorderen van vrijheid, geïnspireerd door de filosofie van de *cypherpunk*-beweging.

Een deelnemer op de mailinglijst merkte op: 'Je zult in cryptografie geen oplossing vinden voor politieke problemen.' Hierop reageerde Satoshi: 'Wel, we kunnen een belangrijke slag winnen in de wapenwedloop en voor vele jaren een nieuw domein van vrijheid veroveren. Overheden zijn er goed in om centraal aangestuurde netwerken, zoals *Napster*, uit te schakelen, maar pure peer-to-peer-netwerken zoals *Gnutella* en *Tor* weten stand te houden.'[321]

Op 9 januari 2009 publiceerde Satoshi de open-source code en stuurde hij het eerste blok de wereld in. In het zogenaamde genesisblok verwees hij naar een recente krantenkop over de redding van Britse banken tijdens het hoogtepunt van de wereldwijde financiële crisis.

> The Times 03/Jan/2009 Minister van Financiën op het punt om banken voor de tweede keer te redden[322]

Op 10 januari deelde Hal Finney via een tweet mee dat hij de Bitcoin-

319 Nakamoto, Bitcoin.
320 Nakamoto, *Emails*.
321 Nakamoto, *Bitcoin: P2P E-Cash Paper*.
322 Mempool.space, *Genesis: 0*.

software had geïnstalleerd en kort daarna ontving hij de allereerste testtransactie van Satoshi.[323]

Gedurende de eerste twee jaar – in 2009 en 2010 – werkte Satoshi onafgebroken aan de code en ging hij in gesprek over diverse ideeën met de eerste gebruikers. Hij werd gewaardeerd om zijn kalme, feitelijke aanpak. Eind 2010 verdween Satoshi plotseling en publiceerde hij verder niets, waardoor hij het project aan anderen overliet.[324] Tot op heden blijft zijn identiteit onbekend en werkt een afwisselende groep ontwikkelaars aan het Bitcoinnetwerk.

Bitcoin is een gedistribueerd openbaar kasboek, dat sommigen aanduiden als *triple-entry bookkeeping*. Het protocol stelt deelnemers wereldwijd elke tien minuten in staat een consensus te bereiken over de status van het kasboek. Iedereen met een simpele laptop en een internetverbinding kan als node meedoen door een gratis open-source applicatie te draaien. Zo verzenden en ontvangen zij transacties direct, zonder dat een gecentraliseerde tussenpersoon nodig is. Miners ontvangen voor hun inzet transactiekosten en nieuwe bitcoin wanneer zij blokken verwerken, waarbij ze gebruikmaken van proof-of-work en tijdstempels. Daarnaast controleren nodes of de nieuwe blokken aan de netwerkregels voldoen. Omdat het kasboek breed verspreid is en relatief weinig data bevat, kunnen nodes een volledige kopie opslaan en deze constant synchroniseren met de rest van het netwerk. Gebruikers bewaren hun privésleutels, waarmee zij samen met nodetoepassingen munten (of fracties daarvan, meestal 'sats' genoemd, een afkorting van 'satoshis') rechtstreeks van het ene adres naar het andere overdragen, zonder hulp van derden. Zij mogen er ook voor kiezen hun sleutels aan een bewaarder toe te vertrouwen, zodat zij met bitcoin om kunnen gaan zoals met een bankrekening. Het uiteindelijke totale aantal bitcoin bedraagt 21 miljoen, opgedeeld in 2,1 quadriljoen sats.

Dit concept is bijzonder krachtig. Een bitcoingebruiker kan bijvoorbeeld een reeks van twaalf woorden onthouden – die als privésleutel fungeert – en zo haar digitale tegoed wereldwijd bij zich dragen, zonder afhankelijk te zijn van een centrale tegenpartij. Bitcoin is een gedecentraliseerd kasboek, opgebouwd uit een wereldwijde cloud van computers. Het kasboek is duur om aan te vallen en de spelregels laten zich niet eenzijdig aanpassen, want er is geen centrale server of uitgever. Het systeem is volledig transparant: iedere regel in de code is openbaar. Ontwikkelaars kunnen samen aan updates werken en voorstellen doen, maar deze worden niet opgedrongen aan gebruikers; zij accepteren ze vrijwillig en de

323 Hal Finney, *Running bitcoin*, Twitter, 10 januari 2009; Mempool.space, *Block: 170*.
324 Pete Rizzo, *The Last Days of Satoshi*, Bitcoin Magazine, 26 april 2021.

updates moeten achterwaarts compatibel blijven voor wie deel wil blijven uitmaken van het bestaande netwerk.

Verder verkleint Bitcoin het snelheidsverschil tussen transacties en afwikkelingen – een onderwerp dat ik in dit boek al meerdere keren besprak. Sinds de tweede helft van de 19e eeuw, met de komst van intercontinentale telecommunicatiesystemen, reizen transacties in principe met de snelheid van het licht over de wereld. Schaars, zelfbeheerd geld zoals goud verplaatst zich daarentegen slechts met de snelheid van materie, waardoor controle bemoeilijkt wordt. Dit snelheidsverschil bood banken en overheden grote arbitragemogelijkheden en leidde tot een monopolie op snelle langeafstandsbetalingen. Voor het eerst biedt Bitcoin een effectieve methode om schaarse waarde bliksemsnel over grote afstanden te verplaatsen. Zodra verzonden bitcoin binnen enkele blokken aan de *blockchain* wordt toegevoegd, is de transactie onomkeerbaar – tenzij meer dan 50 procent van de wereldwijde miners probeert dit terug te draaien. Bitcoin is een schaars goed dat geen derde partij nodig heeft, vergelijkbaar met een goudstaaf. De mogelijkheid om een goed (dat niet tegelijk ook iemands verplichting is) razendsnel over lange afstanden te verplaatsen, heeft de wereld nog niet eerder gezien.

In hoofdstuk 8 besprak ik de visie van William Stanley Jevons uit 1875, waarin hij een gecentraliseerd wereldwijde vereffeningsinstelling voorstelde waarmee alle entiteiten snel konden afrekenen. Hoewel zijn idee stap voor stap werkelijkheid werd – eerst in Londen, later in New York – bleef het fundamentele probleem dat deze vereffeningsinstelling gebaseerd was op abstractie en schuld, wat tot aanzienlijk wanbeheer van het kasboek leidde. Bitcoin kan een gedecentraliseerde, wereldwijde vereffeningsfunctie vervullen, omdat de bezitsactivata direct tussen entiteiten worden vereffend, zonder dat abstractie en schuld een rol spelen, en dat alles binnen enkele minuten.[325]

Nadat transacties al met de snelheid van het licht konden verlopen, duurde het ongeveer anderhalve eeuw voordat de verwerking van fysieke activa dat ook deed — en dat is geen toeval. Dit proces bouwde voort op eerdere ontwikkelingen, net zoals de uitvinding van de fiets voorafging aan die van de auto. Kredietransacties via telecommunicatiesystemen vereisten slechts simpele data, zoals Morsecode, waardoor ze al in de 19e eeuw mogelijk waren. De verwerking van schaarse waarde via telecommunicatiesystemen vraagt echter om veel complexere berekeningen, datastructuren, bandbreedte en wiskundige bewijzen. Bitcoin en de bredere ideeën rondom digitale schaarste en een gedecentraliseerd digitaal afwikkelingsnetwerk werden nagenoeg meteen ontwikkeld, nauw aansluitend bij de timing van de

325 Graham Krizek, *Every Company Will Be a Lightning Company*, Medium, 21 juni 2023.

onderliggende technologieën.

Als ik zou moeten verklaren waarom geld wereldwijd zo lang *gebrekkig* bleef, terwijl bijna alle andere sectoren enorm verbeterden – denk maar aan de overvloed aan energie en technologische vooruitgang – dan komt dat door het snelheidsverschil tussen transacties en afwikkelingen dat het telecommunicatietijdperk teweegbracht. De wereld zat anderhalve eeuw vast in een lokaal optimum dat steeds complexere vormen van gecentraliseerde abstractie vereiste om die kloof te overbruggen. De internationale goudstandaard werkte tijdens vredestijd decennialang, maar was van meet af aan inherent gebrekkig omdat ze talloze claims op een beperkte geldbasis – daadwerkelijk goud – mogelijk maakte; bij de eerste test, tijdens een oorlog tussen grote mogendheden in Europa, stortte ze in. Het Bretton Woods-systeem bleek nog kwetsbaarder door de nog grotere mate van abstractie en mislukte binnen minder dan 15 jaar na invoering. Het moderne systeem, met 160 fiatvaluta die steeds verder in waarde dalen en volledig losstaan van een universele reservevaluta, kampt met ernstige tekortkomingen omdat er geen inherente basis van schaarste aanwezig is. De introductie van Bitcoin als een open-source netwerk voor snelle afwikkeling met eigen schaarse eenheden biedt de eerste geloofwaardige manier om de kloof tussen transactie- en afwikkelingssnelheden te overbruggen. Nu blijft nog te onderzoeken of het systeem robuust genoeg is om deze functie op grote schaal op de lange termijn te vervullen.

OVERZICHT VAN BITCOIN'S TECHNOLOGIE

In een forumbericht in februari 2009, ongeveer een maand na de release, vat Satoshi Bitcoin samen. Sindsdien zijn er duizenden artikelen en talloze boeken over Bitcoin verschenen, maar ik vind dat Satoshi's eigen beschrijving nog steeds waardevol is vanwege de duidelijkheid.

> Ik heb een nieuw, open-source P2P e-cashsysteem ontwikkeld, genaamd Bitcoin. Het systeem werkt volledig gedecentraliseerd, zonder centrale server of betrouwbare tussenpersonen, omdat het steunt op cryptografisch bewijs in plaats van op vertrouwen. Probeer het gerust uit of bekijk de screenshots en het ontwerpdocument:
>
> Download Bitcoin v0.1 op http://www.bitcoin.org
>
> Het fundamentele probleem bij conventionele valuta is dat ze een enorm vertrouwen vereisen om te functioneren. We moeten erop vertrouwen dat de centrale bank de valuta niet devalueert, maar de geschiedenis van fiatgeld staat vol met gevallen waarin dat vertrouwen werd beschaamd. We moeten erop vertrouwen dat banken ons geld veilig bewaren en elektronisch over-

maken, terwijl zij het in golven uitlenen in kredietbubbels met minimale reserves. We moeten erop vertrouwen dat zij onze privacy respecteren en identiteitsdiefstal voorkomen, zodat onze rekeningen niet leeggehaald worden. Hun enorme operationele kosten maken micropayments onmogelijk.

Een generatie geleden kampten multi-user time-sharing computersystemen met een vergelijkbaar probleem. Voordat sterke encryptie beschikbaar was, moesten gebruikers vertrouwen op wachtwoordbeveiliging om hun bestanden af te schermen en op systeembeheerders om hun informatie privé te houden. Die beheerders konden immers altijd privacyschendingen plegen op basis van eigen inzicht – al dan niet in afweging van privacy versus andere belangen, of op bevel van hun superieuren. Toen kwam sterke encryptie voor de massa beschikbaar en werd vertrouwen minder noodzakelijk. Gegevens konden toen veel veiliger worden beschermd…

Nu is het tijd om hetzelfde te realiseren voor geld. Met een elektronische valuta die steunt op cryptografisch bewijs en geen derde partijen vereist, kan geld op een veilige manier worden beheerd en kunnen transacties moeiteloos verlopen.

Een van de fundamentele bouwstenen voor zo'n systeem is het gebruik van digitale handtekeningen. Een digitale munt draagt de publieke sleutel van zijn eigenaar. Om de munt over te dragen, ondertekent de eigenaar deze samen met de publieke sleutel van de volgende ontvanger. Iedereen kan de handtekeningen verifiëren om zo de eigendomsketen vast te stellen. Dit systeem beveiligt het eigendom uitstekend, maar lost één krachtig probleem niet op: dubbele uitgaven. Een eigenaar zou een al uitgegeven munt kunnen proberen te hergebruiken door deze opnieuw te ondertekenen voor een andere ontvanger. De gangbare oplossing is dat een vertrouwd bedrijf via een centrale database controleert op dubbele uitgaven, maar dat berust weer op vertrouwen. In zo'n centrale positie kan dat bedrijf immers de gebruikers overrulen en bovendien extra kosten in rekening brengen.

De oplossing van Bitcoin is daarom het inzetten van een peer-to-peer netwerk om dubbele uitgaven te voorkomen. In wezen functioneert het netwerk als een gedistribueerde tijdstempelserver; de allereerste transactie waarin een munt wordt uitgegeven, krijgt een tijdstempel. Het netwerk maakt gebruik van het feit dat informatie gemakkelijk te verspreiden is maar moeilijk te onderdrukken. Voor een uitgebreide uitleg over de werking zie het ontwerpdocument op http://www.bitcoin.org/bitcoin.pdf.

Het resultaat is een gedistribueerd systeem zonder een enkel zwak punt. Gebruikers beheren hun eigen geld via cryptografische sleutels en voeren directe transacties uit, terwijl het P2P-netwerk dubbele uitgaven tegenhoudt.
Satoshi Nakamoto [326]

326 Satoshi Nakamoto, *Bitcoin Open Source Implementation of P2P Currency*.

Met deze beschrijving in gedachten gaan de volgende alinea's dieper in op de werking van het Bitcoinnetwerk. Lezers hoeven niet elk detail volledig te begrijpen, want de technische diepgang loopt zelfs een stuk dieper – maar het is nuttig de kernbegrippen op een gemiddeld niveau te bespreken. Ik doe mijn uiterste best dit in eenvoudige taal uit te leggen. In dit boek schrijf ik 'Bitcoin' met een hoofdletter wanneer ik naar het netwerk verwijs en met een kleine letter als ik de valuta – de 'bitcoin' – bedoel (tenzij het uiteraard het eerste woord van een zin betreft).

Bitcoin startte met een genesisblok en een downloadbare open-source softwaretoepassing, ontwikkeld door Satoshi, waarmee iedereen zijn eigen node op het netwerk kan draaien. Het genesisblok, net als alle daaropvolgende blokken, bevat een cryptografische puzzel – eigenlijk een enorm verborgen getal – dat alleen opgelost kan worden door keer op keer de juiste oplossing te raden aan de hand van rekenkracht. Dit proces noemt men doorgaans 'delven' of 'minen', al zou 'tijdstempelen' een nauwkeurigere omschrijving kunnen zijn. Iedereen kan in principe de rekenkracht van zijn computer benutten om de puzzel te kraken, maar in de praktijk worden tegenwoordig vrijwel uitsluitend gespecialiseerde SHA-256-processors ingezet vanwege hun hogere efficiëntie. Degene die de puzzel doorbreekt, mag een nieuw blok – gevuld met transacties – aan de bestaande keten koppelen en ontvangt daarvoor zowel de transactiekosten als een vastgesteld aantal nieuw gegenereerde munten. Deze beloning stimuleert het inzetten van rekenkracht, en elk nieuw blok genereert weer een nieuwe puzzel, zodat het proces in stand blijft.

Het Bitcoinnetwerk maakt gebruik van publieke-sleutelcryptografie. Een gebruiker genereert willekeurig een privésleutel – in wezen een enorm getal. Je zou bijvoorbeeld een sleutel kunnen maken door 256 keer een munt op te gooien, maar de meeste mensen maken in de praktijk gebruik van software-wallets die dit automatisch voor hen regelen. Er bestaan namelijk meer mogelijke privésleutels dan er atomen zijn in een miljoen sterrenstelsels, waardoor de kans om per toeval een reeds gebruikte sleutel te creëren verwaarloosbaar klein is.[327] Om de privésleutel beter te onthouden of te bewaren, kun je deze vastleggen als een wachtwoordzin van twaalf woorden. Met de privésleutel genereer je vervolgens een publieke sleutel en het bijbehorende adres, waarop anderen bitcoin kunnen storten. Hoewel de publieke sleutel en het adres afgeleid zijn van de privésleutel, is het proces niet omkeerbaar; niemand kan aan de hand van de publieke sleutel of het adres de privésleutel herleiden. Alleen de eigenaar kent

---

327 Yan Pritzker, *Inventing Bitcoin: The Technology Behind the First Truly Scarce and Decentralized Money Explained*, 50-53; Matt Cutler, *Guessing a Private Key*, Blocknative, 26 juni 2019.

immers zijn privésleutel, waarmee hij een transactie kan ondertekenen om bitcoin (of delen daarvan) van zijn adres naar dat van iemand anders over te maken.

Zodra een eigenaar een transactie heeft geïnitieerd en ondertekend, komt deze 'wachtende' transactie – de verplaatsing van bitcoin van het eigen adres naar dat van iemand anders (of zelfs tussen meerdere eigen en/of externe adressen) – in het netwerk terecht. Iedere node onderhoudt een wachtrij met nog niet verwerkte transacties, de zogenoemde 'mempool' (afkorting van 'memory pool'). Daarnaast slaat elke node de volledige geschiedenis op van alle voorgaande blokken en daarin opgenomen transacties, vanaf het genesisblok. Zo beschikt elke node over het complete kasboek en de volledige transactiegeschiedenis. Een miner (of een groep miners) die erin slaagt de puzzel van het vorige blok op te lossen, doorloopt vervolgens de mempool en selecteert enkele transacties om aan het nieuwe blok toe te voegen. Afhankelijk van de complexiteit van de transacties kan ieder blok duizenden transacties bevatten. Verzenders dienen een transactiekost toe te voegen om miners te stimuleren hun blok te vullen met de transacties die de hoogste beloningen bieden. Tijdens drukke periodes zorgt een hogere transactiekost er doorgaans voor dat een transactie sneller in een blok wordt opgenomen. Zodra een miner er in slaagt een blok succesvol te creëren, ontvangt hij zowel een bloksubsidie (een vastgesteld aantal nieuw gegenereerde munten per blok) als de bijbehorende transactiekosten.

Na het aanmaken van een nieuw blok stuurt de miner dit naar het netwerk van nodes. De nodes controleren of het blok voldoet aan de netwerkregels – zoals het maximale datapakket per blok en het maximum aantal nieuw te creëren munten (de bloksubsidie). Als een node bevestigt dat het blok geldig is, slaat hij het op en verspreidt het verder naar andere nodes. Binnen korte tijd verifiëren en slaan alle nodes het nieuwe blok op. De complete historie van alle blokken en de bijbehorende transacties vormt de blockchain en wordt op iedere node bewaard. Wereldwijd draaien tienduizenden nodes die elk het volledige kasboek, inclusief alle transacties sinds het genesisblok, onderhouden.

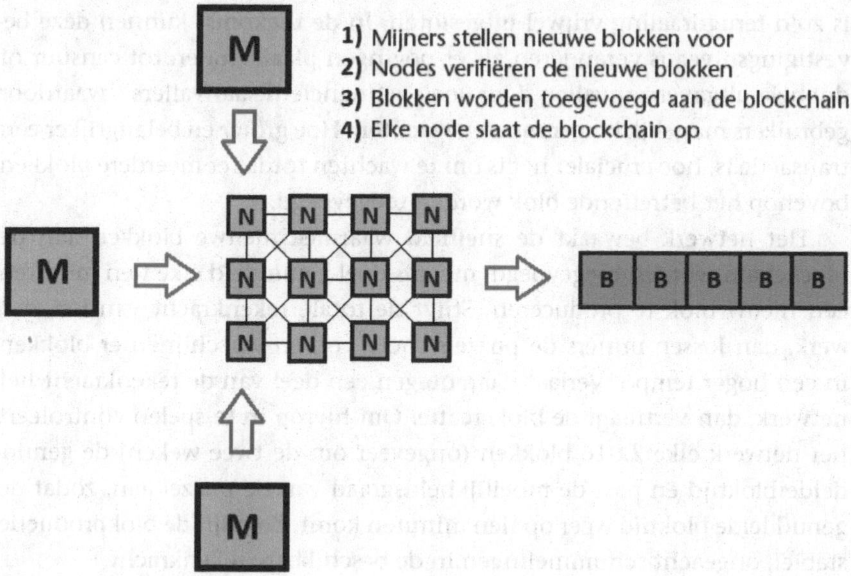

Figuur 20.1
Schematische voorstelling van miners en de blockchain.

Als twee miners bijna gelijktijdig de laatste puzzel oplossen, kan dat tijdelijk tot een splitsing van de keten leiden. Sommige nodes krijgen eerst 'blok A' te zien van de ene miner, terwijl anderen als eerste 'blok B' ontvangen van een andere miner. Deze blokken verspreiden zich vervolgens naar de peer-nodes. Afhankelijk van welk blok men als eerste ontvangt, gaan sommige miners meteen aan de slag met de puzzel van 'blok A' en anderen met die van 'blok B'. Uiteindelijk lost een miner een van de puzzels op – stel dat dat 'blok B' is – waardoor de keten met 'blok B' langer wordt dan die met 'blok A'. Zodra de informatie zich verspreidt, krijgt 'blok B' de status van dominante blockchain en wordt 'blok A', een zogenaamd *orphan* block, verworpen, zodat de keten weer tot één consensusnetwerk samenkomt. De nodes accepteren per definitie immers standaard de langste blockchain die aan de netwerkregels voldoet voor hun verdere werking.

Alle transacties binnen Bitcoin zijn van nature probabilistisch. In de praktijk wordt een transactie echter steeds als definitiever beschouwd naarmate deze dieper in de blockchain wordt 'begraven'. Dat komt doordat het exponentieel meer rekenkracht kost om een alternatieve keten te creëren die op een eerder blok is opgebouwd en 'zwaarder' is dan de bestaande blockchain. Een transactie die slechts in één blok is opgenomen, kan bijvoorbeeld nog worden teruggedraaid als elders gelijktijdig een langere keten ontstaat. Ligt de transactie twee of drie blokken diep, dan wordt de kans op terugdraaien aanzienlijk kleiner, en met zes of meer bevestigingen is zo'n terugdraaiing vrijwel uitgesloten. In de toekomst kunnen deze bevestigingsniveaus veranderen als er pogingen plaatsvinden tot censuur of dubbele-uitgavenaanvallen door goed gefinancierde aanvallers – waardoor gebruikers mogelijk langer moeten wachten. Hoe groter en belangrijker een transactie is, hoe crucialer het is om te wachten totdat er meerdere blokken bovenop het betreffende blok worden toegevoegd.

Het netwerk bewaakt de snelheid waarmee nieuwe blokken aan de blockchain worden toegevoegd, met als doel gemiddeld elke tien minuten een nieuw blok te produceren. Stijgt de totale rekenkracht van het netwerk, dan lossen miners de puzzels sneller op en verschijnen er blokken in een hoger tempo. Verlaat daarentegen een deel van de rekenkracht het netwerk, dan vertraagt de blokcreatie. Om hierop in te spelen controleert het netwerk elke 2.016 blokken (ongeveer om de twee weken) de gemiddelde bloktijd en past de moeilijkheidsgraad van de puzzel aan, zodat de gemiddelde bloktijd weer op tien minuten komt. Zo blijft de blokproductie stabiel, ongeacht schommelingen in de beschikbare rekenkracht.

Hoe meer nodes actief zijn op het netwerk, des te decentraler de handhaving van de netwerkrichtlijnen is, en daardoor des te beter het netwerk bestand is tegen ongewenste wijzigingen. Evenzo maakt een grotere hoeveelheid rekenkracht het voor een vijandige partij duurder om het netwerk aan te vallen – bijvoorbeeld door opzettelijk eerdere transacties terug te draaien of nieuwe transacties te censureren. Als een entiteit of groep erin slaagt meer dan 50% van de totale rekenkracht te beheersen (wat momenteel miljarden dollars aan apparatuur en elektriciteit vergt), kan die in principe het netwerk op elke gewenste manier censureren. Ze kunnen echter de netwerkregels niet zomaar aanpassen, want deze worden door de nodeoperators gehandhaafd. In een dergelijk scenario kunnen netwerkgebruikers reageren door extra rekenkracht toe te voegen, waardoor de meerderheid aan eerlijke deelnemers zich herstelt en de censuur wordt opgeheven.

Ontwikkelaars wereldwijd kunnen bijdragen door voorstellen te doen voor updates van de Bitcoin-nodesoftware. Een wisselend team van vrijwilligers organiseert, beoordeelt en publiceert deze updates, waarna de node-operators zelf beslissen of zij deze installeren. Ontwikkelaars hebben geen mogelijkheid de node-operators te dwingen een update te accepteren. Op het moment van schrijven is er één primaire implementatie van de Bitcoin-nodesoftware, bekend als *Bitcoin Core*, maar er bestaan ook andere implementaties van diverse ontwikkelaars die zowel onderling als met *Bitcoin Core* compatibel zijn. Omdat de code open-source is, kunnen node-operators er bovendien voor kiezen af te wijken van de huidige dominante implementatie als zij vinden dat deze hun belangen niet langer voldoende dient.

Een 'clientupdate' betreft kleine aanpassingen aan *Bitcoin Core* of andere Bitcoin-clientapplicaties. Doordat besturingssystemen in de loop der tijd veranderen, is het noodzakelijk de clientsoftware compatibel te houden. Met een clientupdate wijzig je niet de consensusregels van het Bitcoinnetwerk, maar actualiseer je voornamelijk andere onderdelen van de software, zodat het beheer van een node eenvoudiger en veiliger wordt.

Een 'soft fork' houdt in dat je de consensusregels van het netwerk wijzigt op een manier die achterwaarts compatibel is. Dit betekent dat nodes die upgraden naar de nieuwe software nog steeds met oudere nodes kunnen communiceren. Met een soft fork scherp je in feite de bestaande set regels lichtjes aan. Een voorbeeld is het verkleinen van de maximale blokgrootte: de nieuwe blokken voldoen nog aan de eerdere regels, maar moeten wel aan strengere voorwaarden voldoen. Historisch gezien heeft Bitcoin meerdere soft forks ondergaan, wat leidde tot optimalisatie van de code en de toevoeging van enkele nieuwe functies. Ter illustratie: USB-2.0-apparaten werken met bestaande USB-1.0-poorten, maar bieden extra mogelijkheden aan gebruikers die upgraden naar USB-2.0, net zoals USB-3.0-apparaten meer functies hebben terwijl ze achterwaarts compatibel blijven.

Een 'hard fork' is daarentegen een wijziging van de consensusregels die niet achterwaarts compatibel is. Dit houdt in dat elke node die de nieuwe software gebruikt, niet langer opereert volgens een regelsysteem dat overeenkomt met dat van het bestaande netwerk. Een voorbeeld hiervan is het verhogen van de limiet voor de blokgrootte: blokken met de nieuwe software aangemaakt voldoen niet meer aan de oudere regels en worden dan door het netwerk afgewezen. Andere voorbeelden van hard forks omvatten het verhogen van het totale aantal beschikbare munten of het versnellen van het tempo waarin per blok nieuwe munten worden gecreëerd. Bestaande nodes wijzen dergelijke blokken automatisch af. Dit kun je vergelijken met de introductie van een nieuwe, incompatibele communicatiestandaard die niet werkt met de huidige USB-poorten.

Een niet-compatibele update, oftewel een hard fork, leidt tot het ontstaan van een apart kasboeknetwerk met aanzienlijk minder nodes en rekenkracht, en wordt door het bestaande netwerk niet als 'Bitcoin' herkend – tenzij een overweldigende meerderheid van de nodes en miners besluit de nieuwe niet-compatibele regels over te nemen. Bij een hard fork wordt het kasboek feitelijk gekopieerd, zodat iedere houder van een privésleutel zijn bitcoin behoudt op het oorspronkelijke kasboek en tevens recht krijgt op een gelijkwaardig aantal munten op het nieuwe kasboek. Voortaan bepaalt de markt het succes van een hard fork: iedere houder heeft dan beide munten, maar de fork met minder aanhang zal over het algemeen beduidend minder marktwaarde hebben. De transacties uit de periode vóór de fork blijven in beide kasboeken gelijk, maar vanaf het splitsingsmoment gaan de kasboeken door nieuwe transacties uiteenlopen. Als een gebruiker ervan overtuigd is dat de ene fork zal doorbreken, kan hij munten van de andere variant verkopen en extra munten kopen van de winnende fork. Heeft hij geen sterke voorkeur, dan kan hij beide munten aanhouden en afwachten tot de situatie stabiliseert, waarna de waarde van de minderheidsfork uiteindelijk in het hoofdnetwerk wordt opgenomen. Er zijn talloze hard forks geweest vanuit het hoofdnetwerk van Bitcoin, en op het moment van schrijven beslaat de grootste daarvan slechts ongeveer 0,5% van de totale marktkapitalisatie van het Bitcoinnetwerk. Bovendien heeft de gevestigde fork een inherent voordeel doordat deze al compatibel is met het bestaande nodenetwerk.

Satoshi programmeerde Bitcoin zodanig dat elke tien minuten gemiddeld 50 nieuwe munten worden gegenereerd voor de miner die een blok succesvol creëert. Elke 210.000 blokken – oftewel ongeveer elke vier jaar – wordt het aantal nieuwe munten gehalveerd: na vier jaar daalt dit naar 25 munten, daarna naar 12,5 en vervolgens naar 6,25, enzovoort. Deze dalende bloksubsidie is vanaf de initiatie van de software vastgelegd. Volgens de achterliggende wiskunde bereikt het netwerk uiteindelijk een limiet van 21 miljoen munten, en op het moment van schrijven zijn er bijna 19,5 miljoen munten in omloop.

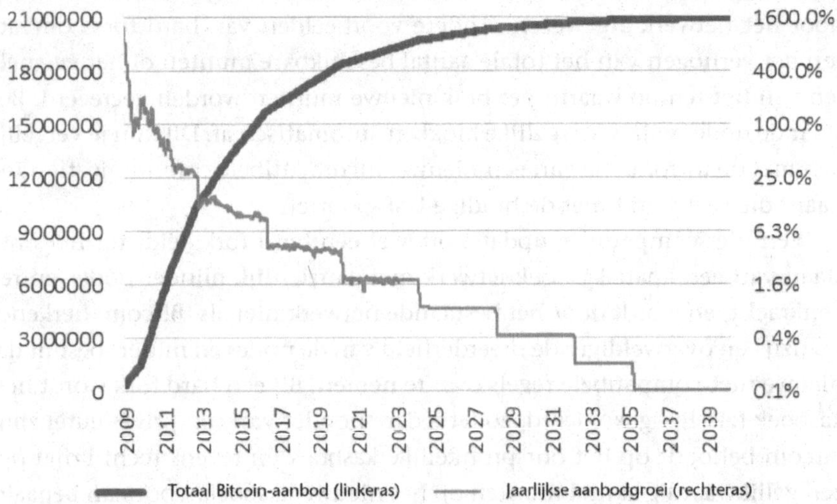

Figuur 20.2
Inflatie van Bitcoin en totale (verwachte) geldhoeveelheid (2009-2040, in log %).[328]

Op het eerste gezicht lijkt dit misschien ingewikkeld, maar het is een stuk eenvoudiger dan de gedetailleerde werking van het wereldwijde banksysteem. Dat systeem omvat immers de complexe interacties tussen financiële instellingen voor de verwerking van dollartransacties en de nachtelijke kredietregelingen tussen banken via terugkoopovereenkomsten (*repurchase agreements* of *repo's*) en vergelijkbare contracten. In vergelijking daarmee is de basislaag van het Bitcoinnetwerk eenvoudig, omdat veel details worden weggelaten of geabstraheerd voor de gebruiker. Het feit dat een volledige node op een verouderde laptop kan draaien, toont hoe simpel de basis in werkelijkheid is: een groep relatief eenvoudige nodes bevestigt iedere tien minuten gezamenlijk de staat van het kasboek. Deze details zijn echter van belang voor potentiële vroege gebruikers die willen bepalen of dit netwerk waarschijnlijk succesvol zal zijn en wat deze technologie in de toekomst voor het concept van geld betekent.

Tegenwoordig bestaan er talloze ondertekeningsapparaten en mobiele wallet-apps waarmee gebruikers moeiteloos hun privésleutels, adressen en nodefuncties beheren, zonder zich druk te maken over de technische details – net zoals een autobezitter niet zelf monteur hoeft te zijn. Diverse teams en ondernemingen wereldwijd ontwikkelen deze producten; iedereen kan nieuwe toepassingen en diensten creëren, zolang deze compatibel zijn met het open-source Bitcoinnetwerk.

Gebruikers bepalen zelf in hoeverre ze technisch betrokken willen zijn bij het Bitcoinnetwerk. Als zij hun eigen node draaien en hun privésleutels beheren, kunnen zij de totale voorraad van het netwerk in de gaten houden, meebeslissen in de netwerkconsensus, peer-to-peer-transacties uitvoeren en hun privacy waarborgen, zonder tussenkomst van een gecentraliseerde partij. Tenzij iemand meer dan de helft van de totale rekenkracht bezit (of met geweld optreedt), kan niemand voorkomen dat node-operators transacties verzenden of ontvangen. Daarnaast kunnen gebruikers verschillende privacy- en anonimiseringstechnieken toepassen en de bijbehorende software direct op andere netwerklagen laten draaien.

Op een iets lager niveau kan men ervoor kiezen om zijn privésleutels zelf te bewaren, maar toch gebruik te maken van een node die door een derde partij wordt beheerd. Dit betekent dat er enige concessies worden gedaan op het gebied van privacy en controle, maar men behoudt de mogelijkheid om eigen munten te beheren en, indien gewenst, op elk moment een eigen node op te zetten. Deze middenweg biedt gebruikers volop keuzemogelijkheden om na verloop van tijd meer betrokken te raken.

Een nog lagere optie is het gebruik van een bewaardienst, waarbij een

328 Blockchain.com, *Total Circulating Bitcoin*.

derde partij de privésleutels voor de gebruiker beheert. Er bestaan diverse wallet-apps en financiële dienstverleners die bitcoin voor klanten aanhouden en het overmaken van bitcoin eenvoudig maken. Hoewel dit erg handig is, brengt het ook privacyzorgen en tegenpartijrisico's met zich mee, bijvoorbeeld beperkingen bij het opnemen of verzenden van munten naar bepaalde adressen. Nieuwe technologieën, zoals het open-source *Fedimint*-protocol, bieden echter mogelijkheden voor geautomatiseerde en particuliere bewaarregelingen.

Er bestaan ook hybride oplossingen dankzij *multi-signature* technologie. De digitale handtekening die nodig is om bitcoin vanaf een adres te versturen, kan in delen worden opgebroken. Zo kunnen bijvoorbeeld twee van de drie onderdelen nodig zijn om een transactie te ondertekenen. Dit is handig voor extra beveiliging of nalatenschapsplanning. Iemand kan bijvoorbeeld één sleutel bij zich dragen, een tweede sleutel op een veilige plek bewaren (bijvoorbeeld bij een vertrouwd familielid, juridische vertegenwoordiger of in een versleuteld, wachtwoordbeveiligd bestand) en de derde sleutel onderbrengen bij een bitcoingerelateerde financiële dienstverlener. Dit beschermt tegen het verlies van één sleutel en biedt enkele voordelen van een bewaarservice, zonder dat de bewaarder volledige controle krijgt over de munten. Zo'n hybride bewaring is met contant geld, goud of andere vormen van niet-versleuteld geld niet mogelijk.

Nu we aan het einde van dit hoofdstuk komen, rijst de vraag: 'Wie beheert het kasboek voor Bitcoin?'

Het eerste antwoord luidt dat tienduizenden gebruikers die nodes runnen gezamenlijk het kasboek beheren; iedereen met een gewone laptop (of vergelijkbare hardware) en een standaard internetverbinding kan als node-operator meedraaien. Node-operators slaan de volledige geschiedenis van het kasboek op en onderhouden de software die het netwerk draaiende houdt en de regels afdwingt voor nieuwe blokken die miners aan de blockchain toevoegen.

Het tweede antwoord is dat miners een cruciale rol spelen bij het actualiseren van het kasboek. Zij zetten elektriciteit en gespecialiseerde processors in om het recht te verdienen nieuwe transacties aan het kasboek toe te voegen. Een enkele miner – of een groep die meer dan 50 procent van de actieve rekenkracht beheerst – kan transacties blokkeren of recent bevestigde transacties ongedaan maken. Ze kunnen specifieke transacties censureren of het netwerk aanvallen door lege blokken te minen, waardoor toekomstige transacties niet meer worden verwerkt. Mocht dit gebeuren, vormt dat niet per se een permanent probleem; gebruikers kunnen extra rekenkracht online brengen, aangemoedigd door een stijging van de transactiekosten voor gecensureerde gebruikers, zodat zij gezamenlijk weer meer dan 50 procent van de netwerkrekenkracht in handen krijgen.

Ontwikkelaars oefenen invloed uit, maar zij hebben geen directe macht over het kasboek, omdat ze geen enkele node-operator kunnen dwingen een software-update te accepteren. Brengt een ontwikkelaar een update uit die bij de node-operators niet in de smaak valt, dan weigeren zij deze en blijven ze bij hun bestaande software. Soms besluiten node-operators zelfs andere ontwikkelaars te steunen die werken aan alternatieve updates. Veel node-operators installeren een update pas jaren nadat die is uitgebracht, zodat ze zeker weten dat deze stabiel en foutloos is. Toch blijven ontwikkelaars van onschatbare waarde voor het netwerk. Dankzij hun expertise in het maken van achterwaarts-compatibele updates die inspelen op de wensen van gebruikers, is Bitcoin veiliger en beter schaalbaar geworden. De groep ontwikkelaars bestaat uit een voortdurend wisselende kring van vrijwilligers; velen worden financieel ondersteund door bedrijven binnen het ecosysteem. Zij zorgen ervoor dat de node-software altijd compatibel blijft met de constant veranderende moderne computeromgevingen.

In tegenstelling tot banken, centrale banken en fiatgeldsystemen bestaat er geen entiteit die het Bitcoinkasboek eenzijdig kan devalueren. Er is geen centrale node die voor eigen gewin een miljoen nieuwe munten kan creëren. Niemand kan de munten van een gebruiker in beslag nemen, tenzij men de privésleutel weet te bemachtigen (die men kan beveiligen met wachtwoorden en/of multisignature) of de gebruiker dwingt zijn munten over te dragen. Het kasboek is transparant, objectief en beveiligd met daadwerkelijke middelen, namelijk elektriciteit en gespecialiseerde processors.

HOOFDSTUK 21

BITCOIN'S TRAJECT NAAR MONETISATIE

Voordat Bitcoin werd gecreëerd, moest iedereen die snel waarde over lange afstanden wilde verzenden altijd rekenen op een vertrouwde tussenpersoon, zoals het banksysteem en de centrale banken. Bitcoin is een krachtige innovatie die het mogelijk maakt om via het internet snel peer-to-peer waarde over te dragen, zonder afhankelijk te zijn van een gecentraliseerde derde partij. De vraag rijst dan: 'Wat is deze mogelijkheid waard?' Om die vraag te beantwoorden, wenden we ons tot goud.

De kernreden dat papieren claims en banksystemen eeuwenlang op goud waren gebaseerd, was om goud als ruilmiddel te optimaliseren. Goud is uitstekend als spaarmiddel, maar door de beperkte deelbaarheid, de fysieke aard met telkens de noodzaak voor verificatie schiet het tekort als modern ruilmiddel. Zelfs als laatste vereffeningsnetwerk schiet het tekort. Bij grote goudstaven is de enige manier om er zeker van te zijn dat een staaf volledig uit goud bestaat, deze te smelten en opnieuw te gieten. Voor online- of langeafstandstransacties moet men het goud op een bepaalde manier abstraheren en vertrouwen op een centrale bewaarnemer en een juridische bewaringketen, zodat men digitale aanspraken op het goud kan verhandelen in plaats van het fysiek metaal.

Bitcoin biedt een veilige methode om grote hoeveelheden in eigen beheer te houden (vooral met multi-signatureopstellingen) en laat zich wereldwijd binnen enkele minuten peer-to-peer versturen via het internet. Dit elimineert de noodzaak voor een gecentraliseerde bewaarder. Hoewel sommige bezitters er nog steeds de voorkeur aan geven hun bitcoin door derden te laten bewaren, is dat minder cruciaal dan bij grote hoeveelheden goud. Daardoor zijn de eenheden van het netwerk minder vatbaar voor centralisatie. Bitcoin vormt een razendsnel wereldwijd verrekeningssysteem:

een grote transactie via Bitcoin vergt 30 tot 60 minuten, terwijl internationale bankoverschrijvingen vaak aanzienlijk langer duren. Bovendien kan iemand, met slechts een set van twaalf woorden – opgeschreven of uit het hoofd geleerd – overal ter wereld met zijn bitcoin reizen.

Van meet af aan werd het Bitcoinnetwerk opgezet als een peer-to-peer systeem met als doel zelfstandig als ruilmiddel te functioneren. Hoewel het voor kleine aankopen niet de meest efficiënte methode biedt, is het wel optimaal voor het online vereffenen van de uiteindelijke waarde. Er zijn geen gecentraliseerde derde partijen of duidelijke kwetsbaarheden en er bestaan geavanceerde gebruiksmethoden om vijandige netwerken te omzeilen. In vergelijking met andere cryptomunten is het dankzij het grotere netwerk van nodes en de totale rekenkracht van miners moeilijker om aan te vallen. Bovendien is de nodesoftware zo compact dat hij op een gewone laptop met standaard internetbandbreedte draait, iets wat bij de meeste andere cryptomunten niet mogelijk is.

In het begin delfden enthousiastelingen bitcoin en verzamelden zij deze als digitale verzamelobjecten — er bestond nog geen verhandelbare prijs.[329] De kosten voor het verkrijgen van bitcoin bepaalden zich door de benodigde hardware en elektriciteit om een computer als miner te laten draaien. Deze kosten per munt verschilden afhankelijk van het aantal mensen die hun computer inzette om te minen.

In 2010 ontstonden de eerste bitcoinbeurzen, waardoor een marktprijs kon worden vastgesteld. Dat jaar begon bitcoin ook praktisch in gebruik te raken. Toen *Wikileaks* door *PayPal* en andere gecentraliseerde betalingssystemen werd geblokkeerd, schakelde de organisatie over op bitcoindonaties. Hierdoor werd de oorspronkelijke rol van Bitcoin als censuurbestendig geld duidelijk. In die periode maakte Satoshi zich zorgen dat dit negatieve aandacht zou opleveren, nog voordat het netwerk krachtig genoeg was om dergelijke kritiek op te vangen.[330] Enkele dagen later stopte hij met publieke uitspraken en binnen enkele maanden ook met e-mailcontact. Inmiddels is het Bitcoinnetwerk meer dan tien jaar gestaag gegroeid en geëvolueerd.

Net zoals een tank is ontworpen om ondanks obstakels van punt A naar punt B te gaan, maar niet geschikt is voor dagelijks woon-werkverkeer, is het Bitcoinnetwerk geoptimaliseerd voor wereldwijde betalingen die bestand zijn tegen inmenging, terwijl het minder geschikt is voor alledaagse kleine aankopen, zoals het kopen van koffie onderweg. In bredere zin functioneert het Bitcoinnetwerk als 's werelds meest onveranderlijke en gedecentraliseerde database voor het vastleggen van de geschiedenis van bitcoin-

329 William Luther, *Is Bitcoin Intrinsically Worthless?* 38-39.

330 Nakamoto, *Re: PC World Article on Bitcoin*; Peter Chawaga, *Free Assange: Inside a Cypherpunk's Fight to Publish the Secrets of Superpowers*, Bitcoin Magazine, Gatekeeper's issue, mei 2023.

transacties en andere willekeurige gegevens. Bitcoin wordt gebruikt om de transactiekosten te betalen die gemoeid zijn met het actualiseren van die database.

Op deze wijze biedt het Bitcoinnetwerk toegang aan zowel ethische als onethische gebruikers — net als iedere krachtige technologie. Verder bestaat bitcoin uit 21 miljoen eenheden, elk opgedeeld in acht decimalen, wat neerkomt op 2,1 quadriljoen subeenheden. Daarmee ontstaat een eindig digitaal goed. Satoshi beschreef het in 2010 op een forum als volgt:

> Stel je voor — als gedachte-experiment — dat er een basismetaal bestaat dat net zo schaars is als goud, maar met de volgende kenmerken:
>
> – Saai grijs van kleur. – Geen goede geleider van elektriciteit. – Niet bijzonder sterk, noch buigzaam of gemakkelijk vervormbaar. – Niet bruikbaar voor praktische of decoratieve doeleinden.
>
> En bovendien beschikt het over een bijzondere, bijna magische eigenschap:
>
> – Het kan via communicatiemiddelen worden overgedragen.
>
> Als Bitcoin om wat voor reden dan ook waarde krijgt, kan iemand die zijn rijkdom over lange afstanden wil overdragen, Bitcoin kopen, versturen en kan de ontvanger het vervolgens weer verkopen.[331]

Daarnaast kun je bitcoin in de vorm van privésleutels ook fysiek meenemen. Immers, je kunt nauwelijks contant geld of goud door een luchthaven of over landsgrenzen vervoeren. Banken kunnen overschrijvingen naar en vanuit hun land — of zelfs binnen hetzelfde land — blokkeren. Met bitcoin neem je echter een onbeperkte hoeveelheid waarde wereldwijd mee; via je telefoon, een USB-stick of opgeslagen in een wachtwoordbeveiligd bestand op een clouddrive die je uit vele landen kunt openen, of simpelweg door een wachtwoorzin van twaalf woorden te onthouden (een indirecte manier om een privésleutel te bewaren). Overheden lopen tegen grote moeilijkheden aan om dit te verijdelen zonder extreem draconische maatregelen en toezicht, zeker bij technisch onderlegde burgers.

De gebruikswaarde van bitcoin, gecombineerd met een controleerbaar en eindig aantal munten, trok uiteindelijk de aandacht vanwege zijn monetaire eigenschappen — waardoor bitcoin een monetaire premie kreeg. Als je bitcoin bezit, bij voorkeur in eigen beheer, kun je namelijk wereldwijd betalingen uitvoeren die nauwelijks te blokkeren zijn en kun je je waarde over de hele wereld overdragen wanneer dat nodig is. Zo behoud je in feite je positie op een wereldwijd kasboek. Dit fungeert als een verzekering voor de toekomst, of je houdt het simpelweg aan omdat je de waarde van deze

331 Nakamoto, *Re: Bitcoin Does NOT Violate Mises' Regression Theorem.*

mogelijkheden erkent en weet dat je ze later kunt verkopen. In vergelijking met andere cryptovaluta is bitcoin de grootste, meest liquide, meest onveranderlijke en meest gedecentraliseerde digitale valuta.

Dagelijks werken duizenden ontwikkelaars aan de verbetering van het Bitcoinnetwerk. Sommigen concentreren zich op de basislaag, terwijl anderen de hogere lagen van de netwerkstructuur ontwikkelen. Bovendien zijn er ontwikkelaars die zich bezighouden met hardware, softwareapplicaties en financiële diensten die met Bitcoin te maken hebben. Dankzij al deze inspanningen wordt de interactie met en het gebruik van het Bitcoinnetwerk steeds eenvoudiger en efficiënter.

Bitcoin wordt met andere woorden een tamelijk verhandelbaar goed. Ondertussen worden transacties sneller verwerkt dan met dollars en groeit het aanbod minder snel dan dat van goud. Figuur 21.1 toont de marktkapitalisatie van bitcoin in dollars in de loop der tijd.

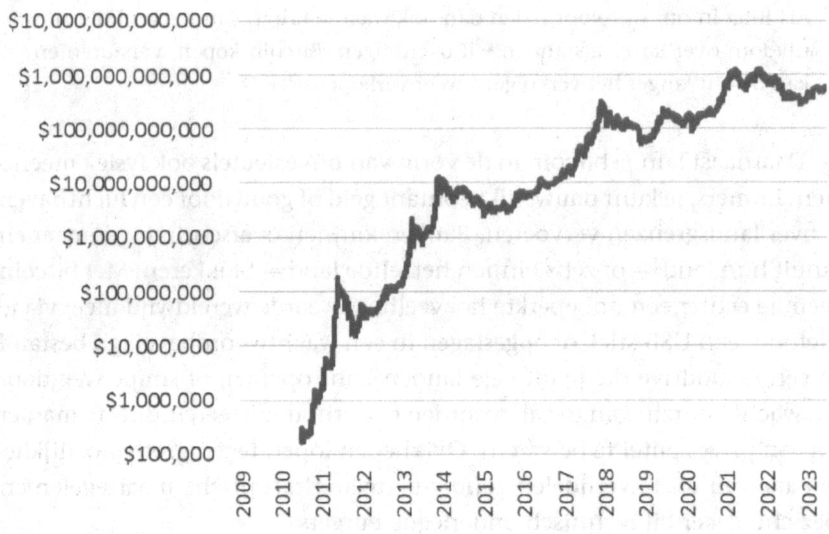

Figuur 21.1
Marktkapitalisatie van bitcoin (2009-2023).[332]

Als we wereldwijd de verschillende bezitsactiva rangschikken en de top vijf of tien op basis van verhandelbaarheid opsommen, komt bitcoin al in de lijst voor. Als je fysiek Egyptische ponden, Noorse kronen, Zuid-Koreaanse won, Thaise baht of meer dan 100 andere papieren valuta meeneemt naar regio's buiten hun oorspronkelijke jurisdictie, zul je

332 Blockchain.com, *Market Capitalization.*

waarschijnlijk nauwelijks iemand vinden die ze ruilt voor goederen of diensten – of die ze omwisselt voor de lokale valuta (afgezien van een handjevol gespecialiseerde wisselaars die hoge kosten rekenen en buiten luchthavens nauwelijks te vinden zijn). Op dit moment zijn de meest verhandelbare valuta waarschijnlijk de fysieke Amerikaanse dollars en gouden munten. In de meeste regio's kun je er goederen mee kopen of ze tenminste tegen een redelijke marktwaarde inwisselen voor de lokale valuta. Ook de euro staat in de top vijf. Bitcoin behoort al tot de top tien van wereldwijd verhandelbare valuta, zeker in stedelijke centra. Tienduizenden bitcoinautomaten zijn over de hele wereld te vinden, en in talloze landen accepteren gespecialiseerde bedrijven bitcoin direct als betaalmiddel. Bovendien bestaan in veel landen levendige bitcoingemeenschappen en worden er regelmatig bijeenkomsten georganiseerd.

Bitcoin kan via luchthavens en andere toegangspunten wereldwijd verplaatsen op een manier waarop contant geld en goud dat niet kunnen. Daarnaast zijn er gedecentraliseerde socialemediaprotocollen zoals *Nostr*, waarin bitcoin als standaard rekeneenheid fungeert, zodat mensen over de hele wereld moeiteloos bitcoin naar elkaar kunnen sturen door hun berichten te belonen. Platformen zoals *Bitrefill* stellen mensen bovendien in staat om bitcoin snel om te zetten in cadeaubonnen voor allerlei dagelijkse aankopen, zodat zelfs handelaren die bitcoin niet rechtstreeks accepteren, toch zaken kunnen doen met mensen die hoofdzakelijk het Bitcoinnetwerk gebruiken.

Bitcoin is volatiel, mede doordat het in minder dan twaalf jaar van nulwaarde naar een marktkapitalisatie van meer dan 1.000 miljard dollar groeide. De markt onderzoekt deze technologie en tracht vast te stellen hoe groot de potentieel haalbare markt is, terwijl steeds meer mensen erin investeren. Het blijft een activum dat slechts door een klein deel van de wereldbevolking wordt aangehouden.

Een belangrijk kenmerk van bitcoin is de resistentie tegen censuur bij betalingen. Daarnaast biedt het de mogelijkheid draagbaar geld zelfstandig te bewaren, dat niet in waarde wordt aangetast. Een eerder ongeziene, maar zeer gewilde eigenschap van spaargeld.

Voor veel mensen in ontwikkelde landen lijken deze kenmerken wellicht minder belangrijk. We leven in een bevoorrechte maatschappij en nemen onze vrijheid en ons comfort vaak als vanzelfsprekend aan. Voor een groot deel van de wereld is het echter van onschatbare waarde om rijkdom, die men zelf beheert, mee te kunnen nemen wanneer men zijn land verlaat. Toen Joden Europa, dat door de nazi's bezet was, ontvluchtten, hadden zij moeite hun waardevolle bezittingen mee te nemen. Mensen die de falende Sovjet-Unie verlieten, mochten slechts het equivalent van

100 Amerikaanse dollars meenemen.[333] Tegenwoordig ondervinden mensen die landen zoals Venezuela, Syrië, Iran, China, Afghanistan of andere willen verlaten vaak problemen om hun spaargeld mee te nemen, tenzij zij beschikken over bitcoin in eigen beheer. Ik ken persoonlijk een paar mensen die dat daadwerkelijk hebben gedaan. Zelfs als zij ervoor kiezen om te blijven, ondervinden mensen in ontwikkelingslanden wereldwijd de gevolgen van herhaaldelijke valutaontwaarding, waardoor sparen bijzonder moeizaam wordt. Miljarden mensen kunnen de waarde van deze mogelijkheid tegenwoordig niet hoog genoeg inschatten.

Vladimir Poetins politieke tegenstander in Rusland, Alexei Navalny, begon met het gebruik van bitcoin nadat Poetins gevestigde orde hen de toegang tot bankrelaties had ontzegd. Nigerianen die protesteerden tegen politiegeweld wendden zich tot bitcoin, nadat hun bankrekeningen door de regering waren bevroren. Chinezen zetten bitcoin in om waarde buiten het autoritaire land te krijgen, door kapitaalcontroles te omzeilen. Venezolanen maakten er gebruik van om te ontsnappen aan hyperinflatie en hun vermogen veilig te stellen. Ook Libanese, Argentijnse, Turkse burgers en anderen hebben bitcoin ingezet om waarde op te slaan te midden van de voortdurende hoge inflatie. In diverse Afrikaanse landen, waar veel mensen geen toegang hebben tot bankdiensten (tegenwoordig bezit wereldwijd meer mensen een smartphone dan een bankrekening), wordt bitcoin eveneens gebruikt. Externe werknemers in verschillende landen kunnen online diensten leveren – bijvoorbeeld als virtueel assistent, grafisch ontwerper, programmeur of in andere beroepen – en hiervoor in bitcoin betaald worden, wat veel minder gedoe oplevert dan bij andere vormen van internationale betalingen.

Een van de eerste praktische toepassingen van bitcoin, naast het gebruik op het *dark web*, vond in 2013 plaats bij Roya Mahboob. Zij maakte gebruik van bitcoin om Afghaanse vrouwen uit te betalen met een vorm van geld die hun mannelijke familieleden niet konden in beslag nemen en die ze eenvoudig konden doorsturen. Alex Gladstein schreef over dit onderwerp in zijn boek *Check Your Financial Privilege*.

> Aanvankelijk betaalde Roya haar medewerkers en de bijdragers van WomanNX in contant geld. Het probleem was dat de vrouwen het geld naar hun families en leveranciers in diverse delen van het land wilden sturen. Ze maakten gebruik van het hawala-systeem, een geldoverdrachtssysteem uit de 8e eeuw dat afhankelijk was van makelaars en een netwerk van vertrouwde tussenpersonen.

333 Yan Pritzker, *Bitcoin Mass Adoption*, What Bitcoin Did, 6 september 2021 (9:40-10:00).

Dit eeuwenoude platform bleek voor Mahboob en de vrouwen verouderd en traag, zeker omdat velen al Nokia-gsm's bezaten en hun eigen Facebook-accounts hadden aangemaakt en gingen gebruiken. Nog erger was dat het geld soms niet via het hawala-systeem doorkwam en dat het moeilijk was te controleren of het volledige bedrag de ontvanger bereikte.

Mahboob ging daarom grondig op onderzoek uit naar het concept van mobiel geld. Uiteindelijk bleek dat M-PESA en andere mobiele betalingssystemen – die in Kenia zo succesvol waren – in Afghanistan nooit echt van de grond kwamen. PayPal was door Amerikaanse sancties nog steeds niet beschikbaar, en bovendien hadden de vrouwen geen bankrekening, waardoor Mahboob hen het geld niet kon overmaken. De vrouwen moesten toestemming van hun vader of echtgenoot krijgen om een rekening te openen, en die toestemming werd vaak geweigerd.

Mahboob's medewerkers verlangden naar digitale controle over hun tijd en inkomsten.

'Als ik ze contant geld gaf,' zei ze, 'zouden hun vaders, echtgenoten of broers er misschien achter komen en het afpakken.'

Begin 2013 hoorde Mahboob van haar Italiaanse zakenpartner over Bitcoin. Hij legde uit dat het een nieuwe vorm van geld was die zonder bankrekening van telefoon naar telefoon kon worden verzonden. Terwijl de Afghaanse valuta door de overheid werd beheerd, functioneerde Bitcoin op een vrije markt. Toen Mahboob voor het eerst over Bitcoin hoorde, lag de prijs rond de $13. In het begin van de zomer van 2013 steeg de prijs boven de $70.

'In het begin dacht ik niet dat de meisjes Bitcoin zouden vertrouwen', zei Mahboob. 'Het was te ingewikkeld om te begrijpen.'

Haar zakenpartner moedigde haar echter aan en zei: 'Laten we het proberen — wat hebben we te verliezen?'[334]

Bitcoin bleek uiteindelijk bijzonder waardevol voor hun doeleinden, omdat andere valuta tekortschoten. De grootste uitdaging vormde de volatiliteit, waardoor het in de beginjaren lastig was om bitcoin als ruilmiddel te hanteren. De mogelijkheid tot eigen beheer en gedecentraliseerde betalingen, samen met het vermogen van bitcoin om landsgrenzen te overschrijden, bleek voor sommige vrouwen essentieel. Zoals Gladstein verder schreef in zijn boek:

Enkele vrouwen hebben hun Bitcoin van 2013 nooit verkocht. Een daarvan is Laleh Farzan. Volgens Mahboob werkte ze als netwerkbeheerder voor hem en verdiende ze tijdens haar dienstverband bij *Citadel Software* 2,5 BTC.

334 Gladstein, *Financial Privilege*, 165-166.

Tegen de huidige wisselkoers vertegenwoordigt dat meer dan 100 keer het gemiddelde jaarlijkse inkomen in Afghanistan.

In 2016 kreeg Farzan, door haar werk in de IT-sector, bedreigingen van de Taliban en andere conservatieven in Afghanistan. Nadat haar huis werd aangevallen, besloot ze te vluchten. Ze vertrok met haar familie en verkocht hun woning en bezittingen, zodat ze de makelaarskosten kon betalen voor de gevaarlijke reis naar Europa.

Zoals duizenden andere Afghaanse vluchtelingen reisde Farzan met haar familie te voet, met de auto en per trein kilometer na kilometer door Iran en Turkije, om uiteindelijk in 2017 in Duitsland aan te komen. Onderweg werden ze beroofd door oneerlijke makelaars en dieven, die alles stalen wat ze bij zich hadden, inclusief sieraden en contant geld. Op een gegeven moment kapseisde hun boot, waardoor nog meer bezittingen naar de bodem van de Middellandse Zee zonken. Dit tragische verhaal komt vaak voor onder vluchtelingen. In dit geval was er echter een verschil: ondanks alle tegenspoed behield Farzan haar bitcoin, omdat ze de toegangscode tot haar bitcoin-wallet op een klein, onopvallend papiertje had verstopt. Dieven konden immers niet stelen wat ze niet konden vinden.[335]

Tot nu toe vormt de beperkte schaalbaarheid van de basisketen van Bitcoin geen probleem, omdat het publiek nog maar deels begrijpt wat censuurbestendige betalingen inhouden en de vraag naar wereldwijd verplaatsbare valuta beperkt is. Sinds de lancering is Bitcoin verder ontwikkeld en heeft het netwerk extra lagen gekregen, vergelijkbaar met andere financiële systemen of 'protocolstack'.

Het Lightning-netwerk bestaat uit een reeks kanalen die bovenop de basislaag van het Bitcoinnetwerk draaien. Dit maakt directe betalingen mogelijk, hetzij via een bewaardienst, hetzij via eigen beheer – zowel online als *face-to-face* met een mobiele telefoon. Zelfs voor alledaagse aankopen, zoals een kop koffie, zijn er vrijwel geen beperkingen wat betreft het aantal transacties per seconde. Het Liquid-netwerk is een ander voorbeeld: een *sidechain* die bitcoin verpakt in een federatief netwerk voor snelle overdrachten, betere privacy en extra functionaliteiten. Met het open-source protocol *Fedimint* kan men tegenwoordig een federatieve en lokaal beheerde gemeenschapsbank opbouwen bovenop de Bitcoin- en Lightning-stack. *RSK* en *Stacks* vormen *smart contract*-lagen op Bitcoin die ontwikkelaars en gebruikers extra mogelijkheden bieden. Smart contracts maken Bitcoin meer programmeerbaar, waardoor bepaalde financiële diensten goedkoper worden en wereldwijd toegankelijker, zoals handel, leningen op onderpand of escrowdiensten. Andere voorstellen, zoals

335 Gladstein, *Financial Privilege*, 168.

covenants, *drivechains* en *zero-knowledge rollups*, kunnen het Bitcoinnetwerk verder schalen zodra bepaalde 'soft forks' worden doorgevoerd.

Oorspronkelijk fungeerde bitcoin als digitaal verzamelobject en handelsgoed, dat diende als een internetgebaseerd, censuurbestendig ruilmiddel voor mensen die dit nodig hadden. Al snel kreeg bitcoin een monetaire premie als opkomende en volatiele waardeopslag – een steeds beter verhandelbaar goed – en raakte het, mede door zijn schaarste, meer een spaarmiddel dan een puur ruilmiddel. Gaandeweg introduceerde het netwerk extra methodes om de ruilmiddelcapaciteiten te optimaliseren, terwijl ook de totale liquiditeit toenam.

Als netwerk en omliggend ecosysteem heeft Bitcoin meerdere ups en downs doorgemaakt. Bij elke cyclus werden steeds grotere kapitaalstromen aangesproken. In de eerste fase vereiste de ingewikkelde gebruikerservaring technische kennis, waardoor bitcoin vooral in handen kwam van computerwetenschappers en tech-enthousiastelingen. In de tweede fase verbeterde het gebruiksgemak: bitcoin bereikte voldoende liquiditeit om in dollars en andere fiatvaluta geprijsd te worden, wat de aandacht trok van vroege speculanten en *dark web*-gebruikers die drugs en andere goederen verwierven. Dit hield aan totdat enkele grote, gecentraliseerde *dark web*-marktplaatsen werden gesloten. In de derde fase vond bitcoin vroegtijdig mainstream adoptie: beurzen met strenge beveiligingsprotocollen konden via bankverbindingen opereren, boden meer liquiditeit en verbeterden de gebruikservaring, zodat gewone mensen eenvoudiger bitcoin konden aanschaffen. In de vierde fase kwamen institutionele bewaardiensten op, waardoor pensioenfondsen, verzekeraars, hefboomfondsen, kleine bedrijven en staatsfondsen op een veilige manier kapitaal aan bitcoin konden toewijzen.

In elke adoptiefase leidde het groeiende enthousiasme en de toenemende hefboomwerking uiteindelijk tot een lokale bubbel. Wanneer deze bubbel barstte, werden veel traders weggevaagd en lag de basis voor een nieuwe groeifase. In tegenstelling tot technologieën zoals elektriciteit, wasmachines, televisies, computers en telefoons is het onwaarschijnlijk dat een nieuw type geld snel op grote schaal ingeburgerd raakt. Als te veel mensen het in korte tijd in gebruik nemen, drijft dat de prijs op en moedigt het hefboomkopers aan om in te stappen. Uiteindelijk veroorzaakt die hefboomwerking een bubbel die barst, waardoor de prijs daalt en mensen ontmoedigd raken. Na verloop van tijd wordt een nieuwe basis gelegd en groeit het weer. Daardoor kan Bitcoin niet realistisch een snelle en soepele adoptie doormaken zoals niet-monetaire technologieën dat wel doen.

Er is geen garantie dat Bitcoin op lange termijn succesvol zal zijn. Hoe het ook afloopt, het zal vrijwel zeker schommelingen kennen. Met iedere piek die hoger ligt dan de vorige en bodems die steeds hoger liggen, zal Bitcoin steevast speculatieve traders aantrekken die met hefboomwerking spelen. Pas als de munt zijn volledige potentiële markt bereikt en extreem hoge niveaus van liquiditeit en gebruikersacceptatie geniet, kan de beruchte prijsvolatiliteit op een realistische manier afnemen.

DE TOEPASBAARHEID VAN DE WET VAN GRESHAM

Volgens de wet van Gresham, wanneer mensen zowel een 'goede' als een 'slechte' valuta bezitten met een vaste wisselkoers tussen beide – of wanneer er andere obstakels zijn, zoals vermogenswinstbelasting op de goede valuta – geven zij meestal de slechte valuta uit en hamsteren ze de goede. Ironisch genoeg komt de slechte valuta dan met hoge snelheid in omloop, terwijl de goede nauwelijks wordt gebruikt en opgepot blijft.[336]

Deze trend is al meerdere malen waargenomen tijdens het bimetallische systeem. Telkens wanneer goud en zilver door een overheid via een vaste wisselkoers werden gekoppeld – en die koers niet overeenkwam met de mondiale vraag- en aanbodverhouding (die in de loop der tijd kan veranderen) – verdween het ondergewaardeerde metaal uit circulatie, terwijl het overgewaardeerde metaal bleef circuleren.

In een rapport uit 2011 voor de *Congressional Research Service*, getiteld *Brief History of the Gold Standard in the United States*, schreef Craig Elwell:

> Aanvankelijk hanteerden de Verenigde Staten een bimetallische standaard, waarbij de dollar werd gewaardeerd op basis van zowel goud als zilver, met een verhouding van 15½ op 1. Aangezien de wereldmarkten deze verhouding ook hanteerden, verliet een groot deel van het goud het land, waardoor zilver de feitelijke standaard werd.
>
> In 1834 verlaagde men het goudgehalte van de dollar om zo een verhouding van 16 op 1 te bereiken. Daardoor vertrok zilver geleidelijk uit het land en werd goud de feitelijke standaard.[337]

Twee processen verklaren dit fenomeen. Het eerste proces is eenvoudig: mensen hamsteren het betere geld en onttrekken het aan de dagelijkse circulatie. Dit functioneert in feite als sparen, omdat men doorgaans niet snel afstand doet van hetgeen men als ondergewaardeerd beschouwt.[338]

Het tweede proces houdt in dat internationale partijen dit fenomeen opmerken en er strategisch op inspelen. Stel dat de wereldwijde verhouding

336 Robert Mundell, *Uses and Abuses of Gresham's Law in the History of Money*; George Selgin, *Salvaging Gresham's Law: The Good, the Bad, and the Illegal*.
337 Craig Elwell, *Brief History of the Gold Standard in the United States*.
338 Mundell, *Uses and Abuses*, 4.

tussen goud en zilver 15,5 op 1 is, maar dat Amerikanen door overheidsingrijpen de verhouding op 15 op 1 hebben vastgezet, waardoor goud relatief ondergewaardeerd wordt ten opzichte van zilver. Een Europese partij kan dan steevast zilver aan Amerikanen verkopen en in ruil daarvoor goud van hen kopen, om zo van het verschil te profiteren. Na verloop van jaren of decennia komt er in de Verenigde Staten dan veel minder goud in omloop, terwijl er een overschot aan zilver ontstaat.

Een vergelijkbaar proces deed zich voor in historische perioden waarin de kwaliteit van fysieke munten verslechterde. Als gouden munten aanvankelijk met 90% goud worden uitgegeven, maar later nieuwe munten slechts 80% goud bevatten, en de overheid beide met dezelfde nominale waarde behandelt – en verwacht dat haar burgers dat ook doen – dan heeft dit onvermijdelijke gevolgen. De munten met 90% goud worden meestal in eigen land opgepot of verkocht aan externe handelaren tegen hun werkelijke metaalwaarde. Daarentegen worden de munten met 80% goud actief gebruikt in de binnenlandse handel en circuleren zij snel, omdat ze verhandeld worden met een (onterechte) premie. Uiteindelijk bestaat het merendeel van de binnenlandse omloop uit munten met 80% goud.[339]

Sinds 1960 groeit de geldhoeveelheid in de VS jaarlijks met 7%. De meeste ontwikkelde landen kennen een vergelijkbare groei, terwijl opkomende markten doorgaans een veel hogere groeisnelheid ervaren.

Ondertussen groeit het totale aanbod van bitcoin jaarlijks met minder dan 1,8% — in 2024 daalt dit tot minder dan 0,9% en in 2028 tot ongeveer 0,4%. Het Bitcoinnetwerk is zo ingesteld dat het asymptotisch 21 miljoen bitcoin benadert, doordat de creatiesnelheid van nieuwe bitcoin elke vier jaar wordt gehalveerd, totdat er geen inflatie meer in het aanbod zit. In tegenstelling tot de meeste andere blockchainvaluta zorgt het verspreide nodenetwerk ervoor dat niemand dit distributiepatroon kan veranderen. Bovendien heeft het een dominant netwerkeffect onder blockchainvaluta die op proof-of-work zijn gebaseerd, waardoor het relatief goed bestand is tegen censuur of het terugdraaien van transacties.

Het is logisch dat mensen goud of bitcoin sparen en hun fiatgeld – zoals dollars, ponden, yen, euro's, yuan, pesos, naira en roepies – uitgeven. Als beide vormen van geld door handelaren algemeen worden geaccepteerd, gaat geld dat in koopkracht afneemt sneller circuleren. Schaars geld, dat juist in waarde kan stijgen, wordt daarentegen meestal opgepot als spaargeld en kent een veel lagere omloopsnelheid.

Dit wordt extra relevant wanneer een rechtsgebied 'hard' geld als eigen-

---

339 Guido Hülsmann, *The Ethics of Money Production*, 125-136.
340 Federal Reserve Economic Data, *M2*.
341 Blockchain.com, *Total Circulating Bitcoin*.

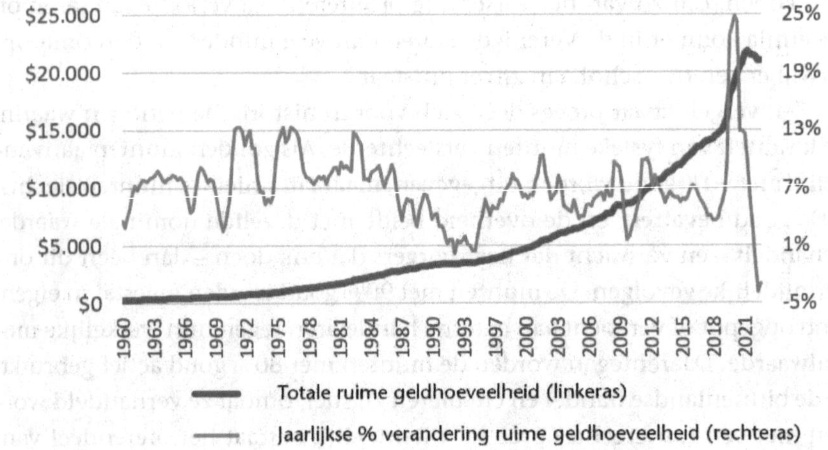

Figuur 21.2
Groei van de ruime geldhoeveelheid in de VS (1960-2023, in miljard dollar).[340]

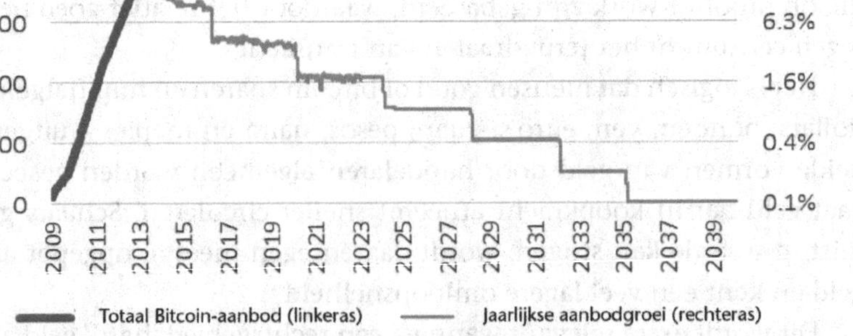

Figuur 21.3
Inflatie van bitcoin en totale (verwachte) geldhoeveelheid (2009-2040, in log %).[341]

dom beschouwt en elke transactie belast, terwijl het minder harde geld verplicht als wettig betaalmiddel moet worden gebruikt — zoals in de meeste jurisdicties het geval is. Als je probeert goud of bitcoin als betaalmiddel te gebruiken, ziet men elke transactie als een belastbare gebeurtenis op basis van de oorspronkelijke aanschafkosten. Het gevolg is dat men geneigd is het zware, belastbare goud of bitcoin te sparen vanwege de lagere inflatie, terwijl men de onbelaste fiatvaluta bestedt aan consumptie — tenzij men specifiek de censuurbestendige betaalmogelijkheden van Bitcoin nodig heeft.

In deze context is de wet van Gresham breder toepasbaar dan alleen op munten met vaste wisselkoersen. Telkens wanneer er sprake is van fiscale of andere transacties, werkt deze wet ook. Mensen geven eerder de valuta uit die in waarde afneemt of waarbij minder wrijving optreedt en sparen juist die valuta die in waarde toeneemt of meer weerstand ondervindt. Tenzij er een sterke praktische reden is om anders te handelen, bijvoorbeeld wanneer men de censuurbestendige eigenschappen van Bitcoin nodig heeft of in een omgeving opereert met beperkte toegang tot banken.

Mensen zonder banktoegang die technisch onderlegd zijn, mensen die financiële obstakels of censuur ervaren, of mensen die op diverse manieren van platformen zijn uitgesloten, kiezen in de beginfase eerder voor bitcoin als ruilmiddel. Anderen zetten bitcoin in omdat ze zo min mogelijk contact met banken willen of omdat ze genieten van het gemak van internationale peer-to-peer betalingen. Zodra een regio bitcoin als wettig betaalmiddel erkent of de vermogenswinstbelasting op bitcoin afschaft, wordt het gebruik ervan nog praktischer.

Degenen die bitcoin bezitten maar het nog niet actief als ruilmiddel toepassen, zien het nog steeds als geld. Ze bewaren het vanwege de monetaire waarde, de toekomstige mogelijkheden en de zekerheid die dit draagbare, zelfbeheerbare, schaars beschikbare en censuurbestendige wereldwijde geld biedt. Ook als zij over diverse traditionele bezittingen en bankrelaties beschikken, treden zij door hun toewijzing in bitcoin op als hun eigen bank.

De toekomst blijft onzeker. In hoofdstuk 26 analyseer ik de risico's voor het *Bitcoinnetwerk* en beschrijf ik diverse scenario's waarin het netwerk kan falen of stagneren. Tot dusver trekt Bitcoin zowel gebruikers als ontwikkelaars aan en blijft het ecosysteem van daarbij behorende bedrijven groeien. De netwerkwaarde stijgt structureel, ondanks de sterke volatiliteit ervan.

BENADERINGEN VOOR DE WAARDERING VAN BITCOIN

Hoewel het exacte bedrag jaarlijks verandert, schatten zowel *Credit Suisse* als *McKinsey* dat de totale waarde van de wereldwijde activa de afgelopen jaren meer dan $500.000 miljard bedraagt.[342] Het grootste deel van deze activa bestaat uit vastgoed, aandelen, obligaties en contanten.

Aan het einde van 2022 had China de grootste ruime geldhoeveelheid ter wereld, met ongeveer 38.000 miljard dollar (omgerekend naar Amerikaanse dollars). De Verenigde Staten volgden met circa 22.000 miljard dollar, het eurogebied kwam op de derde plaats met 16.000 miljard dollar en Japan eindigde als vierde met 12.000 miljard dollar.

Volgens het *World Gold Council* bestaat er wereldwijd ongeveer 208.000 ton geraffineerd goud, waarvan twee derde sinds 1950 is gewonnen.[343] Bij de goudprijzen van eind 2022 komt dit neer op een totale marktwaarde van circa $10.000 miljard.

Talloze schattingen geven een beeld van de potentiële dagelijkse waarde van het Bitcoinnetwerk – en daarmee ook van de afzonderlijke bitcoineenheden. In hoofdstuk 26 bespreken we de risico's die met het netwerk samenhangen, evenals scenario's waarin het netwerk vastloopt of uiteindelijk ten onder gaat. Als geen van deze faalscenario's werkelijkheid wordt, kunnen we redelijk verwachten dat het netwerk gaandeweg meer marktaandeel wint, naarmate het begrip van bitcoin groeit en de gebruikservaring verbetert door nieuwe ontwikkelingen in het ecosysteem.

In de beginfase is bitcoin erg volatiel en gevoelig voor cycli van hefboomwerking en gedwongen liquidaties. Naarmate het aantal houders toeneemt en het netwerk meer liquiditeit krijgt, zal de volatiliteit waarschijnlijk afnemen, waardoor bitcoin in dit opzicht vergelijkbaar wordt met goud. In tegenstelling tot veel andere activa, die vaak gebonden zijn aan regionale beperkingen, kent het Bitcoinnetwerk geen specifieke band met een bepaald land of bedrijf en is het toegankelijk voor iedereen met internettoegang.

Het potentiële marktbereik van het Bitcoinnetwerk omvat iedereen die een gedeelte van zijn vermogen wil aanhouden in een schaars, liquide en onveranderlijke vorm – een vorm die men zelf in beheer kan hebben en wereldwijd kan verplaatsen. Als slechts 1% van de wereldwijde activa – ruim meer dan $500.000 miljard – in het Bitcoinnetwerk wordt vastgelegd, resulteert dat in een marktkapitalisatie van meer dan $5000 miljard in huidige dollars. Bij een totaal van 21 miljoen munten komt dat neer op een 'volledig verwaterde' waarde van ongeveer $238.000 per bitcoin. In een optimistisch scenario is het goed voor te stellen dat mensen wereldwijd, zodra het netwerk volgroeid is, gemiddeld enkele procenten van hun vermogen in deze vorm van geld willen aanhouden.

342 Anthony Shorrocks et al., *Global Wealth Report 2022: Leading Perspectives to Navigate the Future*, 7-10; Jonathan Woetzel et al., *The Rise and Rise of the Global Balance Sheet*, vi, 3.

343 World Gold Council, *Above-Ground Stock*.

HOE ZOU EEN 'BITCOINWERELD' ERUITZIEN?

Wanneer het Bitcoinnetwerk – bijvoorbeeld als snel beschikbaar geld met een vaste voorraad, gebaseerd op een gedecentraliseerd, open-source en wereldwijd kasboek, ondersteund door energie en door gebruikers beheerde nodes, met meerdere softwarelagen en financiële instellingen erbovenop – een kritieke massa bereikt en op grote schaal in gebruik wordt genomen, zoals nu met de dollar en vroeger met goud, zal dit fundamentele veranderingen teweegbrengen in diverse aspecten van handel en bestuur binnen het huidige monetaire systeem. We kunnen niet alle gevolgen voorspellen, maar enkele belangrijke aanwijzingen laten zich afleiden. Persoonlijk verwacht ik dat de meeste veranderingen positief zullen zijn, hoewel nieuwe technologieën vaak ook negatieve effecten met zich meebrengen.

WAARDEBEPALING EN EENHEIDABSTRACTIE

In vergelijking met de periode waarin bankbiljetten werden uitgegeven op basis van bimetalen standaarden of de goudstandaard, wordt de waarde van bitcoin vrijwel direct vastgesteld na elke transactie. Bovendien is bitcoin van nature deelbaar in duidelijke, vastgestelde eenheden, waardoor een extra abstracte rekeneenheid overbodig wordt. Vroeger vertegenwoordigden munten en bankbiljetten fysieke metalen, die inherente beperkingen hadden op het gebied van deelbaarheid en authenticiteit. Dit bood machthebbers de mogelijkheid om de definitie van de rekeneenheid naar eigen inzicht aan te passen. In de tweede helft van de 19e eeuw voerden aanhangers van de goudstandaard – vooral crediteuren – en voorstanders van het bimetalen systeem – voornamelijk debiteuren – felle debatten over de betekenis van de dollar. Dit gebeurde omdat de dollar als rekeneenheid een abstracte maatstaf was, los van het onderliggende metaal, waardoor de definitie ervan van nature veranderlijk bleef. Een vaste koppelwaarde voor de dollar zetten, bleek steeds een politieke beslissing, waardoor de schaarste ervan ongunstig of juist gunstig uitpakte voor crediteuren of debiteuren.[344] Op dezelfde manier kunnen centrale banken vandaag, door het snel aanpassen van fiatvaluta, op verschillende momenten de belangen van crediteuren of die van debiteuren bevoordelen. Zodra bitcoin als betaalmiddel wordt geaccepteerd en kredietcontracten in bitcoin worden vastgelegd, definieert bitcoin zichzelf, is het uiterst deelbaar en kent een intrinsiek stabiele voorraad. Zowel particulieren als bedrijven kunnen bitcoin direct aan elkaar overmaken, en hoewel aanvullende lagen – zoals bewaringdiensten – de efficiëntie kunnen verhogen, blijft de basisrekeneenheid onaangetast.

344 Marmefelt, *Money and Monetary Arrangements*, hoofdstuk 4 en 7.

ROL VAN FINANCIËLE TUSSENPERSONEN

Financiële intermediairs zullen vermoedelijk minder macht en kapitaal bezitten. Het overmaken en opslaan van geld wordt grotendeels geautomatiseerd en kost minder dan nu. Financiële dienstverleners nemen daardoor vooral een ondersteunende rol aan in plaats van centraal te staan. Met hard geld richten mensen zich meer op werk en sparen dan op ingewikkelde beleggingsstrategieën. In het tijdperk van telecommunicatie, waarin er een duidelijk verschil was tussen transacties en afwikkelingen, had het financiële systeem nood aan opeenvolgende abstractieniveaus, wat leidde tot een verder gefinancialiseerde economie. Naarmate deze tijdskloof krimpt door de verspreiding van hard geld en snellere afwikkelingen, nemen zowel de financiële abstractie als de mate van economische financialisering waarschijnlijk af. Investeren blijft belangrijk, zeker nu effecten getokeniseerd zijn en voor iedereen met een smartphone toegankelijk, maar de behoefte zal afnemen omdat het steeds minder aantrekkelijk wordt om geld via complexe kanalen te laten renderen.[345]

INTEGRATIE VAN BEWAARDIENSTEN EN SYSTEMEN

Verschillende bewaardiensten en zelfbeheersystemen koppelen zich via het open-source Bitcoin/Lightning-protocol naadloos aan elkaar, waardoor transacties vrijwel direct kunnen worden afgerekend. Het werkt net zoals e-mails tussen diverse webmailproviders (bijvoorbeeld *Gmail* en *Yahoo*) worden verstuurd, doordat zij dezelfde open-source e-mailprotocollen hanteren. Momenteel laten de methoden om binnenlandse financiële systemen zoals *PayPal* en *Cash App* met elkaar te verbinden, veel te wensen over. Voor internationale betalingen van aanzienlijke bedragen komt men vaak een kostbare en ondoorzichtige reeks tussenstappen tegen — met overdrachten en conversies via correspondentbanken. Dankzij open-source protocollen kunnen deze gefragmenteerde systemen echter snel en efficiënt samenwerken. Op dit moment is *Cash App* zelfs al geïntegreerd binnen het Bitcoin- en Lightning-protocol.

TOEGANKELIJKHEID EN GRENSOVERSCHRIJDENDE TRANSACTIES

Doordat mensen eenvoudig toegang hebben tot een bitcoinwallet en zelf een netwerknode kunnen draaien, vinden peer-to-peer transacties wereldwijd plaats. Iedereen kan een betaling uitvoeren zolang er internettoegang is. Nationale grenzen vormen dan minder een belemmering, waardoor

345 Parker Lewis, *Bitcoin is the Great Definancialization.*

waarde sneller en eenvoudiger over landsgrenzen heen circuleert. Dit kan de handelswrijving verminderen waar vooral kleinere landen vaak onder lijden. Bovendien benutten gebieden als Afrika (met meer dan 40 valuta) en Latijns-Amerika (met meer dan 30 valuta) hun economische potentieel beter, aangezien burgers dan gemakkelijker kunnen sparen en deelnemen aan de wereldhandel. Op wereldschaal zou ook de gemiddelde omvang van overheidsstructuren kunnen afnemen en meer lokaal worden, omdat een groot land in zo'n context minder voordelen biedt. Desondanks blijven grote regionale machtsstructuren en genootschappen in diverse vormen waarschijnlijk bestaan.

KREDIETSTRUCTUREN EN DE BEPERKING VAN SCHULD

Krediet dat in bitcoin wordt uitgedrukt, is vooral geschikt voor zeer productieve financiering en het verschaffen van kortetermijnliquiditeit. Langlopende leningen, uitgedrukt in een rekeneenheid met een vaste voorraad, blijken daarentegen minder zinvol. Het idee dat huishoudens dertigjarige hypotheken dragen, grote ondernemingen structureel schulden hebben of dat overheden permanente schulden opbouwen, verliest betekenis in een systeem waarin de hoeveelheid van de rekeneenheid beperkt is. In zo'n systeem zal de verhouding tussen schulden en eigen vermogen waarschijnlijk afnemen, waardoor de economie meer op eigen vermogen steunt.

RISICO'S VAN FRACTIONEEL BANKIEREN IN EEN BITCOINWERELD

De combinatie van hoge snelheid en een beperkte voorraad houdt in dat het aanhouden van giraal geld bij bitcoinbanken die met fractionele reserves werken, aanzienlijke risico's met zich meebrengt. Rentetarieven die hoger liggen dan de groei van de geldvoorraad zijn inherent riskant of zelfs illiquide, terwijl de bitcoinvoorraad op de lange termijn niet toeneemt. Toch blijft het aanbod van termijndeposito's of het afsluiten van investeringscontracten om rendement te behalen uit Lightning-liquiditeit of productieve kredieten aantrekkelijk voor beleggers die rendement nastreven en bereid zijn het bijbehorende krediet- en liquiditeitsrisico te dragen.

VERANDERINGEN IN BELASTINGSSYSTEMEN

Dankzij de alomtegenwoordige financiële surveillance kunnen overheden in het huidige systeem inkomstenbelastingen heffen. Als peer-to-peer betalingen – zowel nationaal als internationaal – de norm worden en privacytools het traceren van transacties bemoeilijken, krijgt de overheid moeite om inkomens als voornaamste inkomstenbron te belasten. Belastingen zouden dan waarschijnlijk meer lijken op die uit de 19e eeuw, toen transacties van nature privater verliepen. Dit kan betekenen dat overheden meer gaan vertrouwen op vermogensbelastingen, zoals op onroerend goed, accijnzen op bepaalde producten of invoer, omzetbelastingen voor fysieke winkels, inkomstenbelastingen voor grote en streng gecontroleerde bedrijven en vergoedingen voor overheidsdiensten. Bovendien dalen de administratieve en belastingkosten voor individuen en bedrijven met een bescheiden fysieke aanwezigheid.

EFFECTEN OP FIATGELD EN OVERHEIDSSEIGNIORAGE

Historisch gezien waren mensen bereid om inferieur geld te gebruiken als dat sneller verwerkt kon worden dan goud. Als dit 'zwakke' geld echter zijn snelheidsvoordeel verliest ten opzichte van robuustere alternatieven, wordt het voor overheden lastig om fiatgeld te doen accepteren en er aanzienlijke waarde in op te slaan in een wereld waarin bitcoin algemeen erkend wordt. De wet van Gresham houdt stand totdat het zwakke geld volledig zijn waarde verliest. Vanaf dat moment treedt de wet van Thiers in werking: goed geld verdringt slecht geld. Betalers zullen doorgaans met zwak geld betalen, terwijl handelaren de voorkeur geven aan transacties in sterk geld. Wanneer zwak geld zo in waarde daalt dat handelaren het niet langer accepteren, krijgt de wet van Thiers de overhand.[346] Dit valt naar verwachting negatief uit voor de overheidsseigniorage, waardoor overheden hun activiteiten waarschijnlijk op een transparantere manier zullen financieren in plaats van op onduidelijke wijze het spaargeld van hun burgers te verwateren.

VERPLAATSBAARHEID VAN SPAARGELD

Daarnaast wordt spaargeld wereldwijd gemakkelijker verplaatsbaar. Dit kan bijvoorbeeld vluchtelingen helpen om hun geld mee te nemen wanneer zij gedwongen worden te vluchten uit problematische gebieden naar veiliger oorden, maar het kan ook rijke oligarchen met dubieuze zakelijke praktijken meer vrijheid bieden om hun activiteiten geografisch te verplaatsen. Rechtsgebieden zullen naar verwachting harder moeten concurreren om kapitaal aan te trekken en te behouden wanneer dit kapitaal gemakkelijk over landsgrenzen verplaatsbaar is.

346 Peter Bernholz, *Monetary Regimes and Inflation*, 131-134.

MONETISATIE VAN AFGELEGEN ENERGIEBRONNEN

Ook worden afgelegen energiebronnen wereldwijd economisch rendabel. Als variabele energiebronnen 'bitcoin-miners' kunnen inzetten om periodes van overschot op te vangen, worden ze aantrekkelijker op economisch vlak. Dit kan ertoe leiden dat nederzettingen zich vaker in de nabijheid van natuurlijke energiebronnen vestigen, in plaats van dat energie op grote schaal naar bevolkingscentra getransporteerd moet worden. Dit is met name relevant nu steeds meer werkzaamheden op afstand uitgevoerd kunnen worden, ongeacht de locatie.

HOOFDSTUK 22

CRYPTOVALUTA EN AFWEGINGEN

Toen Satoshi Nakamoto met Bitcoin als eerste een blijvend en gedecentraliseerd cryptovaluta-netwerk bedacht, volgden duizenden ontwikkelaars hem op de voet. Velen pasten het concept op hun eigen manier aan om nieuwe regels en functies voor uiteenlopende toepassingen of optimalisaties te verzinnen. Terwijl Satoshi – voor zover bekend – nooit zijn munten in omloop bracht (de munten die volgens overlevering door hem werden ontgonnen om het netwerk in de beginfase te ondersteunen, liggen sinds 2009 en 2010, ondanks meerdere cycli van extreme waardestijgingen en -dalingen, onbewogen op de blockchain), streeft een groot deel van de latere cryptovaluta-initiators er juist naar om persoonlijk te profiteren van hun creaties.

Men zegt vaak dat een blockchain slechts een ondoeltreffende database is; in wezen klopt dat wel. Gebruikers accepteren deze inefficiëntie vergeleken met andere softwareapplicaties, omdat het juist de decentralisatie waarborgt. Nodes moeten immers iedere wijziging binnen het netwerk uitzenden en daarnaast ook die van andere nodes registreren.

Een blockchain – en vooral de volledig gedecentraliseerde variant – is een database die zo compact is dat duizenden partijen wereldwijd deze op hun eigen apparaten kunnen opslaan en via een peer-to-peer-netwerk updaten volgens een vastgestelde set regels. Iedere node controleert of een nieuw blok aan het protocol voldoet. Alleen als aan alle regels wordt voldaan, wordt het blok geaccepteerd en verspreid naar de andere nodes. Een breed netwerk van gebruikers garandeert dat de regels onveranderlijk blijven. Beschikt het netwerk echter slechts over een beperkt aantal nodes, dan kan een kleine groep mensen in principe de netwerkregels aanpassen.

Hoe eenvoudiger het is om een node te draaien, hoe toegankelijker, controleerbaarder en permissielozer het netwerk wordt voor de gewone gebruiker. Dit houdt concreet in dat iedere gebruiker die een node runt, de financiële autonomie krijgt om zelfstandig transacties te versturen en te valideren en om het netwerk in detail te inspecteren, zonder een 'vertrouwde derde partij' te hoeven inschakelen. Niet iedereen kiest hiervoor, maar de drempel ligt laag voor wie dat wil.

Een volledig gecentraliseerde database kent minder beperkingen, omdat zij niet de compacte en zelfvoorzienende structuur van een blockchain vereist. Een grote dienstverlener kan immers een enorme database in een serverfarm onderbrengen, wat zeer efficiënt werkt. In tegenstelling tot een blockchain kunnen externen bij een gecentraliseerde database de inhoud en de doorgevoerde wijzigingen niet direct verifiëren, en zij hebben geen invloed op het moment en de wijze van deze aanpassingen.

Elk blockchainnetwerk dat beweert verbeteringen aan de basislaag ten opzichte van Bitcoin aan te brengen, maakt diverse afwegingen. Het is duidelijk dat de markt verschillende – soms 'foute' – benaderingen verkent, om uiteindelijk tot de juiste inzichten te komen. Mijn analyse baseer ik mede op de geschiedenis van cryptovalutaprojecten die er niet in slaagden consistente waarde te genereren. In de volgende secties geef ik daarom een overzicht van enkele belangrijke afwegingen die cryptovaluta doorgaans maken ten opzichte van het Bitcoinnetwerk.

AFWEGING 1: TRANSACTIECAPACITEIT

Om de transactiedoorvoer op de basislaag te verhogen, vergroot men ofwel de blokgrootte, ofwel de frequentie van de blokken. Beide opties leggen echter hogere eisen op wat betreft bandbreedte, rekenkracht en opslagcapaciteit voor nodes. Als deze eisen te ver opschalen, wordt het draaien van een node voor de gemiddelde gebruiker onbetaalbaar. Wanneer de eisen aan nodes sneller groeien dan de technologische vooruitgang op het gebied van bandbreedte, verwerking en opslag, vermindert het aantal nodes — met als gevolg een centralisatie van het netwerk.[347]

AFWEGING 2: PRIVACY

Het vergroten van privacy gaat bijna altijd gepaard met een afname van de controleerbaarheid. Een van de belangrijkste kenmerken van Bitcoin is dat elke node de exacte bitcoinvoorraad kan verifiëren en zowel de volledige transactiegeschiedenis als de actuele staat van het kasboek kan inzien. In een blockchain die primair op privacy is gericht, is dit in mindere mate mogelijk. Cryptovaluta die privacy al in de basislaag integreren, maken boven-

347 Jonathan Bier, *The Blocksize Wars*, 1-3.

dien het ontstaan van onopgemerkte inflatiebugs makkelijker. Daarnaast blijkt de privacy vaak minder robuust dan geclaimd, zeker als er onvoldoende netwerkeffect ontstaat: een beperkte anonimiteitsgroep maakt het namelijk eenvoudiger om activiteiten te traceren. Immers, privacy hangt grotendeels af van liquiditeit. Een lage liquiditeit in privacygerichte ecosystemen kan resulteren in een beperkter privacyniveau. Om toch een zekere mate van privacy te garanderen, worden er vaak extra technieken in lagen bovenop de basislaag van Bitcoin geïntegreerd.

AFWEGING 3: DE UITDRUKKINGSKRACHT VAN CODE

Het uitbreiden van de mogelijkheden van code – bijvoorbeeld door complexe smart contracts rechtstreeks op de basislaag uit te voeren – vraagt dat het netwerk hogere eisen stelt op het gebied van bandbreedte, rekenkracht en opslagcapaciteit voor volledige nodes. Dit bemoeilijkt het draaien van een volledige node en kan op termijn centralisatie in de hand werken. Bovendien brengt een verhoogde computationele capaciteit van de basislaag extra complexiteit en meer potentiële aanvalspunten met zich mee. Daarnaast creëert het extra kansen voor miners of validators om de markt voor te zijn en te spelen met de volgorde van transactieverwerking – een verschijnsel dat bekendstaat als 'maximaal geëxtraheerde waarde'. Dit kan ertoe leiden dat gecentraliseerde blokbouwers uiteindelijk de markt overnemen.

AFWEGING 4: ENERGIEVERBRUIK

Binnen een proof-of-stake (PoS) systeem worden er nieuwe munten gecreëerd en transacties gevalideerd door gebruikers die hun munten 'inzetten', in tegenstelling tot een proof-of-work (PoW) systeem waarbij miners enorme hoeveelheden energie verbruiken. Om de PoW-consensus te vervangen door een lichtere PoS-variant moet men accepteren dat er een circulair validatieproces ontstaat, waarin de huidige muntenhouders mede worden bepaald door de staat van het kasboek — en omgekeerd. Dit leidt tot een soort *perpetuum mobile*, gebaseerd op circulaire logica, met een lage fouttolerantie. Omdat historische data in een PoS-kasboek vrijwel geen onvervalsbare kosten met zich meebrengt, kan men in zo'n systeem praktisch kosteloos talloze varianten van de blockchain met verschillende transactiegeschiedenissen genereren. Mocht het netwerk plots offline gaan, dan is de enige uitweg via bestuursbeslissingen of gecentraliseerde checkpoints vast te stellen welk kasboek bij een herstart als 'echt' moet worden beschouwd. Een PoW-systeem daarentegen gebruikt energie als een externe waarheidsbemiddelaar, wat resulteert in een onvervalsbare kostengeschiedenis en zo een robuuster systeem oplevert.

Adam Back, de CEO van *Blockstream* en uitvinder van *Hashcash*, werd door Satoshi Nakamoto geciteerd in het Bitcoin-ontwerptekst. In een interview uit 2021 deelde hij zijn inzichten over de afwegingen binnen Bitcoin:

> Er is iets bijzonders aan Bitcoin.
>
> In 2013 heb ik ongeveer vier maanden van mijn vrije tijd besteed om Bitcoin merkbaar te verbeteren op het gebied van schaalbaarheid, decentralisatie, privacy, fungibiliteit en om het minen op kleine apparaten eenvoudiger te maken. Ik onderzocht tal van gewijzigde parameters, pastte het ontwerp en het netwerk aan en herschreef de cryptografie. Ik kwam met een hele reeks ideeën – waarvan enkelen later door anderen werden opgepakt.
>
> Tot mijn verbazing leek vrijwel elke aanpassing die je probeerde, ook weer nieuwe nadelen te introduceren. Het systeem werd complexer, verbruikte meer bandbreedte en ging op een andere manier achteruit.
>
> Ik begon te beseffen dat Bitcoin zich binnen een beperkte ontwerpruimte bevindt. Hoewel de totale mogelijkheden enorm zijn, lijkt het tegenintuïtief onmogelijk om Bitcoin wezenlijk te verbeteren.
>
> Niet onbelangrijk: ik heb een doctoraat in gedistribueerde systemen en heb het grootste deel van mijn carrière gewerkt aan grootschalige internetsystemen voor startups en grote bedrijven, plus aan beveiligingsprotocollen. Daardoor denk ik dat ik – als iemand daartoe in staat is – een redelijke kans heb om iets dergelijks stapsgewijs te verbeteren. Ik besloot het een kans te geven en kwam tot de conclusie: 'Wauw, er is eigenlijk niets. Letterlijk alles wat je probeert, maakt het op de een of andere manier slechter.' Dit was niet wat ik had verwacht.[348]

Bitcoin heeft zijn succes vooral te danken aan het grote netwerk van nodes, de eenvoud, de robuustheid en het concept van 'monetaire zelfsoevereiniteit'. Iedereen met een oude laptop en een eenvoudige internetverbinding kan een node draaien, het systeem relatief privé gebruiken, zelf transacties uitvoeren en het volledige netwerk vanaf het begin verifiëren. Bovendien stijgen de eisen voor het runnen van een node langzamer dan de vooruitgang in computerkracht, opslagcapaciteit en internetbandbreedte. Daardoor blijft het ook op de lange termijn haalbaar voor gewone gebruikers. Doordat de toename van de eisen voor nodes achterloopt op technologische ontwikkelingen, wordt het draaien van een node in de toekomst zelfs eenvoudiger en toegankelijker. Hierdoor zal Bitcoin na verloop van

348 Adam Back, *Early Days of Bitcoin & Future Outlook*, Blockstream Talk #1 (17:02-19:11).

tijd waarschijnlijk meer gedecentraliseerd worden, in tegenstelling tot vele andere cryptovaluta die de neiging hebben te centraliseren.

Wanneer ontwikkelaars aanpassingen in Bitcoin willen doorvoeren, kunnen zij deze veranderingen niet zomaar aan de gebruikers van nodes opleggen. Het regelsysteem van Bitcoin wordt immers bepaald door het netwerk van bestaande nodes. Elke wijziging moet in de praktijk achterwaarts compatibel blijven. Gebruikers kunnen er vrijwillig voor kiezen te upgraden als zij de nieuwe functies willen benutten, maar tenzij er sprake is van een overweldigende consensus, leiden pogingen tot niet-achterwaarts compatibele updates tot zogenoemde 'hard forks' die resulteren in geheel nieuwe munten met vanaf het begin een zwakker netwerkeffect en minder veiligheid.[349]

Een poging tot een hard fork van Bitcoin doet denken aan het kopiëren van alle inhoud van Wikipedia en deze op je eigen website te plaatsen. Je krijgt vrijwel geen bezoekers, omdat je niet beschikt over de miljoenen backlinks van de echte Wikipedia, noch over het leger vrijwilligers dat de echte Wikipedia voortdurend bijwerkt. Zo'n gespleten versie van Wikipedia is vanaf het begin inferieur. Op dezelfde manier beschikt een hard fork van Bitcoin over veel minder nodes en rekenkracht van miners, wat direct resulteert in minder decentralisatie en een lagere weerstand tegen censuur.

Als de eisen voor het draaien van een node aanzienlijk zouden stijgen, kunnen alleen grote entiteiten deze draaiende houden, wat leidt tot een veel lager aantal nodes. In zo'n situatie kunnen miners, beurzen, bewaarders en andere grote spelers als consortium gezamenlijk besluiten om wijzigingen in het netwerk aan te brengen, waardoor de eigenschappen van onveranderlijkheid en decentralisatie verloren gaan. In het ergste geval kan zelfs de vaste voorraad van 21 miljoen munten worden herzien en raken de censuurbestendige eigenschappen in gevaar.

De robuustheid van bitcoin als geld vloeit voort uit de onveranderlijke netwerkregels, gehandhaafd door een uitgebreid netwerk van individuele nodes. Het doorvoeren van wijzigingen die niet achterwaarts compatibel zijn, lukt vrijwel nooit zonder een overweldigende consensus van de gebruikers. Softfork-upgrades, zoals *SegWit* en *Taproot*, verbeteren het systeem stap voor stap en zorgen ervoor dat de achterwaartse compatibiliteit behouden blijft, zodat nodegebruikers er vrijwillig voor kiezen om te upgraden.

Voorstanders van nieuwere cryptovaluta argumenteren vaak dat de technologie van Bitcoin inmiddels verouderd is. In werkelijkheid houdt Bitcoin zich echter strak aan zijn ontwerpprincipes: het is namelijk gebouwd met veiligheid en decentralisatie als hoogste prioriteit. Basistechnologieën

349 Lyn Alden, *Analyzing Bitcoin's Network Effect.*

gaan doorgaans zeer lang mee zodra ze eenmaal zijn vastgelegd. Het *Internet Protocol* werd bijvoorbeeld in de jaren 1970 ontwikkeld, *Ethernet* aan het begin van de jaren 1980 en de *Universal Serial Bus* in de jaren 1990. Al deze protocollen zijn nog steeds in gebruik en zullen waarschijnlijk nog decennialang functioneren. Ze vormen de fundamentele bouwstenen van onze infrastructuur, worden periodiek geüpgraded en profiteren van sterke netwerkeffecten, terwijl ze hun achterwaartse compatibiliteit behouden.

Op veel vlakken vertoont Bitcoin gelijkenissen met andere protocollen die jarenlang in gebruik blijven en een dominante positie in de markt veroveren. Bitcoin is fundamenteel, elegant simpel en robuust, en dankzij de achterwaartse compatibiliteit ligt de verankering vast. Elke poging tot een hard fork zonder brede consensus leidt vrijwel gegarandeerd tot een zwakkere, minder gedecentraliseerde, minder veilige en minder liquide variant die waarschijnlijk niet kan concurreren.

Toch doet zich met deze constatering een potentieel dilemma voor. Als realistisch gezien slechts kleine updates haalbaar lijken en ingrijpende verbeteringen onaanvaardbare compromissen met zich meebrengen, hoe kan het Bitcoinnetwerk dan opschalen? Met slechts enkele tientallen miljoenen transacties per maand – mede door de beperkte blokruimte en de opzettelijk trage bloktijden – rijst de vraag hoe het netwerk ooit het niveau van een miljard gebruikers kan bereiken wanneer daar werkelijk zoveel vraag naar is.

De oplossing ligt in lagen. De meeste succesvolle financiële systemen en netwerkontwerpen hanteren een gelaagde aanpak waarbij iedere laag optimaal is ingericht voor een specifiek doel.

EEN GELAAGD ONTWERP

Wanneer men een blockchainnetwerklaag voor alle doeleinden inzet, worden er zoveel concessies gedaan dat het op de lange termijn nauwelijks bruikbaar blijkt te zijn. Men spreekt in dat geval van horizontaal schalen.

Maar wanneer je iedere laag van het systeem specifiek optimaliseert voor zaken als doorvoer, veiligheid, snelheid, privacy en de mogelijkheid om complexe code uit te drukken, kan de gehele netwerkinfrastructuur tegelijk voor meerdere toepassingen optimaal functioneren, zonder onaanvaardbare compromissen te hoeven sluiten. Dit principe noemt men verticaal schalen.

Het *Internet Protocol* kent vier lagen. De bovenste laag, de applicatielaag, omvat diverse protocollen voor de verwerking van informatie. Daaronder bevindt zich de transportlaag, waarvoor doorgaans TCP of UDP wordt gebruikt. Vervolgens komt de internetlaag, waarin historisch gezien IPv4 de norm was, maar die inmiddels steeds meer plaatsmaakt voor IPv6. De onderste laag, de verbindingslaag, bestaat uit Ethernet en andere fysieke netwerkelementen. De hogere lagen bieden extra flexibiliteit voor specifieke toepassingen, terwijl de onderste lagen de fundamentele basis vormen voor algemeen gebruik.

In de Verenigde Staten geldt *Fedwire* als het hoofdafwikkelingssysteem tussen banken. Momenteel verwerkt *Fedwire* minder dan 20 miljoen overboekingen per maand (ongeveer 200 miljoen per jaar), maar handelt het voor een waarde af van meer dan 80.000 miljard dollar per maand (ongeveer 1 quadriljoen dollar per jaar). Dat komt doordat de gemiddelde overboekingsgrootte enorm is en iedere overboeking een bundel van talloze kleinere transacties vertegenwoordigt.[350]

Fedwire Bruto Transacties

Jaar	Aantal transacties	Totale transactiewaarde	Gemiddelde transactiegrootte
2022	196.052.238	$1.060 biljoen	$5,41 miljoen
2021	204.490.893	$992 biljoen	$4,85 miljoen
2020	184.010.202	$840 biljoen	$4,57 miljoen
2019	167.650.062	$696 biljoen	$4,15 miljoen
2018	158.430.742	$716 biljoen	$4,52 miljoen

Figuur 22.1
Jaarlijkse overboekingen van Fedwire

Gebruikers maken immers geen direct gebruik van de basislaag van *Fedwire*. In plaats daarvan gebruiken zij betalingsmethoden zoals creditcards, debetkaarten, *PayPal*, *Cash App* en dergelijke. Onze banken verwerken deze transacties in hun administratie en vereffenen ze vervolgens onderling. Iedere *Fedwire*-overboeking vertegenwoordigt dus een verzameling vele kleinere transacties die via de hogere lagen plaatsvinden.

Kortom, er bestaat een onderliggend kernafwikkelingssysteem waarop meerdere lagen zijn gebouwd, dat een veel grotere verwerkingscapaciteit biedt en in staat is miljarden transacties per maand af te handelen.

Het Bitcoin-ecosysteem heeft zich op een vergelijkbare wijze ontwikkeld, maar dan op een open en peer-to-peer basis. Waar *Fedwire* een centraal en gesloten binnenlands afwikkelingssysteem is, fungeert Bitcoin als een decentraal en wereldwijd afwikkelingssysteem dat volledig openstaat en een eigen, eindige rekeneenheid hanteert. In veel opzichten lijkt Bitcoin op een combinatie van goud en *Fedwire*, maar dan gedecentraliseerd en open-source.

350 The Federal Reserve, *Fedwire Funds Service: Annual Statistics*.

De basislaag van Bitcoin verwerkt ongeveer 400.000 transacties per dag (al kunnen sommige transacties meerdere *outputs* bevatten). Dit levert meer dan een miljoen individuele betalingen per dag op, wat neerkomt op enkele tientallen miljoenen betalingen per maand of honderden miljoenen per jaar — iets meer dan wat *Fedwire* momenteel verwerkt. Bovenop de basislaag kun je extra lagen aanleggen (wat reeds is gebeurd) om een hogere doorvoer of extra functionaliteiten te realiseren.

Het meest prominente voorbeeld is momenteel het Lightning-netwerk, een reeks 2-van-2 *multi-signature smart contracts* die bovenop de Bitcoin-basislaag draaien. Deze kanalen werken peer-to-peer en kunnen in de loop van de tijd talloze transacties per basislaagtransactie verwerken. Een nadeel is dat het kanaal continu online moet blijven om de fondsen te beveiligen en betalingen te ontvangen.

Een tweede voorbeeld is het Liquid-netwerk, een federatie van tientallen entiteiten die bitcoin omzetten in tokens die L-BTC heten. Na conversie verplaatsen L-BTC sneller, bieden ze verbeterde privacy en ondersteunen ze slimme contracten, inclusief andere soorten *security tokens* die erop draaien. Hierdoor voeg je veel L-BTC-transacties samen binnen slechts twee BTC-transacties (één voor het in-koppelen en één voor het uit-koppelen). Het nadeel is dat je op de federatie moet vertrouwen — een model dat weliswaar decentraler is dan vertrouwen op één enkele entiteit, maar minder dan vertrouwen op de Bitcoin-basislaag. Bovendien kunnen de meeste functionele federaties binnen Liquid theoretisch samenwerken om opzettelijk gebruikersfondsen te verduisteren. In dezelfde lijn bestaat er ook een open-source-protocol genaamd *Fedimint*, waarmee je je eigen kleinere en privégemeenschapsfederaties kunt opzetten — een soort aanpasbare coöperatieve banken.

Een derde voorbeeld is RSK, een merge-mined laag die bitcoin omzet in tokens die RBTC heten en die de basis vormen voor een smart contract-ecosysteem. Een vierde voorbeeld is *Stacks*, eveneens een extra laag voor smart contracts bovenop Bitcoin. Het ontwerp van *Stacks* is geëvolueerd en het huidige doel is gedekte in- en uitkoppelingen met een aparte equity-token te implementeren. Hoewel dit concept ter discussie staat, biedt het een alternatieve stimulans in vergelijking met de traditionele federaties van vertrouwde entiteiten. Als vijfde voorbeeld bestaan er voorstellen voor *covenants* waarmee specifieke bitcoin tijdelijk en programmeerbaar kunnen worden toegewezen. Zulke overeenkomsten – waar een 'soft fork' voor nodig is om op het Bitcoinnetwerk actief te worden – maken het mogelijk bepaalde programmeerbare vergrendelingen te hanteren en gelaagde ontwerpprincipes toe te passen. Als zesde voorbeeld doen diverse actuele en toekomstige *roll-ups* zich voor, oftewel technieken voor datacompressie die zorgen voor een hogere transactiedoorvoer en/of verbeterde privacy. Sommige methoden zijn inmiddels beschikbaar, terwijl andere een soft fork vereisen om op het Bitcoinnetwerk te worden ingezet. Als zevende voorbeeld en meer losstaand voorbeeld geldt dat elk proof-of-stake-systeem dat regelmatig zijn checkpoints in de Bitcoin-blockchain integreert, in zekere zin als een sidechain van Bitcoin kan worden beschouwd.

Verder kunnen bewaardiensten op hogere lagen worden ingezet voor gebruikers die daar behoefte aan hebben. Beurzen, betalingsapplicaties, banken en andere financiële dienstverleners kunnen hun diensten aanbieden aan gebruikers die bereid zijn hun fondsen bij hen te stallen. Hierdoor kan Bitcoin naar vrijwel elk gewenst niveau opschalen. Bovendien hoeft niet elke node in het Lightning-netwerk door een individu beheerd te worden; een bewaardienst of een federatie met duizenden – zo niet miljoenen – gebruikers kan die taak op zich nemen.

Een voorbeeld hiervan is *Cash App*, een mobiele betaaldienst met tientallen miljoenen gebruikers, beheerd door *Block, Inc.* Via *Cash App* kunnen gebruikers geld overmaken, zowel in dollars als in bitcoin. *Cash App* is verbonden met zowel de Bitcoin-basislaag als het Lightning-netwerk, waardoor een breed scala aan mogelijkheden ontstaat. Transacties tussen *Cash App*-gebruikers zijn gratis, omdat deze enkel bestaan uit het bijwerken van het interne, gecentraliseerde kasboek. Daarnaast kunnen gebruikers ook bitcoin verzenden en ontvangen buiten het *Cash App*-ecosysteem dankzij de koppeling met het Bitcoin/Lightning-netwerk. Externe transacties vinden bijvoorbeeld plaats met mensen die geen *Cash App* gebruiken of met degenen die de voorkeur geven aan eigen beheer van hun bitcoin.

In het huidige fiatsysteem hebben gebruikers doorgaans geen keuze in welke laag ze actief willen zijn – bijvoorbeeld, men maakt geen direct gebruik van *Fedwire*. Wat wel mogelijk is, is kiezen voor een bepaald merk betaalservice. Al deze opties zijn echter gecentraliseerde diensten die opereren bovenop diepere, eveneens gecentraliseerde lagen zoals *Fedwire*.

Tijdens het gebruik van het Bitcoinnetwerk bepalen gebruikers zelf welke laag of combinatie van lagen het beste aansluit bij hun specifieke behoeften. De basislaag van Bitcoin leent zich uitstekend voor grote, censuurbestendige en onomkeerbare afwikkelingstransacties, waarbij de controle volledig in handen is van het netwerk. Deze laag biedt de hoogste mate van veiligheid en betrouwbaarheid, maar kent beperkingen qua transactiesnelheid en doorvoer. De Lightning-laag daarentegen is ideaal voor kleinere en snellere transacties, biedt meer privacy en is net zo censuurbestendig. Daarnaast kunnen diverse sidechains ingezet worden voor uiteenlopende toepassingen – bijvoorbeeld wanneer de voorkeur uitgaat naar een federatief model, in plaats van te vertrouwen op één enkele gecentraliseerde entiteit, om zo optimalisaties op het gebied van snelheid, privacy of programmeerbaarheid te realiseren. Ook bewaardiensten, federaties en andere gecentraliseerde of semi-gecentraliseerde financiële dienstverleners kunnen ingezet worden voor extra gebruiksgemak en optimalisatie. Iemand kan bijvoorbeeld een *Fedimint*-wallet gebruiken als betaalrekening voor Lightning-betalingen, terwijl het merendeel van de bitcoin op de basislaag in *cold storage* wordt bewaard, vergelijkbaar met een spaarrekening, met incidentele overboekingen tussen de lagen.

De kracht van open protocollen schuilt in het feit dat applicaties met elkaar kunnen communiceren zonder expliciete kennis van elkaars implementatie. Zo hoeft niet iedere e-mailprovider ervoor te zorgen dat haar software compatibel is met elke specifieke e-maildienst; men maakt immers gebruik van gestandaardiseerde e-mailprotocollen. Op dezelfde manier kunnen Bitcoin-gerelateerde applicaties op diverse manieren interageren met andere toepassingen, omdat ze dezelfde onderliggende protocolstack hanteren. Dit staat in scherp contrast met de huidige betalingsnetwerken, die doorgaans functioneren als gesloten en niet-interoperabele systemen. Bitcoin en Lightning als gelaagd netwerk fungeren als het open-source bindweefsel tussen elk betalingssysteem dat ervoor kiest zich hiermee te verbinden.

Een open protocol met een sterk netwerkeffect kent daardoor een enorm potentieel om te schalen, omdat talloze bedrijven en individuen erop kunnen voortbouwen. Bitcoin is het eerste voorbeeld in de geschiedenis van een belangrijk monetair protocol waarop open ontwikkeling mogelijk is. Hierdoor kunnen ontwikkelaars met nieuwe ideeën het protocol exponentieel verbeteren en allerlei verschillende betalingsecosystemen met elkaar verbinden, zodat ze onderling compatibel zijn.

HOOFDSTUK 23
HET LIGHTNING-NETWERK

Op dit moment vormt het Lightning-netwerk de voornaamste laag die bovenop de basislaag van Bitcoin is opgebouwd. Dit netwerk bestaat uit een reeks *smart contract*-kanalen die op de basislaag opereren.

Betalingen van individuele consumenten verlopen verstandiger via kanalen, in plaats van dat alle transacties wereldwijd worden gedeeld. Net zoals je bij een fysieke contante transactie in persoon niet hardop laat horen hoeveel je betaalt, bootst het Lightning-netwerk dit contante concept na op de basislaag van Bitcoin. Dit werd mogelijk gemaakt door de soft fork *SegWit* in 2017.

Het resultaat is een wereldwijd betalingssysteem dat aanzienlijk sneller, schaalbaarder, goedkoper en privater werkt – al gaat dat wel gepaard met enkele compromissen en beperkingen vergeleken met directe bitcointransacties.

Bitcoin-betalingen via kanalen werden al in een vroeg stadium bedacht. In 2015 werd de oorspronkelijke ontwerptekst over het Lightning-netwerk geschreven en begin 2018 verschenen de eerste implementaties voor gebruik met echte bitcoin, enkele maanden na de activering van de SegWit-update.[351] Ontwikkelaars beperkten in de beginjaren opzettelijk de grootte van hun kanalen om voorzichtig te groeien en alles veilig uit te testen.

Het netwerk functioneert en groeit sindsdien gestaag. Eind 2020 bereikte het een liquiditeits-, bruikbaarheids- en kritische massaschaal die, macro-economisch gezien, bijzonder interessant voor mij werd. Vanaf dat

351 Joseph Poon en Thaddeus Dryja, *The Bitcoin Lightning Network: DRAFT Version 0.5*. Zie ook Poon en Dryja, *The Bitcoin Lightning Network: Scalable Off-Chain Instant Payments*, dat vaak wordt beschouwd als het officiële Lightning-ontwerptekst.

moment nam ik het op in mijn onderzoek en in de daaropvolgende jaren bleef het netwerk in snel tempo uitbreiden.[352]

DE BEPERKINGEN VAN UITZENDNETWERKEN

Het inzetten van een uitzendnetwerk om bijvoorbeeld elke ochtend onderweg naar je werk een koffie te kopen, werkt op grote schaal niet efficiënt. Een blockchain is immers bedoeld als een onveranderlijk, openbaar kasboek. Wil je echt elke koffietransactie uitzenden naar tienduizenden nodes wereldwijd, zodat deze permanent in een gedistribueerde database wordt vastgelegd?

Stel je voor dat iedere e-mail die over het internet wordt verstuurd, gekopieerd en opgeslagen zou moeten worden op de server van iedereen — niet alleen bij de ontvanger. Zelfs als we de privacykwesties oplossen door e-mails te anonimiseren, blijft dat buitengewoon inefficiënt. Toch proberen verschillende blockchains met hoge verwerkingscapaciteit en ruime nodes op deze wijze te werken.

Wat als je in plaats daarvan bovenop het uitzendnetwerk een kanaal opent, waarin je betalingen verricht voor transacties waarvan alleen jij en de handelaar op de hoogte zijn, en dat kanaal vervolgens sluit zonder dat er een permanent openbaar register van die individuele betalingen ontstaat?

Wanneer een netwerk de transactiedoorvoer wil verhogen door de blokgrootte en/of bloktijd fors te vergroten, gaat dat ten koste van de decentralisatie. De eisen voor nodes lopen dan extreem op, waardoor het netwerk verandert in een gecentraliseerde database met slechts enkele omvangrijke nodes. Grote ondernemingen die deze nodes beheren, kunnen dan op elk moment fundamentele systeemregels aanpassen, wat het censureren van transacties vergemakkelijkt. Daarbij lijdt ook de privacy, omdat diverse partijen je vermogen en betalingsgeschiedenis kunnen volgen — wat in een vrije samenleving al gevoelig ligt en in autoritaire regimes desastreuze gevolgen kan hebben.

Bovendien gaat een transactie via een kanaal vrijwel altijd sneller dan een transactie die wordt uitgezonden, omdat laatstgenoemde per definitie enige tijd nodig heeft om door het netwerk te reizen, zelfs bij blockchains met de kortste bloktijden.

Elke blockchain die te veel transacties op de basislaag binnen één wereldwijde, gedeelde staat probeert te verwerken, kampt daarmee met fundamentele gebreken. Munten als *Bitcoin Cash, Bitcoin Satoshi Vision, Litecoin, Dogecoin* en soortgelijke systemen raken te gecentraliseerd doordat zij te veel concessies doen op het gebied van schaalbaarheid en privacy — een

352 Zie bijvoorbeeld Lyn Alden, *Analyzing Bitcoin's Network Effect.*

technische aanpak die op de lange termijn niet houdbaar is.

De enige werkbare manier om op te schalen zonder de decentralisatie in gevaar te brengen, is door een gelaagde aanpak te hanteren. Zoals in de vorige sectie al is aangetoond, kunnen gebruikers dan kiezen voor de laag of lagen die het beste aansluiten op hun specifieke behoeften.

HET LIGHTNING-NETWERK: EEN BASISUITLEG

Stel je voor dat je met vrienden een lange avond in een chique restaurant doorbrengt. In plaats van per gerecht of drankje apart te betalen, noteert het restaurant alles wat je bestelt en betaal je aan het einde in één grote rekening. Dit vergt natuurlijk enig vertrouwen van het restaurant in jouw betalingscapaciteit.

Stel je nu voor dat het restaurant liever jouw creditcardgegevens opneemt aan het begin van de maaltijd en tijdens de avond al je bestellingen aan je rekening toevoegt. Aan het einde teken je de rekening en wordt je creditcard vervolgens belast.

Op deze manier openen jij en het restaurant een betalingskanaal. Er ontstaat wrijving bij twee momenten: bij het openen en bij het sluiten van het kanaal. Gedurende de tussentijd hoef je voor elk gerecht of drankje niet afzonderlijk te betalen – je bestelt gewoon en alles wordt geleverd.

In theorie werkt het Lightning-netwerk op een vergelijkbare wijze, maar zonder krediet. Ik kan via een bitcointransactie op de basislaag een kanaal met jou openen in de vorm van een 2-van-2 multi-signaturekanaal met een ingebouwde tijdslimiet. Dit betekent dat we allebei akkoord moeten gaan om het kanaal te openen, maar dat ieder van ons het kanaal ook eenzijdig kan sluiten wanneer nodig of gewenst – al is het natuurlijk efficiënter om dit samen te doen. Terwijl het kanaal openstaat, kunnen we, mits er voldoende liquiditeit is, onbeperkt transacties uitvoeren totdat één van ons of beiden besluiten het kanaal te sluiten via een bitcointransactie op de basislaag.

In tegenstelling tot een restaurantrekening is een Lightning-kanaal niet gebaseerd op krediet. Het geld wordt immers vastgezet op het moment van opening, en de regels worden gehandhaafd door de gedecentraliseerde, wereldwijde software. Transacties binnen het kanaal worden binnen enkele seconden bijgewerkt, en het lopende saldo kan worden bevestigd door het kanaal te sluiten via een transactie op de basislaag, waarbij beide partijen hun actuele saldo ontvangen. Er is dus geen sprake van schuld of een belofte om later te betalen – het is alsof je direct geld overmaakt naar het rekeningnummer van het restaurant telkens wanneer je iets bestelt. De enige indirecte vorm van krediet zit in de beperking dat niet elk Lightning-kanaal direct kan worden gesloten, vanwege de beperkte blokruimte op Bitcoin. Bovendien bestaan er *on-chain* transactiekosten bij het sluiten van een Lightning-kanaal.

Laten we dit verder uitwerken. Stel je voor dat Alice een rekening heeft lopen bij het restaurant en Bob, aan een andere tafel, ook. Als Bob na zijn maaltijd zonder contant geld zit en snel een *Uber* nodig heeft om naar huis te gaan, kan hij het restaurant vragen om geld van Alice' rekening naar hem over te boeken – of andersom, hoewel Alice en Bob elkaar niet kennen en geen direct contact hebben. Wat hen verbindt, is dat zij allebei een betalingskanaal met het restaurant hebben geopend.

Het *Lightning-netwerk* werkt volgens dit principe, maar dan op grotere schaal en zonder krediet. In Figuur 23.1 zie je een voorbeeld: als gebruiker A een betaling naar gebruiker P wil overmaken, kan dit via een route lopen van A naar C, dan naar E, vervolgens via J en L, totdat de betaling bij P aankomt. Elke tussenliggende node kan daarbij een minimale routeringsvergoeding vragen – vaak slechts een fractie van een cent – omdat deze vergoedingen eenvoudig geautomatiseerd worden. Hierbij hoeft geen direct kanaal met gebruiker P tot stand te worden gebracht.

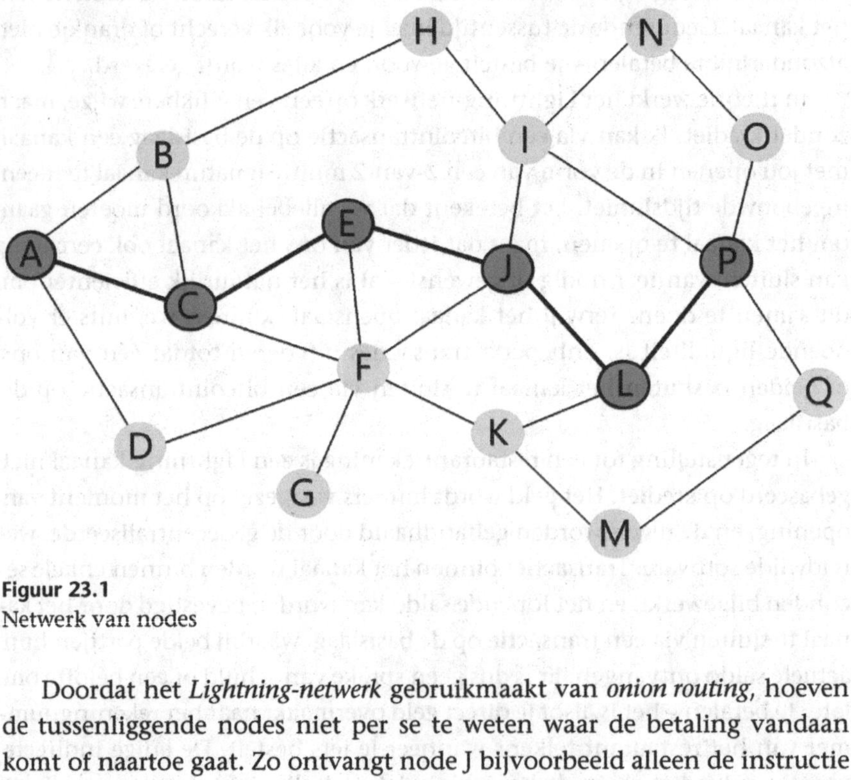

Figuur 23.1
Netwerk van nodes

Doordat het *Lightning-netwerk* gebruikmaakt van *onion routing*, hoeven de tussenliggende nodes niet per se te weten waar de betaling vandaan komt of naartoe gaat. Zo ontvangt node J bijvoorbeeld alleen de instructie om een betaling van E door te sturen naar L, zonder extra informatie. Het resultaat is dat één enkele basistransactie om een kanaal te openen toegang biedt tot talloze individuele betalingen aan diverse entiteiten. Hierdoor kan Bitcoin enorm worden opgeschaald.

Stel je een wereldwijd systeem voor met een overweldigend aantal onderling verbonden Lightning-nodes. Iedereen kan het netwerk betreden door een eigen node op te zetten en kanalen te openen. Tegelijkertijd bieden veel bewaardiensten hun gebruikers de mogelijkheid via hun eigen nodes en kanalen verbinding met het netwerk te maken.

Dankzij de efficiëntie van het netwerk bedragen de transactiekosten vaak slechts één cent of minder. Hierdoor worden microtransacties en frequente machine-naar-machinebetalingen mogelijk. Kunstmatige-intelligentieprogramma's kunnen een bitcoinwallet, Chaumian e-cash tokens (gerelateerd aan Bitcoin) of een Lightning-kanaal – allemaal permissieloos en open-source – veel eenvoudiger beheren dan een traditionele bankrekening, die toestemming vereist en doorgaans closed source is. Een geavanceerd programma dat een reeks taken moet uitvoeren, kan bijvoorbeeld zelfstandig een wallet genereren, bitcoin verdienen of ontvangen en vervolgens bepalen dat het deze op een productieve wijze moet inzetten om de taak te voltooien. Dit kan inhouden dat extra cloud-gebaseerde rekenkracht wordt aangeschaft of dat toegang tot bepaalde API's en datasets wordt gekocht. Gezien de vooruitgang in programmeertechnieken is het nauwelijks te bevatten wat machines via betalingen voor elkaar kunnen krijgen, en de snelheid en efficiëntie waarmee het Lightning-netwerk dit mogelijk maakt, zijn ongeëvenaard.

Er bestaat geen harde limiet aan de groei van het Lightning-netwerk en aan het aantal transacties per seconde – afgezien van de basistransacties die nodig zijn om kanalen te openen en te sluiten. In de toekomst, wanneer er miljoenen kanalen openstaan, kan het netwerk theoretisch een bijna onbeperkt aantal peer-to-peer transacties per seconde verwerken. Desalniettemin geldt dat er een limiet is voor het aantal kanalen dat binnen een bepaalde periode geopend of gesloten kan worden, afhankelijk van het aandeel basistransacties dat daarvoor nodig is.[353] Bovendien kunnen toekomstige innovaties gebruikers in staat stellen om een kanaal gezamenlijk te delen, wat de schaalbaarheid aanzienlijk vergroot. Bewaardiensten – zowel traditionele als die met geautomatiseerde Chaumian mint e-cash-technologie – maken het inmiddels mogelijk om met één enkel Lightning-kanaal meerdere gebruikers te bedienen, zodat het netwerk kan opschalen tot miljarden gebruikers. Dit vergt echter wel het vertrouwen van de gebrui-

353 Bobby Shell, *How Many Transactions Can the Lightning Network Handle?*

kers.

Hoewel peer-to-peer netwerken in deze vroege ontwikkelingsfase enige beperkingen kennen, zijn ze bijzonder geschikt voor betalingen. Peer-to-peer kanalen functioneren beter dan uitzendnetwerken voor kleine, individuele transacties of voor het koppelen van afzonderlijke betaalsystemen. Ze werken snel, zijn betaalbaar en bieden relatief goede privacy.

Daarnaast verwerkt het netwerk micropayments die veel kleiner zijn dan wat traditionele betaalnetwerken zoals *Visa* en *Mastercard* mogelijk maken. Met Lightning kan een gebruiker betalingen versturen ter waarde van één cent of minder. Dit opent de deur naar toepassingen die met creditcards niet haalbaar zijn, zoals snelle machine-naar-machinebetalingen of het inzetten van micropayments als middel om spam tegen te gaan.

Al deze mogelijkheden – zowel via de basislaag als via de daaraan geopende kanalen – zijn wereldwijd beschikbaar en vereisen geen toestemming, in tegenstelling tot traditionele systemen. Mensen kunnen er zomaar gebruik van maken zonder dat zij daarvoor goedkeuring van een bank of een andere centrale autoriteit nodig hebben. Om dit tegen te gaan, zouden overheden hun burgers actief moeten waarschuwen dat het illegaal is om bepaalde soorten onschadelijke, gratis en open-source software te gebruiken die zo licht is dat hij op een gewone laptop draait – en vervolgens methoden moeten bedenken om dit te handhaven.

IMPLEMENTATIES EN APPLICATIES

Net als het Bitcoinnetwerk wordt het Lightning-netwerk niet door één enkele entiteit beheerd.

De basis van het netwerk vormt een overeenkomst over een minimaal protocol. Ontwikkelaars van Lightning-nodes hanteren dit protocol om samenwerking binnen het netwerk mogelijk te maken. Deze standaarden lijken op de fundamenten in e-mail of op het internet, die de communicatie tussen verschillende toepassingen garanderen. Zolang het netwerkeffect rondom dit protocol sterk blijft, blijven deze normen overeind.

De software voor Lightning-nodes wordt een Lightning-implementatie genoemd. Bedrijven als *Lightning Labs*, *Blockstream*, *ACINQ* en *Block, Inc.* ontwikkelen de vier voorname implementaties die door diverse ontwikkelaars worden gebruikt. Uiteraard bestaan er ook andere implementaties.

Als je graag zelf de controle wilt hebben, kies je zelf welke implementatie je draait, pas je een bestaande implementatie aan of bouw je zelfs helemaal vanaf nul je eigen implementatie op. Omdat het protocol open-source is, kan niemand je beletten om je eigen Lightning-implementatie te ontwikkelen en aan te sluiten op het netwerk.

Op deze manier kunnen talloze bedrijven Lightning-implementaties integreren in gebruiksvriendelijke apps. De eindgebruiker komt immers zelden rechtstreeks in aanraking met een Lightning-implementatie; hij of zij maakt eerder gebruik van een mobiele app die de verbinding met het netwerk verzorgt, terwijl de meeste technische details – waaronder die van de Lightning-implementatie – verborgen blijven.

LIQUIDITEIT EN NETWERKEFFECTEN

Liquiditeit vormt de grootste beperking voor een netwerk dat werkt met individuele routeringskanalen.

Wanneer er slechts enkele honderden actieve deelnemers zijn, wordt het al snel lastig om een route te vinden die willekeurige nodes verbindt en in elk kanaal voldoende liquiditeit biedt om een betaling af te handelen. Hierdoor mislukken veel betalingsroutes; het geld verdwijnt daarbij niet, maar de transactie komt gewoon niet van de grond. Dit beperkt het netwerk en schaadt de gebruikerservaring.

Als het aantal deelnemers toeneemt tot tienduizenden, honderdduizenden of zelfs miljoenen – en met hogere gemiddelde kanaalsaldi – ontstaan er veel meer routes tussen de meeste punten in het netwerk. Het wordt dan aanzienlijk eenvoudiger en betrouwbaarder om een betaling van het ene naar het andere punt te leiden.

Binnen het Lightning-netwerk geldt dat hoe hoger het bedrag dat je wilt verzenden, hoe lastiger het wordt om een keten van kanalen te vinden met voldoende liquiditeit om de betaling te verwerken. Het versturen van 25 dollar verloopt vaak probleemloos – de software vindt simpelweg een keten van onderling verbonden nodes waarin elk kanaal minimaal 25 dollar aan liquiditeit in de gewenste richting heeft. Het versturen van 2.500 dollar blijkt echter veel ingewikkelder, omdat er minder kanalen met een dergelijke hoge liquiditeit beschikbaar zijn. Daardoor moet je betaling soms opgesplitst worden en parallel via meerdere routes verlopen, wat inhoudt dat er meerdere mogelijke verbindingen tussen jouw node en de doelnode aanwezig moeten zijn. Daarbij kan de doelnode zelf ook tekortschieten in totale inkomende liquiditeit om een betaling van die omvang te verwerken.

Kortom, hoe meer kanalen er zijn en hoe hoger hun saldi, hoe betrouwbaarder het wordt om ook grotere betalingen te routeren.

Door deze dynamiek werkte het Lightning-netwerk in de beginjaren niet direct perfect – het was niet zo eenvoudig als een lichtschakelaar omzetten. Men moest kanaal na kanaal opbouwen, vaak met jarenlange inspanning. In de eerste instantie gingen ontwikkelaars en vroege enthousiastelingen, met een sterk geloof in het systeem, de uitdaging aan en baanden zij zich een weg door een lastig te hanteren netwerk. Pas na jarenlang bouwen werd het systeem aantrekkelijk voor de doorsnee gebruiker die simpelweg goedkope en snelle betalingen wilde verrichten.

Node-operators hadden tools nodig om hun liquiditeitsbeheer te optimaliseren. Hoewel deze hulpmiddelen inmiddels behoorlijk zijn verbeterd, blijft er nog ruimte voor verfijning. Daarbij blijkt dat de kwaliteit van liquiditeit soms belangrijker is dan de zuivere hoeveelheid binnen een kanaalnetwerk. Maatstaven zoals de 'Bos Score' beoordelen nodes niet alleen op basis van grootte, maar ook op factoren als leeftijd, beschikbaarheid, de nabijheid van andere betrouwbare nodes en andere indicatoren voor betrouwbaarheid. Zoals Elizabeth Stark van *Lightning Labs* het omschreef, combineert de Bos Score elementen van *Google's PageRank* en *Moody's* kredietbeoordelingen.[354]

Tot nu toe heeft Lightning het Bitcoinnetwerk aanzienlijk verbeterd doordat gebruikers nu veel sneller betalingen kunnen verrichten, terwijl de beveiliging van de onderliggende Bitcoin-basislaag behouden blijft. Ik verwacht dat dit systeem zich blijft ontwikkelen en dat aanvullende protocollen, bijvoorbeeld *Fedimint,* in de loop der tijd het gebruiksgemak van het Lightning-netwerk voor niet-technische gebruikers verder vergroten.

In de toekomst zullen we waarschijnlijk zien welke extra lagen en schalingsmethoden worden ontwikkeld en breed omarmd om een breder scala aan toepassingen te ondersteunen.

354 Lyn Alden, *A Look at the Lightning Network.*

HOOFDSTUK 24
PROOF-OF-WORK VERSUS PROOF-OF-STAKE

Een eerder hoofdstuk in dit deel van het boek besprak diverse afwegingen bij het ontwerpen van blockchains, zoals snelheid, verwerkingscapaciteit, privacy, uitdrukkingskracht en energieverbruik. Van deze factoren verdient het energieverbruik voor het ordenen van blockchaintransacties en het bewaken van een onvervalsbare geschiedenis bijzondere aandacht. Dit onderwerp komt in meerdere hoofdstukken aan bod, omdat het vaak verkeerd wordt begrepen, terwijl het van cruciaal belang is.[355]

Als alternatief voor het hoge energiegebruik van het Bitcoinnetwerk zijn diverse consensusmechanismen voorgesteld en in de praktijk gebracht, waarbij proof-of-stake-systemen de overhand lijken te krijgen. Bij proof-of-stake-systemen nemen bestaande muntbezitters de rol van validator op zich om nieuwe blokken met transacties aan de blockchain toe te voegen. Hoewel deze systemen enkele aantrekkelijke eigenschappen hebben, brengen ze ook belangrijke afwegingen met zich mee in vergelijking met proof-of-work-systemen.

Kortom, het inzetten van energie in een blockchain stelt het netwerk in staat om de noodzaak voor menselijk beheer aanzienlijk te beperken. Als ontwerpers van blockchains energie als input weghalen, brengen zij juist een aanzienlijk deel beheer weer terug in het systeem. Dat ondermijnt op zijn minst gedeeltelijk het doel van een blockchain, want energie fungeert als een onbevooroordeelde scheidsrechter van de waarheid. In dit hoofdstuk wordt toegelicht waarom dat zo is.

355 Deze secties zijn gebaseerd op Lyn Alden, *Proof-of-Stake and Stablecoins: A Blockchain Centralization Dilemma*; en Alden, *Bitcoin's Energy Usage Isn't a Problem. Here's Why.*

EVALUATIE VAN PROOF-OF-WORK

Zoals eerder besproken, is het bitcoinnetwerk zo geprogrammeerd dat er gemiddeld elke tien minuten een nieuw blok wordt gecreëerd en aan de blockchain wordt toegevoegd. Sinds de introductie in 2009 telt deze blockchain inmiddels honderden duizenden blokken.

Een bitcoin-miner is een computer die speciaal is ontworpen om een nieuw blok te genereren door rekenkracht (en daarmee elektriciteit) in te zetten voor het oplossen van een cryptografische puzzel die uit het vorige blok voortvloeit. Wie deze puzzel oplost, mag een nieuw blok aanmaken en duizenden bitcointransacties uit de wachtrij selecteren om aan de blockchain toe te voegen. Op deze manier worden transacties gestructureerd en blijft het kasboek constant actueel. Het netwerk hanteert een gemiddelde bloktijd van tien minuten, wat betekent dat er elke tien minuten een blok met mogelijk duizenden transacties wordt toegevoegd.

Processoren proberen willekeurig de puzzel op te lossen die door het vorige blok is achtergelaten. Volgens de wet van de grote aantallen geldt: hoe meer gespecialiseerde rekenkracht een miner bezit, hoe vaker hij een blok vindt.

Wanneer miners het netwerk verlaten en de gemiddelde tijd voor het produceren van nieuwe blokken langer dan tien minuten wordt, stelt het netwerk de moeilijkheidsgraad automatisch bij zodat de blokproductie weer op een gemiddeld tempo van tien minuten plaatsvindt. Omgekeerd, als er veel miners aansluiten en blokken sneller dan elke tien minuten worden toegevoegd, verhoogt het netwerk de moeilijkheid van de puzzel. Dit mechanisme – de 'moeilijkheidsaanpassing' – wordt elke twee weken automatisch doorgevoerd en behoort tot de belangrijkste programmeeruitdagingen die Satoshi Nakamoto heeft overwonnen om het netwerk soepel te laten functioneren.[356]

Dankzij dit ontwerp proberen wereldwijd op elk moment miljoenen bitcoin-miners de cryptografische puzzel op te lossen en daarmee het volgende blok te creëren. Het ingebouwde terugkoppelingsmechanisme garandeert dat de blokproductie, ongeacht schommelingen in rekenkracht, gemiddeld elke tien minuten plaatsvindt.

In de eerste helft van 2021 verbood China – in die tijd veruit het land met de meeste miners – het minen van cryptovaluta. Hierdoor kwam ongeveer de helft van het wereldwijde bitcoin-miningnetwerk van de ene op de andere dag offline en verhuisden de activiteiten naar andere locaties. Hoewel het betalingsnetwerk van Bitcoin tijdelijk vertraagde, bleef het zonder onderbrekingen werken. De moeilijkheidsaanpassing trad in werking,

---

356 van Wirdum, *The Genesis Book*, hoofdstuk 15; Gladstein, *Financial Privilege*, 24-33.

waardoor de blokproductie weer volgens plan liep. Stel je bijvoorbeeld voor dat grote cloudinfrastructuurproviders zoals *Amazon* of *Microsoft*, met een opzegtermijn van een week, te horen kregen dat zij de helft van hun servercapaciteit internationaal moesten verplaatsen; de impact op de uptime van hun diensten zou waarschijnlijk jarenlang voelbaar blijven terwijl zij hun infrastructuur opnieuw moesten opbouwen. Het Bitcoinnetwerk bleef echter met een uptime van 100% functioneren. Ironisch genoeg keerden na het verbod aanzienlijk veel miningactiviteiten terug naar China, waar zelfs de autoritaire regering niet in staat was dit volledig tegen te gaan.[357] Op het moment van schrijven wordt China, na de Verenigde Staten, beschouwd als de op één na grootste jurisdictie voor bitcoin-mining.

Genereert een miner een ongeldig blok – met andere woorden, een blok dat niet voldoet aan de afgesproken netwerkregels – dan verwerpt het netwerk dit direct. Produceren twee miners bijna gelijktijdig twee geldige blokken, dan bepaalt het volgende geldige blok welke keten als de officiële blockchain wordt erkend, namelijk die keten waaraan het nieuwe blok wordt toegevoegd. Treedt deze situatie nogmaals op, wijst uiteindelijk een derde of vierde blok de winnaar aan. Uiteindelijk wordt de keten met de hoogste gezamenlijke rekenkracht als de juiste beschouwd, omdat een groter deel van het netwerk deze keten volgt en verder uitbouwt.

Dit proces heet 'proof-of-work'. Miljoenen machines zetten elektriciteit en gespecialiseerde processors in om de oplossing te achterhalen voor de cryptografische puzzels die volgen op het meest recente blok. Hoewel dit op het eerste gezicht als energieverspilling kan lijken, zorgt het er juist voor dat het systeem gedecentraliseerd blijft en dat menselijk toezicht tot een minimum wordt beperkt. Energie fungeert in dit geval als een betrouwbare arbiter van de waarheid. Er is geen centrale autoriteit of oligopolistische groep validators die bepaalt wat een geldig blok of een geldige transactieset is, noch welke transactie voorrang krijgt. De blockchain met de meeste cumulatieve rekenkracht is op elk moment wiskundig verifieerbaar en wordt door het hele netwerk als de waarheid beschouwd – volledig geautomatiseerd via code. Zolang deze keten voldoet aan de consensuscriteria die de Bitcoin-nodes hanteren, wordt zij voortdurend erkend als het wereldwijde consensuskasboek.

Hoe meer energie het Bitcoinnetwerk verbruikt, hoe hoger de kosten voor een entiteit om meer dan 50% van de rekenkracht te bemachtigen en vast te houden. Een dergelijk voorval kan er namelijk toe leiden dat deze organisatie transacties gaat censureren of dubbele bestedingen uitvoert. Veel

---

357 Tanzeel Akhtar en Sidharta Shukla, *China Makes a Comeback in Bitcoin Mining Despite Government Ban*, Bloomberg, 17 mei 2022.

kleinere blockchains buiten het Bitcoin-ecosysteem zijn al slachtoffer geworden van dergelijke 51%-aanvallen. Bitcoin profiteert echter van een aanzienlijk groter en diverser mining-ecosysteem, waardoor het systeem tot op heden relatief bestand is tegen zulke aanvallen.

Satoshi Nakamoto koos voor een transactievolgmechanisme op basis van proof-of-work, omdat dit de noodzaak voor onderling vertrouwen overbodig maakt. Hij verwoordde dat als volgt:

> Proof-of-work kent het bijzondere voordeel dat het via tussenpersonen kan worden doorgestuurd, zonder dat men deze per se hoeft te vertrouwen. We hoeven ons dus geen zorgen te maken over het opbouwen van een keten van betrouwbare communicatie. Het gaat er immers niet om bij wie je de langste keten haalt, want het proof-of-work spreekt voor zich.[358]

Het grootste voordeel van een op proof-of-work gebaseerd systeem is dat de geschiedenis van het kasboek onvervalsbaar blijft, tenzij iemand bereid én in staat is om meer rekenkracht in te zetten dan de totale capaciteit van het gehele Bitcoinnetwerk. Satoshi gaf hierover waardevolle inzichten:

> Het netwerk voorziet transacties van tijdstempels door ze te hashen binnen een continue keten gebaseerd op proof-of-work. Daardoor blijft het dossier ongewijzigd, tenzij iemand het proof-of-workproces opnieuw doorloopt. De langste keten fungeert daarmee niet alleen als bewijs van de chronologische volgorde van gebeurtenissen, maar ook als bewijs dat deze volgorde tot stand is gekomen dankzij de grootste beschikbare rekenkracht.[359]

In zijn essay uit 2018, *Work is Timeless, Stake is Not,* beschrijft Hugo Nguyen dit effect als volgt:

> Het energieverbruik per blok beveiligt niet alleen de UTXO's (transacties) in dat blok, maar ook alle UTXO's uit voorgaande blokken. Dat komt doordat het onmogelijk is eerdere UTXO's ongedaan te maken zonder eerst het huidige blok terug te draaien. Elk nieuw blok begraaft feitelijk alle bestaande UTXO's onder zijn gewicht.[360]

Het blockchainkasboek van Bitcoin vormt een gigantisch digitaal monument dat op objectieve wijze ons verleden vastlegt. Dit monument is

358 Satoshi Nakamoto, *Re: Bitcoin Minting is Thermodynamically Perverse*, BitcoinTalk forum, 7 augustus 2010.

359 Nakamoto, *Bitcoin: A Peer-to-Peer Electronic Cash System*, 1.

360 Hugo Nguyen, *Work is Timeless, Stake is Not*, Medium, 12 oktober 2018.

opgebouwd uit rekenkracht en groeit met de dag. Wil je volgens het Bitcoin-consensusmechanisme het verleden aanpassen, dan moet je in het heden een enorme hoeveelheid energie en rekenkracht inzetten.

PROOF-OF-STAKE HEEFT GEEN ONVERVALSBARE GESCHIEDENIS

Proof-of-stake is een systeem waarbij cryptomuntenbezitters hun munten tijdelijk blokkeren – ook wel 'staken' genoemd. Daardoor krijgen zij het recht om te stemmen over de aanmaak van nieuwe blokken en ontvangen zij extra munten als beloning wanneer zij succesvol een nieuw blok creëren. In plaats van energie en rekenkracht in te zetten om nieuwe blokken te genereren, bewijzen deelnemers dat zij een groot aantal munten in het netwerk bezitten. Zo treden zij op als autoriteit voor het ondertekenen van transacties.

Een belangrijk voordeel van een proof-of-stake-consensusmodel is dat het de kosten voor *brute force*-aanvallen op een kleine blockchain aanzienlijk verhoogt, in tegenstelling tot een proof-of-work-systeem. Kleine proof-of-work-blockchains zijn vaak kwetsbaar voor goedkope 51%-aanvallen, waarmee een aanvaller het netwerk kan censureren of recente transacties kan terugdraaien. Daarentegen is een kleine proof-of-stake-blockchain minder vatbaar, omdat een aanvaller er een groot percentage van de munten moet verwerven. Deze massale inkoop drijft de prijs op, waardoor het steeds moeilijker wordt om voldoende munten te vergaren voor een succesvolle aanval.

Een tweede voordeel van een proof-of-stake-systeem is dat de verlaagde externe kosten voor het verwerken van transacties vrijkomende middelen opleveren die ingezet kunnen worden om munten te 'verbranden'. Met andere woorden, het systeem kan expliciet deflationaire monetaire maatregelen toepassen voor zijn munten. Het kan zo ingericht worden dat validators voortdurend een flinke beloning in nieuwe munten ontvangen, terwijl tegelijk extra transactiekosten ertoe leiden dat een deel van de munten wordt vernietigd. Op deze manier voorkom je een inflatoir monetair beleid en kun je zelfs deflatie creëren, mits het netwerk populair blijft en gebruikers bereid zijn om hoge transactiekosten te betalen.

Toch kent een proof-of-stake-systeem talloze nadelen en meer mankementen dan een proof-of-work-systeem. Omdat proof-of-stake-blockchains zich vrijwel volledig loskoppelen van de fysieke werkelijkheid, veranderen ze al snel in een soort *perpetuum mobile*-machines die berusten op circulaire logica en een geringe fouttolerantie. Toen ik het proof-of-stake-concept voor het eerst bekeek, leek het veelbelovend, maar naarmate ik dieper in de materie dook, werd mij steeds duidelijker hoe essentieel proof-of-work is in situaties waarin onveranderlijkheid cruciaal is.

Het grootste (en onoverkomelijke) nadeel van een proof-of-stake-systeem is dat de geschiedenis van het kasboek niet gepaard gaat met onvervalsbare kosten. Het kasboek bestaat immers louter uit een reeks transacties die door validators (muntbezitters) zijn ondertekend. Hierdoor kan vrijwel iedereen een oneindig aantal alternatieve transactieketens opbouwen, oftewel alternatieve kasboeken. Er bestaat geen onafhankelijke manier om vast te stellen welke geschiedenis de 'echte' is, noch om overtuigend te bewijzen wie de validators in het verleden waren en welke transacties zij destijds hebben ondertekend.

De meest betrouwbare methode om de ware geschiedenis in een proof-of-stake-systeem vast te stellen, bestaat erin een node continu online te houden. Als een node vanaf het allereerste blok onafgebroken actief blijft en elk nieuw blok registreert, kan die beweren de volledige en authentieke geschiedenis van het kasboek te kennen. Maar hoe bewijzen zij dit aan anderen? Wordt zo'n node dan een centrale autoriteit, waarmee het principe van een gedecentraliseerde blockchain teniet wordt gedaan?

Satoshi hechtte zóveel waarde aan de mogelijkheid voor een node om het netwerk te verlaten en later zonder extra vertrouwen weer aan te sluiten, dat hij dit expliciet noemde in de inleiding van zijn oorspronkelijke Bitcoin-ontwerptekst uit 2008:

> Een zuivere peer-to-peer versie van elektronisch geld maakt online betalingen mogelijk die rechtstreeks van de ene partij naar de andere worden verzonden, zonder tussenkomst van een financiële instelling. Digitale handtekeningen bieden een deel van de oplossing, maar de voordelen gaan verloren wanneer een vertrouwde derde partij nodig blijft om dubbele uitgaven te voorkomen. Wij stellen een oplossing voor het dubbele-uitgavenprobleem voor via een peer-to-peer netwerk. Dit netwerk voorziet transacties van een tijdstempel door ze te hashen in een voortdurende keten gebaseerd op proof-of-work, waardoor een onwijzigbaar dossier ontstaat zonder dat het proof-of-work opnieuw uitgevoerd hoeft te worden. De langste keten fungeert daarbij niet alleen als bewijs van de volgorde van waargenomen gebeurtenissen, maar ook als bewijs dat deze volgorde is voortgebracht door de grootste hoeveelheid rekenkracht. Zolang een meerderheid van de rekenkracht wordt beheerd door nodes die niet samenwerken om het netwerk aan te vallen, zullen zij de langste keten blijven creëren en aanvallers voorblijven. Het netwerk zelf kent minimale structuur: berichten worden op een *best-effort* basis verzonden en nodes kunnen het netwerk naar believen verlaten en weer toetreden, waarna zij de langste proof-of-work-keten accepteren als bewijs van wat er tijdens hun afwezigheid is gebeurd.[361]

361 Nakamoto, *Bitcoin: A Peer-to-Peer Electronic Cash System*, 1.

Proof-of-stake-systemen bieden niet de mogelijkheid om het netwerk te verlaten en later weer mee te doen zonder tussenkomst van een vertrouwde derde partij. Als een node het netwerk verlaat en later weer aansluit, kan zij niet bewijzen wat de werkelijke geschiedenis van het kasboek is en wat er in haar offline periode heeft plaatsgevonden. Bij concurrerende kasboeken is het onmogelijk zelfstandig vast te stellen welke versie geldig is. Nodehouders moeten daarom vertrouwen op een autoriteit – een node die kan garanderen dat zij onafgebroken online is geweest – en op haar oordeel vertrouwen.

Erger nog, zelfs een node die sinds de oprichting van de proof-of-stake-blockchain onafgebroken online is geweest, kan als doelwit van een slimme aanval worden geïsoleerd van een groot deel van het netwerk. Hugo Nguyen beschrijft dit effect in zijn essay uit 2018 *Proof-of-Stake, Private Key Attacks and Unforgeable Costliness the Unsung Hero* als volgt:

> Ten tweede en nog belangrijker, zodra de PoW-nodesoftware is gedownload, kan de beheerder van een PoW-node deze voor een willekeurige tijd veilig uitschakelen. Na de opstartfase is PoW grotendeels permissieloos: nodes mogen komen en gaan wanneer zij willen. De enige uitzondering hierop zijn 'hard forks', waardoor nodebeheerders opnieuw door de opstartfase moeten gaan (nog een reden waarom hard forks uiterst voorzichtig moeten worden toegepast en bij voorkeur vermeden moeten worden). In tegenstelling tot PoW moeten PoS-nodebeheerders, zelfs nadat zij de juiste software hebben gedownload, regelmatig contact onderhouden met vertrouwde derden om er zeker van te zijn dat zij op de canonieke keten blijven. De voortdurende angst om het contact met het hoofdnetwerk te verliezen en op de verkeerde keten te belanden, blijft bestaan en kan mogelijk lang aanhouden, zelfs nadat de vertrouwde derden niet meer bestaan. Dit leidt tot een significante aantasting van de veiligheid.[362]

Met andere woorden: bij proof-of-stake-systemen speelt de communicatielijn een cruciale rol, omdat proof-of-stake niet voor zichzelf spreekt zoals proof-of-work dat doet. Gigi, de pseudonieme auteur van het boek *21 Lessons*, vat het verschil als volgt samen:

> Proof-of-work is niet alleen nuttig maar absoluut essentieel. Vertrouwensloze digitale valuta kan immers niet zonder werken. Een anker naar de fysieke wereld is altijd nodig. Zonder dat anker is een duidelijke en onbetwistbare geschiedenis onmogelijk. Energie is het enige anker dat we hebben.

362 Hugo Nguyen, *Proof-of-Stake, Private Keys Attacks and Unforgeable Costliness the Unsung Hero*, Medium, 3 april 2008.

Bij proof-of-work vertrouw je op natuurkundige principes om vast te stellen wat er is gebeurd.

Bij proof-of-stake vertrouw je op mensen om te bepalen wat er is gebeurd.[363]

In een proof-of-stake-blockchain speelt het vertrouwensaspect niet alleen bij individuele nodebeheerders, maar voor de hele blockchain. Als het netwerk een storing ervaart en voor een tijd niet functioneert, kan geen enkele node garanderen dat zij continu online is geweest.

Zo ging in 2022 de *Solana* proof-of-stake-blockchain onverwacht vijf keer offline, en in 2023 nogmaals. Daarnaast werd in 2022 de *Binance Smart Chain* – eveneens een proof-of-stake-systeem – via een *code-exploit* platgelegd. Beide blockchains behoorden op het moment van de storing tot de top tien cryptovaluta qua marktkapitalisatie.

Wanneer de validators van zo'n netwerk uiteindelijk het probleem oplossen en de blockchain opnieuw opstarten, rijst de vraag: vanaf welk punt beginnen zij, aangezien er geen zelfverifieerbare en onvervalsbare geschiedenis van het kasboek is? Iedereen kan namelijk tegen minimale kosten talloze alternatieve geschiedenissen creëren, zonder een methode om aan te tonen welke versie historisch gezien correct is.

Het antwoord luidt dat zij het systeem besturen als een oligopolie: de belangrijkste validatorbeheerders komen letterlijk samen in een (chat)ruimte en besluiten handmatig vanaf welk punt de blockchain wordt herstart, gebaseerd op hun eigen registraties. Door de hoge toelatingseisen om een validator te zijn en de geconcentreerde verdeling van de munten, oefenen slechts enkele grote validatoreenheden daadwerkelijk invloed uit. Dit handmatige bestuur vormt hun alternatief om direct energieverbruik te vermijden.

Om dit dilemma op te lossen zou een proof-of-stake-blockchain periodiek checkpoints kunnen vastleggen, zodat bij een storing de herstart van het netwerk vanaf het laatste checkpoint plaatsvindt. Maar dit roept de vraag op: wie bepaalt welke checkpoints gebruikt worden en waar men ze opslaat? En waarom zouden andere gebruikers deze checkpoints vertrouwen? Tot nu toe blijkt de beste – en enigszins ironische – oplossing te zijn dat proof-of-stake-systemen hun checkpoints regelmatig integreren in de blockchain van Bitcoin. Zo kunnen zij vertrouwen op de onvervalsbare geschiedenis die door het gedecentraliseerde proof-of-work-systeem is vastgelegd.

Een analogie die ik vaak hanteer om proof-of-stake en proof-of-work te

363 Gigi, *A Failure to Understand Proof-of-work*, Twitter, 13 mei 2021.

vergelijken, is die van vluchtig versus niet-vluchtig computergeheugen.[364] Bij het gebruik van een computer maak je immers onderscheid tussen twee hoofdtypen geheugen, elk met een eigen functie.

Vluchtig geheugen (zoals RAM) werkt zeer snel, maar zodra je het uitschakelt en daarna weer opstart, verlies je alle opgeslagen gegevens. Het is uitsluitend bedoeld voor kortetermijngebruik tijdens actieve processen. Conceptueel lijkt een *proof-of-stake*-blockchain op dit type geheugen. Als een node het netwerk verlaat en later terugkomt, kan die niet zelfstandig bepalen vanaf welk punt hij de werking hervat, maar moet hij op een derde partij vertrouwen. En als het hele netwerk offline gaat en daarna weer online komt, kunnen de deelnemers niet zelf vaststellen wat de authentieke geschiedenis van het kasboek is – alleen een groep oligopolistische validatorbeheerders kan samenkomen om het kasboek handmatig te herstellen.

Niet-vluchtig geheugen, zoals harde schijven of *solid-state drives*, werkt weliswaar langzamer, maar behoudt eenmaal opgeslagen gegevens ook na uitschakeling en herstart. Dankzij dit robuuste kenmerk is het ideaal voor langdurige gegevensopslag. Conceptueel komt dit overeen met een *proof-of-work*-blockchain. Als een node het netwerk verlaat en later weer terugkomt, kan hij eenvoudig de diverse kopieën van de blockchain vergelijken, de keten met de hoogste cumulatieve rekenkracht selecteren, deze direct verifiëren en daarop verder bouwen. Zelfs als het netwerk offline is gegaan en vervolgens weer online komt, vinden de nodes automatisch de meest complete blockchain – de keten die nog bestaat en de meeste verifieerbare verwerkingskracht bezit volgens de regels van het netwerk.

Kortom: de voordelen van *proof-of-stake*-systemen berusten op een cirkelredenering. Bij een *proof-of-work*-systeem erken je de geldigheid van de kasboekgeschiedenis als deze voldoet aan de netwerkeisen en het meeste werk bevat. Bij een *proof-of-stake*-systeem bepalen de houders van de munten de kasboekgeschiedenis, terwijl de samenstelling van de huidige eigenaars eveneens afhankelijk is van diezelfde geschiedenis. Deze cirkelredenering verklaart waarom *proof-of-stake*-systemen vaak een lagere fouttolerantie hebben, geen onvervalsbare historie garanderen en in wezen niet in staat zijn om betekenisvol te herstellen van netwerkstoringen – tenzij dit gebeurt via oligopolistische besluitvorming (menselijk bestuur) of door periodieke checkpoints in een *proof-of-work*-systeem.

---

364 Lyn Alden, *What is Money, Anyway?*

PROOF-OF-STAKE IS VEEL COMPLEXER

Proof-of-work werkt intuïtief: miners die een verkeerde keten proberen te valideren of blokken produceren die niet aan de netwerkeisen voldoen, krijgen geen expliciete straf. Hun 'straf' bestaat er immers in dat ze elektriciteit verspillen aan blokken die uiteindelijk ongeldig blijken te zijn of niet in de langste keten belanden, waardoor zij geld verliezen. Ze berokkenen zichzelf schade, wat opzettelijke fouten vrijwel uitsluit. Er bestaat een directe, tastbare link tussen de blockchain en reële middelen.

Proof-of-stake is complexer omdat de koppeling met de echte wereld ontbreekt. Het systeem moet een mechanisme bieden om 'stakers' te straffen wanneer zij op een 'verkeerde' keten stemmen. Daarnaast moet voorkomen worden dat stakers op alle denkbare ketens stemmen – iets wat bij proof-of-work niet mogelijk is, omdat iedere 'stem' daarvoor reële middelen vereist. Daarom maken proof-of-stake-consensusmethodes gebruik van ingewikkeldere mechanismen, waarbij stakers hun munten verliezen wanneer zij verkeerd stemmen of wanneer blijkt dat validators op meerdere ketens actief zijn. Dit mechanisme staat bekend als 'slashing.'

Proof-of-stake-netwerken vereisen minstens tien keer zoveel regels code om te functioneren. In plaats van energie als onbetwistbare arbiter van de waarheid te laten dienen, vertrouwen zij op een complexe reeks circulaire processen om het kasboek te ordenen en geschillen op te lossen. Doordat de input van energie buiten beschouwing wordt gelaten en men probeert fundamentele problemen op te lossen met intern gegenereerde 'entropie', ontstaan telkens weer nieuwe uitdagingen. Iedere poging om deze op te lossen, brengt weer een nieuwe hindernis met zich mee en zo blijft de cyclus doorgaan.

Hoe dan ook, bij een proof-of-stake-netwerk draait het uiteindelijk om menselijk bestuur. Ontwikkelaars en muntbezitters treden op als uitvoerders en aandeelhouders in een structuur die doet denken aan een bedrijfsorganisatie. De combinatie van proof-of-work en moeilijkheidsaanpassingen was een ware innovatie die het mogelijk maakte om transacties gedecentraliseerd en onvervalsbaar te ordenen. Met andere woorden: Satoshi Nakamoto creëerde een tijdlijn met een onvervalsbare geschiedenis, in plaats van slechts een blockchain. Consensusmechanismen gebaseerd op proof-of-stake repliceren daarentegen bedrijfsstructuren in een digitale omgeving, wat leidt tot de noodzaak van een deels gecentraliseerd bestuur vanwege het gebrek aan echte fouttolerantie. Proof-of-stake maakt de werking van een blockchain mogelijk, maar niet die van een echte tijdsketting.

PROOF-OF-STAKE IS VAN NATURE CENTRALISEREND

Investeerders die bekend zijn met mijnbouwbedrijven weten dat deze op de lange termijn vaak lage rendementen opleveren. Tijdens inflatoire perioden doen ze het wel redelijk, maar in de tussenliggende fasen vernietigen deze bedrijven doorgaans kapitaal en presteren ze financieel slechter dan de grondstoffen die zij delven. Enkel de allerbeste ondernemingen vormen hierop een uitzondering.

Grondstofdelvers hebben nauwelijks invloed op hun uitgaven – denk aan dieselbrandstof en arbeid – en op de prijs van hun eigen product, de gedolven grondstof. Neem bijvoorbeeld een koperontginner: hij kan niet zelf kiezen in welke jurisdictie hij opereert, maar moet gaan waar de afzetmarkten aanwezig zijn. Hij heeft vaste kosten voor arbeid, apparatuur en grote hoeveelheden diesel en beperkt invloed op de prijsvorming van deze inputs. Bovendien kan hij weinig aan de koperprijs doen, die sterk fluctueert door de wereldwijde vraag en aanbod.

Grondstofdelvers beslissen er bewust voor om extra risico's te nemen en meer kapitaal in een mijn te steken, of juist voorzichtig te werk te gaan door investeringen terug te schroeven en hun balans te versterken. Dit onderscheid blijkt vaak het verschil tussen een succesvolle en een minder succesvolle mijn. Wanneer de grondstofprijzen hoog liggen, is het aantrekkelijk om meer te investeren en voorraden op te bouwen. Maar als de prijzen dalen, worden veel mijnen al snel onrendabel, wat tot faillissementen of financiële problemen leidt. Zo ondervindt de mijnbouwsector regelmatig abrupte prijsstijgingen en -dalingen.

Een vergelijkbaar proces zie je bij de meeste cryptovalutaminers. Zij investeren in de nieuwste gespecialiseerde processors, bouwen datacenterinfrastructuur voor hun apparatuur en kopen elektriciteit. Hoewel ze vaak kiezen voor locaties met goedkope energie, kunnen ze nauwelijks de energiekosten beïnvloeden. Eenmaal operationeel produceren zij cryptovaluta, maar ze bepalen niet wat de gedolven munten waard zijn in termen van koopkracht. Hierdoor wordt het bedrijfsmodel enorm complex en wordt het doorgaans niet erg groot.

Grotere bitcoin-miners besparen deels op overheadkosten, maar dat voordeel is beperkt. Bovendien is de goedkoopste restelektriciteit en restwarmte vaak slechts in beperkte mate beschikbaar, wat juist een voordeel oplevert voor kleinere miners. Om die reden centraliseren cryptovalutaminers binnen een proof-of-work-systeem juist minder – ze blijven over het algemeen gedecentraliseerd en dynamisch.

Daarentegen neigt een proof-of-stake-systeem van nature tot centralisatie en behoudt het vaak zijn structuur. Zodra iemand een groot aantal munten opbouwt en als validator optreedt, ontvangt die persoon extra munten, waardoor zijn aandeel in het netwerk exponentieel groeit. In tegenstelling tot een proof-of-work-miner, die met aanzienlijke en schommelende kosten in de echte wereld te maken heeft, zijn de kosten voor een proof-of-stake-validator om munten te behouden vrijwel onbestaande. Zo kan hij voortdurend deelnemen aan het validatieproces, nieuwe munten vergaren en deze herinzetten voor extra beloningen.

Net als aandelenbezit, dat op de lange termijn geconcentreerd raakt bij de rijkste 10% – en vooral bij de top 1% – doordat zij voortdurend rendement ontvangen zonder noemenswaardige onderhoudskosten, concentreren munten in proof-of-stake-systemen zich vaak bij de grootste bezitters. Dit houdt in dat de rijkste leden van het netwerk na verloop van tijd in staat kunnen zijn om te censureren, terwijl kleinere gebruikers weinig effectieve tegenmaatregelen kunnen treffen.

Als een groep miners een 51%-censuuraanval uitvoert op een proof-of-work-blockchain, is dat uiteraard problematisch, maar het betreft een omkeerbaar probleem. Gecensureerde entiteiten kunnen immers extra processoren aanschaffen en aan het netwerk toevoegen, waardoor het totale rekenvermogen toeneemt en het aandeel van de aanvallers onder de 51% zakt. Er bestaat immers geen limiet op de extra rekenkracht die men kan inzetten om de dominantie van de aanvallers te doorbreken. Met andere woorden: bij een proof-of-work-blockchain beschouwt men een 51%-censuuraanval eerder als een 'schaak' dan als een 'schaakmat'.

Bij een proof-of-stake-netwerk, wanneer de meerderheid van de validators besluit tot censuur – meestal uitgevoerd door een kleine groep van de rijkste munthouders (waaronder grote beheerders die de munten van kleinere houders bundelen en vaak onder overheidscontrole staan, vergelijkbaar met het banksysteem) – vinden de getroffen entiteiten nauwelijks mogelijkheden om hun transacties via een fork te herstellen. Tijdens zo'n aanval wijst men de meeste nieuw vrijgekomen munten toe aan de grootste validators, de uitvoerders van de censuur. Hierdoor kan men door de uitgifte van nieuwe munten het aandeel van de meerderheid van de stakers niet verlagen. Dit scenario resulteert in een 'schaakmat' in plaats van enkel een 'schaak', tenzij de validators besluiten het netwerk niet te censureren of men ingrijpende forks doorvoert om het netwerk te splitsen en de verzwakte situatie te herstellen.

Kortom, omdat proof-of-stake-blockchains nauwelijks operationele kosten voor validators kennen, concentreert de muntenverdeling zich bij de rijksten. Als deze kleine, welvarende groep besluit bepaalde transacties te censureren, blijft er vrijwel geen mogelijkheid over om de controle terug te winnen en de censuur ongedaan te maken – afgezien van een minderheidsfork. Bovendien bepalen proof-of-stake-validators wie als validator mag toetreden, waardoor het netwerk structureel gekaapt kan worden. Daarentegen kunnen miners in een proof-of-work-systeem niet voorkomen dat anderen extra rekenkracht en elektriciteit inzetten voor het creëren van nieuwe blokken; zo is het netwerk tijdelijk, maar niet structureel te manipuleren.

PROOF-OF-STAKE HEEFT EEN BEPERKTE DISTRIBUTIECAPACITEIT

Naast het ordenen van transacties en het functioneren als gedecentraliseerde tijdstempelservice stelt een proof-of-work-consensusmodel een blockchain in staat anoniem te opereren zonder dat er kapitaal aangetrokken hoeft te worden. Dit maakt het tevens een ideale methode om nieuwe munten te verspreiden zodra ze worden gecreëerd.

Toen Satoshi Nakamoto in januari 2009 Bitcoin ontwierp en in gebruik nam, deed hij dit anoniem en zonder kapitaal op te halen. Hij publiceerde enkel een ontwerptekst, enkele e-mails en vervolgens de open-source software. Het is opmerkelijk dat hij alle fundamentele inzichten deelde voordat hij de software vrijgaf, wat duidelijk maakt dat hij niet uit winstbejag handelde. De oorspronkelijke software combineerde de functies van een node en een mining-client, en alle bitcoin zijn uiteindelijk voortgekomen uit dit programma en de achterwaarts compatibele opvolgers. Aanvankelijk zetten vroege gebruikers slechts een minimale hoeveelheid elektriciteit in om de software te draaien, waarmee zij nieuwe transactieblokken aan de blockchain toevoegden en zo de eerste munten voor zichzelf verwierven.

Bitcoinmunten ontstaan namelijk wanneer miners nieuwe blokken aan de blockchain toevoegen. In de eerste 210.000 blokken (ongeveer vier jaar) kon men via de nodesoftware per blok 50 munten toekennen, naast de transactiekosten die verzenders betaalden om hun transacties in een blok opgenomen te zien. Deze nieuw gecreëerde munten noemen we de 'bloksubsidie.' Elke 210.000 blokken halveert de bloksubsidie automatisch, zodat er uiteindelijk geen nieuwe munten meer worden gemaakt en miners uitsluitend inkomsten uit transactiekosten ontvangen.

Naast mensen aan te moedigen rekenkracht bij te dragen aan de werking van het netwerk, zorgt de bloksubsidie er tevens voor dat de munten op een eerlijke wijze worden verdeeld. Satoshi kende zichzelf geen enkele munt toe, deelde geen munten willekeurig uit aan vrienden, stelde geen beleggingscontract op en trok ook geen kapitaal aan via effecten. In plaats daarvan bracht hij een open-source softwareclient uit, waardoor elke inwisselbare munt uitsluitend verdiend kon worden door gebruikers die rekenkracht inzetten voor het netwerk – of later verkregen wordt door de munt aan te schaffen.

Proof-of-stake-blockchains beschikken niet over zo'n eenvoudige opstartmogelijkheden. In een proof-of-stake-systeem verwerken houders van munten ('stakers') nieuwe transacties, wat een duidelijk dilemma oproept: wie zijn de eerste munthouders? Transacties kunnen immers niet plaatsvinden zonder een initiële groep munthouders, maar waar komen die eerste munten vandaan? Een veelgehoord antwoord is dat de ontwikkelaar een investeringscontract opstelt, waarbij investeerders op een bepaalde wijze betalen en in ruil daarvoor de eerste munten ontvangen. Met andere woorden: het project start als een financieel effect. Een alternatieve mogelijkheid is dat de maker of makers munten aan zichzelf en hun naasten delegeren, of dat men mechanismen invoert voor een initiële, gratis toedeling van munten – wat overigens lastig op een rechtvaardige manier te realiseren is.

Zodra een proof-of-stake-systeem operationeel is, start er een centraliserend proces zoals eerder beschreven. Wie veel munten bezit, kan deze inzetten voor blokvalidatie en zo extra munten verdienen, waardoor hun aandeel in het netwerk exponentieel toeneemt.

Een proof-of-work-blockchain heeft van nature een meer gedistribueerde structuur. Munthouders ontvangen geen nieuwe munten simpelweg door bezit; ze verdienen deze uitsluitend door actief mee te doen aan het miningproces – of via ruiltransacties (bijvoorbeeld met dollars of andere bezittingen) – waarbij zij energie en middelen inzetten. Bovendien vereisen persoonlijke en zakelijke uitgaven doorgaans dat munten verkocht worden, tenzij er een externe inkomstenbron is die deze kosten dekt.

Een proof-of-stake-blockchain werkt daarentegen van nature centraliserender. Munthouders ontvangen namelijk nieuwe munten op basis van het aantal munten dat zij inzetten of 'staken' (direct of via een derde partij), wat vrijwel geen extra kosten met zich meebrengt. Als de opbrengst van deze inzet de persoonlijke of zakelijke kosten overschrijdt, kan de muntenvoorraad exponentieel en onbeperkt groeien, bovenop eventuele andere inkomsten.

ZIJN ER TOEPASSINGEN VOOR PROOF-OF-STAKE-SYSTEMEN?

Mijn analyse leidt tot de conclusie dat proof-of-stake-systemen ongeschikt zijn als consensusmechanismen voor het opbouwen van een robuust, gedecentraliseerd, wereldwijd geldsysteem. Met andere woorden: een proof-of-stake-blockchain is niet krachtig genoeg om op een gedecentraliseerde wijze wereldwijd geld te creëren dat iedereen kan gebruiken – zelfs door personen die als vijand worden beschouwd. Het ontbreken van fysiek verifieerbare kosten om de geschiedenis van het kasboek vast te leggen vormt een te groot obstakel. Omdat de input van energie ontbreekt, vereisen proof-of-stake-systemen per definitie meer beheer en zijn ze sterker afhankelijk van eigendomsstructuren, waardoor ze minder geschikt zijn voor geopolitieke uitdagingen.

Betekent dit dat proof-of-stake-systemen op lange termijn geen zinvolle toepassing hebben? Op dit moment kan ik die vraag niet met zekerheid beantwoorden.

Een bekende logische drogreden is de 'stropopredenering', waarbij men het standpunt van een tegenstander zo vereenvoudigt dat het verkeerd en makkelijk weerlegbaar wordt. Het tegenovergestelde is het formuleren van een 'staalman'-argument: de sterkste versie van een betoog opbouwen – idealiter overtuigender dan die van de tegenstander – en die vervolgens weerleggen of erkennen dat het standhoudt. Dit is een belangrijke oefening in intellectuele eerlijkheid.

Een blockchain, zeker in haar écht gedecentraliseerde vorm, is in wezen een database die zo compact is dat duizenden of zelfs miljoenen entiteiten wereldwijd deze lokaal op hun apparaten kunnen opslaan en peer-to-peer bijwerken volgens een vastgelegd systeem.

Een volledig gecentraliseerde database kent minder beperkingen omdat deze niet per se klein en compact hoeft te zijn. Een grote dienstverlener kan beschikken over een enorm uitgebreide database, opgeslagen in een serverpark. Dit vergroot de efficiëntie, maar in tegenstelling tot een blockchain kunnen externe partijen de inhoud en wijzigingen hierin niet direct controleren, noch er invloed op uitoefenen.

Jouw sociale media-account vormt immers slechts een onderdeel van de database van een bedrijf; deze kan worden aangepast of verwijderd, waar jij geen zeggenschap over hebt. Je kunt niet bepalen welke informatie zij over jou bewaren. Hetzelfde geldt voor je bankrekeningen, strafregisters, medische dossiers en alle cloudservices die je gebruikt. Zulke databases zijn volledig gecentraliseerd, ontoegankelijk voor directe controle en gemakkelijk aan te passen door de beheersorganisatie.

Zoals in dit deel van het boek wordt aangetoond, blijkt dat geld de meest geschikte toepassing is voor een gedecentraliseerde database. Geld functioneert immers als een kasboek en hoe toegankelijker en onveranderlijker dit kasboek is, hoe gunstiger dat is voor de gebruiker. Miljoenen mensen waarderen de mogelijkheid om waarde op te slaan in een gedistribueerd kasboek – vaak zo eenvoudig als het onthouden van een nummer – en deze waarde op elk gewenst moment over te dragen. Het is essentieel dat geen enkele gecentraliseerde instantie deze waarde kan aanpassen, blokkeren of verminderen.

Bovendien fungeert het kasboek als een tijdcapsule voor de geschiedenis. Als men bereid is de bijbehorende kosten te betalen, kunnen diverse gegevens – zoals documenten, boeken, foto's of tijdstempels van andere softwareprogramma's – rechtstreeks in Bitcoin's blockchain worden vastgelegd. Hoewel dit niet garandeert dat de informatie objectief klopt, bevestigt het wel dat de data sinds opname ongewijzigd is gebleven.

Ontwikkelaars van proof-of-stake *smart-contract*-platforms stellen dat blockchaintechnologie veel meer mogelijkheden biedt dan alleen geld en beperkte hoeveelheden onveranderlijke data. Dit blijft echter een open vraag voor cryptotraders en investeerders: welke andere toepassingen zijn haalbaar? Momenteel richt men zich vooral op de tokenisatie van activa en verzamelobjecten, samen met diverse deels gedecentraliseerde methoden om deze via slimme contracten te verhandelen of te benutten.

De grootste uitdaging van deze voorstellen is dat de blockchain complexer en minder overzichtelijk wordt naarmate er meer functies aan de basislaag worden toegevoegd, waardoor de mate van decentralisatie afneemt. Blijft een blockchain niet compact en efficiënt, zodat gebruikers zelfstandig een node kunnen draaien en direct met het netwerk communiceren zonder de hulp van een vertrouwde derde partij, dan ondermijnt dit juist het hoofddoel.

Accepteren mensen een vorm van gedeeltelijke decentralisatie in ruil voor meer functionaliteit van het kasboek? En kunnen deze deels gedecentraliseerde blockchains op de lange termijn weerstand bieden aan aanvallen, conflicten en andere uitdagingen? We weten immers dat volledig gecentraliseerde databases nut hebben (zoals bij sociale mediaplatforms en cloudproviders) en dat volledig gedecentraliseerde databases hun waarde bewijzen (zoals Bitcoin). Maar wat te denken van systemen die zowel gecentraliseerde als gedecentraliseerde elementen combineren?

Indien het antwoord daarop positief is, vormt dat in feite het 'staalman'-argument voor de levensvatbaarheid op lange termijn van complexe proof-of-stake blockchains en soortgelijke protocollen die smart contracts in hun basislaag integreren.

Hoewel deze hypothetische, deels gedecentraliseerde databases conceptueel niet kunnen tippen aan Bitcoin als een werkelijk gedecentraliseerd en vrijwel onveranderlijk monetair instrument op geopolitieke schaal, kunnen ze naast Bitcoin bestaan als semi-open besturingssystemen voor applicaties die rekenen op gedeeltelijke controleerbaarheid of deels gedecentraliseerde besluitvorming.

Stel je een database voor die deels door een centrale organisatie wordt beheerd. Als deze open-source is en zodanig is ontworpen dat de inhoud in realtime kan worden geback-upt en gecontroleerd door geselecteerde, hoogwaardige externe nodes, is er dan een markt voor dit concept? Misschien voor de tokenisatie van activa? Of wat te denken van een gefedereerde database, waarbij meerdere grote organisaties samen wijzigingen moeten doorvoeren, of waarin proof-of-stake wordt uitgevoerd door grote (vaak oligopolistische) entiteiten in plaats van door één enkele organisatie? Zou zo'n systeem op lange termijn waardevol kunnen blijken?

Amerikaanse aandelen worden momenteel verhandeld van 9.30 tot 16.00 uur, vijf dagen per week – zo'n 32,5 uur per week. In een week van 168 uur betekent dat dat aandelen slechts ongeveer 19,3% van de tijd verhandelbaar zijn. Na aftrek van feestdagen komt dit neer op ongeveer 19%. Hoewel vermogende beleggers buiten de reguliere handelsuren actief kunnen zijn, is de liquiditeit in die perioden vaak lager. Is het denkbaar dat ondernemers onderzoeken hoe de aandelenhandel gedurende de overige 81% van de week toegankelijk kan worden gemaakt voor iedereen? Ik denk van wel.

Ook kan het dagen duren voordat aandelen en andere effecten volledig worden afgewikkeld. Hoewel de afwikkeling in de loop der jaren sterk is versneld, blijft het proces gebaseerd op verouderde systemen.[365] Wat als elke transactie binnen enkele seconden of minuten volledig kon worden afgerond? En wat als houders van effecten – die liquiditeit nodig hebben – deze activa eenvoudig konden verhandelen voor diverse leenfaciliteiten die onderpand vereisen?

Daarnaast merken de meeste mensen in ontwikkelingslanden – uitgezonderd degenen die tot de hogere klassen behoren – dat het een enorme uitdaging is om toegang te krijgen tot aandelen en andere effecten. Dit probleem speelt zowel bij binnenlandse als bij wereldwijde effecten. Hoewel online makelaardij vanaf de jaren negentig het proces aanzienlijk vereenvoudigde en mobiele apps het afgelopen decennium verder optimaliseerden, blijft er vooral bij buitenlandse aandelen sprake van een gebrek aan toegankelijkheid.

Wat als traditionele effecten – zoals aandelen, obligaties, grondstoffen, valuta, onroerend goed, beeldende kunst, privébedrijven en bepaalde digitale verzamelobjecten – getokeniseerd zouden worden en daardoor voor iedereen ter wereld, met enkel een smartphone, binnen handbereik kwamen? Wat als deze activa 24/7 verhandelbaar zouden zijn op meerdere beurzen, binnen enkele minuten afgerekend konden worden en tegelijkertijd als onderpand op diverse liquiditeitsplatformen zouden dienen? Net als bij *stablecoins* zou de uitgifte centraal blijven, maar de passiva zouden fungeren als een buitengewoon efficiënt digitaal verhandelbaar instrument.

Ten slotte, wat als kleinere bedrijven hun aandelen eenvoudiger zouden kunnen verhandelen? Wat als iedereen in een gemeenschap kon in-

365 Carla Tardi, *Settlement Period: Definition, Process, SEC Rules*, Investopedia, 17 maart 2023.

vesteren in een nieuw opstartend restaurant in de buurt, in ruil voor een eigendomstoken dat hen winstdeelnemingen, kortingen of andere voordelen bij frequente bezoeken biedt? Dit past in een wereld waarin hard geld centraal staat: als de meeste zaken via eigen vermogen in plaats van met schulden worden gefinancierd, zou technologie het dan niet eenvoudiger moeten maken voor zelfs kleine ondernemingen om startkapitaal op te halen en dat eigen vermogen als onderpand te gebruiken wanneer dat nodig is?

We mogen ervan uitgaan dat aanspraken op traditionele activa op de een of andere manier getokeniseerd zullen worden. Dit betekent een upgrade van de technologische infrastructuur van de huidige effectenmarkt. Sommige ontwikkelaars vinden dat deze technologie op sidechains van Bitcoin geïmplementeerd moet worden, terwijl anderen afzonderlijke, toegewijde blockchains prefereren. Weer anderen stellen dat een blockchain niet per se nodig is, omdat gedistribueerde kasboeken dezelfde functionaliteit kunnen bieden aan gecentraliseerde uitgevers van effecten.

Ik beschouw proof-of-stake smart-contract-blockchains – of soortgelijke protocollen – als aandelen in besturingssystemen die wedijveren op het gebied van netwerkefficiëntie en betrouwbaarheid. Misschien ontstaat er zelfs een wereldwijde markt voor deze protocollen, mits zij de uitgifte van *security tokens* net zo efficiënt kunnen laten verlopen als bij beursgenoteerde bedrijven of technologieplatforms. Hoewel ik hierover geen uitgesproken standpunt inneem, ben ik van mening dat ze ongeschikt zijn als wereldwijd geld vanwege hun gebrek aan een onvervalsbare geschiedenis.

Een groot probleem van de afgelopen jaren is dat veel durfkapitalisten en vroege ontwikkelaars ongeregistreerde cryptoprojecten van lage kwaliteit blijven dumpen bij particuliere beleggers – vergelijkbaar met de werkwijze van *boiler room*-operators in de jaren negentig, die destijds slechte aandelen aanboden. Bij traditionele durfkapitaalinvesteringen leggen oprichters en investeerders hun kapitaal doorgaans vijf tot tien jaar vast, waarna ze pas liquiditeit verkrijgen voor het gefinancierde start-upbedrijf. Het succes van deze onderneming hangt immers nauw samen met de degelijkheid van haar fundamenten. Om maximale liquiditeit te bereiken, moet het start-upbedrijf ofwel openbaar verhandelbaar worden met uitgebreide openbaarmakingen en risicoanalyses, of overgenomen worden door een groter bedrijf dat professionele analisten en auditors inhuurt – oftewel, de privéaandelen komen via een privédeal terecht bij een andere geaccrediteerde investeerder.

Met cryptovaluta maken veel oprichters en durfkapitalisten echter gebruik van een 'snelle exit-liquiditeit': ze zetten munten voor enkele jaren vast, laten ze op een beurs noteren, hypen met hun eigen marketinginspanningen en dumpen die vervolgens bij particuliere beleggers zonder de gebruikelijke openbaarmakingen. Dit schendt de effectenwetten in veel rechtsgebieden en stelt hen in staat om rijk te worden, zelfs als het project enkele jaren na de start faalt.

Net zoals het internet het makkelijker maakte voor mensen om zelf boeken en muziek te produceren en te verspreiden, hebben smart contracts het creëren en verspreiden van eigen financiële activa vereenvoudigd. Het wegvallen van de traditionele 'poortwachters' kan bevrijdend werken, maar zorgt er tegelijkertijd voor dat er meer activa van mindere kwaliteit op de markt komen waarop potentiële beleggers scherp moeten letten. Bovendien lopen nieuwe financiële activa een groter risico op regelrechte oplichting dan boeken, muziek of andere vormen van content, wat voor nietsvermoedende gebruikers schadelijk kan uitpakken. Daardoor heeft de tokenuitgifte van cryptovaluta de afgelopen jaren minder bijgedragen aan het realiseren van reële goederen en diensten dan bijvoorbeeld *Kickstarter*-campagnes of andere vormen van crowdfunding.

Om die reden denk ik dat, na talrijke oplichtingspraktijken, de meeste potentiële gebruikers van security tokens zullen inzien dat de overgrote meerderheid daarvan geen waarde heeft. Een security token met echte waarde zal waarschijnlijk worden erkend door een registratieautoriteit (bij grote ondernemingen) of door de gebruikers zelf, zoals bij een lokaal bedrijf vaak het geval is (voor kleinere ondernemingen).

ENERGIE ALS ARBITER VAN WAARHEID

Voordat proof-of-work werd uitgevonden – en zeker vóór de introductie van Bitcoin – konden mensen in de digitale wereld vrijwel alles moeiteloos kopiëren. Sterker nog: kopiëren vormde juist de kernfunctionaliteit en was geen fout. Dit principe ligt ten grondslag aan de enorme productiviteitswinsten in de softwarewereld. Dankzij digitalisering verspreid je producten tegen verwaarloosbaar lage marginale kosten.

Wanneer iemand tijd en middelen steekt in het creëren van een boek, lied, afbeelding, film, spel, applicatie of een ander digitaal product, blijft het kostenverschil om dit werk naar honderd, duizend, een miljoen of zelfs een miljard mensen te verspreiden praktisch onbeduidend.

Deze indrukwekkende mogelijkheid brengt echter ook enkele problemen met zich mee. Zo proberen softwarebedrijven al jarenlang te voorkomen dat niet-betalende klanten toegang krijgen tot hun producten. Ze zetten allerlei hulpmiddelen in – zoals softwaresleutels en cloudgebaseerde accounts – om ongeautoriseerd gebruik te beperken. Tegelijkertijd heeft de eenvoudige en wereldwijde verspreiding van digitale muziekbestanden de muziekindustrie voorgoed getransformeerd. Makers van diverse soorten content worstelen al decennialang met digitale piraterij.

Spam op internet vormt eveneens een groeiend probleem. Omdat het vrijwel niets kost om een e-mail te versturen, een bericht te plaatsen of een account aan te maken, rijst de vraag hoe we kunnen voorkomen dat iemand deze mogelijkheden misbruikt of een programma ontwikkelt dat dit op bovenmenselijke snelheid automatiseert. Dit type spam leidde er in de jaren negentig toe dat Adam Back *Hashcash* ontwikkelde: de digitale interactie verliep zo soepel dat hij besloot met het proof-of-work-concept een microkost op te leggen aan bepaalde digitale handelingen.

Een gerelateerd probleem betreft identiteitsdiefstal. Iedereen kan online een account aanmaken op een platform en zich als iemand anders voordoen. Bovendien laten bots zich zo programmeren dat ze dit automatisch en in grote aantallen doen. Met de juiste programmering kan kunstmatige intelligentie zelfs volledige nep-gemeenschappen opzetten, compleet met unieke persoonlijkheden en fictieve volgers. Dit systeem kan opschalen tot biljoenen en de interactie tussen echte mensen ruimschoots overtreffen.

Als actief gebruiker van sociale media in de jaren 2020, met een aanhang van ruim een half miljoen mensen, kom ik voortdurend spam en imitatieaccounts tegen. Het is opvallend hoe hardnekkig dit probleem al decennialang blijft bestaan. Mijn Twitter-berichten worden vrijwel direct overspoeld met tientallen automatische bot-antwoorden. Hoewel deze reacties gefilterd zouden kunnen worden, blijken ze tot nu toe onverzettelijk. Ook op platforms als *Facebook*, *Instagram*, *YouTube* en andere sociale netwerken doen mensen zich regelmatig als mij voor. Ik heb al verschillende sociale mediabedrijven benaderd om honderden valse accounts, die zich als mij voordoen, te laten verwijderen. Op sommige fronten is dat gelukt, maar de nepaccounts duiken net zo snel weer op. Sommige van deze accounts hebben zelfs mensen opgelicht door zich als mij voor te doen en hen toegang te bieden tot een 'exclusieve' investeringsmogelijkheid, om hen vervolgens van hun geld te beroven.

Nu kunstmatige intelligentie het vrijwel kosteloos mogelijk maakt om afbeeldingen, video's, teksten, programma's en andere digitale producten te creëren, wordt het steeds lastiger om te bepalen welke content authentiek is en welke slechts een hoogwaardige nepvideo of -persoonlijkheid betreft. Wanneer we bijvoorbeeld een afbeelding of video tegenkomen die zakelijk, sociaal, politiek of geopolitiek van belang lijkt, rijst de vraag hoe we er zeker van kunnen zijn dat het authentieke beelden betreft en niet een digitaal vervalsing is die door AI is vervaardigd.

Michael Saylor, medeoprichter en uitvoerend voorzitter van *MicroStrategy*, krijgt in hoge mate te maken met imitatieaccounts. Hij bestempelt deze nepbotaccounts al vaak als 'geesten', omdat het vaak onduidelijk is of ze authentiek zijn. Daarnaast stelde hij voor om het Bitcoinnetwerk en de bijbehorende *proof-of-work*-mechanismen in te zetten om spam en naboots-accounts te weren. Tijdens een toespraak in 2022 illustreerde hij op visuele wijze de impact voor Bitcoin en het *proof-of-work*-systeem.

> De meeste mensen realiseren zich niet dat Satoshi een brug heeft geslagen tussen de fysieke en de digitale wereld. Energie begon door te vloeien naar cyberspace en gaf leven aan een domein dat voorheen slechts bestond uit schaduwen en geesten. Dit resulteerde in het behoud van energie en materie, in objectiviteit, waarheid, tijd en gevolgen binnen de digitale sfeer en schonk de mensheid eigendomsrechten, vrijheid en soevereiniteit die losstaan van de fysieke en politieke wereld.[366]

Het Bitcoinnetwerk benut energie om gecentraliseerd menselijk beheer – met name voor geld en bepaalde andere vormen van informatie – overbodig te maken. Door rekenkracht in te zetten werken anonieme computers en hun operators wereldwijd samen aan het creëren en onderhouden van een globaal kasboek waarin gebeurtenissen op een objectieve manier worden vastgelegd. Het principe is simpel en vrijwel onaantastbaar: de blockchain met de hoogste cumulatieve rekenkracht en die voldoet aan de consensusregels, vastgesteld door de gedistribueerde netwerknodes, wordt als het officiële kasboek erkend.

Kortom, Bitcoin is een netwerk waarin mensen energie inzetten om te bepalen welke transacties als geldig worden beschouwd – in plaats van dat een centrale entiteit, zoals een bank, technologiebedrijf of overheid, die rol op zich neemt. Het fungeert als een geautomatiseerd boekhoudsysteem en kasboek voor de 21e eeuw. Andere digitale domeinen kunnen op diverse manieren gekoppeld worden aan het Bitcoinnetwerk om te profiteren van zijn inherente schaarste. Op die manier realiseren zij grensloze waardeoverdracht en beschikken ze over een betrouwbaar historisch dossier, terwijl tegelijkertijd spam en imitatieaccounts worden tegengegaan.

Iemand kan bijvoorbeeld een publiek/privé-sleutelpaar aanmaken en de publieke sleutel opnemen in de Bitcoin-blockchain – waarbij de transactiekosten de daadwerkelijke inspanning weerspiegelen – om deze vervolgens aan velen te tonen als bewijs van eigendom. Daarna gebruikt hij of zij de bijbehorende privésleutel om de digitale content, waarvoor autoriteit verleend wordt, te ondertekenen. Dit principe is eveneens toepasbaar voor grote journalistieke organisaties met strenge integriteitsnormen. Zo onderscheiden mensen echte inhoud van vervalsingen (tenminste dat die door

366 Michael Saylor, *GALA 2022 Keynote Speech*.

de specifieke persoon of organisatie is geproduceerd, niet per se dat het objectief waar is) en voorkomt men dat talloze imitators tegen minimale kosten soortgelijke sleutelparen genereren.

In een wereld waarin kunstmatige intelligentie steeds geavanceerder wordt en vrijwel kosteloze methoden beschikbaar zijn om je voor te doen als iemand anders of vervalsingen te maken, kan men eisen dat men zowel bewijs van continuïteit levert (via cryptografische publieke/privésleutels) als bewijs van werk (oftewel 'proof-of-work', waarmee wordt aangetoond dat er reële middelen zijn ingezet om een specifieke publieke/privésleutel te verankeren), voordat bepaalde soorten digitale inhoud serieus worden genomen. Bovendien kan informatie die als belangrijk genoeg wordt beschouwd, de benodigde transactiekosten rechtvaardigen om deze rechtstreeks in de Bitcoin-blockchain op te nemen, zodat de data op een aantoonbaar onaangepaste manier toegankelijk blijft zolang het netwerk bestaat.

HOOFDSTUK 25

HOE BITCOIN ENERGIE GEBRUIKT

In 2017 publiceerde het *World Economic Forum* een artikel waarin werd betoogd dat het Bitcoinnetwerk in 2020 evenveel energie zou kunnen verbruiken als de gehele wereld.[367] Diezelfde maand besteedde *Newsweek* aandacht aan dit onderwerp, net als diverse andere media en organisaties.[368] Uiteindelijk zaten ze er drie ordes van grootte naast. In 2020 verbruikte het netwerk nog steeds minder dan 0,1% van het wereldwijde energieverbruik. Terwijl ik dit boek schrijf in 2022 en 2023, blijft dat aandeel zelfs nog steeds ver onder één procent.

Door de jaren heen zijn er talloze alarmerende en feitelijk onjuiste analyses verschenen over het energieverbruik van het Bitcoinnetwerk. In dit hoofdstuk bespreek ik hoe Bitcoin energie gebruikt en welke soorten energie daarvoor worden ingezet.[369] Belangrijke conclusies zijn dat 1) het energieverbruik van Bitcoin op de lange termijn strikt wordt bepaald door de waarde die het gebruikers biedt en dat 2) Bitcoin hoofdzakelijk 'gestrande' energie benut die anders verspild zou worden.

INKOMSTEN UIT MINING: SUBSIDIES EN TRANSACTIEKOSTEN

Als we het totaal aan inkomsten uit Bitcoin-mining bekijken, krijgen we een betrouwbare indicatie van de maximale jaarlijkse uitgaven die het netwerk aan elektriciteit kan doen. Elektriciteit vormt namelijk veruit de grootste kostenpost voor miners. Zij moeten immers over meerdere jaren financieel gezond blijven, wat betekent dat hun uitgaven niet hoger mogen zijn

367 Adam Jezard, *In 2020 Bitcoin Will Consume More Power Than the World Does Today*, World Economic Forum, 15 december 2017.

368 Anthony Cuthbertson, *Bitcoin Mining on Track to Consume All of the World's Energy by 2020*, Newsweek, 11 december 2017.

369 Dit hoofdstuk put uit Alden, *Bitcoin's Energy Usage*.

dan hun inkomsten. Uiteraard hebben zij ook kosten voor hardware, vastgoed en arbeid. Daarnaast kunnen miners extra verdienen door goedkoop stroomrechten in te kopen en deze bij tekorten voor hogere prijzen te verkopen, of door de restwarmte van hun processors rendabel te benutten. Beide toepassingen blijken winstgevend.

Toen Bitcoin in 2009 werd gelanceerd, richtte men het systeem zo in dat elke tien minuten een miner die een nieuw blok met transacties produceert, 50 nieuw vrijgekomen bitcoin ontvangt. Na vier jaar werd dit verlaagd naar 25 bitcoin per blok en vier jaar later naar 12,5 bitcoin. Nog eens vier jaar later lag de beloning op 6,25 bitcoin per blok. Deze nieuw uitgegeven munten, de zogenoemde 'bloksubsidie', vormen tegenwoordig het grootste deel van de inkomsten voor bitcoin-miners.

Binnen dit schema neemt de beloning elke vier jaar verder af, totdat er uiteindelijk geen nieuwe bitcoin meer worden gecreëerd en de harde limiet van 21 miljoen bitcoin ergens na 2100 wordt bereikt. Over enkele decennia zullen miners nog slechts een verwaarloosbaar klein aantal nieuwe bitcoin krijgen voor het vinden van blokken. Inmiddels zijn er al bijna 19,5 miljoen van de 21 miljoen bitcoin in omloop.

Miners verdienen echter ook aan transactiekosten. Gebruikers betalen zulke kosten, in fractionele bitcoin, om hun transactie sneller in de blockchain te laten verwerken. In de beginjaren waren blokken vaak niet volledig gevuld, waardoor de transactiekosten minimaal waren. Naarmate Bitcoin populairder werd en de blokken regelmatig vol raakten, groeiden de transactiekosten uit tot een steeds belangrijker onderdeel van de inkomsten van miners.

Figuur 25.1 toont de gemiddelde marktkapitalisatie van het *Bitcoinnetwerk*, de jaarlijkse inkomsten van miners (inclusief bloksubsidie en transactiekosten) en het percentage van de marktkapitalisatie dat jaarlijks aan minersinkomsten wordt besteed.

Hoewel de inkomsten van Bitcoin-miners historisch aanzienlijk zijn gestegen, besteedt het netwerk elk jaar een kleiner percentage van zijn marktkapitalisatie aan deze inkomsten dan het jaar ervoor. Dit komt niet door een centrale beslissing, maar door de combinatie van een dalende bloksubsidie en de keuzes van individuele miners om, afhankelijk van de economische omstandigheden, wel of niet te blijven minen.

Journalisten en anderen die het algoritme niet doorgronden, merken de afnemende bloksubsidie vaak niet op. Daardoor dalen zowel het inflatiepercentage van de bitcoinvoorraad als het aandeel van de minersinkomsten ten opzichte van de totale marktkapitalisatie, totdat er uiteindelijk een stabiel niveau ontstaat dat volledig op transactiekosten is gebaseerd.

Opmerkelijk genoeg maken sommige analisten en critici zich zorgen

Jaar	Gem. marktkapitalisatie	Jaarlijkse inkomsten	% van marktkapitalisatie
2011	$38,6 miljoen	$17,6 miljoen	45,7%
2012	$80,0 miljoen	$21,1 miljoen	26,4%
2013	$2,23 miljard	$308 miljoen	13,8%
2014	$6,76 miljard	$785 miljoen	11,6%
2015	$3,93 miljard	$375 miljoen	9,6%
2016	$8,95 miljard	$571 miljoen	6,4%
2017	$65,9 miljard	$3,37 miljard	5,1%
2018	$129 miljard	$5,50 miljard	4,3%
2019	$132 miljard	$5,20 miljard	3,9%
2020	$205 miljard	$5,01 miljard	2,4%
2021	$892 miljard	$16,8 miljard	1,9%
2022	$535 miljard	$9,51 miljard	1,8%

Bron: Glassnode

Figuur 25.1
Minersinkomsten als percentage van de gemiddelde marktkapitalisatie.

dat Bitcoin in de toekomst mogelijk *niet genoeg* energie zal verbruiken om de beveiliging te garanderen wanneer het voornamelijk op transactiekosten berust. Ik zie dit niet als een groot risico. Maar de kans dat zo'n situatie zich voordoet, is groter dan dat het netwerk *te veel* energie verbruikt – iets wat door het ontwerp vrijwel uitgesloten is, aangezien het op de lange termijn alleen energie zal gebruiken als er daadwerkelijk veel nut uit wordt gehaald.

Figuur 25.2 toont uitsluitend het deel van de inkomsten van miners dat uit transactiekosten komt, wat een subcategorie vormt van de eerder getoonde tabel.

Jaar	Gem. marktkapitalisatie	Jaarlijkse transactiekosten	% van marktkapitalisatie
2011	$38,6 miljoen	$30,1 duizend	0,078%
2012	$80,0 miljoen	$64,9 duizend	0,081%
2013	$2,23 miljard	$2,17 miljoen	0,097%
2014	$6,76 miljard	$2,44 miljoen	0,036%
2015	$3,93 miljard	$2,34 miljoen	0,06%
2016	$8,95 miljard	$13,6 miljoen	0,152%
2017	$65,9 miljard	$552 miljoen	0,837%
2018	$129 miljard	$284 miljoen	0,221%
2019	$132 miljard	$156 miljoen	0,118%
2020	$205 miljard	$326 miljoen	0,159%
2021	$892 miljard	$1,010 miljard	0,114%
2022	$535 miljard	$141 miljoen	0,026%

Bron: Glassnode

Figuur 25.2
Transactiekosten als percentage van de gemiddelde marktkapitalisatie.

We zien dat de transactiekosten jaarlijks slechts een klein deel van de marktkapitalisatie van Bitcoin vormen. Het hoogste percentage deed zich in 2017 voor (toen de prijs door het dak ging). Sindsdien hebben efficiëntieverbeteringen zoals *SegWit*, aggregatie van transacties (bekend als *batching*) en een verminderd gebruik van OP_Return plaatsgevonden, waardoor de kosten laag bleven ondanks het toegenomen netwerkgebruik. Halverwege 2023 lijkt het erop dat dit jaar hogere *fees* zal opleveren dan 2022, een jaar dat verrassend laag uitviel.

Het Bitcoinnetwerk genereert momenteel minder dan 2% van de marktkapitalisatie aan minersinkomsten per jaar, waarvan slechts een zeer klein deel uit transactiekosten bestaat. In 2024 vindt weer een halvering van de bloksubsidie plaats, waardoor de inkomsten van miners nog dichter bij 1% van de marktkapitalisatie of lager zullen uitkomen. In 2028 en 2032 volgen verdere halveringen. Na die laatste halvering wordt de bloksubsidie zo minimaal dat een groot deel van de inkomsten uit transactiekosten zal bestaan, waarschijnlijk minder dan 1% van de marktkapitalisatie. Dit leidt tot een stabiele situatie gebaseerd op transactiekosten die moeilijk te modelleren valt vanwege de afhankelijkheid van netwerkadoptie, gebruiksgemak en omloopsnelheid.

Omdat we met variabele, marktgedreven transactiekosten niet met zekerheid kunnen vaststellen wat die stabiele situatie wordt, geeft Figuur 25.3 inzicht in welke aannames nodig zijn om een bepaald jaarlijks inkomen voor miners te realiseren. Op de verticale as staan potentiële langetermijnmarktkapitalisaties van Bitcoin, terwijl op de horizontale as de jaarlijkse minersinkomsten als percentage van deze kapitalisaties worden weergegeven. Zo kan de lezer in één oogopslag zien wat iedere combinatie betekent voor de jaarlijkse inkomsten van miners.

	0,05%	0,1%	0,25%	0,5%	1,0%	2,0%
$100 miljard	$50 mln.	$100 mln.	$250 mln.	$500 mln.	$1 mld.	$2 mld.
$500 miljard	$250 mln.	$500 mln.	$1,25 mld.	$2,5 mld.	$5 mld.	$10 mld.
$1 biljoen	$500 mln.	$1 mld.	$2,5 mld.	**$5 mld.**	$10 mld.	$20 mld.
$5 biljoen	$2,5 mld.	$5 mld.	$12,5 mld.	**$25 mld.**	$50 mld.	$100 mld.
$10 biljoen	$5 mld.	$10 mld.	$25 mld.	**$50 mld.**	$100 mld.	$200 mld.
$20 biljoen	$10 mld.	$20 mld.	**$50 mld.**	**$100 mld.**	$200 mld.	$400 mld.
$50 biljoen	$25 mld.	$50 mld.	$125 mld.	$250 mld.	$500 mld.	$1.000 mld.
$100 biljoen	$50 mld.	$100 mld.	$250 mld.	$500 mld.	$1.000 mld.	$2.000 mld.

Figuur 25.3
Minersinkomsten als percentage van de markkapitalisatie.

Stel dat Bitcoin om de een of andere reden niet verder groeit en permanent rond de huidige marktkapitalisatie van minder dan $1 biljoen blijft hangen. Dan dalen de inkomsten voor miners fors naarmate de bloksubsidies verminderen. Tegen 2030 zullen de inkomsten van Bitcoin-miners waarschijnlijk rond of onder de 0,50% van de marktkapitalisatie uitkomen, waardoor het netwerk qua energieverbruik stagneert op het niveau van 2018–2020 of zelfs lager.

Als Bitcoin een cruciale rol gaat spelen, met een netwerkwaarde van $5–10 biljoen (wat neerkomt op een prijs per munt van $250.000 tot $500.000) en met honderdduizenden of miljoenen gebruikers, zouden de miners bij 0,50% van de marktkapitalisatie jaarlijks tussen de $25 en $50 miljard kunnen verdienen. Dit zou wellicht 0,3% tot 0,5% van het wereldwijde energieverbruik vergen.

Stijgt de bitcoinprijs naar één miljoen dollar per munt en bereikt de marktkapitalisatie $20 biljoen of meer, met miljarden gebruikers, dan leveren de miners bij 0,25% tot 0,50% van de marktkapitalisatie jaarlijks tussen de $50 en $100 miljard op. In dit scenario zou het Bitcoinnetwerk ongeveer 0,6% tot 1,0% van het wereldwijde energieverbruik kunnen uitmaken, wat aannemelijk lijkt voor een netwerk dat door miljarden mensen voor uiteenlopende doeleinden wordt gebruikt (om zo'n hoge netwerkwaarde te bereiken zal dat toch moeten).

Tegen die tijd is Bitcoin waarschijnlijk zo groot dat het de energie vervangt die nu door delen van het mondiale banksysteem wordt verbruikt, in plaats van extra energie te vergen. Wereldwijd werken tientallen miljoenen mensen in banken en fintechbedrijven, waarbij energie-intensieve kantoorgebouwen, apparatuur, betalingsservers en een flinke administratieve overhead een rol spelen. Basale softwaretoepassingen voor geld kunnen, net als in andere sectoren, zorgen voor meer efficiëntie en de behoefte aan personeel, hardware, vastgoed en overhead in sommige delen van de traditionele infrastructuur verlagen. Zo komen deze middelen vrij voor andere productieve doeleinden.

Door de cijfers te baseren op het jaarlijkse transactievolume in plaats van op de marktkapitalisatie, krijgen we wellicht beter inzicht. Het transactievolume hangt nauwer samen met de transactievergoedingsmarkt dan de marktkapitalisatie, maar het is lastiger te meten omdat er diverse methoden bestaan om het transactievolume vast te stellen.

Stel bijvoorbeeld dat iemand bitcoin verstuurt van een adres dat hij beheert naar een ander adres dat hij eveneens controleert. Moet dat meetellen als onderdeel van het transactievolume van het netwerk? *CoinMetrics*, een bedrijf dat gespecialiseerd is in blockchain-analyse, berekent een aangepaste schatting van het transactievolume van het Bitcoinnetwerk. Hierbij sluit het diverse kortetermijntransacties uit, waardoor een groot deel van de interne transacties van handelsbeurzen en het gebruik van privacytools buiten beschouwing blijft. Figuur 25.4 toont de monetaire omloopsnelheid van het netwerk per jaar, waarbij de berekening is gebaseerd op de gemiddelde marktkapitalisatie en het jaarlijkse gecorrigeerde transactievolume.

Jaar	Gem. marktkapitalisatie	Jaarlijks transactievolume (gecorrig.)	Gecorrig. omloopsnelheid (vol/kap)
2012	$80,0 mln.	$910 mln.	11,4
2013	$2,23 mld.	$22,0 mld.	9,9
2014	$6,76 mld.	$34,3 mld.	5,1
2015	$3,93 mld.	$32,4 mld.	8,3
2016	$8,95 mld.	$87,9 mld.	9,8
2017	$65,9 mld.	$671 mld.	10,2
2018	$129 mld.	$753 mld.	5,8
2019	$132 mld.	$673 mld.	5,1
2020	$205 mld.	$1.000 mld.	4,9
2021	$892 mld.	$4.670 mld.	5,2
2022	$535 mld.	$4.100 mld.	7,7

Bron: Glassnode, Coin Metrics, Messari

Figuur 25.4
Monetaire omloopsnelheid van Bitcoin (op basis van gecorrigeerde transactievolume).

Figuur 25.5 geeft een tabel weer met het gecorrigeerde transactievolume van het Bitcoinnetwerk, de jaarlijkse inkomsten van miners (inclusief bloksubsidies en transactiekosten) en het percentage van het jaarlijkse gecorrigeerde volume dat aan de inkomsten van miners wordt besteed.

Jaar	Jaarlijks volume	Jaarlijkse minersinkomsten	% van jaarlijks volume
2012	$910 mln.	21,1 mln.	2.32%
2013	$22,0 mld.	$308 mln.	1.40%
2014	$34,4 mld.	$785 mln.	2.28%
2015	$32,4 mld.	$375 mln.	1.16%
2016	$87,9 mld.	$571 mln.	0.65%
2017	$671 mld.	$3,37 mld.	0.50%
2018	$754 mld.	$5,50 mld.	0.73%
2019	$673 mld.	$5,20 mld.	0.77%
2020	$1.000 mld.	$5,01 mld.	0.50%
2021	$4.670 mld.	$16,81 mld.	0.36%
2022	$4.100 mld.	$9,51 mld.	0.23%

Bron: Glassnode, Coin Metrics, Messari

Figuur 25.5
Inkomsten van miners als percentage van het gecorrigeerde transactievolume.

Figuur 25.6 geeft dezelfde tabel weer, maar beperkt zich tot het deel van de minersinkomsten dat afkomstig is uit transactiekosten.

Uit de tabel blijkt dat de transactiekosten tot 2017 verwaarloosbaar waren. Daarna begonnen de blokken regelmatig vol te raken, waardoor zich een betekenisvolle markt voor transactiekosten ontwikkelde. Naarmate de efficiëntie van de blokruimte verbetert en het netwerk groeit, verwacht ik dat de toekomstige toename van transactievolumes tegen het einde van de

Jaar	Jaarlijks volume	Jaarlijkse transactiekosten	% van jaarlijks volume
2012	$910 mln.	$64,899	0.007%
2013	$22.0 mld.	$2,17 mln.	0.010%
2014	$34,4 mld.	$2,44 mln.	0.007%
2015	$32,4 mld.	$2,34 mln.	0.007%
2016	$87,9 mld.	$13,6 mln.	0.015%
2017	$671 mld.	$552 mln.	0.082%
2018	$754 mld.	$284 mln.	0.038%
2019	$673 mld.	$156 mln.	0.023%
2020	$1.000 mld.	$326 mln.	0.033%
2021	$4.670 mld.	$1.010 mld.	0.022%
2022	$4.100 mld.	$141 mln.	0.003%

Bron: Glassnode, Coin Metrics, Messari

Figuur 25.6

Transactiekosten als percentage van het gecorrigeerde transactievolume.

jaren 2020 voor een blijvende stijging van de transactiekosten zal zorgen. Dit leidt waarschijnlijk tot hogere structurele gemiddelde transactiekosten, al blijven deze toch een zeer klein percentage van de gemiddelde transactiewaarde vormen. Zoals eerder vermeld, lijkt 2023 een jaar te worden met hogere transactiekosten dan 2022, alhoewel dat nog niet in de grafiek tot uiting komt, aangezien het jaar nog maar halverwege is.

Figuur 25.7 toont de potentiële lange-termijn, gecorrigeerde jaarlijkse transactievolumes van Bitcoin op de verticale as. Op de horizontale as staan de jaarlijkse minerskosten als percentage van deze gecorrigeerde transactievolumes. Hierdoor krijgt de lezer inzicht in de aannames die nodig zijn voor diverse schattingen van de jaarlijkse minersinkomsten.

	0,001%	0,005%	0,01%	0,02%	0,03%	0,1%
$1 Biljoen	$10 mln.	$50 mln.	$100 mln.	$200 mln.	$300 mln.	$1 mld.
$5 Biljoen	$50 mln.	$250 mln.	$500 mln.	$1 mld.	$1.5 mld.	$5 mld.
$10 Biljoen	$100 mln.	$500 mln.	$1 mld.	$2 mld.	$3 mld.	$10 mld.
$20 Biljoen	$200 mln.	$1 mld.	$2 mld.	$4 mld.	$6 mld.	$20 mld.
$50 Biljoen	$500 mln.	$2.5 mld.	$5 mld.	$10 mld.	$15 mld.	$50 mld.
$100 Biljoen	$1 mld.	$5 mld.	$10 mld.	$20 mld.	$30 mld.	$100 mld.
$500 Biljoen	$5 mld.	$25 mld.	$50 mld.	$100 mld.	$150 mld.	$500 mld.
$1.000 Biljoen	$10 mld.	$50 mld.	$100 mld.	$200 mld.	$300 mld.	$1.000 mld.

Figuur 25.7

Geschatte minersinkomsten als percentage van het (potentiële) gecorrigeerde volume.

Het is moeilijk te voorspellen wat het *on-chain* transactievolume of het gecorrigeerde volume van het Bitcoinnetwerk over enkele decennia zal worden. Dat hangt af van een samenspel tussen adoptie en monetaire omloopsnelheid. Op dit moment gebruikt men Bitcoin vooral voor investeringen en sparen en minder voor betalingen, waardoor de on-chain omloopsnelheid laag blijft. Wanneer Bitcoin meer geïntegreerd raakt binnen financiële instellingen, de wisselkoers stabieler wordt en steeds meer mensen de digitale munt inzetten voor betalingen, kan de monetaire omloopsnelheid aanzienlijk toenemen. Dit zou kunnen resulteren in een hoger energieverbruik (mogelijk zelfs meer dan 1% van het wereldwijde totaal), in ruil voor een enorm nut dat het netwerk levert.

Tegenwoordig wordt aangenomen dat het elektriciteitsverbruik van het Bitcoinnetwerk minder koolstofdioxide uitstoot dan allerlei alledaagse apparaten waar we niet vaak bij stilstaan, zoals wasdrogers of de productie van zink. Als we 10% efficiënter zouden worden door onze constant ingeschakelde elektronische apparaten uit te schakelen wanneer ze niet in gebruik zijn, zou dat meer stroom besparen dan het Bitcoinnetwerk verbruikt.[370]

Als Bitcoin een enorm succes wordt en gebruikers er biljoenen dollars aan nut aan ontlenen, kan het jaarlijkse energieverbruik oplopen tot dat van de aluminiumproductie-industrie. Met andere woorden: ook als het netwerk wereldwijd op grote schaal functioneert als monetair systeem voor talloze toepassingen, blijft het energieverbruik vergelijkbaar met dat van andere industrieën waarover we ons doorgaans niet druk maken.[371]

HET SCHALEN MET LAGEN EN DE 'KOSTEN PER TRANSACTIE'-MISVATTING

Op de basislaag verwerkt het Bitcoinnetwerk maximaal enkele honderdduizenden transacties per dag, oftewel zo'n vijf transacties per seconde. Dankzij periodieke upgrades die de transactiedichtheid verhogen, is de theoretische limiet in de loop van de tijd gestaag toegenomen.

Critici vergelijken deze limiet ongunstig met creditcardnetwerken, die tienduizenden transacties per seconde aankunnen. Ze wijzen daardoor vaak op het hoge energieverbruik per transactie en concluderen dat het netwerk inefficiënt is en om milieuredenen vermeden zou moeten worden.

Eerst en vooral verbruikt Bitcoin energie, ongeacht of er transacties plaatsvinden. Dat komt door de bloksubsidie die miners ontvangen bij het produceren van een nieuw blok, los van het aantal hierin opgenomen transacties. Het merendeel van de energie besteedt men immers aan het beveiligen van het netwerk tegen transactiecensuur en ingrijpende herstructureringen van blokken. Daardoor blijft het systeem aantrekkelijk als afwikkelingsnetwerk en als opslag van waarde, ook al staat het nog in de kin-

370 Rachel Rybarczyk et al., *On Bitcoin's Energy Consumption*, 4.
371 Nic Carter, *Debunking 'Bitcoin Wastes Energy'*, 14:14–17:20.

derschoenen. Zo kan een blok bijvoorbeeld 1.200 transacties bevatten, het volgende 2.500 en het daaropvolgende 1.800 transacties. Ondertussen blijven dezelfde miners continu verbonden met het netwerk en verbruiken zij een constante hoeveelheid elektriciteit. Of een blok nu vol zit of niet, de energiekosten blijven nagenoeg gelijk. Bovendien beveiligt elk nieuw blok alle voorgaande transacties tot aan het eerste blok.

Of je een transactie wel of niet uitvoert, beïnvloedt nauwelijks hoeveel energie het Bitcoinnetwerk op dat moment verbruikt. Miners gebruiken energie om de bloksubsidie en gemiddelde transactiekosten te vergaren — uitgedrukt in bitcoin en dus gebaseerd op de bitcoinwaarde. Vooral mensen die bitcoin als waardeopslag aanhouden en niet uitgeven, bepalen die waarde. Transactievolumes bepalen uitsluitend het kostendeel van transacties en op de lange termijn tellen alleen de gemiddelde kosten.[372] Miners kopen hun hardware met de verwachting deze minstens vijf jaar te gebruiken. Elk bitcoinblok bevestigt de finaliteit van alle voorgaande blokken, waardoor de onveranderlijkheid van de gehele blockchain gewaarborgd is — niet alleen de individuele transacties in het laatste blok.

Je kunt dit vergelijken met een vaatwasser die je elke nacht laat draaien. Of deze nu voor 30% of 90% gevuld is, hij verbruikt vrijwel dezelfde hoeveelheid energie per wasbeurt. Een extra bord of stuk bestek verandert het energieverbruik nauwelijks, waardoor de maatstaf 'water per bord' eigenlijk niet relevant is. Een andere vergelijking is dat je je computer de hele dag aan laat staan, of je nu 20 of 100 e-mails verstuurt. De extra elektriciteit per e-mail is onbeduidend, want de computer staat toch al continu aan en verbruikt vrijwel evenveel energie, ongeacht het aantal verstuurde e-mails.

Het tweede probleem met deze redenering is het idee dat de limiet van ongeveer vijf transacties per seconde de werkelijke grens vormt — terwijl dat niet zo is. In werkelijkheid kent het Bitcoinnetwerk meerdere lagen, net als het moderne financiële systeem. De basislaag die we kennen als Bitcoin fungeert namelijk als een afwikkelingsnetwerk.

Kredietkaartnetwerken vormen slechts een bovenliggende laag op een dieper betalingsstelsel. In de Verenigde Staten, zoals in eerdere hoofdstukken besproken, kennen we het *Fedwire*-systeem, dat ongeveer duizend biljoen dollar aan bruto volume per jaar verwerkt. Dit is de brutoafwikkelingslaag die banken gebruiken voor grote onderlinge transacties. Hoewel dit systeem ongeveer hetzelfde aantal transacties per jaar uitvoert als het Bitcoinnetwerk, worden de individuele transactiewaarden bij Fedwire vaak in miljoenen dollars uitgedrukt. Bovenop die laag functioneren systemen als *Visa*, *Mastercard*, *PayPal*, *Venmo* en worden er zelfs fysieke cheques uitgewis-

372 Carter, *Debunking*, 9:10–11:47.

seld.

Stel dat je mij een betaling via creditcard stuurt. Hoewel het voor ons direct lijkt te gebeuren, is dat slechts schijn. Achter de schermen communiceren onze banken en leggen zij een schuld vast. Later bundelen ze deze betaling samen met andere consumenttransacties en verwerken ze alles in één grote vereffeningsbetaling. Er is geen limiet aan het aantal betalingen op de oppervlaktelaag, omdat de omvang van die grote vereffeningsbetalingen onbeperkt is. Zo'n betaling vertegenwoordigt immers duizenden kleinere transacties.

Net zoals het Bitcoinnetwerk kent ook het banksysteem diverse extra lagen: Lightning, *sidechains*, bewaringssystemen en meer. In tegenstelling tot het banksysteem, dat steunt op lange afwikkeltijden en schuldbekentenissen, zijn veel lagen van Bitcoin ontworpen om vertrouwen te minimaliseren en kredietgebruik te vermijden. Dit bereikt men met software die programmeerbare contracten faciliteert en korte afwikkeltijden hanteert.

WAAROM BITCOIN-MINERS ONGEBRUIKELIJKE ENERGIEAFNEMERS ZIJN

Naast een simpele berekening van het energieverbruik van Bitcoin, moeten we ook stilstaan bij de details van hoe die energie wordt benut en welke energievormen daarbij een rol spelen.

Veel mensen veronderstellen dat bitcoin-miners met andere industrieën concurreren voor elektriciteit, waardoor bitcoin-mining andere toepassingen van stroom zou verdringen. In werkelijkheid opereren bitcoin-miners in een sterk gecommoditiseerde wereldmarkt en hebben ze extreem goedkope energie nodig, waardoor ze niet kunnen concurreren met reguliere elektriciteitsgebruikers. Daarom speuren ze wereldwijd naar inefficiënties, waar elektriciteit onderbenut, verspild en vrijwel gratis beschikbaar is.

De meeste mensen verhuizen immers niet naar de locaties waar energie wordt opgewekt; de energie moet naar ons worden getransporteerd. Traditioneel gezien vestigen mensen zich op specifieke geografische locaties, zoals rond waterwegen. We wonen in steden aan kusten of rivieren, in de omliggende voorsteden en op het platteland met vruchtbare grond. We verblijven zelden in de buurt van energiebronnen. In plaats van te verhuizen naar gebieden met olie-, gas- en uraniumreserves, laten we mensen die brandstoffen winnen en naar ons terugbrengen, zodat we ze thuis, bij tankstations en nabij kerncentrales kunnen gebruiken.

Bitcoin-miners zijn bijzondere energiegebruikers, omdat zij zich kunnen vestigen bij de energiebron, mits er een simpele internetverbinding met beperkte bandbreedte beschikbaar is — zelfs via een satellietverbinding indien nodig. Hierdoor benutten zij energie op efficiënte en onconventionele wijze. Daardoor kom je zelden bitcoin-miners tegen in stedelijke gebieden, waar elektriciteit doorgaans duurder is.

Nic Carter, de eerste analist van digitale munten bij *Fidelity* en later medeoprichter van *Castle Island Ventures*, verwoordde in 2018 op inzichtelijke wijze het energieverbruik van Bitcoin:

> Een interessante bijkomstigheid van proof-of-work munten is dat zij altijd bereid zijn energie te kopen tegen een prijs van 3-5 cent per kWh. En sommige van de beste energiebronnen bevinden zich buiten het elektriciteitsnet. Dit wereldwijde energienetwerk maakt gestrande energiebronnen vrij en maakt nieuwe levensvatbaar.[373]
>
> Stel je een 3D-topografische kaart van de wereld voor, waarbij locaties met goedkope energie lager liggen en plekken met dure energie hoger. Ik zie Bitcoin-mining als een glas water dat over het oppervlak stroomt, zich een weg baant door de holtes en gaatjes en het geheel egaliseert.[374]

In 2021 begon ik uitgebreid onderzoek te doen naar bitcoin-miners om de details nauwgezet te bestuderen. Sindsdien houd ik dit werk jaarlijks bij. In dat eerste jaar nam ik contact op met Marty Bent, die toen directeur bedrijfsontwikkeling was bij een bitcoin-miningbedrijf genaamd *Great American Mining*. Inmiddels bekleedt hij een bestuursfunctie bij *Cathedra*, een beursgenoteerd bitcoin-miningbedrijf. Hij lichtte enkele details toe die nog steeds relevant zijn:

> Omdat het Bitcoinnetwerk een gedistribueerd peer-to-peer-netwerk is, en dus niet afhankelijk is van één enkele miner om transacties te faciliteren, kunnen bitcoin-miners beter inspelen op kansen, zoals het opvangen van affakkelgas, vergeleken met andere energie-intensieve computerprocessen zoals serverfarms. Bitcoin-miners kunnen lokale verstoringen verdragen zonder dat de uptime van het netwerk wezenlijk in het gedrang komt, terwijl dit voor een serverfarm – waarin uptime kritische bedrijfsprocessen beïnvloedt – niet het geval is. Daarnaast versturen miners zeer weinig data naar miningpools, waardoor zij weinig bandbreedte nodig hebben. Hierdoor kunnen zij veel makkelijker opereren in zeer afgelegen gebieden met behulp van mobiele data dan andere energie-intensieve dataprocessen.[375]

Hoewel sommige miners goedkope vormen van reguliere energie gebrui-

373 Carter, *An Interesting Externality*.
374 Carter, *Imagine a 3D Topographic Map*.
375 Marty Bent, persoonlijke correspondentie. Geciteerd in Alden, *Bitcoin's Energy Usage*.

ken, toon ik in de volgende secties een overzicht van enkele innovatieve manieren waarop bitcoin-miners geïsoleerde of ongewenste energie op een alternatieve wijze benutten, zowel voor henzelf als voor hun tegenpartijen.

1) GEÏSOLEERDE HYDRO-ELEKTRISCHE STROOM VOOR BITCOIN-MINING

China was jarenlang het grootste land op het gebied van bitcoin-mining. Op hun hoogtepunt vertegenwoordigden Chinese miners gezamenlijk meer dan 70% van het netwerk. Men schatte echter dat dit aandeel in het voorjaar van 2021 geleidelijk daalde tot minder dan 50% door toenemende concurrentie elders. Vervolgens leidde een verbod op bitcoin-mining in China, vermoedelijk ingevoerd om kapitaalcontroles te handhaven, tot een sterke vermindering van de blootstelling aan Chinese bitcoin-mining. Een aanzienlijk deel van die miners vertrok naar andere locaties.[376]

China vormde jarenlang een interessant voorbeeld van mobiele bitcoin-mining. De provincie Sichuan beschikt over een overvloed aan overtollige waterkracht. Tijdens het natte seizoen produceren ze meer schone elektriciteit dan ze kunnen verbruiken, waardoor deze energie verloren gaat. Het betreft hier geïsoleerde energie.

Omdat bitcoin-miners direct bij de energiebron konden komen, trokken zij vroeger massaal naar Sichuan tijdens het regenseizoen om de anders verspilde energie te benutten. Zij deden dit niet vanwege idealistische milieubescherming, maar omdat de energie goedkoop was en niemand anders ernaar verlangde. Elektriciteit die anders verloren zou gaan en geen inkomsten voor de exploitant opleverde, kan tegen extreem lage prijzen worden verkocht aan degene die er een nuttige toepassing voor vindt, zoals in dit geval de bitcoin-miners.

Na het Chinese verbod op bitcoin-mining in 2021 verplaatsten veel machines en de miljarden dollars aan potentiële jaarlijkse inkomsten zich naar Noord-Amerika en andere landen. Jarenlang liet dit zien hoe bitcoin-miners opgesloten en onbenutte energie omzetten in winst. Zelfs na het verbod keerden Chinese bitcoin-miners nog in beperkte mate terug, omdat het lastig is de sector volledig uit te schakelen.[377]

Ook andere landen hebben te maken met het probleem van ongebruikte capaciteit bij hun waterkrachtinstallaties en zijn hierdoor uitgegroeid tot bitcoin-miningregio's. Alle overtollige waterkracht kan worden ingezet voor bitcoinmining, terwijl het anders verloren gaat.

376 Gian Volpicelli, *This is the True Scale of China's Bitcoin Exodus*, Wired, 13 oktober 2021.
377 Bijv. Akhtar en Shukla, *China Makes a Comeback*.

2) MINEN VAN BITCOIN MET GEÏSOLEERD AARDGAS

Veel aardoliedepots gaan gepaard met natuurlijk aardgas. Wanneer er voldoende gas beschikbaar is, verzamel je het en transporteer je het via pijpleidingen of andere netwerken om als primaire energiebron te dienen. Natuurlijk is aardgas uitstekend geschikt voor de opwekking van elektriciteit en voor verwarming. Maar als het slechts om een beperkte hoeveelheid gaat, rechtvaardigt dat economisch gezien niet de aanleg van een pijpleiding of alternatieve verzamelmethoden.

Dus, wat gebeurt er dan? Het gas wordt geloosd of afgefakkeld in de atmosfeer en gaat daardoor verloren. Lozen houdt in dat het gas simpelweg in de atmosfeer vrijkomt, meestal als methaan – een broeikasgas dat sterker werkt dan koolstofdioxide. Affakkelen betekent dat het gas wordt verbrand zonder enig productief doel, zodat het wordt omgezet in koolstofdioxide en vervolgens in de atmosfeer terechtkomt. Hoe het ook gebeurt, het is pure verspilling en draagt mede bij aan de wereldwijde uitstoot van broeikasgassen.

De Wereldbank gebruikt satellietgegevens om in te schatten dat wereldwijd jaarlijks 144 miljard kubieke meter aardgas wordt afgefakkeld of geloosd.[378] Een analyse van de Universiteit van Cambridge over het energieverbruik van het Bitcoinnetwerk wijst erop dat deze verspilde energie wel meerdere malen voldoende zou zijn om het volledige Bitcoinnetwerk van stroom te voorzien.[379]

Verschillende particuliere bitcoin-miningbedrijven hebben zich gespecialiseerd in het aansluiten van trailers met bitcoin-miners op olieproductielocaties waar geïsoleerd gas vrijkomt, zodat zij de anders verloren energie benutten. Dit levert een win-winsituatie op voor zowel olieproducenten als bitcoin-miners. De producenten kunnen hun geïsoleerd gas verkopen in plaats van het te verspillen, terwijl zij tegelijkertijd hun milieuprestaties verbeteren en voldoen aan regelgeving omtrent affakkelen. Het inzetten van een elektrische generator op dat gas zet methaan efficiënter om in koolstofdioxide dan direct affakkelen, en bitcoin-miners profiteren van een goedkope energiebron.

3) BITCOIN-MINING MET STORTGAS

Naast het aardgas dat gepaard gaat met olieproductie, komt er ook methaan vrij vanuit stortplaatsen. Wereldwijd komen miljarden kubieke meters methaan vrij door de afbraak van organisch afval. Sommige van de grootste

378 World Bank, *Global Gas Flaring Data*.
379 Cambridge Centre for Alternative Finance, *Cambridge Bitcoin Electricity Consumption Index*.

stortplaatsen vangen dit methaan op en gebruiken het om energie op te wekken, maar veel kleinere stortplaatsen – of zelfs grote locaties zonder economische toepassingen voor het methaan – laten het simpelweg in de atmosfeer ontsnappen.

Een bedrijf genaamd *Vespene Energy* haalde in 2022 $4,3 miljoen op om Bitcoin miners in te zetten op stortplaatsen zodat zij methaan kunnen benutten. Door methaan op te vangen en om te zetten in koolstofdioxide ontstaat bruikbare energie en neemt het broeikaseffect af. Dit wordt alleen rendabel als er een energiekoper is die flexibel genoeg is om zich op kleine en middelgrote stortplaatsen te vestigen, zoals Bitcoin miners.

> BERKELEY, Californië, 9 augustus 2022 /PRNewswire/ — *Vespene Energy*, een bedrijf dat zich richt op het reduceren van methaanemissies, kondigde vandaag aan dat het een financieringsronde van $4,3 miljoen heeft afgesloten onder leiding van *Polychain Capital*, met deelname van diverse klimaatgeoriënteerde fondsen. Vespene installeert zeer efficiënte microturbines op gemeentelijke stortplaatsen om afvalmethaan om te zetten in elektriciteit voor uiteenlopende toepassingen ter plaatse – de eerste toepassingen zijn datacentra voor Bitcoin-mining. Vespene's direct inzetbare en uiterst schaalbare technologie stelt exploitanten van gemeentelijke stortplaatsen in staat om een anders onbruikbare energiebron te gelde te maken, terwijl ze schadelijke broeikasgasemissies reduceren.[380]

Op dit moment beschrijft *Vespene* haar proces op hun website als volgt:

> We benutten het methaan van stortplaatsen om ter plaatse energie op te wekken wat bijdraagt aan de brede elektrificatie van EV-vloten en andere variabele faciliteitsbelastingen. Door energieopwekking te koppelen aan onderbreekbare gegevensverwerking zorgen we ervoor dat methaan volledig wordt afgebroken en de energie efficiënt wordt benut.[381]

In deze context verwijst 'onderbreekbare gegevensverwerking' vooral naar het minen van Bitcoin. Deze formulering kan ervoor zorgen dat potentiële gebruikers, die geïnteresseerd zijn in zo'n diensten maar negatieve associaties met Bitcoin hebben, niet worden afgeschrikt. Bitcoin-mining houdt immers in dat berekeningen en gegevensverwerking worden uitgevoerd voor het ordenen van transacties. In tegenstelling tot andere toepassingen binnen datacenters zijn individuele Bitcoin-miners echter bijzonder flexibel en onderbreekbaar.

---

380 Vespene Energy, *Vespene Energy Closes $4.3 Million Funding Round*, Cision, 9 augustus 2022.
381 Beschikbaar via https://vespene.energy/

Sommige mensen stellen de vraag: 'Kunnen we dit methaan niet opvangen zonder bitcoin-miners?' Het probleem is echter dat het zonder passende economische prikkels gewoon niet gebeurt. Mensen kunnen theoretiseren over wat er zou moeten gebeuren, maar ondernemen zelf niets. Op sommige kleinere stortplaatsen of fakkelgaslocaties komt het alleen voor wanneer zeer flexibele elektriciteitsverbruikers ter plaatse komen en er winstgevend gebruik van maken. Voor dit doel biedt bitcoin-mining de meest directe oplossing.

Dit is een opkomende sector waarin startups komen en gaan. Ik kan niet voorspellen hoe succesvol dit specifieke bedrijf over vijf of tien jaar zal zijn. Ik weet echter wel dat stortplaatsen over de hele wereld methaan in de atmosfeer lekken, een gas dat veel energie bevat. Tot op heden bestaat er nog geen methode die zowel kostenefficiënt als flexibel genoeg is om dit gas te benutten.

4) BITCOIN MINING ALS ACCU VOOR HET ELEKTRICITEITSNET

Elektriciteitsnetwerken moeten voortdurend twee zaken afstemmen: het wisselende aanbod en de veranderende vraag naar stroom.

Sommige elektriciteitsbronnen leveren consistent energie, zoals kerncentrales die dag en nacht aan staan. Andere bronnen, zoals wind- en zonne-energie – en in mindere mate waterkracht – zijn variabel en hangen af van wat Moeder Natuur op dat moment besluit te schenken in de vorm van wind, zon en regen. Door deze variabiliteit wordt in de elektriciteitsproductie overcapaciteit ingebouwd, zodat er zelfs op een uitzonderlijk rustige dag voldoende stroom beschikbaar blijft om aan de vraag van de gemeenschap te voldoen.

Aan de vraagzijde bestaan er dagen en seizoenen waarop meer elektriciteit nodig is dan op andere momenten. Zo verbruik ik in de winter aanzienlijk meer gas dan in de zomer, omdat ik het dan zowel voor koken als voor verwarming gebruik, terwijl ik het in de zomer uitsluitend voor koken nodig heb. Anderzijds stijgt mijn elektriciteitsverbruik in de zomer, doordat ik naast mijn normale gebruik ook de airconditioning draai. Bovendien zijn er piekdagen – bijvoorbeeld de heetste dag van het jaar – waarop bijna elk huishouden de airconditioning op vol vermogen heeft staan. Ingenieurs die het elektriciteitsnet beheren moeten met zulke situaties rekening houden. Ook is er gedurende de dag sprake van variaties in het elektriciteitsverbruik.

Daarnaast kun je elektriciteit maar beperkt over grote afstanden transporteren; hoe langer de transmissielijnen, hoe groter het verlies (verspilling). Met andere woorden: elektriciteit is een lokaal fenomeen.

Omdat zowel het aanbod als de vraag per uur, per dag en per seizoen sterk kunnen variëren, moeten elektriciteitsnetwerken overcapaciteit aanleggen en meer opwekkingscapaciteit beschikbaar hebben dan op een doorsnee dag wordt gebruikt. Een deel van die capaciteit komt van piekcentrales op aardgas, die snel aan- of uitgeschakeld kunnen worden om tegemoet te komen aan piekmomenten in de vraag. Andere typen, zoals zonnepanelen en windturbines, laten zich niet zo flexibel regelen. Wanneer een stroomproducent te veel zonne- en windcapaciteit bouwt en de overtolligheid niet op een ander netwerk kan verkopen, gaat die elektriciteit simpelweg verloren.

Een probleem met zonne- en windenergie is dat energiebatterijen erg duur zijn. Ondanks alle menselijke vindingrijkheid lukt het ons nog steeds niet om op grote schaal kosteneffectieve batterijen te produceren die geschikt zijn voor elektriciteitsmaatschappijen, mede doordat ze veel metalen en mijnbouw vereisen. Het blijft een buitengewoon complex fysisch probleem. Natuurlijk produceren we accu's voor specifieke nichetoepassingen, maar breed gebruik is noch rendabel, noch milieuvriendelijk.[382]

Bitcoin-mining maakt het rendabel om in overvloed hernieuwbare energiebronnen aan te leggen, omdat overtollige energie op die manier kan worden gemonetariseerd. Elke gemeenschap die betrouwbare energie nastreeft, dient bovendien over voldoende elektriciteitscapaciteit te beschikken – een eis die bij wind-, zonne- en waterkrachtenergie, vanwege hun variabiliteit, nog belangrijker is. Overcapaciteit is echter doorgaans pas de moeite waard als de overtollige energie voor iets winstgevends en nuttigs kan worden benut, wanneer deze anders onbenut zou blijven. Bitcoin-miners vormen een unieke oplossing voor dat probleem, omdat zij overtollige energie winstgevend maken en daarmee indirect functioneren als energieopslag.

Het grootste deel van de tijd, wanneer het aanbod de vraag overtreft, schakelen bitcoin-miners – als een belangrijke energieafnemer in de gemeenschap – hun apparatuur in, genereren ze inkomsten en dekken zo hun elektriciteitskosten. Treedt er een piek in de elektriciteitsvraag op of neemt het aanbod zodanig af dat anders stroomuitval in de regio zou ontstaan, dan kunnen deze miners tijdelijk uitschakelen. Een goed gestructureerd commercieel contract kan dit proces soepel laten verlopen. Het nutsbedrijf kan de miners het laagste tarief in de regio aanbieden, in ruil voor een grotere tolerantie ten aanzien van variabiliteit en andere flexibele contractvoorwaarden.

Harry Sudock, *Chief Strategy Officer* bij *GRIID*, legde dit in juni 2021 aan Peter McCormack uit in zijn podcast:

382 Vaclav Smil, *How the World Really Works*, 27-43.

> Het vermijden van overproductie is geen ideale situatie voor energieleveranciers. Neem een windturbine als voorbeeld: wanneer de turbine draait, worden er elektronen opgewekt. In sommige regio's is de marktprijs echter negatief, dus kiezen ze ervoor de energie niet te verzenden en gaat die simpelweg verloren.
>
> Als ze een overeenkomst kunnen sluiten met een andere koper die intermitterend verbruik kan verdragen en de energie slechts gedeeltelijk nodig heeft, levert dat een zeer waardevolle klant op. Zo'n klant betreedt een markt die anders nauwelijks in staat zou zijn de energieopwekking op grotere schaal te ondersteunen.
>
> Ik vind dat bitcoin-miners bijzonder zijn en een enorme technologische vooruitgang betekenen ten opzichte van traditionele elektriciteitsgebruikers. Wij beschikken over wat ik 'energiesuperkrachten' noem: ten eerste maken energiekosten 80 tot 90 procent van onze maandelijkse uitgaven uit; ten tweede kunnen we energie met tussenpozen verbruiken zonder dat dit een ernstige impact heeft op ons bedrijfsmodel. Als iemand mij zou vertellen dat ik mijn miners 100 uur per jaar, of zelfs 500 uur per jaar moet uitschakelen, dan accepteren we dat niet met een simpele 'nee', maar zeggen we: 'Dat moeten we verwerken in de energieprijs die wij betalen.'
>
> Wanneer ik een stroomcontract probeer te onderhandelen, doe ik dat zo: 'Ik heb de laagste kosten nodig die je kunt bieden. Over alle andere aspecten van ons verbruiksprofiel ben ik bereid te onderhandelen. Hoe groot wordt de mijn? Hoe vaak heb je die stroom weer nodig? Moeten we bijdragen aan andere creatieve oplossingen binnen je energiemix of systeem? Moeten we onze faciliteiten splitsen en op twee locaties inrichten? En goed, moeten we ook bijdragen aan het beveiligingsbudget van de overige onderdelen van de operatie?'
>
> Onze taak is de energieprijs zo laag en concurrerend mogelijk te maken en tegelijkertijd met de producenten samen te werken aan alle andere variabelen.[383]

Om Sudocks quote toe te lichten, wil ik eraan toevoegen dat hun derde superkracht het vermogen is zich te vestigen vlakbij de bron van elektriciteitsopwekking. Zo verminderen ze transmissieverliezen en houden ze de stroomprijs laag. Bitcoin-miners onderscheiden zich doordat elektriciteit hun grootste operationele kostenpost vormt, zij een onderbreking in de elektriciteitsvoorziening kunnen doorstaan en extreem flexibel zijn in hun locatiekeuze. Hierdoor kunnen zij concessies doen die voor de meeste andere bedrijven ondenkbaar zijn, in ruil voor zeer lage elektriciteitsprijzen wanneer energie in overvloed is.

383 Harry Sudock, *The Truth About Bitcoin's Energy*, What Bitcoin Did, 16 juni 2021: 30:28–32:59.

Dankzij hun mogelijkheid zich dichtbij de energiebron te vestigen, spelen bitcoin-miners ook in op onverwachte vraagtekorten of andere bijzondere situaties. In dezelfde podcast beschreef Sudock deze situatie:

> Dit is een anekdote waaraan we momenteel werken. Een gemeenschap heeft toestemming gekregen om een nieuw ziekenhuis in hun buurt te bouwen. Het netwerk van dat nutsbedrijf voorziet 17.000 huishoudens van energie. Het ziekenhuis zal het energieverbruik in de regio verdubbelen. We zijn het er allemaal over eens dat een ziekenhuis een zeer waardig gebruik van elektriciteit is, daar valt niet over te twisten.
>
> Ze bouwen nieuwe transmissielijnen, bouwen een groter onderstation dat de extra belasting aankan, en na al deze investeringen wordt het ziekenhuisproject geannuleerd.
>
> Ze hebben inmiddels miljoenen dollars in het gebied gestoken om deze grote afnemer binnen te halen. Zonder een alternatieve bestemming voor de energie moeten de kosten over 17.000 huishoudens worden verdeeld. Wat doen ze? Ze bellen onze *Vice President of Energy Management* en melden: 'We hebben een overschot aan energie. Als we geen grote energieklant aantrekken, worden deze kosten doorgerekend aan huishoudens die niet over de middelen beschikken om stijgende energiekosten te dekken.'
>
> Zo ontstaat voor ons een prachtige kans om in te stappen, deze nutsvoorziening te ondersteunen, een klant binnen te halen na het mislukken van de oorspronkelijke deal en tegelijkertijd de ruggengraat van deze gemeenschap te versterken door hun energieprijzen voor het komende decennium te stabiliseren. Dit zijn de verhalen over bitcoin-mining die vaak ondergesneeuwd raken. Daarbij komt nog dat deze energiebron voor meer dan 60% koolstofvrij is.[384]

Toen ik in 2021 onderzoeksartikelen ging publiceren over het energieverbruik van Bitcoin – waarin ik ook de verschillende typen stroomaankoopovereenkomsten beschreef – bleek dat het netwerk historisch gezien te klein en te gespecialiseerd was voor netwerktechnici om er een rol in te zien. Vanaf 2022 verspreidden deze 'stroombeperkingsovereenkomsten' zich en kwamen ze breed in beeld. Grote, beursgenoteerde bitcoin-miners in de VS beperkten herhaaldelijk hun elektriciteitsverbruik als gevolg van de diverse schommelingen in 2022 en 2023. Tegelijkertijd begonnen grote energieproducenten met het opzetten van bitcoin-miningactiviteiten en kondigde het *Tokyo Electric Power Grid* plannen aan om bitcoin te minen

384 Sudock, *Bitcoin's Energy*, 5:44–7:34.

met overtollige energie.[385]

Als het Bitcoinnetwerk groot genoeg wordt, kan elke continue elektriciteitsbron er bitcoin-miningapparatuur naast plaatsen om het variabele verschil tussen aanbod en vraag van het omliggende net winstgevend op te vangen, zodat er geen energie verloren gaat. Dit drukt de kosten voor zowel producent als consument en maakt variabele energiebronnen kostenefficiënter. Met andere woorden, overtollige elektriciteit komt altijd van pas voor computationele berekeningen. Op die manier richt de transactieverwerking van het Bitcoinnetwerk zich op alle kleine inefficiënties in het wereldwijde energiesysteem.

Daarom beschouw ik het niet als negatief, zelfs als Bitcoin meer dan 1% van het wereldwijde energieverbruik opslokt. Tegen die tijd zal het immers stevig geïntegreerd zijn in het energiesysteem en waarschijnlijk meer voordelen dan nadelen opleveren.

Bitcoin-mining is een uiterst gecommoditiseerde industrie. Een bitcoinminer blijft op de lange termijn alleen solvabel door de allergoedkoopste energiebronnen te gebruiken, namelijk die bronnen die anders onbenut of verspild zouden worden. Tijdens een tijdelijke bitcoin-bullrun kan een miner met zowat elke energiebron winst behalen. Maar op de lange termijn, over meerdere *bull- en bear*-cycli, blijkt alleen de goedkoopste energie haalbaar voor degene die cyclus na cyclus rendabel wil blijven. Daarom sluiten ze contracten met elektriciteitsnetwerken om de energielast te balanceren, vestigen ze zich bij energieproducenten om overtollige elektriciteit te verhandelen en/of maken ze gebruik van diverse geografisch afgelegen *off-grid* energiebronnen.

5) BITCOIN-MINERS ALS VERWARMING

Het merendeel van de energie die bitcoin-miners verbruiken, komt als warmte vrij. Een computerprocessor fungeert immers als een verwarmingselement terwijl hij berekeningen uitvoert. Naast het benutten van de goedkoopste energiebronnen, kun je de kosteneffectiviteit van bitcoin-mining vergroten door de gegenereerde warmte nuttig in te zetten.

Een particulier of bedrijf kan bijvoorbeeld een traditionele ruimte- of zwembadverwarmer vervangen door een bitcoin-miner. Hoewel de aanschafkosten hoger liggen, levert zo'n miner wel inkomsten op terwijl hij verwarmt. Op grotere schaal kunnen ook de verwarmingssystemen van ruimtes of kassen worden vervangen door bitcoin-miners. Innovatieve

385 Xinyi Luo, *Bitcoin Miners Offered Way to Cut Texas Electricity Usage to Help the Grid*, CoinDesk, 6 december 2022; Deniz Saat, *Japan's Largest Power Company Will Mine Bitcoin with Excess Energy*, BTC Times, 14 december 2022.

toepassingen hebben dit al aangetoond, maar naarmate het netwerk groeit, verwacht ik dat miners elk mogelijk voordeel benutten, waaronder manieren om afvalwarmte nog effectiever te hergebruiken.

Er is geen reden om ruimteverwarmers die tijdens het verwarmen tevens berekeningen uitvoeren af te keuren – in tegenstelling tot gewone ruimteverwarmers die enkel warmte leveren. De kritiek op het elektriciteitsverbruik van het Bitcoinnetwerk berust op het idee dat de energie wordt verspild. In werkelijkheid gebruikt het netwerk die stroom om 1) het netwerk te beveiligen en 2) de omgeving rond de processor te verwarmen.

Satoshi merkte dit al in 2010 op, want vanaf het begin waren er discussies over de milieueffecten van Bitcoin. Zo stelde Satoshi voor:

> De warmte van je computer is niet verspild als je ook je huis moet verwarmen. Als je elektrisch verwarmt, gaat er geen warmte van je computer verloren. De kosten blijven gelijk wanneer je die warmte zelf genereert met je computer. Als je een goedkoper alternatief voor elektrische verwarming hebt, is de verspilling het verschil in kosten. In de zomer, gecombineerd met airconditioning, is de verspilling dubbel. Bitcoin-generatie zal zich vestigen op de plek waar het het goedkoopst is – wellicht in koude klimaten met elektrische verwarming, waar die warmte eigenlijk gratis is.[386]

6) VOORUITGANG IN NIEUWE ENERGIETECHNOLOGIEËN

Het bedrijf *Product Recovery Technology International* – of kortweg PRTI – heeft het afgelopen decennium besteed aan het omzetten van versleten banden in koolwaterstofproducten. Elk jaar worden wereldwijd meer dan een miljard banden weggegooid die van koolwaterstoffen zijn gemaakt, en de meeste daarvan worden eenvoudigweg verbrand of begraven.

PRTI heeft een unieke, verzegelde ketelprocedure ontwikkeld waarmee ze versleten banden afbreken tot diverse koolwaterstofproducten die zij vervolgens verkopen. Tijdens dit proces produceren ze tevens wat aardgas, dat zij inzetten om elektriciteit op te wekken. Omdat hun faciliteiten doorgaans gesitueerd zijn op locaties waar de banden naartoe worden vervoerd – ver weg van dichtbevolkte gebieden – is er weinig vraag naar die elektriciteit op het lokale net, waardoor ze slechts zeer lage tarieven ontvangen. Bovendien is de hoeveelheid overtollig gas te gering om te investeren in een pijpleiding of andere grootschalige toepassingen.

PRTI benut het overtollige aardgas dat zij genereren om ter plekke bitcoin te minen. Dit verbetert de economische efficiëntie van hun operatie,

386 Satoshi Nakamoto, *Re: Bitcoin Minting is Thermodynamically Perverse*, BitcoinTalk forum, 9 augustus 2010.

zodat ze onverminderd door kunnen gaan met het recycleren van banden en daarmee de enorme wereldwijde bron van vervuiling en afval reduceren. Bitcoin-mining blijkt de meest rendabele toepassing voor de extra energie te zijn die zij met hun innovatieve proces produceren.

Een ander voorbeeld van hernieuwbare energie is *Ocean Thermal Energy Conversion*, oftewel *OTEC*. Dit concept werd een eeuw geleden voor het eerst succesvol gedemonstreerd, maar vond nooit echt breed draagvlak. Grote hoeveelheden zonne-energie verwarmen het oppervlaktewater van de oceanen beduidend meer dan het koude diepe water. Deze warmtekolom biedt een kans om elektriciteit op te wekken en fungeert als een natuurlijk energieopslagmedium. Met een enorme buis en een specifiek energieconversieproces benutten grote platforms of schepen het temperatuurverschil tussen het warme oppervlaktewater en het ijskoude dieptewater om basislast te genereren. De opgewekte elektriciteit kan direct naar het vasteland worden getransporteerd of worden ingezet om vloeibare brandstoffen te produceren.[387]

Het probleem met OTEC tot nu toe ligt in de schaalbaarheid. Kleine OTEC-centrales zijn al getest, maar blijken economisch niet rendabel. Middelgrote installaties vragen om veel infrastructuur om de opgewekte energie naar het vasteland te vervoeren, wat niet in verhouding staat tot de hoeveelheid energie die zij leveren. Grote OTEC-installaties blijken economisch wel interessant, maar niemand wil zo'n groot project starten voordat middelgrote exemplaren hun waarde hebben bewezen.

Middelgrote OTEC-installaties kunnen economisch rendabel zijn als zij hun opgewekte energie niet naar het vasteland hoeven te transporteren. Als ze vrij op zee opereren en kunnen afzakken naar de warmste delen van de oceaan nabij de evenaar, biedt dat op die schaal potentieel winstgevendheid. Het probleem is echter dat er midden in de oceaan doorgaans geen vraag naar elektriciteit bestaat – of bestond tenminste. Installeert men echter Bitcoin-miners op het OTEC-schip, dan kan men de elektriciteit op zee meteen te gelde maken, het concept bewijzen en hopelijk in de toekomst financiering verkrijgen voor grote platforms die de kustbevolking van stroom kunnen voorzien.

OceanBit probeert dit nu te realiseren. Het bedrijf is ervan overtuigd dat Bitcoin-mining OTEC nieuw leven kan inblazen als een actief onderzoeks- en ontwikkelingsveld. Medeoprichter Nathaniel Harmon ontwikkelde bovendien een methode om Bitcoin-mining direct in het OTEC-proces te integreren. Hij benut een deel van het koude water dat omhoog wordt gepompt om de miners te koelen en voegt de hete afvalwarmte van hun apparatuur

387 U.S. Energy Information Administration, *Hydropower Explained*.

toe aan het warme oppervlaktewater dat al in gebruik is. In 2022 sprak ik uitvoerig met medeoprichters Nathaniel Harmon en Michael Bennett over hun werkzaamheden. Met mijn achtergrond in elektrotechniek vind ik de technologie bijzonder veelbelovend.

7) INFRASTRUCTUUR OPZETTEN VOOR ELEKTRICITEIT IN ONTWIKKELINGSLANDEN

Veel lage-inkomenslanden beschikken over talrijke energiebronnen, zoals hydro-elektrische capaciteit. Ontwikkelaars hebben echter vaak te maken met een kip-en-ei-probleem: het bouwen van elektrische transmissie- en distributienetwerken om de opgewekte energie naar de consument te transporteren, is duur en onzeker. Doordat mensen in gebieden zonder elektriciteit weinig geld en elektronische apparaten bezitten, aarzelen investeerders om hierin te stappen vanwege het onzekere rendement. Tegelijkertijd hebben deze gemeenschappen elektriciteit nodig om hun productiviteit te verhogen en welvaart te realiseren. Elektriciteit vormt immers een essentiële voorwaarde voor economische groei.

Bitcoin biedt interessante mogelijkheden voor sommige van deze ontwikkelingsgebieden om hun elektriciteitscapaciteit uit te breiden en extra inkomsten te genereren. Wanneer een energiebron is ontwikkeld, kunnen Bitcoin-miners arriveren en de locatie direct winstgevend maken als een betrouwbare ankerkoper tegen lage tarieven. Deze optie blijft rendabel totdat de elektriciteit efficiënter wordt benut doordat in de daaropvolgende jaren meer mensen in de regio elektronische apparaten gaan gebruiken. Zoals Alex Gladstein van de *Human Rights Foundation* beschreef in een artikel uit 2021 getiteld *The Humanitarian and Environmental Case for Bitcoin*:

> Miljarden mensen in ontwikkelingslanden kampen met een energieprobleem. Om hun economieën te laten groeien, moeten zij hun elektrische infrastructuur uitbreiden, een kapitaalintensief en complex proces. Wanneer, met behulp van buitenlandse hulp of investeringen, energiecentrales worden gebouwd om hernieuwbare energie op afgelegen locaties te benutten, komt deze energie vaak nergens terecht.
>
> In veel Afrikaanse landen zijn er bijvoorbeeld enorme zonne-, wind- en waterkrachtbronnen. Deze bronnen zouden economische activiteit kunnen stimuleren, maar lokale gemeenschappen en overheden beschikken doorgaans niet over de middelen om in de benodigde infrastructuur te investeren die dit proces op gang brengt.
>
> Buitenlanders en investeerders aarzelen om projecten te steunen die geen duidelijke weg naar duurzaamheid of winstgevendheid bieden. Zonder

> robuuste transmissielijnen om energie van de opwekkingspunten naar bevolkingscentra te transporteren, moeten energiecentralebouwers vaak jarenlang wachten voordat zij zonder buitenlandse subsidies rendabel kunnen opereren.
>
> Hier kan Bitcoin de prikkelstructuur ingrijpend veranderen. Nieuwe energiecentrales, hoe afgelegen ook, kunnen direct inkomsten genereren – zelfs zonder transmissielijnen – door hun energie in te zetten voor het Bitcoinnetwerk en zonlicht, water of wind om te zetten in geld.
>
> Wanneer lokale autoriteiten of klanten geleidelijk via de energiecentrale worden aangesloten en bereid zijn meer te betalen voor de energie dan momenteel door miners kan worden afgenomen, daalt de Bitcoin-belasting en krijgen gemeenschappen de kans om te groeien. Zo ontstaat er ruimte voor economische activiteiten en de ontwikkeling van hernieuwbare netwerken via Bitcoin-mining. Internationale hulp kan deze ontwikkeling verder stimuleren.[388]

Ross Stevens, oprichter en CEO van alternatieve vermogensbeheerder *Stone Ridge*, presenteerde in 2020 een interessante kijk op het energieverbruik van Bitcoin. Hij stelde dat Bitcoin-mining de eerste winstgevende toepassing van energie in de menselijke geschiedenis is die niet per se in de nabijheid van menselijke nederzettingen hoeft plaats te vinden. Bitcoin-mining kan immers vlakbij onbenutte energiebronnen opereren, wat de aanleg van infrastructuur bevordert en mensen stimuleert zich in die omgeving te vestigen. Zoals hij in zijn aandeelhoudersbrief van december 2020 schreef:

> Bitcoin kan overal ter wereld geïsoleerde energiebronnen rendabel maken. Watervallen, stromende rivieren of te bouwen dammen blijven nu onbenut, omdat het te duur is ze aan te sluiten op elektriciteitsnetwerken in woon- of industriegebieden.
>
> Met Bitcoin kan de energiewereld ingrijpend veranderen door een zeer winstgevende toepassing van elektriciteit te introduceren die niet gebonden is aan een specifieke locatie. De wereld heeft nog nooit een winstgevende toepassing van energie gekend die locatieonafhankelijk is. Nu wel. En aangezien fossiele brandstoffen al te duur zijn als energieleverancier voor Bitcoinmining, geloof ik dat op de lange termijn alleen mining die door waterkracht wordt aangedreven economisch rendabel zal zijn.
>
> Stel je een toekomst voor waarin bitcoin-miningbedrijven op zeer afgelegen locaties zonder subsidies actief zijn – denk aan een waterval in een grotendeels onbewoond Afrikaans gebied dat kampt met extreme armoede –

---

388 Alex Gladstein, *The Humanitarian and Environmental Case for Bitcoin*, Bitcoin Magazine, 26 mei 2021.

> die eenvoudig met het Bitcoinnetwerk verbonden zijn, terwijl er serieuze energie-infrastructuur wordt aangelegd om de lokale, schone energiebron te benutten voor mining. Zodra de rendabele industriële infrastructuur staat, breiden we die uit. We leggen wegen aan, bouwen woningen, scholen en ziekenhuizen. Uiteindelijk leidt dit tot menselijke vestiging.
>
> Het uiteindelijke resultaat kan zijn dat mensen zich rondom nieuwe, door Bitcoin aangedreven waterkrachtinstallaties vestigen, waarbij steeds meer mensen kiezen voor concentratie rond goedkope, schone energiebronnen. Historisch gezien luidde onze energie-uitdaging: de stroom naar de mensen brengen. Met Bitcoin verplaatsen we de mensen naar de stroom.[389]

In 2022 werd deze visie in Afrika werkelijkheid. Een bedrijf genaamd *Gridless* begon Bitcoin-mining in te zetten om de implementatie van kleinschalige waterkrachtcentrales langs rivieren in Oost-Afrika te stimuleren en ondersteunen. Op hun homepage omschrijven ze het als volgt:

> Er is in heel Afrika een enorme vraag naar betrouwbare, schone en betaalbare energie, maar kleinschalige mini-grids hebben moeite om duurzaam te opereren. Gridless werkt samen met landelijke, hernieuwbare mini-grid energieopwekkers om hun volledige productiecapaciteit te benutten als 'ultieme afnemer'. Daarnaast treden zij op als ankerhuurders voor de aanleg van nieuwe energievoorzieningen.[390]

Dit maakt de uitvoering van energieprojecten in Afrika veiliger en economisch aantrekkelijker voor ontwikkelaars, waardoor initiatieven daadwerkelijk gerealiseerd worden in plaats van in de ontwikkelingsfase te blijven steken. Eind 2022 haalde het bedrijf $2 miljoen op aan durfkapitaal om de uitbreiding van hun activiteiten te financieren. Zoals *Bitcoin Magazine* meldde:

> In hun eerste jaar van operatie startte Gridless vijf experimentele projecten in samenwerking met HydroBox, een Afrikaans waterkrachtenergiebedrijf, op afgelegen locaties in Kenia. Drie van deze pilots draaien inmiddels. Gridless financiert de bouw en neemt de exploitatie van de datacenters in deze landelijke gemeenschappen op zich. Het bedrijf richt zich nu op uitbreiding naar andere regio's in Oost-Afrika.[391]

De op Bitcoin gerichte ondernemer Obi Nwosu noemde deze locaties

389 Ross Stevens, *2020 Shareholder Letter*.
390 Beschikbaar via https://gridlesscompute.com/
391 BTCCasey, *African Bitcoin Mining Firm Gridless Raises $2 Million In Funding Round Led by Stillmark, Block Inc*, Bitcoin Magazine, 6 december 2022.

in 2022 'frontier towns', waarmee hij verwees naar de steden die in de 19e eeuw rondom goudmijngebieden ontstonden, toen mensen zich westwaarts in Noord-Amerika vestigden. Bitcoin-mining kan de productie stimuleren van anders onbenutte energiebronnen, zoals kleine rivieren, en maakt 'microgrids' economisch haalbaar. Zodra deze energiebronnen ontwikkeld zijn, krijgen mensen de kans er te komen wonen en werken: eerst de medewerkers van de energie- of datacenters, daarna hun gezinnen en uiteindelijk de ondersteunende diensten, wat uitgroeit tot volwaardige dorpen. Met een operationele microgrid kan het gebied productiever en welvarender worden, waardoor mensen meer apparaten aanschaffen, meer energie verbruiken en een hogere levensstandaard genieten.

TECHNOLOGIE TEN GUNSTE VAN ENERGIE

De meeste mensen beseffen niet dat energie niet uitwisselbaar is. Dit geldt voor bepaalde soorten koolwaterstoffen, zoals afgelegen aardgas, maar vooral voor elektrische stroom. Elektrische stroom wordt op een bepaald moment en op een specifieke plaats opgewekt en kan niet ver getransporteerd worden zonder grote verliezen. Sommige variabele energiebronnen, zoals zonnepanelen en windturbines, leveren op bepaalde momenten overtollige elektriciteit, die vervolgens als warmte verloren gaat. Altijd-aan energiebronnen zoals waterkrachtcentrales ervaren vaak een te geringe lokale vraag, of de vraag geeft wisselvalligheden, waardoor ook die productie verloren gaat. Men gaat er vaak van uit dat iedere geproduceerde eenheid elektriciteit nuttig wordt benut en dat elke nieuwe energievraag direct moet concurreren met bestaande vraag. Zoals in dit hoofdstuk wordt uitgelegd, gaat immers een aanzienlijk deel van de opgewekte elektriciteit verloren omdat er geen flexibele koper is die bereid is de marginale kosten ervoor te betalen.

Toen de tractor werd uitgevonden, kon één persoon het werk verzetten waarvoor vroeger een dozijn mensen nodig was. Tractors verbruiken echter extra energie in de vorm van koolwaterstoffen. Als we uitsluitend naar het externe energieverbruik kijken, lijkt de landbouw hiermee energie-intensiever te worden dan traditionele handarbeid. Maar nader bekeken vervangt dit energieverbruik de calorische inspanning van de boeren, waardoor zij meer tijd en energie overhouden voor andere productieve taken.

Net als andere technologieën verbruikt Bitcoin energie. Dankzij dit energieverbruik kan het op een gedecentraliseerde en geautomatiseerde manier een wereldwijd kasboek bijwerken en onderhouden, in tegenstelling tot de huidige bankkasboeken die afhankelijk zijn van centrale en vaak handmatige processen, gebaseerd op vertrouwen. In tegenstelling tot proof-of-stake netwerken werkt Bitcoin op een wijze die het concept van onvervalsbare kosten behoudt. Dit betekent dat, zelfs als het netwerk tijdelijk stilvalt, de geschiedenis van het kasboek niet vervalst of ter discussie kan worden gesteld. Met andere woorden, Bitcoin zet energie in om de benodigde governance te minimaliseren. Wordt een digitaal inheems monetair netwerk zoals Bitcoin breder geaccepteerd, dan hoeft de traditionele financiële sector niet zo omvangrijk en hulpbronnenintensief te blijven als nu.

Start-upbedrijven die in dit hoofdstuk worden genoemd, lopen risico's en kunnen daardoor mislukken. Veel start-ups gaan over meerdere jaren failliet. Hoewel specifieke bedrijven komen en gaan, biedt de nieuwe manier waarop het netwerk energie verbruikt tal van interessante mogelijkheden. De wereld heeft nog nooit zo'n flexibele energiegebruiker gekend, zowel wat betreft de locatie als de variabiliteit van de energie. Als het Bitcoinnetwerk blijft groeien en energie blijft verbruiken, kunnen diverse inefficiënties in onze huidige energieproductie gestabiliseerd en economisch benut worden. Bovendien kunnen verschillende bronnen van schone energie, die anders ver van menselijke nederzettingen zouden liggen, winstgevend worden aangeboord, waardoor mensen gestimuleerd worden om naar die gebieden te verhuizen.

HOOFDSTUK 26

RISICOANALYSE VOOR CRYPTOVALUTA

Lezers van dit deel van het boek die tot voor kort niet enthousiast waren over Bitcoin, denken misschien: 'Sommige aspecten zijn interessant, maar ik betwijfel of het op de lange termijn zal slagen.' Als je die mening deelt, ben je in goed gezelschap. Ik beschouw een kritische houding tegenover de duurzame financiële waarde van deze technologie als gezond en vanzelfsprekend. Goud dient al duizenden jaren als betaalmiddel. Papieren valuta, uitgegeven door overheden en banken, en gecentraliseerde kasboeksystemen hebben eeuwenlang als ruilmiddel gefunctioneerd. Bitcoin daarentegen is een relatief niche softwareplatform dat sinds 2009 actief is. Laten we niet op de zaken vooruitlopen.

Toen ik in 2010 of 2011 voor het eerst over Bitcoin hoorde, raakte ik geïntrigeerd, maar bleef ik koppig sceptisch. In die tijd kende Bitcoin nauwelijks een marktprijs. Hoewel de innovatie me fascineerde, besloot ik geen munten aan te schaffen. Ik kende namelijk een ingenieur die Bitcoin mijnde op haar krachtige gamingcomputer, en ik overwoog zelfs om mijn eigen computer hiervoor in te zetten. Maar, zoals vaak gebeurt, kwam er niets van en vergat ik het weer. Het was simpelweg niet overtuigend genoeg om mijn aandacht zodanig te grijpen dat ik tot actie overging.

In 2013 kwam ik opnieuw in aanraking met het idee, toen de prijs sterk steeg. Ik ging er weer naar kijken en bleef de innovatie waarderen. Hoewel ik verschillende ruilplatformen onderzocht om eventueel munten te kopen, maakte hun dubieuze en risicovolle aard me toch wat ongerust. Ik nam me voor om de volgende week meer tijd te besteden aan een veilige aankoop, maar al snel was ik weer met andere zaken bezig en vergat ik het uiteindelijk weer. Ik bleef te sceptisch om daadwerkelijk tot aanschaf over te gaan.

Eind 2017, na een aanzienlijke prijsstijging, publiceerde ik een openbaar onderzoeksartikel over Bitcoin en andere cryptovaluta; daarin legde ik de werking van deze technologie uit aan een breder investeringspubliek en stelde ik diverse waarderingsmethoden voor.[392] Ik besefte opnieuw dat ik voorlopig geen Bitcoin zou kopen. Achteraf bleek dit een verstandige beslissing, want het gebeurde vlak voor een van de vele prijsbubbels, waarna de rendementen de daaropvolgende drie jaar behoorlijk laag bleven.

Vanaf het begin aarzelde ik vooral omdat het leek alsof iedereen zomaar de code kon kopiëren en een nieuwe blockchainvaluta kon creëren. Terwijl edelmetalen door hun inherente schaarste slechts in een beperkt aantal varianten voorkomen, kan iemand met enige programmeerervaring een bestaande blockchainvaluta namaken, een paar variabelen aanpassen en zodoende een nieuwe lanceren. Hierdoor kan het concept – ondanks dat er slechts 21 miljoen Bitcoin zullen zijn – geconfronteerd worden met inflatie en verwatering van het aanbod door de introductie van talloze nieuwe blockchainvaluta. Mocht het marktaandeel over veel blockchains verspreid raken, blijft er mogelijk voor geen enkele valuta blijvend koopkracht, liquiditeit of zekerheid over. Ook schatte ik de risico's van overheidsverboden, softwarefouten en willekeurige wijzigingen in de netwerkregels zeer hoog in.

In tegenstelling tot mijn eerdere observaties in 2011 en 2013 bleef ik na 2017 het netwerk nauwgezet volgen, zelfs tijdens de berenmarkt van 2018 en 2019. Toen de prijs van Bitcoin begin 2020, midden in de COVID-19-pandemie, instortte na een lange periode in de berenmarkt, beval ik het netwerk als investeringsmogelijkheid aan op mijn beleggingsonderzoekswebsite en investeerde ik zelf een aanzienlijk bedrag. Sindsdien blijf ik structureel optimistisch over het netwerk, al blijf ik de diverse risico's erkennen die het voortbestaan van het concept op lange termijn bedreigen.

Het moment waarop mijn interesse voor Bitcoin echt toenam, was het einde van de *Blocksize War*. Tussen 2015 en 2017 voerde de Bitcoingemeenschap een intens debat over de vraag of de maximale blokgrootte verhoogd moest worden via een 'hard fork', een consensuswijziging die niet achterwaarts compatibel is met bestaande nodes. Diverse groepen – waaronder ontwikkelaars, commerciële miners, ruilplatformen en ook individuele gebruikers en node-operators – streden om invloed over het protocol en de macht binnen het netwerk. Deze strijd vormde een ware praktijktest voor de decentralisatie van Bitcoin. Kortom, het was een 'constitutionele crisis' voor het netwerk, maar Bitcoin doorstond deze test met glans.

Al sinds het ontstaan van het netwerk ontstond een groeiende kloof tussen degenen die de blokgrootte wilden vergroten en degenen die de voorkeur gaven aan een kleinere blokgrootte. Een grotere blokgrootte maakt het

392 Lyn Alden, *How to Value Bitcoin and Other Cryptocurrencies*.

namelijk mogelijk om meer transacties per tijdseenheid te verwerken (zonder rekening te houden met tweedelaags- en sidechain-oplossingen, die toen nog niet volledig ontwikkeld waren). Tegelijkertijd vraagt een grotere blokgrootte om meer bandbreedte, opslagcapaciteit en verwerkingskracht om een volledige node te draaien, waardoor dit voor de gemiddelde gebruiker op een laptop vaak onbereikbaar blijkt. Wanneer gebruikers hun eigen node niet kunnen tewerkstellen, moeten zij vertrouwen op grootschalige netwerkproviders, wat ertoe kan leiden dat Bitcoin ophoudt te functioneren als een permissieloos, gedecentraliseerd peer-to-peer-systeem. Dit verzwakt op termijn de consensusfunctie van het netwerk.

Reeds in 2010 speelde Satoshi een dubbele rol in dit debat. Hij voegde persoonlijk de limiet voor de blokgrootte toe nadat het netwerk was opgestart en legde daarbij ook uit hoe deze limiet in de loop der tijd aangepast kon worden om de schaalbaarheid te verbeteren naarmate de wereldwijde bandbreedte toenam. Nadat de basis van dit meningsverschil vanaf het prille begin van het protocol was gelegd – en nadat Satoshi lang verdwenen was – mondde het tussen 2015 en 2017 uit in het volledige conflict van de 'Blocksize War'.

In 2017 steunde op een gegeven moment meer dan 80% van de totale rekenkracht de verhoging van de blokgrootte via een upgrade genaamd *SegWit2x* (niet te verwarren met de *SegWit*-update). Daarnaast steunden de grootste fabrikant van bitcoinminingapparatuur, de voormalige hoofdontwikkelaar van het Bitcoinnetwerk en diverse vooraanstaande bewaardiensten en ruilplatformen deze maatregel. Zij vertegenwoordigen een overweldigend deel van de bedrijfssector; of, zoals zij zichzelf in hun *New York Agreement* omschreven, zij vertegenwoordigen 'een kritieke massa van het bitcoinecosysteem'.[393]

Hun poging mislukte uiteindelijk en de upgrade werd afgebroken. Dit liet zien hoeveel macht individuele node-operators bezitten en hoe lastig het is om ongewenste updates aan de gebruikersbasis op te leggen. Het maakte immers duidelijk wie het kasboek beheert. Vervolgens ondernamen enkele partijen afzonderlijke hard forks. Bitcoin Cash werd de bekendste hard fork, waarbij de blokgrootte werd vergroot, maar op het moment van schrijven heeft deze een marktkapitalisatie van minder dan 0,5% van die van Bitcoin. Minderheidsforks konden eenvoudigweg niet concurreren met het echte Bitcoinnetwerk.

Zoals ik in een eerder hoofdstuk uitlegde, is het proberen van een hard fork van Bitcoin vergelijkbaar met het kopiëren van alle data van Wikipedia en deze op je eigen website te hosten, om vervolgens weinig bezoekers

393 Bier, *Blocksize War*, 172-173.

te ontvangen omdat je niet beschikt over de miljoenen *backlinks* naar de echte Wikipedia, noch over het vrijwillige leger mensen dat deze voortdurend bijwerkt. Je gesplitste versie van Wikipedia is vanaf het moment van kopiëren inherent inferieur aan het origineel vanwege het zwakkere netwerkeffect. Evenzo heeft elke minderheidsfork van Bitcoin inherent veel minder nodes en miners, wat resulteert in een minder gedecentraliseerd en minder censuurbestendig netwerk. Dat is precies het probleem waarmee Bitcoin Cash en andere hard forks te kampen hadden. Het is niet uitgesloten dat Bitcoin ooit een succesvolle hard fork doormaakt. Zo'n hard fork kan echter alleen plaatsvinden wanneer de gebruikers unaniem achter een cruciaal probleem staan en niet louter op basis van een besluit van een bedrijfskartel of een kleine minderheid.

Van 2020 tot 2023 ontmoette ik diverse Bitcoin Core-ontwikkelaars, verschillende Lightning-ontwikkelaars, de makers van andere schaaloplossingen, meerdere miljardairs met aanzienlijk Bitcoinbezit, oprichters van ruilplatformen, Bitcoinbedrijven en de durfkapitaalondernemingen die deze ondernemingen financieren. Ook sprak ik met auteurs van *best-seller* Bitcoin-gerelateerde boeken, de uitvinder van Hashcash ('proof-of-work') en meerdere mensenrechtenactivisten uit autoritaire landen die Bitcoin en stablecoins inzetten. Tijdens het *Oslo Freedom Forum* nodigde men mij uit als deskundige om in het Noorse parlementsgebouw voor een groep parlementsleden over het energieverbruik van Bitcoin te spreken – wat ik ook deed. Ook presenteerde ik hetzelfde onderwerp aan leden van het *Office of the Superintendent of Financial Institutions* in Canada. Verder sprak ik op talrijke conferenties en in podcastinterviews over dit onderwerp en schreef ik meerdere onderzoeksartikelen over het energieverbruik van Bitcoin. In 2021 trad ik toe tot de raad van bestuur van een Bitcoin-specifiek financieel dienstverleningsbedrijf, *Swan.com*. In 2022 werd ik adviseur bij *egodeath.capital*, een risicofonds dat kapitaal verschaft aan Bitcoin-startups, en sindsdien werk ik nauw met hen samen.

Gedurende dit hele proces dook ik diep in het Bitcoin-ecosysteem en bleef ik continu leren. Mijn doel was om de uiteenlopende mogelijkheden van deze technologie in relatie tot de evolutie van geld te ontdekken, terwijl ik tevens de risico's en implicaties ervan nauwgezet in kaart bracht. Wat me overtuigde om van een nieuwsgierige scepticus te veranderen in iemand die een aanzienlijk deel van haar tijd besteedt aan het analyseren en actief werken in het ecosysteem, was dat ik zag dat elk belangrijk risico dat ik had geïdentificeerd, in grote of mindere mate werd aangepakt. Hoewel ik nog steeds van mening ben dat er veel risico's bestaan, beschouw ik de technologie momenteel als krachtig genoeg om deze te overwinnen. In dit hoofdstuk bespreek ik dan ook de risicocategorieën die voor mij het belangrijkst zijn in verband met het Bitcoinnetwerk en andere cryptovaluta en leg ik uit hoe ik deze risico's als beheersbaar of minder bedreigend ervaar, ook al blijven ze bestaan.

RISICO 1: MARKTVERWATERING

Het eerste risico dat ik benoem, is marktverwatering. Als er voortdurend nieuwe cryptovaluta op de markt komen, blijft het onzeker of uiteindelijk slechts één of twee munten als het meest verhandelbare uit de bus komen en daarmee het grootste financiële voordeel behalen te midden van een overweldigend aanbod.

In de praktijk is Bitcoin de afgelopen veertien jaar de grootste cryptovaluta geweest qua marktkapitalisatie; alleen Ethereum heeft op bepaalde momenten in de buurt kunnen komen. Geen enkele andere munt kan tippen aan deze schaal.

Momenteel vertegenwoordigt Bitcoin meer dan 90% van de totale marktwaarde van alle proof-of-work blockchains. Bovendien beschikt het over veruit de grootste rekenkracht, wat betekent dat het uitstekend bestand is tegen censuuraanvallen. Zelfs als een groot proof-of-stake netwerk Bitcoin gedurende een bepaalde periode in marktwaarde zou inhalen, blijft Bitcoin voor mij ongeëvenaard in zijn specifieke functie: het opbouwen van een gedecentraliseerd kasboek met een onvervalsbare geschiedenis.

Dankzij het ontwerp zijn Bitcoin-nodes klein en eenvoudig te beheren, wat resulteert in het hoogste aantal actieve nodes onder alle cryptovaluta. Cryptovaluta die kiezen voor extra functionaliteiten of een hogere transactiedoorvoer vereisen doorgaans zwaardere nodes, wat leidt tot minder nodes en een verminderde decentralisatie. Als gebruikers er niet in slagen hun eigen node te draaien, lijden zowel de privacy als de censuurbestendigheid van de blockchain zwaar.

Protocollen convergeren doorgaans naar één dominante standaard die, dankzij netwerkeffecten, decennialang standhoudt. In de beginjaren waren er bijvoorbeeld concurrerende protocollen voor het internet. Zodra één protocol de dominante positie inneemt, ontstaat een vicieuze cirkel: nieuwe concurrerende protocollen starten met een enorme achterstand omdat ze niet compatibel zijn met de meeste applicaties en apparaten op de markt. Enkel een nieuw protocol dat met ten minste een orde van grootte superieur is, kan werkelijk concurreren met een gevestigde standaard; een marginale verbetering is onvoldoende. Bovendien worden dominante protocollen achterwaarts compatibel bijgewerkt, zodat zij langdurig relevant blijven.[394]

Hoewel de mogelijkheden om te verbeteren beperkt zijn – de meeste aanpassingen lijken slechtere compromissen tot gevolg te hebben – garandeert dit niet dat Bitcoin nooit door een ander systeem zal worden ingehaald. Dit risico moeten we erkennen. Momenteel zien we echter geen concurrent die op het gebied van schaal, liquiditeit, veiligheid en onveranderlijkheid kan tippen aan Bitcoin. Het enige netwerk met één vergelijkbare omvang is Ethereum, maar dat werkt op vele vlakken fundamenteel anders.

Beleidsmakers en analisten moeten zelf de verschillende afwegingen onder de loep nemen en de vitaliteit van het netwerkeffect, het marktaandeel en de technische mogelijkheden van Bitcoin nauwgezet in de gaten houden. Hoewel een groot aantal kleine, illiquide munten theoretisch het marktaandeel van Bitcoin zou kunnen verkleinen, spelen in de praktijk slechts enkele tientallen munten een rol qua verhandelbaarheid. En onder die munten hebben alleen de proof-of-work munten een onvervalsbare geschiedenis.

RISICO 2: KRITIEKE SOFTWAREBUGS

In 2010, toen Bitcoin nog in de kinderschoenen stond en nauwelijks een marktprijs kende, bleek de Bitcoin-nodeclient een inflatiebug te bevatten. Satoshi loste dit probleem via een 'soft fork' op. In 2013 veroorzaakte een update van de Bitcoin-nodeclient per abuis een incompatibiliteit met de voorgaande, veelgebruikte versie, wat leidde tot een onbedoelde splitsing van de blockchain. De ontwikkelaars analyseerden het probleem binnen enkele uren en riepen de node-operators op om naar de vorige versie terug te schakelen, waarmee zij de storing oplosten. Sindsdien, ruim tien jaar, blijft het Bitcoinnetwerk ononderbroken operationeel. Zelfs *Fedwire* kampte in diezelfde periode regelmatig met storingen en behaalde nooit 100% uptime – bovendien streefde *Fedwire* er in feite niet naar om 24/7/365 operationeel te zijn, in tegenstelling tot Bitcoin.

In 2018 introduceerden de ontwikkelaars per ongeluk opnieuw een inflatiebug in de Bitcoin-nodeclient. Gelukkig ontdekten zij deze fout op tijd en losten die discreet op voordat kwaadwillenden er misbruik van konden maken, zodat er uiteindelijk geen schade ontstond.

In 2023 werd 'misbruik' gemaakt van de *SegWit*- en *Taproot*-soft forkupgrades door ze op onverwachte wijze toe te passen – bijvoorbeeld door grote afbeeldingen in het handtekeningveld van de Bitcoin-blockchain op

394 William Luther, *Cryptocurrencies, Network Effects, and Switching Costs.*

te nemen. Hoewel dit technisch gezien geen bug is, laat het zien hoe onderdelen van de code op onbedoelde wijze ingezet kunnen worden, wat de blijvende noodzaak onderstreept om toekomstige upgrades zorgvuldig en conservatief te realiseren.

Bitcoin kampt ook met het 'jaar 2038-probleem', dat veel computersystemen treft. Op veel systemen bereikt de 32-bits integer, die voor Unix-tijdstempels wordt gebruikt, in 2038 zijn maximum, wat tot fouten zal leiden. Aangezien Bitcoin echter een *unsigned* integer hanteert, raakt deze pas in 2106 verzadigd. Men kan dit oplossen door over te schakelen naar een 64-bits integer of door de blokhoogte mee te nemen bij de interpretatie van de 32-bits integer. Dit is waarschijnlijk via een hard fork door te voeren, wat betekent dat de upgrade niet achterwaarts compatibel is. In de praktijk vormt dit doorgaans geen probleem, omdat men jaren of zelfs decennia van tevoren aanpassingen kan doorvoeren, maar het kan wel een venster van kwetsbaarheids openen. Een mogelijke oplossing is een update uit te brengen die aanvankelijk achterwaarts compatibel blijft, maar actief wordt zodra de integer zijn limiet nadert.

Deze voorbeelden illustreren duidelijk dat Bitcoin – net als elke andere cryptovaluta – gebaseerd is op softwarecode die door feilbare mensen geschreven is. Hoewel Bitcoin opzettelijk eenvoudig is ontworpen en daardoor beschikt over een kleinere, strakkere en beter controleerbare codebasis dan andere cryptocurrencies, kent de geschiedenis ervan zeker ook zijn mankementen.

Daarom schromen veel node-operators ervan om meteen over te stappen op de nieuwe versies die de ontwikkelaars uitbrengen. Ontwikkelaars kunnen updates immers niet forceren naar de node-operators, wat bijdraagt aan de functionele decentralisatie en onveranderlijkheid van het systeem en zo de macht van de ontwikkelaars beperkt. Node-operators kiezen zelf *of* en *wanneer* ze updaten. In de praktijk is het verstandig even af te wachten om extra codebeoordelingen te laten plaatsvinden en de werking te observeren, zodat men zeker weet dat er geen kritieke bugs aanwezig zijn. Als slechts een klein deel van het netwerk updatet en er blijkt een bug te zijn, kunnen zij eenvoudig terugschakelen naar de vorige versie. Blijft een bug echter lange tijd onopgemerkt en wordt die geëxploiteerd nadat de meerderheid van de nodes is geüpdatet, kan dat rampzalige gevolgen hebben. Een soft fork levert mogelijk een oplossing, maar kan leiden tot discussies over de snelheid waarmee de bug opgelost moet worden. Zulke onenigheid kan splitsingen veroorzaken die moeilijk te overbruggen zijn en uiteindelijk de betrouwbaarheid van het netwerk ernstig ondermijnen, waardoor de vooruitgang decennialang wordt vertraagd.

Het voornaamste doel van Bitcoin is financiële onafhankelijkheid voor de node-operator te waarborgen. Bitcoin stelt hen in staat om transacties te verzenden en te ontvangen zonder tussenkomst van een centrale autoriteit. De basisregels blijven in de praktijk onveranderlijk; niemand kan hen verplichten hun node te updaten en de node laat niet toe dat munten sneller worden gecreëerd, dat het totaal aantal munten de limiet van 21 miljoen overschrijdt of dat de blokgroottes worden vergroot.

Monetaire zelfsoevereiniteit blijft een Platonisch ideaal dat we slechts asymptotisch kunnen benaderen; in de praktijk komt het nooit volledig tot uiting. Hoe eenvoudig Bitcoin ook is ontworpen, het is onmogelijk te bewijzen dat de code bugvrij is. De meeste mensen nemen niet elke regel van de code van hun Bitcoin-nodeclient door en zelfs als dat gebeurt, kunnen zij toch een fout over het hoofd zien – net zoals ontwikkelaars dat soms ook deden. Wanneer een node-operator gedwongen wordt om snel een nieuwe versie te implementeren omdat een bug in zijn versie aan het licht komt – en terugvallen op eerdere versies (die mogelijk dezelfde, ongedetecteerde bug bevatten) praktisch niet haalbaar is – verliest de node-operator tijdelijk zijn monetaire zelfsoevereiniteit, wat blijvend het vertrouwen in het netwerk kan schaden.

RISICO 3: OVERHEIDSVERBODEN

Bitcoin is een vorm van geld die niet aan een staat gebonden is, iets wat veel overheidsinstanties niet bepaald op prijs stellen.

Wereldwijd hanteren overheden diverse bankwetten die hen in staat stellen banktransacties te monitoren en rekeningen te bevriezen. Belangrijker nog, overheden profiteren van seigniorage; zij kunnen begrotingstekorten compenseren door meer geld te drukken, waardoor het spaargeld van iedereen op een niet-transparante wijze geleidelijk verwatert. Regeringen, waarvan de schulden in eigen valuta worden uitgedrukt, kunnen nooit nominaal failliet gaan tegen hun wil, omdat ze altijd nieuw geld kunnen creëren. De praktische grenzen worden bepaald door inflatie en publieke onrust en als het vertrouwen in hun valuta ernstig afneemt, kan deze instorten.

Veel autoritaire landen zijn geen aantrekkelijke plaats voor burgers om hun vermogen veilig te stellen. Daardoor proberen mensen hun geld naar het buitenland te verplaatsen, naar landen waar meer vrijheid heerst en een sterk juridisch kader bestaat. Autoritaire regeringen beperken de kapitaalvlucht door strenge regels op te leggen rondom valuta en het banksysteem.

Grensoverschrijdend geld maakt het mogelijk om te sparen in een munteenheid die niet door een overheid wordt uitgegeven en van nature moeilijk te censureren is (omdat het meer dan 50% van de rekenkracht van het wereldwijde netwerk vereist). Het biedt een draagbare, zelfbeheerde en peer-to-peer manier om waarde over te dragen buiten het traditionele banksysteem. In plaats van dat uitsluitend de rijken toegang hebben tot offshore bankrekeningen, biedt Bitcoin iedereen met een smartphone het functionele equivalent van zo'n rekening – zonder tegenpartijrisico.

Vaak denken mensen dat Bitcoin concurreert met dollars, euro's en goud, maar de directe uitdaging komt eigenlijk van meer dan honderd zwakke, kleinschalige valuta. Zo kiezen burgers in Argentinië bijvoorbeeld veel vaker voor dollar-stablecoins, Bitcoin en aanverwante activa dan mensen in Noorwegen. Bitcoin en stablecoins ondermijnen daarmee de gelddrukprivileges van vele landen, te beginnen bij de zwakste valuta om vervolgens door te werken naar de sterkere. Overheden beschikken echter over diverse middelen om hierop in te spelen.

Zo kunnen zij bekende ruilplatformen of makelaars uitsluiten uit hun nationale banksysteem, zowel via wetgeving als door informele druk uit te oefenen. Een overheid of centrale bank kan banken bevelen om geen geldtransacties toe te staan met bepaalde ruilplatformen of makelaars, of bankdiensten te weigeren aan cryptovalutabedrijven. Dit is relatief eenvoudig te handhaven, vormt een vorm van kapitaalcontrole en beperkt de snelheid waarmee geld het nationale banksysteem verlaat om over te stappen op Bitcoin, stablecoins of andere cryptovaluta. Tijdens langdurige schuldencrisissen, waarin de staatsschuld op niet-duurzame wijze wordt weggeïnflateerd, behoren kapitaalcontroles dan ook tot de standaardmaatregelen. Terwijl de waarde van het publieke kasboek (fiatvaluta) in een land sterk verwatert, doen wetgevers hun uiterste best om te voorkomen dat burgers hun geld uit het systeem halen, zodat het binnen dat kasboek blijft in plaats van weg te vluchten naar andere systemen.

We zagen hier al voorbeelden van in de Verenigde Staten in 2022 en 2023, toen veel cryptovalutabedrijven door regelgevende druk geen bankdiensten meer ontvingen. Ook mochten sommige banken – die tijdens de bankencrisis van 2023 failliet gingen – hun cryptovalutabezittingen niet overdragen aan instellingen die de overgebleven activa opkochten. *Custodia*, een bank met een vergunning in Wyoming onder leiding van Caitlin Long, waarschuwde toezichthouders voor enkele bankencrisissen die naar verwachting in 2023 zouden plaatsvinden. Desondanks werd Custodia's aanvraag voor een rekening bij de Federal Reserve afgewezen, ondanks dat zij 108% van de contante deposito's als reserve aanhielden. Dit illustreert duidelijk dat diverse cryptogerelateerde bedrijven en hun vermogen om betrouwbare banden met financiële instellingen te onderhouden, tegengewerkt worden.

Hoewel het voor de hand ligt, lost zelfs de strengste maatregel – het volledig verbieden voor banken om fiatvaluta over te maken naar cryptoruilplatformen – het probleem voor overheden niet volledig op. Mensen kunnen immers nog steeds waarde rechtstreeks onderling uitwisselen. Een bekend voorbeeld is Nigeria: daar zijn ruilplatformen en makelaars door het banksysteem buitengesloten, maar behoort de adoptie van cryptovaluta onder de bevolking nog steeds tot de hoogste ter wereld. Een Nigeriaan kan namelijk nog steeds geld overmaken naar een ander, terwijl de ontvanger in ruil daarvoor Bitcoin kan accepteren. Mensen en bedrijven treden als peer-to-peer makelaars op en krijgen op diverse manieren wereldwijd toegang tot Bitcoin, dat zij vervolgens met een kleine marge doorverkopen aan medeburgers. Er bestaan platformen en marktplaatsen die kopers en verkopers met elkaar verbinden, naast multi-signature escrow-diensten en reputatiesystemen die fraude tegengaan. Voor een bank is het vrijwel onmogelijk vast te stellen dat een willekeurige betaling tussen twee personen bedoeld was als ruil voor Bitcoin, stablecoins of andere cryptovaluta. Daarnaast kunnen Nigerianen die op afstand werken voor internationale opdrachtgevers – zoals programmeurs, grafisch ontwerpers of virtuele assistenten – ervoor kiezen om in Bitcoin of stablecoins betaald te worden. Evenzo zetten Nigerianen die geld ontvangen van familie in het buitenland dit bedrag vaak om in Bitcoin of stablecoins.

Overheden kunnen ook met verschillende draconische maatregelen reageren. Zij kunnen proberen cryptovaluta te verbieden door ze zwaar te belasten of het runnen van een bekend cryptovalutabedrijf vrijwel onmogelijk te maken. En als ingrijpendste variant kunnen overheden alle publieke handel compleet verbieden; zo maken zij het illegaal om een Bitcoinnode te draaien of cryptovaluta in bezit te hebben, onder dreiging van gevangenisstraf. In de Verenigde Staten was het gedurende vier decennia – van de jaren '30 tot de jaren '70 – strafbaar voor Amerikanen om goud te bezitten, met een straf van maximaal tien jaar gevangenisstraf. Overheden hechten immers groot belang aan hun controle over het openbare kasboek en zien pogingen van burgers om hun monetaire soevereiniteit terug te winnen ter bescherming van hun spaargeld tegen devaluatie als een ernstige bedreiging. Het probleem met deze tweede en derde aanpak is dat ze op grote schaal moeilijk af te dwingen zijn zodra het publieke vertrouwen afneemt. Tijdens de periode van het goudverbod hadden mensen bijvoorbeeld veel vertrouwen in de federale overheid; de wet werd aangenomen dankzij een zeldzame, overweldigende meerderheid in het Congres. De meesten gingen mee in dat collectieve besluit. Tegenwoordig heerst zo'n harmonie niet meer in de VS en in veel andere landen. Hoewel het relatief eenvoudig is beperkingen op te leggen aan het banksysteem, is het veel lastiger om individuele gebruikers te beperken. Zo gingen de autoriteiten tijdens het goudverbod niet van deur tot deur op zoek naar goud – een kostbare en gevaarlijke operatie. Bitcoin is vrije, open-source en onschadelijke software die iedereen eenvoudig kan downloaden en gebruiken op een gewone laptop. Het is een proces waarbij mensen gezamenlijk een gedecentraliseerd, wereldwijd kasboek bijwerken. Op zelfs een fundamenteler niveau kan iemand Bitcoin bezitten door 256 keer met een munt te gooien om zo een privésleutel te genereren, die dan wordt gebruikt om Bitcoin te ontvangen. Hoe kan een overheid dit tegengaan of zelfs vaststellen, vooral als veel mensen dit op grote schaal doen?

Sommige overheden hanteren bovendien strikte wetgeving met betrekking tot vrijheid van meningsuiting op dit terrein. In de jaren '90 probeerde de Amerikaanse overheid het gebruik van open-source peer-to-peer encryptie te beperken. Toen de code echter in boekvorm werd gepubliceerd, werd dit gezien als een vorm van vrije meningsuiting – beschermd onder het Eerste Amendement, dat opzettelijk zeer moeilijk te wijzigen of te omzeilen is.

Desondanks zullen veel overheden op allerlei wijzen proberen het gebruik van Bitcoin, stablecoins en andere cryptovaluta te beperken. Tot nu toe richten zij zich vooral op mensen die hun cryptovaluta zelf beheren en privé bezitten, omdat dat hun controle daadwerkelijk ondermijnt. Personen die hun cryptovaluta bij binnenlandse bewaardiensten onderbrengen, vormen immers weinig bedreiging, aangezien ook deze diensten, net als het banksysteem, al onder overheidscontrole staan. Een overheid kan deze instellingen eenvoudig instrueren om bijvoorbeeld opnames te blokkeren of te eisen dat de munten aan de overheid beschikbaar worden gesteld.

Net als tijdens de drooglegging is het moeilijk om het gebruik van Bitcoin volledig te verbieden; het zal immers grotendeels naar de zwarte markt verdwijnen en zodoende in gebruik worden bemoeilijkt. Bovendien reageren gebruikers vaak op dergelijke maatregelen; een verbod in meerdere landen zal vermoedelijk leiden tot een versnelde adoptie van privacy-gerelateerde technologieën binnen de hogere lagen van het Bitcoinnetwerk en tot een toename van peer-to-peer marktplaatsen.

Landen die er wanhopig naar streven het bezit of gebruik van Bitcoin en andere digitale activa te verbieden of te beperken – en daardoor hun vermogen verliezen om bedrijven aan te trekken die met deze nieuwe technologie willen werken – doen dit vermoedelijk omdat zij kampen met ernstige valuta- of kapitaalvluchtproblemen. De bereidheid van een land om het gebruik van wat in wezen slechts een gedecentraliseerd kasboek is te verbieden, duidt vaak op een acute noodsituatie binnen de bevolking. Een land met een sterke valuta, solide eigendomsrechten en dat kapitaal aantrekt, zal waarschijnlijk geen verbod op Bitcoin instellen, terwijl een staat die kampt met ernstig wanbeheer in de publieke sector eerder zal proberen

Bitcoin te verbieden of op zijn minst streng te reguleren.

Deel 3 en 4 van dit boek tonen aan dat moderne monetaire systemen steeds instabieler worden en na verloop van tijd steeds meer entropie opbouwen. Wanneer deze systemen ernstigere problemen ondervinden, zal men verwachten dat gebruikers van Bitcoin of andere cryptovaluta de schuld krijgen, alsof zij de stabiliteit van het bestaande systeem ondermijnen. Een tegenargument is dat als het bestaan van een open-source software kasboek op zichzelf een bedreiging vormt voor het huidige systeem, dit duidelijk wijst op een fundamenteel probleem binnen dat systeem en niet aan de nieuwe technologie. Zeggen dat een gedecentraliseerd kasboek het huidige systeem bedreigt, betekent in wezen dat het systeem faalt. Wereldwijd bestaat er krediet ter waarde van honderden biljoenen dollars dat niet omgezet kan worden in volledige koopkracht, en men is maatschappelijke verplichtingen aangegaan die in hun huidige vorm niet nagekomen kunnen worden zonder ingrijpende belastingverhogingen of forse bezuinigingen. Naarmate deze problemen escaleren, is het vrijwel onvermijdelijk dat mensen iemand de schuld geven, waarbij bitcoinbezitters één van de mogelijke zondebokken vormen.

RISICO 4: COMPUTATIONELE BEDREIGINGEN

Bitcoin-miners gebruiken het SHA-256 hashing-algoritme om nieuwe blokken met transacties voor de blockchain te genereren. Technisch gezien kan elke standaardprocessor dit, zoals de CPU's in laptops; in de beginjaren van het netwerk was dat dan ook de normale werkwijze. Naarmate het bitcoinminen echter een grootschalige industrie werd, ontwikkelden ingenieurs gespecialiseerde processors om de efficiëntie te verhogen. Voor specifieke verwerkingsopdrachten leveren *Application-Specific Integrated Circuits* (ASIC's) een veel betere prestatie dan algemene processors zodra ze ontworpen en geproduceerd zijn.

Tegenwoordig is de enige praktische manier om Bitcoin te minen het gebruik van ASIC's die specifiek voor deze taak zijn ontwikkeld. Geen enkele hoeveelheid algemene computerkracht kan economisch concurreren in het bitcoinminen. Zelfs als Amazon, Microsoft en Google al hun gezamenlijke cloudserverinfrastructuur inzetten om Bitcoin te minen of een 51%-censuuraanval op het netwerk uit te voeren, hebben zij nauwelijks impact. De miljoenen gespecialiseerde ASIC's wereldwijd, die dag in dag uit actief zijn met bitcoinminen, hebben voor deze taak vele malen meer kracht. Het doel is simpel: zo snel mogelijk de juiste getallen raden met zo min mogelijk elektriciteitsverbruik per poging.

Hierdoor rijzen er enkele risico's verbonden aan de apparatuur die voor het bitcoinminen wordt ingezet. Ten eerste zijn er wereldwijd slechts een paar topklasse chipfabrieken die diverse halfgeleiderproducten, waaronder ASIC's, vervaardigen. Bovendien ontwerpt slechts een handvol bedrijven SHA-256 ASIC's. Daardoor loopt de toeleveringsketen bij de productie en levering van bitcoinminerprocessors het risico op knelpunten.

Op dit moment werken diverse grote en financieel sterke bedrijven aan het diversifiëren van het ontwerp en de productie van SHA-256 ASIC's. Daarmee kan dit risico verminderd worden, maar in combinatie met het eerder gestelde risico van overheidsverboden vormen eventuele knelpunten in de toeleveringsketen een reële bedreiging die nauwlettend in de gaten moet worden gehouden.

Ten tweede kan het ontwikkelen van een vele malen superieure ASIC door een entiteit, waarmee zij een monopolie vestigt, leiden tot censuurdreiging omdat zij de rest van de rekenkracht binnen het netwerk kan overtreffen. De vooruitgang in ASIC-technologie vertraagt echter, en processors in het algemeen (niet alleen ASIC's) naderen waarschijnlijk de fysieke limieten van de wet van Moore. Hierdoor wordt het steeds moeilijker om wezenlijke verbeteringen te realiseren. Transistoren zijn inmiddels zo klein dat ze de atomische grenzen raken. Hoewel het onwaarschijnlijk lijkt dat er een écht betere ASIC verschijnt die het netwerk overweldigt, moeten we die mogelijkheid toch overwegen, aangezien er stap voor stap nog aanzienlijke ontwikkelingen plaatsvinden in de computertechnologie.

Net als bij *quantum computing* opent dit op de lange termijn nieuwe perspectieven. Genoeg geavanceerde quantum computers zouden immers een geheime sleutel uit een publieke sleutel kunnen afleiden – iets wat met traditionele processors volstrekt onmogelijk is. Mocht dit werkelijkheid worden, dan komt de beveiliging van het Bitcoinnetwerk in gevaar. Gelukkig bestaan er mogelijke upgrades, zoals het toepassen van quantum-bestendige algoritmes. Zulke aanpassingen moeten echter via een soft fork – of zelfs een hard fork – worden doorgevoerd, met als bijwerking dat de bandbreedte- en opslagvereisten per transactie waarschijnlijk toenemen.

Enkele futuristische technologieën, zoals kernfusie of quantum computing, worden vaak besproken, maar historisch gezien zijn ze nog niet werkelijkheid geworden. Wetenschappers en journalisten wekken soms tijdelijke hoop, bijvoorbeeld met berichten over micro-nucleaire reactors of compacte quantum computers, maar het ontwikkelen en toepassen van deze technologieën in de praktijk is een heel andere zaak. Desondanks moeten we deze ontwikkelingen nauwgezet volgen en ons voorbereiden op hun uiteindelijke doorbraak, mocht daar indicatie voor zijn. Elke nieuwe verwerkingscapaciteit die delen van Bitcoin's encryptie kan kraken, vormt immers een ernstige bedreiging die een passende reactie vereist. Op grotere schaal kan dit ook zowel het hele internet als het huidige banksysteem in gevaar brengen, aangezien zij allemaal op vergelijkbare encryptiestandaarden vertrouwen.

Ten derde kan een overheid besluiten het netwerk te censureren. Het jaarlijkse militaire budget van de Verenigde Staten bedraagt meer dan 800 miljard dollar en dat van China meer dan 250 miljard dollar. Momenteel kost een langdurige 51%-aanval op het Bitcoinnetwerk miljarden dollars, en grote overheidsinstanties beschikken over het kapitaal om zo'n aanval te proberen. Politiek gezien zal zo'n actie echter ongetwijfeld op hevige weerstand stuiten – stel je eens de negatieve publiciteit voor als bekend wordt dat het Pentagon, tijdens een periode van recordbegrotingstekorten, miljardbedragen inzet om het Bitcoinnetwerk aan te vallen. Het netwerk kan dan bijvoorbeeld reageren door de transactiekosten te verhogen, zodat meer miners gemotiveerd blijven om online te gaan en de censuur te doorbreken. Een dergelijke aanval is dus niet volledig uit te sluiten. Zelfs het spenderen van enkele miljarden dollars om het netwerk jarenlang te spammen – waardoor het gebruik daarvan moeilijker en duurder wordt – ligt binnen het bereik van een grote overheid of een militair apparaat. Dergelijke maatregelen versterken echter juist de positie van de bitcoin-miners, omdat hogere transactiekosten het netwerk zowel politiek als op andere manieren bevoordelen. Bovendien stimuleert een hoge basistransactiekost vaak de adoptie van tweedelaagtechnologieën die het gebruik van blokruimte efficiënter maken.

Al met al kunnen we ons voorstellen dat wanneer meerdere risico's samenkomen, er een grote bedreiging ontstaat. Overheden zouden het gebruik van het Bitcoinnetwerk kunnen verbieden of sterk beperken, terwijl financiële instellingen gedwongen worden hun bitcoinbezit te verkopen. Dit zou de prijs van bitcoin sterk doen dalen en de technologie mogelijk naar de zwarte markt drijven. Vanaf dat moment zouden zij de toeleveringsketen kunnen aanvallen en proberen de productie en distributie van nieuwe SHA-256 ASIC's te staken. Indien de bitcoinprijs gedurende langere tijd laag blijft, raken veel miners onrendabel en haken zij af, totdat de moeilijkheidsaanpassing voldoende daalt om een nieuwe stabiele toestand te bereiken. Dit zou de kosten voor een 51%-aanval aanzienlijk verlagen. Op dat moment kan een grote overheid besluiten haar middelen in te zetten om deze aanval uit te voeren en zo de dreiging van oncontroleerbaar geld volledig te elimineren.

De verspreiding en acceptatie van het Bitcoinnetwerk bemoeilijkt overheidsaanvallen. In de Verenigde Staten steunen enkele senatoren en volksvertegenwoordigers het netwerk al door zelf Bitcoin te bezitten. Toch is de realiteit dat cryptovaluta momenteel vooral door een minderheid wordt gebruikt, waardoor overheden de adoptie kunnen vertragen. Het Bitcoinnetwerk is robuust, maar ik schrijf erover om mensen over de fijne nuances van dit systeem te informeren en de voordelen ervan bekend te maken, zodat het de kans krijgt te overleven en te groeien naarmate het ecosysteem volwassen wordt.

HOOFDSTUK 27

STABLECOINS EN DIGITALE VALUTA VAN CENTRALE BANKEN

Dankzij blockchainnetwerken en andere gedistribueerde kasboeksystemen kunnen fiatvaluta op een digitale manier worden ingezet. Tot nu toe kent dit twee belangrijke vormen. Enerzijds zijn er particuliere aanbieders die fiatgedekte, inwisselbare tokens uitgeven – bekend als 'stablecoins' – en anderzijds bestaan er digitale versies van valuta die rechtstreeks door centrale banken worden uitgegeven (ook wel *Central Bank Digital Currencies* of CBDC's genoemd). In dit hoofdstuk onderzoeken we de toepassingen en risico's van deze technologieën.

TOEPASSINGEN EN RISICO'S VAN STABLECOINS

De eerste stablecoin werd in 2014 ontwikkeld en gelanceerd als een laag bovenop het Bitcoinnetwerk. Sindsdien is er een groot aantal stablecoins geïntroduceerd, waarvan velen naar andere blockchains zijn verhuisd. Een fiatgedekte stablecoin werkt als volgt: een gebruiker stuurt via het traditionele banksysteem valuta (meestal Amerikaanse dollars) naar de stablecoin-uitgever. In ruil daarvoor ontvangt hij door de uitgever gemaakte stablecoin-tokens. De houder kan deze tokens vervolgens verplaatsen op de blockchain naar keuze en inzetten voor sparen, betalingen, handel, hefboomwerking of andere toepassingen – dag en nacht, het hele jaar door – in zowel beheerde als zelf-beheerde omgevingen.

Houders kunnen hun stablecoins in grote hoeveelheden bij de uitgever inwisselen. Het proces loopt precies omgekeerd aan de initiële creatie: de houder stuurt zijn tokens terug naar de uitgever, die de tokens intrekt en het bijbehorende valuta-equivalent overmaakt.

De uitgever kan stablecoins, die aan specifieke adressen zijn gekoppeld, op verzoek van wetshandhavingsinstanties of om andere redenen bevriezen. Dit maakt het systeem inherent gecentraliseerd. Bovendien genereert de uitgever inkomsten via kosten voor de creatie en inwisseling, en door rente te verdienen op de onderpanden die worden aangehouden. Vanuit het oogpunt van de uitgever fungeert de stablecoin namelijk als een verplichting met een rentetarief van nul. Het fiatonderpand kan vervolgens geïnvesteerd worden in bijvoorbeeld Amerikaanse staatsobligaties of andere liquide beleggingen, zodat men profiteert van het renteverschil.

Deze technologie kent enkele voordelen ten opzichte van een traditioneel bankrekening. Het meest opvallend is dat een bankrekening verandert in een overdraagbaar activum: stablecoins kunnen namelijk aan diverse gebruikers worden overgedragen en ingewisseld worden door iemand anders dan de oorspronkelijke overdrager. Met andere woorden: stablecoins fungeren als digitale bankbiljetten.

Aanvankelijk werden stablecoins ingezet als dollareenheid op *offshore* cryptovaluta-handelsplatformen. Daarnaast worden ze vaak gebruikt als rekeneenheid en als hefboom in gedecentraliseerde financiële toepassingen (de zogenaamde 'DeFi'). Ook dienen stablecoins als spaargeld voor mensen in landen met ernstige valutacrises. Veel Argentijnen maken bijvoorbeeld gebruik van stablecoins, omdat de Argentijnse overheid en het banksysteem in het verleden vaak dollars die op bankrekeningen stonden in beslag namen. Bovendien moeten Argentijnen doorgaans een hoge premie betalen om fysieke dollars te verkrijgen. Met een smartphone kan echter iedereen stablecoins bemachtigen, terwijl de Argentijnse regering hier weinig aan kan doen, aangezien de uitgevers van deze tokens buiten Argentinië gevestigd zijn. Het beste wat zij (en deels ook al hebben gedaan) kunnen, is cryptovaluta-handelsplatformen loskoppelen van het Argentijnse banksysteem. Hierdoor worden Argentijnen gedwongen via peer-to-peer of andere alternatieve methoden toegang te krijgen tot stablecoins. Hoewel een stablecoin een gecentraliseerde uitgever kent, valt deze buiten de jurisdictie van het land in crisis. Om die reden maken veel mensen in diverse landen die dollars willen gebruiken, gebruik van stablecoins. Kortom, dankzij internet en blockchaintechnologie krijgen gebruikers wereldwijd toegang tot een quasi-Amerikaanse dollarbankrekening, wat met name middenklasseburgers ten goede komt en niet uitsluitend de rijken.

Deze technologie brengt echter ook risico's met zich mee. Gebruikers moeten erop kunnen vertrouwen dat de stablecoin-uitgever daadwerkelijk over het volledige onderpand beschikt; anders verliest de stablecoin zijn waarde. Ditzelfde vertrouwen dat mensen in banken hebben, geldt hier ook. Overigens blijft de stablecoin-industrie grotendeels ongereguleerd. Bovendien berusten meer dan 99% van de stablecoins op de Amerikaanse dollar en zijn zij direct of indirect gekoppeld aan een Amerikaanse bank. Hierdoor kan de Amerikaanse federale overheid op elk moment besluiten een stablecoin stil te leggen door sancties op te leggen en de betreffende bank te dwingen activa van de uitgever te bevriezen. Tevens kan de beheerder van het kasboek waarop de stablecoin-uitgever vertrouwt, op juridische gronden bepaalde stablecoin-adressen blokkeren – bijvoorbeeld om specifieke gebruikers of regio's te treffen.

Vanuit monetair oogpunt winnen stablecoins aan relevantie, omdat zij miljoenen mensen wereldwijd toegang bieden tot Amerikaanse dollars — toegang die veel mensen anders nauwelijks zouden hebben. Als mensen via hun smartphone eenvoudig vrijwel elke fiatvaluta (of, breder gezegd, elk getokeniseerd activum) kunnen benaderen, kan dit het traditionele systeem van ongeveer 160 verschillende fiatvaluta en bijbehorende kapitaalmarkten ingrijpend verstoren.

CBDC'S: OVERZICHT

De komst van het Bitcoinnetwerk en door particulieren uitgegeven, fiatgedekte stablecoins zorgden er onvermijdelijk voor dat overheden en centrale banken in de weer gingen. Papieren bankbiljetten en commerciële bankreserves vertegenwoordigen immers de schulden van de centrale bank en vormen daarmee de monetaire basis van een land. Om die reden tonen veel centrale banken interesse in het digitaliseren van hun fysieke bankbiljetten, zodat de monetaire basis volledig wordt omgezet in een digitale kasboekregistratie.

Agustín Carstens, hoofd van de Zwitserse Bank voor Internationale Betalingen – een instelling die eigendom is van centrale banken wereldwijd en tevens bankdiensten en regelgevende kaders aanbiedt als supranationale entiteit – deed in 2020 tijdens een paneldiscussie georganiseerd door het *IMF* en de *Wereldbank* (met de titel *Cross-Border Payment — A Vision for the Future*) een interessante uitspraak over digitale valuta van centrale banken.

> In onze analyse van CBDC's, en met name voor algemeen gebruik, vergelijken we ze met contant geld – en daar ligt een groot verschil. Bij contant geld weten we immers niet wie vandaag een biljet van honderd dollar of van duizend peso gebruikt. Een belangrijk verschil is dat de centrale bank bij een CBDC absolute controle heeft over de regels en voorschriften die het gebruik van deze centrale bankverplichting bepalen. Bovendien beschikken we over de technologie om dit af te dwingen. Deze twee punten zijn van cruciaal belang en maken een enorm verschil met contant geld. [395]

395 Agustín Carstens, *Cross-Border Payments—A Vision for the Future*, (24:12–25:06).

Kort samengevat vergroten centrale banken met digitale valuta het vermogen om het gebruik van hun uitgegeven munteenheid nauwgezet te controleren en te monitoren. Dit resulteert in aanzienlijke verbeteringen bij grensoverschrijdende transacties en maakt doelgerichter monetair beleid mogelijk, maar roept tegelijkertijd belangrijke privacy- en controlevraagstukken op voor het publiek.

CBDC'S: GRENSOVERSCHRIJDENDE AFWIKKELING

Internationale betalingen blijven een knelpunt voor het wereldwijde banksysteem, ondanks dat dit systeem al anderhalve eeuw via telecommunicatie-infrastructuur met elkaar verbonden is. Banken hanteren namelijk al een halve eeuw lang verouderde internationale betalingsmechanismen – zoals het *SWIFT*-berichtensysteem en overboekingen tussen correspondentbanken – die in de loop der tijd slechts oppervlakkig technisch zijn geactualiseerd. Hierdoor verlopen internationale overboekingen vaak traag, zijn ze duur en ondoorzichtig.

Daarnaast loopt een groot deel van de infrastructuur via het Amerikaanse banksysteem, waardoor de VS aanzienlijke invloed krijgt om landen om diverse redenen te sanctioneren. Daarom streven veel regeringen wereldwijd naar een meer gedecentraliseerde transactiestructuur, zodat zij minder afhankelijk zijn van systemen die beheerd worden door een dominante hegemonische macht, met wie de betrekkingen niet altijd optimaal zijn.

In de herfst van 2022 kondigden de Bank voor Internationale Betalingen en diverse overheidsinstanties en centrale banken een internationaal project aan ter verbetering van de infrastructuur voor grensoverschrijdende betalingen. Op hun website beschreef men het project als volgt:

> Het betalingssysteem dat ten grondslag ligt aan grensoverschrijdende financiële stromen houdt geen gelijke tred met de snelle groei van de mondiale economische integratie. Het wereldwijde netwerk van correspondentbanken, dat internationale betalingen mogelijk maakt, kampt met hoge kosten, lage snelheid, een gebrek aan transparantie en operationele complexiteit. Bovendien verkleinen banken hun netwerk van correspondentbanken en diensten, waardoor veel deelnemers – met name opkomende markten en ontwikkelingslanden – onvoldoende of geen betaalbare toegang tot het wereldwijde financiële systeem hebben.
>
> Diverse CBDC-regelingen (multi-CBDC), die nationale digitale valuta rechtstreeks koppelen via één gemeenschappelijke technische infrastructuur, bieden mogelijkheden om het huidige systeem te verbeteren. Ze maken grens-

overschrijdende betalingen direct, goedkoop en universeel toegankelijk met een veilige afwikkeling.

Het *BIS Innovation Hub Hong Kong Centre*, de *Hong Kong Monetary Authority*, de *Bank of Thailand*, het *Digital Currency Institute* van de *People's Bank of China* en de *Central Bank of the United Arab Emirates* werken samen aan de bouw van een dergelijk multi-CBDC-platform, dat bekendstaat als *mBridge*.[396]

De infrastructuur van digitale centrale bankvaluta maakt efficiëntere methoden voor grensoverschrijdende betalingen mogelijk en verloopt via een complex web van verbindingen, zodat geen enkel land als knelpunt optreedt in het hele systeem.

CBDC'S: GERICHT MONETAIR EN FISCAAL BELEID

De Verenigde Staten telt 330 miljoen inwoners, maar de *Federal Reserve* hanteert slechts één basisrente voor heel het land. Dit probleem doet zich ook in andere landen voor. Critici van centrale banken zien het actief beheer van een valutasysteem als problematisch. Zij vinden dat centrale banken niet de rentetarieven zouden moeten bepalen; de vrije markt zou in plaats daarvan de basisrente moeten vaststellen.

Voorstanders van centrale banken – waaronder vanzelfsprekend de centrale bankiers zelf – hebben interesse in technologieën die hen een nog nauwkeurigere controle over het monetaire beleid bieden. Zo stellen zij zich voor dat een centrale bank de rente per regio of zelfs per leeftijdsgroep kan variëren. Wil de bank bijvoorbeeld bepaalde industrieën stimuleren en andere afremmen, dan kan zij uiteenlopende kapitaalkosten hanteren. Dit principe kan ook op consumentenniveau toegepast worden: burgers kunnen per uitgavencategorie quota ontvangen, waardoor hun bestedingen automatisch worden beperkt zodra zij hun limiet overschrijden. Bovendien kunnen stimuleringsbetalingen op een veel snellere en gerichtere wijze worden verspreid dan met de huidige technologie, bijvoorbeeld in de vorm van 'geld met een houdbaarheidsdatum' dat zo de besteding versnelt.

Dit is een van die gebieden waar we onderscheid moeten maken tussen het perspectief van de uitgever en dat van de gebruiker met betrekking tot wat een 'ideale valuta' is. Gebruikers willen over het algemeen dat hun valuta zo vrij, privé en schaars mogelijk is. Uitgevers willen over het algemeen dat hun valuta te bewaken en te controleren is, en na verloop van tijd gestaag in waarde daalt. Vanuit het perspectief van de uitgever geldt: hoe verfijnder de instrumenten die zij beschikbaar hebben om de details

396 Bank for International Settlements, *Project mBridge: Connecting Economies Through CBDC*.

van hun valuta te beheersen, hoe beter.

CBDC'S: HET OPLEGGEN VAN NEGATIEVE RENTES

Tijdens de wereldwijde obligatiezeepbel met disinflatoire kenmerken aan het eind van de jaren 2010 zochten veel beleidsmakers naar manieren om extreem negatieve rentetarieven in te voeren. Zij beschouwden grote spaargelden vaak als een vorm van 'hamsteren' en wilden het geld sneller in omloop brengen om zo de economie op korte termijn te stimuleren. De aanwezigheid van contant geld bemoeilijkt dit echter, omdat mensen dan de mogelijkheid hebben om geld van hun bankrekening op te nemen en als contant geld aan te houden wanneer de bank zeer negatieve depositorentes rekent. Een artikel van het IMF uit 2019, getiteld *Cashing in: How to Make Negative Interest Rates Work*, beschrijft dit probleem als volgt:

> In een wereld zonder contant geld bestaat er geen bodem onder de rentetarieven. Een centrale bank kan de beleidsrente bijvoorbeeld verlagen van 2 procent naar min 4 procent om een diepe recessie af te wenden. Die verlaging werkt door naar bankdeposito's, leningen en obligaties. Zonder contant geld moeten spaarders negatieve rente betalen om hun geld bij de bank te houden, waardoor consumeren en investeren aantrekkelijker worden. Dat stimuleert de kredietverlening, vergroot de vraag en zet de economie in beweging.
>
> Wanneer contant geld beschikbaar blijft, is het niet mogelijk de rente ver in het negatieve gebied te brengen. Contant geld behoudt dezelfde koopkracht als bankdeposito's, maar levert nul procent nominale rente op. Bovendien is het in onbeperkte hoeveelheden verkrijgbaar in ruil voor bankgeld. In plaats van negatieve rente te betalen, kun je simpelweg contant geld aanhouden met 0% rente. Zo fungeert contant geld als gratis optie op nulrente, en vormt het de bodem voor de rente.
>
> Omdat deze bodem bestaat, hebben centrale banken onconventioneel monetair beleid gevoerd. In de eurozone, Zwitserland, Denemarken, Zweden en andere economieën mogen de rentevoeten iets onder nul komen. Dat komt doordat het onpraktisch en duur is om grote hoeveelheden contant geld vast te houden (denk aan opslag- en verzekeringskosten). Deze onconventionele maatregelen stimuleren de vraag, maar compenseren niet volledig het verlies aan beleidsruimte bij zeer lage rentes.
>
> Een mogelijke oplossing om door de nulondergrens heen te breken, is het geleidelijk afschaffen van contant geld.[397]

---

397 Ruchir Agarwal en Signe Krogstrup, *Cashing In: How to Make Negative Interest Rates Work*.

Vanwege de uitdagingen die het volledig schrappen van contant geld met zich meebrengt, stelden de auteurs van het IMF-rapport – waarop dit artikel is gebaseerd – voor om de monetaire basis in twee delen op te splitsen. Het fysieke contante geld zou dan in waarde dalen ten opzichte van het geld dat in het financiële systeem circuleert, met een afname die overeenkomt met de negatieve rente op deposito's. Op die manier geldt negatieve rente ook voor contant geld, zodat niemand kan ontsnappen aan sterk negatieve nominale rentetarieven. Ook werkdocument 25416 van het *National Bureau of Economic Research* (2019), mede geschreven door Larry Summers, bespreekt de problemen die papieren valuta veroorzaken in een beleid met aanzienlijk negatieve rentetarieven:[398]

> Ons model voorspelt dat negatieve beleidsrentes de economie moeten stimuleren als de bodem voor deposito's wordt doorbroken. Dit kan doordat banken eerder geneigd raken negatieve depositorentes toe te passen zonder dat klanten massaal naar contant geld overschakelen, of door institutionele aanpassingen die de bodem voor deposito's beïnvloeden. In Sectie 4 bekijken we de voorwaarden waaronder dit mogelijk is. Een voorbeeld van zo'n maatregel is een directe belasting op contant geld, zoals Gesell (1916) aanvankelijk voorstelde en later uitgebreid besproken door Goodfriend (2000) en Buiter en Panigirtzoglou (2003). Andere maatregelen verhogen de opslagkosten van geld, zoals het afschaffen van biljetten met hoge waarden. Ook de volledige afschaffing van contant geld behoort tot de opties. Deze beleidsmaatregelen komen eveneens aan bod bij Agarwal en Kimball (2015), Rogoff (2017a) en Rogoff (2017c), die meer gedetailleerde regimes voorstellen om de nulondergrens te omzeilen.[399]

In de tweede helft van de jaren 2010, een periode van lage consumentenprijsinflatie, vonden dergelijke voorstellen brede belangstelling in academische financiële kringen. Beleidsmakers onderzochten actief manieren om sterk negatieve reële (inflatie-gecorrigeerde) rentetarieven te realiseren. Dat betekende dat zij indien nodig dieper moesten gaan met negatieve nominale rente, terwijl zij probeerden alternatieven als contant geld – dat als uitwijkmogelijkheid fungeert – weg te werken. Kortom, zij zochten voortdurend naar methoden om hun grip op het monetaire systeem verder te versterken.[400]

In de jaren 2020 kwamen discussies over sterk negatieve rentetarieven minder vaak ter sprake, mede door de hernieuwde opkomst van hogere inflatie en rentetarieven. Toch zouden deze voorstellen in de toekomst weer

398 Gauti Eggertsson et al., *Negative Nominal Interest Rates and the Bank Lending Channel*, 6.
399 Gauti Eggertsson et al., *Negative Nominal Interest Rates and the Bank Lending Channel*, 6.
400 Het standaardwerk over dit onderwerp is Kenneth Rogoff, *The Curse of Cash*.

kunnen opduiken tijdens perioden van aanzienlijke disinflatie, omdat beleidsmakers steeds verlangen naar meer controle over het monetaire systeem.

CBDC'S: GEAUTOMATISEERDE WETSHANDHAVING

In 2020 deelde durfkapitalist en analist Nic Carter op sociale media zijn visie dat, als men contant geld vandaag opnieuw zou uitvinden, het als illegaal zou worden aangemerkt. Met andere woorden: contant geld ondersteunt privétransacties die we als vanzelfsprekend beschouwen door het langdurige gebruik, maar waarover overheidsinstanties en centrale banken weinig enthousiasme tonen. Zij hebben door de jaren heen steeds strengere methoden ingevoerd om bankrekeningen en transacties te controleren en te bevriezen, waardoor contant geld de laatste belangrijke omweg blijft voor privétransacties binnen het huidige financiële systeem.

Digitale valuta die door centrale banken worden uitgegeven, bieden deze instanties een manier om het fysieke geld geleidelijk af te schaffen en daarmee het laatste restje transactionele privacy te elimineren. CBDC's kunnen door de uitgever veel nauwkeuriger gecontroleerd en gevolgd worden dan fysiek geld; hetzelfde geldt voor stablecoins. In 2021 begon China met het testen van een digitale valuta van de centrale bank. Deze valuta maakt het eenvoudiger om transacties te traceren en indien nodig te blokkeren, vervaldatums toe te kennen zodat geld automatisch wordt uitgegeven in plaats van gespaard, en rekeninghouders automatisch contant geld af te schrijven of hun rekeningen te bevriezen wanneer dat nodig is. Dit onderwerp vat een artikel van de *Wall Street Journal* uit april 2021 treffend samen, getiteld *China Creates Its Own Digital Currency, a First for Major Economy*:

> Geld zelf kan geprogrammeerd worden. Peking experimenteerde met vervaldata om gebruikers ertoe te brengen hun geld snel uit te geven op momenten dat de economie een impuls nodig heeft.
>
> Het digitale geld is bovendien traceerbaar, wat de uitgebreide staatscontrole van China extra handvatten geeft. De overheid zet honderden miljoenen gezichtsherkenningscamera's in om de bevolking in de gaten te houden en legt soms boetes op voor bijvoorbeeld het oversteken buiten de daarvoor bestemde oversteekplaats. Een digitale valuta maakt het bovendien mogelijk om boetes direct uit te delen en te innen zodra een overtreding wordt gesignaleerd.[401]

401 James Areddy, *China Creates Its Own Digital Currency, a First for Major Economy*, Wall Street Journal, 5 april 2021.

Sindsdien zijn diverse landen overgegaan op digitale centrale bankvaluta, waarbij Nigeria – met meer dan 200 miljoen inwoners – opvalt. In de herfst van 2021 introduceerde Nigeria zijn digitale valuta, de eNaira, maar een jaar later was de adoptiegraad nog steeds onder de 1%. Eind 2022 begon de centrale bank vervolgens met het sterk beperken van de beschikbaarheid van fysiek geld. Haruna Musafa, directeur van Bankentoezicht bij de Centrale Bank van Nigeria, stelt dat klanten 'aangemoedigd zouden moeten worden om gebruik te maken van alternatieve kanalen (internetbankieren, mobiele bankapps, USSD-kaarten/POS, eNaira, etc.) om hun banktransacties uit te voeren'.[402]

Bloomberg ging in een artikel van december 2022, getiteld *Nigeria Caps ATM Cash Withdrawals at $45 Daily to Push Digital Payments*, uitgebreid in op deze kwestie:

> De Centrale Bank van Nigeria heeft het maximale opnamebedrag voor klanten verlaagd naar 20.000 naira ($44,97) per dag, in plaats van de eerdere limiet van 150.000 naira, volgens een circulaire die dinsdag naar kredietverleners is verstuurd. Wekelijkse contante opnames zijn nu beperkt tot 100.000 naira voor particulieren en 500.000 naira voor bedrijven. Bedragen boven deze limieten worden belast met respectievelijk een toeslag van 5% en 10%, aldus de centrale bank.
>
> De maatregel maakt deel uit van een reeks bevelen van de centrale bank, gericht op het beperken van het gebruik van contant geld en het stimuleren van digitale valuta om de toegang tot bankdiensten te verbeteren. In de grotendeels informele economie van Nigeria bestaat 85% van het geld in omloop uit contanten buiten het banksysteem en hebben bijna 40 miljoen volwassenen geen bankrekening.[403]

Deze situatie laat zien dat veel centrale banken ernaar streven fysieke contanten terug te dringen zodra daar gelegenheid voor is. Digitale centrale bankvaluta en andere digitale betaalsystemen bieden de hiervoor nodige methoden. Het voorbeeld van Nigeria maakt echter duidelijk hoe lastig het plan is als het publiek niet meegaat. Meer dan anderhalf jaar na de introductie van de eNaira kiezen Nigerianen nog steeds vaker voor cryptovaluta dan voor de eNaira, mede omdat het banksysteem van Nigeria al geruime tijd is losgekoppeld van cryptobeurzen. Omdat Nigerianen niet zomaar geld van hun bankrekening naar een cryptobeurs kunnen overmaken, zijn zij

---

402 Alys Key, *Nigeria Limits Cash Withdrawals to $45 per Day in CBDC, Digital Banking Push*, Yahoo! Finance, 7 december 2022.

403 Emele Onu en Anthony Osae-Brown, *Nigeria Caps ATM Cash Withdrawals at $45 Daily to Push Digital Payments*, Bloomberg, 6 december 2022.

gedwongen via peer-to-peer transacties toegang te krijgen tot cryptovaluta of andere gewenste activa.

Dit weerhoudt centrale banken er niet van de CBDC-markt te betreden. Begin 2023 deden Russische grappenmakers alsof zij Volodymyr Zelensky, de Oekraïense president, waren en verleidden zowel Jerome Powell als Christine Lagarde tot afzonderlijke videogesprekken – gesprekken die later werden opgenomen en online verschenen.[404] Tijdens een gesprek met Lagarde, die momenteel de Europese Centrale Bank leidt, vroeg men haar naar de toekomstplannen voor digitale centrale bankvaluta en hoe zij reageert op de stelling dat mensen niet graag gecontroleerd worden. Zij antwoordde:

> We hebben in Europa nu een grens: boven de 1.000 euro kun je niet contant betalen. Als je dat doet, handel je op de grijze markt en loop je een risico. Word je gepakt, dan krijg je een boete of beland je in de gevangenis. Weet je, de digitale euro zal tot op zekere hoogte gecontroleerd worden. Je hebt helemaal gelijk – er komt controle. We overwegen of we voor zeer kleine bedragen, zo rond de 300 of 400 euro, een mechanisme kunnen inzetten waar geen controle op uitgeoefend wordt. Maar dat zou gevaarlijk kunnen zijn. Denk maar aan de terroristische aanslagen in Frankrijk tien jaar geleden, die volledig gefinancierd werden met kleine, anonieme kredietkaarten die je naar believen kunt opladen.[405]

Christine Lagarde wees als eerste op de bestaande limiet voor contante betalingen in Frankrijk, een maatregel die bedoeld is om het gebruik van contant geld te beperken, al blijkt de handhaving hiervan lastig. Verschillende landen kennen wetgeving die contante betalingen aan banden legt, en Frankrijk hanteert daarbij een van de strengste limieten. Daarna voerde Lagarde aan dat een terroristische aanslag van bijna tien jaar geleden een reden is om volledig anonieme transacties te verbieden. Hoewel in de afgelopen vijftig jaar minder dan 0,001% van de Franse bevolking omkwam bij terroristische aanslagen, ziet zij dit als een gewichtige reden voor gecentraliseerd toezicht op alle transacties.

In dit boek stel ik steeds de vraag: 'Wie beheert het kasboek?' wanneer ik verschillende financiële systemen en technologieën onder de loep neem.

Het valt op dat geld steeds meer digitaliseert. De introductie van Bitcoin luidde een nieuw tijdperk in, waarin men streeft naar decentralisatie van geld en gebruikers weer controle over het kasboek geeft. Ook fiatgeldsyste-

404 Forkast.News, *ECB's Lagarde gets pranked, reveals digital euro will have 'limited' control*, Yahoo! Finance, 7 april 2023.

405 Voor Rumble-video zie Real Truth Real News, *Vovan and Lexus' Pretend to Be Zelensky*, Rumble, april 2023, (16:34–17:25).

men hebben elementen van deze technologie overgenomen; zij digitaliseren nu hun valuta in de vorm van digitale centrale bankvaluta (CBDC's). In tegenstelling tot Bitcoin geven CBDC's de beheerders van het kasboek veel meer macht, wat ten koste gaat van de gebruikers. Centrale banken en overheidsinstanties kunnen zo hun kasboek gedetailleerder beheren dan ooit tevoren. Bovendien maakt de technologie achter digitale centrale bankvaluta het mogelijk om contant geld geleidelijk af te schaffen, waardoor het laatste overblijfsel van privétransacties zonder censuur binnen de bestaande fiatgeldsystemen verdwijnt.

Als we nadenken over de ideale vorm van geld, blijkt dit beeld sterk te variëren afhankelijk van achtergrond en doelstellingen. Vanuit het oogpunt van een centrale bank of overheidsinstantie is ideaal geld dat zij volledig kunnen controleren: geld dat in de loop der tijd gestaag in waarde afneemt, eenvoudig te monitoren en te programmeren is, en dat door de uitgever indien nodig bevroren kan worden. CBDC's worden gepresenteerd als systemen die financiële diensten toegankelijker maken en opsporingsdiensten effectiever ondersteunen in hun strijd tegen criminaliteit. Tegelijkertijd geeft de technologie die deze eigenschappen mogelijk maakt ook overheden en bedrijven meer middelen in handen om publieke tegenstand te onderdrukken en het leven van burgers te controleren. Dit is vooral significant in een wereld waar meer dan de helft van de bevolking onder autoritaire of semi-autoritaire regimes leeft en waar 160 verschillende valutamonopolies bestaan. Vanuit het perspectief van de individuele gebruiker is ideaal geld daarentegen geld dat zijn waarde behoudt, moeilijk door derden kan worden gevorderd of gecontroleerd, een hoge mate van transactieprivacy biedt en wereldwijd zowel verplaatsbaar als geaccepteerd is.

We bevinden ons momenteel op een kruispunt. De ene weg leidt tot een stapsgewijze verbetering voor degenen die de eeuwenoude trend van voortdurende centralisatie van het financiële systeem willen doorzetten. Anderzijds biedt de alternatieve route kansen om deze centralisatie te doorbreken en individuele gebruikers meer financiële autonomie te geven. Deel 6, het slotdeel van dit boek, onderzoekt de ethiek achter deze twee tegengestelde benaderingen.

DEEL VI

FINANCIËLE TECHNOLOGIE EN MENSENRECHTEN

Onze natie is gesticht door mannen met uiteenlopende nationaliteiten en achtergronden. Onze basis is verankerd in het principe dat iedereen gelijk is geschapen. De rechten van ieder mens komen in gevaar wanneer de rechten van één persoon worden bedreigd. Wij zijn vastbesloten om het recht op vrijheid wereldwijd te bevorderen en te beschermen.[406]

—John F. Kennedy

406 John F. Kennedy, *Radio and Television Report to the American People on Civil Rights*, 11 juni 1963.

HOOFDSTUK 28

DE AANTASTING VAN PRIVACY

Zoals in dit boek al duidelijk naar voren komt, komt het recht op privacy in het digitale tijdperk steeds meer onder druk te staan. Vroeger was iemands privacy schenden een dure aangelegenheid. Vóór de komst van het internet, smartphones, bewakingscamera's en andere moderne technologieën was de enige manier om privacy te schenden door middel van fysieke observatie, door personen te fouilleren of hun bezittingen te doorzoeken. Hierdoor merkte het slachtoffer vaak op dat zijn privacy werd aangetast.

In het digitale tijdperk wordt het voor overheden, bedrijven én individuen steeds eenvoudiger en goedkoper om iemand te bespieden — en gebeurt het vaak zonder dat dit opgemerkt wordt. Overheden en bedrijven kunnen automatisch zowel publieke als private gegevens van miljarden mensen verzamelen via grote financiële- en communicatieplatforms. De verzamelde data wordt vervolgens geordend met behulp van diverse *Big Data*-technieken, zoals *machine learning*, waarbij algoritmes deze gegevens continu monitoren en eenvoudig doorzoekbaar maken. Bovendien worden gecentraliseerde opslagplaatsen regelmatig gehackt, waarna de data op het dark web belandt.

Het Vierde Amendement van de Amerikaanse Grondwet, geratificeerd in 1791 als onderdeel van de *Bill of Rights*, beschermt burgers tegen onredelijke huiszoekingen en inbeslagnames.

> Het recht van mensen om zich veilig te voelen wat betreft hun persoon, huis, documenten en bezittingen tegen onredelijke huiszoekingen en inbeslagnames mag nooit worden aangetast. Huiszoekingsbevelen worden uitsluitend uitgevaardigd op basis van gegronde redenen, ondersteund door een eed of verklaring, en voorzien van een precieze omschrijving van het te doorzoeken

pand en de personen of zaken die in beslag genomen dienen te worden.[407]

De Universele Verklaring van de Rechten van de Mens, opgesteld door de Verenigde Naties in 1948, erkent in Artikel 12 tevens dat privacy een fundamenteel mensenrecht is.

> Niemand mag worden onderworpen aan willekeurige inbreuken op zijn privacy, gezin, woning of correspondentie, noch aan aanvallen op zijn eer en reputatie. Iedereen heeft het recht op wettelijke bescherming tegen dergelijke inmenging of aanvallen.[408]

In de praktijk worden deze rechten echter vaak genegeerd, zowel in de Verenigde Staten als in talloze andere landen wereldwijd.

Mensen hebben van nature behoefte om niet bespied te worden. 's Avonds sluiten we onze gordijnen, voelen we ons ongemakkelijk wanneer iemand ons in het openbaar te lang aankijkt en zorgen we ervoor dat toiletten deuren hebben en dat afgeschermde ruimtes met gordijnen zijn voorzien. Het is dan ook begrijpelijk dat velen zich zorgen maken over de mogelijkheid dat onze camera's of microfoons worden gehackt, zodat iemand ons onopgemerkt kan bekijken of afluisteren.

Dit geldt ook voor onze fundamentele behoefte aan privacy met betrekking tot onze bezittingen en persoonlijke gegevens. We willen niet dat iedereen alles over ons weet, maar alleen de personen die er werkelijk zaken mee hebben. Zo delen we bijvoorbeeld ons salaris, de namen van onze medicijnen of details over ons seksleven niet met vreemden, terwijl we tijdens een sollicitatiegesprek soms wel ons salaris noemen, medische problemen bespreken met de dokter en onze intimiteit met onze partners delen.

Als legitieme autoriteiten onze privacy toch moeten schenden, mogen zulke inbreuken – zoals vastgelegd in de *Bill of Rights* en de Universele Verklaring van de Rechten van de Mens – niet willekeurig of algemeen plaatsvinden. Ze moeten gebaseerd zijn op gegronde redenen, een specifieke aanleiding hebben en binnen de wettelijke kaders blijven.

Privacy is essentieel in een vrije samenleving, maar nog crucialer in een onvrije. In landen waar vrijheid ontbreekt, vervolgen de overheid of andere machthebbers mensen met 'ongewenste' politieke opvattingen, afwijkende seksuele voorkeuren of minderheidsgeloofsovertuigingen — zelfs als hun ideeën of handelingen geen directe schade berokkenen. Er zullen altijd individuen zijn die menen te weten wat de beste levenswijze is en die

407 National Archives, *The Bill of Rights*.
408 United Nations, *Universal Declaration of Human Rights*.

ervan overtuigd zijn dat zij het recht hebben hun visie aan anderen op te dringen.

Door de jaren heen is surveillancetechnologie aanzienlijk krachtiger geworden, waardoor het onrealistisch is te verwachten dat overheden of bedrijven onze behoefte aan privacy respecteren. Het antwoord op onze vraag is steevast 'nee' en de rechtvaardigingen hiervoor blijven in ontwikkeling. In de Verenigde Staten werden de jaren '70 en '80 bijvoorbeeld bepaald door de strijd tegen drugs om privacyschendingen te verantwoorden, waarna in de jaren 2000 de oorlog tegen terreur centraal kwam te staan. Nu, in de jaren 2020, verschoof de rechtvaardiging naar de bestrijding van mensenhandel en samenwerking met vijandige naties. Er zal altijd een argument gevonden worden om al onze privacy op te geven, vaak met als doel vermeend misbruik door een klein percentage mensen te voorkomen.

Om privacy te waarborgen, moeten mensen krachtige tegentechnologieën ontwikkelen, zodat zij zoveel mogelijk de controle over hun eigen privacy behouden. Tegelijkertijd moeten wetten en praktijken meebewegen met deze nieuwe technologische werkelijkheid. Net zoals mensen fysieke muren bouwen om hun bezittingen te beschermen – waarvoor zowel energie als juridische inspanningen nodig zijn om deze te overwinnen – moeten zij ook digitale barrières opwerpen rond hun gegevens.

TRANSACTIEPRIVACY

Het recht op privacy omvat natuurlijk ook de bescherming van jouw financiële transacties. Als een overheid, bedrijf of individu volledige inzage krijgt in jouw transactiegeschiedenis, kan daar vrijwel alle persoonlijke informatie over jou uit worden afgeleid. Bovendien maakt realtime monitoring het mogelijk om continu jouw fysieke locatie te volgen.

Als we kijken naar de diverse vormen van geld die in dit boek worden besproken, valt op dat veel daarvan een hoge mate van transactieprivacy boden — dat was de norm gedurende duizenden jaren. Ruilactiva zoals edelmetalen, munten en fysieke bankbiljetten werden gebruikt voor directe transacties tussen partijen, zonder dat een derde instantie het 'kasboek' van wisseltransacties kon bijhouden. De actuele stand van het kasboek werd immers bepaald door wie over het geld beschikte, en geen enkele entiteit – zelfs niet de uitgever van de bankbiljetten – had volledig inzicht in alle transacties.

Door de opkomst van moderne communicatietechnologieën en het routinematig gebruik van bankdeposito's voor sparen is de financiële privacy de afgelopen decennia sterk afgenomen. Een bankmedewerker kan namelijk eenvoudig vastleggen hoeveel geld je bezit, waar je betalingen naartoe gaan en waar deze vandaan komen. Hierdoor kunnen overheden banken regelmatig verzoeken om deze gegevens te overhandigen. Bovendien zorgt een monetair beleid dat voortdurende inflatie nastreeft ervoor dat mensen op zoek gaan naar rente als bescherming, wat het aanhouden van fysiek geld ontmoedigt en het gebruik van fractioneel gereserveerde, strikt gecontroleerde bankdeposito's stimuleert.

De *Bank Secrecy Act* uit 1970, ingevoerd door de Amerikaanse overheid en nog steeds van kracht, verplicht banken tot het rapporteren wanneer de dagelijkse transacties van een klant de $10.000 overschrijden. Toen de wet in 1970 werd ingevoerd lag het mediane jaarsalaris van een Amerikaan nog onder de $10.000. Daardoor richtte de wet zich aanvankelijk op relatief grote transacties — namelijk bedragen van meer dan $80.000 in de huidige, verzwakte dollars. Omdat er geen rekening werd gehouden met inflatie, moesten banken na verloop van tijd steeds vaker kleinere transacties rapporteren, aangezien het normaal werd om dagelijks bedragen van $10.000 te verplaatsen. Op die manier verlaagde de overheid door de werking van de inflatie elk jaar de drempel voor toezicht, zonder dat daarvoor nieuwe wetgeving nodig was. Als de inflatie de komende vijftig jaar op hetzelfde niveau blijft als de afgelopen vijftig jaar, zal de rapportagedrempel, gemeten in koopkracht, naar verwachting ongeveer acht keer krimpen. Toen de wet voor het eerst van kracht werd, kon de overheid transacties ter waarde van een huis controleren. Door de inflatie is die drempel inmiddels gedaald tot bedragen die vergelijkbaar zijn met de kosten van een tweedehands auto. Als deze trend zich voortzet, kan de overheid immers zelfs transacties voor de aankoop van een grasmaaier of een fiets monitoren.

Vergelijkbare rapportagevereisten bestaan ook in andere landen. Zoals later in dit hoofdstuk wordt toegelicht, kunnen inlichtingendiensten onderzoek doen naar diverse soorten informatie, zelfs als deze onder de meldingsdrempels blijft, en dat zowel met als zonder gegronde reden. In de praktijk controleren banken inmiddels ook de kleinste transacties tot in de details.

Ook op andere financiële registraties wil de overheid dergelijke beperkingen toepassen. Zo verlaagde de Duitse overheid vanaf 1 januari 2020 de drempel voor de aankoop van fysiek goud zonder verplichte identiteitscontrole van €10.000 naar slechts €2.000, zogenaamd om witwaspraktijken tegen te gaan. Hoewel Duitsers voor veel andere aankopen boven de €2.000 geen identiteitscontrole hoeven te ondergaan, geldt deze maatregel specifiek voor goud. In de aanloop naar deze wijziging stonden eind 2019 lange rijen mensen bij goudwinkels om edelmetalen te kopen, voordat de strengere identificatieregels in werking traden.

Op vergelijkbare wijze heeft Frankrijk in het afgelopen decennium contante transacties van meer dan 1.000 euro verboden om terrorismefinanciering en witwassen tegen te gaan. Diverse andere landen hanteren soortgelijke beperkingen op het gebruik van contant geld.

DE SAGA VAN DE PIEPERS IN DE JAREN '80

Criminelen grijpen, zoals we zouden verwachten, nieuwe technologieën aan zodra deze beschikbaar zijn. In de jaren '80 maakten drugsdealers veelvuldig gebruik van piepers om de politie te ontlopen. Tegelijkertijd ontdekte een brede groep legitieme gebruikers – artsen, advocaten, journalisten en bezorgers – de mogelijkheden van deze apparaten. Een artikel uit 1988 in de *Washington Post*, getiteld *Message Is Out On Beepers*, opende als volgt:

> Wanneer een drugsdealer problemen ondervindt, belt hij soms 911. Maar niet om de politie te bereiken.
>
> In plaats daarvan ontvangt een koerier met een pieper het bericht. De ingevoerde telefonische berichten verschijnen op het apparaat: 911 betekent dat de politie onderweg is.
>
> Hoewel piepers steeds meer ingeburgerd raakten in het beroepsleven – artsen, bezorgers en journalisten maken er vaak gebruik van – zijn ze eveneens een vast onderdeel van de drugshandel geworden. Dit levert niet alleen nieuwe uitdagingen op voor de handhaving, maar dreigt ook het imago van een bloeiende hightechindustrie te beschadigen.[409]

Het artikel ging verder in op verschillende methoden om illegaal gebruik van piepers tegen te gaan. Zo zorgden grondige kredietcontroles bij aankoop, zelfs wanneer met contant geld betaald werd, ervoor dat criminelen geen toegang kregen tot deze apparaten. Daarnaast belichtte het artikel de tegenstand van de *American Civil Liberties Union* tegen maatregelen die overheden bevoegdheden zouden geven om te bepalen wie wel of geen pieper mocht bezitten.

Tegenwoordig lijkt het absurd om het gebruik van piepers te willen reguleren, zeker als we kijken naar de enorme technologische vooruitgang die inmiddels heeft plaatsgevonden. Het is een treffend voorbeeld van hoe elke nieuwe technologie zowel positief als negatief kan worden ingezet. Hoewel er vaak publieke debatten ontstaan over regels die de voordelen benutten en misbruik beperken, blijkt het vrijwel onmogelijk om de wereldwijde en

409 Jonathan Moses, *Message Is Out On Beepers*, The Washington Post, 11 juli 1988.

duurzame verspreiding van nieuwe technologie structureel tegen te gaan. Krachtige innovaties worden immers zowel voor nobele als kwaadaardige doeleinden gebruikt. Vandaag de dag lijkt het idee om het gebruik van piepers te beperken compleet zinloos. De meesten van ons hebben met hun mobiele telefoon toegang tot het internet. Dat staat in schril contrast met het verouderde technologieniveau van piepers, vooral als je bedenkt dat 90% van de wereld toegang heeft tot veel geavanceerdere technologieën.

SURVEILLANTIEKAPITALISME

In de jaren 2000 en 2010 nam de commercialisering van gebruikersdata fors toe. Diverse bedrijven boden zogenaamd *gratis* diensten aan, maar de werkelijke prijs was het verzamelen van gebruikersdata, die vervolgens direct werd benut of verkocht. Dit bedrijfsmodel was erop gericht advertenties nauwkeurig af te stemmen op individuele gebruikers, gebaseerd op hun online gedrag — een enorm winstgevende strategie. Je kreeg weliswaar diverse diensten, maar de verborgen kosten hielden in dat je ingrijpend je privacy verloor aan grote ondernemingen. De dataverzamelingscapaciteiten van *Alphabet* zijn indrukwekkend. Via Google, 's werelds meest gebruikte zoekmachine, bewaart het bedrijf je zoekgeschiedenis. Met de populairste browser, Chrome, wordt vastgelegd welke websites je bezoekt. Als je een document uploadt naar hun cloud, scant de software dit om te controleren of het in strijd is met de gebruiksvoorwaarden. Bij Gmail krijgt het bedrijf inzicht in je e-mailgeschiedenis en kan het zelfs je realtime communicatie monitoren. En als je een Android-telefoon gebruikt waarbij bepaalde privacy-instellingen zijn uitgeschakeld, volgen zij je locatie, app-gebruik en andere details. Stel je eens voor hoeveel persoonlijke informatie zónder onderbreking bij één enkel bedrijf terechtkomt: toegang tot je e-mails, documenten, zoekopdrachten, bezochte websites, app-activiteit en mogelijk zelfs je huidige fysieke locatie.[410]

Bijna tien jaar geleden, toen dit allemaal nog nieuw was, zocht ik mijn buurt op in Google Maps. Tot mijn verbazing verscheen op een gebouw een melding waarin stond dat ik daar de volgende week een tandartsafspraak had. Ik besefte toen dat de software van Google waarschijnlijk mijn e-mailbevestiging had gelezen en deze informatie op hun platform had gedeeld.

Naast dat de gegevens van zogenaamd gratis gebruikers een flinke financiële waarde hebben, gebruiken veel producten deze informatie om hun functionaliteit te verbeteren. Alexa en Siri luisteren bijvoorbeeld naar

410 Shoshana Zuboff, *The Age of Surveillance Capitalism.*

je stem om je van dienst te zijn, maar in werkelijkheid betekent dit dat je huis letterlijk wordt 'aftapt' voor *Amazon* en *Apple*, twee van 's werelds grootste bedrijven. Mensen vertrouwen ook op hun beveiligingssystemen en installeren regelmatig meerdere buitencamera's en zelfs een camera bij de voordeur. Deze beelden slaan ze gewoonlijk op in de cloud en laten ze verwerken op servers die in beheer zijn van de grootste bedrijven ter wereld. Als je over straat loopt, is de kans groot dat meerdere camera's jou vastleggen. Deze beelden worden in realtime naar de cloud geüpload. In woonwijken zie je vooral deurbelcamera's en andere beveiligingscamera's die naar buiten gericht zijn, terwijl in stedelijke gebieden diverse bewakingssysteem worden ingezet om criminaliteit tegen te gaan.

ZEER VEEL DATALEKKEN

Helaas komen datalekken de laatste tijd steeds vaker voor, zowel bij overheidsinstellingen, bedrijven als bij particulieren. Vaak valt de consequentie hiervan uiteindelijk op de gewone burger. Mensen die erop vertrouwen dat hun gegevens veilig worden opgeslagen, raken hierdoor vaak teleurgesteld.

In 2013 werden drie miljard *Yahoo*-e-mailaccounts getroffen in een datalek, waarvan de meeste mensen jarenlang niets vermoed hadden. Hackers kregen daarbij niet alleen toegang tot de e-mailaccounts, maar ook tot andere persoonlijke gegevens zoals namen, geboortedata, telefoonnummers, beveiligingsvragen en wachtwoorden. In 2014 werd *eBay* gehackt, waardoor gegevens van 145 miljoen mensen openbaar werden gemaakt. De gelekte informatie bestond uit namen, e-mailadressen, fysieke adressen, telefoonnummers en geboortedata.

In 2015 trof een van de grootste datalekken in de geschiedenis van de Amerikaanse federale overheid het *U.S. Office of Personnel Management*. Persoonlijke en gevoelige gegevens van meer dan 22 miljoen mensen – voornamelijk overheidsmedewerkers, aannemers en sollicitanten – kwamen hierdoor aan het licht. Het ging om burgerservicenummers, namen, geboortedata, salarisgeschiedenissen, zorgverzekeringsinformatie en huisadressen. Bij miljoenen mensen ging het zelfs verder: bij achtergrondcontroles voor veiligheidscertificeringen verzamelden ze complete psychologische profielen, informatie over familieleden en vrienden en zelfs vingerafdrukken.

In 2016 werd de socialenetwerksite voor volwassenen *Adult Friend Finder* getroffen door een datalek, waarbij gegevens van 412 miljoen accounts via diverse databases werden blootgelegd (het bedrijf bezat verschillende volwassenensites). Zelfs verwijderde accounts werden getroffen, met een geschiedenis die twintig jaar besloeg. De gelekte informatie bestond uit namen, e-mailadressen en wachtwoorden en bevestigde dat betrokkenen daadwerkelijk accounts hadden op deze sites.

In 2017 raakte *Equifax*, een van de drie grootste kredietbureaus in de Verenigde Staten, het slachtoffer van een datalek dat 148 miljoen Amerikanen en enkele miljoenen Britten trof. Men ontdekte dat namen, burgerservicenummers, fysieke adressen en soms ook rijbewijsnummers waren blootgelegd. Hoewel de meeste mensen zich niet actief inschreven voor de diensten van *Equifax*, verzamelen dit en andere kredietbureaus toch gegevens over individuen, ongeacht hun toestemming. Velen kennen de namen van de drie grote kredietbureaus (*Equifax*, *Experian* en *TransUnion*) niet, maar deze organisaties bouwen enorme persoonlijke en financiële databanken op. Ons financiële systeem, dat vrijwel volledig afhankelijk is van krediettoegang en een voortdurend devaluerende valuta, steunt dan ook zwaar op deze oligopolistische entiteiten, die zoveel mogelijk informatie vergaren om het systeem draaiende te houden.

In 2018 werd de Aadhaar-database van India gehackt. Deze database, een van 's werelds grootste identificatiedatabanken, bevat gegevens van meer dan een miljard mensen. De gelekte informatie bestond uit namen, foto's, fysieke adressen, telefoonnummers, e-mailadressen, irisscans, vingerafdrukken en zelfs enkele bankrekeninggegevens. Nog in 2018 werd de database van *Marriott* en haar diverse hotelmerken gehackt. *Marriott* is 's werelds grootste hotelconcern en bezit talloze hotelketens die vaak niet eens de naam *Marriott* dragen. De gestolen gegevens van miljoenen mensen omvatten onder meer namen, adressen, telefoonnummers, e-mailadressen, paspoortnummers, geboortedata, reserveringsgeschiedenissen en creditcardgegevens.

In 2019 ondervond *Capital One* een datalek, doordat een voormalig *Amazon*-medewerker de informatie online openbaar maakte. De gelekte gegevens hadden betrekking op klantrekeningen en kredietkaartaanvragen vanaf 2005. Hierdoor raakten meer dan 100 miljoen mensen getroffen; namen, adressen, e-mailadressen, kredietscores, rekeningsaldi en burgerservicenummers kwamen in het zicht. In 2021 werd een Braziliaanse database gehackt, wat leidde tot het lekken van persoonlijke gegevens van bijna alle Braziliaanse burgers — meer dan 200 miljoen mensen. De gestolen informatie bestond onder andere uit namen, belastingnummers, adressen, e-mailadressen, telefoonnummers, kredietwaardigheidsscores, gezichtsafbeeldingen, salarisgegevens en meer.

Deze datalekken vormen slechts het topje van de ijsberg en behoren tot de meest opvallende incidenten. Grote bedrijven zoals *Home Depot, Microsoft, J.P. Morgan Chase* en *Meta Platforms* hebben in het verleden ook ingrijpende datalekken gekend waarbij gebruikersgegevens betrokken waren. De meeste lezers van dit boek zijn de afgelopen tien jaar waarschijnlijk op de een of andere manier slachtoffer geworden van talrijke datalekken, waarvan sommige hen zelfs onopgemerkt troffen.

DE SNOWDEN-ONTHULLING

In 2013 onthulde Edward Snowden – inmiddels een bekende klokkenluider en voormalig medewerker van de Amerikaanse veiligheidsdienst NSA – via journalisten informatie waaruit bleek dat de surveillancemogelijkheden van de NSA veel verder gingen dan het publiek tot dan toe dacht. Vooral kwam aan het licht dat de NSA rechtstreeks toegang had tot de systemen van grote telecommunicatieproviders en bedrijfssoftwareplatforms om gegevens te verzamelen. In een van de oorspronkelijke rapporten merkte *The Guardian* op:

> Een door de NSA opgesteld schema, opgenomen in een streng geheim document dat door *The Guardian* is bemachtigd, benadrukt de hoeveelheid gegevens die zij kan verzamelen: e-mail, video- en voicechats, video's, foto's, VoIP-gesprekken (zoals Skype), bestandsoverdrachten, informatie van sociale netwerken en meer.
>
> Dit document is recent en dateert uit april 2013. Dergelijke lekken komen zelden voor in de geschiedenis van de NSA, een organisatie die trots is op haar strikte geheimhouding.
>
> Het Prism-programma stelt de NSA – 's werelds grootste surveillantieorganisatie – in staat om gerichte communicatie te verzamelen, zonder dat daarvoor toestemming van de serviceproviders of individuele gerechtelijke bevelen nodig is.
>
> Met dit programma krijgt de NSA directe toegang tot de servers van de deelnemende bedrijven, waardoor zij zowel opgeslagen communicatie als realtime gegevens van specifieke gebruikers kan verzamelen.[411]

Hoewel de geheime programma's in theorie aan bepaalde wettelijke beperkingen voldeden – bijvoorbeeld dat zij 'enkel' buitenlandse personen mochten targeten – bood dit in de praktijk nauwelijks bescherming voor Amerikaanse gebruikers. Juridische besluiten over deze programma's nam men achter gesloten deuren in geheime rechtbanken, buiten het bereik van het publiek. Hierdoor kreeg men vóór het lek nauwelijks de kans om zich hiertegen te verzetten of vragen te stellen over de aard ervan. Een decennium later, in 2023, bestaan deze programma's nog steeds in diverse vormen, zowel in de Verenigde Staten als wereldwijd.

411 Glenn Greenwald en Ewen MacAskill, *NSA Prism Program Taps in to User Data of Apple, Google and Others*, Guardian, 7 juni 2013.

DE VERSPREIDING VAN CLIËNTGERICHTE SURVEILLANCE

In 2016 ontdekte men de geavanceerde spyware-suite Pegasus die mobiele telefoons op het spoor gaat. Ahmed Mansoor, een mensenrechtenactivist uit de VAE, ontving een sms met daarin informatie over martelingen in gevangenissen. In plaats van op de link te klikken, stuurde hij deze door naar het *Citizen Lab* van de Universiteit van Toronto voor nader onderzoek. Zij stelden vast dat zijn telefoon geïnfecteerd zou raken met de spyware als hij op de link had geklikt.[412]

Ahmed Mansoor was jarenlang een prominente mensenrechtenactivist die zich kritisch uitliet over de staatshoofden van de VAE. Hij werd keer op keer blootgesteld aan pogingen om hem het zwijgen op te leggen, waaronder meerdere arrestaties. In 2017 werd hij opnieuw opgepakt vanwege zijn voortdurende vreedzame protesten. Men beschuldigde hem ervan valse informatie te verspreiden, de reputatie van de staatshoofden te schaden en onrust te stoken. Voor zijn activisme kreeg hij een gevangenisstraf van tien jaar. Tijdens zijn detentie ging hij herhaaldelijk in hongerstaking, als protest tegen jarenlang eenzame opsluiting, het gebrek aan medische zorg en mishandeling.[413]

Pegasus is spionagesoftware die stil op de achtergrond op telefoons wordt geïnstalleerd om doelwitten te bespioneren. De software benut diverse kwetsbaarheden en weet op uiteenlopende manieren in te grijpen op verschillende apparaten. Deze spyware download je met een enkele klik – bijvoorbeeld als je misleid wordt om op een gevaarlijke link te klikken – maar hij kan ook automatisch worden binnengehaald en geïnstalleerd, zonder dat je als gebruiker iets hoeft te doen. Zodra Pegasus actief is, krijgt hij toegang tot je contacten, belgeschiedenis, sms'jes, foto's, surfgedrag, locatiegegevens en diverse apps, waaronder e-mail en andere berichtendiensten. Bovendien activeert de spyware, zonder dat je het merkt, de microfoon en camera.

De spyware werd ontwikkeld door de Israëlische cyberinlichtingorganisatie *NSO Group*. Het vermeende doel was terroristen en andere criminelen in de gaten te houden. Toch heeft de media keer op keer wereldwijd aangetoond dat autoritaire regeringen deze technologie inzetten tegen journalisten en mensenrechtenactivisten. In 2021 berichtte *Citizen Lab* dat negen Bahreinse activisten met succes werden bespioneerd via Pegasus-software. Onder hen bevonden zich drie personen van het *Bahrein Center for Human*

412 Dave Lee, *Who are the Hackers who Cracked the iPhone?* BBC News, 26 augustus 2016.
413 Americans for Democracy & Human Rights in Bahrain (ADHRB), *UAE: It's Time to Release Human Rights Defender Ahmed Mansoor*, IFEX.org, 28 april 2023.

Rights en twee ballingen.[414]

Freedom House, een non-profitorganisatie die wereldwijd opkomt voor democratie, plaatst Bahrein bijna onderaan haar ranglijst qua vrijheidsscores. In hun overzicht van de mensenrechtensituatie in Bahrein staat het volgende:

> De soennitisch geleide monarchie van Bahrein beheerst de staatsinstellingen. De verkiezingen voor het lagerhuis van het parlement zijn niet competitief en sluiten belangrijke groepen uit. Sinds de gewelddadige onderdrukking van een populaire prodemocratische protestbeweging in 2011 heeft de overheid systematisch een breed scala aan politieke rechten en burgerlijke vrijheden besnoeid. Ze hebben de politieke oppositie ontmanteld en hard opgetreden tegen aanhoudend verzet, met name onder de sjiitische bevolking.[415]

In 2022 meldde *Citizen Lab* dat meer dan dertig Thaise activisten, advocaten en academici – vaak betrokken bij prodemocratische bewegingen – ontdekten dat Pegasus hun telefoons had geïnfecteerd.[416] *Freedom House* plaatst Thailand relatief laag op haar vrijheidsindex en geeft de volgende samenvatting:

> Na vijf jaar militaire dictatuur stapte Thailand in 2019 over op een semi-verkiezende regering die door het leger gedomineerd wordt. Sindsdien is de democratie verzwakt en hebben frustraties over de rol van de monarchie in het bestuur geleid tot massale protesten. Als reactie hierop past het regime autoritaire tactieken toe, zoals willekeurige arrestaties, intimidatie, aanklachten wegens majesteitsschennis en het onderdrukken van activisten. De persvrijheid is beperkt, eerlijke rechtsprocessen worden niet gewaarborgd en misdrijven tegen activisten blijven straffeloos.[417]

Citizen Lab meldde tevens dat Pegasus grootschalig werd ingezet tegen Salvadoraanse journalisten, waaronder veel critici van het presidentschap van het land.[418]

In 2021 vonden journalisten bewijs dat de Hongaarse regering op grote schaal Pegasus gebruikte tegen binnenlandse oppositie. Zij meldden dat

---

414 Bill Marczak et al., *From Pearl to Pegasus: Bahraini Government Hacks Activists with NSO Group Zero-Click iPhone Exploits*.

415 Freedom House, *Freedom in the World 2023: Bahrain*.

416 John Scott-Railton et al., *GeckoSpy: Pegasus Spyware Used Against Thailand's Pro-Democracy Movement*.

417 Freedom House, *Freedom in the World 2023: Thailand*.

418 John Scott-Railton et al., *Extensive Hacking of Media & Civil Society in El Salvador with Pegasus Spyware*.

Hongarije tussen 2010 (toen Viktor Orbán minister-president werd) en 2021 is teruggevallen van de 23e naar de 92e plek op de Wereldpersvrijheidsindex.[419]

Pegasus werd ontdekt op de telefoons van activisten in onder andere Oeganda, Rwanda, Panama en Marokko, evenals bij mensen in tientallen andere landen die hier te talrijk om op te noemen zijn. De spyware wordt vaak ingezet tegen politieke tegenstanders, prodemocratische krachten en mensenrechtenactivisten. Daarnaast gebruikt men het ook als middel voor buitenlandse spionage, met name tegen politici in andere landen. Hoewel Pegasus soms ook tegen echte criminelen wordt ingezet, illustreren deze voorbeelden dat surveillancetechnologie – kennelijk bedoeld voor gevaarlijke individuen of groepen – gemakkelijk tegen vreedzame burgers en organisaties kan worden gebruikt. Staatsactoren beschouwen oppositionele stemmen of actief burgerschap over het algemeen als ongewenst.

Verontrustend genoeg hebben ook regeringen in relatief vrije landen deze spyware toegepast. Uit een gezamenlijk onderzoek van *The Guardian* en *El País* in 2020 bleek dat de Spaanse inlichtingendiensten op grote schaal Pegasus inzette om Catalaanse separatisten af te luisteren, waaronder de toenmalige voorzitter van het Catalaanse regionale parlement.[420] *Freedom House* beoordeelt Spanje opvallend positief. In haar rapporten merkt de organisatie op dat Spanje relatief hoge scores behaalt:

> Het Spaanse parlementaire systeem kent competitieve meerpartijenverkiezingen en vreedzame machtsoverdrachten tussen rivaliserende partijen. De rechtsstaat is gewaarborgd en burgerlijke vrijheden worden over het algemeen gerespecteerd. Hoewel politieke corruptie een blijvende zorg blijft, worden hooggeplaatste politici en andere invloedrijke figuren succesvol vervolgd. De beperkende wetgeving die in de afgelopen jaren is aangenomen of gehandhaafd vormt echter een bedreiging voor de anders zo sterke vrijheid van meningsuiting en vergadering. Bovendien wordt de aanhoudende separatistische beweging in Catalonië gezien als de grootste uitdaging voor het constitutionele systeem en de territoriale integriteit van het land.[421]

Eind 2021 berichtten diverse grote media dat de Poolse regering, onder leiding van de partij Wet en Rechtvaardigheid, Pegasus heeft ingezet tegen

419 Shaun Walker, *Viktor Orbán Using NSO Spyware in Assault on Media, Data Suggests*, Guardian, 18 juli 2021.

420 Sam Jones, *Use of Pegasus Spyware on Spain's Politicians Causing 'Crisis of Democracy'*, Guardian, 15 mei 2022.

421 Freedom House, *Freedom in the World 2022: Spain.*

politieke tegenstanders.[422] *Freedom House* kent Polen relatief hoge scores toe. Samenvattend:

> Na de overgang van het communistische regime in 1989 hebben zich in Polen geleidelijk democratische instituties ontwikkeld. De snelle economische groei en andere maatschappelijke veranderingen bevoordeelden bepaalde bevolkingsgroepen ten koste van anderen, waardoor er een groeiende kloof ontstond tussen de liberale, pro-Europese partijen enerzijds en partijen die beweren de nationale belangen en 'traditionele' Poolse katholieke waarden te verdedigen, anderzijds. Sinds 2015 oefent een coalitie onder leiding van de populistische en sociaal-conservatieve partij Wet en Rechtvaardigheid (PiS) aanzienlijke invloed uit op de staatsinstellingen, wat de democratische vooruitgang belemmert. De afgelopen jaren neemt bovendien een steeds nationalistischere en discriminerende retoriek toe.[423]

Een rapport van de *Associated Press* uit 2021, getiteld 'Onderzoek: Journalisten, Activisten Onder Doelen van Bedrijfs Spyware', beschreef de omvang van het gebruik van Pegasus:

> Een onderzoek van een internationaal mediaconcern, gebaseerd op gelekte gegevens, toont opnieuw aan dat militaire malware van de Israëlische *NSO Group* – de beruchtste hacker-in-huur ter wereld – ingezet wordt om journalisten, mensenrechtenactivisten en politieke dissidenten te bespioneren.[424]
>
> Een lijst met meer dan 50.000 mobiele telefoonnummers is in handen gekomen van Forbidden Stories, een in Parijs gevestigde journalistieke organisatie, en van Amnesty International. Deze lijst werd gedeeld met 16 nieuwsorganisaties, waardoor journalisten in 50 landen meer dan 1.000 mensen konden identificeren die mogelijk door klanten van NSO voor bewaking zijn uitgekozen.
>
> Volgens *The Washington Post*, een lid van het consortium, liggen 189 journalisten, meer dan 600 politici en overheidsfunctionarissen, minstens 65 bedrijfsleiders, 85 mensenrechtenactivisten en enkele staatshoofden onder toezicht. De betrokken journalisten werken onder meer voor *The Associated Press, Reuters, CNN, The Wall Street Journal, Le Monde* en *The Financial Times*.
>
> Amnesty meldde bovendien dat forensische onderzoekers hadden vastgesteld dat de Pegasus-spyware van *NSO Group* succesvol was geïnstalleerd op de telefoon van Hatice Cengiz, de verloofde van postjournalist Jamal Khashoggi. Dit gebeurde slechts vier dagen nadat Khashoggi in 2018 in het con-

422 Frank Bajak en Vanessa Gerad, *AP Exclusive: Polish Opposition Duo Hacked with NSO spyware*, AP News, 21 december 2021.

423 Freedom House, *Freedom in the World 2023: Poland.*

424 Frank Bajak, *Probe: Journalists, Activists Among Firm's Spyware Targets*, AP News, 19 juli 2021.

sulaat van Saoedi-Arabië in Istanbul werd vermoord. Eerder was het bedrijf al betrokken geweest bij andere spionagezaken rondom Khashoggi.[425]

CHINA'S EXPORT VAN SURVEILLANCE-TECHNOLOGIE

In 2013 lanceerde China het *Belt and Road Initiative*, een wereldwijde strategie voor infrastructuurontwikkeling waarmee het land zijn economie als spil in een uitgestrekt handelsnetwerk wil positioneren. China kopieert op verschillende wijzen enkele neokoloniale monetaire praktijken die sinds halverwege de 20e eeuw door de Verenigde Staten, het Verenigd Koninkrijk, Frankrijk en eerdere wereldmachten in ontwikkelingslanden werden toegepast. Het land verstrekt leningen aan deze landen en ondersteunt hen bij het opzetten van hun infrastructuur, wat de Chinese regering aanzienlijke politieke en economische invloed verschaft.

Naast de omvangrijke infrastructuurprojecten concurreren Chinese bedrijven krachtig op het gebied van elektronische systemen en kunstmatige intelligentie — een cruciaal onderdeel van hun *Belt and Road Initiative*. Binnenlands staat China bekend om zijn strikte autoritaire surveillancesysteem en controlemaatregelen. Dit systeem omvat onder meer gezichtsherkenning, bewegingsbeperkingen via QR-codes, een uitgebreid sociaal kredietsysteem en de mogelijkheid om bankrekeningen automatisch te blokkeren. Bovendien is China, als onderdeel van het Belt and Road Initiative, uitgegroeid tot 's werelds grootste exporteur van bewakingsapparatuur en -systemen, waarmee het de Verenigde Staten op dit gebied heeft ingehaald. Dit is zorgwekkend, zeker nu *Freedom House* in 2023 de vrijheidssituatie in China als volgt beschreef:

> China's autoritaire regime is de afgelopen jaren steeds repressiever geworden. De heersende Communistische Partij van China (CCP) verscherpt de controle over alle aspecten van het dagelijks leven en het bestuur, waaronder de staatsbureaucratie, de media, online uitingen, religie, universiteiten, bedrijven en maatschappelijke organisaties. CCP-leider en staatsvoorzitter Xi Jinping verzekerde zich in oktober 2022 van een derde termijn als partijleider, waarmee hij meer persoonlijke macht vergaarde dan China in decennia geleden kende. Na jaren van hard optreden tegen politieke dissidenten, onafhankelijke NGO's en mensenrechtenverdedigers is het maatschappelijke middenveld in China grotendeels verwoest.[426]

In 2019 publiceerde Steven Feldstein van de *Carnegie Endowment for In-*

---

425 Baja, *Probe.*
426 Freedom House, *Freedom in the World 2023: China.*

ternational Peace een artikel getiteld *The Global Expansion of AI Surveillance.* In dit rapport beschrijft hij onder meer hoe AI-gestuurde surveillancetechnologie wereldwijd in opmars is, waarbij China vooroploopt.

> De op AI gebaseerde surveillancetechnologie verspreidt zich sneller en naar meer landen dan verwacht. Ten minste vijfenzeventig van de 176 landen wereldwijd zetten actief AI-technologieën in voor surveillancedoeleinden. Dit omvat onder meer slimme stad- en veilige stad-platforms (zesenvijftig landen), gezichtsherkenningssystemen (vierenzestig landen) en slimme politieoplossingen (tweeënvijftig landen).
>
> China speelt een cruciale rol achter de wereldwijde expansie van AI-surveillance. Technologieën van Chinese bedrijven zoals Huawei, Hikvision, Dahua en ZTE leveren AI-surveillancetechnologie in drieënzestig landen – waarvan zesendertig behoren tot China's Belt and Road Initiative (BRI). Alleen al Huawei biedt AI-surveillancetechnologie aan in ten minste vijftig landen wereldwijd.[427]

De genoemde aantallen liggen waarschijnlijk inmiddels hoger, gezien de razendsnelle ontwikkelingen op dit gebied. Het document beschrijft dat zowel democratische als autoritaire landen deze technologie op grote schaal inzetten, hoewel autoritaire regimes de verzamelde gegevens vaak misbruiken. Daarnaast legt het uit hoe China de financiering of subsidiëring van apparatuur verzorgt voor landen die anders moeite hebben om deze aan te schaffen. Zoals in het document wordt gesteld:

> Chinese productpresentaties worden vaak ondersteund door aantrekkelijke leningen, waarmee overheden gestimuleerd worden de apparatuur aan te schaffen. Zulke tactieken spelen met name een belangrijke rol in landen als Kenia, Laos, Mongolië, Oeganda en Oezbekistan, die anders niet in staat zouden zijn deze technologie te financieren. Dit roept verontrustende vragen op over de mate waarin de Chinese overheid de aanschaf van geavanceerde repressieve technologie subsidieert.[428]

In 2022 publiceerde Bulelani Jili van de *Atlantic Council* een rapport getiteld *China's Surveillance Ecosystem & the Global Spread of its Tools.* De samenvatting van dit rapport schetste een vergelijkbaar beeld van het onderwerp.

> Dit document biedt inzicht in de binnenlandse surveillancemarkt van China en het bredere ecosysteem van cybercapaciteiten. Dat is vooral rele-

427 Steven Feldstein, *The Global Expansion of AI Surveillance*, 1.

428 Feldstein, *Global Expansion*, 2.

vant gezien het beperkte aantal systematische studies over de industriële ambities. De Chinese overheid investeert in surveillancetechnologie om haar streven naar wereldwijde technologische dominantie waar te maken en tegelijk de sociale controle binnen het land te versterken. Deze ontwikkelingen bevorderen de samenwerking tussen staatsveiligheidsorganen en particuliere technologiebedrijven – variërend van kleine start-ups in cyberonderzoek tot toonaangevende multinationals. Bovendien promoot de staat surveillancetechnologie en -praktijken in het buitenland via diplomatieke uitwisselingen, samenwerkingsverbanden op het gebied van wetshandhaving en opleidingsprogramma's. Deze inspanningen dragen bij aan de wereldwijde verspreiding van surveillancemiddelen en ondersteunen de doelstellingen van de regering op het gebied van internationale normstelling binnen multilaterale en regionale instellingen.

De wereldwijde verspreiding van Chinese surveillancetechnologie en cybertools, evenals de relaties tussen Chinese staats- en particuliere entiteiten en hun tegenhangers in andere landen – met name in het mondiale Zuiden – vormt een essentieel onderdeel van de pogingen van de Chinese staat om haar politieke en economische invloed wereldwijd uit te breiden en te versterken. Hoewel landen die Chinese digitale hulpmiddelen aanschaffen hun eigen lokale ambities nastreven, beïnvloedt de export en promotie van surveillancetechnologie door Beijing de acceptatie ervan in het mondiale Zuiden. Het onderzoeken hoe Chinese actoren vraagfactoren inzetten voor hun eigen doeleinden belemmert andere landen niet in het detecteren van trends en het nemen van besluiten; integendeel, het toont aan dat er een wisselwerking bestaat tussen de strategieën van de Chinese staat en de lokale politieke omgeving.[429]

De technologie verspreidt zich razendsnel, omdat landen deze niet zelf hoeven te ontwikkelen. Grote technologie-exporteurs en handelspartners – zoals China en de Verenigde Staten – kunnen vrijwel al hun behoeften vervullen. Dit fenomeen wordt 'surveillance als een dienst' genoemd.

DE MENTALITEIT VAN SURVEILLANCE EN CONTROLE

Uitgebreide bewaking door de overheid – zeker wanneer dit automatisch en alomvattend gebeurt in plaats van doelgericht op basis van een plausibele aanleiding – gaat uit van de veronderstelling dat iedereen een groot deel van zijn privacy moet inleveren aan centrale instanties om te garanderen dat er niets mis kan gaan. Omdat mensen vaak meer gevoelig reageren op emoties dan op cijfers, keurt de meerderheid dergelijke inbreuken goed. In de afgelopen decennia werd minder dan 0,05% van alle sterfgevallen we-

429 Bulelani Jili, *China's Surveillance Ecosystem & The Global Spread of its Tools*, 1.

reldwijd veroorzaakt door terrorisme.[430] In de meeste landen buiten het Midden-Oosten en Afrika ligt dat percentage zelfs onder de 0,01% – minder dan één op de tienduizend mensen sterft door terroristische aanslagen. Desondanks voert de overheid talloze wetten in die extra bevoegdheden verlenen om terrorisme tegen te gaan.

De *Patriot Act* uit 2001 illustreert hoe wetgeving de bevoegdheden van overheidsinstanties op het gebied van surveillance en controletechnieken aanzienlijk heeft verruimd. Men verwelkomde deze wet destijds, mede omdat zij kort na de aanslagen van 9/11 werd ingevoerd. Door zulke maatregelen geven mensen een deel van hun privacy op – vaak voor onbepaalde tijd – als reactie op een sterke emotionele impuls na een recente gebeurtenis. Jaar na jaar, gebeurtenis na gebeurtenis, ondermijnt deze centraliserende neiging de individuele privacyrechten en ontstaat een cultuur waarin wie zijn privacy wil beschermen, vaak als verdacht wordt bestempeld.

In een vrije en open samenleving debatteren mensen doorgaans over prioriteiten, terwijl criminelen en de politie zich in een voortdurende wapenwedloop bevinden. Uiteraard willen we dat terroristen, mensenhandelaars, straatcriminelen, maffialeden, moordenaars, dieven, fraudeurs en andere gevaarlijke personen worden opgespoord en berecht. Daarom vertrouwen velen de handhaving van de wet toe aan overheidsinstanties. Toch lopen de methoden en technologieën die worden ingezet om gevaarlijke criminelen op te sporen ook het risico door overheden te worden misbruikt. Dit kan leiden tot het onderdrukken van de vrijheid van meningsuiting, het bespioneren van mensenrechten- en pro-democratieactivisten en politieke tegenstanders, en uiteindelijk tot autoritaire controle over de bevolking. Om deze reden is het cruciaal grenzen te stellen aan dit soort bevoegdheden. Zoals eerder opgemerkt, gebruikt men ook militaire spyware – oorspronkelijk ontwikkeld voor de bestrijding van terroristen en gevaarlijke criminelen – geregeld tegen mensenrechten- en pro-democratieactivisten en politieke oppositie, zowel door autoritaire als niet-autoritaire regeringen.

Wanneer de gelegenheid zich voordoet, grijpen regeringen wereldwijd vaak naar crisisbevoegdheden en verlengen ze sommige – of zelfs al deze – bevoegdheden voor onbepaalde tijd. Alleen in landen met een diepgewortelde cultuur van respect voor individuele vrijheid, democratie en verantwoording van de overheid ontstaat doorgaans voldoende maatschappelijke weerstand. Hierdoor komen leiders aan de macht die eerder verleende bevoegdheden intrekken en de overmatige groei van de overheid actief terugdringen.

430 Hannah Ritchie et al., *Terrorism.*

DE STUKJES OP HUN PLAATS LEGGEN

Tegenwoordig moeten mensen ervan uitgaan dat vrijwel alle informatie over hen wordt verzameld in databanken van bedrijven. Overheden hebben vaak toegang tot deze data en de gegevens lopen het risico slachtoffer te worden van zowel externe aanvallen door hackers als interne lekken. Het is zeer waarschijnlijk dat je gevoelige persoonlijke informatie al meerdere keren op het *dark web* is gelekt en dat inlichtingendiensten bovendien eenvoudig toegang tot deze gegevens verkrijgen via hun surveillancesystemen. Met extra tijd en investeringen, en dankzij de voortdurende vooruitgang in verwerkingskracht en softwareontwikkeling, zal de surveillancetechnologie die overheden en bedrijven gebruiken, waarschijnlijk nog alomtegenwoordiger worden. De mogelijkheden om gegevens te verzamelen en te structureren – zowel uit digitale als fysieke bronnen – nemen gestaag toe. Zelfs nu moeten journalisten, vreedzame activisten en iedereen die door de regering als storend wordt beschouwd extreem voorzichtig te werk gaan. Ze moeten rekenen op de mogelijkheid dat hun telefoon of computer al is geïnfiltreerd met militaire spyware zoals *Pegasus*.

Bovendien kunnen overheden – zoals eerder besproken in het hoofdstuk over digitale valuta van centrale banken – hun nationale valuta steeds meer programmeerbaar maken. Met *Central Bank Digital Currencies (CBDC's)* passen zij specifieke monetaire beleidsmaatregelen toe op diverse groepen. Daarnaast bevriezen zij automatisch rekeningen die aan bepaalde personen zijn gekoppeld en programmeren zij het geld zodanig dat het voor specifieke categorieën of bepaalde geografische gebieden ontoegankelijk blijft.

De combinatie van wijdverspreide surveillancetechnologie, machine-learning-systemen gekoppeld aan enorme hoeveelheden verzamelde data en de mogelijkheid om bankrekeningen en valuta te controleren, maakt het mogelijk demonstranten in een menigte automatisch te herkennen. Hierdoor kunnen hun financiële rekeningen bijvoorbeeld door de autoriteiten worden bevroren. Wanneer al deze elementen samenkomen, kan dat uitmonden in een behoorlijk Orwelliaans scenario. Wat klinkt als de setting van een dystopische sciencefictionfilm, wordt in veel rechtsgebieden – vooral in autoritaire staten – steeds meer werkelijkheid. In sommige gebieden, zoals in China, zien we al duidelijke aanwijzingen hiervan. Stel u voor dat u automatische berichten ontvangt zoals de volgende:

> 'Vanwege uw zorgwekkende online activiteiten in de afgelopen maand daalt uw sociale kredietscore tot onder de minimaal toegestane norm. Tot nader order is uw mogelijkheid om transacties te verrichten beperkt tot een straal van vijf kilometer rondom uw woonplaats. U mag uitsluitend essentiële goe-

deren en diensten aanschaffen.'

'U heeft uw maandelijkse CO2-quotum bereikt. Tot het einde van de maand kunt u geen vlees, vliegtickets of andere goederen en diensten met een hoge koolstofintensiteit meer kopen. Bezoek deze website met handige tips om uw koolstofvoetafdruk te verkleinen, zodat u de volgende maand beter binnen uw quota blijft.'

'Door de recente onstuimige protesten in uw regio worden alle bankrekeningen en betaalmethoden van personen die als betrokken of verdacht worden aangemerkt, de komende 72 uur opgeschort. Keer alstublieft naar uw huis en wacht op verdere instructies.'

'Onze vijanden vallen onze munt aan. Het is essentieel dat alle burgers de munt en het nationale banksysteem steunen. Daarom blokkeren we tot nader order automatisch alle aankopen van vreemde valuta, edelmetalen, cryptovaluta en vergelijkbare activa.'

Hoewel deze berichten voor lezers in liberale democratieën wellicht vergezocht lijken, betekent het verlies van privacy in het digitale tijdperk – in combinatie met de wereldwijde opkomst van autocratische systemen en het nauwgezette beheer van centrale bank digitale valuta en bankrekeningen – een zorgelijke ontwikkeling die we niet mogen onderschatten. Stel u voor dat een van uw minst geliefde politici de touwtjes in handen krijgt van dit soort systemen, ongeacht uw politieke voorkeur. Wat aanvankelijk als een randverschijnsel wordt toegepast, kan al snel op de hele bevolking worden doorgevoerd. Zelfs rechtsgebieden met de strengste wetgeving en de sterkste eigendomsrechten kunnen onder deze druk bezwijken (en dat is in zekere mate al gebeurd), terwijl gebieden met zwakkere waarborgen volledig overgenomen kunnen worden.

HOOFDSTUK 29

ASYMMETRISCHE VERDEDIGING

In het vorige hoofdstuk hebben we de gevaren besproken die ontstaan wanneer sociale en financiële privacy afneemt of zelfs volledig verdwijnt. Zowel bedrijven als overheden kunnen enorme databases samenstellen met gebruikersgegevens, die vervolgens misbruikt kunnen worden en bovendien kwetsbaar zijn voor hackers. Door de combinatie van geautomatiseerde gegevensverzameling, *machine learning* en de overheidsinmenging in het financiële systeem concentreren de machtsstructuren zich. Daardoor zet de overheid diverse methoden in om haar bevolking sociaal te controleren.

Dit hoofdstuk belicht verschillende manieren om tegen zulke inbreuken op te treden, met name door het toepassen van encryptie. Sommige technologieën werken van nature centraliserend, terwijl andere juist decentrale kenmerken bezitten. De drukpers is een klassiek voorbeeld van een techniek met decentrale eigenschappen. Zij speelde een cruciale rol in de Protestantse Reformatie, de Amerikaanse Revolutie en de Franse Revolutie en leidde tot ingrijpende maatschappelijke veranderingen. Dankzij de goedkope verspreiding van informatie en ideeën over grote afstanden konden landen hun bestuursvormen omvormen van theocratie of monarchie naar democratie.

Vóór de uitvinding van de drukpers schreef men boeken met de hand over. Dit was een arbeidsintensief en daardoor duur proces. Geschreven informatie kostte veel, omdat slechts een beperkt aantal mensen kon lezen en de toegang tot kennis daardoor sterk gecentraliseerd bleef. In het christendom ging men ervan uit dat mensen geen eigen Bijbel hadden of de inhoud ervan zelf konden interpreteren: priesters bezaten de kostbare Bijbels en vertolkten deze voor hun kerkgangers. Na de opkomst van de drukpers werd het veel goedkoper om boeken, pamfletten en andere geschriften te reproduceren. Hierdoor kon men veel eenvoudiger een eigen Bijbel bemachtigen, deze zelf interpreteren en vervolgens pamfletten in ruime oplages produceren en verspreiden om hun standpunten kenbaar te maken. Ook gaven ze politieke pamfletten uit tegen de heersende machthebbers en wisten zo het publiek te mobiliseren rondom een reeks nieuwe ideeën of klachten. Daarnaast schreven en deelden ze verhalen die nieuwe ideeën inspireerden en de cultuur in hun omgeving vormgaven.[431]

Encryptie levert een frisse, gedecentraliseerde kracht en biedt een asymmetrische verdediging. Het is relatief kosteneffectief in te zetten, maar vergt veel middelen om te omzeilen. De meest geavanceerde encryptiemethoden van tegenwoordig weerstaan zelfs de krachtigste supercomputers. Ondanks de miljarden die overheden en bedrijven investeren in pogingen om sterke encryptie te kraken, lukt het hen niet. Terwijl computers steeds beter worden in het kraken van oudere coderingsmethoden, ontwikkelen experts voortdurend nieuwe en krachtigere technieken. Je kunt het vergelijken met een bunker die met geen enkele bom verwoest kan worden, ongeacht de kracht ervan.

Om encryptie te doorbreken, moeten autoriteiten andere middelen inzetten. Wanneer mensen versleutelde berichten uitwisselen of waarde op een beveiligde manier overdragen, kan de overheid deze communicatie alleen tegenhouden of afluisteren door bijvoorbeeld spyware op het apparaat van de gebruiker te installeren voordat de berichten worden versleuteld, of door fysieke dwang toe te passen. Beide methoden zijn prijzig en kennen allerlei tegenmaatregelen. Encryptie maakt het daardoor duur om iemands privacy in de digitale wereld te schenden, net zoals het in de fysieke wereld duur kan zijn.

EEN CYPHERPUNK-MANIFEST

Dystopische sciencefictionboeken worden al sinds het begin van de twintigste eeuw geschreven en gelezen. Met de opkomst van internet en de digitalisering van geld in de jaren '80 en '90 begon een groep technologieliefhebbers zich zorgen te maken over het onderdrukkende gebruik van deze technologieën. Zij pleitten voor de ontwikkeling van hulpmiddelen die dergelijke onderdrukking konden bestrijden. Deze mensen, vaak 'cypherpunks' genoemd, riepen specifiek op tot het gebruik van encryptie als één van de belangrijkste instrumenten om dit doel te bereiken. Eric Hughes opent zijn beroemde essay *A Cypherpunk's Manifesto* uit 1993 met een uitleg over het verschil tussen privacy en geheimhouding:

431 David Deming, *Science and Technology in World History*, Volume 3, 28–42.

> Privacy is essentieel voor een open samenleving in het elektronische tijdperk. We moeten begrijpen dat privacy niet hetzelfde is als geheimhouding. Een privékwestie is iets waarvan je niet wilt dat iedereen op de hoogte is, terwijl een geheime zaak iets is waarvan je liever hebt dat niemand het te weten komt. Privacy betekent dat jij bepaalt wat je met de wereld deelt.[432]

Vervolgens gaat hij dieper in op het belang van anonieme transacties en benadrukt hij hoe cruciaal gecodeerde digitale berichten zijn.

> Aangezien we waarde hechten aan privacy, zorgen we ervoor dat elke partij bij een transactie alleen de strikt noodzakelijke informatie ontvangt. Er zijn allerlei soorten informatie die gedeeld kunnen worden, maar het is van belang zo min mogelijk prijs te geven. In veel situaties is het niet relevant om je persoonlijke identiteit bekend te maken. Als ik in een winkel een tijdschrift contant koop, hoeft de verkoper immers niet te weten wie ik ben. Wanneer ik mijn e-mailprovider opdracht geef om berichten te versturen en te ontvangen, maakt die provider zich geen zorgen over met wie ik communiceer of wat de inhoud is. Ze hoeven enkel te weten hoe het bericht bezorgd dient te worden en wat de kosten zijn. Wordt mijn identiteit in het transactiemechanisme onthuld, verlies ik mijn privacy. Ik kan mezelf immers niet selectief presenteren; ik moet altijd mijn volledige identiteit prijsgeven.
>
> Daarom hangt privacy in een open samenleving af van anonieme transactiesystemen. Tot voor kort bood contant geld de beste anonimiteit, maar een anoniem transactiesysteem betekent niet dat transacties geheim zijn. Het biedt juist mensen de mogelijkheid om hun identiteit alleen op momenten van eigen keuze bekend te maken. Dit vormt de kern van privacy.
>
> Voor een open samenleving is tevens cryptografie onmisbaar. Als ik iets uitspreek, wil ik dat alleen de beoogde ontvangers het horen. Als de inhoud van mijn gesprek voor iedereen toegankelijk is, schiet mijn privacy tekort. Encryptie bewijst immers dat je waarde hecht aan privacy. Wanneer men zwakke cryptografie toepast, laat dat zien dat men weinig om privacy geeft. Bovendien betekent anonimiteit dat het onthullen van je identiteit steeds gepaard gaat met een cryptografische handtekening.

In een ander deel van het essay stelt hij terecht dat overheden en bedrijven niet uit eigen overweging privacy zullen verbeteren of beschermen. Als we onze privacy wensen te behouden, moeten individuen zelf systemen ontwikkelen die deze bescherming garanderen en actief in gebruik nemen.

> We kunnen niet verwachten dat overheden, bedrijven en andere grote organisaties onze privacy uit goede wil beschermen. Ze hebben er belang bij

432 Eric Hughes, *A Cypherpunk's Manifesto*.

om over ons te praten, en we moeten ervan uitgaan dat ze dat ook blijven doen. Proberen hun gepraat te stoppen, druist in tegen de aard van informatie. Informatie wil niet slechts vrij zijn; zij verlangt ernaar vrij te zijn. Ze verspreidt zich en vult alle beschikbare opslagruimte. Informatie is als een jonge, krachtigere neef van Gerucht: sneller, met meer ogen, die meer weet, maar minder begrijpt dan Gerucht.

We moeten onze privacy zelf verdedigen als we die willen behouden. Laten we samenwerken en systemen ontwikkelen die anonieme transacties mogelijk maken. Al eeuwenlang beschermen mensen hun privacy met fluisteringen in het donker, via enveloppen, gesloten deuren, geheime handdrukken en koeriers. Waar oude technologieën slechts beperkte privacy boden, maken elektronische technieken dat nu ruimschoots mogelijk.

Wij, de cypherpunks, zetten ons in voor de ontwikkeling van anonieme systemen. We beschermen onze privacy met cryptografie, anonieme e-maildiensten, digitale handtekeningen en elektronisch geld.

Cypherpunks schrijven code. We beseffen dat er software ontwikkeld moet worden om privacy echt te verdedigen. Aangezien privacy alleen mogelijk is als iedereen hieraan bijdraagt, zullen wij die code schrijven. We publiceren onze code zodat andere cypherpunks ermee kunnen experimenteren en verder kunnen werken. Onze code is gratis en wereldwijd toegankelijk voor iedereen, ongeacht of je het eens bent met de software die wij ontwikkelen. We weten dat software niet vernietigbaar is en dat een wijdverspreid systeem niet eenvoudig kan worden uitgeschakeld.

Cypherpunks verzetten zich tegen regels die cryptografie beperken, omdat encryptie essentieel is voor privacy. Door encryptie wordt informatie immers onttrokken aan het publieke domein. Wetten tegen cryptografie zijn bovendien slechts beperkt toepasbaar binnen landsgrenzen en door de macht die een natie kan uitoefenen. Cryptografie zal onvermijdelijk wereldwijd verspreiden, samen met de anonieme transactiesystemen die zij mogelijk maakt.[433]

Het hele essay is kort maar krachtig en behoudt in de jaren 2020 dezelfde relevantie als in de jaren 1990. De open-source ontwikkeling van digitale cryptografische methoden in 2008 – vijftien jaar na het schrijven van het essay – blaast de inhoud op allerlei manieren nieuw leven in. Daardoor loont het de moeite het opnieuw te lezen en te heroverwegen.

Je kunt dit begrijpen door eerst het belang van fysieke instellingen te erkennen en vervolgens in te zien waarom protocollen de functie van digitale instellingen overnemen. Of een land democratisch blijft of keer op keer in een autocratische richting afglijdt, hangt af van de aanwezigheid

433 Hughes, *Cypherpunk's Manifesto.*

van onafhankelijke instituties en een duidelijke scheiding der machten, of juist van het ontbreken daarvan.

De Verenigde Staten berusten op een grondwet en beschikken over drie overheidsinstanties die samen de regels voor hun onderlinge verhoudingen bepalen. Hoewel het systeem niet perfect is, heeft het goed gefunctioneerd en de tand des tijds doorstaan, zelfs bij wisselende presidentsperiodes en technologische veranderingen. Wanneer een democratie volledig afhankelijk is van telkens de juiste machtsdragers, kan zij snel ontsporen. Structuren als gescheiden overheidsinstanties en oprichtingsdocumenten die boven individuele belangen uitstijgen, bieden stabiliteit aan het democratisch systeem. Stevige en onafhankelijke instellingen zorgen ervoor dat een verlies van democratie tijd kost en niet direct volgt op één slechte verkiezingsuitslag.

Evenzo kun je protocollen die de uitwisseling van ideeën of waarde bevorderen beschouwen als digitale instellingen. Zij vormen een tegenwicht tegen gecentraliseerde macht en leggen een basis van informatie neer die, al is deze niet onfeilbaar, een zekere duurzaamheidsgarantie biedt die verder reikt dan wat één machtig orgaan op een bepaald moment kan opleggen.

JURIDISCH PRECEDENT VOOR CODE ALS VORM VAN ZELFEXPRESSIE

In 1991 ontwikkelde de computerwetenschapper en cryptograaf Phil Zimmermann een programma genaamd *Pretty Good Privacy* (PGP). Hij publiceerde de open-sourcecode, waarmee het de eerste breed toegankelijke implementatie van publieke-sleutelcryptografie werd. Dit gaf het publiek de mogelijkheid online berichten privé te houden tussen zender en ontvanger. In 1993 startte de Amerikaanse federale overheid een strafrechtelijk onderzoek tegen Zimmermann, omdat hij mogelijk de *Arms Export Control Act* had overtreden. De overheid beschouwde software-encryptie als een vorm van munitie en zag het publiceren van Zimmermanns code als wapenexport.

In 1995 bracht Zimmermann het boek *PGP Source Code and Internals* uit via *MIT Press*, waarin de volledige broncode van zijn programma was opgenomen. Hij stelde dat, hoewel zijn code volgens de *Arms Export Control Act* als munitie gezien kon worden, de publicatie in een boek door het Eerste Amendement van de Amerikaanse grondwet werd beschermd. Dit amendement garandeert de vrijheid van meningsuiting en krijgt voorrang boven lagere wetten die deze vrijheid proberen te beperken. Softwarecode is immers niets meer dan een verzameling woorden en cijfers en betreft in dit geval bovendien een defensieve technologie, niet iets dat direct schade toebrengt.

Soortgelijke technieken vonden ook hun weg in andere vormen van encryptie. Mensen lieten zelfs t-shirts bedrukken met encryptiegerelateerde code en waarschuwden dat deze als munitie geclassificeerd werd en niet geëxporteerd mocht worden. Deze protestacties beriepen zich op fundamentele wetten, zoals het Eerste Amendement, en toonden hoe absurd het is om informatie met zulke restricties te beperken. Dit leidde tot de opkomst van de zogenaamde 'gevaarlijke t-shirts'. Technologieën die volledig uit software bestaan en zowel in boeken als op t-shirts gedrukt kunnen worden, verspreiden zich moeiteloos en zijn daardoor inherent moeilijk te onderdrukken.[434]

In 1996 liet de Amerikaanse federale overheid de aanklachten tegen Zimmermann vallen en versoepelde zij de beperkingen op de export van cryptografische hulpmiddelen. *End-to-end*-encryptie werd daarmee onmisbaar voor veilige e-commerce, vanaf de late jaren '90 tot op heden. Mensen delen hun betaalgegevens online en doen er alles aan om deze te beschermen tegen kwaadwillenden. Soms wint David wel van Goliath.

In de decennia die daarop volgden, hebben de Amerikaanse federale overheid en andere overheden diverse pogingen ondernomen om *end-to-end*-encryptie te beperken. In de Verenigde Staten dienden leden van zowel het Huis als de Senaat wetsvoorstellen in die de toepassing van zulke encryptie wilden ontmoedigen of zelfs verbieden. Deze voorstellen vonden echter geen doorgang. Ook in de Europese Unie zijn er initiatieven om bedrijven te verplichten alle elektronische apparaten periodiek te scannen op illegale inhoud, waaronder versleutelde informatie.

Een van de meest opvallende zaken in dit voortdurende debat ging over *Apple*, destijds het grootste bedrijf van de Verenigde Staten. Al vanaf 2015 – of zelfs daarvoor – vonden wetshandhavingsinstanties het onaanvaardbaar dat ze, zelfs met een gerechtelijk bevel, soms geen toegang kregen tot wachtwoordbeveiligde telefoons. Dit leidde tot vragen als:

> 'Zou *Apple* of een vergelijkbaar bedrijf toestaan telefoons te ontwerpen die zelfs voor hen ontoegankelijk blijven?'
>
> 'Moeten alle bedrijven verplicht worden achterdeurtjes in hun producten voor de overheid in te bouwen?'
>
> 'Wat moeten we met open-source software? Wat als willekeurige personen technieken ontwikkelen voor 'end-to-end'-encryptie die door anderen vrij gebruikt kunnen worden? Is het mogelijk dit te verbieden en zo ja, kun je zo'n wet daadwerkelijk handhaven?'

434 Jim Epstein, *When Encryption Was a Crime: The 1990s Battle for Free Speech in Software*, Reason, 21 oktober 2020.

Als we deze vragen één voor één onder de loep nemen, wordt snel duidelijk dat het buitengewoon lastig is voor een regering om encryptie tegen te gaan. Natuurlijk kan een regering, mits ze over voldoende wetgevende steun beschikt, binnenlandse bedrijven dwingen haar beleid te volgen. Buitenlandse ondernemingen kan ze echter niet weerhouden van het aanbieden van *end-to-end*-encryptie. Bovendien is het onrealistisch om zowel nationale als internationale softwareontwikkelaars te verbieden gratis opensourcecode te maken en te verspreiden die encryptie mogelijk maakt.

POGINGEN OM CRYPTOVALUTA TE REGULEREN ZOALS BANKEN

Toen de auto eind 19e eeuw op de markt kwam, waren de zorgen over openbare veiligheid (wellicht terecht) en concurrentie. Leiders uit de paardenkoetsindustrie voelden zich bedreigd door de komst van een technologie die superieur bleek. Enkele van hen beschikten over nauwe politieke connecties en wisten met het zaaien van angst de publieke opinie te beïnvloeden. Hierdoor kregen beleidsmakers, onder druk van mensen uit traditionele sectoren, de wens om nieuwe en ogenschijnlijk gevaarlijke technologieën in de openbare ruimte te beperken.

Dat resulteerde enige tijd in extreem strenge wetgeving in de Verenigde Staten en het Verenigd Koninkrijk. Zo werd de maximumsnelheid van auto's beperkt tot minder dan wandelsnelheid, en moesten auto's altijd voorrang verlenen aan door paarden getrokken koetsen. Bovendien gold de verplichting dat iemand letterlijk voor de auto uitliep met een vlag, waardoor het voertuig vrijwel nutteloos werd.[435] Deze wetten hielden echter niet lang stand omdat ze duidelijk onhoudbaar waren – het waren pogingen om de auto te beperken vanuit een paard-en-kar-mentaliteit.

Tegenwoordig leidt de introductie van peer-to-peer financiële software tot veel verwarring. Beleidsmakers worstelen met het opstellen van passende regelgeving, en de technologie vormt een bedreiging voor de grote financiers in het traditionele bankwezen. Vóór Bitcoin moesten mensen banken inschakelen om grote bedragen over grote afstanden over te maken, waardoor overheden transacties konden beperken door zich op banken te richten. Bitcoin daarentegen maakt wereldwijde waardeoverdracht mogelijk zonder centrale tussenpersoon, mits er niet meer dan één kwaadwillende entiteit is die meer dan 50 procent van de netwerkverwerkingskracht bezit en behoudt.

Vandaag hebben smartphones wereldwijd meer gebruikers dan bankrekeningen. Waar banken eeuwenlang de leiding voerden, hebben smartpho-

435 Bill Loomis, *1910-1930: The Years of Driving Dangerously*, Detroit News, 26 april 2015.

nes hen in enkele decennia ingehaald en zelfs overtroffen wat betreft gebruikersaantallen. Via deze apparaten kunnen mensen versleuteld waarde opslaan en overdragen met behulp van cryptovaluta. Deze ontwikkeling heeft bij diverse overheden geleid tot publieke debatten en nieuwe wetgeving rondom de regulering van cryptovaluta. Dit geldt met name voor *self custody* – het zelf beheren van cryptovaluta – en voor het gebruik van diverse privacytechnieken. De mogelijkheid om zelfstandig waarde op te slaan, te verzenden en te ontvangen, gecombineerd met privacytechnieken die transacties moeilijker traceerbaar maken, vormen een bedreiging voor de controle over het financiële systeem. Overheden en banken verlangen dat mensen de binnenlandse, gecentraliseerde kasboeken gebruiken in plaats van het wereldwijd gedecentraliseerde kasboek, en dat deze kasboeken voortdurend gecontroleerd kunnen worden in plaats van privé te blijven.

Om die reden proberen overheden uitgebreide, bankachtige beperkingen op cryptovaluta in te voeren. Dit blijkt echter een enorme uitdaging te zijn, omdat zulke wetten op individueel niveau gehandhaafd moeten worden met miljoenen controlepunten — een duidelijk contrast met de handhaving op bankniveau waar slechts enkele duizenden streng gereguleerde instellingen actief zijn.

Mensen gebruiken privacytechnieken niet alleen om de overheid te omzeilen, maar ook om bedrijven te ontlopen die hun gegevens exploiteren en hun gedrag monitoren. Aangezien cryptovaluta als een openbaar kasboek functioneren, passen veel gebruikers anonimiseringsmethoden toe om te voorkomen dat bedrijven hun uitgaven registreren. Als je bijvoorbeeld bitcoin koopt en deze van een crypto-handelsbeurs opneemt om vervolgens te gebruiken voor allerlei goederen en diensten, kan de exploitant van die beurs elke transactie volgen. Ook handelaren die jouw bitcoin ontvangen, zien je adres en traceren zo je bitcoinbezit en eerdere transacties. Daarom anonimiseren mensen vaak hun munten, zodat hun transacties en bezittingen verborgen blijven en bedrijven en handelaren hen niet kunnen volgen.

Binnen deze anonimiseringstechnologieën wordt de privacy beperkt door liquiditeit. Het is namelijk eenvoudiger om privé-bitcointransacties met kleine bedragen uit te voeren dan met grote sommen. Het aantal *coinjoins*, mixers, Lightning-kanalen, privacygerichte cryptovaluta, Chaumianmints en andere technieken op het gebied van privacy is nog beperkt. Dit betekent dat een technisch onderlegde persoon met deze technologieën privacy kan realiseren voor een bedrag dat voor hem relevant is. Maar voor een Russische oligarch of een andere miljardair is er vaak onvoldoende liquiditeit beschikbaar om privacy te verkrijgen voor bedragen die voor hen van betekenis zijn.

In 2022 stelden twee Amerikaanse senatoren de *Digital Asset Anti-Money Laundering Act* voor, maar het is onwaarschijnlijk dat deze wet op korte termijn wordt aangenomen. Deze poging, net als eerdere pogingen om encryptie en privacy te beperken, wijst duidelijk in een richting die veel wetgevers op willen gaan. De kern van het wetsvoorstel verandert de status van diverse bedrijven, zodat zij voor regelgevingsdoeleinden als geldservicebedrijven worden aangemerkt:

> GELDSERVICEBEDRIJVEN — Het *Financial Crimes Enforcement Network* moet een regeling opstellen die aanbieders van bewaardiensten en zelfbeheerde wallets, cryptocurrency miners, validators of andere nodes die mogelijk derde partijtransacties valideren of beveiligen, evenals onafhankelijke netwerkdeelnemers zoals MEV-zoekers en andere validators met controle over netwerkprotocollen, aanwijst als geldservicebedrijven.

Geldservicebedrijven vallen onder de categorie financiële instellingen. Dit speelt een belangrijke rol in een later deel van het wetsvoorstel, waarin nieuwe verboden voor financiële instellingen worden voorgesteld.

> De minister van Financiën stelt een regel op die financiële instellingen verbiedt (1) zaken te doen met mixers van digitale activa, privacycoins en andere anonimiseringstechnologieën, zoals door de minister vastgesteld; en (2) zaken te doen met digitale activa die met de in paragraaf (1) genoemde technologieën zijn geanonimiseerd.[436]

Wanneer aan mensen wordt gevraagd of zij tegen witwassen zijn, antwoorden de meesten – en ik sluit mij daarbij aan – met 'ja'. Natuurlijk willen we niet dat terroristen, mensenhandelaars, kwaadaardige dictators of andere gewelddadige criminelen ongestoord geld kunnen verplaatsen. Toch dienen we ons drie vragen te stellen. Allereerst: wat zijn we bereid op te geven om te voorkomen dat de kleine groep daders hun illegale activiteiten blijft voortzetten? Moeten overheden wereldwijd – ook autoritaire regimes – bijvoorbeeld automatisch elke transactie kunnen inzien om criminaliteit te bestrijden? Ten tweede: kan een overheid überhaupt afdwingen wat zij op dit gebied wil? Zo konden overheden *Napster*, een gecentraliseerd platform voor het delen van bestanden, buiten werking stellen, maar slaagden zij er niet in om *BitTorrent*, een gedecentraliseerde methode voor het delen van bestanden, stil te leggen. Satoshi Nakamoto heeft het Bitcoinnetwerk immers met opzet ingericht naar dat laatste model. Ten derde: hoe oprecht

436 U.S. Congress, *S.5267: Digital Asset Anti-Money Laundering Act of 2022*.

zijn overheden en centrale banken over hun beweegredenen in deze kwestie? In 2022 en 2023 verbood de centrale bank van Argentinië dat banken en later betalingsapps in het land digitale activa aanboden zoals voorheen. In die periode leed Argentinië onder een jaarlijkse inflatie van meer dan 100% en een ongecontroleerde groei van de geldhoeveelheid van hun eigen fiatvaluta. Tegelijkertijd zochten Argentijnen massaal hun toevlucht tot bitcoin en andere cryptovaluta, en boden banken deze steeds vaker aan hun klanten aan. De monetaire autoriteiten wezen weliswaar op de bekende risico's van volatiliteit en witwassen, maar in werkelijkheid draaide het er vooral om hun eigen falende munt te beschermen.[437]

Neem bijvoorbeeld de Amerikaanse *Digital Asset Anti-Money Laundering Act*. Ik vermeld dit wetsvoorstel enkel als illustratie, aangezien er talloze vergelijkbare wetten bestaan. Al snel blijkt dat er een probleem bestaat met 'onbeheerde walletproviders'. Hiermee wordt eenvoudigweg verwezen naar hardwareapparaten of softwareprogramma's waarmee gebruikers zelf hun cryptovaluta-sleutels beheren en gebruiken — en het gaat hier om enorme aantallen. Door dit wetsvoorstel kan zelfs een enkele ontwikkelaar van open-source software worden bestempeld als een geldservicebedrijf en daarmee als financiële instelling. En als een dergelijke instelling wordt geclassificeerd, mogen zij geen digitale activamixers, privacymunten of anonimiseringstechnieken toepassen.

Als dit wetsvoorstel in zijn huidige vorm wordt aangenomen, wordt het voor een individu illegaal om open-source wallet-software of een cryptovaluta te ontwikkelen die privacytechnieken gebruikt. Met andere woorden: het is een poging om controle uit te oefenen over het gebruik van wiskundige methoden. Verwijzend naar het Zimmermann-precedent: wat als iemand de code in een boek publiceert zodat een gebruiker deze zelf kan toepassen? Of wat als diezelfde code op een T-shirt wordt gedrukt?

Het probleem met deze handhavingswijze is dat iedereen wereldwijd een geheime sleutel kan genereren door 256 keer een munt op te gooien. Daarnaast kan iedereen open-source code ontwikkelen die anonimisatiemethoden bevat. Als wetten die het bestaan en gebruik van deze technologieën willen tegengaan daadwerkelijk handhaving vereisen, moet dat op individueel niveau gebeuren. De overheid zou dan moeten verbieden: 'Je mag die code niet schrijven' of 'Je mag die onwelkome open-source software niet op je eigen laptop uitvoeren', vergezeld van het argument dat dit het publieke belang schaadt. De enige kans voor een regering om enigszins succes te boeken, is het merendeel van het publiek overtuigen mee te

437 Ignacio Olivera Doll and Patrick Gillespie, *Argentina Slams Brake On Crypto, Banning Purchases Through Banks*, Bloomberg, 5 mei 2022; Mat Di Salvo, *Argentina Bans Payment Apps From Offering Bitcoin to Customers*, Decrypt, 5 mei 2023.

werken aan draconische anti-privacy- en anti-open-source wetten en deze streng handhaven. Dit houdt waarschijnlijk in dat de wens voor privacy als inherent illegaal wordt beschouwd.

Deze discussies en conflicten spelen zich inmiddels in diverse rechtsgebieden af en zullen naar verwachting de komende tien jaar nog verder intensiveren. Er woedt een wapenwedloop: enerzijds creëren bottom-up ontwikkelaars voortdurend betere en gebruiksvriendelijkere encryptie- en privacytechnieken, terwijl top-down regeringen en bedrijven steeds geavanceerdere surveillancetechnieken en controlemethoden ontwikkelen.

HOOFDSTUK 30

EEN WERELD VAN OPENHEID OF EEN WERELD VAN CONTROLE

In mei 2022 bevond ik me op een plek waar ik nooit had verwacht te komen: in het Noorse parlementsgebouw in Oslo. Daar voerde ik gesprekken met verschillende Noorse parlementariërs, samen met een groep van twaalf personen die door de *Human Rights Foundation* waren gestuurd. De *Human Rights Foundation* zet zich in om basisrechten te waarborgen voor mensen die in autoritaire of semi-autoritaire landen leven. Zij baseren zich op het Internationaal Verdrag inzake Burgerrechten en Politieke Rechten van de Verenigde Naties, dat in 1976 door 173 landen werd geratificeerd en onder meer het volgende garandeert:[438]

- Vrijheid van meningsuiting en expressie
- Recht op gelijke behandeling en een eerlijke rechtsgang
- Ontheffing van slavernij en marteling
- Vrijheid van vereniging
- De vrijheid om het land te verlaten en binnen te komen
- Bescherming tegen inmenging en dwang in kwesties van geweten
- Het recht om eigendom te verwerven en te vervreemden

438 Beschikbaar via https://hrf.org/about/mission/

- Vrijstelling van willekeurige detentie of verbanning
- Vrijheid om op eigen wijze te aanbidden
- Het recht om mee te doen aan het bestuur van hun eigen land

Ik belandde in deze onverwachte situatie omdat verschillende parlementariërs in Noorwegen een verbod op bitcoin-mining in het land voorstelden. Het jaarlijkse *Oslo Freedom Forum*, georganiseerd door de *Human Rights Foundation* en gehouden vlakbij het parlementsgebouw, speelde hierbij een rol. Zij zien bitcoin en stablecoins als cruciale hulpmiddelen voor mensenrechten in gebieden waar autoritaire financiële censuur gangbaar is, vooral voor mensenrechtenactivisten. Om die reden vroeg het parlement de *Human Rights Foundation* om een groep sprekers van het forum uit te nodigen om hierover in gesprek te gaan. De meerderheid van deze twaalf personen bestond uit mensenrechtenactivisten, terwijl enkele experts – waaronder ikzelf – werden uitgenodigd om uitvoerig antwoord te geven op vragen over het energieverbruik van het Bitcoinnetwerk en de achterliggende beweegredenen.

Enkele mensenrechtenactivisten binnen de groep kwamen uit Nigeria. Zij vertelden de parlementariërs hoe zij bitcoin inzetten voor donaties, nadat hun bankrekeningen waren bevroren vanwege protesten tegen politiegeweld in hun land. Dit gold ook voor de binnenlandse politieke oppositie van Vladimir Poetin, waar onder andere Alexei Navalny toe behoort. Als reactie op herhaalde bevriezingen van bankrekeningen zette Navalny's organisatie bitcoin in om fondsen te werven en te verplaatsen ter ondersteuning van hun legitieme oppositie tegen Poetin's dictatuur. Andere groepsleden wezen het probleem aan dat veel mensen wereldwijd geen toegang hebben tot bankdiensten. Zij benadrukten dat bepaalde technologieën het opslaan en verzenden van waarde efficiënter en toegankelijker maken, waardoor mensen in de armste gebieden van de wereld aansluiting vinden met de mondiale economie.

Toen ik aan de beurt kwam, hield ik mijn bijdrage kort. Ik legde uit dat het Bitcoinnetwerk vaak gebruikmaakt van goedkope en geïsoleerde energiebronnen, wat door zijn unieke vraagflexibiliteit bijzonder waardevol is. Het elektriciteitsnet van Noorwegen draait voor meer dan 90 procent op schone waterkracht. Vooral in het noorden van het land ondersteunen talrijke geïsoleerde hulpbronnen zo'n krachtig netwerk. Particuliere bedrijven maken hier al gebruik van en naar mijn mening hoeft de overheid hen hierin niet te beperken.

Enkele maanden voor de bijeenkomst vond in Canada, aan de andere kant van de oceaan, een grootschalig protest plaats dat werd georganiseerd door vrachtwagenchauffeurs. Dit konvooi, dat mensen uit het hele land naar de hoofdstad trok, diende als demonstratie tegen de COVID-19-vaccinatievoorschriften en mobiliteitsbeperkingen. In 2021 voerde Canada steeds strengere maatregelen in met betrekking tot mobiliteit: mensen mochten namelijk niet met de trein of het vliegtuig reizen zonder vaccinatiebewijs. Dit betekende dat hun bewegingsvrijheid binnen het land beperkt werd en, nog belangrijker, dat zij het land in de praktijk niet konden verlaten als zij niet gevaccineerd waren — ze mochten immers niet vliegen en de Amerikaanse grens bleef ontoegankelijk. Begin 2022 scherpte Canada de regels verder aan door van vrachtwagenchauffeurs te eisen bij binnenkomst in het land een vaccinatiebewijs te tonen. Hoewel internationale verdragen toestaan dat bepaalde rechten tijdelijk worden opgeschort in noodsituaties, zoals mobiliteitsbeperkingen, gebeurde dit pas jaren nadat de pandemie begon, toen steeds duidelijker werd dat het vaccin slechts tijdelijke bescherming bood en weinig effect had op het voorkomen van verspreiding van het virus.

Hoewel grootschalige protesten vaak ook extremistische deelnemers aantrekken, was het Canadese protest overwegend vreedzaam en van economische aard. Het protest verstoorde lokale bedrijven en zorgde voor druk op de regering door het verkeer te blokkeren, maar kreeg tegelijkertijd brede steun van gewone mensen die zich bedreigd voelden. Het doel van protesten is immers om via verstoringen bewustwording te creëren — iets dat zowel inspanning als financiële middelen van de demonstranten vraagt. Daardoor zijn zowel de duur als de omvang van een protest van nature beperkt, afhankelijk van de ernst van de kwestie en de inzet van de betrokkenen.[439]

Steeds meer donaties stroomden binnen ter ondersteuning van de demonstranten, zowel in fiatgeld als in bitcoin. Benjamin Tyler Perrin, een bekende expert op het gebied van bitcointechnologie, hielp met het opzetten van een donatieportaal zodat mensen bitcoin konden overmaken ter ondersteuning van de vrachtwagenchauffeurs. Perrin, die eerder op de partij van premier Justin Trudeau had gestemd, keerde later de vaccinatiedwang en mobiliteitsbeperkingen af. Hij ging ervan uit dat de donaties beperkt zouden blijven en ongehinderd door de overheid verzonden konden worden. Maar toen talloze donatieportalen, zoals *GoFundMe*, werden verzocht hun diensten te staken zonder dat de fondsen daadwerkelijk werden overgemaakt, bleek het Bitcoinnetwerk een van de weinige manieren te zijn

439 Peter Chawaga, *Honk Honk HODL: How Bitcoin Fueled the Freedom Convoy and Defied Government Crackdown*, Bitcoin Magazine: The Censorship Resistant issue, april 2022.

om de donaties bij de beoogde ontvangers te krijgen.

Hierop vaardigde de Canadese overheid noodbevoegdheden uit en gaf opdracht aan banken om de rekeningen van bepaalde demonstranten en zelfs enkele donateurs te bevriezen. Veel van deze maatregelen werden zonder gerechtelijk bevel genomen, waardoor de grens tussen overheidshandelingen en bankelijk optreden vervaagde.[440]

Zelfbeheer van bitcointegoeden liet zich echter niet bevriezen. Hoewel binnenlandse cryptovaluta-uitwisselingsplatforms bekende adressen op zwarte lijsten konden zetten, maakte dat het slechts lastiger om bitcoin via die platforms om te zetten in Canadese dollars. De mogelijkheden voor de overheid om automatisch en op afstand in te grijpen bleven beperkt. Bitcoin kan immers op talloze manieren uitgegeven of geruild worden. Willen autoriteiten iemands bitcoin in beslag nemen, dan moeten zij letterlijk of figuurlijk aan de deur verschijnen met een gerechtelijk bevel of een dreigement. Kortom, het gebruik van bitcoin maakt financiële censuur veel duurder. In tegenstelling tot de meeste andere donaties, die volledig werden geblokkeerd, bereikte tweederde van de bitcoindonaties hun beoogde ontvangers, terwijl slechts een derde via gerichte handhaving werd geconfisceerd.

Tijdens het protest in februari 2022 plaatste ik op sociale media een bericht waarin ik deze nuance belichtte. Daarbij vermeed ik bewust de onderwerpen vaccins en Canadese politieke partijdigheid. Mijn conclusie luidde dat technologieën die geld bevriezing bemoeilijken, niet bedoeld zijn om legitieme wetten te omzeilen, maar overheden juist verplichten hun eigen wetten na te leven. Zoals ik toen schreef:

> Door het gebruik van financiële bewaardiensten kunnen overheden rekeningen bevriezen voordat duidelijk is wie daadwerkelijk schuldig of onschuldig is. Daarentegen verplicht zelfbeheer van financiële middelen overheden om eerst overtuigend aan te tonen dat iemand een misdrijf heeft gepleegd, alvorens met het bevriezen van rekeningen druk uit te oefenen.
>
> Geld in bewaring kan vaak niet uit een bepaald rechtsgebied worden gehaald wanneer de rechtsstaat daar instort, terwijl geld onder zelfbeheer doorgaans wel onttrekkelijk blijft, zeker wanneer de betrokken persoon zich kan verplaatsen (en soms zelfs wanner zij dat niet kunnen).
>
> Het gaat niet om 'links of rechts'. Men hoeft zich slechts voor te stellen dat de minst geliefde politicus de volgende verkiezingen wint, of zelfs pas na twee of drie kiesrondes. Hoewel de meeste mensen de rechtsstaat steunen, rijzen er dan vragen als: 'welke wet?' en 'in welke volgorde?'

440 Ben Perrin, *Enemy of the State*, What Bitcoin Did, 22 december 2022.

> Bitcoin en andere cryptovaluta draaien dus niet om het omzeilen van de wet, maar dienen er juist toe overheden verantwoordelijk te houden om binnen de wet te handelen. Ze bieden individuen meer keuzemogelijkheden, zeker als overheden de wet op een manier aanpassen die steeds verder afwijkt van de principes van vrijheid.[441]

Toen de pandemie uitbrak nam ik de situatie serieus en steunde ik de inspanningen om vaccins te ontwikkelen en beschikbaar te maken voor iedereen die dat wilde. Vanwege de beperkte effectiviteit van coronavaccins en enkele andere nuances stond ik echter kritisch tegenover overheidsmandaten die vaccinatie verplicht maakten. Ook verzette ik mij tegen strikte mobiliteits- of werkbeperkingen op basis van vaccinatiestatus. Dit onderwerp maakt deel uit van een eeuwenlang gevoerd debat tussen individualistische en collectivistische maatregelen. Mijn punt was het recht op protest te benadrukken, niet het onderwerp van dat protest – waarmee ik in sommige gevallen niet akkoord ben – te bekritiseren.

Een vergelijkbaar principe speelt bij civiele verbeurdverklaringen. In de Verenigde Staten neemt de politie jaarlijks voor miljarden dollars aan contant geld, sieraden en andere waardevolle bezittingen in beslag, zonder dat de eigenaar een misdrijf heeft gepleegd. Als iemand met contant geld of waardevolle spullen door een luchthaven reist, of wanneer iemand met een grote som geld wordt aangehouden, kan de politie in veel rechtsgebieden deze bezittingen zomaar afpakken, zonder dat er direct een beschuldiging volgt. Vervolgens moet de betrokken persoon tijdrovende en kostbare procedures doorlopen om zijn eigendommen terug te krijgen — een proces dat voor gewone mensen veel zwaarder weegt dan voor de rijken.[442] Deze praktijk kent wereldwijd diverse vormen en legt de bewijslast bij degene die zijn eigendommen terug wil, in plaats van bij de autoriteiten die ze in beslag namen.[443]

In mei 2022 ontmoette ik Benjamin Tyler Perrin op het *Oslo Freedom Forum*, enkele maanden nadat hij betrokken was geraakt bij het donatieplatform. Hij is beslist geen extremist of fanatiek aanhanger van een specifieke politieke stroming. In een openbaar interview met Peter McCormack vertelde hij dat hij bezorgd raakte over de veiligheid van zichzelf en zijn gezin toen de overheid begon op te treden tegen bankrekeningen en donatieportalen die met het protest in verband stonden. Perrin verklaarde ook dat hij, als hij van tevoren had geweten hoe vijandig het politieke klimaat zou worden, het donatieplatform met meer privacy en robuustere middelen had

441 Lyn Alden, *Custodial Financial Services*, Twitter, 19 februari 2022.
442 Cassie Miller, *Civil Asset Forfeiture: Unfair, Unddemocratic and Un-American*.
443 Cassie Miller, *Civil Asset Forfeiture: Unfair, Unddemocratic and Un-American*.

kunnen opzetten. Hij had niet verwacht dat de overheid zou ingrijpen om de uitbetaling van donaties die met het protest te maken hadden te blokkeren. Daarom had hij privacy niet als prioriteit gesteld bij het opzetten van het platform. Desondanks bleek het platform succesvoller dan *GoFundMe* en andere gecentraliseerde donatieportalen.[444]

Autoritaire en semi-autoritaire regimes zetten regelmatig financiële censuur in tegen protesteerders of politieke tegenstanders. Ook in democratieën gebeurt dit wel eens, vooral in tijden van oorlog of andere uitersten. Als je besluit om zulke middelen in een bepaalde context wel of niet te steunen, moet je beseffen dat elke macht die de overheid bezit, in omgekeerde situaties ook ingezet kan worden. Echte vrijheid staat boven elk specifiek belang en mag niet zomaar worden ontnomen aan groepen die ons mogelijk niet bevallen. Met andere woorden, de wet moet voor zowel de deugdzaamste als de meest verwerpelijke mensen op gelijke wijze gelden.

Het Bitcoinnetwerk ontstond uit de cypherpunkbeweging, een groep die pleit voor het gebruik van cryptografie en technologieën om de privacy te versterken en zo sociale en politieke veranderingen te bewerkstelligen. Vanuit die beweging sloot een bredere groep libertair georiënteerden zich aan bij het netwerk.[445] Op het moment van schrijven ondersteunen in de Verenigde Staten meer Republikeinse dan Democratische politici Bitcoin, al zijn er in beide kampen enthousiaste aanhangers actief. Van meet af aan heeft Bitcoin altijd een politiek karakter gehad. Vandaag de dag vormt Bitcoin de grootste en meest succesvolle poging ter wereld om een digitale valuta te creëren die vrij is van staatsinmenging, wat het een duidelijke politieke betekenis geeft. Waar encryptie oorspronkelijk gebruikers in staat stelde om privé-informatie uit te wisselen, maakt deze technologie nu ook de vertrouwelijke overdracht van waarde mogelijk. Informatie en waarde zijn immers de twee essentiële componenten die mensen nodig hebben om te handelen.

Wat is de politieke aard van het netwerk eigenlijk? Is het uitsluitend bedoeld voor cypherpunks en libertariërs? En als iemand juist positief staat tegenover de regering van zijn of haar eigen land, past Bitcoin dan niet bij die persoon? Kunnen we iemands politieke overtuigingen afleiden op basis van zijn of haar mening over digitale activa? Enkele van de meest aangehaalde boeken onder libertariërs en critici van de overheid zijn *Animal Farm* en *Nineteen Eighty-Four*, allebei geschreven door George Orwell. Tot op

444 Perrin, *Vijand van de staat.* Een methode die de Canadese truckers hadden kunnen gebruiken voor meer privédonaties wordt uitgelegd door Econoalchemist, *How the Freedom Convoy Could Have Protected Donation Privacy with Whirlpool*, Bitcoin Magazine, 31 maart 2022.

445 Finn Brunton beschrijft deze geschiedenis in *Digital Cash: The Unknown History of the Anarchists, Utopians, and Technologists Who Created Cryptocurrency*.

heden dienen deze romans als krachtige voorbeelden van anti-autoritaire thema's. Wat velen echter niet doorhebben, is dat George Orwell een democratisch socialist was. Hij steunde grote overheden, mits die regeringen transparant en democratisch gekozen werden. Anti-autoritarisme beperkt zich niet tot één kant van het politieke spectrum; zowel rechts als links verwerpen autoritaire structuren op hun eigen wijze. Het toeval wil bovendien dat één van de bekendste schrijvers over anti-autoritarisme aan de linkerkant van het politieke spectrum staat.

Na de wereldwijde financiële crisis van 2008 en de daaropvolgende reddingsoperaties van banken door de Amerikaanse federale overheid vonden zowel *Tea Party*-protesten plaats, hoofdzakelijk door mensen aan de rechterkant van het spectrum, als *Occupy Wall Street*-protesten, voornamelijk door mensen aan de linkerkant. Beide groepen protesteerden tegen uiteenlopende aspecten van hetzelfde onderliggende probleem. Nadat het financiële systeem in 2008 instortte, maakten de leiders van de verweven overheids- en bedrijfsstructuren slim gebruik van het flexibele openbare kasboek om selectief degenen te redden die ze wensten, en daarbij kregen de rijkste en machtigste individuen voorrang.

Tegenwoordig trekt het Bitcoinnetwerk mensen uit diverse kringen aan. Het brengt hen deels spontaan samen door hen iets te bieden waaraan ze kunnen bijdragen en bouwen, zodat ze niet louter afhankelijk blijven van protesten. Het geeft hen ook de mogelijkheid zich terug te trekken uit het door velen als corrupt ervaren financiële systeem en een parallel peer-topeer systeem op te bouwen. Daarom omschrijven veel Bitcoinvoorstanders hun activiteiten als een vreedzame revolutie. Hoewel de technologie politieke implicaties heeft, is deze niet inherent partijdig. In 2022 groeide de zichtbaarheid van Bitcoinvoorstanders die zichzelf als progressief zien aanzienlijk. Zij omarmen zowel sociale als economische opvattingen die naar links neigen. Velen van hen waren al geruime tijd actief binnen het ecosysteem, maar tussen 2021 en 2022 kwam er meer contact tot stand en kregen zij belangrijke platformen om hun stem te laten horen. Een van de bekendste Bitcoin-podcasters, Peter McCormack, richtte dat jaar expliciet zijn aandacht op het uitnodigen van meer progressieve Bitcoinvoorstanders in zijn show, zoals Jason Maier, de auteur van *A Progressive's Case for Bitcoin*. Hiermee wilde hij een tegenwicht bieden aan wat hij zag als een overwegend conservatieve of libertarische cultuur binnen het Bitcoin-podcast- en mediacircuit. Sindsdien nam hun aanwezigheid op evenementen snel toe. Persoonlijk ken ik tal van Bitcoinvoorstanders uit uiteenlopende politieke stromingen en uit verschillende delen van de wereld.

Veel progressieve Bitcoinvoorstanders zien het netwerk als een middel om de overmatige macht van bedrijven en vriendjespolitiek te beteugelen.

Dit sluit naadloos aan bij de visie van veel rechtse Bitcoinvoorstanders, die het netwerk beschouwen als een instrument om de macht van de staat te verkleinen. Dat vormt geen tegenstelling: het Bitcoinnetwerk biedt immers een instrument dat verschillende soorten gecentraliseerde macht, zowel in het bedrijfsleven als bij overheden, in toom kan houden. Op het hoogste niveau zijn overheden en bedrijven nauw met elkaar verweven. Sectoren als defensie, voedsel, landbouw, farmacie en technologie hebben grote invloed op de wetgeving omtrent overheidsuitgaven. Via een flexibel openbaar kasboek bevoordelen overheden bedrijven, terwijl bedrijven hun financiële macht inzetten om te zorgen dat hun favoriete overheidsfunctionarissen aanblijven. Dit mechanisme maakt verdere bevoordeling mogelijk. Er bestaat een draaideur tussen toezichthouders en gereguleerde bedrijven. Met Bitcoin proberen we een deel van dat openbare kasboek terug te winnen.

Met andere woorden, zoals George Orwell al aantoonde in zijn beroemde werken, komen anti-autoritaire standpunten uit uiteenlopende politieke stromingen. Mensen kunnen het oneens zijn over diverse zaken, zoals het exacte belastingtarief of de diensten die de overheid zou moeten leveren. Toch hechten zij vaak veel waarde aan vrijheid van meningsuiting, eigendomsrechten, zakenvrijheid, de vrijheid om binnen of buiten een land te verhuizen, privacy, de mogelijkheid om transacties uit te voeren en de vrijheid om middelen in te zetten om de waardevermindering van hun zuurverdiende spaargeld tegen te gaan. Hoewel er onenigheid bestaat over overheidsuitgaven, is men het er over het algemeen over eens dat deze kosten op een transparante wijze moeten worden besteed. Zo protesteerden bijvoorbeeld vanaf het begin meer mensen aan de linkerzijde van het politieke spectrum tegen de Irakoorlog van de Verenigde Staten, een oorlog die triljoenen dollars kostte, talloze levens eiste en voornamelijk via ondoorzichtige methoden werd gefinancierd, wat op de lange termijn leidde tot een waardedaling van de munt en vele voordelen opleverde voor defensieaannemers. In zijn afscheidsrede in 1961 waarschuwde president Eisenhower voor de opkomst van het militair-industriële complex. Tijdens zijn leven ontwikkelden de Verenigde Staten zich van een land dat enkel bij dreiging een groot leger mobiliseerde naar een natie die permanent een aanzienlijk leger moest onderhouden. Hoewel hij dit noodzakelijk vond, wees hij op de gevaren die hiermee gepaard gingen.

> Een fundamenteel element om de vrede te waarborgen is onze militaire kracht. Onze wapens moeten krachtig en direct inzetbaar zijn, zodat geen potentiële agressor in de verleiding komt zijn eigen ondergang te riskeren.
>
> Onze militaire organisatie lijkt tegenwoordig nauwelijks op die van mijn voorgangers in vredestijd, noch op die van de strijders uit de Tweede We-

> reldoorlog of de Koreaanse Oorlog.
>
> Tot voor de recente wereldconflicten beschikte de Verenigde Staten niet over een gevestigde wapenindustrie. Amerikaanse producenten van ploegscharen konden, indien nodig en met voldoende tijd, ook zwaarden vervaardigen. Maar tegenwoordig kunnen we het risico van een geïmproviseerde nationale verdediging niet langer dragen. We moeten dan ook een permanente wapenindustrie van enorme omvang opbouwen. Bovendien zijn er drieënhalf miljoen mannen en vrouwen direct betrokken bij ons defensiesysteem. Jaarlijks besteden we meer aan militaire veiligheid dan de totale nettowinst van alle Amerikaanse bedrijven samen.
>
> Dit samenspel van een uitgebreide militaire basis en een grote wapenindustrie vormt een uniek fenomeen in de Amerikaanse geschiedenis. De invloed – economisch, politiek en zelfs spiritueel – is voelbaar in elke stad, elk provinciehuis en elk kantoor van de federale overheid. We erkennen de dringende noodzaak van deze ontwikkeling, maar we moeten ook de ernstige consequenties onder ogen zien. Immers, ons werk, onze middelen en ons leven staan op het spel, evenals de fundamenten van onze samenleving.
>
> In ons overheidsbeleid moeten we voortdurend waken voor de ongepaste invloed van het militair-industriële complex, of die nu opzettelijk wordt nagestreefd of niet. De kans op de opkomst van een gevaarlijke, misplaatste macht is reëel en zal altijd blijven bestaan.
>
> We mogen nooit toestaan dat de macht van deze combinatie onze vrijheden of democratische processen ondermijnt. Niets mag als vanzelfsprekend worden beschouwd. Alleen een waakzame en goed geïnformeerde bevolking kan ervoor zorgen dat de enorme industriële en militaire machinerie van defensie in harmonie samenwerkt met onze vreedzame methoden en idealen, zodat veiligheid en vrijheid samen kunnen bloeien.[^440]

In zijn toespraak waarschuwde hij ook voor de gevaren van machtscentralisatie en wees hij op de financiële neiging om de toekomst op te offeren ten gunste van het gemak en comfort van het heden.

> De dreiging dat federale werkgelegenheid, projecttoewijzingen en financiële belangen de wetenschappers in ons land zullen domineren, blijft reëel en moet serieus worden genomen.
>
> Toch moeten we, terwijl we wetenschappelijk onderzoek en ontdekkingen waarderen, alert blijven op een even groot maar tegenovergesteld gevaar: dat het openbare beleid het slachtoffer wordt van een wetenschappelijk-technologische elite.
>
> Het behoort tot de taak van een staatspersoon om deze en andere krachten – zowel nieuwe als oude – te vormen, in balans te brengen en te integreren

> binnen de principes van ons democratische systeem, altijd met oog voor de hoogste doelen van onze vrije samenleving.
>
> Een andere factor die bijdraagt aan het behoud van balans is tijd. Terwijl we vooruitkijken naar de toekomst van onze samenleving, moeten wij – jij, ik en onze overheid – voorkomen dat we alleen in het heden leven en zo de kostbare middelen van morgen verspillen voor ons eigen gemak. We mogen de materiële bezittingen van onze kleinkinderen niet in gevaar brengen zonder ook hun politieke en spirituele erfgoed te riskeren. We willen dat de democratie overleeft voor alle toekomstige generaties en niet een failliete schim van morgen wordt.

Helaas is de situatie sinds het vertrek van Eisenhower verder verslechterd. Defensieaannemers, grote banken, multinationale ondernemingen en hun leger lobbyisten staan in nauwe banden met politici. De staatschuld is toegenomen, de economie wordt uitgehold en financieel vastgepind. De ambities van de Amerikaanse politieke elite richten zich vooral op pseudo-imperialistische doelen: honderden militaire bases in het buitenland, biljoenen dollars aan oorlogen die niet primair voor defensieve doeleinden zijn gevoerd en miljarden dollars voor geheime operaties om politieke regimes in tientallen landen te beïnvloeden. Ondertussen stagneren de productiecapaciteiten en de logistieke infrastructuur binnen de landsgrenzen, wat leidt tot toenemende politieke polarisatie en populisme.

Bitcoin-ontwikkelaars en -educators worden vaak bestempeld als 'witte crypto bros' of 'schimmige supercoders', zoals politici en de media hen regelmatig afschilderen.[446] In werkelijkheid gaat het om mensen met diverse achtergronden, verspreid over het politieke spectrum en de hele wereld, die de waarde inzien van een open-source kasboek dat individuen meer macht geeft. Hoewel er in het bredere cryptovaluta-ecosysteem veel fraude en oplichting plaatsvindt – ontwikkelaars en durfkapitalisten vinden het immers verleidelijk en lucratief om ongeoorloofde aandelentokens uit het niets te creëren en aan particuliere beleggers te verkopen – handelen mensen in de Bitcoin-only gemeenschap doorgaans vanuit ethische en praktische overwegingen.

Obi Nwosu is een Britse ondernemer van Nigeriaanse afkomst. Hij richtte het langst bestaande bitcoinhandelsplatform in het Verenigd Koninkrijk op en startte later *Fedi*, een bedrijf dat een bitcoin-wallet aanbiedt. *Fedi* heeft als doel de opslag van bitcoin zoveel mogelijk te decentraliseren en te verspreiden. Met behulp van het open-source *Fedimint*-protocol kunnen lokale gemeenschappen wereldwijd eenvoudig hun eigen privégemeenschapsbanken opzetten, met speciale aandacht voor

446 Bijv. Kevin Roose, *The Latecomer's Guide to Crypto*, New York Times, 18 maart 2022.

gebruikers in ontwikkelingslanden. Deze gemeenschapsbanken kunnen daarnaast andere diensten leveren, zoals gegevensopslag, verwerking en diverse subtoepassingen.

Anita Posch, een Oostenrijkse vrouw, reist regelmatig naar Afrikaanse landen om mensen te leren het Bitcoinnetwerk te gebruiken. Ze ontvangt steun via donaties en brengt haar bevindingen onder de aandacht in haar publicaties. Haar focus ligt op mensenrechten, met name door mensen te helpen sparen en uitgeven in regio's waar het lokale financiële systeem tekortschiet. Ze heeft geschreven over de zorgwekkende situatie rondom mondiale vrijheden en belicht daarbij ook haar eigen perspectief als lesbische vrouw. Ze is dankbaar dat ze in Europa is geboren en zet zich in om de wereld eerlijker te maken.

Troy Cross is professor in de filosofie en tevens milieuactivist. Hij benadrukt de unieke mogelijkheid van Bitcoin om gestrande energie productief te benutten, een aspect dat hij als positief beschouwt voor de mensenrechten. Aanvankelijk uitte hij zijn bezorgdheid over de milieueffecten van Bitcoin, maar na grondig onderzoek kwam hij tot een andere conclusie en werd hij een fervent voorstander. Cross geeft nu regelmatig colleges over het onderwerp, bestrijdt desinformatie en promoot manieren om bitcoinmining zo duurzaam mogelijk te maken.

Alex Gladstein is Chief Strategic Officer van de *Human Rights Foundation* en auteur van *Check Your Financial Privilege*. In zijn boek beschrijft hij uitgebreid hoe mensen in inflatoire en autoritaire landen bitcoin en stablecoins inzetten. Alex en de *Human Rights Foundation* hebben privé-retraites georganiseerd, waar mensenrechtenactivisten uit autoritaire landen samenkomen met softwareontwikkelaars en durfkapitalisten. Ze bespreken technologieën die mensenrechtenactivisten en hun gemeenschappen kunnen ondersteunen, als ze verder worden ontwikkeld. De deelnemers maken tevens kennis met de nieuwste technologische ontwikkelingen.

Elizabeth Stark en Olaoluwa Osuntokun, sinds 2016 medeoprichters en leiders van *Lightning Labs*, ontwikkelden de meest gebruikte Lightningnodetoepassing tot nu toe. Stark, die Meester in de Rechten is aan de *Harvard Law School*, geeft wereldwijd lezingen over het toegankelijk maken van open-source geldtechnologie voor miljarden mensen in ontwikkelingslanden. Osuntokun, computerwetenschapper en toegepaste cryptograaf, is mede-auteur van *Mastering the Lightning Network*, het belangrijkste technische boek over het Lightning Network van Bitcoin.

Farida Nabourema is democratieactiviste uit Togo die momenteel in ballingschap leeft. In haar thuisland heeft ze uit eerste hand ervaren hoe autoriteiten financiële surveillance toepassen en bankrekeningen bevriezen om voorstanders van democratie te onderdrukken. Naast haar pleidooi voor democratie bekritiseert ze scherp het Franse monetaire neokolonialisme in Afrika. Zij ziet het Bitcoinnetwerk als een instrument voor vrijheid. Eind 2022 organiseerde ze samen met anderen de Africa Bitcoin Conference in Ghana, waar mensen van over de hele wereld bijeenkwamen om te spreken en ideeën uit te wisselen.

Paco de la India, een hardloper uit India, werd in 2021 door een vriend uitgedaagd om met bitcoin de wereld rond te reizen. Deze vriend gaf hem een boek over het onderwerp, waarna Paco besloot zijn passie voor hardlopen te combineren met zijn nieuwe fascinatie voor bitcoin. Zijn doel was om in 400 dagen 40 landen te doorkruisen en daarbij, waar mogelijk, bitcoin te gebruiken voor transacties. Hij bezocht tientallen landen, vooral in ontwikkelingsregio's, en gaf daar persoonlijk workshops over bitcoin. Van Kenia tot Soedan, Sri Lanka, Zuid-Afrika, Cuba en meer. Yan Pritzker is medeoprichter en technisch directeur van *Swan.com*. Als kind verliet hij samen met zijn familie de Sovjet-Unie; destijds mocht men doorgaans slechts $100 meenemen. Pritzker ziet bitcoin als een middel tot emancipatie. Het stelt vluchtelingen uit autoritaire landen en mensen uit falende staten in staat om, mits zij fysiek kunnen ontsnappen, hun spaargeld mee te nemen. Kapitaal stroomt vanzelf van onvrije naar vrije plaatsen, waar dat mogelijk is.

Renata Rodrigues, afkomstig uit Brazilië, heeft de afgelopen jaren peer-to-peer Bitcoingemeenschappen opgezet in ontwikkelingslanden, ook op locaties waar banken geen gebruikmaken van cryptovaluta-uitwisselingen. Terwijl veel critici in ontwikkelde economieën bitcoin afdoen als louter een speculatief instrument – een cijfer op een computerscherm – ziet zij dit anders. Zij bouwt aan bitcoin gebaseerde gemeenschappen in regio's waar de valuta inflatoir is en waar de toegang tot bankdiensten sterk beperkt is.

Naar mijn mening hebben deze mensen gelijk, zowel in hun visie als in het werk dat zij verrichten. Volgens de methodologie van *Freedom House* is de wereldwijde vrijheid sinds 2005 afgenomen: al 17 jaar dalen er meer landen in de ranglijst dan er landen zijn die stijgen. In de jaren '80, '90 en het begin van de jaren 2000 nam vrijheid en openheid wereldwijd toe — met name dankzij de economische liberalisering van China en de ineenstorting van de Sovjet-Unie, wat in veel delen van de wereld voor meer sociale en economische vrijheid zorgde. Daarentegen kenmerken de late jaren 2000, de jaren 2010 en de jaren 2020 zich door een afname van economische openheid, toegenomen toezicht en een vermindering van persoonlijke vrijheden.[447]

Onder leiding van Vladimir Poetin heeft Rusland de vrijheden sterk in-

447 Sarah Repucci en Amy Slipowitz, *The Global Expansion of Authoritarian Rule.*

geperkt, net zoals China onder Xi Jinping doet. Diverse landen binnen hun invloedsfeer, waaronder Turkije, Thailand en Hongarije, volgen dit voorbeeld. Wereldwijd kiezen veel regeringen voor populistische leiders die journalisten onder druk zetten en religieuze, seksuele en politieke minderheden – evenals onduidelijke buitenstaanders – de schuld geven van de economische problemen in hun land. *Freedom House* classificeert de Verenigde Staten nog steeds als 'vrij', maar wel met een lagere score dan voorheen. De *Patriot Act* uit 2001, samen met verschillende vormen van corruptie binnen het strafrechtelijk systeem en andere kwesties, heeft de vrijheid in de Verenigde Staten op uiteenlopende manieren aangetast.

Er spelen verschillende factoren mee, maar naar mijn mening heeft het disfunctionele mondiale financiële systeem een grote impact. Zoals ik in Deel 3 en 4 van dit boek bespreek, herzien we het wereldwijde financiële systeem elke paar decennia — deels door geopolitieke en technologische veranderingen, deels als gevolg van lange schuldencycli en verkeerd afgestemde prikkels voor beleidsmakers. In de afgelopen twee eeuwen is de wereld geëvolueerd van vrij bankieren en bimetaalmunten naar een systeem met centrale banken en goudstandaard, daarna naar het Bretton Woods-systeem en vervolgens naar het eurodollar/petrodollar-systeem. Elk van deze systemen raakte uiteindelijk verouderd, kwam onder druk te staan, stortte in en werd vervolgens herzien. Vandaag de dag zijn er talrijke tekenen dat de huidige versie van het mondiale financiële systeem opnieuw vastloopt. Grote overheidsschulden, voortvloeiend uit decennia van begrotingstekorten, plus een toenemende concentratie van vermogens en de verschuiving van een unipolaire naar een multipolaire wereldorde, zetten de fiatvalutasystemen zwaar onder druk.[448] Naarmate de rijkdom aan de top steeds meer geconcentreerd raakt en mensen het gevoel krijgen dat het economische systeem niet langer voor hen werkt, wenden zij zich vaak tot populisme. Het is een cyclus zo oud als de beschaving.

Populisme kent diverse vormen, maar aan de uitersten van het politieke spectrum duiken vaak extremistische elementen op. In een wereld die steeds chaotischer lijkt te worden, verlangen mensen vaak naar orde, ook al betekent dat dat ze een deel van hun vrijheden moeten inleveren. Zij willen dat een schijnbaar sterke leider duidelijk maakt wat het probleem is en hoe het opgelost kan worden. Helaas leidt de aanpak van zo'n 'sterke' leider vaak tot een grove misdiagnose die met name de meest kwetsbaren in de samenleving benadeelt, terwijl de culturele meerderheid er baat bij heeft. Daarbij worden ook de economische prikkels die zorgen voor een efficiënte productie van goederen en diensten ondermijnd.

448 Dalio, *Changing World Order*, 264, 331-362.

Dit boek heeft keer op keer de vraag onderzocht: 'Wie beheert het kasboek?' Door de jaren heen is het antwoord steeds veranderd. In de vroege geschiedenis beheerden lokale gemeenschappen en de natuur zelf het kasboek, wat tot uiting kwam in goederengeld. Naarmate bepaalde beschavingen technologisch geavanceerder werden, konden zij de kasboeken van minder ontwikkelde samenlevingen domineren door grotere hoeveelheden specifieke goederen te produceren die door de minder geavanceerden als zeldzaam werden gezien. Met de opkomst van banken en centrale banken – in een wereld waar telecommunicatiesystemen floreerden en goud te traag werkte als betaalmiddel – kwam het kasboek steeds meer in handen van natiestaten. Overheden en centrale banken verwierven een de facto monopolie op snelle en duurzame geldtransmissie, zodat zij meer ruimte kregen om de besparingen van hun burgers te devalueren en die waarde op ondoorzichtige wijze richting hun eigen doelen te sturen. In de toekomst willen bottom-up digitale munten, zoals bitcoin, het kasboek weer in de handen van de mensen leggen, terwijl top-down digitale munten – de door centrale banken uitgegeven munteenheden – de natiestaten nog meer controle over het door de bevolking gebruikte kasboek geven.

Bij de discussie over wie het kasboek beheert, spelen twee kernvragen een rol. Ten eerste: wie bezit de macht om de transacties van anderen te volgen en te censureren of hun tegoeden te bevriezen? Ten tweede: wie kan vrijwel gratis geld creëren en daardoor de waarde van andermans spaargeld en lonen verlagen?

Als een groep geld kan creëren tegen kosten die ver onder de marktwaarde liggen, verwerft die groep het recht op seigniorage en krijgt zij volledige of deels controle over het kasboek. Als niemand echter gratis geld kan maken – zoals in een wereld waarin verzamelbare grondstoffen of protomunten tussen stammen met vergelijkbare technologische mogelijkheden worden gebruikt – heeft niemand recht op seigniorage en blijft het kasboek volledig door de natuur beheerd. Wanneer een groep een aanzienlijke technologische voorsprong behaalt ten opzichte van een andere cultuur en daardoor goedkoop glazen kralen, schelpsieraden, rai-stenen, cacaobonen of andere waardedragers produceert waarin de minder geavanceerde cultuur haar rijkdom opslaat, verwerft die groep het recht op seigniorage. Dit geldt echter slechts totdat mensen het probleem onderkennen en stoppen met het gebruik van de gecorrumpeerde valuta.

In het fiatgeldsysteem kunnen soevereine regeringen en centrale banken vrijwel kosteloos geld creëren dat binnen hun eigen gebied als waardevol wordt aangemerkt, ook al daalt de waarde continu. Veel landen beheren hun kasboeken uiterst slecht, wat leidt tot een enorme groei van de geldhoeveelheid en stijgende prijzen. Wanneer mensen hun spaargeld proberen te beschermen door over te stappen op andere kasboeken of activa, nemen de autoriteiten zelden verantwoordelijkheid. In plaats daarvan schuiven zij de schuld vaak af op speculanten en externe factoren en proberen zij de uitwegen te blokkeren.

Goud heeft lange tijd als veilige haven en als spaargeld gediend, maar in het digitale tijdperk blijkt het onvoldoende geschikt als betaalmiddel. Het Bitcoinnetwerk biedt een nieuw en sneller alternatief. Niemand kan gratis bitcoin creëren, waardoor niemand de macht van seigniorage in handen heeft. Ook kan niemand transacties censureren, tenzij hij of zij meer dan 50% van de actieve rekenkracht van het netwerk beheerst. Bovendien verplaatst bitcoin zich wereldwijd zonder dat centrale banken als tussenpersoon nodig zijn. Toch staat het netwerk nog in de kinderschoenen en is het onzeker hoe goed het bestand zal zijn tegen daadwerkelijke aanvallen door overheden die hun eigen gecentraliseerde monetaire systemen willen beschermen — systemen die door hun eigen interne dynamiek steeds instabieler worden.

In deel 3 van dit boek citeerde ik John Maynard Keynes over hoe de beheerders van het openbare kasboek de waarde van de ene groep ten koste van de andere kunnen verschuiven, zonder dat mensen dit werkelijk doorhebben.

> Door aanhoudende inflatie nemen regeringen heimelijk een aanzienlijk deel van de rijkdom van hun burgers in beslag. Op deze wijze confisqueren ze niet alleen, maar doen dat ook op willekeurige basis. Terwijl dit proces velen verarmt, verrijkt het in feite enkelen.[449]

Het idee om geld en staat van elkaar te scheiden betekent niet dat de staat moet verdwijnen. Het gaat om het creëren van een gedecentraliseerd monetair systeem dat, wanneer het breed wordt geaccepteerd en bestand is tegen aanvallen, de staat in een gelijkwaardigere positie plaatst ten opzichte van de burgers. In een wereld waarin snel, draagbaar, veilig, wereldwijd overdraagbaar en waardevast peer-to-peer geld gangbaar wordt, zullen overheden transparanter moeten opereren, omdat dit mensen meer keuzevrijheid geeft. Met wereldwijd 160 fiatvaluta en meer dan de helft van de wereldbevolking die onder diverse vormen van autoritarisme leeft, vormt dit een enorme uitdaging. Open-source geld in de vorm van bitcoin kan uiteindelijk zo groot worden dat het direct concurreert met de Amerikaanse dollar. Voorlopig biedt de technologie een alternatief voor miljarden mensen die in talloze jurisdicties te maken hebben met falende valuta. Boven-

449 Keynes, *Essays in Persuasion*, 77.

dien stimuleert het een veel snellere innovatie op het gebied van geld en opent het geheel nieuwe toepassingen die met de bestaande technologie niet mogelijk zijn.

Als de politieke tendensen in veel delen van de wereld blijven verschuiven van vrijheid naar vormen van autoritarisme, zoals we in de afgelopen twee decennia hebben gezien, wordt de controle over het publieke kasboek nog belangrijker. In minder vrije gebieden hebben gebruikers van centraal gecontroleerde valuta steeds minder zeggenschap en inzicht in het beheer van het kasboek, terwijl overheden en bedrijven juist steeds meer controle en inzicht krijgen in de financiële bijdragen van iedereen, inclusief hoeveel iedereen bezit en op welke wijze dit gebruikt mag worden.

Hoewel politiek lokaal en tijdelijk kan bepalen hoe we met geld omgaan, is het de technologie die op wereldwijde en blijvende wijze onze relatie met geld verandert. Naarmate nieuwe technologieën zich ontwikkelen, raken bepaalde soorten kasboeken verouderd en verdwijnen ze, terwijl anderen noodzakelijk worden. Daarom vindt de acceptatie van nieuwe vormen van geld wereldwijd plaats — niet slechts op lokaal niveau. Toen de wereld meer geïndustrialiseerd raakte, won goud van andere grondstoffen. Vervolgens vervingen fiatvaluta in elk land het goud, omdat de wereld steeds meer met elkaar verbonden raakte via telecommunicatiesystemen. Nu brengen digitale schaarste en digitale afwikkeling nieuwe technologieën, wat opnieuw de deur opent naar een nieuw monetair tijdperk.

Gedurende de geschiedenis hebben vernieuwingen in monetaire technologie vaak geleid tot centralisatie en tot een concentratie van macht in handen van enkelen, in ruil voor grotere efficiëntie. Nu bevinden we ons op een moment waarop we de mogelijkheid hebben om die macht te decentraliseren en breder te verspreiden. Verder zorgt de groeiende snelheidskloof tussen transacties en afwikkelingen voor meer financialisering en abstractie. Nu afwikkelingen versnellen en de kloof verkleint, ontstaan er kansen voor financiële vereenvoudiging en een robuustere markt.

We kunnen de toekomst niet voorspellen. Het beste wat we kunnen doen, is het heden grondig analyseren, een beeld vormen van de gewenste toekomst en daar persoonlijk aan bijdragen. Naar mijn mening is open-source, gedecentraliseerd geld – dat mensen meer autonomie geeft, zonder toestemming gebruikt kan worden en grensoverschrijdende waarde-uitwisseling mogelijk maakt – krachtig en ethisch. Dit concept verbetert het huidige financiële systeem op vele vlakken en biedt tevens een mechanisme om buitensporige machtsconcentratie tegen te gaan. Daarom is het absoluut de moeite waard om dit verder te onderzoeken en te ondersteunen.

Bibliografie

Acemoglu, Daron, and Robinson, James A. *Why Nations Fail: The Origins of Power, Prosperity, and Poverty*. Crown Publishing: New York, 2012.

Agarwal, Ruchir, and Krogstrup, Signe. "Cashing In: How to Make Negative Interest Rates Work." *IMF Blog*. February 5, 2019: https://www.imf.org/en/Blogs/Articles/2019/02/05/blog-cashing-in-how-to-make-negative-interest-rates-work

Akhtar, Tanzeel and Shukla, Sidharta. "China Makes a Comeback in Bitcoin Mining Despite Government Ban." *Bloomberg*. May 17, 2022: https://www.bloomberg.com/news/articles/2022-05-17/china-makes-a-comeback-in-bitcoin-mining-despite-government-ban

Al Jazeera. "Egyptian Pound Has Lost Half of its Value Since March." *Al Jazeera News*. January 11, 2023: https://www.aljazeera.com/news/2023/1/11/egyptian-pound-has-lost-half-of-its-value-since-march

Albrecht, Brian and Young, Andrew. "Wampum: The Political Economy of an Institutional Tragedy." Unpublished manuscript, November 2017. Available online via: https://brianc albrecht.github.io/albrecht-young-wampum-tragedy.pdf

Alden, Lyn. "A Look at the Lightning Network." Lyn Alden Investment Strategy. August 2022. Available online via: https://www.lynalden.com/lightning-network/

Alden, Lyn. "Analyzing Bitcoin's Network Effect." Lyn Alden Investment Strategy. March 2021. Available online via: https://www.lynalden.com/bitcoins-network-effect/

Alden, Lyn. "Banks, QE, and Money-Printing." Lyn Alden Investment Strategy. November 2020. Available online via: https://www.lynalden.com/money-printing/

Alden, Lyn. "Bitcoin's Energy Usage Isn't a Problem. Here's Why." Lyn Alden Investment Strategy. August 2021, updated January 2023. Available online via: https://www.lynalden.com/bitcoin-energy/

Alden, Lyn. "Custodial Financial Services." *Twitter*. February 19, 2022: https://twitter.com/lynaldencontact/status/1495153860691652609

Alden, Lyn. "How Debt Jubilees Work." Lyn Alden Investment Strategy. February 2022. Available online via: https://www.lynalden.com/debt-jubilee/

Alden, Lyn. "How to Value Bitcoin and Other Cryptocurrencies." Lyn Alden Investment Strategy. November 2017. Available online via: https://www.lynalden.com/cryptocurrencies/

Alden, Lyn. "March 2023 Newsletter: A Look at Bank Solvency." Lyn Alden Investment Strategy. March 13, 2023. Available online via: https://www.lynalden.com/march-2023-newsletter/

Alden, Lyn. "Proof-of-Stake and Stablecoins: A Blockchain Centralization Dilemma." Lyn Alden Investment Strategy. November 2021. Available online via: https://www.lynalden.com/proof-of-stake/

Alden, Lyn. "What is Money, Anyway?" Lyn Alden Investment Strategy. March 2022. Available online via: https://www.lynalden.com/what-is-money/

Aliber, Robert Z. "Eurodollars: An Economic Analysis." In *Eurodollars and International Banking*, edited by Paolo Savona and George Sutija: 77–110. Palgrave Macmillan: London, 1985.

Alioth Finance. "Inflation Calculator." U.S. Official Inflation Data. Accessed online, June 2, 2023: https://www.in2013dollars.com/

Americans for Democracy & Human Rights in Bahrain (ADHRB). "UAE: It's Time to Release Human Rights Defender Ahmed Mansoor." *IFEX.org*. April 28, 2023: https://ifex.org/uae-its-time-to-release-human-rights-defender-ahmed-mansoor/

Ammous, Saifedean, *The Fiat Standard: The Debt Slavery Alternative to Human Civilization*. Saif House: 2021.

Ammous, Saifedean. *The Bitcoin Standard: The Decentralized Alternative to Central Banking*. Wiley: Hoboken, N.J., 2018.

Anson, Michael. Cohen, Norma, Owens, Alastair, and Todman, Daniel. "Your Country Needs Funds: The Extraordinary Story of Britain's Early Efforts to Finance the First World War," *Bank Underground*. The Bank of England, August 8, 2017: https://bankunderground.co.uk/2017/08/08/your-country-needs-funds-the-extraordinary-story-of-britains-early-efforts-to-finance-the-first-world-war/

Areddy, James T. "China Creates Its Own Digital Currency, a First for Major Economy." *Wall Street Journal*. April 5, 2021: https://www.wsj.com/articles/china-creates-its-own-digital-currency-a-first-for-major-economy-11617634118

Associated Press in Cairo. "Egypt Devalues Currency by 48% to Meet IMF Demands for $12bn Loan." *Guardian*. November 3, 2016: https://www.theguardian.com/world/2016/nov/03/egypt-devalues-currency-meet-imf-demands-loan

Atkeson, Andrew, and Kehoe, Patrick J. 2004. "Deflation and Depression: Is There an Empirical Link?" *American Economic Review* 94, 2: 99–103.

Autor, David, Cho, David, Crane, Leland D., Goldar, Mita, Lutz, Byron, Montes, Joshua, Peterman, William B., Ratner, David, Villar, Daniel, and Yildirmaz, Ahu. "The $800 Billion Paycheck Protection Program: Where Did the Money Go and Why Did It Go There?" *Journal of Economic Perspectives* 36, 2 (Spring 2022): 55–80.

Baack, Ben. "America's First Monetary Policy: Inflation and Seigniorage During the Revolutionary War," *Financial History Review* 15, 2 (October 2008): 107–121.

Back, Adam. "Early Days of Bitcoin & Future Outlook." *Blockstream Talk* #1 (17:02-19:11): https://youtu.be/b7QT6km2hGs?t=1022

Bagus, Philipp. *In Defense of Deflation*. Springer: Cham, Switzerland, 2015.

Bajak, Frank and Gerad, Vanessa. "AP Exclusive: Polish Opposition Duo Hacked with NSO spyware." *AP News*. December 21, 2021: https://apnews.com/article/technology-business-poland-hacking-warsaw-8b52e16d1af60f9c324cf9f5099b687e

Bajak, Frank. "Probe: Journalists, Activists Among Firm's Spyware Targets." *AP News*. July 19, 2021: https://apnews.com/article/technology-middle-east-business-journalists-jamal-khashoggi-00a3fb4349b04504d3d7c481eae233d3

Bangs, Robert B. "Public and Private Debt in the United States, 1929–40," Bureau of Economic Analysis *Survey of Current Business*, November 1941: 18–21.

Bank for International Settlements. "BIS International Banking Statistics and Global Liquidity Indicators at End-September 2022." BIS Explorer GLI, Table E2-USD. Available online via: https://stats.bis.org:/statx/srs/tseries/GLI/Q.USD.3P.N.A.I.B.USD?t=e2&p=20223&m=USD&c=&o=w:20001.20224,s:line

Bank for International Settlements. "Project mBridge: Connecting Economies Through CBDC." BIS Innovation Hub. October 2022. Available online via: https://www.bis.org/publ/othp59.pdf

Berman, Elise. "Avoiding Sharing: How People Help Each Other Get out of Giving," *Current Anthropology* 61, 2: 141–282.

Bernanke, Ben. *21st Century Monetary Policy: The Federal Reserve from the Great Inflation to COVID-19*. W. W. Norton & Company: New York, 2022.

Bernholz, Peter. *Monetary Regimes and Inflation: History, Economic and Political Relationships*, 2nd edition. Edward Elgar Publishing: Cheltenham, UK, 2015.

Beuscher, Kristin. "From Pasack to the Plains." *Northern Valley Press*. May 21, 2019: https://thepressgroup.net/from-pascack-to-the-plains-the-story-of-campbell-wampum/

Bhatia, Nik. *Layered Money: From Gold and Dollars to Bitcoin and Central Bank Digital Currency*. Nik Bhatia, 2021.

Bible Gateway. "The Year for Canceling Debt." *Deuteronomy*, 15. New International Version, 2015. Available online via: https://www.biblegateway.com/passage/?search=Deuteronomy

Bier, Jonathan. *The Blocksize War: The Battle Over Who Controls Bitcoin's Protocol Rules*. Independently published, 2021.

Blanchard, James. "An Interview with F.A. Hayek." University of Freiburg, Germany, May 1, 1984. Available online via: https://youtu.be/s-k_Fc63tZI?t=1163 (19:26–19:40).

Blimes, Linda. "The Credit Card Wars: Post-9/11 War Funding Policy in Historical Perspective." Statement in Congressional Briefing, "The $5.6 Trillion Price Tag of the Post-9/11 Wars and How We Will Pay for It," hosted by Senator Jack Reed. November 8, 2017. Available online via Watson Institute: https://watson.brown.edu/costsofwar/files/cow/imce/papers/2017/Linda

Blockchain.com. "Market Capitalization (USD): The Total USD Value of Bitcoin in Circulation." Accessed online, June 13, 2023: https://www.blockchain.com/explorer/charts/market-cap

Blockchain.com. "Total Circulating Bitcoin." Accessed online, June 14, 2023: https://www.blockchain.com/explorer/charts/total-bitcoins

Board of Governors of the Federal Reserve System. "Federal Market Open Committee" Last updated May 3, 2023: https://www.federalreserve.gov/monetarypolicy/fomc.htm

Board of Governors of the Federal Reserve System. "Monetary Policy: What Are Its Goals? How Does It Work?" Last updated July 29, 2021: https://www.federalreserve.gov/monetarypolicy/monetary-policy-what-are-its-goals-how-does-it-work.htm

Board of Governors of the Federal Reserve System. "Who Owns the Federal Reserve?" Last updated March 1, 2017. Available online via: https://www.federalreserve.gov/faqs/about_14986.htm

Bolton, Jim and Guidi-Bruscoli, Francesco. " 'Your Flexible Friend': The Bill of Exchange in Theory and Practice in the Fifteenth Century," *Economic History Review* 74, 4 (November 2021): 873–891.

Booth, Jeff. "The Distortion of Money." Podcast interview with Peter McCormack, *What Bitcoin Did* 489. April 15, 2022. Transcript available online via: https://www.whatbitcoindid.com/wbd489-jeff-booth

Booth, Jeff. *The Price of Tomorrow: Why Deflation is the Key to an Abundant Future*. Stanley Press: 2020.

Bordo, Michael D. "The Bretton Woods International Monetary System: A Historical Overview." In *The Bretton Woods International Monetary System: A Historical Overview*, edited by Michael Bordo and Barry Eichengreen: 3–98. University of Chicago Press: Chicago, 1993.

Bordo, Michael D. and McCauley, Robert N. "Triffin: Dilemma or Myth?", Bank for International Settlements working papers No. 684. December 2017. Available online via: https://www.bis.org/publ/work684.pdf

Boudreaux, Donald J. " 'Price Gouging' After a Disaster Is Good for the Public." *Wall Street Journal*. October 3, 2017: https://www.wsj.com/articles/price-gouging-after-a-disaster-is-good-for-the-public-1507071457

Brunton, Finn. *Digital Cash: The Unknown History of the Anarchists, Utopians, and Technologists Who Created Cryptocurrency*. PUP: Princeton, N.J., 2019.

BTCCasey. "African Bitcoin Mining Firm Gridless Raises $2 Million In Funding Round Led by Stillmark, Block Inc." *Bitcoin Magazine*. December 6, 2022: https://bitcoinmagazine.com/

business/bitcoin-miner-gridless-raises-2-million

Buchholz, Katarina. "U.S. Debt Rises Irrespective of Who Is in the White House." *Statista*. May 8, 2023: https://www.statista.com/chart/1505/americas-debt-ceiling-dilemma/

Bureau of Labor Statistics. "Average Hourly Earnings of Production and Nonsupervisory Employees, Total Private, Seasonally Adjusted" (CES0500000008). BLS Beta Labs, Data Viewer, accessed May 22, 2023: https://beta.bls.gov/dataViewer/view/timeseries/CES0500000008

Bureau of Labor Statistics. "CPI for all Urban Consumers: Beef and Veal in U.S. City Average, All Urban Consumers, Not Seasonally Adjusted" (CUUR0000SEFC). BLS Beta Labs, Data Viewer, accessed May 24, 2023: https://beta.bls.gov/dataViewer/view/timeseries/CUUR0000SEFC

Bureau of Labor Statistics. "CPI for all Urban Consumers: Hospital and Related Services in U.S. City Average, Seasonally Adjusted" (CUSR0000SEMD). BLS Beta Labs, Data Viewer, accessed May 22, 2023: https://beta.bls.gov/dataViewer/view/timeseries/CUSR0000SEMD

Bureau of Labor Statistics. "CPI for all Urban Consumers: Tuition, Other School Fees, and Childcare, in U.S. City Average, All Urban Consumers, Seasonally Adjusted" (CUSR0000SEEB). BLS Beta Labs, Data Viewer, accessed May 22, 2023: https://beta.bls.gov/dataViewer/view/timeseries/CUSR0000SEEB;

Cambridge Centre for Alternative Finance. "Cambridge Bitcoin Electricity Consumption Index." Judge Business School, University of Cambridge. Available online via: https://ccaf.io/cbnsi/cbeci

Cantillon, Richard. *Essay on the Nature of Trade in General*. Translated, Edited, and with an Introduction by Antoin E. Murphy. Liberty Fund: Indianapolis, IN., 2019.

Carstens, Agustín. "Cross-Border Payments—A Vision for the Future." IMF Panel Discussion, October 19, 2022. Available online via: https://www.youtube.com/live/mVmKN4DSu3g?feature=share&t=1452 (24:12–25:06).

Carter, Nic. "An Interesting Externality of PoW Coins…" *Twitter*. July 27, 2018: https://twitter.com/nic__carter/status/1022836976729370624

Carter, Nic. "Debunking 'Bitcoin Wastes Energy'." Demystifying Bitcoin, 1:05-33:00. July 21, 2021. Available online via The B Word: https://www.thebword.org/c/track-1-demystifying-bitcoin

Carter, Nic. "Imagine a 3D Topographic Map…" *Twitter*. July 27, 2018: https://twitter.com/nic__carter/status/1022837882925539330

Chancellor, Edward. *The Price of Time: The Real Story of Interest*. Allen Lane: London, 2022.

Chaum, David L. "Blind Signatures for Untraceable Payments," *Advances in Cryptology*, Proceedings of Crypto 82 (1983): 199–203.

Chaum, David L. "Computer Systems Established, Maintained and Trusted by Mutually Suspicious Groups." PhD dissertation, University of California, Berkeley, 1982. Available online via Nakamoto Institute: https://nakamotoinstitute.org/static/docs/computer-systems-by-mutually-suspicious-groups.pdf

Chawaga, Peter. "Free Assange: Inside a Cypherpunk's Fight to Publish the Secrets of Superpowers." *Bitcoin Magazine*, Gatekeeper's issue (May 2023): 14–31. Available online via: https://gatekeepers.bitcoinmagazine.com/free-assange

Chawaga, Peter. "Honk Honk HODL: How Bitcoin Fueled the Freedom Convoy and Defied Government Crackdown." *Bitcoin Magazine*: The Censorship Resistant Issue (April 2022). Available online via: https://bitcoinmagazine.com/culture/how-bitcoin-fueled-canada-trucker-convoy

Chirichigno, Gregory. *Debt-slavery in Israel and the Ancient Near East*. Sheffield Academic Press: Sheffield, England, 1993.

Cipolaro, Greg and Stevens, Ross. "The Power of Bitcoin's Network Effect." NYDIG, November 2020. Available online via: https://assets-global.website-files.com/614e11536f66309636c98688/616c92ea37a2ff12923190c8_NYDIG-Power-of-Bitcoins-Network-Effect.pdf

Clarida, Richard H., Duygan-Bump, Burcu, and Scotti, Chiara. "The COVID-19 Crisis and the Federal Reserve's Policy Response," Federal Reserve Board Finance and Economics Discussion Series 2021-035. Board of Governors of the Federal Reserve System: Washington, 2021.

Cochrane, John. H. "Fiscal Inflation." In *Populism and the Future of the Fed*, edited by James A. Dorn: 119–130. Cato Institute: Washington, D.C., 2022.

Congressional Budget Office. "The Budget and Economic Outlook: 2023 to 2033." February 2023. Available online via: https://www.cbo.gov/publication/58946

Cooke, Kristina. "iPad Price Remark Gets Fed's Dudley an Earful." *Reuters*. March 11, 2011: https://www.reuters.com/article/us-usa-fed-dudley-ipad/ipad-price-remark-gets-feds-dudley-an-earful-idUSTRE72A4AC20110311

Cox, Jeff. "Yellen's Only Regret as Fed Chair: Low Inflation." *CNBC*. December 13, 2017: https://www.cnbc.com/2017/12/13/yellens-only-regret-as-fed-chair-low-inflation.html

Crawford, Neta C. "The U.S. Budgetary Costs of the Post-9/11 Wars." Watson Institute for International & Public Affairs, Brown University. September 1, 2021. Available online via: https://watson.brown.edu/costsofwar/files/cow/imce/papers/2021/Costs

Cuthbertson, Anthony. "Bitcoin Mining on Track to Consume All of the World's Energy by 2020." *Newsweek*. December 11, 2017: https://www.newsweek.com/bitcoin-mining-track-consume-worlds-energy-2020-744036

Cutler, Matt. "Guessing a Private Key: Beyond Chainsplaining Part IV." Blocknative. June 26, 2019: https://www.blocknative.com/blog/guessing-a-private-key

Dalio, Ray. *Principles for Dealing with the Changing World Order: Why Nations Succeed and Fail*. Simon & Schuster: New York, 2021.

Dash, Mike. "David O'Keefe: The King of Hard Currency." *Smithsonian Magazine*. July 28, 2011: https://www.smithsonianmag.com/history/david-okeefe-the-king-of-hard-currency-37051930/

Daud, Dazmin. "A Study on Two Varieties of $100 Malaya Japanese Invasion Money (Pick #M8A)," *International Bank Note Society Journal* 58, 4 (2019): 42–46.

Davies, Glyn. *A History of Money: From Ancient Times to the Present Day*, fourth edition University of Wales Press: Cardiff, 2002.

Davis, Marc. "U.S. Government Financial Bailouts." *Investopedia*. October 31, 2022. Available online via: https://www.investopedia.com/articles/economics/08/government-financial-bailout.asp

de Rugy, Veronique and Leff, Gary D. "Bailouts Left Airlines, the Economy, and the Federal Budget in Worse Shape Than Before." Mercatus Center Policy Briefs, George Mason University. September 8, 2020: https://www.mercatus.org/research/policy-briefs/2020-bailouts-left-airlines-economy-and-federal-budget-worse-shape

Deaton, Angus and Case, Anne. *Deaths of Despair and the Future of Capitalism*. Princeton University Press: Princeton, N.J., 2020.

Deming, David. *Science and Technology in World History, Volume 3: The Black Death, the Renaissance, the Reformation and the Scientific Revolution*. McFarland & Company: Jefferson, N.C., 2012.

Denzel, Markus. "The European Bill of Exchange: Its Development from the Middle Ages to 1914." In *Cashless Payments and Transactions from Antiquity to 1914*, edited by Sushil Chaudhuri and Markus Denzel: 153–194. Franz Steiner Verlag: Stuttgart, 2008.

Di Salvo, Mat. "Argentina Bans Payment Apps From Offering Bitcoin to Customers." *Decrypt*. May 5, 2023: https://decrypt.co/139068/argentinas-central-bank-clamps-down-on-bitcoin

Dick, Philip K. *Galactic Pot-Healer*. Vintage Books: New York, 1994.

Dilanian, Ken and Strickler, Laura. " 'Biggest Fraud in a Generation': The Looting of the Covid Relief Plan Known as PPP." *NBC News*. March 28, 2022: https://www.nbcnews.com/poli

tics/justice-department/biggest-fraud-generation-looting-covid-relief-program-known-ppp-n1279664

Doherty, Brian, Schiff, Peter, Henderson, David R., Sumner, Scott, and Murphy, Robert. "Whatever Happened to Inflation?" *Reason*. December 2014 Issue. Available online via: https://reason.com/2014/11/30/whatever-happened-to-inflation/

Doll, Ignacio Olivera and Gillespie, Patrick. "Argentina Slams Brake On Crypto, Banning Purchases Through Banks." *Bloomberg*. May 6, 2022: https://www.bloomberg.com/news/articles/2022-05-05/argentina-slams-brake-on-crypto-banning-purchases-through-banks

Durant, Will and Durant, Ariel. *The Lessons of History*. Simon & Schuster: New York, 2010.

Dussubieux, Laure, Welling, Menno, Kaliba, Potiphar, Thomson, Jessica C. "European Trade in Malawi: The Glass Bead Evidence," *African Archeological Review* (forthcoming).

Easby, Dudly T. "Early Metallurgy in the New World," *Scientific American* 214, 4 (April 1966): 72–83.

Econoalchemist. "How the Freedom Convoy Could Have Protected Donation Privacy with Whirlpool." *Bitcoin Magazine*. March 31, 2022: https://bitcoinmagazine.com/technical/freedom-convoy-should-whirlpool-bitcoin

Eggertson, Gauti B., Juelsrud, Ragnar E., Summers, Lawrence H., Wold, Ella Getz. "Negative Nominal Interest Rates and the Bank Lending Channel," NBER Working Paper 25416, January 2019. Available online via: https://www.nber.org/system/files/working_papers/w25416/w25416.pdf

Eichengreen, Barry and Flandreau, Marc. "The Rise and Fall of the Dollar (or When Did the Dollar Replace Sterling as the Leading Reserve Currency?)," *European Review of Economic History* 13: 377–411.

Eichengreen, Barry. "The British Economy Between the Wars." In *The Cambridge Economic History of Modern Britain. Volume II: Economic Maturity, 1860-1939*, edited by Roderick Floud and Paul Johnson: 314–343. Cambridge University Press: Cambridge, 2004.

Eichengreen, Barry. *Exorbitant Privilege: The Rise and Fall of the Dollar and the Future of the International Monetary System*. Oxford University Press: Oxford, 2011.

Eichengreen, Barry. *Globalizing Capital: A History of the International Monetary System*. Princeton University Press: Princeton, N.J., 1998.

Einzig, Paul. *Primative Money: In Its Ethnological, Historical, and Economic Aspects*, second edition. Pergamon Press: Oxford, 1966.

Einzig, Paul. *The Euro-dollar System: Practice and Theory of International Interest Rates*. Macmillan: New York, 1964.

Eisenhower, Dwight D. "Farewell Address." January 17, 1961. Final TV Talk, Box 38 Speech Series. Eisenhower Library, National Archives and Records Administration. Available online via: https://www.archives.gov/milestone-documents/president-dwight-d-eisenhowers-farewell-address

Elliot, Colin P. "The Acceptance and Value of Roman Silver Coinage in the Second and Third Centuries AD," *The Numismatic Chronicle* 174 (2014): 129–152.

Elwell, Craig K. "Brief History of the Gold Standard in the United States." Congressional Research Service. June 23, 2011. Available online via: https://sgp.fas.org/crs/misc/R41887.pdf

Epstein, Jim. "When Encryption Was a Crime: The 1990s Battle for Free Speech in Software," *Reason*. October 21, 2020. Available online via: https://reason.com/video/2020/10/21/cryptowars-gilmore-zimmermann-cryptography/

Farrington, Allen and Meyers, Sacha. *Bitcoin Is Venice: Essays on the Past and Future of Capitalism*. BTC Media: Nashville, TN., 2022.

Fay, C.R. "Newton and the Gold Standard," *The Cambridge Historical Journal* 5, 1 (1935): 109–117.

FDIC. "BankFind Suite: Find Annual Historical Bank Data." Federal Deposit Insurance Company. Accessed online, May 22, 2023: https://banks.data.fdic.gov/explore/historical?displayFields=STNAME%2CTOTAL%2CBRANCHES%2CNew_Char&selectedEndDate=2022&selectedReport=CBS&selectedStartDate=1934&selectedStates=0&sortField=YEAR&sortOrder=desc

Feavearyear, Albert E. *The Pound Sterling: A History of English Money*. Oxford University Press: Oxford, 1963.

Federal Reserve Bank of Minneapolis. "Consumer Price Index, 1913-." Available online via: https://www.minneapolisfed.org/about-us/monetary-policy/inflation-calculator/consumer-price-index-1913-

Federal Reserve Economic Data. "3-Month Treasury Bill Secondary Market Rate, Discount Basis" (TB3MS). Accessed online, June 13, 2023: https://fred.stlouisfed.org/series/TB3MS

Federal Reserve Economic Data. "All Sectors; Debt Securities and Loans; Liability, Level" (TCMDO). Accessed online, June 4, 2023: https://fred.stlouisfed.org/series/TCMDO

Federal Reserve Economic Data. "Cash Assets, All Commercial Banks" (CASACBW027NBOG). Accessed online, June 2, 2023: https://fred.stlouisfed.org/series/CASACBW027NBOG

Federal Reserve Economic Data. "Consumer Price Index for All Urban Consumers: All Items in U.S. City Average" (CPIAUCSL). U.S. Bureau of Labor Statistics. Accessed online, May 21 2023: https://fred.stlouisfed.org/series/CPIAUCSL,

Federal Reserve Economic Data. "Consumer Price Index for All Urban Consumers: All Items in U.S. City Average" (CPIAUCNS). U.S. Bureau of Labor Statistics. Accessed online, June 13, 2023: https://fred.stlouisfed.org/series/CPIAUCSL,

Federal Reserve Economic Data. "Currency in Circulation" (CURRCIR). Accessed online, June 13, 2023: https://fred.stlouisfed.org/series/CURRCIR

Federal Reserve Economic Data. "Deposits, All Commercial Banks" (DPSACBW027NBOG). Accessed online, June 2, 2023: https://fred.stlouisfed.org/series/DPSACBW027NBOG

Federal Reserve Economic Data. "Employed Full Time: Median Usual Weekly Nominal Earnings (Second Quartile): Wage and Salary Workers: 16 Years and Over" (LEU0252881500A). Accessed online, June 3, 2023: https://fred.stlouisfed.org/series/LEU0252881500A

Federal Reserve Economic Data. "Federal Debt: Total Public Debt" (GFDEBTN). Accessed online, June 13, 2023: https://fred.stlouisfed.org/series/GFDEBTN

Federal Reserve Economic Data. "Federal Funds Effective Rate" (FEDFUNDS). Accessed online, June 14, 2023: https://fred.stlouisfed.org/series/FEDFUNDS

Federal Reserve Economic Data. "Gross Domestic Product" (GDP), quarterly. Accessed online, June 4, 2023: https://fred.stlouisfed.org/series/GDP

Federal Reserve Economic Data. "Gross Domestic Product" (GDPA), annually. Accessed online, June 5, 2023: https://fred.stlouisfed.org/series/GDPA

Federal Reserve Economic Data. "Households and Nonprofit Organizations; Net Worth, Level" (TNWBSHNO). Accessed online, June 4, 2023: https://fred.stlouisfed.org/series/TNWBSHNO

Federal Reserve Economic Data. "Industrial Production: Total Index" (INDPRO). Accessed online, June 8, 2023: https://fred.stlouisfed.org/series/INDPRO

Federal Reserve Economic Data. "M2" (M2NS). Accessed online, June 13, 2023: https://fred.stlouisfed.org/series/M2NS

Federal Reserve Economic Data. "M3 for the United States" (MABMM301USM189S). Accessed online, May 19, 2023: https://fred.stlouisfed.org/series/MABMM301USM189S

Federal Reserve Economic Data. "Median Sales Price of Houses Sold for the United States" (MSPUS): Accessed online, June 3, 2023: https://fred.stlouisfed.org/series/MSPUS

Federal Reserve Economic Data. "Monetary Base, Total" (BOGMBASE). Accessed online, May 15, 2023: https://fred.stlouisfed.org/series/BOGMBASE

Federal Reserve Economic Data. "Nonfinancial Corporate Business; Debt Securities and Loans;

Liability, Level" (BCNSDODNS). Accessed online, June 14, 2023: https://fred.stlouisfed.org/series/BCNSDODNS

Federal Reserve Economic Data. "Reserves of Depository Institutions: Total" (TOTRESNS). Accessed online, May 15, 2023: https://fred.stlouisfed.org/series/TOTRESNS

Federal Reserve Economic Data. "St. Louis Adjusted Monetary Base" (AMBNS). Accessed online, June 2, 2023: https://fred.stlouisfed.org/series/AMBNS

Federal Reserve Economic Data. "Total Net Worth Held by the Bottom 50% (1st to 50th Wealth Percentiles)" (WFRBLB50107): Accessed online, June 3, 2023: https://fred.stlouisfed.org/series/WFRBLB50107

Federal Reserve Economic Data. "Total Net Worth Held by the Top 1% (99th to 100th Wealth Percentiles)" (WFRBLT01026): Accessed online, June 3, 2023: https://fred.stlouisfed.org/series/WFRBLT01026

Federal Reserve Economic Data. "U.S. Net International Investment Position" (IIPUSNETIA). Accessed online, June 2, 2023: https://fred.stlouisfed.org/series/IIPUSNETIA

Federal Reserve Statistical Release. "Large Commercial Banks." Insurance U.S.-Chartered Commercial Banks that have Consolidated Assets of $300 Million or More, Ranked by Consolidated Assets. As of December 31, 2022. Available online via: https://www.federalreserve.gov/releases/lbr/current/

Federal Reserve. "Fedwire Funds Service: Annual Statistics." Last updated January 24, 2023. Available online via: https://www.frbservices.org/resources/financial-services/wires/volume-value-stats/annual-stats.html

Feldstein, Steven. "The Global Expansion of AI Surveillance." Carnegie Endowment for International Peace Working Paper, September 2019. Available online via: https://carnegieendowment.org/files/WP-Feldstein-AISurveillance_final1.pdf

Ferguson, Niall. *The Pity of War: Explaining World War I.* Basic Books: New York, 1999.

Feygin, Yakov and Leusder, Dominik. "The Class Politics of the Dollar System." *Phenomenal World.* May 1, 2020: https://www.phenomenalworld.org/analysis/the-class-politics-of-the-dollar-system/

Finney, Hal. "Running bitcoin." *Twitter.* 11 January, 2009: https://twitter.com/halfin/status/1110302988

Forkast.News. "ECB's Lagarde Gets Pranked, Reveals digital Euro Will Have 'Limited' Control." *Yahoo! Finance.* April 7, 2023: https://finance.yahoo.com/news/ecb-lagarde-gets-pranked-reveals-135218145.html

Frank, Silvan. "Gold to Silver Ratio," Longtermtrends. Accessed online, June 2, 2022: https://www.longtermtrends.net/gold-silver-ratio/

Freedom House. "Freedom in the World 2023: Bahrain." Available online via: https://freedomhouse.org/country/bahrain/freedom-world/2023

Freedom House. "Freedom in the World 2023: Poland." Available online via: https://freedomhouse.org/country/poland/freedom-world/2023

Freedom House. "Freedom in the World 2022: Spain." Available online via: https://freedomhouse.org/country/spain/freedom-world/2022

Freedom House. "Freedom in the World 2023: China." Available online via https://freedomhouse.org/country/china/freedom-world/2023

Freedom House. "Freedom in the World 2023: Thailand." Available online via: https://freedomhouse.org/country/thailand/freedom-world/2023

Friedman, Milton and Schwartz, Anna. *A Monetary History of the United States, 1867–1960.* Princeton University Press: Princeton, N.J., 1963.

Friedman, Milton. "The Optimum Quantity of Money." In *The Optimum Quantity of Money and Other Essays*, edited by Milton Friedman: 1–50. Macmillan: London, 1969.

Friedman, Milton. "Understanding Inflation" documentary, available via YouTube: https://youtu.be/GJ4TTNeSUdQ?t=181

Friedman, Milton. *Monetary Mischief: Episodes in Monetary History*. Harcourt Brace & Company: New York, 1992.

Fromm, Ingrid. "From Small Chocolatiers to Multinationals to Sustainable Sourcing: A Historic Review of the Swiss Chocolate Industry." In *The Economics of Chocolate*, edited by Mara P. Squicciarini and Johan F. M. Swinnen: 71–87. Oxford University Press: Oxford, 2016.

Garten, Jeffrey E. *Three Days at Camp David: How a Secret Meeting in 1971 Transformed the Global Economy*. HarperCollins: New York, 2021.

Gelb, Ignace J. "Sumerian Language." Encyclopedia Britannica. February 5, 2009: https://www.britannica.com/topic/Sumerian-language

Gigi. "A Failure to Understand Proof of Work is a Failure to Understand #Bitcoin." *Twitter*. May 13, 2021: https://twitter.com/dergigi/status/1392826482863579136

Gigi. "Bitcoin Is Digital Scarcity." DerGigi.com. October 2, 2022: https://dergigi.com/2022/10/02/bitcoin-is-digital-scarcity/

Gigi. *21 Lessons: What I've Learned from Falling Down the Bitcoin Rabbit Hole*. Independently published, 2019.

Gillespie, Patrick. "Argentina Inflation Surpasses 100% as Economic Recession Looms." *Bloomberg*. March 14, 2023: https://www.bloomberg.com/news/articles/2023-03-14/argentina-surpasses-100-inflation-as-economic-recession-looms

Gladstein, Alex. "The Humanitarian and Environmental Case for Bitcoin." *Bitcoin Magazine*. May 26, 2021: https://bitcoinmagazine.com/culture/bitcoin-is-humanitarian-and-environmental

Gladstein, Alex. *Check Your Financial Privilege: Inside the Global Bitcoin Revolution*. BTC Media: Nashville, TN., 2022.

Gladstein, Alex. *Hidden Repression: How the IMF and World Bank Sell Exploitation as Development*. Bitcoin Magazine Books: Nashville, TN., 2023.

Goetzmann, William N. *Money Changes Everything: How Finance Made Civilization Possible*. Princeton University Press: Princeton, N.J., 2016.

Goldberg, Dror. "Famous Myths of 'Fiat Money'," *Journal of Money, Credit and Banking* 37, 5 (October 2005): 957–967.

Goodhart, Charles. *The Evolution of Central Banks*. The MIT Press: Cambridge, Mass., 1988.

Graeber, David. *Debt: The First 5,000 Years*. Melville House: London, 2011.

Green, Timothy. "Central Bank Gold Reserves: An Historical Perspective Since 1845." World Gold Council, Research Study No. 23. November 1999. Available online via: https://famguardian.org/Subjects/MoneyBanking/FederalReserve/CentralBankGoldReserves.pdf

Greenwald, Glenn and MacAskill, Ewen. "NSA Prism Program Taps in to User Data of Apple, Google and Others." *Guardian*. June 7, 2013: https://www.theguardian.com/world/2013/jun/06/us-tech-giants-nsa-data

Greif, Avner. "The Fundamental Problem of Exchange: A Research Agenda in Historical Institutional Analysis," *European Review of Economic History* 4 (2000): 251–284.

Gridless. Company Description. Accessed May 28, 2023: Available online via: https://gridlesscompute.com/

Grubb, Farley. "Colonial Virginia's Paper Money, 1755–1774: Value Decomposition and Performance," *Financial History Review* 25, 2 (2018): 113–140.

Grubb, Farley. "The Continental Dollar: What Happened to It after 1779?" NBER Working Paper 13770, February 2008. Available online via: https://www.nber.org/papers/w13770

Hammurabi. *The Code of Hammurabi, King of Babylon*. Translated by Robert Francis Harper. University of Chicago Press: Chicago, 1904.

Hayek, Friedrich. "The Use of Knowledge in Society," *The American Economic Review* 35, 4 (September 1945): 519–530.

Hetzel, Robert L. *The Federal Reserve: A New History*. University of Chicago Press: Chicago and London, 2022.

Hetzel, Robert. "Launch of the Bretton Woods System," Federal Reserve Bank of St. Louis. November 22, 2013. Available online via: https://www.federalreservehistory.org/essays/bretton-woods-launched

Hickel, Jason, Sullivan, Dylan and Zoomkawala, Huzaifa. "Plunder in the Post-Colonial Era: Quantifying Drain from the Global South Through Unequal Exchange, 1960–2018," *New Political Economy* 26, 6 (2021): 1030–1047.

Higgs, Robert. "Wartime Prosperity? A Reassessment of the U.S. Economy in the 1940s," *Journal of Economic History* 52, 1 (March 1992): 41–60.

Hill, Andrew T. "The Second Bank of the United States: A Chapter in the History of Central Banking." Federal Reserve Bank of Philadelphia, January 2021: 1–20. Available online via: https://www.philadelphiafed.org/-/media/frbp/assets/institutional/education/publications/second-bank-of-the-united-states.pdf

History.Com Editors. "Knights Templar," *History.com*, July 13, 2017: https://www.history.com/topics/middle-ages/the-knights-templar

Hochstein, Martin. "The Fairy Tale of Low Inflation in the Euro Area," *The Economists' Voice* September 29, 2018. Available online via: https://www.degruyter.com/document/doi/10.1515/ev-2018-0025/html?lang=en

Holzer, Henry Mark. "How Americans Lost Their Right To Own Gold And Became Criminals in the Process," By Henry Mark Holzer, *Brooklyn Law Review* 39, 3 (Winter 1973): 517–550.

Howard Schneider. "Powell's Econ 101: Jobs Not inflation. And Forget About the Money Supply." *Reuters*, February 23, 2021: https://www.reuters.com/article/us-usa-fed-powell-econ-idUSKBN2AN2EM

Hughes, Eric. "A Cypherpunk's Manifesto." March 9, 1993. Available Online via Nakamoto Institute: https://nakamotoinstitute.org/static/docs/cypherpunk-manifesto.txt

Hülsmann, J. Guido. *The Ethics of Money Production*. Ludwig von Mises Institute: Auburn, AL., 2008.

IMF. "Consumer Prices, End of Period," Datamapper. Available Online: https://www.imf.org/external/datamapper/PCPI_PCH@AFRREO/NGA

Jezard, Adam. "In 2020 Bitcoin Will Consume More Power Than the World Does Today." World Economic Forum. December 15, 2017: https://www.weforum.org/agenda/2017/12/bitcoin-consume-more-power-than-world-2020/

Jevons, W. Stanley. *Money and the Mechanism of Exchange*. D. Appleton and Company: New York, 1875.

Jiang, Erica Xuewei, Matvos, Gregor, Piskorski, Thomasz and Seru, Amit. "Monetary Tightening and U.S. Bank Fragility in 2023 Mark-to-Market Losses and Uninsured Depositor Runs?" NBER Working Paper 31048, April 2023. Available Online via: https://www.nber.org/papers/w31048

Jili, Bulelani. "China's Surveillance Ecosystem & The Global Spread of its Tools." Atlantic Council Cyber Statecraft Initiative, Issue Brief October 2022. Available online via: https://www.atlanticcouncil.org/wp-content/uploads/2022/10/Chinas-Surveillance-Ecosystem-The-Global-Spread-Of-Its-Tools.pdf

Jones, David E. *Native North American Armor, Shields, and Fortifications*. University of Texas Press, Austin: Austin, TX., 2004.

Jones, Sam. "Use of Pegasus Spyware on Spain's Politicians Causing 'Crisis of Democracy'." *Guardian*. May 15, 2022: https://www.theguardian.com/world/2022/may/15/use-of-pegasus-spyware-on-spains-politicians-causing-crisis-of-democracy

Jordà, Òscar, Knoll, Katharina, Kuvshinov, Dmitry, Schularick, Moritz, and Taylor, Alan M. "The Rate of Return on Everything, 1780–2015," *The Quarterly Journal of Economics* 134, 3 (August 2019): 1225–1298.

Jordà, Òscar, Schularick, Moritz, and Taylor, Alan M. "Macrofinancial History and the New Business Cycle Facts." In *NBER Macroeconomics Annual 2016* volume 31, edited by Martin

Eichenbaum and Jonathan A. Parker. Chicago: University of Chicago Press, 2017. Accessed via Macrohistory.net May 19, 2023: https://www.macrohistory.net/database/

Joshua, John. *The Belt and Road Initiative and the Global Economy: Volume II – The Changing International Financial System and Implications*. Palgrave Macmillan: Cham, Switzerland, 2019.

Kelton, Stephanie. *The Deficit Myth: Modern Monetary Theory and the Birth of the People's Economy*. Public Affairs: New York, 2020.

Kennedy, John F. "Radio and Television Report to the American People on Civil Rights, June 11, 1963." The White House, June 11, 1963. Available online via JFK Library: https://www.jfklibrary.org/archives/other-resources/john-f-kennedy-speeches/civil-rights-radio-and-television-report-19630611

Kennedy, Paul Y. *The Rise and Fall of the Great Powers 1500–2000: Economic Change and Military Control from 1500–2000*. Random House: New York, 1987.

Kenton, W. "What is a Quid? With History of the British Pound Sterling" *Investopedia*. Updated May 15, 2023: https://www.investopedia.com/terms/q/quid.asp

Key, Alys. "Nigeria Limits Cash Withdrawals to $45 per Day in CBDC, Digital Banking Push." *Yahoo! Finance*. December 7, 2022: https://finance.yahoo.com/news/nigeria-limits-cash-withdrawals-45-100611213.html

Keynes, John Maynard. "A. Mitchell-Innes. *What Is Money?" The Economic Journal* 24, 95 (September 1914): 419–421.

Keynes, John Maynard. *Essays in Persuasion*. Macmillan and Co: London, 1933.

Kihara, Leika. "BOJ's Kuroda Rules Out Early End of Negative Rate Policy." *Reuters*. November 20, 2018: https://www.reuters.com/article/us-japan-economy-boj-idINKCN1NP05T

Klein, Aaron. "Opinion: How Credit Card Companies Reward the Rich and Punish the Rest of Us." *Los Angeles Times*. December 20, 2019: https://www.latimes.com/opinion/story/2019-12-20/opinion-how-credit-card-companies-reward-the-rich-and-punish-the-rest-of-us

Kocherlakota, Nayarana. "Money is Memory," *Journal of Economic Theory* 81, 2 (1998): 232–251.

Kohn, Meir. "Money, Trade, and Payments in Preindustrial Europe." In *Handbook of the History of Money and Currency*, edited by Stefano Battilossi, Yousef Cassis, and Kazuhiko Yago: 1–22. Springer: Singapore, 2018.

Korotev, Randy L. "Meteorite Numbers in the United States, Canada, and Mexico." Washington University in St. Louis, Earth and Planetary Sciences. Available online via: https://sites.wustl.edu/meteoritesite/items/meteorites-in-the-united-states/

Kris Hirst. "What Did Cicero Mean by the Sword of Damocles?" *ThoughtCo*. April 12, 2018: https://www.thoughtco.com/what-is-the-sword-of-damocles-117738

Krugman, Paul. "Covid's Economic Mutations." *The New York Review of Books*, March 10, 2022: https://www.nybooks.com/articles/2022/03/10/covids-economic-mutations-krugman/

Lagarde, Christine. "Opening Statement by Christine Lagarde to the Economic and Monetary Affairs Committee of the European Parliament." International Monetary Fund, September 4, 2019. Available online via: https://www.imf.org/en/News/Articles/2019/09/04/sp090419-Opening-Statement-by-Christine-Lagarde-to-ECON-Committee-of-European-Parliament

Lavoie, Don. *Rivalry and Central Planning: The Socialist Calculation Debate Reconsidered*. Cambridge University Press: New York, 1985.

LeClair, Dylan and Rule, Sam. "Just How Big Is the Everything Bubble?" *Bitcoin Magazine PRO*. August 11, 2022: https://bmpro.substack.com/p/just-how-big-is-the-everything-bubble

Lee, Dave. "Who are the Hackers who Cracked the iPhone?" *BBC News*. August 26, 2016: https://www.bbc.com/news/technology-37192670

Lerner, Abba P. "Money as a Creature of the State," *American Economic Review* 37, 2 (May 1947): 312–17.

Lewis, Park. "U.S. Reported Set To Borrow Marks Worth $1.25 Billion." *The New York Times*. November 28, 1978: https://www.nytimes.com/1978/11/28/archives/us-reported-set-to-borrow-marks-worth-125-billion-treasury-would.html

Lewis, Parker. "Bitcoin is the Great Definancialization." Unchained Capital. December 23, 2020: https://unchained.com/blog/bitcoin-is-the-great-definancialization/

Loomis, Bill. "1910-1930: The Years of Driving Dangerously." *Detroit News*. April 26, 2015: https://www.detroitnews.com/story/news/local/michigan-history/2015/04/26/auto-traffic-history-detroit/26312107/

Lougheed, Alan L. "The Discovery, Development, and Diffusion of New Technology: The Cyanide Process for the Extraction of Gold, 1887–1914." *Prometheus: Critical Studies in Innovation* 7, 1 (1989): 61–74.

Luo, Xinyi. "Bitcoin Miners Offered Way to Cut Texas Electricity Usage to Help the Grid." *CoinDesk*. December 6, 2022: https://www.coindesk.com/business/2022/12/06/texas-bitcoin-miners-are-offered-to-cut-electricity-usage-to-help-the-grid/

Luther, William J. "Is Bitcoin Intrinsically Worthless?" *The Journal of Private Enterprise* 33, 1 (2018): 31–45.

Luther, William J. and Salter, Alexander W. "Synthesizing State and Spontaneous Order Theories of Money." In *Entangled Political Economy* (*Advances in Austrian Economics, Vol. 18*): 161–178. Emerald Group Publishing Limited: Bingley, UK., 2014.

Luther, William. "Cryptocurrencies, Network Effects, and Switching Costs," *Contemporary Economic Policy* 34, 3 (July 2016): 553–571.

Lydon, Ghislaine. "Paper Instruments in Early African Economies and the Debated Role of the *Suftaja*." *Cahiers d'Études Africaines* 236 (2019): 1091–1118.

Mankiw, Gregory. "Small Menu Costs and Large Business Cycles: A Macroeconomic Model of Monopoly," *Quarterly Journal of Economics* 100, 2 (May 1985): 529–538.

Marczak, Bill, Abdulemam, Ali, Al-Jizawi, Noura, Anstis, Siena, Berdan, Kristin, Scott-Railton, John, and Deibert, Ron. "From Pearl to Pegasus: Bahraini Government Hacks Activists with NSO Group Zero-Click iPhone Exploits." TheCitizenLab, at Munk School of Global Affairs & Public Policy, University of Toronto. August 24, 2021: https://citizenlab.ca/2021/08/bahrain-hacks-activists-with-nso-group-zero-click-iphone-exploits/

Marmefelt, Thomas. *The History of Money and Monetary Arrangements: Insight from the Baltic and North Seas Region*. Routledge: Abingdon, Oxon, 2019.

Maronoti, Bafundi. "Revisiting the International Role of the Dollar," *BIS Quarterly Review* (December 2022): 36–37.

Matthews, Dylan. "Modern Monetary Theory, explained." *Vox*. April 16, 2019: https://www.vox.com/future-perfect/2019/4/16/18251646/modern-monetary-theory-new-moment-explained

Matthews, Steve. "Bullard Says Important for Fed to Defend 2% Inflation Target." *Bloomberg*. August 14, 2013: https://www.bloomberg.com/news/articles/2013-08-14/bullard-says-important-for-fed-to-defend-2-inflation-target

Mauss, Marcel. *The Gift: The Form and Reason for Exchange in Archaic Societies*. Routledge: London, 2002.

Maverick, J.B. "A Historical Guide to the Gold-Silver Ratio." *Investopedia*. July 27, 2022: https://www.investopedia.com/articles/investing/080316/historical-guide-goldsilver-ratio.asp

McClean, Patrick. "A Correction 103 Years Late: How the BoE Covered Up Failed War Bond Sale," *Financial Times* Aug 8, 2017: https://www.ft.com/content/1ffa3bb6-ae87-3b6c-aa5c-7a48ca1fc2e2

McCloskey, Donald and Zacher, J. Richard. "How the Gold Standard Worked." In *Enterprise and Trade in Victorian Britain: Essays in Historical Economics*, edited by D.N. McCloskey: 184–208. Routledge: Abingdon, Oxon, 2003.

McLeay, Michael, Amar, Radia, and Ryland, Thomas. "Money Creation in the Modern Economy," *Bank of England Quarterly Bulletin*, 2014 Q1. Available online via: https://www.bankofengland.co.uk/-/media/boe/files/quarterly-bulletin/2014/money-creation-in-the-modern-economy.pdf

Mehrling, Perry. *Money and Empire: Charles P. Kindleberger and the Dollar System*. Cambridge University Press: Cambridge, 2022.

Meltzer, Allen H. *A History of the Federal Reserve, Volume 1: 1913–1951*. University of Chicago Press: Chicago, 2003.

Meltzer, Allen H. *A History of the Federal Reserve, Volume 2, Book 2: 1970–1986*. University of Chicago Press: Chicago, 2003.

Mempool.Space. "Block: 170." The Mempool Open Source Project. Available online via: https://mempool.space/block/00000000d1145790a8694403d4063f323d499e655c83426834d4ce2f8dd4a2ee

Mempool.Space. "Genesis: 0." The Mempool Open Source Project. Available online via: https://mempool.space/block/000000000019d6689c085ae165831e934ff763ae46a2a6c172b3f1b60a8ce26f

Menger, Carl. "On the Origin of Money," *The Economic Journal* 2, 6 (June 1892): 239–55.

Menger, Carl. *Principles of Economics*. Free Press: Glencoe, IL., 1950.

Miller, Cassie. "Civil Asset Forfeiture: Unfair, Undemocratic and Un-American." Southern Poverty Law Center Policy Brief. October 2017. Available online via: https://www.splcenter.org/sites/default/files/com_policybrief_civil_asset_forfeiture_web.pdf

Milstein, Eric and Wessel, David. "What Did the Fed Do in Response to the COVID-19 Crisis?" *Brookings Institution*. December 17, 2021: https://www.brookings.edu/research/fed-response-to-covid19/

Mitchell-Innes, Alfred. "The Credit Theory of Money," *The Banking Law Journal* 31: (1914): 151–168.

Mitchell-Innes, Alfred. "What is Money?" *The Banking Law Journal* 30 (May 1913): pp. 377–408.

Mitchener, Ron. "Money in the American Colonies." *EH.Net* Encyclopedia, 2011. Available online via: https://eh.net/encyclopedia/money-in-the-american-colonies/

Mohamed El-Erian. *The Only Game in Town: Central Banks, Instability, and Recovering from Another Collapse*. Random House: New York, 2016.

Moramarco, Stefania and Nemi, Loreto. "Nutritional and Health Effects of Chocolate." In *The Economics of Chocolate*, edited by Mara P. Squicciarini and Johan F. M. Swinnen: 134–156. Oxford University Press: Oxford, 2016.

Moses, Jonathan M. "Message Is Out On Beepers." *The Washington Post*, July 11, 1988: https://www.washingtonpost.com/archive/politics/1988/07/11/message-is-out-on-beepers/58840caa-523e-413b-9224-60ad94d7803f/

Mullen, Cormac, and Ainger, John. "World's Negative-Yielding Debt Pile Hits $18 Trillion Record." *Bloomberg*. December 11, 2020: https://www.bloomberg.com/news/articles/2020-12-11/world-s-negative-yield-debt-pile-at-18-trillion-for-first-time

Mundell, Robert. "Uses and Abuses of Gresham's Law in the History of Money," *Zagreb Journal of Economics* 2, 2 (1998): 3–38.

Munro, John H. "Rentes and the European 'Financial Revolution'." In *Handbook of Key Global Financial Markets, Institutions, and Infrastructure* volume 1, edited by Gerard Caprio: 235–249. Elsevier: Oxford, 2013.

Muresianu, Alex. "Personal Income Tax Adjusts for Inflation, But It Could Do Better." Tax Foundation. April 13, 2022: https://taxfoundation.org/personal-income-tax-inflation/

Murphy, Sharon Ann. *Other People's Money: How Banking Worked in the Early American Republic*. Johns Hopkins University Press: Baltimore, MD., 2017.

Nakamoto, Satoshi. "Bitcoin Open Source Implementation of P2P Currency." P2P Foundation. February 11, 2009. Available online via: http://p2pfoundation.ning.com/forum/topics/

bitcoin-open-source

Nakamoto, Satoshi. "Bitcoin P2P e-cash paper." Cryptography Mailing List. November 6, 2008. Available online via the Satoshi Nakamoto Institute: https://satoshi.nakamotoinstitute.org/emails/cryptography/4/

Nakamoto, Satoshi. "Bitcoin: A Peer-to-Peer Electronic Cash System." Bitcoin.org. October 31, 2008. Available online via: https://bitcoin.org/bitcoin.pdf

Nakamoto, Satoshi. "Emails." Cryptography Mailing List, Bitcoin P2P e-cash Paper. Available online via the Satoshi Nakamoto Institute: https://satoshi.nakamotoinstitute.org/emails/

Nakamoto, Satoshi. "Re: Bitcoin Does NOT Violate Mises' Regression Theorem." BitcoinTalk forum. August 27, 2010: https://bitcointalk.org/index.php?topic=583.msg11405#msg11405

Nakamoto, Satoshi. "Re: Bitcoin Minting is Thermodynamically Perverse." BitcoinTalk forum. August 7, 2010. Available online via the Satoshi Nakamoto Institute: https://satoshi.nakamotoinstitute.org/posts/bitcointalk/327/

Nakamoto, Satoshi. "Re: Bitcoin Minting is Thermodynamically Perverse." BitcoinTalk forum. August 9, 2010. Available online via the Satoshi Nakamoto Institute: https://satoshi.nakamotoinstitute.org/posts/bitcointalk/337/

Nakamoto, Satoshi. "Re: PC World Article on Bitcoin." BitcoinTalk forum. December 11, 2010. Available via the Satoshi Nakamoto Institute: https://satoshi.nakamotoinstitute.org/posts/bitcointalk/542/

National Archives. "The Bill of Rights: A Transcription," America's Founding Documents. Available online via: https://www.archives.gov/founding-docs/bill-of-rights-transcript

National Science Foundation. "Shell Beads from South African Cave Show Modern Human Behavior 75,000 Years Ago." News Release 04-048. April 15, 2004: https://www.nsf.gov/news/news_summ.jsp?cntn_id=100362

Neal, Larry. *The Rise of Financial Capitalism: International Capital Markets in the Age of Reason*. Cambridge University Press: Cambridge, 1990.

Newport, Frank. "Seventy-Two Percent of Americans Support War Against Iraq," Gallup News Service. March 24, 2003: https://news.gallup.com/poll/8038/seventytwo-percent-americans-support-war-against-iraq.aspx

Nguyen, Hugo. "Proof-of-Stake, Private Keys Attacks and Unforgeable Costliness the Unsung Hero." *Medium*. April 3, 2018: https://hugonguyen.medium.com/proof-of-stake-private-keys-attacks-and-unforgeable-costliness-the-unsung-hero-5caca70b01cb

Nguyen, Hugo. "Work is Timeless, Stake is Not." *Medium*. October 12, 2018: https://hugonguyen.medium.com/work-is-timeless-stake-is-not-554c4450ce18

Krizek, Graham. "Every Company Will Be a Lightning Company." *Medium*. June 21, 2023: https://medium.com/@graham_krizek/every-company-will-be-a-lightning-company-806576920064

O'Leary, Lizzie. "Financial Panic: Inflation Isn't a Risk of Joe Biden's $1.9 Trillion Stimulus." *Washington Post*. March 4, 2021: https://www.washingtonpost.com/outlook/2021/03/04/inflation-economy-pandemic-stimulus/

O'Toole, Garson. "Tortoises All the Way Down." *QuoteInvestigator*. August 22, 2021: https://quoteinvestigator.com/2021/08/22/turtles-down/

Onu, Emele and Osae-Brown, Anthony. "Nigeria Caps ATM Cash Withdrawals at $45 Daily to Push Digital Payments." *Bloomberg*. December 6, 2022: https://www.bloomberg.com/news/articles/2022-12-06/nigeria-limits-cash-transactions-to-push-enaira-and-other-payments

Pack, Justin. *Money and Thoughtlessness: A Genealogy and Defense of the Traditional Suspicions of Money and Merchants*. Palgrave Macmillan: Cham, Switzerland, 2023.

Palma, Nuno. "The Real Effects of Monetary Expansions: Evidence from a Large-scale Historical Experiment," *Review of Economic Studies* 89, 3 (May 2022): 1593–1627.

Paul, Ron. "The End of Dollar Hegemony." Speech before House of Representatives, 15 February 2006. Congressional Record 152, 19 (2006). Government Publishing Office. Available online via: https://www.congress.gov/congressional-record/volume-152/issue-19/house-section/article/H318-2

Perrin, Ben. "Enemy of the State." Podcast interview with Peter McCormack, *What Bitcoin Did* 592. December 22, 2022. Transcript available online via: https://www.whatbitcoindid.com/wbd592-btc-sessions

Perry, Mark J. "Chart of the Day... or Century?" *American Enterprise Institute*. July 23, 2022: https://www.aei.org/carpe-diem/chart-of-the-day-or-century-8/

Phalen, William J. *How the Telegraph Changed the World*. McFarland & Company: Jefferson, NC., 2015.

Pigeaud, Fanny and Sylla, Ndongo Samba, *Africa's Last Colonial Currency: The CFA Franc Story*. Translated from French by Thomas Fazi. Pluto Press: London, 2021.

Pitta, Julie. "Requiem for a Bright Idea." *Forbes* Magazine. November 1, 1999: https://www.forbes.com/forbes/1999/1101/6411390a.html

Poon, Joseph and Dryja, Thaddeus. "The Bitcoin Lightning Network: DRAFT Version 0.5." 1 March, 2015. Available online via: http://lightning.network/lightning-network-paper-DRAFT-0.5.pdf

Poon, Joseph and Dryja, Thaddeus. "The Bitcoin Lightning Network: Scalable Off-Chain Instant Payments." January 14, 2016. Available online via: https://lightning.network/lightning-network-paper.pdf

Powell, Jerome H. "We're Not Even Thinking About Thinking About Raising Rates." Press conference, June 10, 2020. Available via *Wall Street Journal*: https://www.wsj.com/video/powell-were-not-even-thinking-about-thinking-about-raising-rates/0C020333-947B-411F-912E-6EF76EFE18C0.html (0:39-0:45).

Priest, Claire. "Currency Policies and Legal Development in Colonial New England," *The Yale Law Journal* 110, 8 (June 2001): 1303–1405.

Pritzker, Yan. "Bitcoin Mass Adoption." Podcast Interview with Peter McCormack, *What Bitcoin Did* 394, September 6, 2021. Transcript available via: https://www.whatbitcoindid.com/wbd394-yan-pritzker

Pritzker, Yan. *Inventing Bitcoin: The Technology Behind the First Truly Scarce and Decentralized Money Explained*. Amazon Kindle: 2019.

Quinn, Stephen and Roberds, William. "The Evolution of the Check as a Means of Payment: A Historical Survey," *Federal Reserve Bank of Atlanta Economic Review* 4 (2008): 1–28.

Quinn, Stephen. "Goldsmith Banking: Mutual Acceptance and Interbank Clearing in Restoration London," *Explorations in Economic History* 34: 411–432.

Real Truth Real News. " 'Vovan and Lexus' Pretend to Be Zelensky and Prank the President of the European Central Bank Christine Lagarde." *Rumble*. April 2023: https://rumble.com/v2ha67g-vovan-and-lexus-who-pretend-to-be-zelensky-prank-the-president-of-the-europ.html

Reed, Stephen B. and Rippy, Darren A. "Consumer Price Index Data Quality: How Accurate is the U.S. CPI?" *Prices & Spending* 1, 12 (August 2012): U.S. Bureau of Labor Statistics.

Reinbold, Brian and Wen, Yi. "Understanding the Roots of the U.S. Trade Deficit." Federal Reserve Bank of St. Louis. October 9, 2018: https://www.stlouisfed.org/publications/regional-economist/third-quarter-2018/understanding-roots-trade-deficit

Reinhart, C. M. and Rogoff, K. S. *This Time Is Different: Eight Centuries of Financial Folly*. Princeton University Press: Princeton, N.J., 2009.

Reinhart, Carmen M. and Sbrancia, M. Belen. "The Liquidation of Government Debt," *Economic Policy* 30, 82 (April 2015): 291–333.

Repucci, Sarah and Slipowitz, Amy. *The Global Expansion of Authoritarian Rule: Freedom in the World 2022*. Freedom House, February 2022. Available online via: https://freedomhouse

.org/sites/default/files/2022-02/FIW_2022_PDF_Booklet_Digital_Final_Web.pdf

Reuters. "Fed's Bullard Favors Bond Buys If Inflation Continues Decline." *CNBC*. April 17, 2013: https://www.cnbc.com/2013/04/17/feds-bullard-favors-bond-buys-if-inflation-continues-decline.html

Ritchie, Hannah, Hasell, Joe, Mathieu, Edouard, Appel, Cameron and Roser, Max. "Terrorism." *Our World in Data*. July 2013, last revised October 2022: https://ourworldindata.org/terrorism

Ritter, Gretchen. *Goldbugs and Greenbacks: The Antimonopoly Tradition and the Politics of Finance in America, 1865–1896*. Cambridge University Press: Cambridge, 1997.

Rizzo, Pete. "The Last Days of Satoshi: What Happened When Bitcoin's Creator Disappeared." *Bitcoin Magazine*, April 26, 2021: https://bitcoinmagazine.com/technical/what-happened-when-bitcoin-creator-satoshi-nakamoto-disappeared

Rockoff, Hugh. "Some Evidence on the Real Price of Gold, Its Costs of Production, and Commodity Prices." In *A Retrospective on the Classical Gold Standard, 1821–1931*, edited by Michael D. Bordo and Anna J. Schwartz: 613–650. University of Chicago Press: Chicago, 1984.

Rockoff, Hugh. *America's Economic Way of War: War and the U.S. Economy from the Spanish-American War to the Persian Gulf War*. Cambridge University Press: Cambridge, 2012.

Rogoff, Kenneth S. *The Curse of Cash: How Large-Denomination Bills Aid Crime and Tax Evasion and Constrain Monetary Policy*. Princeton University Press: Princeton, N.J., 2017.

Roose, Kevin. "The Latecomer's Guide to Crypto." *New York Times*. March 18, 2022: https://www.nytimes.com/interactive/2022/03/18/technology/cryptocurrency-crypto-guide.html

Roth, Jean-Pierre. "Mr Roth Discusses Demonitisation of Gold in Switzerland." Speech at 22nd Annual FT World Gold Conference in London, 14 June 1999. Printed in *BIS Review* 73 (1999). Available online via: https://www.bis.org/review/r990622b.pdf

Rybarczyk, Rachel, Armstrong, Drew, and Fabiano, Amanda. "On Bitcoin Energy Consumption: A Quantitative Approach to a Subjective Question." Galaxy Digital Research. May 31, 2021. Available online via: https://www.lopp.net/pdf/On_Bitcoin_Energy_Consumption.pdf

Saat, Deniz. "Japan's Largest Power Company Will Mine Bitcoin with Excess Energy." *BTC Times*. December 14, 2022: https://www.btctimes.com/news/japans-largest-power-company-will-mine-bitcoin-with-excess-energy

Sahlins, Marshall. *Stone Age Economics*. Routledge: Abingdon, Oxon, 2017.

Sandstedt, Emil. "Tales of Soft Money — The Trail of Beads," *Medium*. May 26, 2019: https://medium.com/@bdratings/tales-of-soft-money-the-trail-of-beads-bc9155cbda14

Sandstedt, Emil. *Money Dethroned: A Historical Journey*. Independently published, (Kindle edition) 2020.

Sangster, Alan, Stoner, Gregory N., and McCarthy, Patricia. "The Market for Luca Pacioli's *Summa Arithmetica*," *Accounting Historians Journal* 35, 1 (June 2008): 111–134.

Sarah Binder and Mark Spindel, *The Myth of Fed Independence: How Congress Governs the Federal Reserve*. Princeton University Press: Princeton, N.J., 2017.

Saylor, Michael. "Bitcoin, Inflation, and the Future of Money." *Lex Fridman Podcast*. April 14, 2022. Full transcript available via: https://chowcollection.medium.com/michael-saylor-bitcoin-inflation-and-the-future-of-money-lex-fridman-podcast-276-ffe53a68ec

Saylor, Michael. "GALA 2022 Keynote Speech." Atlas Society. Transcript available online via: https://www.atlassociety.org/post/gala-2022-michael-saylor-keynote-speech

Schenk, Catherine. "Designing the Global Payments System: Telegraph to Tether." Lecture at House of Finance, Leibniz Institute SAFE and the Institute for Banking and Financial History (IBF). June 29, 2022. Available online via: https://www.ibf-frankfurt.de/popup_veranstaltung.php?uid=811

Schroeder, Frederick J. "Developments in Consumer Electronic Fund Transfers," *Federal Reserve*

Bulletin 69, 6 (June 1983): 395–403.

Schuler, Kurt. "World History of Free Banking: An Overview." In *The Experience of Free Banking*, edited by Kevin Dowd: 7–47. Routledge: London and New York, 1992.

Schulze, Elizabeth. "Here's Why Economists Don't Expect Trillions of Dollars in Economic Stimulus to Create Inflation," *CNBC*. July 23, 2020: https://www.cnbc.com/2020/07/23/why-trillions-of-dollars-in-economic-stimulus-may-not-create-inflation.html

Scott-Railton, John, Marczak, Bill, Herrero, Paolo Nigro, Razzak, Bahr Abdul, Al-Jizawi, Noura, Solimano, Salvatore, and Deibert, Ron. "Extensive Hacking of Media & Civil Society in El Salvador with Pegasus Spyware." TheCitizenLab at Munk School of Global Affairs & Public Policy, University of Toronto. January 12, 2022: https://citizenlab.ca/2022/01/project-torogoz-extensive-hacking-media-civil-society-el-salvador-pegasus-spyware/

Scott-Railton, John, Marczak, Bill. Poetranto, Irene. Razzak, Bahr Abdul, Chanprasert, Sutawan, and Deibert, Ron. "GeckoSpy: Pegasus Spyware Used Against Thailand's Pro-Democracy Movement." TheCitizenLab at Munk School of Global Affairs & Public Policy, University of Toronto. July 17, 2021: https://citizenlab.ca/2022/07/geckospy-pegasus-spyware-used-against-thailands-pro-democracy-movement/

Seabright, Paul. *The Company of Strangers: A Natural History of Economic Life*, Revised Edition. Princeton University Press: Princeton, N.J., 2010.

Selgin, George A. and White, Lawrence H. "Monetary Reform and the Redemption of National Bank Notes, 1863–1913," *Business History Review* 68 (1994): 205–43.

Selgin, George A. *The Theory of Free Banking: Money Supply Under Competitive Note Issue*. Rowman & Littlefield: Totowa, N.J., 1988.

Selgin, George. "On Empty Purses and MMT Rhetoric." *Alt-M*. May 5, 2019: https://www.cato.org/blog/empty-purses-mmt-rhetoric

Selgin, George. "Salvaging Gresham's Law: The Good, the Bad, and the Illegal." *Journal of Money, Credit and Banking* 28, 4 (November 1996): 637–649.

Selgin, George. "The Fiscal and Monetary Response to COVID-19: What the Great Depression Has – and Hasn't – Taught Us," *Economic Affairs* 41, 1 (February 2021): 3–20.

Selgin, George. "The Myth of the Myth of Barter." *Alt-M*, Cato blog. March 15, 2016: https://www.cato.org/blog/myth-myth-barter

Selgin, George. "The Rise and Fall of the Gold Standard in the United States." In *The Gold Standard: Retrospect and Prospect*, edited by Peter C. Earle and William J. Luther: 13–52. American Institute for Economic Research: Great Barrington, Mass., 2021.

Selgin, George. *The Menace of Fiscal QE*. Cato Institute: Washington, D.C., 2020.

Shell, Bobby. "How Many Transactions Can the Lightning Network Handle?" Voltage.cloud. 1 November, 2022: https://voltage.cloud/blog/lightning-network-faq/how-many-transactions-can-the-lightning-network-handle/

Shell, Marc. *Wampum and the Origins of American Money*. University of Illinois Press: Champaign, IL., 2013.

Shorrocks, Anthony, Davies, James, and Lluberas, Rodrigo. "Global Wealth Report 2022: Leading Perspectives to Navigate the Future." Credit Suisse Research Institute. Available online via: https://www.credit-suisse.com/about-us/en/reports-research/global-wealth-report.html

Silber, William L. "Why did FDR's Bank Holiday Succeed?", *Economic Policy Review* 15, 1, (2009): 19–30.

Slater, Martin. *The National Debt: A Short History*. Oxford University Press: New York, 2018.

Smil, Vaclav. *How the World Really Works: The Science Behind How We Got Here and Where We're Going*. Viking: London, 2022.

Smith, Adam. *An Inquiry into the Nature and Causes of the Wealth of Nations*. Oxford University Press: New York, 1976 [1789], Edwin Cannan's 1904 compilation.

Smith, Eric Alden, Hill, Kim, Marlowe, Frank, Nolin, David, Wiessner, Polly, Gurven, Michael,

Bowles, Samuel, Mulder, Monique B., Hertz, Tom, and Bell, Adrian. "Wealth Transmission and Inequality Among Hunter-Gatherers," *Current Anthropology* 51, 1 (February 2010): 19–34.

Smolenski, Natalie. "It is Time to Re-Found the American Republic." *Bitcoin Magazine*: The Orange Party issue (November 2022). Available online via: https://bitcoinmagazine.com/print/it-is-time-to-re-found-the-american-republic

Social Security Administration. "2022 OASDI Trustees Report: Covered Workers and Beneficiaries." Table IV.B3, Calendar Years 1945–2100. Available online via: https://www.ssa.gov/oact/tr/2022/lr4b3.html

Somerset Webb, Merryn. "Sound the Trumpet! Debt Jubilees Have Arrived." *Financial Times*. May 29, 2020: https://www.ft.com/content/fb2c1718-a193-11ea-94c2-0526869b56b0

Spiro, David E. *The Hidden Hand of American Hegemony Petrodollar Recycling and International Markets*. Cornell University Press: Ithaca, NY., 1999.

Steil, Benn. *The Battle for Bretton Woods: John Maynard Keynes, Harry Dexter White, and the Making of a New World Order*. Princeton University Press: Princeton, N.J., 2013.

Stein, Solomon M. "The Origins of Money in *Diablo II*." In *The Invisible Hand in Virtual Worlds: The Economic Order of Video Games*, edited by Matthew McCaffrey: 105-132. Cambridge University Press: Cambridge, 2021.

Steno Larsen, Andreas. "Steno Signals #21: 3 Reasons Why Everyone, Zuckerberg, Me, and Their Dogs Turn Into Idiots When Rates are 0%." *Stenos Signal*, Substack, October 30, 2022: https://andreassteno.substack.com/p/steno-signals-21-3-reasons-why-everyone

Stevens, Ross. "2020 Shareholder Letter." Stone Ridge Asset Management. Available online via: https://www.microstrategy.com/content/dam/website-assets/collateral/bitcoin-downloads/Stone-Ridge-2020-Shareholder-Letter.pdf

Story, Louise and Dash, Eric. "Bankers Reaped Lavish Bonuses During Bailouts." *New York Times*. July 30, 2009: https://www.nytimes.com/2009/07/31/business/31pay.html

Sudock, Harry. "The Truth About Bitcoin's Energy." Podcast interview with Peter McCormack, *What Bitcoin Did* 361. June 16, 2021. Transcript available online via: https://www.whatbitcoindid.com/wbd361-harry-sudock

Sumner, Scott. *The Money Illusion: Market Monetarism, the Great Recession, and the Future of Monetary Policy*. University of Chicago Press: Chicago, 2021.

Szabo, Nick. "Shelling Out: The Origins of Money: New Theories on the Origins and Nature of Money." December 2002. Available online via Satoshi Nakamoto Institute: https://nakamotoinstitute.org/shelling-out/

Tardi, Carla. "Settlement Period: Definition, Process, SEC Rules." *Investopedia*. March 17, 2023: https://www.investopedia.com/terms/s/settlement_period.asp

The Clearing House. "About CHIPS." Available online via: https://www.theclearinghouse.org/payment-systems/CHIPS

Thomson, Edwina A. "Misplaced Blame: Islam, Terrorism and the Origins of *Hawala*." In *Max Planck Yearbook of United Nations Law* 11, edited by Armin von Bogdandy and Rüdiger Wolfrum: 279–305. Brill: 2007.

Thornton, Mark. "Apoplithorismosphobia," *The Quarterly Journal of Austrian Economics* 6, 4 (Winter 2003): 5–18.

U.S. Congress. "S.5267: Digital Asset Anti-Money Laundering Act of 2022." Sponsor: Elizabeth Warren, introduced December 15, 2022. Text available online via: https://www.congress.gov/bill/117th-congress/senate-bill/5267/text

U.S. Energy Information Administration. "Hydropower Explained: Ocean Thermal Energy Conversion." August 9, 2022. Available online via: https://www.eia.gov/energyexplained/hydropower/ocean-thermal-energy-conversion.php

U.S. Energy Information Administration. "U.S. Crude Oil First Purchase Price." Petroleum & Other Liquids. Available online via: https://www.eia.gov/dnav/pet/hist/LeafHandler.as

hx?n=PET&s=F000000__3&f=A

U.S. Mint. "Coinage Act of April 2, 1792." Available online via: https://www.usmint.gov/learn/history/historical-documents/coinage-act-of-april-2-1792

U.S. Treasury. "Historical Debt Outstanding." FiscalData. Available online via: https://fiscaldata.treasury.gov/datasets/historical-debt-outstanding/historical-debt-outstanding

Ugolini, Stefano. *The Evolution of Central Banking: Theory and History*. Palgrave Macmillan: London, 2017.

Underwood, Jenn and Aldrich, Elizabeth. "History of Savings Account Interest Rates." *Forbes*. January 1, 2023: https://www.forbes.com/advisor/banking/savings/history-of-savings-account-interest-rates/

United Nations. "Universal Declaration of Human Rights." Available online via UN.org: https://www.un.org/en/about-us/universal-declaration-of-human-rights

van Wirdum, Aaron. *The Genesis Book*. Chapters available online via TheGenesisBook.com: https://t.co/PLv3WS6vdD

Vespene Energy. "Vespene Energy Closes $4.3 Million Funding Round Led by Polychain Capital to Pioneer Carbon-Negative Bitcoin Mining Using Captured Landfill Methane." August 9, 2022. Press Release via Cision: https://www.prnewswire.com/news-releases/vespene-energy-closes-4-3-million-funding-round-led-by-polychain-capital-to-pioneer-carbon-negative-bitcoin-mining-using-captured-landfill-methane-301601766.html

Vespene Energy. Company Description. Accessed May 28, 2023. Available online via: https://vespene.energy/

Vestergaard, Jakob and Wade, Robert H. "Trapped in History: The IMF and the US Veto." Danish Institute for International Studies, DIIS Policy Brief, April 2015.

Volcker, Paul A. *Changing Fortunes: The World's Money and the Threat to American Leadership*. Crown: New York, 1992.

Volpicelli, Gian M. "This is the True Scale of China's Bitcoin Exodus." *Wired* October 13, 2021: https://www.wired.co.uk/article/china-bitcoin-mining-crackdown

Walker, Shaun. "Viktor Orbán Using NSO Spyware in Assault on Media, Data Suggests." *Guardian*. July 18, 2021: https://www.theguardian.com/news/2021/jul/18/viktor-orban-using-nso-spyware-in-assault-on-media-data-suggests

Ward, Sandy. "'Be Careful' in Stock Markets, Ex-Treasury Sec Summers Warns." *Morningstar*. April 27, 2023: https://www.morningstar.co.uk/uk/news/234563/be-careful-in-stock-market-ex-treasury-sec-summers-warns.aspx

Wheelock, David C. "Monetary Policy in the Great Depression: What the Fed Did, and Why." *Federal Reserve Bank of St. Louis Review* 74, 2 (1992): 3–28.

White, Lawrence H. *Better Money: Gold, Fiat, or Bitcoin?* Cambridge University Press: Cambridge, 2023.

White, Lawrence H. *Free Banking in Britain: Theory, Experience, and Debate, 1800–1845*. Cambridge University Press: New York, 1984.

White, Lawrence H. *The Theory of Monetary Institutions*. Blackwell: Oxford, 1999.

Whittemore, Nathaniel. "ENCORE: Luke Gromen on the History and (Declining) Future of the Global Dollar System," *CoinDesk* November 27, 2020: https://www.coindesk.com/markets/2020/11/27/encore-luke-gromen-on-the-history-and-declining-future-of-the-global-dollar-system/

Williamson, Samuel H. "The Annual Consumer Price Index for the United States, 1774-Present," MeasuringWorth, 2023. Available online via: http://www.measuringworth.com/uscpi/

Woetzel, Jonathan, Mischke, Jan, Madgavkar, Anu, Windhagen, Eckart, Smit, Sven, Birshan, Michael, Kemeny, Szabolcs, and Anderson, Rebecca J. "The Rise and Rise of the Global Balance Sheet: How Productively Are We Using Our Wealth?" McKinsey Global Institute, November 2021. Available online via: https://www.mckinsey.com/~/media/mckinsey/i

ndustries/financial

Wong, Andrea. "The Untold Story Behind Saudi Arabia's 41-Year U.S. Debt Secret." *Bloomberg*. May 30, 2016: https://www.bloomberg.com/news/features/2016-05-30/the-untold-story-behind-saudi-arabia-s-41-year-u-s-debt-secret

World Bank. "Global Gas Flaring Data." Global Gas Flaring Reduction Partnership (GGFR). Available online via: https://www.worldbank.org/en/programs/gasflaringreduction/global-flaring-data

World Bank. "Net Trade in Goods and Services (BoP, current US$) – United States." Accessed online, June 2, 2023: https://data.worldbank.org/indicator/BN.GSR.GNFS.CD?locations=US

World Bank. "Remittance Prices Worldwide Quarterly," Issue 44 (December 2022). Available online via: https://remittanceprices.worldbank.org/sites/default/files/rpw_main_report_and_annex_q422_final.pdf

World Gold Council. "Above-Ground Stock." February 8, 2023: https://www.goid.org/goldhub/data/how-much-gold

World Gold Council. "Central Bank Holdings." June 2, 2023: https://www.gold.org/goldhub/data/gold-reserves-by-country

World Gold Council. "Gold Spot Prices." May 23, 2023: https://www.gold.org/goldhub/data/gold-prices

WSJ Staff. "Open Letter to Ben Bernanke." *Wall Street Journal*. November 15, 2010: https://www.wsj.com/articles/BL-REB-12460

XE.com. "ISO 4217 Currency Codes." Accessed online, June 17, 2023: https://www.xe.com/iso4217.php

Yang, Bin. "The Rise and Fall of Cowrie Shells: The Asian Story," *Journal of World History* 22, 1 (March 2011): 1–25.

YCharts. "ICE US Dollar Index (^DXY)." Accessed online, June 13, 2023: https://ycharts.com/indices/%5EDXY

YCharts. "World Oil Consumption (I:WOCNY)." Accessed online, June 14, 2023: https://ycharts.com/indicators/world_oil_consumption

Yukhananov, Anna. "IMF Warns on Low Inflation, Calls on ECB to Act." *Reuters*. April 2, 2014: https://www.reuters.com/article/uk-imf-economy/imf-warns-on-low-inflation-calls-on-ecb-to-act-idUKBREA311BP20140402

Zetter, Kim. "Bullion and Bandits: The Improbable Rise and Fall of E-Gold." *Wired*. June 9, 2009: https://www.wired.com/2009/06/e-gold/

Zuboff, Shoshana. *The Age of Surveillance Capitalism: The Fight for a Human Future at the New Frontier of Power*. Public Affairs: New York, 2019.

Over de auteur

Lyn Alden is een veelgevolgde macroeconomische analist die onderzoek levert aan particuliere en institutionele beleggers. Ze richt zich voornamelijk op de analyse van monetaire systemen en energiemarkten.

Naast haar onderzoekspublicaties maakt Lyn deel uit van het bestuur van *Swan.com* en adviseert ze de durfkapitaalfirma *Ego Death Capital*. In die rol werkt ze samen met beleggers en oprichters van startups om de volgende generatie monetaire technologieën en financiële diensten te ontwikkelen. Voor haar huidige werk bracht Lyn meer dan tien jaar door in de luchtvaartindustrie, waar ze verschillende functies in techniek, inkoop en management vervulde.

Haar achtergrond combineert elektrotechniek en financiën. Ze behaalde een bachelordiploma in elektrotechniek en een masterdiploma in technisch management, met een focus op systeemtechniek, technische economie en financiële modellering.

Ze verscheen in programma's als *Yahoo Finance*, *Fox Business*, *Macro Voices*, *What Bitcoin Did* en *Blockworks*. Ook citeerden diverse financiële publicaties haar, waaronder *The Wall Street Journal*, *The New York Times*, *CNBC*, *Reuters*, *Forbes*, *Fortune* en *Barron's*. Daarnaast sprak ze op het *Oslo Freedom Forum*, DeCenter van Princeton University en het *Stevens Center for Innovation in Finance* bij Wharton, evenals op diverse conferenties over investeringen en technologie.

www.ingramcontent.com/pod-product-compliance
Lightning Source LLC
LaVergne TN
LVHW040516210926
848480LV00007BA/1485

9789916749678